山西王閻錫山

茂盛 著

崧燁文化

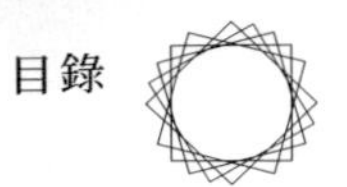

目錄

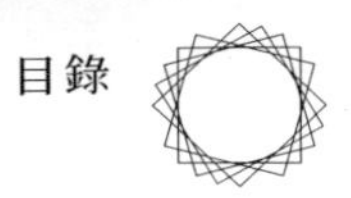

一、從河邊到東瀛的人生之旅

1、出生於百姓人家的閻錫山，在私塾和店鋪裡度過了他的青少年時代

清朝光緒九年農曆九月初八，也就是西元一九八三年十月八日，閻錫山在山西省五台縣河邊村的「永和堡」裡誕生。

閻錫山後來由於曾當過山西督軍、都督、省長，還出任過太原綏靖公署主任，國民政府軍事委員會副委員長，第二戰區司令長官，國民政府行政院院長兼國防部部長，官高位重，權勢顯赫，所以，在一些人看來，他必定出身名門，血統高貴。這也難怪，在中國這樣一個有著幾千年封建傳統文化的社會裡，受封建世襲制度以及「上尊下卑」，「富貴在天」等觀念的影響，人們似乎已經形成了一種思維定勢，認為大凡王侯將相，達官顯貴，其出身定然非同一般，並且出生時還往往有著異常之兆，像閻錫山這等人物，自然也不例外。

可是，事實並非如此，閻錫山就是出生在一戶尋常百姓人家。只不過，由於他的父親當時在本村經營有三十幾畝土地，在五台縣城裡還開著一個雜貨店，光景比起那些貧苦人家來，要殷實一些。至於閻錫山這一族的發達，成為河邊村的望族，那也是閻錫山發跡以後的事情。在此之前，它只是個小門小戶，並不起眼，甚至因此還受到本村一些大戶望族的歧視。

閻錫山的出生地河邊村，所以定名如此，可能與它處於滹沱河邊有關。這個村莊西臨滹沱河，東靠文山，依山傍水。滹沱河從南向東北流去，彎彎曲曲，宛若給村莊攔腰繫了一條玉帶。文山前的五條溝壑間的山脊逶迤而下，直至村前，似五條巨龍爭向河邊飲水。山脊兩側坡上被開墾出的層層梯田，猶如龍身上的片片鱗甲，如此山水形勝，很容易讓人們把它與閻錫山聯繫起來，產生種種遐想。

河邊村有近千戶人家，順著山勢散住在山腳之下，高高低低，錯落有致，形成十八個堡子。閻錫山出生的永和堡，位於村東南的一個土丘上，是本村最高的地方。因為堡子內建有個文昌廟，所以，村裡人就習慣地把

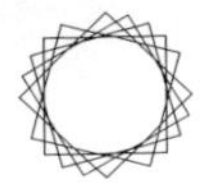

它叫做文昌堡，年深日久，永和堡反而鮮為人知了。

其實，閻錫山的先祖並不住在河邊村。他的祖籍，據其父去世後他給做的《哀啟》中說是「先世於明洪武初由洪洞棘針溝遷居陽曲縣坡子街，繼而遷居五台縣長條坡，終乃定居河邊村，遂隸籍五台」。閻家在洪洞縣棘針溝、陽曲坡子街、五台縣長條坡的歷代先世已無可考，就是明末清初最後定居在河邊村的先祖，直至閻錫山以前的六代，閻家幾代先世們叫什麼，也無人知曉，只知道定居河邊村的始祖及其後的第五代，都是些受苦人，靠種地、馱炭和給財主做短工養家糊口。在第五代的閻家有兄弟三個，由於遇到荒年，無法生活，其中的老二還去了河南逃荒，這一去就再也沒有回來。老大、老二兩家和老二的後代繁衍生息，人口漸增，在河邊村形成了閻家所說的東股、中股和西股三支。閻錫山這一家屬於東股一支。至於閻家落腳到河邊後到閻錫山曾祖父以前這七代先人的名字，是在閻錫山發跡後，其父閻書堂從五台縣請來一位舉人給閻家修家譜，制定了家族譜系後，按照「思光大義綿泰雲，書錫志樹立世文，振興培基成元國，肇啟宏學定效勤，萬象本源實一體，聖賢主德贊中庸，昌明禮教崇忠恕，化習存誠重敬恭」（閻錫珍：《五台閻氏族譜》第四冊），從思字到泰字輩這幾代先人才有了所謂名字。因此，這些名字並非當時使用的真實名字，到雲字輩以後，名字才和實際稱呼大體一致起來。

再從閻家的光景來看，也是到了第六代即閻錫山的曾祖父閻興泰這一代，其家道才開始有了轉變。閻興泰在哥哥閻安泰的幫助下，曾在私塾讀了幾年書，他看到哥哥馱炭賣炭十分辛苦，十八歲時便毅然輟學經商，經人推薦到山陰縣廣武鎮永恆糧店當了一名小夥計。閻興泰進店後，非常勤快，辦事又十分幹練，很快受到掌櫃的賞識，更重要的是他靠在私塾打下的功底，經常幫助少掌櫃指點修改櫃上掌筆先生送給少掌櫃的信件中的問題和差錯。掌筆先生起初不以為然，時間一長就產生懷疑，因為他清楚少掌櫃沒有如此高深的文化，一定是有高人指點，在他再三探問下，少掌櫃雖然告訴他確實有人指點，但就是不說是誰。掌筆先生遂向老掌櫃的說：「櫃上向外發送的信件中，如果發生差錯，那是櫃上的恥辱，我知識有限，實在力不從心，櫃上既有如此人才，何不使用，以彌補我的不足」。老掌櫃聽了，急忙詢問少掌櫃，少掌櫃才不得不以實相告。老掌櫃十分高興，馬上讓閻興泰參與了文案事務，這時，閻興泰進店才四個月。過了三年，老掌櫃的讓他頂了四厘股子，再以後，又讓他頂了整股。按當時多數店鋪的規矩，作為小夥計，就是頂人身股頂多也只能有個一厘股子，閻興泰儘管參與了文案事務，實際上夥計的身份並未改變，至於能頂上整股的，那也是經理一級的人員，或者是入號年久的資深夥計，因而，這在當時的店鋪裡，尤其是永恆糧店實屬特殊。

閻興泰在糧店十多年裡，忠心耿耿，恪盡職守，永恆糧店在他的幫助下，生意興隆，不僅在同行中屬於首位，就是在廣武鎮各行業裡，也名列第一。可惜閻興泰因操勞過度，三十八歲時身患重病，不得不回家修養，三年後去世，享年僅四十一歲。

閻興泰經商後，由於薪俸不薄，久而久之，閻家便有了一些積蓄，這樣，衣食自然無虞，還有餘力購置房屋土地。所以，閻興泰的經商，確實是閻家光景開始好過的一個轉捩點。閻興泰之子閻青雲，字龍雨，也就是閻錫山的祖父。閻青雲有兩個兒子，長子名書堂，即閻錫山父親，次子名書典，即閻錫山的叔父。在閻青雲手上，當時有地五、六十畝，除他自己耕種一部分外，又出一頭騾子，另一家出一頭牛，兩傢伙用一家佃戶，給他們種地。他除了收取一些地租外，還做點小買賣，放些高利貸，這顯然是一個小地主了。由此，也不難看出，閻錫山的曾祖父閻興泰的確為閻家在經濟上的起山奠定了基礎。閻書堂從小生在殷實家庭，沒有參加過什麼體力勞動，七歲時入私塾念書，可他不甚喜歡四書五經，卻專愛看《增删卜易》之類打卦算命的書籍，「耽玩易象卜筮」，幾乎把全部精力用在了探究「陰陽否泰，盈虛消長」「觀時應變」這些方面。似乎受家庭的遺傳，到了十四、五歲時，他便輟學經商，給人家商店當小夥計。他結婚後與書典分了家，閻書堂分得二十多畝好地，又新買了二、三十畝，把土地租給一家佃戶耕種，他自己則先是在村裡做點小買賣，後來索性出資五百吊銅錢在五台縣城裡開設了一個「吉慶長」錢鋪，還雇了一個小夥計，自己當

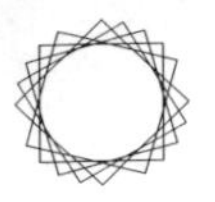

上了掌櫃的。這「吉慶長」除經營少數雜貨外，還放高利貸，出「錢帖子」。當時由於交通不便，五台、定襄一帶，銀兩與制線的比價時高時低，閻書堂便買空賣空，做些「打虎」生意。這「打虎」是當地人對金融市場上買空賣空的投機行為的俗稱，交易雙方不見現款，僅憑一句話，就買進賣出。因為這樣做要冒很大風險，尤如打虎一樣危險，人們把金融投機生意稱做「虎市」，做這生意的叫做「打虎」，或者「做虎盤」。也正因為這種生意風險大，閻書堂十分注意打探市場行情，同時占卜打卦，根據占卜的凶吉，決定買進還是賣出。他的打卦雖然並不很靈，有時也大賠其本，但總的來看是成多於敗，所以，「吉慶長」開設僅三年就把錢鋪經營得紅紅火火，閻書堂因此在縣城裡也小有名氣。

閻錫山就出生於這樣一個地主兼商人的家庭。一九八三年閻錫山出生時，其父閻書堂年方二十三歲，其母曲月清二十六歲，比閻書堂大三歲。曲月清是河邊村小堡曲成義（字在左）的女兒，曲家祖傳經商，曲月清十七歲時與閻書堂結婚。曲月清與閻書堂結婚幾年，沒有生育，這可急壞了閻青雲，因此，當閻錫山出生後，年已五十六歲的閻青雲喜出望外，便給閻錫山取了個乳名叫萬喜。閻錫山在這個家裡，自然受到各方喜愛，嬌生慣養，從小就十分頑皮任性。然而，閻錫山六歲時，其母曲月清便因病去世。閻錫山早年喪母，是他人生中的一大不幸。曲月清就生了閻錫山一人，她臨去世前，曾叮囑其二侄兒曲清齋（名容靜、字清齋，乳名吉惠），一定要把萬喜子拉拔長大成人。曲月清去世後不久，閻書堂繼娶了定襄縣陳家營村（距河邊村二里）一個小地主陳善中的三女兒陳秀卿為妻。由於閻書堂常年忙著城裡的生意，很少回家，而陳秀卿當時只有十八歲，僅比閻錫山大十二歲，因此，閻錫山的外祖母一來怕陳秀卿不會撫養孩子，二來怕她虐待自己的外孫，便找閻書堂商量後，把閻錫山接到自己家裡，和她的孫子們一起生活。外祖母王氏對閻錫山特別鍾愛，比閻錫山大幾歲的曲清齋，牢記姑母的囑託，既對閻錫山關心愛護，又對他管束嚴緊，後來兩人一同上學，情同手足。閻錫山對曲清齋十分尊敬，一直叫他「二哥」，就是後來他當上了一省之長，也是「二哥」不離口，每次回家，都要到曲清齋家裡探望，對二哥言聽計從，凡是家鄉親友及村裡的事，只要二哥說一句，閻錫山沒有不聽從的。

閻錫山兒時的調皮淘氣是出了名的。上樹掏喜鵲巢中的蛋，爬房檐抓麻雀，下河摸魚捉蝦是常有的事。有一次他回到永和堡家後，聽人說村東棗圪瘩兒那塊地裡有個狼窩，裡面還有小狼崽兒，於是便一個人出了村，把兩個小狼崽逮了回來，栓住掛在永和堡二門外的一棵老槐樹上，老狼尋覓著找見小狼，撲騰著想救走小狼，但怎麼也構不到，因而連續兩個晚上老狼在老槐樹下狂奔亂嚎，嚇得人們不敢走動。鬧得永和堡裡人心惶惶。他爺爺閻青雲知道這是閻錫山幹的好事後，狠狠地把他罵了一頓，然後把小狼解下來送了回去，永和堡這才得以安寧。

光緒十五年，也就是一九八九年，七歲的閻錫山被送進私塾讀書。先是在由曲姓公立的小堡私塾，在這裡，秀才出身的曲沂泉（字近漁，乳名萬三）。應閻青雲之請，給萬喜子取了個官名叫錫山。「錫山」二字出自古代楊載贈惠山長老詩中「道人卓錫問名山，路絕岩頭未面攀」的前一句，所謂「錫」指禪杖而言，詩中意思是說：一位老道人拄著鑲有錫環的禪杖，在欣賞名山的同時體味著人生哲理。閻青雲並不明白什麼意思，只覺得這個名字挺雅氣，連聲叫「好」。

在小堡私塾念了三年後，十歲時，被接回家中，又進了閻青雲所設的大堡義塾繼續學習。一直念到十五歲。閻錫山自幼聰明，悟性高，記憶力強，加上他能夠刻苦，所以學業進步很快，先生前一日所佈置要背的課文，第二天早上他都能背誦出來，因此，頗受先生喜歡。可是，他的頑皮桀驁，也著實令先生頭疼，讓其家長們發愁，常常因為他的惹是生非，打架鬥毆，其外祖母不得不斷地給人家賠情道歉。十二歲那年因為和同學曲滿堂玩耍翻了臉，他一怒之下竟用小刀把曲滿堂刺傷，孩子們都說：「萬喜子不是好惹的，還是離他遠些好」。按照中國的教育傳統，私塾先生所授課業，主要是論語、孟子、大學、中庸和詩經、書經、易經、禮記、春秋、左傳等所謂的「四書」、「五經」。閻錫山在私塾裡所學的也是這些。這十多年的寒窗生涯，並不輕鬆，也十分枯燥乏味，但卻是閻錫山人生旅途中的重

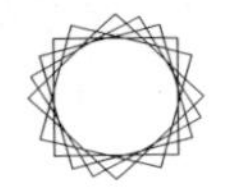

要一站。這十多年的苦讀，使閻錫山受益終身。因為，這畢竟給他奠定了比較扎實的國學功底，使其受到了儒家傳統思想文化的薰陶，從而初步形成了他的知識結構和思想觀念，並因此而影響到了他的一生。後來，雖然因為家庭的變故，閻錫山未能一直深造下去，並考取功名，按當時的功名而言，連個秀才都不是，若以後來的學歷講，頂多也就是個完小程度。可是，他在私塾中所學的這些文化，卻一直銘刻在他的記憶裡。當他步入社會，特別是走上政壇成為政要後，在其大量的講話、演講中，對於四書五經中的一些詞句，都能隨口道出，在其發佈的文告、通告，來往的書信電函中，也往往是信手拈來，運用得得體自如，即便是到了晚年，他仍能背誦出其中的大段文章。當然這與他後來的自學不無關係，但如果沒有在私塾中練就的這些功夫，是不可能達到如此程度的。對於這一點，閻錫山在後來的一些講話和回憶錄中，曾不無隱諱且多少有些自豪地說過，他的這些東西都是小時候在私塾中學來的。而他少年時期所學到的這些東西，更基本上塑造了他的思想、指導著他的行動。當其步入政壇後，能在風詭雲譎、波滾浪湧的政治旋渦中，往往能夠逢凶化吉，渡過種種難關，掙扎生存下來，並且在治理振興地方，教化社會、規範家庭等等方面有所成就，有所收穫，可以說，與他對這些儒家傳統思想文化的巧妙運用和竭力發揮，都有著十分密切的關係。

光緒二十三年（西元一九九八年）元宵節剛過，十五歲的閻錫山便被其父閻書堂帶到五台縣城「吉慶長」當了學徒，這對於還想繼續念書的閻錫山，心裡雖然不甚情願，但為父之命不敢不從。而他的父親這樣決定也有其道理，一方面是兒子念上幾年書，能粗通文墨也就算可以了，在他看來，百姓人家的孩子，再念也不會有什麼出息，況且他對經商一直癡迷，希望兒子能夠繼承父業；另一方面，「吉慶長」的生意在他的經營下，蒸蒸日上，需要人手幫忙。閻錫山到了吉慶長不久，閻書堂又把其繼室陳秀卿大姐的兒子，也就是閻錫山的姨表兄梁世爵叫來幫忙。這兩個學徒，主要是做些打掃店鋪、照看門面的雜事，以及記記流水帳、抄錄真帳，閒暇時學習珠算。當鋪上無甚事時，他倆便到縣衙門口看知縣審案，去城隍廟看戲，日子倒也過得比較清閒自在。閻錫山在父親的店鋪裡幹了一段時間，當他稍有經驗後，就外出討債，在「虎市」上打探行情，協助其父做投機生意。所以，他經商時間雖然不長，只有一年多，但卻學到了一些精於計算、經商理財的本事。閻錫山從政後，工於算計，善於權衡利弊得失，特別是在有關經濟活動方面，往往對成本、利潤摳掐得極緊，對於錢財的事十分認真，都與其這段從商經歷有著關係。廿世紀三十年代中期，上海英文《字林西報》曾刊登了一副有關閻錫山的漫畫，畫的是閻錫山身著長袍馬褂，頭戴瓜皮小帽，手上一邊撥拉算盤，口中一邊念叨：今天又能賺多少錢。是漫畫，當然不能不有所誇張，但卻也真實地反映了閻錫山那貫於算計的特點。後來的一些著述中，常常說閻錫山是小地主兼商人出身，固然有些輕蔑貶低之意，可是若從另一個角度上看，卻也說明了閻錫山的精明。

這年臘月，閻錫山依父母之命，與五台縣大建安村望族徐一敬的大女兒徐竹青（字友梅）結婚。徐竹青與閻錫山同年同月生，只不過比閻錫山小了二十天，閻錫山是農曆九月初八日生，徐竹青是九月二十八日生。做這樁親事的媒人是徐竹青的堂姑徐該齡。她的丈夫是閻錫山的族兄閻錫祚。這徐一敬兄弟六人，是個大家族。家有良田上百畝，還開有一個經營煤炭的「六合店」，可說是家道殷富。徐氏兄弟多受過良好的教育，為人處事頗有分寸，在村裡很受人尊重，是一家耕讀門第。在當時很講究門當戶對的社會裡，這樣的大家閨秀能嫁給閻錫山，一方面說明閻家經濟狀況良好，另一方面也說明閻家為人確實不錯，不然的話，作為堂姑又對閻家熟悉的徐該齡，是不會來作這個月下老人的。再從晉北一帶的婚嫁習俗來看，一般情況下，多數男子是二十歲左右結婚，若家境貧寒者，要到二十多歲，甚至有的一輩子打光棍。而閻錫山才十五歲便結了婚，這也反映了閻書堂經商賺了錢，家境更為富裕。

然而，好景不長，光緒二十六年（西元一九零零年）閻書堂開的「吉慶長」破產倒閉。破產的原因，有些論者說是「打虎」生意失敗，其實不然。因為「打虎」生意失敗，主要是指在搞買空賣空的金融投機生意時，

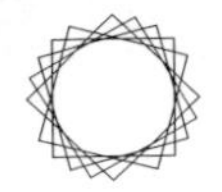

因對市場行情掌握不準下注失誤，導致虧賠，如若下注過大，則會破產。而從吉慶長的倒閉來看，它主要是因為銀根緊缺，發生擠兌造成的。這是由於庚子之變，京莊兌來款項被阻，使各地票號錢莊處於困境，五台縣雖地處偏僻，也受此影響。而閻書堂在其生意興旺之時，忘乎所以，所發的錢帖子數量大大增加，因此當京莊兌來款項受阻而引起擠兌風潮時，他原先發行的錢帖子便很難全部兌現。起初，閻書堂為了維持其錢莊信譽，還拆東補西，勉強支撐，後來銀根越來越緊，再無可兌之銀，只好賣掉店鋪裡的雜貨和一些田地，但杯水車薪，仍無濟於事，最後還欠一屁股債。於是只好上起門板，與倆夥計一起躲走。幸好，在閻書堂最困難時，其好友曲長和借給他二百吊錢，才保留下幾畝地和幾間房屋。所欠債務有的說是二千吊（《閻錫山與家鄉》（《山西文史資料》第 67 輯）第 6 頁），而據閻錫山所說，「年終結算，虧累約合銀六、七千兩之譜」。（臺灣閻伯川先生紀念會編：《民國閻伯川先生錫山年譜長編初稿》（一），簡稱《閻錫山年譜》，臺灣商務印書館發行，民國七十九年九月初版，第 12 頁。以下只注書名簡稱和頁碼）。無論所欠債務的部位有多大差距，但從中可以清楚為數確實不少，否則，是不會不顧後果關門逃生的。因此，吉慶長的破產是因擠兌所至，而非「打虎」失敗。

不管怎樣，吉慶長是倒閉了。這對於閻錫山一家來說，無疑是災難性的打擊。錢莊的現銀全部折進去不說，還將部分房屋土地出賣，動了老底，就這仍負債累累。為了躲避債主的催逼討要，閻書堂父子不得不逃回本村。逼債討債的一幕幕場景，給閻錫山以極大刺激，因此，他執政山西後，曾反復講過，除非萬般無奈，能不借債就不借債。閻書堂回村後，一籌莫展，每天到曲成喜開設的「金泰昌」商號裡閑坐，以打發時光，有時也幫著掌櫃的幹點零活。而閻錫山，由於家道的急劇敗落，不僅結束了以往那種衣食不愁，無憂無慮的好日子，而且為了多少貼補點家用，不得不做起賣餅子的小生意。可他礙於面子卻又不在街面人多的地方擺攤，大聲吆喝著賣，而是提著個盒子，在村子裡走街串巷，碰上人小聲問「買餅子嗎？」，於是人們又給他編排了一句俏皮話，「萬喜子賣餅子—不敢吆喝」。但是，就

連做這點小生意也不得安寧，這一年，八國聯軍攻佔北京，慈禧太后和光緒皇帝倉皇出逃，要路經山西大同、太原，前往西安，德國軍隊尋蹤尾追，帝后忙命甘肅的馬玉昆、董福祥率部駐防於五臺山龍泉關一帶，以防不測。駐軍的糧秣等供給和一應差事，自然要由當地百姓承擔。閻錫山曾被派去支差，給清軍擔水切草，餵馬遛馬，經常挨打受罵，吃了不少苦頭。

對於閻錫山在清軍駐防時的表現，另有一種說法，即當聞知馬、董二部開赴龍泉關「將由太原忻州路經河邊村」時，被村中推為永和堡糾首（略同村治保委員會委員）的閻錫山「與各糾首長者會談，慮有滋擾事端，且防土劣乘機竊發，為害地方。眾慮花費無著，先生乃私取陳太夫人首飾當出，用以糾合壯丁，略組訓，持刀矛土槍農具以自衛，本村及鄰村賴以未受大害」（《閻錫山年譜》（一），第 12 頁）。閻錫山被推為永和堡的糾首，倒有可能是真的，但後面的說法就有些為尊者諡美之嫌了。清軍軍紀的敗壞和對地方的勒索攤牌等等擾害，是眾所周知的事實，因此，為了防止駐軍滋擾以及地方上地痞流氓的乘機胡作非為，河邊村組織青壯年，加強自衛，是理所當然的事情。閻錫山作為糾首，提出這樣的建議也在情理之中，但將他在其中所發揮的作用，說到這種程度，就有些誇大其詞了。而閻錫山給駐軍支差受苦，則是不可避免的，當時這是官差，任何人不敢不應。它與組織自衛是兩嗎事。至於他私取繼母的首飾出當，以作組織訓練青壯年的費用一說，更屬不實。實際上，閻錫山「私取」其繼母的銀手鐲，是因為吉慶長倒閉後，迫於無奈，在外出躲債時拿的，說得難聽一些，也就是偷的。這事，閻錫山也自覺無理，一九一七年，他當上山西省長後，一次回家，曾向其繼母承認了此事，不但陪情道歉，還拿出一副黃燦燦的金手鐲，親自給繼母戴在手腕上。繼母則笑嘻嘻地說：「我早知道，只是不和人說，怕丟了你的人。陳家營你外祖母幾次問我，我都說放在箱子裡」（《閻錫山與家鄉》，（《山西文史資料》第 67 輯，第 44 頁）。

轉眼間，年關臨近，一些債主趕到河邊村來向閻書堂討債，有的還雇了打手。閻書堂白天躲在朋友家，不敢出來，晚上才出來向人求情，好不容易熬到過年。過年之後，閻書堂父子二人眼看著在村裡呆不下去了，便

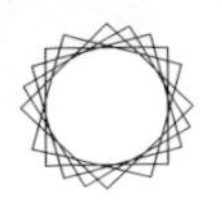

決定南下太原，另謀出路。閻錫山受其父支使，先到陳家營的堂舅那裡借路費，被堂舅數落了一頓，閻錫山一氣之下，扭頭便走。接著他又去宏道鎮上向在那裡做買賣的叔父閻書典借錢，豈料叔父不僅不借，反而說什么「好漢做事好漢當，自己跌倒自己爬，你們商號賠塌了，還想把我也累倒呀」！閻錫山碰壁後，又找到也在宏道鎮一家店鋪裡當店員的本家叔叔閻書康，閻書康聽說他父子倆借錢是為了外出躲債，就十分痛快地拿出僅有的幾個錢來，遞給閻錫山，還再三囑咐說：「回去趕緊叫你父親往省裡跑，不要走大路，要繞河北（滹沱河以北）各村走，不要叫人家攆上」。閻錫山返回家中後，又悄悄拿了他繼母的一副銀鐲子，加上他岳父徐一敬資助的一些錢和妻子徐竹青積攢的一點私房錢，連夜與父親閻書堂動身出發。到天亮走到南作口村時，正好趕上去太原拉廢紙的蔣村人薄吉福，因為是空車，閻書堂便央告說想搭車，薄吉福很痛快地答應了。到達忻州後，閻書堂怕倆人在太原開銷大，便把閻錫山留在了「成鈺東」藥鋪。成鈺東藥鋪的掌櫃過去曾與閻書堂有交往，於是讓閻錫山先住下，在店裡幫忙。閻書堂安頓好後便一個人下了太原，不久，經過同鄉介紹，與人合夥包攬土木工程，過了一段時間，又在巡撫衙門「稿房」（負責管理收發公文）裡找了個閒雜差事。生活有些著落後，才把閻錫山叫到太原。從此閻錫山離開了他生活過十幾年的故鄉河邊村，踏上了他人生的新的旅途。

2、考取武備學堂，東渡留學日本，改變了閻錫山的人生命運

義和團運動失敗後，清政府迫於內外壓力，於一九零一年開始，在較大範圍內搞起了「維新新政」，也就是人們一般所說的「清末新政」。「新政」包括官制、經濟、教育、軍事、司法、文化習俗等方面的改革，如在軍事上就有裁汰制兵練勇，編練新軍巡警等內容；在教育上則決定廢除科舉，興辦新式學堂，獎勵遊學即出國留學等。

山西巡撫岑春煊，遵奉朝廷的旨意，於一九零二年成立了山西大學堂。其後又陸續成立了山西農林學堂、山西法政學堂等，並且恢復了山西武備學堂。說是恢復，因為在光緒二十四年（西元一九九八年）九月，時任山西巡撫的胡聘之就奏請設置山西武備學堂，後因「戊戌變法」失敗而停辦。這次岑春煊借推行新政之風，奏請朝廷批準成立了山西武備學堂，（光緒三十二年改設為山西陸軍小學堂）。這所學堂以培養下級軍官為主，學制三年，課程以軍事知識為主。武備學堂一經成立，便發出告示，讓人們報名參加考試。

閻錫山見到這個告示後，便想報名考試。可是閻書堂不同意，他考慮的是好不容易在太原給閻錫山找了個差事，只要好好幹下去，總會有點出息。這樣不僅能養家糊口，而且也好攢點錢給人家還債。但閻錫山卻堅持要考武備學堂，他對父親說：凡是從事農工商賈的人，操心勞力，辛苦所得，到頭來頂多也只是「家室之謀，鐘釜之計」，況且經商很難成功，而易致敗。父親您倒是知能挺高，可是也往往遭到挫折，我不如您，那還有什麼希望呢？我想「有為於時，有益於世，若不繼續讀書，多求知識，無以白了，別的就更談不上了」（《閻錫山年譜》（一），第 13 頁）。閻書堂經兒子這麼一說，覺得倒也不無道理，同時也知道了兒子並非窩囊之輩，而是有其志向的，於是便同意了閻錫山的請求。讓他報考武備學堂。閻錫山十分高興，與他到太原後在「裕盛店」當小夥計時結拜為把兄弟的黃國梁、張瑜倆人一商量，這倆人也要同他一起報考。

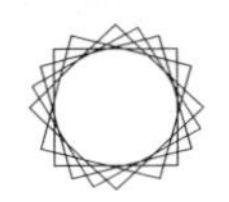

這武備學堂由於是培養下級軍官的軍事學校，對報考的學生，要求標準也不甚嚴格，只要體格強健，通曉文字也就可以。況且是初次招生，考試題目也沒有走上規範，只是由主考官想個題目，呈報巡撫批準即可，所以，考試的結果，閻錫山、黃國梁、張瑜三人均被錄取。這次，共招收了一百二十多名學生，大多數是各縣應試的童生，還有一些秀才。與閻錫山同時考入的，還有溫壽泉、喬煦、姚以價、榮福桐等人。

對於閻錫山的考試，曾有一種說法，說是「閻錫山知道自己只讀了三年私塾，文化太差，就想請人代考」，他父親想來想去，想到了在山西大學堂念書的趙廉佑。趙是代縣人，閻書堂在五台城做買賣時，曾與趙家有過來往，於是，閻書堂帶著閻錫山前去山西大學堂向趙求告，趙因情面難卻，答應冒名頂替。考試的題目是「韓信點兵多多益善」。趙廉佑很輕易地就把文章做好，交了上去，結果替閻錫山考取了好成績，並且是名列前茅。這些說法，值得商榷。首先，閻錫山在私塾不是念了三年，而是念了近十年，他入私塾以來，一直勤奮好學，學習成績相當良好，因而，應當是學有所成，他對考試是有一定信心，而勿須旁人代替的。其次，「等到口試時，閻錫山態度謙恭，應若靈便，深得考官的賞識，結果被錄取了」（《閻錫山與家鄉》，《山西文史資料》第 67 輯，第 29—31 頁）。這說明，閻錫山還是有實力的。如果他在學業上太差，應答是不可能靈便的，即便是考官讓他複述一下試卷所答，他也不會支應下來的。再就是，閻錫山在武備學堂的三年中，每期各科成績都比較優秀，作文每為同學一百二十人之冠。甚為主持人李廷颺（山西渾源人，進士出身）器重，贈字曰伯川，意在配山而百川匯海，義取高深廣大（《閻錫山年譜長編》（一），第 14 頁）。從這裡也可看出閻錫山的國學基礎相當扎實。不然，他的各科成績不會優秀，就是原來基礎不好，入學後努力追趕，也不可能有這麼大的進步。因此，說閻錫山被錄取是因旁人替考的結果，是難以令人信服的。從其在私塾的表現，到被考官賞識，再到主持人的器重，有理由認為，閻錫山考取山西武備學堂，是靠自己努力的結果。

山西武備學堂的開辦，為閻錫山提供了改變自己命運的良機。閻錫山抓住了這個機遇，在其人生的旅途上邁出了重要的一步。

閻錫山考入的山西武備學堂，名曰新式學堂，其實，仍保留著不少舊的東西，像學生住的宿舍，就分「孝」「悌」「忠」「信」四個齋號。在教學內容上，除了有關軍事科目上引入了西方的一些教材、講義外，在文化課程的學習上，也多是孔孟之道一類的東西。這種現象並非山西一省才有，而是全國也都如此。但是，山西武備學堂畢竟是新式學堂，它又在省城太原，所以，在這裡學生們與外界有了更多的接觸機會，他們不僅可以透過各種途徑，尋覓閱覽到省內國內的一些圖書、報刊，而且，對於不久前中國社會所經歷的變故，像「公車上書」、「變法維新」、「六君子」就義、庚子之變、義和團運動、「君主立憲」等重大事件以及中國社會的現實，也有了更多的瞭解，並引發種種議論和見解。這對於像閻錫山這樣從鄉下來的學生們而言，無疑會產生一種前所未有的新鮮感。同時，在這樣的環境裡，學生們隨著自己見識的增長，在新舊思想觀念接觸、交流、碰撞和相互滲透的過程中，也不可避免地會對自己的前程，國家民族的命運，進行著反思和探索。身在其中的閻錫山，自然也不例外。雖然對於他在武備學堂學習期間思想變化的有關史料，還未曾掌握，但從其爾後赴日留學時對清山西當局囑咐所持的態度上，以及赴日途中在輪船上的感歎中，則可以清楚地看出，閻錫山在這一期間的思想的確是有所變化的，他對一些事物是有自己的看法的。

山西武備學堂的學習是緊張的，因為它帶有軍事組織的性質，對學生的要求相當嚴格，每天的活動從軍事上的集合跑步開始，直至晚上熄燈，課本上的灌輸，操場上的訓練，一課接一課。但是，又因為它是官辦的學校，所以，學生們的生活還是比較優裕的。學校除供給學生衣食外，還發給餉銀一兩，實際上是零花錢，這些費用加起來有三兩白銀。每個學生在當時已經頂得上了衙門裡一個小差役的月俸。因而有些學生尤其是一些貧苦人家出身的學生，往往把省下來的餉銀寄回家中，以作貼補。閻錫山每月就給他祖父按時寄去一兩白銀，讓其祖父買些白麵豬肉，加強營養。

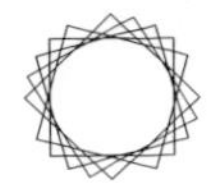

在這裡，閻錫山學習相當刻苦，對出操、訓練等軍事科目，十分認真，對教官、督練官也很恭敬，因而頗為老師們喜歡，同學們也願意與他交往，後來還當上了學生班長。正因為如此，所以，一畢業即被清山西當局派出去日本留學深造。

清朝政府為了提高其新軍的素質，可謂不遺餘力，於各省開辦武備學堂，以培養下級軍官的同時，還挑選武備學堂中的一些優秀學生出國深造，以作為將來新軍中的高級軍官。到光緒三十年（一九零四年），就已經派出六批學生赴日本學習軍事。

光緒三十年，清廷第六次選派留日學生，當年，清廷令山西巡撫張曾敭考選送日本學習陸軍生二十名，其中三名由中央公費派送，十七名由山西省財政支給。山西武備學堂經過篩選，閻錫山、姚以價、張維清三人獲北京政府公費，由此可見閻錫山在校期間的表現確實不錯。黃國梁、溫壽泉、張瑜、喬煦、榮福桐、焦祟禮、王寶喜、金鳳巢、吳友松、武滋榮、馬開松、顧祥麟等十七人，由山西省出資。閻錫山、張瑜、黃國梁這三個當初在太原「裕盛店」換帖結拜的弟兄，全都入選，並且這二十名學生中，很大部分後來都成了山西同盟會的骨幹和辛亥太原首義的中堅。第六批赴日留學生共兩百六十餘人，超過了前五批之總和，從這裡不難看出，清政府在培養中高級軍官上所下的工夫了。

然而，清政府對一批批留日學生總是放心不下，千叮嚀萬囑咐要他們專心學習，循規蹈矩，將來報效朝廷。這是因為清政府雖然於一九零一年搞起了「維新新政」，但是，由於庚子之後，人民群眾抗捐抗稅，反賠款、反洋教的鬥爭此起彼伏，連續不斷，呈日益興起之勢。與此同時，隨著資產階級的不斷發展，一些革命的先行者為了救國救民，不但在思想上進行著積極的求索，而且還建立了反清的組織。早在一九八四年，孫中山便在檀香山成立了「興中會」，提出了「振興中華」的響亮口號。在入會誓詞中，又將「驅除韃虜，恢復中華，創立合眾政府」作為奮鬥目標。興中會成立後，雖然舉行的多次武裝起義被殘酷地鎮壓了下去，但其所形成的三民主義思想，及其革命舉動，卻在國內引起了很大震動，使不少人「對孫中山

的革命事業有了更多的理解和共鳴」，「贏得了社會上相當一部分對資產階級民主革命的同情和支持」正因為如此，所以，清政府對這第六批留日的學生，也同以往一樣，要訓示一番。閻錫山他們從太原動身之前，山西巡撫張曾敭、布政使、按察使、提學使、道台，所謂的五大憲（撫台、藩台、臬台、學台、道台），就先後對他們諄諄告誡：朝廷資送遊學日本，應各專心學習，以圖將來報效，萬不可接近革命黨人，聽信邪說，誤入歧途，並對孫中山妄加詆毀，等等。

山西的這批留學生，由候補知事吳春康帶領，於七月先到北京集中，閻錫山等人在北京住了近一個月，其間，又有兵部侍郎姚錫光（時任山西新軍第四十三協協統姚鴻發之父）的訓示，及至全國各地學生會齊後，即在天津乘坐日本輪船前往日本。

這是閻錫山第一次走出國門，也是他一生中唯一的一次走出國門。

輪船乘風破浪向日本進發。閻錫山和幾個同學在甲板上憑欄眺望，遼闊無垠的大海與碧藍的天空仿佛連接在一起，海天一色。一群海鷗歡快地鳴叫著上下翻飛，追逐著船尾翻起的浪花。這對於從未見過大海的閻錫山而言，感到一切都是那樣的陌生新鮮，又是那樣地讓人激動和愜意。更令閻錫山驚奇的是，船艙裡的走廊、扶梯和房間裡都是那樣的乾淨整潔，員工雖少，但個個盡職盡責，對乘客謙和有禮，服務十分周到。而他在國內所見到的則是「做甚的不務甚」，態度傲慢無禮，人多而事廢，這一對比，使他初步看到了落後與先進的差距。到日本後，耳聞目睹的許多事情，在令閻錫山感到新奇的同時，又不由思索著久縈於心頭的一個問題：日本何以國小而強？中國何以國大人多而弱？而當年日俄戰爭爆發後，戰勝國日本又將其勢力伸入中國東三省的事實，更使他感到無比憤慨，不但認為，康梁的保皇黨根本救不了中國，而且進一步看到了清朝政府的腐敗無能（《閻錫山年譜》（一），第 15—16 頁）。雖然初入日本的閻錫山對清廷官員出發前對他們的訓誡，仍言猶在耳，但是，這卻不失為閻錫山對清政府產生不滿的反映，也是他與之發生離心離德的開端。閻錫山的這些思想，並非閻錫山一人所有，可以說是當時許多憂國憂民的熱血青年的共同心

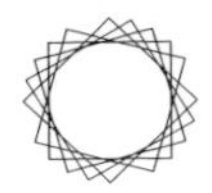

聲。而這種初步的反叛，既是中國腐敗黑暗的嚴峻社會現實使然，也是他們在日本受各種新事物強烈刺激的結果，是新與舊、先進與落後兩種事物碰撞後，在其思想上迸發出的火花。

閻錫山這批留學生到日本後，像前五批學生一樣，也是先在東京振武學校學習。振武學校是日本士官預備學校，它原來的校名叫成城中學，由於自一九零三年（明治三十六年）專辦訓練中國陸軍學生，所以改名為振武學校。在這裡，中國留學生要學習三年（其中包括一年實習），畢業後，才能正式進入日本陸軍士官學校。閻錫山入振武學校後，主要學習日語和近代科學知識。一九零六年秋季入日本弘前步兵第三十一聯隊實習一年，一九零七年進入日本陸軍士官學校第六期學習。一九零九年畢業返國。

對於閻錫山來說，從一九零四年到一九零九年，這五年的留學生活，確實非同一般，可以說是他人生道路上的一次重大轉折。就在閻錫山進入東京振武學校的第二年，即一九零五年八月，由法國返抵日本的孫中山，在東京成立了「中國同盟會」，先後參加同盟會的有中國十七省的留學生及華僑數百人。在此前後，孫中山曾多次在中國留學生和華僑的集會上發表演講。針對康、梁保皇派的種種謬論，進行了尖銳而深刻的批駁。閻錫山曾聽過孫中山的幾次演講，對其中的許多道理，他都深以為然。他在多年後憶及此事時，曾說過：「孫先生指出中國積弱之原因，在中國傾於保守，故讓西人獨步。中國從前之不變，因人皆不知改革之幸福，以為我中國人文明極盛，如斯已足」。「由此可以說明政治不可失時，若不能適合時代的需要，一定要為時代所拋棄。清末不到百年之間，中國與世界交通，事事相形見拙，國勢日衰，成為列強瓜分之對象。應改革而不改革，能進步而不進步，使愛國之士，咸認滿清政府為亡國的因素，救國的障礙，以致國人的目標，全集中於推翻滿清政府，即其所培養之人才，皆變成推倒其自身之力量」（《閻錫山年譜》（一），第18—19頁）。正是有了這樣的思想基礎，所以，在當年的十月，經穀思慎（字仲言，山西神池縣人，山西省最早的同盟會員）介紹，閻錫山由同盟會的重要領袖黃興主盟，參加了同盟會，當場宣誓表示奉行同盟會「驅除韃虜，恢復中華，創立民國，平均地權」的綱領。之後不久，閻錫山又介紹康佩珩、趙之成、徐翰文和趙戴文這四個五台老鄉參加了同盟會。

加入同盟會的閻錫山，多次前往居住於東京的孫中山寓所，拜謁請教孫中山。他對孫中山要以三民主義救中國，認為將「政治革命」同「民族革命」並行，實行民族革命、政治革命之時須同時改革社會經濟形態的主張，極表贊同。其中，他還聆聽了孫中山有關「平均地權」的解說，並與孫中山就此問題進行了探索。閻錫山後來回憶說：加盟誓言第四句「平均地權」，我當時對其意義不甚瞭解，曾向孫總理請教。總理說：「平均地權的『權』字，不是說量，也不是說質，既非指地畝多少，也非指地質好壞，是說一種時效價值」。但自己還不明白，於是孫中山舉例說：「如紐約原來是大沙灘，可說不值一錢，現在繁華起來，一方尺即值銀七百兩」。他問美國也是用銀子，論兩數？孫中山說：「不是，美國的貨幣叫『套如』（DOLLAR）。一套如差不多等於一兩銀子，我說七百套如，怕不懂得，所以我說七百兩銀子」。閻問「所謂『平均地權』，就是平這原來不值一文而漲到七百兩的地價麼？」孫中山笑了笑說：「你對了」。又告訴閻錫山說：「原來一文不值，今天漲到七百兩，不是人力所為，也不是進化所予，純是國家經營所提高，所以不應讓地主所有，應歸國家所有」，「因此，我認為應該實行平均地權」。無論商埠碼頭，普通都市，「凡有此種事實者，均應如此」，閻問：「耕作地是否亦應如此？」孫中山回答說：「耕作地，因國家經營，提高地價之事實甚少」，閻錫山便問：「因人力改良而增漲之地價，可否歸國家所有？」孫中山答曰：「不可。因人力改良者，應歸出力者享有」。這次談話，持續了約半個小時，其間，孫中山曾不下十次地問閻錫山「你明白了嗎」？「孫中山的諄諄誨人，親切態度，至今述之，尤覺敬佩不置」（《閻錫山年譜》（一），第 19—20 頁）。

孫中山先生的三民主義主張和平均地權的理論，對閻錫山產生了深刻的影響，使他從思想上逐漸清楚了中國落後挨打的原因所在，以及推翻清朝反動統治，改造舊中國，建設新中國的方向和途徑。如果說，他先前還只是憑著一腔熱情在組織上加入了革命黨的話，那麼，經過孫中山這些革

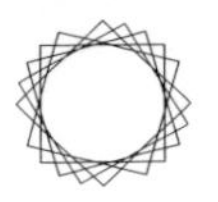
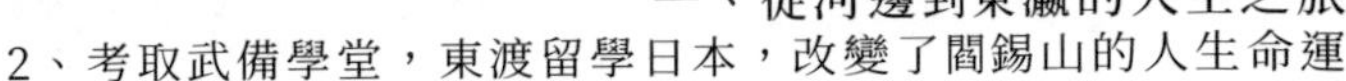

命理論的啟發教育，他已經在思想上也加入了革命黨了。

正因為如此，所以，他能夠服從同盟會的指揮，積極完成組織交給自己的任務。一九零六年暑期，他請假回國探親，趙戴文與之同行。臨出發前，同盟會總部指示他返晉後，秘密考察雁門關和五臺山一帶形勢，並擬在五臺山建立革命根據地。鑑於過去留日學生中的革命黨人返國後，屢遭清廷殺害，為防不測，閻錫山與趙戴文二人還各攜帶了一枚小型炸彈。這樣，過海關時就十分危險。船抵上海，在過海關時，閻錫山讓趙戴文把那枚炸彈交給他，並且在入關檢查時，閻錫山讓趙戴文走在前面，他自己則跟隨其後。趙戴文不解，爭著要閻錫山前行，自己斷後，閻錫山則對他說，我站在後面，畏畏縮縮，好像害怕檢查，容易讓人注意，一旦被檢查出來，我一個人頂著。果如閻錫山所料，海關檢查，對走在前面的人檢查時就不像對後面的人那樣仔細，結果二人得以順利過關。過關後，閻錫山有些自負地對趙戴文說：「事到危難宜放膽，愈危難，愈不可畏縮，畏縮反易被人生疑」。這話裡雖然有些自褒的味道，卻也反映了閻錫山的膽識。

閻錫山返鄉後，見到了闊別兩年的父母和祖父以及妻子。在河邊村的五天時間裡，利用種種機會，向親友和同學揭露清政府的腐朽無能和賣國行為。並與趙戴文到五台縣城、五臺山上，向同學、教師以及僧人宣傳革命。在家鄉前後呆了三個月，於秋季返回日本。對閻錫山而言，這次返晉，確實經受了一次鍛煉，並且透過接觸社會，更感到發動革命，絕非易事，從而使他認識到進行革命必須經過長期的準備和各方面的努力。

一九零七年秋，閻錫山經過在弘前步兵三十一聯隊一年的實習，結業後轉入東京士官學校。與其同時轉入該校的還有黃國梁、張瑜、喬煦、姚以價，他們被分配在步兵科；溫壽泉轉入後分配在炮兵科。士官學校不像振武學堂那樣，是專為中國留學生所設，而是日中兩國學生同校。但中國學生不與日本學生同住宿舍，並且有些秘密課程，也不願中國學生學得，上課亦多各在一堂。可見列強對落後國家總是歧視的，他們對落後國家的幫助，也總是有所保留的。閻錫山這六期士官生們，其隊長是岡村寧次，教官為板垣征四郎，土肥原賢二是閻錫山的同學。閻錫山與他們的關係都甚為密切，而這些人，後來都成為侵華日軍的首腦。

在士官學校，閻錫山加入了「鐵血丈夫團」。孫中山和同盟會總部所以要建立這樣一個純軍事幹部組織，是因為留日學軍事的學生回國後將成為清政府新軍的骨幹，如果同盟會能將一批同盟會中的積極分子發展到這個組織裡，那麼，對於將來掌握新軍，領導革命起義，則會發揮巨大的作用。從這個組織的名稱上來看，鐵與血是戰爭與革命的象徵，而所謂「丈夫」即取自孟子的「富貴不能淫，貧賤不能移，威武不能曲，此謂之大丈夫」。因而建立這樣一個組織是有其深刻的內涵和重要的戰略意義的。「鐵血丈夫團」團員共有二十八人，山西籍的有四人，即閻錫山、溫壽泉、張瑜、喬煦；湖南的有程潛、仇亮；湖北的有孔庚、朱綬光、何成浚、李書城；雲南的有唐繼堯、羅佩全；江西的有李烈鈞；陝西的有張鳳翽、張益謙；四川的有尹昌衡；浙江的有黃郛；河南的有楊增蔚；直隸的有何子奇。這些人畢業返國後，在運動新軍，發動革命，組織辛亥起義中，都建立了不朽的功勳。

閻錫山留學日本期間，在加入革命組織，不斷吸取革命道理的同時，還刻苦學習，深入觀察日本社會現實。

經過在振武學校兩年的學習和在弘前步兵第三十一聯隊一年的實習，閻錫山對現代軍事知識和軍事理論已經有了相當的掌握。他在廣泛涉獵與潛心研究兵書的基礎上，對於將來革命軍事的如何進行，給予了更多的關注。為此，還在實習期間，他就曾編寫了兩本軍事教義，一本是關於改善軍隊編制的《革命軍操典》，一本是側重夜戰的《革命軍戰法》。轉入士官學校後，閒暇之時，則常與李烈鈞、唐繼堯、朱綬光、李根源等人，分析時事，研究軍事，探討革命。對於學校的課程則不甚在意，由於對數學一科學習的放鬆，有時考試僅得及格分數。

閻錫山對於自己寫的這兩本教義，自認為很有價值，並想將之付諸實施。正好一九零七年春，廣東欽州三那地方民眾發起了聲勢浩大的抗捐抗稅運動。在孫中山的支持下，群眾隊伍曾一度攻入欽州城。閻錫山從上海

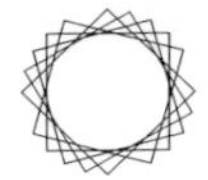

報紙刊登的消息中得知此事後，非常興奮，很想回國參加，將其已經脫稿的《革命軍戰法》借機付諸實踐。為此，他向聯隊正式提出退學申請，由於聯隊沒有批準，再加上從報刊上得到消息說欽州已被清軍收復，因而，他只好繼續學習。並且他在後來論及此事時，覺得自己「當時的舉措未免衝動」（《山西文史精選》（1）——《晉省辛亥革命親歷記》第 36 頁）。此舉雖未成行，但從中卻可以看出，閻錫山對革命黨是忠誠的，對革命是熱衷的，同時，也反映了他是重視理論與實踐的結合的。他這種注重實踐、注重實際的思想，對他後來的活動發生了很大影響。

閻錫山留學日本期間，日本明治維新已經進行了三十多年。經過維新，日本積極學習吸收西方國家的先進文明，其政治、經濟、軍事、教育、文化、外交都發生了巨大變化，取得了明顯效果，步入了世界列強的行列。在東京振武學校、士官學校學習的閻錫山，周圍的許多新鮮事物，不能不吸引他，因而，他除了功於學習外，對日本社會的現實狀況，也予以了相當的關注，並進行了仔細的觀察。後來，他在追述這段經歷時，曾感慨地說「最使我迄今不忘者兩事：一，無論有人向任何人問路，無不盡客氣告知，甚至送到所詢問之路口；二，有人無論在任何地方遺失東西，定有人想盡方法送還。如無法送還本人，則報告員警收存待尋」。而日本人民的敬軍精神，更使他十分感佩。他說：「我們參加野外實習，晚間有人爭讓我們換衣洗淨熨乾，再換穿。吃飯飲水之後，安頓寢息，問明早起時間預備早餐，並叫起床。一切周到，並在行軍路旁，見老年人拱手低頭，若敬神然，後經詢知，他們腦筋中以為軍人是真正保護人民者。當時，正值日俄戰爭期間，戰爭結果，日勝俄敗，他對於此，認為這是由於「日本維新，以發揚武士道，提高軍人精神為其主要目標」（《閻錫山年譜》（一），第 25—26 頁）。其實，日本明治維新，並非完全是以提高軍人精神，崇尚武力建立軍事強國為主要目標。發展資本主義經濟，增強國民教育，拓展海外市場，也是維新的主要內容。閻錫山這樣講，說明他當時對於日本的軍國主義是十分崇尚的，而這也許是他從日中兩國強烈反差的比較中，對清政府頑固保守，軍備鬆弛，致使國家落後挨打的一種反思吧。這也是他於

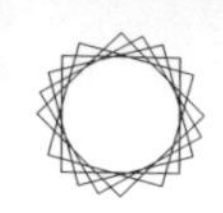

辛亥革命前任山西陸軍學校教官時建議改行徵兵制，執政山西後，又編寫《軍國主義譚》，大力宣揚軍國主義，主張「政府政策是軍國政策，人民教育是軍國教育，社會組織是軍國組織」的重要原因（山西省政協文史資料研究委員會編：《閻錫山統治山西史實》山西人民出版社 1981 年版，第 61 頁，以下只注書名、頁碼）。

在日本對孫中山的三民主義的接受和明治維新後日本社會所表現出的一派振興氣象，使閻錫山不斷堅定了推翻清政府反動統治，振興中國的信念。而在士官學校畢業返國途中，路經朝鮮時的見聞，更深深地觸動了他，刺激了他，感到了國破家亡的悲慘。朝鮮當時已淪為日本的殖民地。閻錫山經過漢城時，偶見朝鮮人即是其高級官員，往來官署，多順著牆根而行，並且不時地向後窺視，其狀如鼠之畏貓。日本人上下馬車則以朝鮮人代足凳。及至住進旅館後，有朝鮮籍的記者來訪，當知道閻錫山是中國人時，欲言又止，含淚而出。到了平壤，看見一座嶄新的大樓，方知是妓女學校。因而他「深感亡國之民，其生命、財產、人格及廉恥，均不得自保」。淪為亡國奴的朝鮮人的如此遭遇，不能不使閻錫山觸景生情，因為中國自清末以來就屢遭列強欺淩，甲午戰爭的慘敗，八國聯軍在北京的燒殺，種種不平等條約的割地賠款，照此下去，中國將會國將不國，步朝鮮的後塵。因而，他發出如此感歎，並且，這也更加激勵了他奮發圖強，爭取民族獨立解放的決心。辛亥革命後，他提出的「亡國之民不如喪家之狗」，「救國要在國未亡之前努力」等口號，以作警示（《閻錫山年譜》（一），頁）。

在日本的留學生活，很快就結束了。這五年，對於閻錫山確實非同尋常。從其登上赴日輪船的最初感受，到抵達日本後所看到的種種振興之象，再到途徑朝鮮時的見聞，這一切都給他留下了終身難忘的印象。雖然他是在校學生，無暇更多地去接觸社會，也不可能對其所見所聞產生的原因深入研究，然而，他從這些新與舊、先進與落後事物的對比中，卻領悟到了不少道理，儘管其中的一些認識還是片面的，膚淺的，但其傾向卻是向上的、進步的。並且正是由於有了這些感性認識，使他更容易地排斥保皇派的種種謬論，而接受資產階級的革命理論，進而加入資產階級的革命政黨，

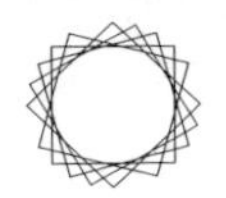

積極進行革命的初步實踐和鍛煉。因此，閻錫山留學日本五年的最大收穫，可以說，不在現代軍事知識和軍事理論的增長與提高，而是其在思想觀念、人生價值取向的變化上，在革命道路上的成長與進步上。

對於閻錫山在日本的表現，也有另一些說法，如：「閻錫山當初加入同盟會的動機就嚴重不純，他一貫偽裝、善變，是在進行政治投機活動」，就是一個突出的觀點。然而，它卻沒有確鑿的，令人信服的論據。倒是從同盟會當時所處的不利環境，及其凶吉未卜的前景，閻錫山臨危不懼，勇敢闖關，以及他在家鄉的積極活動等事實上，有力地否定了加在閻錫山頭上的這些不實之詞。而更能否定這一觀點的，則是閻錫山返國後，對新軍的積極運動和對武昌辛亥首義的極力回應。不可否認，辛亥革命後，特別是一九二七年以後，閻錫山在中國新民主主義革命中的某個時期確實有著一些消極乃至反動的舉措，但就其在日本留學這一時期的種種表現，還是應當予以肯定的。

3、幾經努力，閻錫山升任新軍標統，他利用職務之便，積聚革命力量

一九零九年四月，閻錫山這批留日學生返回國內。

當初，清政府選派他們赴日留學深造，就是為了給新軍培養中高級軍官的，所以，閻錫山等回到山西後，都被山西當局在軍界委以相當的職務。閻錫山被安排充任了山西陸軍小學堂（一九零六年由山西武備學校改名）的教官。溫壽泉當了山西大學堂的兵學教官，張瑜、黃國梁、姚以價、馬開松、李大魁等同盟會員則被分配在山西陸軍督練公所任教練員。據說，閻錫山回國後，打聽到時任山西新軍協統的姚鴻發之父姚錫光為清廷陸軍部侍郎，為使自己回山西後能有個靠山，他便繞道北京，專門拜謁了姚錫光，姚對他挺賞識，並寫信給其子，要他對閻錫山予以照顧。閻錫山回到山西後，能被安排到陸軍小學堂任職，是否與此事有關，尚無實據可查，但卻可以說明，閻錫山一回國便為自己能擠身軍界而開始了積極的活動。由於閻錫山教學有方，恪盡職守，不僅得到了學生們的愛戴和同僚們的尊重，而且也受到了他的頂頭上司姚鴻發的賞識。三個月後即升任山西陸軍小學堂監督（校長），閻錫山遂趁機與姚鴻發主動靠近，以取得他的信任。

與此同時，閻錫山還利用他父親的關係，加緊了與山西省諮議局議長梁善濟的聯絡。梁善濟是山西崞縣人，翰林出身，是山西立憲派的首腦人物。他與時任山西巡撫丁寶銓的關係十分密切。

為了靠攏梁善濟，閻錫山又與梁的秘書定襄人邢殿元結為「金蘭之交」，有了這層關係，邢常在梁面前褒揚閻錫山，逐漸取得梁善濟的好感，並且透過梁，又取得了丁寶銓的信任，從而為他自己在山西軍界的升遷打下了一定基礎。

一九零九年十一月，清廷為了鑑定閻錫山這批留日學生的學習成績，由陸軍部召集從日本歸國的在各省服務的士官生，在北京舉行會試。會試的結果，閻錫山名列上榜，被賞予步兵科舉人，並授給協軍校軍銜。與他

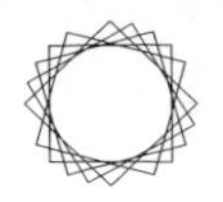

一同會試的溫壽泉名列優等，賞給炮兵科舉人，並授協軍校銜；黃國梁、姚以價、喬煦、馬開松、顧祥麟、武滋榮、王寶善、張維清、焦純禮等，被分別賞給步兵、，馬兵、輜重兵科舉人，並授予協軍校軍銜（《並州官報》一九零九年十二月三日，第一零九號）。清政府推行新政廢除科舉後，又賞予這些人舉人的名分，只是給他們的一種恩典，其舉人身份與透過八股考試取得的舉人並不相同。會試後，清廷陸軍部即發出指示：新軍協統以下軍官須以留日學生或帶過新軍者充任。這就為閻錫山這批學生擔任山西新軍領導職務提供了機會。不久，黃國梁、閻錫山分任山西新軍第四十三協所屬之第一、第二標（後改為第八十五標、第八十六標）教練官（相當於副團級）。溫壽泉被委任為督練公所督辦兼陸軍小學堂監督。閻錫山等同盟會員掌握軍權的計畫，邁出了第一步。

對於閻錫山從日本回國後，靠近姚鴻發父子以及議長梁善濟等權貴的活動，曾有論者說是他「走上層路線」，是為了自己的飛黃騰達，似乎他完全是出於利己的目的。不可否認，在封建社會裡，絕大多數十年寒窗苦讀的士子，都在追求著自己仕途的發展。閻錫山也不可能超然其外。但從閻錫山的一些表現來看，他主要的目的，還在於立足軍界，掌握軍權，以實現孫中山在東京再三囑咐的「以圖大舉」，即發動革命，推翻清政府統治這一遠大目標的。有一個事實可說明，即當閻錫山出任第八十六標教練官不久，與閻錫山交情甚篤的姚鴻發被調到山西督練公所當了總辦，總管全省兵事。姚鴻發出於對閻錫山的愛慕，想讓其出任協統一職。據閻錫山回憶說，姚曾告他，姚「已與北京方面洽妥，使我出五千兩銀子，協統遺缺由我升任。因其父為陸軍部侍郎（次長），向主管人員說此事，甚有把握。丁巡撫梁局長亦皆勸我出此，我則以革命工作，貴在下層，若離開下層，即不易組織革命力量，掌握革命行動，遂婉拒謝之」（《閻錫山年譜》（一），第 34 頁）。從閻錫山與姚鴻發的關係上來看，姚鴻發確實想抬舉閻錫山，並且也完全可以辦成此事。而閻錫山後面的那幾句話也並非自褒，因為，後來的事實說明，他確實是這樣做的。

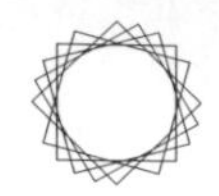

首先，透過鬥爭，掌握軍權。閻錫山婉拒出任協統後，譚振法繼任協統。八十五標標統為齊允，是旗籍貴族，巡撫也得讓他三分；八十六標標統為馬龍標，不久，夏學津接任。黃國梁、閻錫山仍為教練官。第八十六標標統夏學津是巡撫丁寶銓的紅人，此人雖然思想頑固，生活腐化，但治軍上還有一套。閻錫山屈居於夏學津之下，要想掌握這兩標新軍，就得除掉夏學津、齊允這兩塊絆腳石。為此，山西同盟會內部，以閻錫山為首專門成立了一個有《晉陽公報》訪員蔣虎臣，趙萃珍、趙萃瑛兄弟，張樹幟和協本部的司書弓尚文等人參加，由李嵩山具體負責的宣傳小組，暗地裡搜集夏、齊的劣跡事實。當得知夏學津的妻子與丁寶銓有曖昧關係後，即將此醜聞公諸於《晉陽公報》，在這前後，齊允貪污腐敗的種種劣跡也被揭露。丁寶銓對此非常惱怒，下令嚴厲查辦敢於詆毀長官者，趙萃珍兄弟在同盟會員南桂馨的大力幫助下，迅速逃跑。李嵩山、蔣虎臣、弓尚文不幸被捕（後被保釋）在外界輿論的壓力下，丁寶銓不得不將夏學津調離軍隊，改任軍械局總辦，馬龍標復任八十六標標統。

不久一九一零年發生的「文交慘案」，為閻錫山、黃國梁掌握軍隊，提供了機會。「文交慘案」的發生，全因禁毀文水、交城兩縣農村所種罌粟引起。清當局因山西種植罌粟屢禁不絕，於一九零九年又頒佈山西六年禁絕種煙的命令，提前禁絕者，官員受獎。巡撫丁寶銓為了邀功，一面謊報山西種煙已經禁絕，一面大肆開展禁煙。一九一零年春，省諮議局派宣導禁煙和天足的太谷紳士孟步雲前往文水宣傳禁煙。但由於縣令劉彤光為使農民按期完糧納稅，謊稱轉請撫台明年仍準種煙，因而農民仍依歷年習慣，按時種煙。孟步雲下來時，煙苗已經出土，農民見要禁煙，群情激奮，堅決抵制。孟返省報告，丁寶銓為使夏學津重掌兵權，遂派他率第八十五標第一營及騎兵五六百人，進駐交城縣廣興村和文水縣城內。三月十三日，夏率兵進開柵鎮，會同知縣劉彤光，強令農民剷除煙苗。群眾跪地哀求，請對已出苗之處手下留情。夏學津不予理會，強行逮捕了武樹福等六名群眾，眾人便持農具刀棒，想把他們奪回來，於是與官兵發生衝突，夏即下令開槍，當場擊斃群眾四十餘人，傷六十餘人（胡思敬：《劾山西巡撫丁

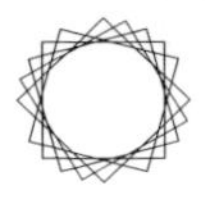

寶銓折》，《退廬疏稿》卷二，第 13 頁），接著夏又威逼農民舉竿橫掃，各村煙苗數日盡除，以後又將武樹福斬首。夏學津殘民無道，自以為在禁煙上立了大功。不料此事被《晉陽公報》所聞，報社總編同盟會員王用賓認為此事滋大，遂派訪員革命黨人張樹幟、蔣虎臣二人前往實地察訪。後將此事寫成新聞，揭諸報端。丁寶銓見報大怒，要報社經理劉錦訓登報更正，劉未照辦，還準備繼續報導，只是迫於壓力，辭去報社經理一職，赴京暫避，遺職由王用賓兼代。丁寶銓次日閱報，只見辭職啟事，並無更正字樣，便將張樹幟、蔣虎臣二人逮捕，並將對此事敢於講真話的諮議局議員張士秀（同盟會員）以「挾妓逞兇」罪名，判刑兩年，解回原籍臨晉縣監獄執行。《晉陽公報》刊登的「文交慘案」一事，很快便傳遍全國，《申報》、《中西日報》以及各埠報刊，多予刊載。丁寶銓惱羞成怒，欲進一步加害劉錦訓和王用賓，大興冤獄。不料，此事被禦使胡思敬參奏，上諭「交直隸總督陳夔元徹查，擬議具奏」。五月十五日，丁寶銓被交部察議。夏學津被撤差褫革，劉彤光革職永不敘用，交城知縣劉呈明革職。

胡思敬參奏見諭後不久，黃國梁接任第八十五標標統，閻錫山接任第八十六標標統，實際上掌握了新軍的主要力量。黃、閻二人的接任，看似有些意外，其實全在情理之中。丁寶銓、夏學津的倒行逆施，終至垮臺，可以說，閻錫山所組織的宣傳小組，在其中發揮了至關重要的作用。正是由同盟會員基本控制的《晉陽公報》對丁、夏等人惡行的不斷揭露，才使得丁、夏的陰謀接連遭到破產，從而為革命黨掌握軍權創造了條件。如果說，《晉陽公報》先前對丁寶銓與夏學津之妻苟且醜聞的暴光，迫使丁寶銓將夏學津調離軍隊，為閻錫山等掌握新軍清除了一塊絆腳石的話，那麼，後來它對文交慘案的如實報導，則進一步促使了丁、夏的垮臺，給閻錫山、黃國梁二人接任標統，鋪平了道路。這是閻錫山、張樹幟、蔣虎臣、李嵩山、南桂馨、王用賓、張士秀等同盟會員與丁、夏所代表的山西反動勢力堅持鬥爭的結果。也是閻錫山對實現其掌握軍權這一目標的步步逼近。山西的革命黨人透過鬥爭的實踐，變得更加團結和富有戰鬥力。

其次，改造軍隊，培養骨幹

山西的軍隊分為新軍和舊軍兩部分。山西新軍始建於一九零二年。新軍為一個混成協即四十三協（旅），它下轄步兵兩標（團）、騎兵炮兵各一營，工兵輜重兵各一隊（連），後將騎兵營和工兵隊撥歸第八十五標代管，炮兵營和輜重兵隊撥歸第八十六標代管。全協共四千餘人，均駐於太原。舊軍為巡防協十三個營，也是共四千餘人，在太原駐有三個營，其餘分別駐紮於綏遠、大同、代州（代縣）、平陽（臨汾）。對於舊軍，閻錫山認為其「保守太甚，不易向革命方向轉變」。而在新軍中，晉籍軍人不過十分之二，且多所謂「老營混子」。閻錫山接任第八十六標標統後，為使新軍的實際領導權掌握在同盟會的手裡，經他的推薦，常越任第八十五標教練官，南桂馨任第八十五標軍需官；馬開松任第八十六標教練官，喬煦任第一營管帶（營長），張瑜任第二營管帶，頑固保守的只有第八十五標第三營管帶熊國斌和第八十六標管帶瑞鏞（滿族）少數幾個軍官。與此同時，為使新軍易於掌握，並能成為有朝氣有團結力之革命武裝，他還向山西省諮議局局長梁善濟、新軍協統姚鴻發，以及尚在任上的巡撫丁寶銓建議在山西實行徵兵制。在他們的支持下，徵兵制首先在山西實行。實行這一新制度的結果，新軍全協人數十分之六為新征的山西農工青年，同時也攆走了十分之六的外省籍老營混子。從而使新兵與舊兵的比例從二比八變成了八比二。由於新征的晉籍士兵，不僅因鄉土地域關係形成一團，為保衛家鄉而戰，而且這些出身農工家庭的子弟，也多能吃苦耐勞，從而使新軍更易於統領掌握，也更富有朝氣，並且在已升任督練公所總辦的姚鴻發向閻錫山、黃國梁提出了整理軍隊這一問題時，也正想促使軍隊革命化的閻、黃以及趙戴文、溫壽泉、南桂馨、張瑜、喬煦、常越等人，經過密議，遂由閻錫山出面，與姚鴻發商定從標中挑選優秀士兵，成立 1 個模範隊。經過積極活動，閻錫山爭取到王嗣昌、張德榮（均為同盟會員）分任第八十五、八十六標的模範隊隊長。據閻錫山講，這支模範隊，「名義上作訓練的表率，實際上作起義的骨幹」（溫壽泉、黃國梁等：《辛亥山西起義始末》，《山西文史資料精選》第 1 輯，第 9 頁）。同時，他們還發起成立山西軍人俱樂部，「表面研究學術，實際結集革命同志，暗中發動革命」（《閻錫山年譜》（一），第 35 頁）。此外，借著整頓軍隊的機會，閻錫

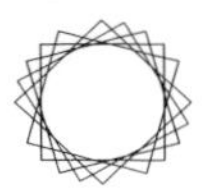

山還讓一批有文化的同盟會員開始下連隊當兵或任文書職務，以便深入軍營兵棚做兵運工作。

再次，妥善處理舊兵，保存革命力量。在整理軍隊的過程中，對於舊兵的處理，曾使閻錫山等人處於了兩難之中，因為按照整理軍隊所確立的「舊兵退伍，補充新兵」的辦法，舊兵必須退伍，可是，在舊兵中有不少人已是同盟會員，而且有相當一部分是正目（班長），若將這些人也退伍，必將削弱同盟會的力量，同時也會影響到革命黨人對部隊基層的領導，以及正在進行的兵運工作，而對於老兵來說，退伍即是失業，因此，他們也都不願離開部隊，如果硬要將其裁撤，又將會激起兵變或其它不測之事。閻錫山面對這個情況，向南桂馨說：「已決定的計畫，不易更改，只有我們另想辦法，或者把裁下來的人，設法安插到巡防隊（舊軍）裡」。南桂馨不同意這個做法，決定另行商討，最後研究決定籌集幾千兩銀子，到綏遠後套購置土地，建設農莊，把退伍舊兵安置在那裡從事生產，使他們生活上有所保證，況且這樣集中起來，一旦有事，即可隨時調動。閻錫山與南桂馨還決定，在太原到後套農莊的路上，沿途開設旅棧，安置一些老兵，以作聯絡工作。南桂馨將此決定透過先前下連隊當兵的楊彭齡（字籛甫），轉告給各連營的退伍老兵後，大家都表示贊成。

事情這樣決定後，一九一一年十月六日（農曆辛亥年八月十五日），閻錫山、南桂馨等借中秋節之機，召集第八十五標第一、二兩營準備退伍的正目王澤山、王致嘉、於鳳山、劉德魁等十餘人，以及兩營營鋪經理和準備退伍的老兵共八十餘人，在太原城內察院後德盛園飯店，歃血為盟，宣誓「從事革命，誓不背盟」，一旦遣散命令頒佈，即按計劃分頭行動。然而，四天之後，武昌辛亥起義爆發，消息傳到太原，督練公所總辦姚鴻發害怕因裁退老兵引發事變，未敢宣佈遣散命令。裁退老兵的問題也就不了了之。雖然如此，但從閻錫山、南桂馨等人所採取的措施上，可以清楚地看出，他們為了積蓄和保存革命力量是盡了很大努力的。老兵們雖未退伍，卻從這場風波中，受到了很大教育，更激發了他們團結一致，同仇敵愾的革命熱情。其中有不少人後來成為了太原辛亥起義的骨幹分子，有的甚至為革命獻出了生命。

閻錫山自留學回國後的這些活動，不但為爾後的太原辛亥起義，在精神和物質上都做了充分的準備，並在這一過程中，逐漸擴大和樹立了他在新軍中的影響，為其在太原首義成功後順利出任都督奠定了基礎，而且，因其對新軍的有力掌握和對軍事鬥爭形勢的準確判斷，使太原辛亥起義部署得當，在付出很小代價的情況下，取得了完全勝利。

二、辛亥風暴中的搏擊

1、事出突然，閻錫山當機立斷，決定提前舉事，回應武昌起義

一九一一年十月十日（農曆辛亥年八月二十日），湖北武昌的革命黨人發動起義成功。從此拉開了推翻清朝反動統治的序幕。

武昌起義猶如一團烈火，迅速燃遍中華大地。湖南和陝西在同一天首先回應，十幾天後，江西也揭竿而起。

辛亥起義極大地震動了清廷。山西地處京畿，而陝西的起義又從側面威脅到山西，這就使得清山西當局更為恐慌不安。因此，調任山西巡撫的陸鐘琦（進士出身，順天宛平縣人，前為江蘇布政使）一聽到武昌起義的消息，立即召集督練公所總辦姚鴻發和四十三協協統譚振德以及布政使王慶平、提法使李盛鐸、提學使駱成驤、勸業道王大貞、巡警道連印等高級官員會商對策。而在此之前，陸鐘琦因對同盟會的活動早有所聞，就予作防範，又是修理城牆，又是召見留日學生和到各學堂去視察，並且，以視察新軍為名，統計官兵無辮人數，還著人搜集同盟會會員名單，準備一網打盡。

陸鐘琦等還認為新軍不可靠，為防不測，應該將其調到省城太原以外駐防，立即調回舊軍巡防隊兩旗（每旗三千餘人）到太原駐防，守衛巡撫衙門和彈藥庫等要害部門。山西管轄的巡防隊約有六千人左右，分為前、中、後三路，前路駐臨汾，擔任河東及上黨地區各州縣的防務；中路駐大同，擔任韓信嶺以北，外長城以南地區的防務；後路歸綏遠將軍節制，擔任口外各旗的防務。各路巡防隊原則上每路七旗，除此之外，還有太原巡防隊。從地理位置和防區上來看，這調入的兩旗巡防隊，顯然是從中路抽調的，其力量也是相當薄弱的，可是，這兩旗人馬，也未能抵達太原，因為當他們行至忻州時，太原起義已經爆發。

與此同時，陸鐘琦想出了另一對策，就是把他兒子陸光熙（字亮臣）召到太原，讓其聯絡革命黨人，只所以如此，是因為陸光熙是閻錫山在日

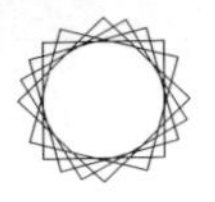

本士官學校的同學。他也知道閻錫山是同盟會員，還參加了「鐵血丈夫團」，但他本人的主張與閻不同。陸鐘琦想以這層關係，讓其子勸說閻錫山並瞭解閻的意圖，這實際上是一種緩兵之計。據閻錫山回憶說：陸亮臣「來並翌晨即訪我談話，見面即開口說『我此次來即為與兄研究晉省對武昌事件當如何應付。兄有意見，弟對家父尚可轉移。』我當答『武昌事件真相，我尚不知，黎元洪究竟係為革命而起義，抑係別有原因，我也不明白，我們談武昌事件，還有點太早』。他繼續說『我們還可以再觀察幾天，不過我可和兄說，最後需要家父離開時，我也能設法。』我即笑說『這話說到那裡去了，你今日來，我們更說不到那樣的話了』。他臨行時又和我說：『過兩天我們是否可以和姚總辦一起談？』我說可以，你通知他，還是我通知？他說『我通知他吧。』」閻錫山與陸光熙見面的當天晚上，到督練公所去見總辦姚鴻發，問他亮臣是否來訪過他。姚說來過了，並對閻說他和你談的很好，是否再過幾天共同談談，閻說請總辦決定吧，遂辭出。閻錫山從督練公所回來後，趙戴文忙問他陸公子來究竟做什么？閻說：「頂好也是想敷衍我們，完成運槍開兵的事，然後靜觀革命形勢的發展，如果革命有過半成功的成分時，擁戴他父親聯合大家，做個突變，與回應武昌起義不會有絲毫實際效用」（《閻錫山年譜》（一），第 36、41、42 頁）。

閻錫山對陸光熙造訪目的的判斷是對的。陸光熙、姚鴻發一再所說的與他談談，就是想穩住閻錫山等革命黨人，以便實施他們運槍開兵的計畫。即把山西原有的五千支德國造新槍運往河南三千支，並隨帶子彈（其時，已運走一部分）；再就是把同盟會掌握的兩標人馬調出太原，分別開往臨汾與代州，而由巡防隊接替太原防務。這兩項計畫如若實現，將對河南和山西的革命起義造成極大的不利。然而，清山西當局的這個計畫，還是被閻錫山等革命黨人得知了。因為，武昌起義後，早就躍躍欲試的山西革命黨人，不能不密切關注清山西當局的一舉一動，並積極做好回應武昌起義的準備工作。

按照當初同盟會決定的山西革命任務，是「俟革命軍到河南境內時，山西出兵石家莊，接援革命軍北上，此為辛亥革命以前之決策」。所以作

出這樣的決策，是因為同盟會因種種關係，分革命任務為江南江北兩部分，中山先生與同志們研究發動起義地點，都主張應在江南，一方面江南離北京遠，革命發動後，清軍不易集中反擊；一方面江南有海口，容易輸入軍用物資和得到外人援助，並且江南的革命潮，也要比江北高。

但是，由於清當局正在加緊實施運槍開兵計畫，迫使山西革命黨人不得不提前舉行起義。而提前起義，勢必要有很大風險，因為武昌起義後，清廷即派陸軍部尚書蔭昌、南洋水師提督薩鎮冰統海陸軍竭力攻之，若山西提前起義，清政府將會為除肘腋之患，而調攻漢之全力，以攻山西。然而，若不提前起義，南方的革命將會受到更大摧殘，如果趁清廷重兵南攻之機，在山西發動起義，也是對南方革命的回應。正是在這種嚴峻的事關大局的形勢下，閻錫山遂當機立斷，決定提前起義。正如他所說：「我未遵照原定計劃等到革命軍到河南，即在武昌起義後，大勢尚未分明，提早在太原起義，此非原定計劃，乃受形勢所迫，使我不得不提早行動」。原來，就在閻錫山從姚鴻發那兒出來後，向督練公所人員打聽，知道運槍與開兵之事，已經決定趕快實行。因此，他從督練公所回來後，正在等他的趙戴文在問完陸光熙來訪的目的後，對於運槍開兵一事，提出建議，說「事既如此急迫，是不是和大家商量個辦法？」閻錫山認為不妥，說「革命是危險事，與大家謀不易成功，反易洩露」（《閻錫山年譜》（一），第41—42 頁）。

閻錫山等為了做好提前起義的準備工作，先是對革命黨人能掌握的武裝力量進行了分析。閻錫山認為第八十六標的三個管帶中張瑜、喬煦都是我們的堅強同志，只有瑞鏞是個旗人，其餘下級軍官都很可靠，行動的時候，只要把瑞鏞一人囚禁起來，即無其它顧慮。騎炮營多是老軍人，不贊成，也不會反對。且炮兵中有不少下級軍官和頭目（班長）是我們的同志，可能控制該營。工輜隊雖不同情，亦不會有劇烈的抵抗，且人數又少，關係不大。需要特別注意的，只有八十五標，因為標統黃國梁雖然與我私交甚好，但不是同志，他的三個管帶，白和庵、姚以價、熊國斌亦然，故不能從下邊運用，因為隊官（連長）與頭目之間，我們的同志還不少。這時，

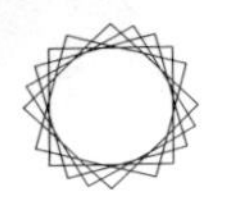

趙戴文又問他：「姚以價不是你的同學嗎？」閻錫山說：「是，但按他的性情，不加逼迫，他不願意冒險，他所以不參加同盟會而參加保皇黨，就是因為不願冒險，不過逼迫的路子還有」（1968 年傳記文學出版社出版：《閻錫山早年回憶錄》，轉引自《山西文史資料》第 66、67 合輯，第 48 頁）。

其次，就是儘量拖延兩標新軍調離太原的時間，並研究應變的措施。太原起義的前幾天，即農曆九月初五（十月二十六日）閻錫山就對從五台會館徵詢同盟會員對於起義意見返回的張樹幟說：茲事體大，非賴軍隊不為功，現有時機可乘，撫台陸鐘琦令駐城外八十五標標統黃國梁帶全標往韓信嶺南駐紮，以禦陝省民軍，以此要求儲蓄金及水壺、水碗、毛毯等件。按徵兵規則，每兵月有儲金二兩，統計約有兵餉七萬餘兩，現時庫款支拙，斷難如數發給。即開出軍用要品，亦難一時備購，以此藉口罷兵不動計。陸撫必以違抗命令論，我等先發制人，乘此即殺八十五標三營惡劣之管帶熊國斌，縱陸撫派我全標軍隊出為攻打，我以同室不操戈為辭，陸撫亦必以違抗命令論。我等乘機複殺本標三營管帶滿虜瑞鏞，令三營兵士勿離原駐地點，各安秩序，一面令諮議局議長梁君善濟向陸撫呈明兵變情形，逼令陸撫出城，派人護送，或城南小店鎮、或城北陽曲灣，令其暫住，以避危險，俟大局甫定，即護送歸籍。一面到諮議局大開會議，大舉都督，意不在傷一人，不毀一物，以收文明改革之效果（李茂盛、雒春普、楊建中著：《閻錫山全傳》（上），當代中國出版社 1997 年一月版，第 77 頁）。

清山西當局為了防止新軍生變，平時是不允許新軍攜帶子彈的，只有在執行任務時，方發給子彈。有槍無彈，自然難以舉事，因此只好等待時機。

正當閻錫山等積極籌畫的時候，一九一一年十月二十八日（農曆九月初七日）山西巡撫陸鐘琦命令第八十五標先行出發，並且，怕整隊出發，中途有變，反戈回攻太原，因而，令標統黃國梁只帶先行步隊一隊出發，其它標各營待命出發，但未出發之前，不得發給子彈（南桂馨：《辛亥革命前後的回憶》，《山西文史資料》第 2 輯，第 86 頁）。

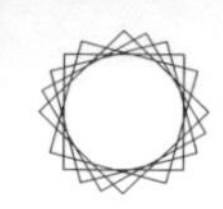

閻錫山得到這一消息後，「即認為起義的時間，勢不得再緩，遂決趁九月八日（農曆）實行起義」，為此，九月七日，閻錫山派張樹幟去一標運動，「先運動同盟會的下級軍官和頭目，再影響非同盟會員的下級軍官，以下級軍官和頭目帶起軍隊來，逼迫管帶（營長），只要他們不障礙，就不可毀傷他們」。另一方面囑咐一標見習軍官高冠南（字麗江，五台人），糾合同志暗中協助張樹幟，「先從一營入手，因為該營奉命於九月初八出發，出發前一日才發給子彈四萬粒。此時二、三兩營，尚未接到出發命令，未領取子彈」。並且規定了聯絡暗號，若運用好後，即以電話告閻錫山「債討起」，否則告他「債不能討」。張樹幟臨行前，閻錫山還特別告訴他，「你縱然運用不好，也不可離開一標的隊伍，如二標發動時，你在一標能拉多少算多少，至少要糾合我們的同志，帶隊響應」（《閻錫山年譜》（一），第 36—38 頁）。

閻錫山這樣重視一標即第八十五標的兵運工作，是因為該標標統是黃國梁。黃國梁雖然與閻錫山是結拜弟兄，又同時留學日本，關係甚為密切，但他本人卻不是同盟會員，只是革命的同情者，而南桂馨雖是同盟會員，在一標卻屈居黃國梁之下。而一標又是首先接到命令要開拔的新軍，只有把一標的工作做好了，屆時，兩標新軍才能協調行動，形成合力，獲得起義成功，否則，即使閻錫山的二標再行努力，也只會成為孤軍作戰，如若一標為反動軍官所掌握，再向二標發起平叛圍剿，那事情將會變得更糟。從這裡可以看出，閻錫山對於提前舉事的計畫，並非顧此失彼，而是有其全盤考慮的。

事實上也證明了閻錫山對一標的積極工作是非常有價值的。首先南桂馨將起義的決定傳達給一標二營前隊隊管王嗣昌、二營右隊三棚正兵楊彭齡後，楊彭齡找到省城警界緝探隊隊管李成林，要他「在二十九日早上六點鐘前，務必把新南門打開，起義軍進城時，不要讓他的部下和起義軍發生衝突」（郭登瀛：《參加起義先鋒隊的回憶》，《山西文史資料》第 29 輯），這就為起義軍順利進城鋪平了道路。其次，透過張樹幟對一標一營各級軍官的工作，使他們打消了軍隊南下後借用哥老會的力量反攻太原的

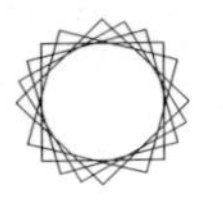

想法，擁護在省城舉事的計畫，並且，「又會本營士兵，持槍站隊領取子彈，一呼百應，蜂擁齊集，士兵要求速發子彈，官長言子彈庫汝等所知，可自行去取，遂一擁而入，任意攜帶」。同時在完全爭取到一營後，經過工作，二營各隊官也「鹹謂吾輩素有此意，豈肯讓人先我著鞭，卒至自失價值，遂報告本營管帶姚以價，以價立表同情」。再次，確定了一標起義部隊的指揮及其部署。姚以價不但表示同情革命，而且「願自任司令事」，並當即下令該營，「前左二隊攻撫署，右後二隊守軍裝庫，一營右後二隊派苗文華率領攻滿營」（張樹幟：《山西辛亥革命起義日記》，《山西文史資料》第 19 輯，第 87—88 頁）。

不僅如此，就在當天下午，閻錫山、張瑜、溫壽泉、喬煦、黃國梁、南桂馨等人，又在黃國梁家中開會計議起義辦法，只所以要在黃國梁家商議這等大事，也是閻錫山等人對黃國梁的主動爭取。會上，南桂馨提議：「我軍開到河岸後，聯合陝軍，反攻運城、臨汾、太原」。而閻錫山、黃國梁、溫壽泉等「均主張在省起義，即是首府革命，影響極大，最好明早一、二營領到子彈，及時發動」（南桂馨：《辛亥革命前後的回憶》，《山西文史資料》第 2 輯，第 86 頁）。

會議結束後，閻錫山又召集二標中下級軍官十一人在他家中開會。他首先問大家：「我們是遵命開，還是起義？」大家同聲說：「我們應該起義」。閻又問大家：「一標不同情怎麼辦？騎炮營有沒有辦法？」大家說：「炮兵可以設法，騎兵沒甚關係，一標至少也能提出一半人來」。會議進行至半夜。這時，一標有電話來，按約定暗號，知道運用成功。於是當即決定讓他們回去按計劃於翌日早晨開城門動作，一標打撫署前門，二標打撫署後門。正當大家剛出了閻錫山的家門，突然被瑞鏞的弟弟瑞祿攔住，拉住排長李執中（崞縣唐林崗人）的手問：「你們開會做什麼來？」機警的同志說：「研究開拔的事。」可是李執中卻以為事情已經敗露，遂跳了井（後被救起），他們返回來向閻報告此事，閻很著急，但他仍命大家隨時與他保持聯繫，照原計劃行動（《閻錫山年譜》（一），第 38 頁）。

對於閻錫山提前起義的決定，從同盟會的綱領和同盟會員的責任這個角度講，可以說是太原革命黨人集體努力的結果。但其中起決定作用的，應當說是閻錫山。因為閻錫山是老同盟會員，又是「鐵血丈夫團」成員。自其出任一標教練官以來，就加緊了部隊下層的工作，而接任標統後，更把培養骨幹，提高部隊戰鬥力，當作了將來「以圖大舉」的重要環節。而黃國梁雖然也是標統，握有兵權，但他不是同盟會員，僅對起義持同情態度。否則，他也許早就在一標像閻錫山那樣積極開展兵運工作了，當閻錫山決定提前起義後，也就不需要閻錫山派張樹幟、南桂馨等人為一標操心，對一標那樣艱苦的工作了。再就是起義本身而言，它是相當冒險的事情，也是沒有掌握一定兵權且有一定影響和號召力的人敢所為、首先倡言的事情。閻錫山當時就具備了這些條件。溫壽泉、南桂馨雖然官職不低，但卻無實際兵權，至於管帶張瑜、喬煦等這些下級軍官，更不可能在會議上冒然提出起義之事。因此，閻錫山在作出提前起義的決定這個問題上，是發揮了重要作用的。換言之，提前起義的決定是以閻錫山為主提出的。

與此密切相關的是，閻錫山所以決定提前起義，是因形勢所迫，但這並非本省形勢所迫，而是全國革命形勢使然。因為山西巡撫陸鐘琦來晉前，雖然對山西革命黨人的活動已有所聞，上任後為防範革命，又採取了一些相應措施，及至武昌起義爆發，出於防止發生突變，以求自保的目的，也沒有採取斷然措施，將革命黨人一網打盡，而是要將太原的大批武器繼續運往河南，並令不可靠的新軍調離太原，開往外地，而且是分批而行。顯然這一舉措，還沒有直接威脅到新軍的生存，山西清當局與新軍的矛盾並未激化到一觸即發的程度。因此，山西本省的形勢還是比較緩和的。但是，清山西當局的運槍調兵兩事，則使閻錫山等人感到了事態的嚴重。如果大量槍彈繼續運至河南，那麼，將會增加清河南當局的武裝力量，而給南方革命軍的北上造成很大阻力。同時，若新軍調離太原，也就不可能使革命軍到河南省境內時，山西新軍出兵石家莊，迎接革命軍北上，從而無法實施同盟會決定的山西革命任務。因而，提前起義，阻止清當局對運槍調兵兩事的進行，就是勢在必行了。這樣，不僅可以以實際行動回應武昌起義，

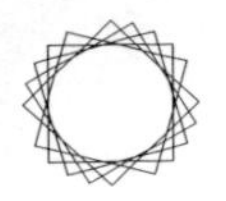

壯大全國革命的聲勢，而且也能分散清軍力量，在客觀上很好地支持革命軍北上，進而揮師北京，完成「驅除韃虜，建立民國」的大業。對此，閻錫山是有著比較清醒的認識的。他在和十月二十五日（辛亥九月初四）從陝西回到太原的張樹幟會商起義辦法時，就說「我省若不速為起義，以分清兵勢力，時機一失，吾輩革命有何價值。即我前數年辛苦，競成畫餅，何面目對武漢同志乎！」張樹幟表示贊同，說「既然如此，絕不失此寶貴時機」（張樹幟：《山西辛亥革命起義日記》，《山西文史資料》第 19 輯，第 84 頁）。之後，經過緊張籌畫，在他們會商的四天後，即十月二十九日，便發動了太原起義。因此，可以說，閻錫山決定提前起義，是從推進整個革命形勢的發展著想的，這一決定在當時雖未能卜知其後果如何，但後來太原起義成功的事實，卻充分證明它是具有十分重要的戰略意義的。對此，從孫中山的講話中，也可以清楚地反映出來。在一九一二年九月十八日晚上，他與閻錫山交談中就說：「你原與我約革命軍到河南後，山西出兵接應，你提早在太原起義，對革命之影響很大」（梁上棟：《總理民元視察太原追記》，引自鄧勵豪《閻錫山與孫中山》一文）。翌日在出席山西軍政界的歡迎會上，其演說中又指出：「去歲武昌起義，不半載競告成功，此實山西之力，閻君伯川之功，不惟山西人當感謝閻君，即十八行省亦當致謝。何也？廣東為革命之原初省份，然屢遭失敗，滿清政府防衛甚嚴，不能稍有施展，其它可想而知。使非山西起義，斷絕南北交通，天下事未可知也」（《孫中山全集》第 2 卷，中華書局 1982 年版，第 470 頁）。

2、太原首義成功，閻錫山被推舉為山西軍政府都督

農曆九月初八（一九一一年十月二十九日）將近寒露，已是深秋。當天晚上，月色朦朧，夜風已寒氣襲人，還有的秋蟲在草叢中慢吟低鳴，一切顯得是那樣地安然平靜。

就在這天晚上，一場革命風暴正在悄然掀起，太原辛亥起義正在緊張地進行。

九月初八白天，經過張樹幟等人的工作，第八十五標一營已有三分之二的頭目表示贊成起義，二營也被爭取過來。楊彭齡、王嗣昌在向有關同志傳達起義計畫後，即回二營進行準備，八十五標由於已經接到開拔的命令，可以領取子彈，所以，在白天，士兵們也已從西校尉營軍械庫領到了子彈，每個士兵都滿載而歸。領到子彈後，他們又將鍋碗打碎，以表示「破釜沉舟」的決心。

姚以價決定參加起義，並願意出任領導起義的司令後，一方面將態度曖昧的二營後隊隊官岳桂（滿族）囚禁起來，並命令崔春正接任其職，同時派人切斷了通往城內的電話線；一方面與楊彭齡、王嗣昌、張煌、劉漢卿等人研究決定，挑選三十名身強力壯、勇敢善戰的士兵組成先鋒隊，由楊彭齡率領，張煌帶左隊緊隨其後，向巡撫衙門衝擊。

時至半夜，二營官兵被集合起來，整裝待發，每人左臂上纏著一塊作為起義標誌的白布。旋即，一營官兵在督隊官（副營長）苗文華的率領下，來到二營駐地會師。

被舉為起義司令的姚以價，對著兩營官兵當場宣佈起義，並發表講話。他說：「滿清入關，虐我漢人二百多年，可算是窮凶極惡，並慷慨陳詞歷數清軍入關以來對揚州、嘉定等地屠城濫殺，剃髮留頭等殘暴罪行，以及割地賠款，勾結洋人屠殺愛國志士的種種反動行徑。指出，今天我們要不再當這家奴，要救中國，就先推翻清政府不可！最後他問：我今天要率領

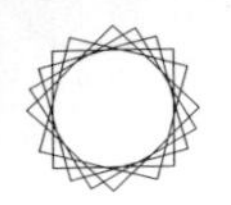

大家拼個死活，奪取巡撫衙門，大家願意不願意？在場官兵齊聲回答：願服從大人命令！隨即，他宣讀了戰鬥命令：一、本軍今天拂曉攻佔太原。二、第一營由督隊官苗文華率領，攻打滿州城。三、崔春正率兩隊攻佔軍裝局。四，其餘部隊隨本司令攻打撫署。並頒佈紀律：一，不服從命令者斬！二，臨陣後退者斬！三，搶劫財物及姦淫婦女者斬！四，燒毀教堂及騷擾外國僑民者斬！」（劉存善：《辛亥革命在山西》山西人民出版社 1981 年十月版，第 38—39 頁）。

宣佈命令和紀律後，各隊即依令而行，整隊出發。時間為九月初八晨四時。同時，姚以價又派人回到菜園村，發動炮兵參加起義。

部隊行至新南門（正式名稱為承恩門，辛亥起義後改稱首義門），天尚未破曉，即隱蔽在門西的吊橋下和城壕等低窪之處。拂曉，清道隊長楊沛霖於城內率隊響應，打開城門，部隊順利進入太原城內，偵探排長馬孔青令人砍斷了電話線，苗文華率第一營直撲滿族集中居住的新滿城（今新城街），二營則由楊彭齡率先鋒隊開路，張煌率左隊官兵緊隨其後，向巡撫衙門挺進。

攻打巡撫衙門的戰鬥，不甚激烈，卻很緊張。當楊彭齡等沿海子邊、橋頭街、柳巷、樓兒底跑到北司街時，聽到從城東南新滿城方向傳來激烈的槍聲，知道一營那邊的戰鬥已經打響，遂加快了前進速度。他們剛走到撫署門前，即碰見協統譚振德帶著兩個衛士從東騎馬而來。可能他從新滿城的槍聲中，知道出了大事，便急忙趕來巡街，看巡撫該怎麼辦。所以，他一見楊彭齡等，便厲聲說道：「你們造反啦！趕緊回去不究」。楊彭齡說：「協統也知道革命大義麼？如知道，即指揮我們前進，否則請退」。譚振德還想阻攔，楊彭齡舉槍將其擊斃（《閻錫山年譜》（一），第 39 頁）。之後楊彭齡率隊進攻衙門，曹毓琪、石高田二人用石條將大門砸開，殺死門官，部隊隨即一擁而入。守備衙門的衛隊已從夢中驚醒，見勢不妙，四散逃走。楊彭齡等便搜索前行。進入巡撫內院，眾人一邊吆喝：「巡撫在哪裡，巡撫在哪裡？」一邊尋覓。這時，從上房裡走出兩個老媽子，一個說，巡撫去了藩台衙門沒有回來，一個則說沒見大人的面。正說話間，陸

鐘琦披著衣服從上房走出，身著軍裝，手持軍刀，陸光熙也從東房出來。有個士兵認出了陸鐘琦，說：「他就是巡撫，開槍！」陸鐘琦已經知道發生什麼事了，仍故作鎮定地說：「我八月十五來山西，接任還不到一月，有啥對不起你們的地方？」陸光熙見狀急忙說：「你們不要動槍，我們可以商量」。而陸鐘琦卻說：「不要，你們照我打吧！」（《閻錫山年譜》（一），第 40 頁）。他的話，一下子激怒了眾士兵，紛紛舉槍射擊，在亂槍之下，父子二人倒於血泊之中，一命嗚呼。

擊斃陸氏父子後，起義士兵即向藩台衙門進發。到達藩台衙門時，藩台王慶平已嚇得要上吊自盡，士兵們上去砍斷繩索，將其解救下來，押至諮議局看管。接著，義軍到巡警道搜索，裡面空無一人。張煌便命令大家到壩陵橋子彈庫補充彈藥，之後，鮑吉莊帶一排人把守官線局，張煌率大部人馬前往設於太原東輯虎營一帶的省諮議局。

與二營相比，苗文華率領攻打新滿城的一營，卻相當艱苦。由於駐防旗兵的拼死抵抗，戰鬥頗為激烈。後來，在閻錫山的指揮及起義炮兵的回應支持下，方告成功。

比較起來，倒是閻錫山的第八十六標作戰比較順利。其原因是，起義當夜，由於李執中跳井後，大家忙著撈他，耽誤了一些時間，等救出李執中後，已是二十九日晨二時，李執中自殺雖然未遂，但閻錫山仍恐洩露消息，想打聽外邊有什麼反響，便隨手拿起電話耳機試聽有無說法，可巧聽到撫署告督練公所及提學使說：武昌大智門克服，鄂亂不日可平，應先告知軍、學兩界。接著又聽到督練公所叫八十五、八十六兩標，似想讓他們也聽到這一好消息，以提醒這兩標不要有非分之想，輕舉妄動。撫署的電話，對閻錫山而言不能說不是一個極大震動，他擔心這個消息傳了下去，會影響起義的計畫，遂一面差人告知八十六標本部切勿傳此電話，一面聽八十五標是否傳此電話。其實，姚以價願任起義軍司令後，即把通向城內的電話線切斷，但閻錫山不知此事，仍一直擔心。所以遲遲沒有行動。及至新滿城戰鬥打響，知道第八十五標已經起義，閻錫山才與天甫亮時，先將本標一營管帶瑞鏞囚禁，接著派傅存懷等帶兵到子彈庫領取子彈。同時

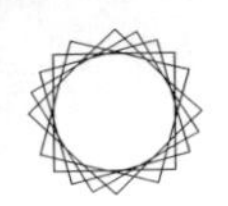

宣佈「第八十六標兵變」，以保護為名，派二營排長陳錦文守護軍裝局，二營前隊（模範隊）排長張培梅、右隊第三排排長金殿元率隊到撫署西北酒仙橋，右隊隊官王纘緒、後隊隊官吳信芳率部到撫署東北小二府巷，按先前擬定的起義部署，相機驅散駐守在那裡的巡防馬隊，再攻進巡撫衙門後門，以配合從前門進攻的八十五標義軍。

守護撫署後門的巡防馬隊雖然也作了一定的抵抗，但聽見新滿城方面槍聲大作，不久，又聞知起義軍攻入撫署前門，並打死了協統和巡撫，知道大勢已去，便紛紛放下武器，靜等接受。八十六標的起義計畫順利實現。

閻錫山這邊安頓停當之後，即命令張樹幟前去新滿城，不久，他也在苗文華的帶領下，前往指揮。並且「調槍炮隊兵士於鳳山、高永勝、劉德魁等，向滿營南門轟擊」。原來，姚以價派人去炮兵營作爭取工作後，炮兵營得知八十五標一、二兩營起義，班長於鳳山等立即集合士兵，動員回應，阻撓回應起義的管帶張洽光被迫逃跑後，炮兵遂整隊由駐地菜園村向城內進發。正當攻打新滿城的一營進展困難，子彈已將告罄時，炮兵入城，將炮位架在小五台城牆上，居高臨下，向新滿城開炮，未發數彈，太原城守尉增禧（滿族，留日學生）即豎起白旗，繳械投降。至此，太原起義宣告成功。原布政使王慶平、提法使李盛鐸、勸業道王大貞、提法使駱成驤、督練公所總辦姚鴻發，以及太原知府周渤等，於起義後，均被押往諮議局看管。

太原起義的成功，代表著清山西當局的統治已被推翻。因此，推舉新的軍政首領，建立新的政權機構，以填補新舊政權交替之間的權力真空，便成為當務之急。而擔負這一任務的則是山西省諮議局，因為它基本上屬於一個清議的機構，並未掌握實權。同時，其議長和多數議員為民意代表，他們雖屬立憲派，但對革命並不持堅決反對態度。所以，由諮議局主持召開太原起義主要領導人和山西同盟會人員及省議員會議，選舉都督，就成為當下比較合適的選擇了。

然而，在會議之前的都督人選醞釀過程中和選舉中，由於人們的觀念、資歷，在起義中的表現等各有不同，所以事情的進展相當復雜微妙，其中，還出現了一些戲劇性的場面。

在會前醞釀都督人選時，閻錫山曾召集溫壽泉、張樹幟、喬煦、張瑜、常樾、李成林、楊沛霖、周玳、趙戴文等人研究。閻錫山主張選督練公所總辦姚鴻發當都督，認為他是兩標新軍的直接長官，地位較高，同時，其父姚錫光為陸軍部侍郎，如果將來有什麼事，他也好從中斡旋。此議雖被眾人接受，但卻提出，若姚鴻發不幹的話，就推閻錫山為都督。在其它一些人的醞釀中，也有的提出了姚鴻發，但姚以其父現任清廷陸軍部侍郎，而力辭不就。

第八十五標的張煌，安排好官線局的事後，率領其餘官兵來到諮議局會議室前。其時，閻錫山、姚以價也在場。張煌即帶頭喊到：「舉姚大人當都督！」官兵應聲呼喊，槍手並舉。姚以價表示謙讓，官兵們又舉張煌。張煌說：「我沒有管轄大人的權，咱們舉閻錫山吧！他要是不接，就開槍日踏了（打死之意）這個小舅子！」（劉存善：《辛亥革命在山西》山西人民出版社 1981 年十月版，第 42 頁）。在另外一些人的醞釀中，也有人推舉姚以價，但也有人說他不是同盟會員而持異議。有人認為閻錫山軍職較高，提議其當都督，於是有人以同樣的理由，提議選黃國梁當都督，但有人反駁說，黃不是山西人，被否定了。

而諮議局議長、山西立憲派首領梁善濟卻有意掌權，為此，會前就在諮議局議員中秘密活動，並讓議員們都參加選舉會議。選舉會議正式開始後，閻錫山首先講話，他說：「清政黑暗，專制已久，國是日非，民不聊生。我們早有革命思想，因為時機未到，所以沒有行動。現在武漢、西安已經起義，全國震動，良機難得，不可失去，固有這次的山西起義」。接著溫壽泉、姚以價也相繼發言，表示了對太原起義的態度。

發言結束後，選舉開始。在這之前，梁善濟散發選票，意欲選己為都督。而選舉開始後，對選誰又眾說紛紜，各執一詞。

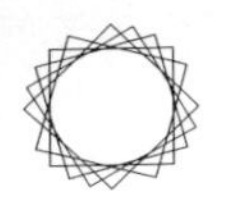

正在這時，張樹幟從李成林手中搶過手槍，跳到臺上，欲舉槍擊梁，意在鎮壓會場，被閻錫山制止。張樹幟此舉令眾人一驚，全場悄然。張則到臺上大聲高呼：「大家當應推選閻錫山為大都督，贊成的舉手！」周玳隨即在台下應聲高呼：「選閻錫山為大都督，大家一齊舉手！」議員們在驚愕中，相顧舉手，一致透過。梁善濟見勢不妙，從後門離開會場。張樹幟又高呼：「大家應當推舉溫壽泉為副都督！」大家也一致舉手透過。

閻錫山就這樣當上了山西軍政府的都督。

軍政府設於省諮議局內，人員是：溫壽泉為副都督兼軍政部長，黃國梁為參謀部長，常樾為軍令部長，景定成為政事部長，姚以價為東路軍總司令，杜上化為總參議。決定採用黃帝紀元為年號，行文記事均用四千六百零九年。軍政府門前懸掛「八卦太極圖」白旗。軍政府佈告安民，發表起義宣言，並在《山西民報》上發表討滿檄文。

從太原起義當晚到翌日推舉都督的整個過程來看，閻錫山的表現是不太積極甚至是消極的。其主要的問題，就是當八十五標一營苗文華等攻打新滿成的戰鬥開始後，才派人領取子彈，組織力量向撫署後面的巡防馬隊進攻。比八十五標的起義晚了一步。似有等待觀望之嫌。因此，在以往一些論述山西辛亥革命的文章中，有的就把閻錫山參加同盟會，拉攏清山西當局高官等「投機取巧」的事情聯繫起來，說他在太原辛亥起義中「按兵不動」，「首鼠兩端」，及至看到大局已定，方才有所行動，因此把他在選舉都督中的活動，說成是私下聯絡眾人，一心想當都督，透過非法手段，終於如願已償，所以，閻錫山「竊取了山西辛亥革命的果實」。這些說法若是在「以階級鬥爭為綱」的年代裡，人們完全可以理解，但它卻是在改革開放已經搞了好幾年的上世紀八十年代初出現的，並且這些說法並非個別，而且影響頗深，就是在今天，仍有不少人對此執肯定態度。這就不能不引起人們的深思了。而這也正是影響到閻錫山研究的一個重要障礙。

不可否認，閻錫山後來特別是新民主主義革命開始以來，在不少方面是反動的，但這是後來的事情，而不能以此作為否定其在山西辛亥革命中

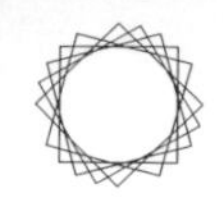

所做的貢獻。就其在太原辛亥起義和推舉都督這個問題上而言，應當說，閻錫山是沒有錯誤的，既不存在所謂「首鼠兩端」的投機行為，也不存在什麼「竊取辛亥革命果實」的惡名。按照閻錫山等所制定的起義計畫，兩標新軍起義應是同時進行。但由於李執中的跳井、打撈，延誤了一些時間，而恰恰是在這中間，他竊聽到了撫署關於武昌消息和督練公所叫八十五、八十六標的電話。這雖然使他受到震動，有些遲疑，但他想得更多的是如何保證起義的進行。因此，他不但派人告知標本部勿傳此電話，而且擔心著八十五標是否傳此電話。如果他存心搞政治投機，此時完全可以來個順水推舟，既達到了討好清山西當局的目的，又不暴露自己。然而他卻採取了相反的措施。而這個措施，顯然對起義的進行是有極為重要意義的，若是這個電話傳了出去，起碼要動搖軍心，那些原本對起義就不同意的中下級軍官，將會乘機作亂，其後果將不堪設想。再則，儘管閻錫山知道八十五標已經起義後，才部署行動，晚了一步，但從時間上來看，姚以價率隊出發的時間是九月初八日晨四時，部隊於拂曉時方進入太原城內，攻打巡撫前衙的二營發起戰鬥，比攻打新滿城的一營要晚一些。而在初八日晨二時，閻錫山處理完李執中一事後，又對電話的問題予以處理，當聽到槍聲大作後，即行佈置，其時間也就在天亮時分，所以，等待的時間並不很長。更重要的是，閻錫山的行動雖然遲了一些，但他按原計劃所執行的攻打撫署後門的任務，還是勝利完成了，接著又投入了支持攻打新滿城的戰鬥，並未影響整個起義計畫的進行。

至於對都督人選的醞釀及選舉，閻錫山召集張樹幟等人研究時，他首先推舉的是姚鴻發而非自薦。但他這一夥人卻把他作為了姚鴻發的候補，其它人也有的推薦他為都督人選。這說明閻錫山在革命黨人和其它軍政民代表中是有一定聲望和威信的，也是對他組織策劃發動太原起義積極表現的一種肯定和賞識。黃國梁與他是同樣軍職，人們所以認為黃不合適，其理由固不充分，卻從中可以看出人們對黃在起義過程中的表現並不太認可。退一步講，即使閻錫山極力自薦想爭當都督，也無可厚非。因為，他自日本返國後，就一直積極從事著開展兵運，掌握軍隊，準備時機成熟時

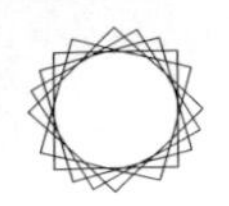

起義的革命活動。當武昌起義後，形勢所迫時，又是他提出了提前起義的計畫，並且在起義中有著不俗的表現，因而，太原起義成功後，自薦都督，甚而採取一些必要手段爭當都督，也是合情合理的，自己鬥爭得來的果實，由自己來掌握，沒有什麼說不過去的，更不能冠以「竊取辛亥革命果實」的罪名。而如果梁善濟的企圖得逞的話，倒是可以將此罪名戴在他的頭上的。

與此相關，在推薦誰當都督的問題上，從閻錫山對姚鴻發的推薦上，倒反映了他階級和思想上的局限性，以及一旦革命失敗對可能承擔風險的惶恐心理。其實這些問題，在其它革命黨人身上，也不同程度地存在著，對此，用歷史的眼光來看，是不可苛責的。但是，就山西革命黨人和參加太原起義的中堅力量的總體狀況來看，他們對由誰來當都督的問題，還是比較認真的，其傾向是囑意於對革命有貢獻在起義中表現突出者的，這無形之中就孤立打擊了以梁善濟為首的立憲派。雖然還不能肯定地說他們對於革命成功後掌握軍政權力的重要意義有著清醒的認識，但是，他們對於革命成功後要由自己來掌權這一點上還是明確的。張樹幟上臺的舉動，儘管有些「威逼」的味道，但卻明顯地透出他對梁善濟散發選票行為的強烈不滿。而這一戲劇性的場面，也反映了革命黨人為保衛自己革命果實的堅決態度。正因為這樣，太原革命起義的成果，才掌握在了革命黨人之手，而不是像武昌起義後那樣，將勝利果實拱手讓給了黎元洪。

3、分兵三路，積極光復全省；採取霹靂手段，安定省城秩序

十月二十九日，也就是太原起義成功的當天，當選為都督的閻錫山並沒有沈醉於勝利之中，而是立即召集溫壽泉等重要同盟會員和起義有功人員開會，研究決定在原兩標新軍的基礎上成立了四個標，以張煌、苗文華、劉漢卿、張瑜分任一至四標標統。同時，將部隊分為東路、北路和南路三支，分別向娘子關、雁北和晉南挺進。

閻錫山等人只所以做出這樣的決定，主要是一方面為了擴充武裝力量，並與各地方起義力量相配合，光復全省；另一方面則是為了防止當地清軍的反撲和阻堵清廷派來鎮壓起義的清軍。

按照這一決定，以姚以價為東路軍總司令，趙戴文為參謀長，率張煌第一標，於當日黃昏即乘正太路火車，由太原向娘子關進發。以便「視清廷對我行動，再作攻守之計」。閻錫山認為「山西在崇山峻嶺之中，對清廷影響尚小，最好是出兵直隸（今河北）正定，一方面堵住山西的門戶，一方面可斷絕平漢路的交通」。但他「自感力量不夠，又不敢輕作嘗試，於是僅先移一師進駐娘子關」（《山西文史精選》(1)，第 45 頁）。雖然如此，但閻錫山出兵直隸的設想，卻不可不認為是其爾後組織「燕晉聯軍」的發端，及其徹底摧毀清廷統治的決心。

就在太原起義成功的第二天即十月三十日，清廷下了罪己詔，準許革命黨人依法組黨。但閻錫山認為「此只不過緩和革命，欺騙世人的手法，並非真心悔禍」（《閻錫山年譜》(一)，第 45 頁），因而，他並未改變當初的決定，仍命令以張瑜為北路軍總司令，於十一月一日，率部北上攻佔雁門關並向大同進軍。不久，又命令以劉漢卿為南路軍總司令，率其第三標於十一月十九日，由太原進發南下河東，光復平陽、運城。

姚以價、張煌率領的東路軍，幾乎沒費什麼周折，便先後進駐娘子關、舊關和清原坪這三處重要關隘。舊關距娘子關十五里，它是晉冀之間

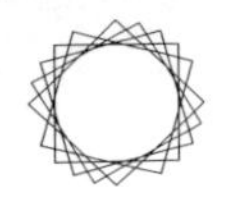

的險要通道，鎮守舊關的是從平陽府調來的清太原鎮巡防隊的一哨部隊，哨官申洪吉知民軍來到，早已率部逃跑。其後，雖有清騎兵一隊進至關前，也被民軍的一陣槍聲，嚇得落荒而逃。距舊關約五六里的要隘清原坪，因人煙稀少，交通不便，民軍進駐後，曾一度糧食供應困難，後來，也由張煌設法解決，並且還送來了一門小鋼炮，在舊關則配備了一門英國造九英尺長的火炮。這三處守軍，在姚以價、張煌的指揮下，修築工事，觀察敵情，嚴陣以待。後來，在清軍的大舉進攻中，娘子關一線能堅持數日，全賴於此。

北路軍的進攻，也還比較順利。當張瑜、張培梅率部向代縣和龍泉關進發時，以崞縣（今原平市）為中心的附近各縣同盟會員，正在積極準備起義。續桐溪、李嵩山還利用巧妙方式奪取了大同鎮總兵王德勝向雁門關運送到的兩百隻槍支，並乘勢攻進山陰縣城，繼而又攻打應州。十一月二十日，閻錫山邀續桐溪來太原議事，決定成立忻代寧公團，由續桐溪任團長後，續即返回原籍，與弓富魁等積極活動，很快招募起一千餘人。十一月二十三日忻代甯公團成立，續桐溪任團長，副團長康佩珩、參謀長趙三成，糧台道趙丕廉。同時任命了五台、定襄、崞縣、繁峙、甯武、靜樂、忻州等縣的分團長。公團在招募農民參加部隊的同時，還動員陸軍小學堂的學生趙承綬、張德樞、宮寶衡、續培梅、續廷梅、王靖國、李伯平等擔任下級軍官及教練員。其後，張瑜與續桐溪、弓富魁等議定了兵分三路進兵大同，轉取歸化的部署。中路軍張瑜所部炮兵的猛烈炮火，嚇得代州城內的守軍棄城而逃；西路軍於十一月二十七、二十八兩天連克甯武、陽方口兩城，東路的忻代寧公團左翼游擊隊也於十二月二日未發一槍即出茹越口，四日進抵懷仁。在這期間，十一月三十日，同盟會員李德懋、李國華、劉幹臣等人在大同領導了起義。駐宣化等處的清軍奉命前來鎮壓，十二月四日抵達陽高縣。張瑜和忻代寧公團長續桐溪聞訊後，決定由續率領公團馳援大同義軍。兩軍於十二月五日分別從其駐地向大同進發，清軍中午到達，但不敢直入大同城，而駐於城東八里的古城村。公團人馬下午在南門外則由大同軍政府都督李國華等迎入城內。兩軍從此開始了四十多天的攻防戰。可以說，北路軍在當地起義軍的大力配合下，基本上光復了晉北地區，並且，在光復的過程中，迅速壯大了革命武裝。

南下河東的南路軍，一路可說是勢如破竹，但後來卻遇到了麻煩。還在南路軍出發之前，閻錫山為兵不血刃，和平解決光復問題，曾決定派太平縣（汾城）舉人董桂萼赴南路進行招撫，但未成功。劉漢卿率部前進，起初尚較順利，於十一月二十九日透過晉南北部門戶韓信嶺後，十二月二日進抵霍州，三日光復洪洞，五日晚抵達臨汾。當時駐紮臨汾的清太原總兵謝有功奉命帶一哨官兵前往風陵渡一帶視察黃河防務，以防陝西革命軍東渡入晉。趁此機會，平陽革命黨人侯少白、張維藩勸說清軍前路巡防幫統陳政詩與民軍議和，陳佯許之，閻錫山接電報後，即委陳為平陽知府，陳惶恐不敢接受，悄悄逃往絳州。所以，南路軍未發一槍便進駐臨汾。劉漢卿委任劉拱璧暫時署理平陽知府，並委派一些官員，對建立地方武裝，城防等事項進行了初步安排。之後，十二月十二日劉漢卿即揮師南下。這時，從臨汾跑出來的陳政詩到河東向謝有功彙報平陽情況。謝、陳決定率兵向平陽反撲。已進抵侯馬的南路軍，得知這一消息後，決定在聞喜與侯馬間一個叫隘口的地方，阻止謝有功部隊，可是，當南軍趕至隘口時，隘口已為謝軍佔據，劉漢卿組織部隊幾次強攻都未成功，南路軍大敗。劉漢卿及前隊排長蘇金石等均被謝有功殺害。餘部推舉李大魁為臨時管帶，繼續向南復仇，又未取勝，後來為保存力量，遂轉退至平陽城內。

南、北兩路軍的進擊，雖然未能完全實現所要達到的目的，但它卻沉重打擊了清軍勢力，瓦解了清朝的地方政權，從而有力地推動了光復全省的革命。這個成就的取得，是全省各地革命黨人和廣大民眾艱苦奮鬥的結果，也是以閻錫山為首的山西軍政府為取得徹底摧毀清朝反動統治所做的進一步努力。

閻錫山與溫壽泉等人忙於部署防堵清軍和光復三晉，卻忽視了對光復後的省城太原的衛戍工作。因而，太原光復後，曾一度出現了嚴重的放火搶劫行為，致使省城秩序混亂不堪。雖說歷史上每遇大的變故，散兵游勇、市井無賴、地痞流氓輒趁火打劫，燒殺搶掠，並非鮮見，而太原起義後的

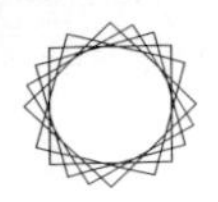

這次混亂卻來勢洶洶，非同一般。

參加燒搶的，主要是起義當天被打散了的巡防隊與陸軍巡警。據張樹幟回憶：十月二十九日下午一時，副都督溫壽泉率張樹幟、馬子喬看守藩庫，並未攜帶槍械兵士。「不料甫至藩庫，巡防隊勾串陸軍巡警數百人，已入庫搶掠。壽泉等止之不得，固下令有看守銀庫者，每兵賞銀一百，不聽；復下令每兵賞銀二百，仍不聽；再下令有能將搶掠者擊退，將庫銀全部賞給。士兵不服其令，舉槍即擊，壽泉等由間道回都督府，隨即到諮議局商辦善後事宜」（張樹幟：《山西辛亥日記》，《山西文史資料》第 76、77 合輯，第 136 頁）。與此同時，許多士兵還在商號和老百姓家裡出出進進，搶劫財物，有的士兵在廚房裡爐火上坐鐵鍋，熔化他們搶劫來的婦女銀首飾。大白天的劫掠竟如此肆無忌憚，而到晚上，發生的另一起變故，更發展為對市內商店和百姓的大規模瘋狂搶劫。

原來，起義的當天，農曆九月初八日，正是閻錫山二十九歲生辰，傍晚，他在自己寓所接受親友的道賀後，就去了八十六標二營即標本部寓所。這時，八十五標三營管帶熊國斌未奉命令，便帶著他的全營士兵，排列在二營西牆下，「假月影以掩其跡，意在暗刺都督，恢復清政府。伺都督旋營，該管帶以要事謁見，甫晤面即出手槍，都督窺其詭謀，猝然伏地，幸未中彈，都督護兵立即槍斃該管帶」（張樹幟：《山西辛亥日記》，《山西文史資料》第 76、77 合輯，第 136 頁）。而閻錫山在其回憶錄中，則說：「就在這天晚上，我住在二標二營，一標三營管帶熊國斌忽然帶著他的全營兵來，一見我就說：『我是來保護都督來了』，我素日深知他是巡撫派，此來必然是乘我不備為陸巡撫報仇。我毫未遲疑地答覆他說：『好吧！你先命你的隊伍架槍集合，集合好後向我報告，我給他們講話』。當他再進來向我報告時，我就一槍將他擊斃，並向他部下宣佈說『熊國斌是要反革命，現已被我處決，你們贊成革命的架槍原地侯命，不贊成革命的自動回營。』結果有兩連留下，其餘潰散，結束了這一驚險的場面」（《閻錫山早年回憶錄》，引自《山西文史資料》第 76、77 合輯，第 51 頁）。無論哪種說法比較客觀，反正熊國斌行刺未成，閻錫山躲過一劫這是事實。然

而，由於閻錫山對一標三營的處置欠妥，卻給已經開始的劫掠行徑火上澆油。因為這些潰散的士兵出來之後，也加入了搶劫的行列。於是，到了晚上，亂兵進而放火燒了藩庫，接著「錢商、銀號、票莊所在之街如麻市街、活牛市、通順巷、大中寺等處均遭放火搶劫」，城內火光沖天，槍聲不絕。大火中，軍裝庫也被搶掠焚燒，軍裝已失十之八九。

針對這種混亂局面，閻錫山認為「此等亂兵，聲勢洶湧，出為彈壓，必敢抗拒，須以重兵攻擊，庶不難於撲滅」。因此，他於十月三十日當夜，委派馬開崧（一說張培穎，一說溫壽泉），負責維護太原城秩序，黎明時分，派出的武裝部隊背著大令箭在街上巡邏，並授權給他們，可以就地處決搶劫犯。八十六標一個司務長周堯寬，此人身體魁梧，氣力很大，諢號大將軍。他在巡邏時，曾用槍刺把一個搶劫犯挑起來再向下戳死在地上，一共處決了十幾個人。同時，派出軍警巡守城門，阻止那些帶衣物的人出城。閻錫山在派出重兵彈壓後，即與張樹幟親往外國醫院，恐外人遇害，曾想把他們轉移到諮議局加以保護。行至途中，二營管帶張瑜、二營右隊司務長周堯寬率兩棚士兵，尾隨閻錫山護衛。當他到了醫院與蘇教士見面後，問蘇教士害怕不害怕，如果害怕就請到諮議局暫住。而蘇教士說：民軍不與我輩為難，若土匪則易於抵制，以不去為辭。從醫院出來後，閻錫山等沿街巡查，「見搶掠者即殺之」。其後又回到諮議局，想與杜上化商擬維持街面辦法，杜上化外出，「張樹幟與陳子達、常裕到各學堂請學生站崗彈壓。時已上午九時，市面搶者斂跡」。至十月三十一日天曙，「共計殺傷二百餘人」。

在鎮壓搶劫，維護省城秩序的過程中，太原的學生曾發揮了重要作用。據當時的目擊者張晟回憶「在混亂中，農林學堂的學生派出代表二人赴軍政府請願，找見趙戴文、孟步雲、徐一清等，提出召集各校師生協助制止焚搶的辦法，軍政府接受了這個意見，傳集各學堂派人到諮議局一會。不料各教職員中，敢提意見的絕少，結果另組織了一個學生自治團體—省城學生聯合會，推山西大學學生萬宗藻、山西農林學堂學生李登瀛為全權總代表，各學堂又自舉本學堂代表各兩人，協助兩總代表承辦會中一切事宜，

立即著手整頓各學堂伙食、分發學生武裝槍彈，臨曉即傳下巡邏口令，分別到各街站崗，或巡視全街。從此，再沒有焚搶事件。以後，白天開會討論，夜間站崗，習以為常」（張晟：《太原起義目擊記》，《山西文史資料》第 1 輯，第 41 頁）。

當秩序稍有好轉時，軍政府發佈了安民告示，其文曰：「照得本軍起義，恢復大漢江山；省垣一朝平定，各縣早已均安。省外府廳州縣，誠恐不免訛傳；土匪乘機搶劫，業經舉辦民團；所有村鄉市鎮，一律保護安全。凡爾士商民等，切勿誤聽謠言；應當各安生業，得以地方為先。要知本軍此舉，實與種族有關；倘敢立志反對，兵到萬難瓦全」。（鄭賦嘉：《辛亥革命時期太原的第一張安民告示》，《太原文史資料》第 2 輯）。

經過一番整頓，到十一月上旬，省城秩序已完全恢復正常，此時，景梅九等同盟會員亦應邀從北京返回太原，於是，閻錫山命令孔繁霨、仇亮和景梅九等商議正式成立都督府的辦事機構，取法湖北軍政府的模式，成立軍政、參謀等部，並確定了各部負責人：

軍政部部長　　溫壽泉（兼），副部長馬開崧。

參謀部部長　　黃國梁，副部長孔繁霨。

軍令部部長　　常樾。

政事部部長　　景定成（梅九）。

財政部部長　　曾紀綱，副部長徐一清。

外交部部長　　喬義生，副部長李成林。

大漢銀行行長　徐一清（兼）。

參謀部總參議　杜上化。

山西軍政府設於省諮議局內，門前懸掛「八卦太極圖」的白旗，並在軍政府所辦的機關報《山西民報》上刊登了《山西討滿州檄文》。文中歷數清廷罪惡，號召「凡我同胞，速舉義旗，光復舊物」，並說「倘有助紂為虐，殺之勿赦，檄到如律令」（侯少白：《山西辛亥起義紀事》，《山西文史資料》第 1 輯，第 21 頁）。

省城太原秩序安定後，各商號紛紛開張營業，市民生活趨於正常，太原呈現出一派生機。

4、與吳祿貞組織「燕晉聯軍」，力圖阻止袁世凱北上，並攻取北京，然功敗垂成

山西的起義，使清廷大為震動。閻錫山原來還以為「山西在崇山峻嶺之中，對清廷影響尚小」，其實並非如此。因為山西本身就形勝險要，易守難攻，它東界河北，西鄰陝西，南接河南，北連內蒙，戰略地位十分重要，歷來為兵家必爭之地，曾謂「得山西者得華北，得華北者得天下」。況且，它又位於「京畿千里」之內，處於清廷肘腋之下，所以，太原起義的第二天即十月三十日，清廷便令駐防於河北保定的新軍第六鎮統制吳祿貞出任山西巡撫，「迅速赴任，無庸來京陛見」，由此可見清廷對山西變故的重視。

也就是在十月三十日，清廷下了「罪己詔」，但在同日卻迫不及待地委吳祿貞署山西巡撫，其目的顯然是派吳前來鎮壓山西起義的，這就不難看出清廷「罪己詔」的真實用意。對於清廷的「罪己詔」，閻錫山看得比較清楚，認為「此不過緩和革命欺騙世人的手法，並非真心悔過，為中國前途計，必須徹底摧毀滿清政府統治」。基於這種認識，他採取了先求固守的策略，他派出南北兩路民軍對晉南晉北的光復，即可以說是固守策略的實施。然而，他並不僅限於此，他更大的打算是「頂好是出兵直隸正定，一方面可堵住山西的門戶，一方面可以斷絕平漢路的交通」，可是，由於眼下他自己的力量有限，只好「先移師一部進駐娘子關，視清廷對我行動，再作攻守之計」（《閻錫山早年回憶錄》，轉引自《山西文史資料》第76、77合輯，第51頁）。他令姚以價、張煌率一標人馬開赴娘子關一線，正是為了防堵清軍的進攻，並在時機成熟時，出兵娘子關，以圖大舉。

就在閻錫山調兵遣將，緊張部署之際，突然獲悉吳祿貞奉命後已令其第六鎮第十二協統吳鴻昌，率部開赴石家莊，抵達後即領一個團，分佈於距娘子關不遠的頭天門、二天門、三天門一線，顯然是準備大舉進攻山西。於是，閻錫山緊急召開軍事會議，商討對應之策。調派部隊，加強娘子關一線的防禦，自是當務之急，情況十分危急。正當閻錫山憂慮萬分時，清

軍第六鎮統制（師長）吳祿貞的副官長周維楨帶著吳的一封親筆信，專程前來謁見閻錫山。閻錫山忙打開來看，只見信中寫道：「公不崇朝而據有太原，可謂雄矣！然大局所關，尤在娘子關外。革命之主要障礙為袁世凱，欲完成革命，必須阻袁入京。若袁入京，無論忠清與自謀，均不利於革命，望公以麾下晉軍開石家莊，共組燕晉聯軍，合力阻袁北上」（《閻錫山早年回憶錄》，轉引自《山西文史資料》第 76、77 合輯，第 52 頁）。周維楨還告訴閻錫山，駐冀東灤州的第二十鎮統制張紹曾，曾於太原起義之日電奏朝廷，促請立憲。灤州山西兩面告警，已使清廷捉襟見肘，難以應付。清廷為穩住張紹曾，遂派吳祿貞前往灤州宣撫，而這恰好給了吳祿貞聯絡張紹曾一個機會，今太原光復，清廷又令吳祿貞督師南下入晉。閻錫山閱罷吳祿貞的信後，感到無比振奮，因為果若能像信中所說，不但山西可免遭清軍進攻之害，而且能夠實現其「出兵直隸」，直搗龍庭的意願。因而，閻錫山立即決定覆電吳祿貞，表示一切同意。對此，他的幕僚曾勸其提高警惕，以防有詐，因為「今清廷勢力尚屬完整，不能不加防範」。而閻錫山卻不以為然，說道「豈有騙人的吳祿貞麼！」（《閻錫山年譜》（一），第 46 頁）。

閻錫山如此信得過吳祿貞，一方面是他對吳的歷史比較瞭解。吳祿貞，字綬卿，是湖北雲夢人。他於湖北武備學堂畢業後，一九零零年曾與唐才常組織自立軍，在安徽大通縣密謀起義，失敗後赴日本陸軍士官學校學習，為第四期生，先後參加興中會和華興會，因而，他與吳還是同學。吳祿貞回國後，曾任清軍練兵處監督、幫辦延吉邊務，時任清軍第六鎮統制。曾經在日本與吳祿貞「同居兩月」，關係甚密的梁啟超，對吳祿貞相當瞭解，也十分佩服，在他一九一一年八月十五日由日本寄給吳祿貞的信中，對吳將來成就大事，曾予以了極大的期望，他說：「今國勢機隉不可終日，中智以下，鹹憂崩離，然曆征我國史乘，大抵際陽九否極之運，然後有非常之才而拯之，其樞機則在一二人而已。今後之中國，其所以起其表而措諸安者，舍瑰偉絕特之軍人莫屬也！由此以談，則天下蒼生所望於公者，豈有量哉？！」（《梁啟超致吳祿貞函》，《山西文史資料》第58輯，第12頁）

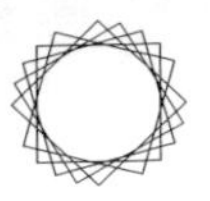

再從周維楨的談話中，閻錫山知道了武昌起義後，作為駐保定第六鎮統制的吳祿貞，便與駐灤州清軍第二十鎮統制張紹曾、駐奉天之第三鎮第二協協統蘭天蔚等，就曾洽商，以張、蘭所部南下，吳部北上，夾擊北京。太原起義的當天，張紹曾就迫不及待地電奏清廷，促請立憲，並削皇族特權，組織責任內閣。清廷深怕灤軍兵臨城下，一面令資政院起草憲法，對張等傳令嘉獎，一面派吳祿貞赴灤州宣撫。而張紹曾、蘭天蔚又與吳祿貞同為士官同學，且志同道合，所以，吳赴灤後，即借機鼓吹革命。返回保定後，他曾想以招撫晉軍進京入告，清廷雖然知其不誠，但仍令其署山西巡撫，想以爵祿羈縻，吳也清楚清廷的用心，想自己隻身入京，籲請清廷正視大局，延緩攻晉。似乎清廷也知其意，故爾讓他「迅速赴任，勿庸來京陛見」。

吳祿貞請求陛見的緩兵之計未果後，只好奉命赴任。他先令其第十二協協統吳鴻昌率部開赴石家莊，並任命同盟會員何遂（字敘甫）為十二協參謀，隨軍前往。何遂到石家莊後，瞭解到閻錫山派駐娘子關的部隊有限，一旦發起進攻，娘子關會被很快攻陷，清軍將會直驅而入，進逼太原，對山西革命造成極大損失。於是他遂以「行軍切忌冒進」，「剿撫兼施」等為由，建議吳鴻昌將其所帶三個營分別駐守於頭天門、二天門、三天門。何的用意顯然是要使清軍分散各處，失去進攻能力，以緩解對娘子關的壓力。十一月一日，吳祿貞也到達石家莊。這時陳其美之弟陳其采已將吳擬聯合張、蘭夾擊北京的計畫密報給了清廷。在此情況下，當天，吳祿貞即派朱鼎勳、何遂等到了娘子關，名為宣撫，實則命何遂與山西民軍聯繫，商討聯合進軍北京之事。同時，讓周維楨攜帶他的親筆信前往太原，謁見閻錫山。另一方面，為迷惑清廷，在致內閣的電報中，有意誇大山西民軍勢力，以此要求增加兵力，繼續拖延對山西的進攻，電報中說什麼在娘子關「革軍以步隊一標、炮二十尊固守，頗難克服」，這裡「地勢崎嶇，非有山炮不可」，「務懇設法籌撥山炮一營，步隊一標，火速前來」（卞孝萱輯：《辛亥革命山西資料片段》，《近代史資料》1957 年第 5 期，第 21 頁）。

閻錫山從周維楨所談的這些情況中，知道了吳祿貞革命的決心，但他為了證明吳祿貞是否真心，同時也為了掃除燕晉聯軍的障礙，遂請周向吳建議，先命令第六鎮的旗兵進犯固關，然後由晉軍突襲於前，第六鎮官兵突襲於後，將旗兵聚而殲之。而周維楨走後，閻錫山即讓參謀仇亮前往石家莊促請吳祿貞進兵，他則與吳通電話，開玩笑地說：「將軍為巡撫所動了吧！」吳說：「這是哪裡話，我們應該當面談談，共罄所懷」（《閻錫山早年回憶錄》，《山西文史資料》第 76、77 合輯，第 52 頁）。於是相約晤於太原至石家莊之間的娘子關。

十一月四日下午一時，吳祿貞如約率何遂、孔庚、張世膺以及吳鴻昌等人到達娘子關，閻錫山、溫壽泉、姚以價、趙戴文在車站迎候。雙方在滑驢鎮會談。吳祿貞對閻錫山說：「袁世凱所練六鎮新軍，除第一鎮為旗人，第六鎮為吳部外，其餘統制，皆為袁之私人。清廷雖惡袁，但此時又必須用袁，故內閣總理大臣慶親王奕劻罷黜，九月十一日（陽曆，即太原光復後第三日——引者）即授袁為內閣總理大臣，袁若入京，六鎮新軍即為袁用，亦即為清廷用。今吾輩欲成大事，必須阻袁入京」（《閻錫山年譜》（一），第 48 頁）。在會談中，吳祿貞還對他與張、藍二部的聯繫情況作了介紹，並說「山西的軍隊，張、藍的軍隊加上我們第六鎮的隊伍，會師北京是一定可以成功的。現在袁世凱派人到武漢搗鬼，他是有陰謀的。我們如果早到北京，就可以把他的計畫完全打破。因此，山西的成敗關係重大。再則，山西是我們中華民族最重要的堡壘，將來中國一旦對外有事，海疆之地是不可靠的。那時候，山西要肩負很大的責任。所以，山西要好好地建設」。「現在北京授命我為山西巡撫，我是革命黨，這對我真是笑話。閻都督是你們山西的主人，我是替他帶兵的」（何遂：《燕晉聯軍始末》，《山西文史資料》第 76、77 合輯，第 81 頁）。吳祿貞的談話，高瞻遠矚，坦誠熱情，使與會者深受鼓舞和感動，在融洽熱烈的氣氛中，雙方決定成立燕晉聯軍，公推吳祿貞為聯軍都督兼總司令，閻錫山為副都督兼副總司令，溫壽泉為參謀長。並決定山西民軍派兩個營開赴石家莊，歸吳指揮，共同執行截斷京漢路的任務，由此，閻錫山「不再堅持去殲旗軍的條件」（張國淦：《辛亥革命史料》上海龍門聯合書局一九五零年版，第 204 頁）。吳祿貞離開娘子關時，還問閻錫山：「晉軍何時開動？」閻答覆

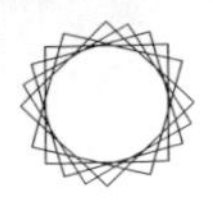

說：「第一列車隨公而後即開」（《閻錫山年譜》（一），第48頁）。

吳祿貞返回石家莊後，第二天，又致電清內閣、軍諮府、陸軍部和資政院，謊稱「已招撫晉省混成一協，巡防隊二十餘營，可借調遣」。並「請飭馮國璋軍隊，退出漢口，願隻身赴鄂，曉以大義，命其輸誠，以扶危局，倘彼不從，當率所部二萬人，以兵火相見」。同時在致電中還彈劾陸軍大臣蔭昌「督師無狀，司長丁士源、易乃謙逢迎助虐，結怨人民，激變各省軍隊，以致大局不能收拾」（卞孝萱：《辛亥革命山西資料片段》，《近代史資料》1957年第5期，第22頁）。

就在這一天，閻錫山派出晉軍先頭部隊一營由祖樹棠率領，乘車開發石家莊。到石家莊後，祖營長即將所帶的《山西革命軍公告》，由電報局發往各地，電文為：各省軍政府、各同志、各機關鑑：晉軍起義，天人順應，第一要務，惟在直搗燕京，前以未得東南聲息，故居險督守。嗣知南省聯兵悉起，晉軍隊分二路北攻：一路占娘子關前方及石家莊；一路規略宣、大，現在已抵南口之背。袁世凱拒戰無效，近遂別施詭計，時造謠言，謂晉已與敵連合，冀圖解散人心；詎知晉軍為恢復而起兵，為和而戰，一德一心，絕無他念。在晉士民，莫不贊同此義，決不受袁運動。現在惟待東南義軍，刻朝北伐，直抵燕雲，以成大業。樹德務滋，除惡務盡。我晉千萬同胞，人人皆負此責也。乞伐宣佈。十月十五日（十一月五日山西公電自石家莊發）。

吳祿貞與閻錫山組成燕晉聯軍後，雙方積極合作，為實現其止袁北上，進軍北京的雄圖大略而緊張地行動著。

這時，袁世凱和清廷也在加緊策劃著反革命的行動。武昌等地的起義，使清廷極為惶恐不安，為挽危局，清廷在不得已的情況下，又起用了原北洋大臣袁世凱，任命其為內閣總理大臣。袁世凱本欲即行赴任，憑藉自己訓練並掌握的六鎮新軍，以匡扶清廷為名，實現其更大的野心。但是，吳祿貞的所作所為，卻使他困於武漢前線，不敢北上。因為，吳祿貞率其第六鎮官兵進駐石家莊後，就控制了京漢鐵路。吳十一月一日抵達石家莊，

十一月四日便派何遂率領部隊在石家莊車站將一列由北京開往武漢前線的滿載槍械彈藥、糧食服裝和餉銀的列車，予以截留。這實際上等於截斷了京漢路。不僅如此，吳祿貞還致電清廷內閣等主管衙門，「明降諭旨，大赦各省革黨，速停戰爭」，「以息兵革之禍，而救危亡之局」，並彈劾陸軍大臣蔭昌等人，要求將他們「嚴行治罪」（卞孝萱：《辛亥革命山西資料片段》，《近代史資料》1957 年第 5 期，第 22 頁）。吳祿貞的這些舉措，不僅不能使袁很快北上，同時也給其調動部隊，鎮壓革命造成了極大障礙，所以，袁世凱對吳祿貞恨之入骨，必欲除之而後快。但他清楚，若明火執仗地調集重兵對吳祿貞所部進行圍剿，不僅不合時宜，而且還會招致很大風險，於是，慣於玩弄陰謀詭計的他，便決定重金收買殺手，刺殺吳祿貞。

袁世凱的魔爪正悄悄地向吳祿貞伸來，吳祿貞對此當然不可能知曉，而他平日又疏於警惕防範，結果致使慘劇發生。

吳祿貞抵達石家莊後，即以車站票房為行轅。十一月四日扣留向武漢前線運送輜重車輛的成功，當天與閻錫山在娘子關組成燕晉聯軍事宜的順利進行，十一月五日，山西民軍又有一營開至石家莊，凡此，都令吳祿貞十分振奮，認為形勢很好。十一月六日晚十一點多鐘，吳祿貞飲了些酒以後，正與副官周維楨、參謀張世膺（原任奉天陸軍小學堂總辦，剛調來）二人批閱機密檔時，突然，吳祿貞的衛隊長「馬惠田帶同參謀夏文榮、隊官吳雲章、排長苗得林等四人進見吳，馬惠田說：『向大帥賀喜！』打下千去，從衣服下拔出一支槍來。吳一見不對，一手拔出槍，從窗口衝到小院裡，跳上牆。馬等連擊，吳腿部中彈，跌下回擊，馬等向外跑去，吳在後面追，走到牆外，伏兵起，頭部中彈倒地死，並喪其元，張世膺、周維楨同時殉難」（劉存善：《山西辛亥革命史》山西人民出版社 1991 年七月版，第 104 頁）。一代豪傑，就這樣死於非命。何遂在睡夢中被槍聲驚醒，出來一看，見吳、張、周等被刺身死，當他明白發生兵變之後，悲慟欲絕，即向山西民軍駐地跑去，後來又受到了倪普香的保護。

對於刺殺吳祿貞的主凶，張國淦的《辛亥革命史料》中，說是袁世凱以重利啖其舊部周符麟下手。周符麟原為第六鎮第十一協統領，後被吳祿

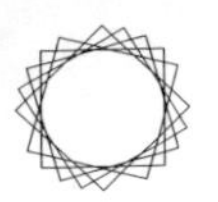

貞撤職，換成了時任第十二協統領的吳鴻昌。周因此懷恨，久思報復。他是東北人，騎兵第三營營長馬惠田也是東北人。吳祿貞在任延吉邊務大臣時，馬惠田即跟隨吳，吳對馬頗為信任，故令其為衛隊長。十一月五日，周符麟來到石家莊，來後不謁見吳祿貞，便與馬惠田等約集軍官開會，引誘軍官。何遂報告吳祿貞，吳卻說：「不要緊，衛隊長馬惠田是靠得住的」。天黑時陳其采來，也與周等開會。何又報告吳：「危險，要警惕！」吳態度仍安詳，說：「我有何懼」。不知彼等以銀三萬兩給馬，密令其行刺也（《山西文史精選》（1），第45頁）。而閻錫山的回憶錄中則說「據他們說，吳將軍之死，乃清廷以二萬兩銀子買通其部下吳旅長鴻昌所圖，與一般所傳刺吳將軍者為周旅長符麟有出入」。但從爾後發生的事情上，可以看出，張國淦所言可信程度較大。

吳祿貞的遇害，令閻錫山十分悲傷也無比懊悔。他雖然與吳祿貞只在娘子關「短短一會」，但「吳將軍之英俊豪爽，肝膽照人，料事之確，待事之忠」，在其心中永遠留下不可磨滅的印象。而「此一禍變，使我們阻袁入京之謀成為泡影，飲恨之深，實非言語可以形容」（《閻錫山早年回憶錄》，轉引自《山西文史資料》第76、77合輯，第53頁）。事實也確是如此，吳祿貞被刺殺後，雖然吳祿貞的副官齊變元曾帶領一個連宣佈起義，並因此嚇跑了第六鎮禁衛軍的一個旗兵團。另外，當山西方面聞知噩耗後，仇亮、景梅九、姚太素等率兵一部由娘子關連夜出發，於十一月七日抵達石家莊後，與何遂、第十二協協統吳鴻昌會商善後事宜中，吳鴻昌在得到了晉軍擔負第六鎮官兵軍餉的保證後，也曾答應了景梅九提出的燕晉兩軍聯合計畫，「還應該繼續實行」的要求，同意了仇亮提出的給張紹曾發電報，請其由奉天發兵，直攻北京，第六鎮為聲援。以及發令先斷南北鐵路兩段，以阻清兵南下，而解武漢革命軍之圍的提議，讓何遂擬妥即發。同時，仇亮還提出由吳鴻昌集合第六鎮官兵，自己則集合山西民軍，為吳統制舉喪，並誓師北伐，吳鴻昌也沒說別的。看上去，繼續實行燕晉聯軍的計畫，似乎還有轉機。可是，當會商完畢，時已垂暮，雙方分頭去集合部隊時，景梅九對吳鴻昌說：「兵貴神速，若乘此機北上，大事可成！」

而吳卻說了句：「怕我們的兵開不動！」（景梅九：《罪案》北京京津印書局一九二四年版，第222—223頁）結果，他趁何遂去發電報之機，帶著部隊向灤成開去。燕晉聯軍由此完全結束，阻袁入京之謀也終成泡影。

事已至此，仇亮、景梅九只好命令士兵將幾百箱槍彈炮彈、幾十包大米都裝上貨車，運往娘子關。第二天，楊彭齡又到石家莊尋找何遂，並同他一起把吳祿貞和張世膺的屍體運到娘子關臨時埋葬。同時，將通往娘子關的鐵路破壞掉一段。第六鎮中的同盟會員何遂、孔庚、王家駒、劉越西、李敏、倪普香等人，也隨之轉入山西。

吳祿貞與閻錫山發起組織燕晉聯軍，及其阻袁入京的宏圖大略，是中國辛亥革命史上的一個重要事件。雖然曇花一現似的僅存在了七天，但它卻充分反映了吳、閻二人與其他革命黨人為實現「同盟會」誓言的堅定意念和革命信心。它沒有成功，並且是以悲劇的形式而告終，這確實令人痛惜，然而，其中的原因與結果，更令人深思。

對於聯軍失敗的原因，有論者認為是「山西民軍當時力量薄弱，未能乘亂增兵進佔石家莊，扼京漢路而阻袁世凱北上，進而再圖攻取北京」（李茂盛等著：《閻錫山全傳》（上），第115頁）。這個說法不無道理，但是，事情並不這麼簡單。即使山西民軍當時勢力雄厚，乘亂增兵石家莊，也未必能夠扼守京漢，阻袁北上。因為，繼武昌起義後的山西起義，已然引起了清政府的極度恐慌和不安，必然竭盡全力阻止事態向不利於己的方面發展。清廷急令吳祿貞署山西巡撫，揮兵進駐石家莊，正是為此而採取的一個重要部署。再從武昌起義後國內形勢來看，全國起義的省份還是少數，尚未形成很大氣候，在北方的形勢更不樂觀。當時的清政府還掌握著相當雄厚的軍事實力。清廷急調袁世凱進京出任內閣總理大臣，及其向武漢前線大批輸送軍械彈藥，也正是想要控制整個局勢和向革命反撲的。袁世凱和清廷謀刺吳祿貞，就是其採取的一個重要行動。因而，在此情況下，要想孤軍奮戰，奪取勝利，顯然是不可能的。掌握重兵的吳祿貞正是從全域考慮，才主動提出與閻錫山組織燕晉聯軍的。

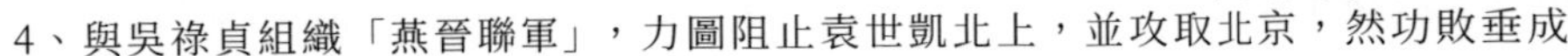
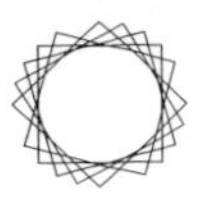

既是聯軍，其雙方的聯合行動就必須是密切配合，協調一致。在這方面，可能是事情緊急，時間倉促，吳祿貞與閻錫山雖然商定了阻袁入京的大政方針，閻錫山在吳祿貞走後，也派了一營人馬開赴石家莊，可是在如何協作配合，卻沒有作出更為具體可行的計畫。這也從一個側面反映出了吳、閻二人對形勢的過於樂觀，而吳祿貞對屬僚的勸告不以為然，終致遇刺身亡，正是因此所發生的一個悲劇。尤其值得指出的是，身為第六鎮統制的吳祿貞，志向確實不凡，膽識也屬過人，但他在對第六鎮官兵結構和成分複雜性的認識上，在組織革命力量的骨幹，進行思想發動和消除隱患這些方面的工作上則顯得不夠。他既沒有形成以其為核心的革命骨幹力量，也沒有培養訓練出一支可以依靠的革命隊伍。正由於缺乏對部隊的整合、整頓和有效地控制。因此，當形勢順利時尚可跟隨大流，而一旦發生意外變故，就很容易瓦解，甚至背叛。他的第六鎮下轄兩協，除第十一協編入第一軍正開赴武漢前線外，第十二協下轄的兩個團，有一個是第六鎮的，另一個是禁衛軍的，也是監視吳祿貞的。而屬六鎮的這個團（標統）的團長曹進和三等參謀方本仁是反革命的，正是這個團奉命向山西進攻的。只是由於十二協參謀何遂有意安排，才使該團三個營分散於三處，失去了進攻能力。當吳祿貞遇刺後，由於沒有一個核心力量和一支靠得住的隊伍，所以，對尚可挽救的局面卻未能予以挽救，吳鴻昌率部而逃，使燕晉聯軍的最後一線希望也化為泡影。吳鴻昌率部撤往灤城縣後，發現山西民軍並無大部隊進佔石家莊，他怕清廷追究其臨陣脫逃的罪責，遂於第二天即十一月八日又率部返回石家莊。這似乎可以證明若山西民軍力量雄厚，是可以乘亂增兵石家莊，阻扼京漢，阻袁北上，進攻北京這一推論是能成立的。然而，即使山西民軍大部隊進駐石家莊，因而吳鴻昌不敢冒然率部返回，那麼，清廷難道就不會調遣其他部隊進攻石家莊嗎？面對南方革命的興起和山西革命勢力的發展，它怎可能放棄這一處於南北交通要衝的戰略重地呢？就在吳鴻昌向清廷謊報其「覆佔石家莊」的當天，清廷便「當即派段祺瑞前往查辦」（張國淦：《辛亥革命史料》第 208 頁）。段祺瑞為袁世凱的得力幹將，又是內閣重要成員，清廷派他前往石家莊「查辦」，可見其對石家莊的重視，而段氏前往「查辦」的目的，也是顯而易

見的。

總之，對於燕晉聯軍及其計畫失敗的原因，應當將其放在當時的歷史條件下進行全面地考察分析，不可取其一面，而不及其餘。辛亥革命是一場要推翻幾千年的封建專制制度，開闢新時代的偉大革命，革命和反革命兩種勢力之間的鬥爭必然是十分激烈殘酷而又曲折複雜的，只有從這個時代大變局的前提出發，才能夠對其中所發生的一些事情的前因後果，作出比較符合實際的結論。

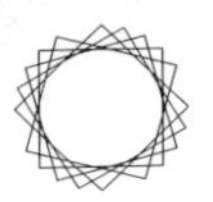

5、面對清軍的大舉進攻，進行頑強抵抗，閻錫山率部轉戰於綏包一帶

「燕晉聯軍」的失敗，對山西革命形勢造成了極大不利，清廷很快便調遣重兵對已是孤立無援的山西民軍，發起了兇猛的進攻。

山西民軍本來就處境艱難，在軍事方面，閻錫山當選都督後雖然把山西民軍改編成了四個旅，但實際上還是原來的兩標人馬，也就是兩個團，所以當初閻錫山只能向娘子關派去一個營駐守。面對清軍即將開始向山西的大舉進攻，閻錫山等人竭力募兵練軍，並議定成立一個敢死軍，由楊彭齡任司令（因其未到職，遂由被任為參謀長的何遂統領），敢死軍士兵多為洪洞、趙城一帶的青年，因為這些地方民風強悍，善於戰鬥。可是由於敢死軍實際上只有一團人的數量，因此，將其排連營長均提升一級，排長稱連長，連長稱營長，營長稱團長，另外，還有楊彭齡編練的新編混成旅等。孔庚到達太原後，閻錫山任命其為高等軍事顧問，後來又委其為「朔方興討使」，率兵一部，進軍大同。但總的來看，山西民軍的力量仍相當薄弱。在財政方面，太原起義當天藩庫被搶後，軍政府曾臨時發行了一種軍用券，以維持市面，但它信用不佳，任軍政府政事部部長的景梅九從娘子關回到太原後，為籌措經費提出了向富豪借款的辦法，閻錫山、趙戴文等皆以為此法可行，於是在排出祁縣、太谷、平遙等富商巨賈的名單後，即由李大魁（字梅峰）和姚太素（字守貞）率學生軍一隊先到祁縣渠本翹家去借。渠父正要閉門謝客，學生軍在其家門口放了幾下空槍，渠父畏懼，表示願意幫助軍餉，雙方商談中，李大魁提出要借百萬兩，經討價還價，渠父答應借給白銀四十萬兩，第一次先解二十萬兩到太原（民國成立後，山西當局以省銀行股票予以歸還），由此不難看出當時山西軍政府財政的窘迫狀況。在此情況下，要想抵擋清軍的進攻，顯然是十分艱難的。

吳祿貞遇刺被害的第二天，清廷即派段祺瑞前往石家莊查辦，其意圖顯然是要向山西發起進攻。面對驟變的不利形勢，閻錫山一面派南桂馨赴陝向革命軍求援，並派軍政府參議、太平縣（今襄汾縣）舉人董桂蕚赴晉

南招撫，派李苑林、胡行赴晉北招撫；一面派常樾、賈德懋到石家莊向段祺瑞疏通，因為賈德懋與段祺瑞為師生關係，派他前往自然要方便一些。行前，閻錫山還讓景梅九以他的名義給段祺瑞寫了一封信，勸段與黎元洪爭功，希望其「能一張吾漢幟而媲美於千古」。然而，段祺瑞不僅拒絕了閻錫山的要求，反而向賈德懋提出了要閻錫山取消大都督名義；將革命軍分散，歸陸軍各鎮管轄；將新任山西巡撫接至省城到任等無理要求。常樾、賈德懋當即表示反對，會談未取得任何結果。之後，沒過三天，十一月十二日，袁世凱便致電奕劻、那桐、徐世昌，飭令駐防奉天的曹錕第三鎮先行開赴北戴河一帶侯調。十一月十四日，清廷又派渠本翹為山西宣慰使，進行誘降活動，渠奉命後即致函閻錫山，勸諭以和平解決。閻錫山也於十一月二十四日復函渠本翹，願在太原共商和平之策，但並未實現。因為袁世凱已下決心要除去山西民軍這個肘腋之患。十一月十五日，又任命張錫鑾為山西巡撫，率曹錕第三鎮開往石家莊，準備進攻娘子關。同日，清大同鎮總兵王德勝也致電內閣，建議「新撫帶隊經行大同，與張、綏互為聲援，規復較易，……雁門關現為我有，從此進兵，長驅直入，省城唾手可得。省城既得，娘子關不戰自降」。

清廷步步緊逼，大兵壓境，形勢十分嚴峻。山西民軍趕緊商議對策。景梅九向閻錫山提出：「袁奴遠交近攻，欺人太甚！惟有一戰，不可退讓，勝則長驅北上，敗則分兵南北，另作計畫」（景梅九：《罪案》第 235 頁）。閻錫山贊同此議，即任命喬煦為前敵司令，率原第八十六標一、三兩營增援娘子關，隨後，閻錫山偕趙戴文、馬開崧亦到娘子關督戰。喬煦到達後，據守娘子關正前方之乏驢嶺，張煌率部據守娘子關右前方雪花山，舊關亦由張煌部駐守，娘子關則由敢死隊、學生隊駐守。

十二月九日，清軍向娘子關發起進攻，兩軍展開激戰。清軍只所以拖延了許多時日方才發起進攻，是因為曹錕第三鎮中的一些軍官不同意鎮壓革命，有的離曹而去，有的被曹撤職，曹錕不得不予整頓，所以，到十一月二十四日才由奉天出發，開往石家莊，十二月八日，由石家莊出發，晚上十一點鐘抵達井徑。民軍四五百人曾趁夜襲擊，雙方激戰二時許，民軍

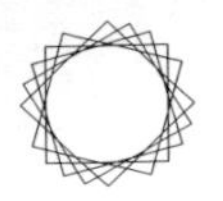

退守乏驢嶺，因此，娘子關之戰，實際上於十二月八日即已開始。

十二月九日，清軍由井徑出發，到了蔡莊，即安置炮位，欲攻乏驢嶺，嶺上民軍望見，即有數十人跑下來奪炮，兩軍逼近數十步，開槍互擊，激戰甚烈，清軍極力反抗，民軍未能將炮奪取。民軍受傷者數人，均被清軍殺害。但清軍也被民軍擊斃七人，擊傷十八人。其中還打死一個管帶。十二月十日，清軍見乏驢嶺兵勢甚厚，遂由嶺北繞道而進，但在雪花山遭到民軍伏擊，兩軍交鋒，自早上五點戰至午後一點，民軍大敗，被俘二十餘人，清統制曹錕、統領盧永祥，各用腰刀親殺十餘人，清軍又返回戰場，將受傷未之死民軍首級割下，到營前獻功。數日來以此役為最烈，民軍死者五百餘人。清兵死傷約百餘人。十二月十一日，有平定州及娘子關紳民，推舉代表兩人，到清軍營前，要求停戰議和，而曹錕卻認為他們是民軍奸細，即於營外正法。第二天，清軍佔據乏驢嶺後，便架起大炮，直向娘子關連擊七炮，民軍見寡不敵眾，遂棄關退走，至陽泉駐紮。清軍佔領娘子關後，將民軍大炮四尊、子彈數百箱、稻米八百袋，全部奪走，其餘民間財物，也被官兵劫掠一空。當天，段芝貴奉袁世凱令，到井徑宣佈停戰，以利南北議和，但曹錕推說兩軍正在酣戰，萬難制止，於是，十二日攻娘子關後，才停止戰鬥。之後不久，三鎮兵即向太原進發。

娘子關終於失守了。對於娘子關的失守，當時景梅九曾認為是因姚以價「退兵過速」。然而從他從娘子關返回太原曾密對閻錫山所說的「娘子關終不可守」（景梅九：《罪案》第 236 頁），並讓閻錫山預作考慮的這個情況來看，原因並不在此。娘子關雖然形勢險要，但民軍缺乏炮兵，「雖有可守之地，而無可守之器」，加之兵力有限，敵我雙方實力懸殊，並且袁世凱決心消滅山西民軍，以圖在即將舉行的南北和談中爭取到更多的籌碼，因此，娘子關失守只是時間上遲早的問題，不過，若能再堅守些時日，閻錫山也許會對以後的事情安排得較為周密一些，而不至於那樣倉促。

娘子關於十二月十二日失陷後，十六日，閻錫山、姚以價撤返太原。鑑於三鎮兵將大舉進攻太原，而民軍已無力抵抗的現實，閻錫山曾與溫壽泉、趙戴文、黃國梁等多次集議，其中有人主張不一定堅守省城，往南往

北都行。多數人主張由太原暫時退出後，到陝西與張鳳翽靠攏，聯絡起來，以圖再舉。溫壽泉則力主閻錫山應留在太原，以穩定民心。由於各執其詞，意見不得統一，而形勢又相當緊迫，因此，再未繼續商討，便按原來的「分兵南北」之議，閻錫山與趙戴文、張樹幟等率部分義軍離開太原，向北進發；溫壽泉、景梅九、楊彭齡等率部分義軍南下而去，姚以價則乘火車輾轉去了漢口，黃國梁與王嗣昌等先往陽曲縣青龍鎮，後來也轉到天津。

民軍撤離太原後，原來的清政府官員即活躍起來，由於當初太原起義後，閻錫山對清廷官員採取勸降任用辦法，只要投降就不加罪，所以，大都存活並委以重任，而今他們見民軍撤離，無不彈冠相慶。原省諮議局局長梁善濟與提法使李盛鐸（起義後推舉為軍政府民政長）同謀為清軍內應，並乘機大肆搜刮，自縊未死的原布政使王慶平，在張錫鑾來到任前，暫行護理省政。十二月十二日王調離後，布政使由李盛鐸接替，並護理巡撫。一九一二年一月五日，盧永祥帶步兵第一標、騎兵三隊，山炮、工輜各兩隊到太原。十日張錫鑾也抵太原赴任。舊時官員，紛紛出來任事。不久，張錫鑾調東北，李盛鐸執行巡撫事。盧永祥進駐太原後，即派兵分別向忻州、平陽進攻，所到之處，大肆搜刮搶掠殺戮，其中，以趙城受禍最慘。反革命的復辟，給山西人民帶來了巨大的災難。

南下的溫壽泉一路，他們計畫南下後，光復河東，然後出兵河南，以圖大舉。這一路民軍，由李鳴鳳收留的從娘子關退回的一部分士兵為先頭部隊，景梅九帶領學生軍和輜重殿後。經徐溝、平遙、介休、靈石、霍縣，抵達趙城後，經過整頓，推舉楊彭齡為行軍都督。義軍進至洪洞，鑑於平陽城清軍力量雄厚，遂決定暫不攻平陽，而繞道至河津，與陝軍取得聯繫後，先下運城，再去平陽。按照這一決定，義軍一路向前，衝破重重阻攔，最終抵達河津縣。在這裡，決定溫壽泉、景梅九偕同陝軍派來的聯絡人員王一山，赴陝與陝軍聯絡。此時，從北京繞道回到河東的王用賓、劉錦川、尚德、陳衡光等，已在運城召集各縣士紳開會，組織了「河東紳商議事公所」，並成立了有團兵數千人的「蒲解兩屬民團」，被釋放出來的張士秀則自願赴陝請求陝軍援晉。王用賓等還分別潛赴河津等縣調集兵力，準備待

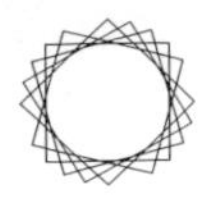

陝軍過河後協同進攻運城。陳樹藩、井易幕、井月秀等率領陝軍東渡後，先到虞鄉，尚德向陝軍介紹了運城內外的地形和兵力情況，一九一一年十二月二十八日，陝軍進抵距運城十里的解州屬趙村，二十九日拂曉，與前來進攻的鹽捕營交戰，鹽捕營因與王用賓等有過聯繫，所以未進行激烈戰鬥，即行撤走，接著，陝軍便向運城進攻，下午光復了晉南重鎮—運城。

在秦隴復漢軍司令官陳樹藩的主持下，決定由當地人士組成機構，維持地方，隨即議定由從陝西歸來的張士秀任河東民軍總司令，總理地方軍政事務；王用賓任兵馬節度使並兼任民政長，尚德為交通司長，其他軍務、財政、司法、總務、審判、銀行、員警等部門長官也作了相應委派，各縣知事均選派革命黨人擔任。這時南京臨時政府成立，它對山西革命極為重視，派特派員王北方來運城視察革命情況，他召集各軍政負責人開會，討論革命方略，為了能夠統一指揮，並對南北兩政府行文便利，認為亟應組織統一領導的機構，在閻錫山都督未回省的情況下，同意由副都督溫壽泉立即組織河東軍政分府，並以尚德為秘書長著手組織，成立了河東軍政分府，同時與陳樹藩等商討組織「豫、晉、秦、隴聯軍」，策應潼關豫軍東下，以截擊南下清軍之背，會議方定，陝西告急，陳樹藩、井易幕即行返陝。

運城光復不久，軍政分府即命李鳴鳳、張士秀率部分駐於韓信嶺以南至黃河以北的地區，防堵南下的三鎮盧永祥部和北上的河南毅軍趙倜部。李鳴鳳還到平陽南的蒙城，組織了攻平陽的部隊，準備一舉攻下平陽。此時，得知南北議和的消息，為避免城內人民遭受損失，遂停止了攻城。共和告成後，平陽得以光復，因而晉南地方完全掌握在了以溫壽泉為首的河東軍政分府手中。

北上的閻錫山撤離太原後，擬去清軍力量薄弱的綏遠包頭一帶。他所以這樣打算，是因為他對綏包一帶的情況有所瞭解。清廷在內蒙古中部和西部地區所設的歸綏道，是山西省的四道之一，駐歸綏的部隊為山西的後路巡防（前路、中路巡防分別歸太原鎮、大同鎮指揮），其統領周維藩為清翰林院編修，在赴日本考察軍政時，曾結識了一些同盟會員，太原起義後，周維藩在當地同盟會員楊瑞鵬的推動下，至興和宣佈起義，而包頭的

同盟會員在楊瑞鵬的發動下，曹富章、張林等也曾在包頭附近的黃草窪宣佈起義，並開進包頭城（後被五原廳同知樊思慶鎮壓）。因此，這裡有著一定的革命基礎，並且經濟上也比較富庶，況且相對晉北離清軍之力較遠。所以，閻錫山想依此作為「暫避其鋒」，以「待有利時機」的落腳點。

北上的民軍在閻錫山率領下，到五塞後，與朔方興討使孔庚等相會合。此時，從綏遠撤下來的周維藩部已佔領大同，並且在懷仁大敗從大同撤出來的清毅軍。對於閻錫山放棄太原出走，孔庚認為「是一大失策，但事已至此，難以挽回，遂建議閻錫山通電全國聲明北伐，以保全山西民軍榮譽。閻採納此義，但倉促間未能發出通電」（劉存善：《山西辛亥革命史》山西人民出版社 1991 年七月版，第 125—126 頁）。這時，閻錫山也感到有些後悔，曾自責有過，行至大同時，他拜讓都督印與周維藩，周堅辭，又懇交孔庚，孔亦卻之。閻錫山說：「我不幹了，吾將去五台，削髮入山，惟諸君諒我，感恩不朽」。周維藩說：「都督晉人，且首義，我三人為革命同功一體，胡可計名位。大勢所趨，革命必成，省垣雖失，無損大局，且我軍自懷仁一戰，士氣振奮，關內外尚有萬人，據險而守，足以拒敵，若都督一去，示人以怯，則軍心渙散，三晉之人復何恃」。孔庚對此番話深以為是，於是仍擁閻錫山為都督，孔庚為前敵總司令，兼第一師師長，李勉之為參謀長，王家駒為統帶，周維藩為總參謀兼第二師師長，劉少瑜為統帶（方仲純：《辛亥塞外革命紀略》，《近代史資料》1957 年第 5 期），並且召開會議，認為清毅軍雖敗，其主力還在左雲一帶，若守大同，恐腹背受敵，而聞包頭起義也失敗，北進之計自不可能，因此決定「當擇地暫避其鋒，徐圖進展」。於是，閻錫山等率部輾轉至保德。十二月二十三日，閻錫山在黃河灘上進行演說，藉以激發軍心，鼓舞鬥志。他在歷數了辛亥太原起義以來的艱難挫折後，談「此時戰爭，遷延數月，於茲亦騎虎之勢，得下為難，勿因敗以生畏葸，勿坐觀以誤事機。再抖精神，重振志氣，掃偽朝之餘毒，復祖國之光旗，此功此責，乃山與諸同胞共之者也」（張樹幟：《山西辛亥起義日記》，《山西文史資料》第 19 輯，第 96 頁）。之後，閻錫山委孔庚為北路軍總司令，凡北進部隊，統歸其節制。

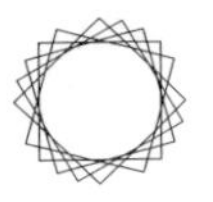

從閻錫山撤離太原後的辭職不幹，甚至想要去五臺山削髮為僧，再到在黃河灘上演說中的慷慨陳詞，不難看出，他對革命的前途有一度是曾悲觀沮喪過的，在遭受「燕晉聯軍」失敗，又不得已放棄太原等挫折後，出現這種情緒的，實際上並非閻錫山一人，只不過由於他特殊的身份地位，在有關史料中對他的記述較為詳細，因而顯得有些突出罷了。但是從他在黃河灘上的演說中，卻也可以清楚地說明，閻錫山並未一直陷入悲觀沮喪這一不良情緒之中，而是經過反思之後，又重新振作了起來。決心「再抖精神，重振志氣」，再接再厲把革命事業進行到底的。可以說他的這番演講，其實也正是他對自己「因敗以生畏葸，坐觀以誤事機」懦夫思想的一種反思和自責，也是對革命抱定信心的豪情表白。閻錫山重新振作，對爾後民軍在綏包一帶的革命行動，起到了積極的作用。

閻錫山等在河曲縣十里長灘附近的古城鎮時，在包頭策劃起義失敗後的楊瑞鵬、王肯堂以及在牛鎮起義亦遭失敗的李德懋都來到這裡。楊、王二人在包頭策動起義失敗，主要是在清軍駐綏遠將軍堃岫的授意下，五原廳同知樊思慶暗中脅迫已被楊、王說服起義的清軍管帶王芝壽、謝有梓將有關起義密議坦白後，借宴請革命軍官為名，將參加起義的革命軍官佐四十餘人殺害。楊、王等人見到閻錫山後，告訴綏遠清兵無備，勸閻即速進攻。一月四日，閻錫山率北路軍從古城鎮出發，十日部隊到達距包頭約十五公里的大茅庵村時，發現清軍，並擬與駐紮包頭鎮之清軍管帶謝有梓、王芝壽及五原廳同知樊思慶談判，確定以南海為談判地點。第二天，閻錫山派孔庚、吳信芳、李鼂為代表前往，孔等剛至南海，即被清軍四面包圍，欲施誘殺之計，幸吳信芳與謝有梓交往甚密，孔等方得以安全返回大茅庵村。民軍對樊等誘騙行為，極為憤怒，乃分兵三路進攻包頭。樊思慶等見自己的陰謀未遂，而手中兵力又有限，於是率領五百餘人，向歸綏逃遁，但也被李德懋、張樹幟率兵擊潰，繳獲槍械馬匹甚多，當天即一月十二日，北路軍佔領包頭。包頭各界歡迎「都督」入城時，還出現了一個插曲，趙戴文為了閻錫山安全起見，偽裝「都督」，走在前面，突然有一潛伏於大街一邊的歹徒向趙戴文打了一槍，但幸未擊中。佔領包頭後，閻錫山一方

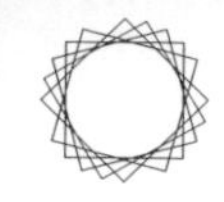

面維持地方秩序，一方面發展武裝，並籌措糧餉，打造兵器。

一月十五日，山西巡撫張錫鑾，山西諮議局副議長杜上化派代表孔繁霨、馬瑞圖，到包頭迎閻返省，因為自閻錫山北上後，地面不時告警，維持秩序，非都督旋省不可。而閻對張未敢遽信，況且自己已佔領包頭，有了棲身之地，所以，不願急於南歸，同時，由於義軍佔領包頭後，堃岫即電請內閣，請求派兵支援，但卻求援未果，遂派統領譚永發率蒙古隊及旗兵巡防與步隊約計兩千人，進攻包頭，屯兵於距包頭九十里的薩拉齊廳。一月十五日，閻錫山領統帶王家駒率步隊兩營、馬隊一營、重炮隊一隊、游擊隊一隊，開往距薩拉齊三十里之鄂格遜。兩軍在此相遇後，從上午戰至下午，清軍餒甚，退入薩拉齊城內，緊閉城門，拒不出戰。王家駒、張培梅城下叫罵，亦不應戰。民軍無奈，只好退駐吳坎，此地距薩城僅一里，正當民軍糧餉告乏之時，當夜張樹幟由包頭運來一批大米、白麵和豬肉。為儘快解決戰鬥，民軍遂以大炮轟擊薩城西門。由於清軍官兵多無心打仗，因此，城雖未破，已逃亡過半，支持到下午，便棄城而逃。一月二十日，王家駒、張樹幟等佔據薩拉齊，第二天，閻錫山進入薩拉齊。

薩拉齊失陷，使堃岫大為驚慌，急忙召集士默特旗的參領們開會，商討對策。這些蒙古族的軍官雖然與滿族也有矛盾，有反清思想，但他們對同盟會提出的「驅除韃虜」也頗為反感，加上山西民軍又不注意民族政策，曾提取士默特旗的稅款，侵犯了蒙古族的利益，所以表示願意支持清政府，出兵抵抗山西民軍的進攻。於是城內的蒙古族步兵第二營和騎兵營，奉命於一月二十四日出發，二十五日抵達刀石村（今陶思浩車站）。二十六日晨，山西民軍敢死隊向刀石村發起進攻，但在已有準備的清軍的抵抗下，敢死隊受到重創，後來雖然山西民軍的正規部隊趕到，人數上有蒙古營三倍之多，可是，由於冒著槍林彈雨指揮的王家駒不幸中彈犧牲，使部隊銳氣大挫，而此時蒙古騎兵營和譚永發的巡防隊又支援上來，在此情況下，山西民軍不得不撤出戰鬥，退至拖斯和村。刀石村因距陶思浩不遠，其村西南有條小河叫穀勒畔河，因此，刀石村之戰亦稱為陶思浩或穀勒畔河之戰。此役，據說山西民軍傷亡數百人。陣亡的王家駒，共和後，臨時大總

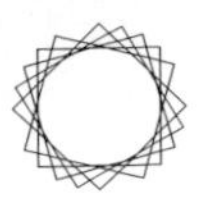

統孫中山令陸軍部準給其恤金並附祀忠烈祠。

山西民軍於刀石村失利後，由拖斯和村轉至壽陽營村，在此略加整頓後，即向托克托城進攻。托克托也是歸綏道口外十二廳之一，是個通判廳，最高行政長官為通判。它位於小黑河匯流黃河的入口處，因其是個水旱碼頭，所以商業相當繁榮，在山西民軍由包頭東進時，堃岫曾派了兩百名巡防隊駐防於此，再加上地方上的百餘名冬防隊，還是有一定的防禦力量的。通判包富榮聽到山西民軍進至托克托境內的消息後，急忙召集紳商共謀對策。其中，與同盟會有過接觸的閻懋、劉兆瑞、李湧清等一些知識份子，認為地方力量薄弱，無法抵抗義軍，為避免地方損失，主張開門迎接民軍，而冬防隊隊長吳英則堅決主張抗拒。可是由於譚永發的援軍未到，又不敢冒然應戰，在此情況下，包富榮順應輿情，決定開門歡迎山西民軍。為此，他一面派人到祝樂沁村與山西民軍聯繫，表示歡迎，並讓托城和同樣是商業重鎮的河口兩地的「鄉耆府」（相當民國時的商會）與地方士紳安排招待義軍等事宜；一方面讓堃岫派來的巡防隊撤回歸化城，同時將冬防隊收槍解散。因而，山西民軍不費一槍一彈即於一九一二年一月二十八日（農曆辛亥十二月初十）進抵托克托城。閻錫山於第二天便發出安民佈告，並令交出私有武器。為擴大民軍，他開監釋囚，把願當兵的囚犯編入敢死隊，還招募一些賭博漢和流浪者當兵。為解決糧餉，除支用稅局、鹽局和地方的一些公款外，又向商號和富戶借銀 8 萬兩（後按年息八厘歸還），同時，還處決了暗中進行破壞的冬防隊隊長吳英（李茂盛等著：《閻錫山全傳》（上），第 141—143 頁）。

閻錫山的北路軍在托克托城住了半個月。這時南北議和已近結束，當閻錫山等正商議下一步如何進攻歸化時，李盛鐸及前諮議局副議長杜上化等又派趙熙成持信前來，請閻停戰，並催其返省。其時，在進攻歸化的問題上，由於清廷已調集第一鎮之一個旅增防歸綏，因此，趙戴文等認為，若攻歸綏，民軍恐將全軍覆沒，而孔庚、李鼂、張樹幟等卻以「王家駒陣亡，若不殲滅歸化滿虜，無以對死者」為由，力主進攻歸化，「組織軍政府，為民軍根據地」。閻錫山雖然也清楚攻歸化不利，並認為「歸綏是我

們的副目標，最後目標是收復太原」，況且形勢已定，返省時機也已成熟，但他卻「以防夜遭不測」，仍對民軍諸將慷慨陳詞，說：「勝敗之機不在敵人，而在我們，轉敗為勝，此正其時」。因此，民軍離開托克托之前，他「下令進攻歸化，部隊前進五里後，停止待命」。當部隊東行五里後，他又「下令轉向南進，大家才知道是回攻太原」（《山西文史精選》（1），第46頁）。一九一二年二月九日（農曆辛亥年十二月二十二日），閻錫山等率領山西民軍由托克托南下，向山西轉進。二月十三日進至河曲，後經神池、甯武，於二月二十八日（農曆辛亥年正月初一）抵達忻州。

閻錫山率領的北上民軍，於一九一一年十二月十二日撤出太原後不久，即在雁北重創清毅軍，接著從一九一二年一月十二日至一月二十八日，在短短的半個多月裡，又連克包頭、薩拉齊、托克托三城。這中間，山西民軍雖然付出了很大犧牲，但對綏遠的清軍也予以了沉重打擊。並且透過鬥爭，發展壯大並鍛煉了民軍，擴大了山西民軍的影響，因此，可以說，當初閻錫山對山西民軍可以在綏遠活動的條件和形勢，在判斷上是正確的，山西民軍在綏遠的活動，總的來看也是成功的。

關於娘子關失陷後，山西民軍對即將大舉進攻的清軍，該取何種策略的問題上，山西軍政府主要領導多持暫時撤離太原，不一定堅守省城的策略是明智的。在當時清軍勢強，而民軍勢弱的情況下，如果堅守太原，勢必使清廷加強對太原進攻的力度，從而使守城民軍遭到慘重傷亡。而「分兵南北」之議的實施，儘管有些倉促，閻錫山等人當時也並未意識到此行的意義所在，但從實踐的效果上來看，它不但有效地保存了革命的有生力量，免除了被清軍圍於省城，聚而殲之的厄運，同時也迫使進攻山西的清軍不得分散兵力，尋殲山西民軍。清軍第三鎮盧永祥於一九一二年一月六日率部進佔太原後，就又駐守平陽，以防南下的山西民軍。尤為重要的是，南下北上的兩路山西民軍，由於在當地同盟會員和革命武裝的積極配合下，對清當地政權和清軍進行了一次次沉重打擊，並採取了一些維護地方秩序和百姓利益的措施，因此，它既有力地動搖了清政府在山西統治的基礎，又使革命深入基層，深入人心，從而擴大了革命影響，並把更多的群

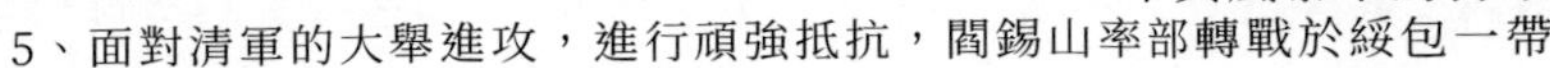
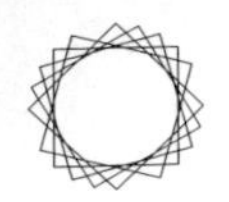

眾吸引到革命旗幟之下，形成了更大的反對清朝統治的革命力量。這樣，就使山西軍政府的政權建立在了更為堅實的基礎之上，河東軍政分府的成立，即是南下民軍積極活動的一個勝利成果，同時，南北兩路民軍的革命活動，也為南北議和中爭取對山西是革命省份的承認，提供了勿容質疑的事實。

6、孫中山等為山西力爭，閻錫山向袁世凱低頭，終於重返太原掌權

一九一二年二月二十八日是農曆壬子年的正月初一，按照中國的傳統習俗是大年。這一天，忻州城各條大街上，五色旗迎風招展，許多人在寒冷的冬日下，吃過早飯便到北門外五里排隊迎候閻錫山。原來，閻錫山轉回山西之前，就在包頭發出專函，通知周玳說：「不日由包頭動身，先住忻州，你速設法與忻州州官聯繫，為我籌備一切」（《閻錫山與家鄉》，《山西文史資料》第 67 輯，第 37 頁）。周玳接信後，馬上去忻州與州官朱善元接頭，朱善元不敢怠慢，為迎接閻錫山的到來進行了充分的準備工作，不僅清掃街道，組織迎接隊伍，還籌備了一些糧餉。

當天下午，閻錫山帶著近千人的隊伍進入忻州城。除負責警衛他的百十號大兵，都荷槍實彈，穿戴還比較整齊外，其餘的大多穿著隨便，頭戴皮帽，身穿皮襖、皮褲，腳蹬皮靴，有的騎馬，有的步行，有的背著手槍，有的掛著馬刀，有的兩手空空。他們這身裝束，加之又是從綏遠來的，難怪歡迎的人都說這是「蒙古軍」。知州朱善元等一幫官員把閻錫山接到貢院後，為閻錫山大擺筵席接風，因為是大年初一，朱善元等集體向閻錫山拜年，並送閻錫山一副對聯：「龍鳳呈祥機運轉，旗鼓重張震軍威」，橫批是「不老松」。接著還拿出白銀二十萬兩，獻給閻錫山，供其發放軍餉和其他開支。之後，五台、崞縣（今原平市）、定襄的官員也送來大批銀兩相助。

受到隆重歡迎的閻錫山，心情十分愉快。他本想在忻州稍事停頓，就回太原，豈料，就在當天，袁世凱給他來電，並電李盛鐸、盧永祥和武衛右軍統領王汝賢，轉告山西民軍停止前進，理由是「閻錫山軍隊紀律，非所深知，萬無令其回太原之理」。因此，令閻「仍駐原地，靜侯調查，須有本大總統令，方可移動，並令轉飭溫壽泉等遵照，如違即以違令論」，「如果閻擅自進行，望即都飭各營嚴加抵禦為要」（《山西辛亥革命函電匯存》，《山西師院學報》1958 年第 2 期，第 163 頁）。這對閻錫山無疑

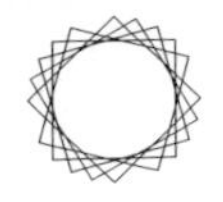

當頭棒喝。第二天，段祺瑞又給閻錫山來電，也是要他「在忻州小住，勿攻太原，俟張巡撫錫鑾退出太原，再行回並」（《閻錫山早年回憶錄》第30頁）。袁、段的電報都要閻仍駐忻州，不得輕舉妄動，而袁氏的電報，不僅僅是針對閻錫山的，而且是針對整個山西民軍的。閻錫山無奈，只好在忻州待命。

袁世凱只所以如此，其根本的目的，就是不讓山西的革命黨人在山西掌權。因為如果將來讓山西的革命黨人執掌政權，處於京畿肘腋間的山西，必將對他構成很大威脅。袁世凱為了達到這一目的，在一九一一年十二月二十八日於上海召開的南北議和會議（預備會議）正式開始之前，在雙方商討同意先行停戰的問題時，袁世凱提出民軍不包括秦、晉及北方起義各軍在內，特別是山西民軍，而黎元洪也於十二月九日以「因秦、晉、蜀三省電報不通，恐難及時停戰」為由，稱「所有以上停戰條件，與該三省無涉」。於是，袁世凱和曹錕等人便利用這一點，立即向山西方面增加兵力和火力，並於十二月十二日攻陷娘子關，迫使山西民軍撤出太原，分兵北上南下。雖然11省革命軍政府公推的總代表吳廷芳，對袁世凱將北方革命軍稱之為「土匪」的濫言，進行了嚴厲駁斥，並且於南北議和第一次會上提出湖北、山西、陝西等地均應一律停戰，清軍不得進攻；必須得到袁世凱的正式承諾，始能舉行正式會議的建議，一九一一年十二月二十七日，又在南北議和第二次會議上，譴責袁世凱在停戰期間調兵遣將，攻佔娘子關，繼進太原府的行為，並且，在這次會議上還議定：「自一九一一年十二月三十一日（農曆辛亥年十一月十二日）早八時起，所有山西、陝西……等處之清兵，一律退出原駐地百里之外」。可是，袁世凱憑藉帝國主義的支持以及同盟會和革命軍方面為換取革命早日勝利而產生的妥協思想，卻玩弄兩面手法，表面上同意了這些決議，但背地裡仍縱容盧永祥繼續進兵，於一九一二年一月六日（農曆辛亥年十一月十八日）率部進佔太原。不久，又率部南據平陽。而袁世凱卻讓駐北京的義大利公使出面進行掩飾，把清軍進佔太原，說成是「太原傳教西人，地位危險」，袁內閣「所派之兵只為保護西人，並非有戰爭之意」。為此，山西軍政府代表李素、劉懋賞將事實真相電告吳廷芳，電文不僅揭露了袁世凱的欺騙行徑，同時請吳廷芳「從速電達袁世凱，據理力爭，即將兵隊退出太原，一面聲明以後晉中如有土匪，則由民軍剿撫，清軍不得干預，以清許可權」（《中華民國開國五十年文獻》臺灣出版，第 283 頁）。與此同時，在南京的山西民軍代表南桂馨亦曾數次面請孫中山電袁力爭。孫中山對於袁世凱不承認山西為起義省份，違約進犯山西一事，十分氣憤，說：「雖有此議，我們絕不承認，寧可議和決裂，不能不承認山、陝的革命同志。你們盡可放心！」（南桂馨：《辛亥革命前後的回憶》，《山西文史資料》第 2 輯，第 89 頁）孫中山所說的「此議」，顯然是指袁世凱、段祺瑞給閻錫山的電報，而他口氣的堅定和自信，則充分說明他對山、陝革命同志的堅決支持。

就在吳廷芳、孫中山據理力爭之時，由杜上化、王用賓等在太原籌組的山西省臨時參議會參議員李素、劉懋賞在上海也向孫中山去電，認為「茲事只取決於來往電報，萬難奏效」，應派山西籍人前往瞭解情況，進行調解，並建議任命狄樓海為宣慰使赴晉調解。狄樓海受命後，提出 7 條意見，分電閻錫山、李盛鐸、山西諮議局和國民公會，以及各報館，並認為只要採納實行，他赴晉與否，問題都可以解決。這 7 條意見是：「一、公懇閻都督顧全大局，力任其難，毋固言辭職；二、安插未撤之兵，取消河東軍政分府，以定統一機關；三、消滅諮議局。取簡單辦法，組織臨時省議會，以一代表民意機關；四、分撥兵械於各地方，以資震懾；五、調和舊日意見，急收各屬人望，以期一致進行；六、確定地方官吏，免致觀望，以期政令易行；七、建設講演團，以期共和知識普遍人民」（《民主報》一九一二年三月九日）。

狄樓海所以在第一條意見中，提出要閻錫山「顧全大局」、「毋固言辭職」，是因為閻錫山接到袁世凱、段祺瑞的電報後，於二月二十日給李盛鐸的電報中，提出自己辭職，「另舉賢能」的請求，並希望「久為晉民所瞻仰」的李盛鐸鼎力維持晉局。閻錫山這樣做，其實並非出自內心，而是他在對自己所處的不利形勢和當時整個局勢的分析後，所採取的一種以退為進，委曲求全的策略。他在到達忻州前雖然已經知道南北正在議和，

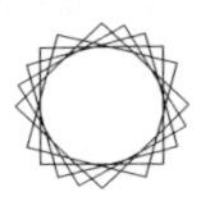

但是，他清楚，在北方，實力仍操於袁世凱之手，僅憑山西一省之力，勢難與袁世凱抗衡。山西作為華北戰略重地，袁世凱是決不會讓革命黨人來掌權的，自己要想返回太原，就必須取得袁世凱認可，而李盛鐸頗受袁世凱信任，所以，他向李盛鐸的這番表示，實際上也是對袁世凱的一種「妥協」姿態。然而，革命黨人也清楚地認識到山西戰略地位的重要性和由革命黨人執掌山西大權的影響所在，因此，狄樓海提出要閻錫山「顧全大局」，「毋固言辭職」，狄的意見，實際上也正是孫中山等革命黨人的意見。

對於狄樓海所提的7條意見，閻錫山十分贊同，當即覆電狄氏，在對其「條示政見」極表贊成的同時，又說他「自審才力薄弱，覺不敢肩比重寄；只以接替無人，未使遽行脫卸，切盼尊駕速旋，極力主持，倘三晉同胞離水火，實受公賜」（《民主報》一九一二年三月九日）。從閻錫山的這番表述中，更可以看出雖然他仍表示了謙恭，可是，並未「固辭」，並且，還想透過狄樓海繼續為他爭得政治地位，以實現其早日返回太原掌權的願望。為此，他接受別人的建議，請出了在家鄉閒居的董崇仁赴京在袁世凱面前為他說項。董崇仁是定襄人，其父清末在皇宮包攬工程時，曾結識了袁世凱，董崇仁遂拜袁為師，濟身官府，出任過觀察、道員之類的職務。一八九七年，山西當局將山西礦權出賣給英國福公司後，盛宣懷、袁世凱見有利可圖，以維護礦權為名，成立了一個同濟公司，袁世凱即派董崇仁為同濟公司負責人。正因為董崇仁與袁世凱有著這樣的關係，所以，閻錫山要請他赴京去見袁世凱，轉達其對袁的擁護和忠順。

此外，閻錫山還在定都的問題上不失時機地向袁世凱討好輸誠。南北雙方和談代表在和談中就民國首都定於何處的問題上，爭論得相當激烈，雙方所持理由自然都是從有利於己的方面考慮的。革命黨人主張建都南京，因為南方革命力量較強，孫中山在其辭職諮文中提出的三個附加條件中，有一條便是「臨時政府設於南京」。他強調說：「南京是民國開基，長此建都，為做永久紀念，不似北京地方，受歷代君主的壓力，害得毫無生氣，此後革命鼎新，當存一番佳境」。而袁世凱考慮到他的北洋軍主要在北方，北京是其個人勢力的中心，若在南京建都，他去了要受約束，而在

北京，則可為所欲為，因此，他堅持建都北京。就在這中間，閻錫山為討好袁世凱，與山西清遺官員李盛鐸、駱成驤、王大貞、許世英、周渤、林學咸等聯合發表通電，贊同建都地點「以北京為宜」，說什麼「以形勢論，以事實論，以對內對外論，目前自無舍北就南之理」（《山西辛亥革命函電匯存》第 174 頁，《山西師範學報》1958 年第 2 期）。

閻錫山的這個政治表態，無疑使袁世凱感到高興，而孫中山從大局出發，也作了讓步，提出閻錫山回晉擔任都督，由李盛鐸擔任民政長。不久，李盛鐸又與藩司、諮議局副議長杜上化、劉篤敬於三月十三日聯名致電陸軍總長段祺瑞，說：「現經官紳各派代表，共同合議，決定如下：一、全省官紳，公認閻都督回省，並確能保衛治安。二、閻回省後，都督名義，仍舊存在，與他省無異，有變更時，須與他省一樣變更。三、山西全省軍事，全權專歸閻都督管理」。「除閻都督回省後，一切辦法仍由官紳會商，期臻妥協外，謹合詞上陳，務望早日定奪」（《山西辛亥革命函電匯存》，《山西師範學報》1958 年第 2 期，第 174 頁）。李盛鐸等人給段祺瑞的這個電報，所反映的問題十分清楚，即從當時山西的實情來看，只有閻錫山回太原仍任都督，才能確保治安。因為閻錫山掌握著一定的軍事實力。在這種情況下，袁世凱儘管仍不甚願意讓閻錫山掌權，可是，他不能不考慮到，一方面孫中山已經作了一些讓步，自己若再堅持原議，說不定孫中山會為此而不履行四月一日在南京正式解除總統職務的協議，如此，自己已於三月十日在北京就職的民國大總統，也將會是名不正言不順，對自己造成很大被動；另一方面，如果不用閻錫山，閻憑藉手中掌握的軍事力量，及其在山西的影響，難保不會再生出許多事端，山西一亂，必然會影響北方，因此，他只好讓閻錫山暫時保留山西都督的職位。儘管如此，卻說明瞭袁世凱已經承認了山西為革命省份，同意了閻錫山回太原掌權。

閻錫山獲此消息後，按照封建官場慣例，又故作姿態，向孫中山、國務大臣、各省都督及各地報館發了辭職電，說是「山才力綿薄」，「自顧駑駘，實非其才，刻已電懇晉民公會及諮議局，另選賢能，來忻接任。一俟繼承得人，山即解除公柄，長揖歸田，與四百兆同胞，共用自由幸

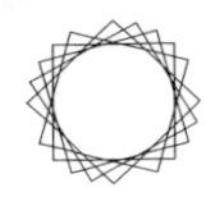

福」。不久，袁世凱允許撤走進佔太原等地的盧永祥部和王汝賢部，由閻錫山返回太原仍任山西都督。閻錫山得到確訊後，立即收拾行裝，率部於一九一二年四月四日返回太原，並於當天向全國重要官員、各團體、各報館發出返抵太原的通電，繼而又發出《通告全國文》，其中，特別提到了「今奉大總統命令，率軍回省」。

在忻州滯留了近一個半月後，閻錫山終於返回到太原，繼續當上了山西都督。閻錫山能夠逢凶化吉，復任都督，並非他有什麼造化，而是當時大勢所定。辛亥革命是一場翻天覆地的大革命，它要推翻封建專制，建立民國的革命任務和目標，是民心所向，民心所歸，不但受到革命黨人的擁護，而且得到了廣大民眾的支持。閻錫山是太原首義的組織者和領導者，在娘子關曾籌畫過「燕晉聯軍」，並對清軍的進攻進行了積極抵抗，兵分南北後，他率領的北路軍在綏遠一帶又有不俗的表現，因此，在南北和談中，孫中山、吳廷芳等為山西是革命省份據理力爭，山西商紳、諮議局等也向段祺瑞去電，歡迎閻錫山回太原仍任都督。這中間，雖然有孫中山向袁世凱的讓步，也有閻錫山的辭職，請董崇仁向袁世凱的說項及其在定都問題上的向袁討好，但是，如果沒有舉國上下希望早日停戰息兵，建立共和這一大勢的促進，沒有閻錫山領導的山西民軍已在事實上造成的山西形勢，袁世凱是絕不會輕易地讓閻錫山復任都督的。所以，閻錫山復任都督，是辛亥革命的又一個結果，也是閻錫山等山西革命黨人努力奮鬥的一個結果。

關於閻錫山在滯留忻州期間向袁世凱輸誠討好的一些活動，似也不應一概否定，甚而把它說成是「向袁投降」。因為，在閻錫山抵達忻州之前，正聽到了一九一二年二月十二日南北議和結束，清帝退位，共和告成，袁世凱將接任中華民國臨時大總統的消息，既然共和告成，那麼，為建立共和而奮鬥犧牲的山西革命黨人，就理所當然地要來執掌山西政權。可是，由於袁世凱從中作梗，使閻錫山滯留在了忻州。但閻錫山接到袁世凱令其停止前進，仍駐原地的電報後，並沒有表現出沮喪頹廢，悲觀失望，也沒有解散民軍，或是立即向袁世凱表示投降，而是仍積極處理政務，並且努

力尋找著早日返回太原復任都督的辦法。在他滯留忻州期間，就處理了貪贓枉法，橫徵暴斂的定襄縣知事丁懷啟。而他向袁世凱所採用的一些手段，其目的則是為了換取袁的信任，以達到早日復任山西都督的目的。如果閻錫山不是採取這些靈活「變通」的手段，而是頂著硬來，或是直接認輸，那麼，前者在當時袁世凱仍掌握北方實力的情況下，山西民軍將會遭到「圍剿」，山西革命已取得的成果也將會損失殆盡；後者，則會使閻錫山威信掃地，遺臭千古。而由於閻錫山採取了這些手段，則完全避免了這兩種情況的出現。因此，對於閻錫山的這些表現，還是應當予以基本肯定的。閻錫山的這種「委曲求全」，不是他軟弱的表現，恰恰相反，是他為達目的鍥而不捨的頑強毅志的反映。而這次的挫折和磨練，也確實為他在今後風雲變換的政治鬥爭中，如何應對危局、保全自己積累了一定的經驗。

三、亂世紛爭下的求存

1、反對袁氏集權，統一山西軍政，革除舊習陋俗

閻錫山返回太原仍任山西都督後，為了逐步改變山西軍、政兩界的局面，於一九一二年四月十五日，徵得北京政府的同意，任命曾在興和宣佈起義並率軍與閻錫山北上民軍會合的周維藩為太原鎮總兵，赴平陽接替謝有功之職。五月六日，周渤接替李盛鐸出任山西民政長，管理民政事務。民政長之下，閻錫山於五月十四日任命張瑞璣為財政司長，解榮輅為教育司長，劉錦訓為司法司長，王大禎為實業司長（原名勸業道），崔廷獻為內務局長，邵修文為高等審判廳廳長，王懋昭為高等檢察長，南桂馨為巡警道（後讓位於續桐溪）。七月一日，又任熊兆周為山西提法使，十一日任溫壽泉為山西軍政司長。袁世凱執政後，為強化官僚政治的權威，以地方會議難以駕馭為由，取消了各省和縣的諮議局。但是，由於清末以來推行的地方自治已實施有時，革命黨人更把「地方自治」與民主平等聯繫起來，認為它是國家統一強盛的基礎，所以，省諮議局取消後，又由士紳臨時設立的「國民公會」作為民意機構，推穀如墉為會長，不久，又取消「國民公會」，組織臨時省議會，作為正式民意機構，選舉杜上化為議長，王用賓、陳受中為副議長。

在此期間，閻錫山於五月二十二日、七月十二日，先後接到了廣東都督胡漢民和江西都督李烈鈞的電報。兩都督的電報，其主要內容都是反對袁世凱中央集權，主張各省分權。因為袁世凱執政後，破壞《臨時約法》中所規定的責任內閣制，任命其親信爪牙趙秉鈞為國務總理，同時猜忌排斥同盟會籍的各省都督。而這時革命黨內部不少人認為革命已經成功，鬥志消沉，日益渙散。仍為民主共和而鬥爭的革命黨人擔心如此下去，袁世凱會假借統一而實行集權專制。胡漢民在電報中指出：「中國今日所處之地位，為由內治未完全而期進於完全過渡時期，不能驟采純全之集權制，而處處又不能不留將來集權餘地，最宜使用有限制的集權說，取集權制之法。以立法、司法兩權集中中央，至行政權則取其可集者集，其為時勢所不許集者，則授權各省，仍留將來集權地步」（《閻錫山年譜》（一），第

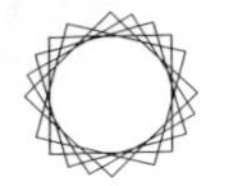

95 頁）。李烈鈞的電報在列舉了北京政府「極端集權，實行軍民分治，收軍權財權暨一切重大政權，悉褫中央」，並「失權於外人」等情況後，指出，今中央「乃一意操縱，如地方官及中央與地方各問題，前清尚出之言詢疆吏者，今競不詢各省意見，由中央一面規定，強各省以執行，其專擅似較前清為甚。且中央近日官僚派復熾，革命志士屍會道院，放眼觀察，黨革新之銳氣潛消，晚清之敗征益露，我愛國仁人，犧牲生命構造之民國，前途如此，能不寒心。」同時指出，為討論國政，互相聯繫起見，他已去電各省約定密碼，諸公「均為創造民國鉅子，敢請輸誠聯絡，樹最穩健之政治軍事團體，對於中央為一致之進行，如政府能以國利民福為前提，則維持擁護，互相協助。倘政府挾有野心，藉統一之名，行專制之實，亦惟有群起力爭，實行匡正」，主張「以地方監助政府，不使政府操縱地方」，以防失權外人，消弭專制之險象。

閻錫山從其返回太原後的一些感受中，認為胡、李二人「卓識偉論」，所言極是，並深表同情，同時在七月十九日給李烈鈞的覆電中指出「地方分權，古今通義，征諸歷史，根據甚深」，「現當建設時代，伏莽未靖，軍政民政，其權不容分屬。為今之計，授各省都督以行政特權，限以年歲，使其厲行整理，……使政府與地方互相維持，互相監督，庶政府之野心不萌，而各省亦不至逾權越限」（《閻錫山年譜》（一），第 101 頁）。接著，他又致電陝西都督張風翽，「祈賜贊成」阻袁集權。此後，閻錫山與胡漢民、李烈鈞等來往電報不斷，都在為阻止袁世凱專制而「爭取各省聯合會電中央」忙碌著。經過一個多月的努力，除明白覆電不贊同者四川都督胡景翼之外，其餘各省都督都表示贊同聯合會電中央。閻錫山考慮到曾是滿清重臣，又任過山西巡撫，現為東三省總管趙爾巽的資力及「其力量幾與袁世凱相埒」，於八月十一日致電李烈鈞，商議想由趙爾巽領銜向北京發出反對中央集權的聯電，但趙氏給閻來電說他「無論何方領銜，皆願附入」，但卻表示他不願領銜。因而聯電致中央一事即擱淺下來。這一反對袁世凱集權專制的活動，雖然沒有什麼結果，但是，從中可以看出，閻錫山是仍保留著辛亥革命的一股銳氣，堅持著剷除專制，維護民主共和的

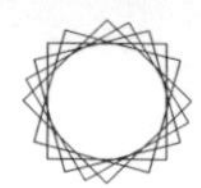

信念的。

也許正是這個原因，所以，八月二十八日，孫中山也應袁世凱之邀來北京會晤時，在八月二十五日中國同盟會聯合統一共和黨等四個政黨組成國民黨並於當天國民黨舉行的成立大會上，閻錫山、胡漢民等二十九人被推為參議。而當閻錫山應山西各界人士之請，致電孫中山敦請赴晉，並派穀思慎、梁上棟至京迎接時，孫中山非常感動，及時覆電閻錫山，謂：「此次來京，本擬游晉，以領諸同志大教。乃先辱蒙電召，感激無似。一俟事竣，即當奉命」（《閻錫山早年回憶錄》臺灣出版，第 31 頁）。孫中山於九月二十八日在負責華北國民黨事務的張繼，隨從秘書吳鐵城、交通部長葉恭綽、山西籍原南京臨時政府教育部次長景耀月、澳大利亞人端納，以及穀思慎、梁上棟等人的陪同下，抵達太原後，當天晚上，就與閻錫山進行了親切的座談。孫中山對閻錫山說：「你原與我約革命軍到河南後，山西出兵接應，你提早在太原起義，對革命之影響很大」，「我與清廷議和時，最後爭執的，就是山西問題，我堅持一定要將山西包括在起義省份之內，和議幾陷僵局，但因我必爭此點，最後他們不得不同意我的主張」。第二天，即九月十九日上午十時，在山西大學禮堂舉行的山西軍政界歡迎孫中山的大會上，孫中山在其即席演說中，又對山西在辛亥革命中的作用和閻錫山的功績進行了充分地肯定，他說：「今天兄弟初次到晉，蒙諸君歡迎，實深感激！去歲武昌起義，不半載競告成功，此實山西之力，閻君百川之功，不惟山西人當感載閻君，即十八行省亦當致謝，何也？廣東為革命之原初省份，然屢次失敗，滿清政府防衛甚嚴，不能稍有施展，其他可想而知。使非山西起義，斷絕南北交通，天下事未可知也」（《孫中山全集》第2卷，中華書局1982年版，第470頁）。不僅如此，二十一日上午，孫中山離開太原時，臨行前又向閻錫山囑咐「北方環境與南方不同，你要想些辦法，保守山西這一革命基地」（梁上棟：《總理民元視察太原追憶》，引自鄧勵豪：《閻錫山與孫中山》一文）。

孫中山的山西之行，他對閻錫山的多次褒獎和臨行前的囑咐，使閻錫山大受鼓舞。為了保守山西這一革命基地，把山西建設好。他首先抓了軍

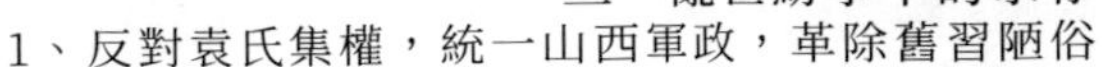
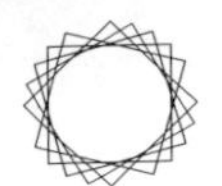

政方面的建設，在國內無先例可循的情況下，閻錫山效仿日本軍事設置，把軍令與軍政分開，設立了一個參謀司和軍政司，任命孔繁蔚為參謀司司長，掌管軍隊教訓及作戰計畫等事項；任命黃國梁為軍政司司長，掌管軍隊的補充、編制、裝備等事宜；另外設了一個秘書廳，任命趙戴文為廳長，並任命李德懋為官長；還設了一個糧服局，由南桂馨任局長，負責籌辦糧秣服裝等事項。並且為了統一全省軍政，在將溫壽泉接回太原，委以軍政司司長，調黃國梁為都督府參謀長後，又採取強硬手段，把掌握河東軍政分府實權卻因對閻錫山不信任而反對全省軍政統一的旅長李鳴風和觀察使張士秀抓了起來，從而削弱了晉南的山頭。對於有數千之眾，得到穀如墉、杜上化支持的忻代寧公團，閻錫山派人與續桐溪磋商後，也予解散，以巡警道一席讓給續桐溪，弓富魁被委任為都督府顧問，其餘公團領導人員，分任各縣警官職務。這樣又削弱了晉北的山頭。與此相應，閻錫山對軍隊也進行了整編，他在山西民軍於撤離太原後轉展南北時隊伍不斷擴大的基礎上，按中央政府核準整編為一師，任命孔庚為師長，師下轄兩個步兵旅，旅長一由孔庚自兼，另一為劉樾西，每旅下轄兩個團，共四團，團長為張培梅、倪普香、趙守鈺、台壽民。師又直轄騎兵、炮兵各一個團，團長分別為張樹幟、高樹勳。另轄工兵、輜重各１營，此外，為培養軍隊的領導骨幹，還成立了一個將校研究所，任命趙戴文為所長，路福保為副所長，所內一百多人，大部為軍隊整編時編餘的軍官，主要研究軍事理論和戰略、戰術等問題。其後，又成立了一個軍事教育團，一千多名團員主要是有一定文化素養的青年及從軍隊中挑選的士兵。還成立了一個精武社，任命李德懋兼任社長，招收小學文化程度的學生百餘人，學習武術。馬弁連和衛隊營就是以精武社為基礎，挑選而組成的。軍政方面的這些措施，既強化了閻錫山對山西軍事的統一集中領導，也使山西的軍隊建設在現代化的道路上邁開了步伐，從而為以後閻錫山鞏固自己對山西的統治奠定了軍事上的基礎。

在加強民政、軍政建設的同時，閻錫山還順應時代潮流，在革除舊風陋習，促進社會文明方面進行了積極的努力。這便是他從一九一二年起，

通令全省的男人剪辮子，女人放腳，以及興辦學校等活動，並且首先要求在他的家鄉開展起來。命令「聽從者獎，違抗者罰」。清朝入主中原後，強迫所有男子要留一根像滿族男子那樣的長辮子，這不能不說是一種民族的奴役和壓迫，雖然經過了辛亥革命，建立了共和，但絕大多數男子，仍把留在腦後的那根長辮子視若寶貝。這對於消除滿清統治對人們造成的心理影響，顯然是十分不利的。而從宋代就開始的婦女纏足，把天生的一雙腳硬是要纏裹成「三寸金蓮」，不僅使婦女的身心受到摧殘，而且也嚴重地削弱了社會勞動力，因此，剪辮子、放足，對於反封建奴役，改變社會陋習，發展社會文明，都是十分有意義的大事。然而，由於留辮子、纏足的陋習，已經根深蒂固，所以，對它的革除就相當困難，當時五台、定襄一帶流傳的順口溜：「初三、十三、二十三，河邊出了個閻錫山。閻錫山灰拾翻（胡折騰，胡鬧之意，當地方言），剪了辮子留了學，搬了神堂立學堂」，就充分說明了人民對閻錫山這一舉措的不滿。

可是，閻錫山仍「冒天下之大不韙」，決心把這些革新活動進行下去。他不但明令五台、定襄各村，把廟裡的神像推倒，改作教室，還委任五台縣五級村的同鄉好友康佩珩負責，聯合當地紳士名流林銘山、朱應龍、趙三成等人，在東冶鎮搬掉廟裡的神像，設立「保安社」，以此為後盾，開展放腳、剪辮子活動。康佩珩曾留學日本，已剪去辮子，他以身作則，先讓其妻放腳，妻子不聽，他就威脅說：「你不摻（摻，當地方言，「解開」的意思）腳扳子，我槍斃了你！」在他的威逼下，妻子及弟媳們都放了腳。接著他又要其父剪辮子，其父罵他，「叫你東洋學本事，想不到你回來卻要我的命」。康佩珩不敢來硬的，而是哀求其父說：「你不剪辮子，我就不能出去辦事，你剪了，我就好辦了」。在他的動員下，其父和五個弟弟都剪了辮子。於是，在他的帶動下，五台東冶、建安一帶，剪辮子、放腳的活動，很快開展起來。

但在有些地方，對剪辮子、放腳，反對甚為強烈，還幾乎釀成慘案。閻錫山的老家河邊村，豪紳曲汝霖和屠夫宋周全，在周圍村莊幾十個標頭（武術師傅）的推舉下，就組織了鄰近各村的一千多人，包圍了閻府，打

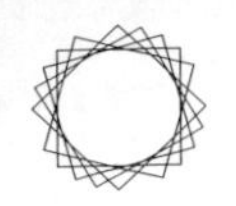

算進去燒房子，殺人。雖經村裡的老年人出面調解，沒有出事，可是他們仍不甘甘休，不久，即挾持了閻錫山的父親閻書堂，並進到東冶鎮，把保安社團圍住，揚言要砸爛保安社，殺死康佩珩。保安社因人少，不敢出院，康佩珩、趙品三冒死站在屋頂上，向外面鬧事的人講話，勸其解散回家。可是有人竟向康、趙二人仍石頭，另有一些人則抱來柴草，準備燒保安社。保安社的人先是鳴槍警告，但鬧事者不聽，雙方發生械鬥，保安社兩人被打死，還有一名郵政人員被槍殺，在此情況下，康佩珩只好下令開槍射擊，鬧事者才嚇得四散逃跑。過了兩天，閻錫山派人把曲汝霖、宋周全抓走，從此，再也無人敢抵制放腳了，終於使剪辮子，放腳的活動在河邊周村一帶打開了局面。之後，隨著這兩項活動的不斷發展，一九一七年閻錫山將其作為「六政」的主要內容提了出來（「六政」是指水利、種樹、蠶桑、禁煙、天足、剪辮子），在全省繼續施實。

除此之外，閻錫山還大力提倡興辦學校。一九一五年他曾先後由自己出資在河邊村興辦了兩等小學校，即小學和高小一體的小學。這就使本村學生小學畢業後，可以不到十八里外的東冶鎮上高小，而在本村繼續上高小。閻錫山請大建安舉人、他的叔丈人徐一鑑先生任校長，當時招收學生五十二名，除全部免收學費外，其餘燈火、柴炭均由學校負責。每到開學時，閻錫山及其父還到學校講話，勉勵學生發憤讀書，為國盡力。

2、反對沙俄侵蒙，力倡南北「言和」；金永主晉時，表示「懦弱」，以曲求伸

經過辛亥革命，雖然建立了中華民國，但是中國積貧積弱、落後挨打，受帝國主義列強欺凌的處境並沒有改變。早就覬覦中國外蒙古的沙俄，在辛亥革命後，繼續加緊了策劃外蒙「獨立」的活動，終於在一九一一年十二月一日，扶植活佛哲布尊丹巴，成立了「大蒙古帝國」，並組成外蒙傀儡政府。此後不久，這個傀儡政府又在沙俄唆使下，出兵佔領了烏里雅蘇台、科布多地區。對於沙俄的侵略和外蒙不少漢奸的賣國行徑，國人無比憤怒。次年一月二十八日，臨時大總統孫中山即致電喀爾沁親王，指出沙俄的野心，提出「西北秩序，端賴維持，祈將區區之意，通告蒙古同胞，戮力一心，共圖大計」（《中華民國史檔案資料彙編》第 2 輯，第 16 頁）。

山西緊鄰蒙古，外蒙倘若「獨立」，勢必會給山西帶來莫大的威脅。所以，閻錫山在一九一二年十月至十一月之間，曾先後多次致電北京政府，要求允許他「派陸軍兩營分紮舊日出防地點，略加變通，化散為聚，剿防兼顧」。北京政府給其覆電，稱讚了他的建議，但未同意其派兵，並且通令全國，以「民國初興，根本未固」「將由中央派外交途徑，維護領土完整」為由，著令嚴加取締以私人或團體的名義，自由組織敢死隊或征蒙隊。然而，閻錫山並不甘心就此甘休，當他得知十一月三日，沙俄與外蒙傀儡政府簽訂了所謂《俄蒙協約》及所附《商務專約》，規定沙俄在外蒙除享有種種特權外，還不準中國軍隊進入外蒙的消息後，認為對沙俄此舉，「吾人斷不能坐視我版圖內之一部，不亡於前清專制之時，而亡於民國告成之日，無論外交折衝能否有效，均應以武力為其後援。否則，侵略者將得隴望蜀，內蒙亦恐繼入俄手」。遂於於十一月十三日致電北京政府，要求「準我親率馬兵獨一旅，步兵一混成旅，屯駐包頭，相繼進攻，萬一事機決裂，即佔領內蒙各盟旗，然後進窺庫倫」（《閻錫山年譜》（一），第 111 頁）。但袁世凱正忙於對付南方革命勢力，同時，也擔心閻錫山會乘機將其勢力擴展到綏遠，對閻主張的「親征」一事，又擱置不理。

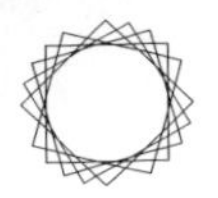
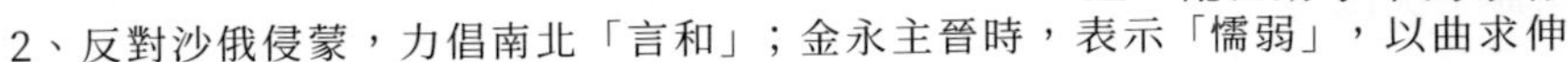

沙俄見國民政府如此軟弱，遂於一九一三年五月，唆使外蒙傀儡政府軍分東西兩路大舉進犯綏遠。駐包頭的劉廷森和駐大同的陳希義等部雖全力抵抗，但情勢仍很危急，於是，閻錫山於五月二十七日再次電請北京政府，「非親督各軍前赴戰地籌策一切，不足以安撫內蒙」，「定於六月三日帶隊出發」，但均被北京政府以「山西防務更為重要，坐鎮不可無人」為由拒絕，要閻錫山「照常坐鎮，不必出省」，並要閻錫山派孔庚帶隊前往，與綏遠城將軍張紹曾協商辦理。閻錫山攝於袁世凱的威力，只得照辦。孔庚入綏後，與東路軍、西路軍配合作戰，幾經作戰蒙軍潰退。在這之後，閻錫山又提出了在外蒙「移民實邊」，「實行屯田」的主張。

閻錫山再三要求出兵「親征」的要求，雖然均被北京政府拒絕，但不難看出，閻錫山維護民族利益的立場是堅定的，他對沙俄分裂外蒙的野心，以及從根本上解決蒙古問題的認識是正確的，其要求「親征」也是真誠的，堅決的。而他的「親征」終未成行，除了北京政府的妥協立場和對他的懷疑之外，當時正在醞釀進行的二次革命，則不能說不是一個重要的原因。

袁世凱執政後，不斷加強其獨裁統治的行徑，引起了革命黨人的警惕和不滿。國民黨成立後，由於在一九一二年十二月至一九一三年二月進行的第一次國會選舉中，在參眾兩院均獲得壓倒多數的席位，於是，負責國民黨主要工作的宋教仁，便想以國會多數黨的地位組織責任內閣，為此，他巡迴各地不斷進行演說。袁世凱深恐國民黨組閣成為事實，遂指示其在上海的黨羽在三月二十日將宋教仁刺殺於上海火車站，接著又於四月二十六日擬向五國銀行借款兩千五百萬英鎊，並透過組織由共和黨、民主黨和統一黨合併而成的進步黨，集結反動勢力，以對付革命黨人。袁世凱的倒行逆施，引起了革命黨人的堅決反對，三月二十五日，聞訊後回到上海的孫中山認為「非去袁不可」，並與黃興、陳其美、居正、戴季陶等商議對策。孫中山說主犯已經清楚，應聯合速戰，不可猶豫。陳其美等均以為然，只有黃興主張以法律解決。但很快，袁世凱開始鎮壓革命元勳，下令逮捕參加武昌起義的熊秉坤、李雨林，毒死在鎮江回應武昌起義的林述慶等血腥事實，教育了黃興。於是，四月二十六日，他同意與孫中山聯名

通電全國，提出嚴究宋案主謀。此電雖未言明正式討袁，但實際上拉開了二次革命的序幕。之後不久，參議院議長張繼、副議長王正廷亦通電反對袁世凱大借款。

閻錫山作為國民黨的參議，面對這一新的局勢，「衡諸當時本黨同志所能掌握之兵力，實不足以與袁軍抗衡」，遂「一面聯合各省呼籲和平，一面連電黎副總統請其迅速領銜調處」。雲南都督蔡鍔、陝西都督張鳳翽亦與閻錫山採取了相同之行動。四月二十八日，閻錫山覆電黎元洪的文中說：「我公首義漢陽，艱難締造，……諒不忍袖手旁觀，坐視分裂。惟有仰懇我公聯合各省都督及熱心同志，或選派代表，或徵求意見，速籌排解之方針，各抒調停之善策」。但是，就在閻錫山覆電黎元洪後的第三天，孫中山於四月三十日向國際上表明了反袁和進行二次革命的態度和決心。五月二日，他將用英文撰寫的《告外國政府與人民書》寄往英國的康得黎，請其代向英國政府、國會及歐洲各國政府說明書告之要求，公諸報端，阻袁借款以發動戰爭。五月五日，湖南都督譚延闓、江西都督李烈鈞、安徽都督柏文蔚和廣東都督胡漢民也聯名通電，嚴詞譴責袁世凱政府，並號召全國各方，協力抗爭。同日，國民黨眾議院開會否決大借款，並發表通電，謂：「議院決不承認」。然而，此時的閻錫山仍在推請黎元洪出面調停，甚至在袁世凱下令國務院通電訓斥四都督，說他們「張惶宣告，蠱惑人心」之後，又不顧一切，相繼免去李烈鈞、胡漢民、柏文蔚三都督之職，黎元洪也撕下調停面孔，大肆捕殺革命黨人，而革命黨人在秘密進行討袁行動，南北對立已勢如水火之際，閻錫山還致電袁世凱，請其念民國締造之不易，「外患叢集」之危，以國家為重，「開誠佈公，敦請孫黃二公入都，共圖國事，破除黨見，一致進行」。

面對袁世凱的咄咄逼人，儘管敵我力量對比懸殊，南方革命黨人在討袁活動中的步調也不甚一致，但在孫中山等人的積極努力下，革命黨人仍發動了二次革命。一九一三年七月十二日，李烈鈞先在湖口宣佈獨立，不數日，黃興響應於南京，陳其美響應於上海。安徽柏文蔚、廣東陳炯明（胡漢民被免職後，繼任），福建徐崇智、四川尹昌衡、湖南譚延闓也先後宣

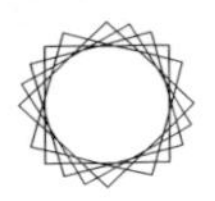

佈獨立，紛紛組織討袁，而閻錫山卻終未起而回應。

從閻錫山在二次革命的表現來看，他一直呼籲南北和解，並屢次請黎元洪出面調停，甚至在局勢已無可挽救的情況下，仍請袁世凱「消弭黨見，共圖國事」，而南方諸省份已組織討袁後，他又沒有回應，這似乎他背叛了革命，倒向了袁世凱，其行為是「有利於袁世凱的倒行逆施」，但事實並非完全如此。因為，首先，二次革命發生的主要誘因是「宋案」與「大借款」。在這個問題上，閻錫山沒有像四都督聯名通電中那樣對袁世凱嚴詞譴責，但他也認為「宋案牽連，人心動搖，借款成熟，群議沸騰」，這說明，他對這個問題的基本態度，還是正確的。其次，他呼籲和解，請黎調處和請袁敦請孫黃二人入都，共圖國事的電文中，並未對革命黨人有什麼詆毀譴責的言辭，而是站在國家民族利益的立場上，認為「環顧全球，外患叢生」，「滿蒙為強鄰虎視」，「東鄰野心，早暗視滿州為己有」，如果南北對立，風潮迭起，「內地好事喜亂之徒，難保不乘機竊發」，一旦潰決，「勢必惹起列強干涉，國之不國，瞬息間耳」。閻錫山所說，並非危言聳聽，它確實反映了當時中國所面臨的危險處境。他所以要以「外患叢生」為詞，呼籲南北和解並致電黎袁，其用意，明顯的就是希望南北雙方避免武力衝突，以維護國內安定，防止被列強利用，乘機侵略中國。而另一層意見，閻錫山雖然未曾言明，其實，也隱含著保護革命黨人的意思。因為在當時革命黨人思想混亂，組織渙散且所掌握之武力相當有限的情況下，一旦動起干戈，很有被袁世凱消滅的危險。因此，閻錫山在二次革命中的表現，貌似「軟弱」「退讓」，其實是採取了另一種方式的迂回進取。

至於閻錫山終未起而回應二次革命的問題，也不能因此就認為他不忠於革命，或是向袁世凱妥協。其實，他是有著響應二次革命的打算的。但不是在當下，而是要看時機。只所以如此，是因為他雖然是山西都督，但仍受到袁世凱的疑忌防範，袁氏在山西安插了不少黨羽的同時，還控制了一批軍隊，相對孤立的山西仍處於北洋勢力的包圍之中。同時，民初山西財政的主要來源河東鹽款，又受到北京政府的嚴密控制，本省很難自由支配。大借款成立後，北京政府對各省鹽款的掌握更為苛嚴，這就使閻錫山在擴充軍備上受到極大限制。尤為重要的是，當一九一三年四月底孫中山表明了反袁和二次革命的態度，南方諸省紛紛組織討袁之時，正逢外蒙傀儡政府在沙俄的唆使下，大舉入侵綏遠之際。在此情況下，閻錫山如若冒然組織討袁，既無力量突破北洋勢力，又要陷入與袁軍和蒙軍兩面作戰，腹背受敵的危險境地。因此，他只好暫取守勢，先不回應南方，也不再堅持出兵親征蒙軍。對於這一點，閻錫山在其回憶錄中說：「在這段時期中，中山先生深知山西處於北洋勢力包圍之中，形格勢緊，呼應為難，特秘密派人告我沉默勿言，以保持北方之革命據點，俟南軍北上，再與陝西會合，進攻北京」（《閻錫山早年回憶錄》第 39 頁）。而當時也處於北洋勢力包圍下的陝西都督張鳳翽，為了保存北方僅有的革命力量，則採取了一個「苦肉計」，即他得到孫中山同樣的指示後，未經閻錫山同意，即於五月十三日與閻聯名拍發一電，反對李烈鈞等行動，指斥「黃興、李烈鈞、胡漢民等不惜名譽，不愛國家，讒言殄行，甘為戎者」等等，以使袁世凱對晉陝二省放鬆防範。但就在張、閻二人聯名發表通電，「攻擊國民黨」，「詆毀」革命黨人的前夕，閻錫山接到李烈鈞、柏文蔚等蓄意反袁，醞釀二次革命而向閻錫山徵求意見的電報後，即與南桂馨等商酌，「仍本辛亥革命前轍，只要湖北發動，陝西山西立即回應，否則不能銜接，勢必為北方軍閥各個擊破，事甚危險，不能唐突」（南桂馨：《辛亥革命前後的回憶》，《山西省文史資料》第 2 輯，第 94 頁）。由此可見，閻錫山在二次革命中，並沒有取袖手旁觀的態度，而是也進行著準備，待機而發的。只是由於湖北沒有起而回應，陝、山也未敢回應。他這樣做的目的，不能排除其集中力量鞏固山西的一面，但也不能說就沒有「保持北方之革命據點」的考慮。

如果說，閻錫山在二次革命中的態度基本上還是進取的話，那麼，不到兩個月的二次革命失敗後，隨著袁世凱統治地位的鞏固及其獨裁專制的加劇，閻錫山為了保全自己並維護其即得利益，雖然在某些方面還保持了一定的革命立場，但總的來看，則向袁世凱採取了妥協退讓的態度，而其手法主要就是韜光養晦，以曲求伸。

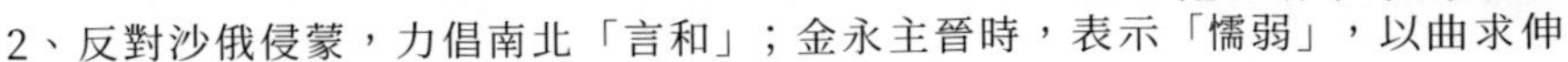
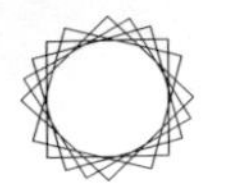

二次革命後，袁世凱在不斷剪除非北洋系的各省都督職權的過程中，為把山西這個他一直不放心的地方牢牢控制在自己手中，派其黨羽金永到山西任內務司司長，以監視閻錫山和山西革命黨人。第二年五月，又為加強中央集權，收回各省都督的軍權，準備「廢省改道」，使道與中央成為直接關係，為此，明令撤銷各省民政長，改設巡按使。巡按使雖然接替了原來的民政長，但其在名分上則不是行政官，而是監察官。因為中央在委任巡按使時，明令賦以監督財政與司法之權。袁世凱借此機會，任命金永為山西巡按使，就是要分散閻錫山的權力。

金永，浙江錢塘人，旗籍，清末曾任東三省知事，是個有名的酷吏，有「金屠戶」之稱，受東三省總督徐世昌推薦，得到袁世凱的信任。他出任山西巡按使後，即按照袁世凱要各巡按使成立警備部隊，以分各省都督軍權的旨意，先成立了三個警備隊（相當於團），其後又陸續擴大到十一隊，還編練了馬隊四營，建成了一支足以與閻錫山抗衡的武裝力量。不僅如此，金永為聚斂財富，一方面藉口私藏槍械，或誣為圖謀不軌，任意沒收富戶與商戶的財產，祁縣、太谷、平遙、介休等縣的富商大戶，有不少就被金永沒收了全部財產，許多愛練拳術的青年被其殘殺。另一方面則以徹查全省財政為名，廣設局卡，徵收重稅，將巧取豪奪來的大量錢財報效給了袁世凱的北洋政府。同時，金永還依袁世凱授意，濫捕濫殺同盟會員和無辜群眾，不斷擴大自己的軍權、財權，以威懾掣肘閻錫山。在此過程中，對於閻錫山的監視更是從未放鬆，特別是他得知袁世凱有稱帝之意後，更是不斷試探閻錫山是否忠於袁世凱。

閻錫山對於袁世凱派金永來山西的用意十分清楚，對於金永的種種胡作非為也並非不知，但他考慮到自己的處境，故意在金永面前顯示自己對權力不感興趣，並假裝無能，一任金永恣意而為。閻錫山明知金永編練擴充警備隊和馬隊，是為分其軍權的，但他卻取放任態度，並作出對軍事漠不關心的姿態，一切委託都軍府參謀長黃國梁處理。當閻錫山的部屬向閻請示軍事問題時，閻常常是以「找紹齋（黃國梁的字）去」作答，久而久之，給人們造成了只知有黃國梁，不知有閻錫山的印象，而當閻錫山每每談及

袁世凱時，又總是謙恭逢迎之詞，於是，給金永造成了閻錫山是個懦弱無能，昏聵庸碌之輩，對袁世凱是忠心無二的印象。這就使金永更加肆無忌憚起來，而這也使人們對金永更加仇恨。以致袁世凱一死，金永便不得不趕忙離開山西，從而為閻錫山攝取民政大權創造了「伸」的條件。

在與金永虛以委蛇，巧妙周旋的同時，閻錫山還不失時機地向袁世凱表示他的忠順，這主要是他向袁世凱提出要裁減晉省軍隊。由於二次革命失敗後，袁世凱在極力剪除非北洋系的南方各省都督之後，又開始削弱北洋系內部各將領的個人軍權，而在二次革命期間，閻錫山以「衛境防蒙」為名，增添了晉軍 1 個混成旅一事，已引起袁世凱的注意，所以，在此情況下，閻錫山認為「削權」遲早會輪到自己頭上，與其被動，不如主動，遂於一九一四年將晉軍第九師所屬三個混成旅，改編成了兩個混成旅。加上閻錫山對金永編練擴充其軍事勢力一事還取支持態度，這就進一步削弱了袁世凱對閻錫山的戒備疑忌之心。再就是當籌委會成立，帝制運動已經明朗化後，金永更加緊了對閻錫山的監督、逼迫。閻錫山為了使自己能在與金永的明爭暗鬥中佔據上風，即派與籌委會六君子半數是朋友的南桂馨去北京活動，透過曾由閻錫山專電請袁世凱任用，後在京城任總統府內史兼參議院參政，深得袁世凱青睞的劉培師疏通，劉告訴袁世凱，不必偏信金永的話，閻錫山也是贊成帝制的。接著閻錫山又忍痛撥款兩萬元，作為籌委會的經費，以示自己「忠心」擁護帝制。並且，在勸進袁世凱稱帝風聲彌漫之時，閻錫山於一九一五年八至九月不到一個月的時間裡，就分別給籌委會、袁世凱和參政院發出三個電文，籲請改共和為君主，同時，他還指示山西商務總會、山西幾個票號，假借山西公民等名義，分電請願，早廢共和，而立君主。

再聯繫到閻錫山對一九一二年由浮山人陳彩彰領導的農民起義軍——洪漢軍的殘酷鎮壓，一九一五年洪漢軍終被剿滅，及其對參加過辛亥革命的一些革命黨人的排斥、迫害，不能不讓人得出閻錫山已背叛革命，投靠袁世凱的結論來。

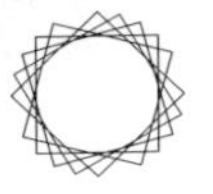

但事實並非完全如此。在金永橫行三晉期間，閻錫山雖然對金永的胡作非為佯裝糊塗，表面上不予反對，但在暗中，還是有所作為的。對一些革命黨人採取了保護措施，據南桂馨回憶：「此時正在賦閑的原督署軍馬處長楊彭齡，甚為金永所注意，岌岌可危。閻令我轉楊，請他離省回魯，並由閻助資五千兩遣行，始免於難」（南桂馨：《辛亥革命前後的回憶》，《山西文史資料》第 2 輯，第 96 頁）。又有一次，金永開了一個過去曾參加過革命的革命黨人的名單，其中有穀思慎、續桐溪、弓富魁等三十餘人，讓閻錫山扣捕，交他審訊，一來想借刀殺人，使閻錫山遭到革命黨人的唾棄，二來也是以此來考驗閻錫山是否聽命於己和是否忠於袁世凱。可是，閻錫山接受了這個名單後，沒有馬上實施扣捕，而是先密告了這些人，讓他們事先逃走，從而使一批革命黨人免遭了金永的毒手。籌委會成立後，副總統黎元洪在北京已失去自由，因而與黎接近的人們，反袁怒潮更加高漲。時任大同鎮守使的孔庚係黎元洪同鄉，孔與黎的舊部有所往還，此事若為袁世凱知道，必將對孔有所不利，閻錫山遂先發制人，迅速將孔調任將軍府參謀長，這樣既保全了孔，也敷衍了袁世凱。

從閻錫山的上述種種作為來看，應該說，既有其革命、進取的方面，也有其妥協、退讓乃至反動的方面，不可一概而論，也不可以偏概全。閻錫山的進退，除了個人因素之外，當時他所處的客觀環境，不能說不是一個重要的因素。袁世凱出任民國大總統之後，所作所為，總是想把中國社會拉入半封建半殖民地的軌道，他的倒行逆施，勢必要遭到仍保持著革命銳氣的、一心要建設共和的革命黨人的激烈反對。閻錫山對二次革命實際上所持的支持態度，及其在對外蒙分裂勢力上所堅持的打擊立場，正是其堅持共和，建設共和，堅持社會改革，堅持民族獨立和國家統一的積極反映。但是，由於以袁世凱為代表的封建反動勢力仍相當強大，而中國的資產階級又有著不可克服的妥協性和兩面性，因此，當封建勢力聯合帝國主義向資產階級壓來時，往往就會變得動搖妥協。閻錫山作為中國資產階級的一員，這個階級的屬性自然在他身上不可避免。他對共和後的社會現實不滿，想要變革、前進，可是又怕失去自己的既得利益，因而，在強大的封建勢力壓迫下，他在某些方面表現出的屈服、妥協，就不難理解了。

閻錫山向封建勢力的屈服、妥協，有些方面可以說是迫於無奈，有的則是比較自覺。尤其是對袁世凱稱帝的勸進、資助，不能說不是對革命的背叛，對社會的反動。而他的這些屈服、妥協，儘管有著「保持北方之革命據點」的因素，但在很大程度上，則是處於保住自己權位的考慮。可是，也應當看到閻錫山並沒有為了保住自己的權位，與金永沆瀣一氣，也未完全投靠袁世凱，為虎作倀，有不少方面可以說，他也是在兩難境地下的無奈選擇。如果閻錫山只能伸而不能屈，不採用一些韜晦之策，那麼，他就很難在這種紛紛亂世下，得以生存。而他一旦失去權位，山西的軍政大權就會很快被金永完全控制，山西的許多革命黨人將會遭到殺戮，山西的軍隊也將會在袁世凱的「整編」中，成為北洋軍閥集團的一支隊伍。而由於閻錫山的委曲求全，甚至是妥協，才使得金永、袁世凱的一些陰謀未能完全得逞，因此，從這個意義上將，閻錫山的這些做法，對於「保持北方之革命據點」在客觀上還是起到了一定的積極作用。

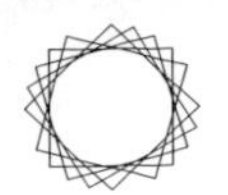

3、投靠段祺瑞，排除異己，獨攬山西軍政大權

袁世凱在全國一片反對帝制的聲討中一命嗚呼後，身為北洋軍閥皖系首領的段祺瑞，由北洋政府總參謀長一躍而成為國務總理兼陸軍總長，掌握了北洋政府的實權。

段祺瑞（1865—1936），字芝泉，其祖父曾是淮軍首領，他幼時隨祖父讀書，後考入天津武備學堂炮兵科，畢業後又到德國學軍事，學成歸國後入北洋新軍，是北洋首領中的唯一留學外國者，因其是安徽合肥人，在北洋各大派系中逐漸成了皖系的首領。

閻錫山與段祺瑞打交道還算早，那就是一九一一年十一月七日，吳祿貞在石家莊被害後的第二天，清政府派段祺瑞前往查辦的過程中，閻錫山致段祺瑞一書，派常樾和與段祺瑞有師生關係的賈德懋，前去石家莊送與段，勸其能「一張吾義幟而媲美於古英」，但遭段拒絕。還有一次，是閻錫山率北路軍返至忻州後，段祺瑞繼袁世凱又給閻發來「勿攻太原」的電報。雖然如此，可他與段從未謀過面。只是到了民國初年，閻錫山才與段祺瑞見了面，並且直接交往的次數也逐漸增多。原來，段祺瑞進入北洋軍之後，經多年之經營，全國督軍、師、旅長，半數以上都是他的門生故吏，段祺瑞為此也曾十分自豪得意。閻錫山抓住了段祺瑞「好為人師」的這一心理，在段祺瑞出任北京政府陸軍總長後，便於一九一三年奉袁世凱之命進京謁見袁時，首先具了門生帖子，拜見段祺瑞，三跪九叩行了拜師大禮。在談話中一個一個老師，極盡恭維。閻錫山既作了自己的門生，段祺瑞就給予了閻不少照顧。在袁世凱面前替閻錫山說了不少好話。袁世凱對於與同盟會有瓜葛的各省都督都視為眼中釘肉中刺，必欲拔之而後快，對閻錫山自然也不例外，而段祺瑞則向袁說：閻錫山雖然參加過同盟會，但是絕對靠得住的。閻錫山能保得住山西都督一職，固然與他對袁的逢迎討好有著很大關係，而段祺瑞對他的力保，則是很重要的一個原因。因此，段祺瑞的得勢，顯然對閻錫山是頗為有利的。

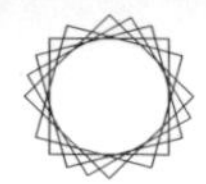

袁世凱在世時，閻錫山對袁相當畏懼，一九一三年袁世凱傳見閻錫山，要對閻考察，閻接電後即偕趙戴文、張樹幟等一同進京。在謁見袁之前，他曾對從隨說：「此次去見，凶多吉少，如我進去時間太長，你們要小心探問」。這次謁見，閻錫山十分緊張，應對袁的提問時，曾汗流浹背。返回住所後，當趙戴文等問他對袁的印象如何時，他說：「真是可怕」。他「氣色嚴厲，態度兇惡」。從這裡，不難看出閻錫山對袁世凱是多麼的畏懼。但是，袁世凱一死，閻錫山便覺得再也沒有畏懼之人了，改變了他過去韜光養晦、明哲保身，睡大覺的做法，準備發奮稱雄，勵精圖治起來，想把山西的軍政大權集中在自己手裡。

首先他從金永頭上開刀。閻錫山對金永的胡作非為，早就忍無可忍，只是礙於金永有袁世凱作靠山，表面上隱忍不發，而袁世凱死後的次日，閻錫山便派親信周玳帶隊去抓金永，雙方競兵戎相見，幾乎大動干戈。閻錫山所在的將軍府附近之鼓樓街與金永所在的皇華館巡按署，都架起了大炮準備開火。太原城內居民見戰端即開，驚慌不安，後經解榮輅諸人奔走調停，才未釀成大禍。金永雖作掙扎，但見自己的靠山已倒，勢難再在山西立足，只好離去，閻錫山知道金永與徐世昌關係密切，為給自己以後在政治上留有餘地，還派人護金離晉。

接著，又將沈銘昌、孫發緒相繼趕走。當山西巡按使金永離去後，總統黎元洪又恢復舊制，改「將軍」為督軍，改「巡按使」為省長。閻錫山一直想由自己兼長民政，以使軍政大權集於自己手中，可是，北京政府卻委任了個沈銘昌來任山西省長。袁世凱在世時，按法律規定，各省「民政長由大總統任命」，閻錫山也無可奈何，而袁世凱一死，閻已無所顧忌，所以，北京政府對沈銘昌的任命一出，他便指使山西民意機關省議會炮製提案，極力反對沈銘昌署理山西省長。在閻錫山的排擠下，不數日沈銘昌就被迫離開山西。一九一六年十月七日，北京政府不得不改任孫發緒為山西省長。閻錫山自然很不甘心，於是，他憑藉已經掌握了省議會議員中的多數，以及議長杜上化的支持這一有利形勢，利用督軍團會議中一個對孫發緒不利的材料，大做文章，藉故攻擊，因此，上任僅半年多，一九一七

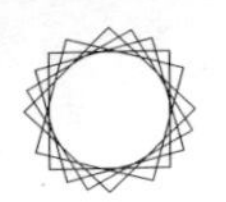

年六月五日，孫發緒也被迫離職。當時，正值「府院之爭」激烈之際，乘北京政府無暇顧及山西之機，閻錫山便以護理（代理）名義，擅刻印信，自兼了山西省長。

閻錫山為把山西軍隊大權掌握在自己手中，在把金永逼離山西，掌握了有三十多個營的警備隊後，即把矛頭對準了黃國梁。當時黃國梁任督軍府參謀長、第十二混成旅旅長。金永在晉時，閻錫山為表示自己庸碌無能，曾把軍事上的許多事情交於黃國梁辦理，以致在山西軍界造成了只知有黃，不知有閻的現象。同時，閻錫山為避袁的猜忌，還主動裁減山西軍隊，最後只剩下了黃國梁的一個旅。但是，袁世凱死後，黃國梁不識進退，仍像以往那樣跋扈，不僅對閻錫山不加尊重，閻錫山要他辦的一些事，只要他認為不行的，無論閻錫山如何囑咐，總是予以回絕，而且還想擴大自己的軍權。他曾召集其秘書、參謀等擬訂了一個擴軍計畫，要把一個旅擴充為一個師，計畫制定得很詳盡，只剩下把師長填上黃國梁三個字了。再加上黎元洪的代表金筱陶到太原後，就住在黃國梁家中，這又引起了閻錫山的猜疑，認為黃與黎暗中勾結，因此，當黃國梁的擴軍計畫送到閻錫山那裡後，閻錫山終於忍無可忍，「立刻怫然變色，把計畫仍在地上，拍著桌子喊道『紹齋也太不把我放在眼裡了！這樣，乾脆這個督軍就由他當好了，何必還用我作傀儡呢！一點小事他都從來不聽我的話！』」接著便把秘書長賈景德找來，擬了一個電報，以「黃國梁獨斷軍事，雖無叛逆事實，實已跡近驕橫，軍人如此，國家紀綱，尚復何在」為辭，電請北京政府撤銷黃國梁的職務。電報拍發之後，閻錫山又立刻把憲兵司令張達三找來，交給他一道「黃國梁著即免職，限即日離開太原」的手諭，並當面吩咐張達三，一定要監視黃國梁明天早車離開太原，並不得與軍官們見面（周玳：《閻段勾結的一出醜劇》，《山西文史資料》第 8 輯，第 4 頁）。張達三受命後，當即派出一連憲兵，包圍了黃國梁的住宅。在此情況下，黃國梁只好於第二天一早乘火車離開太原，去北京另謀出路。黃國梁離晉後，所遺旅長職務，由孔繁蔚代理。

繼而，又解除了董崇仁的晉南鎮守使一職。由於董崇仁與袁世凱關係非同一般，閻錫山曾讓董崇仁去北京袁氏那裡為他活動過，所以，閻錫山從忻州返回太原復出都督後，即主動推薦董崇仁做了晉南鎮守使，而袁世凱死後，一方面董已無可利用，另一方面是董面對晉南的反閻勢力，「作風和緩」，「不加過問」，這不能不大拂閻意，因而，閻錫山遂以「不交截曠」為名，將董撤職，另委張培梅任了晉南鎮守使。

不久，又收了孔庚的兵權。孔庚原來是吳祿貞的中校參謀，燕晉聯軍失敗後，投到山西，閻錫山先是委任其為朔方興討使，到包頭後又委為山西陸軍第一師師長，駐在包頭，因其用日本武士道精神訓練軍隊，激起兵變。兵變時，軍需正在他房間裡打算盤算帳，孔嫌吵人，便躲到別的房間裡，變兵衝進後，將軍需當作孔庚，連開十幾槍打死軍需，孔庚僥倖逃脫。回到山西後，閻錫山又調其任晉西鎮守使，不久改為晉北鎮守使，駐守大同，擁有一個混成旅的兵力。孔庚為閻積極效力，閻錫山對孔也頗為信任。可是，在袁世凱稱帝的問題上，他卻與閻錫山相左，閻錫山怕袁世凱產生誤會，遷怒於己，要將孔庚免職，並電呈袁世凱請罪。孔庚一怒之下，離開山西。袁世凱死後，孔又回到山西任晉北鎮守使。但閻錫山已對他不信任了。為了解除孔庚的兵權，閻錫山曾導演了一次試探性的活動，以「大同駐軍異動」為由，派趙戴文前往探究，儘管這次沒有試探出孔庚有什麼「異動」，但閻去孔之決心已下，於一九一七年八月將孔庚免職，委趙戴文暫代晉北鎮守使，繼由團長張樹幟充實。孔庚被奪權後，隻身走出，上了北京，投奔到大總統黎元洪門下。

閻錫山排除異己的活動進行得還算順利。袁世凱死後，金永、董崇仁失去了後臺，而沈銘昌、孫發緒又無什麼背景，他們被免職後，儘管心中不滿，卻也無可奈何。可是，在強大壓力下，被迫離開山西的孔庚、黃國梁並不善罷甘休，他倆的折騰與黎元洪的支持，幾乎使閻錫山載倒，只是由於閻錫山的恩師段祺瑞從中斡旋，才使閻錫山躲過一劫。原來，孔庚第一次離山西後，便跑到與他有老鄉關係的大總統黎元洪那裡，與黎元洪的所謂「四大金剛」金永炎、哈漢章、黎澍、丁佛言，在黎的面前極力揭發

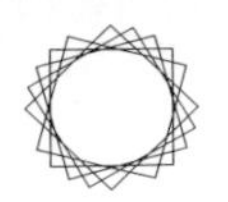

閻錫山的劣跡，並且，孔庚還計畫與黃國梁裡應外合，取閻錫山而代之。為此，黎元洪秘密派代表金筱陶去太原，住在黃國梁的公館裡。對此，閻錫山並非不知，但他卻不動聲色。黃國梁被免職後，孔庚原先與黃裡應外合的計畫落空。及至孔庚被免職來到北京後，他與黃國梁更加緊了倒閻活動。加上「四大金剛」的慫恿，黎元洪為了限制與段祺瑞關係甚密的閻錫山，並把處於京畿之內的山西控制在自己手中，以鞏固總統地位，決心用調虎離山之計把閻錫山調到北京，然後由黎秘密派遣孔庚與黃國梁二人回到太原，只要他們一到太原，黎元洪就明令發表黃國梁為山西督軍，孔庚為山西省長。這時閻錫山遠在北京，要想反對也就措手不及了。假如這個計畫成功，閻錫山將會徹底垮臺。

可是，似乎閻錫山命不該絕，黎元洪的這個計畫被徐樹錚在國務院聽到後，私下報告了段祺瑞。段念師生之誼，忙把閻錫山找去，先把這個消息透露給他，並給他指出一條明路，叫閻錫山即日化裝悄悄離開北京，間道回太原。只要閻錫山一到太原，黎元洪就不敢冒昧動手了。段祺瑞替閻錫山計畫得十分周到，叫他明天一早乘坐京漢路車離開北京，到新鄉，換坐道清鐵路到清化，過王屋山，然後從旱路趕到太原。閻錫山回到駐地後，即把他的計畫向周玳等隨行人員講了出來，不過他覺得還是坐京漢車到石家莊換石太車回太原比較迅速可靠，決定第二天早晨坐京漢路的慢車動身。為避免自己在上車時引起他人注意，便拿出四百元大洋交給周玳和陳效愚，讓他倆第二天一大早就趕到車站，把揚旗手和火車司機疏通好，叫火車開到揚旗地方時儘量開慢點，讓他能夠設法上了車。同時，叫周玳等四人在他走後不要出門，總統府派人來找他，就推說他病了，如果總統府派人來看他，就撒謊說到哪家醫院看病去了，總之要想盡辦法，把他們支吾過去。第二天，閻錫山按原定計劃而行，經過化裝，在周玳的幫助下上了火車，回到太原。在他的政治生涯中，第一次上映了「金蟬脫殼」之計。閻錫山回到太原後的兩天，給北京的周玳打電話，讓他給總統府打了一個電話。隨後，周玳等人便離開北京，動身之前，趙戴文還到段公館跑了一趟，面告段祺瑞，閻督軍已按他的指示回太原了。閻錫山一回太原，孔庚

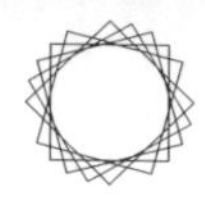

等人的計畫，就又落了空（周玳：《閻段勾結的一出醜劇》，《山西文史資料》第 8 輯，第 6-7 頁）。

在這次變故中，閻錫山有驚無險，完全得益於段祺瑞的幫助。段祺瑞這樣做，不僅僅是出於師生之誼，更重要的是，在「府院之爭」中，閻錫山完全站在了段祺瑞一邊，支持了他的恩師。

所謂「府院之爭」，就是袁世凱死後，繼任大總統的黎元洪的總統府與當選國務院總理的段祺瑞的國務院之間的明爭暗鬥。黎元洪雖然名為國家元首，但並無實力，而北京政府的實權卻掌握在段祺瑞手中。黎元洪遂想利用直系首領、副總統馮國璋排斥段祺瑞，因而，直皖兩系間的政爭，逐漸演變成了「府院之爭」。在「府院之爭」中，閻錫山一直站在段祺瑞一邊，特別是一九一四年第一次世界大戰爆發後，在中國是否參戰的問題上，閻錫山一改袁世凱在世時那種唯唯諾諾的態度，始終表示支持段祺瑞。一九一七年二月，美國參加世界大戰後，以美元為誘餌，極力慫恿其所支持的黎元洪政治集團和直系軍閥馮國璋參戰。隨之日本為擴大其在華權益，也以日元為誘餌，慫恿他所支持的皖系軍閥段祺瑞參戰。美國見自己慫恿黎元洪參戰為日本所利用，便轉而唆使黎元洪出面反對段祺瑞提出的「參戰案」。於是「府院之爭」愈演愈烈。四月二十五日，段祺瑞以國務院總理的身份召集各省督軍及督統在北京開會。會上，閻錫山與河南、山東、江西、湖北、吉林、直隸的督軍趙倜、張懷芝、李純、王占元、孟思遠、曹錕、安徽省長倪嗣沖、察哈爾督統田中玉等及其他各省代表，都表示支持段的主張，一致同意對德宣戰。閻錫山是四月十二日應召到北京的，在會議召開之前，他是否受段祺瑞之命，暗中活動，聯絡各方，求得支持，不得而知，但在這次會上的態度是明確的。由於有這麼多的省份支持，所以段祺瑞決定參戰，並強令黎元洪在「參戰案」上副署。接著，五月十日，段又在國會審議「參戰案」時，以軍警包圍國會，強迫議員透過。在議員拒絕透過「參戰案」後，黎元洪便下令免去段祺瑞的國務總理。段祺瑞不得已，返回天津，在這裡，他唆使各省督軍提出解散國會，脫離中央。在五月二十八日由北京發出的各省督軍響應段祺瑞號召，要求解散國

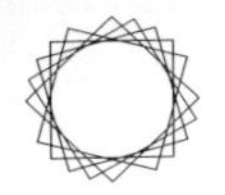

會的電文上，閻錫山又署了名。五月二十三日，當安徽省長倪嗣沖首先宣告與中央脫離關係，奉、黑、直、魯、陝、豫、浙、閩等省隨即相繼回應。皖、豫、魯各軍北上，奉軍入關，閻錫山宣佈山西獨立，脫離北京中央政府。同時，為對黎元洪進行武力威脅，命令第一旅旅長商震率晉中部隊進駐石家莊，並藉故下令逼迫黎元洪集團委任之山西省長孫發緒離職。閻錫山的這一系列舉動，尤其是其派軍隊進駐石家莊，不能不引起世人的關注和擔憂。因而，北洋元老王士珍致電閻錫山，告訴他已「委張紹軒（張勳）以磋議調停之責」，並要他「轉飭已動之隊，暫駐現至之地，未動之隊仍行駐紮原處」。在此情況下，閻錫山遂先後派參謀台壽民、參事李慶芳赴京接洽，並於六月七日致電段祺瑞，謂「大局糾紛，國事方急，保持統一，全仗我公」（《閻錫山年譜》（一），第210頁），明確表示了對段的擁戴。在段祺瑞的一手導演威逼下，黎元洪迫於情勢，不得不於六月十三日下令解散國會，各省始相繼取消獨立。其後，國務總理一席，雖然各省督軍仍意在擁段，但由於事態尚未完全平息，作為過渡，以溫和派王士珍暫先組閣。在這期間，閻錫山又致電各省：「國會憲法未競事宜，盡可公諸全國，從長計議。但俟閣揆定日，應即行恢復原狀」。這裡所謂的「恢復原狀」，其實就是還由段祺瑞來當國務總理。

正因為閻錫山對段祺瑞如此亦步亦趨，竭力效勞，所以，段祺瑞對他這位門生呵護有加，格外關照。然而，卻也正是由於他對段氏如此擁戴，引起了黎元洪對他的不滿，想出調虎離山之計，要端了他的老窩。只是由於段祺瑞把得到的消息透露給了閻錫山，才使他免遭孔庚、黃國梁與黎元洪的暗算，逢凶化吉，逃過一劫。

閻錫山在擠走沈銘昌、孫發緒後，雖然「護理」了省長一職，但「護理」終歸是名不正言不順，對此他一直放心不下，而要得到實授省長一職，必須要有北京政府的任命。為了達到自己的目的，當張勳復辟鬧劇收場，馮國璋以副總理正位，段祺瑞再為國務總理後，閻錫山即派南桂馨入京，向段疏通。南透過與段祺瑞關係至深的陸軍部軍需司長羅仲芳向段說項，得到段的首肯，段還說「各省軍政都係一人兼任，山西當然也不例外」。

南桂馨得此消息後，返回太原，告知閻錫山，閻自然十分高興，可是，任閻為省長之令遲遲未發。省府秘書長賈景德得知，任命遲遲未發的原因是內務部沒有副署。而當時內務部長湯化龍、次長蒲殿俊，均為清朝進士出身，與賈有「同年」關係，於是，賈向閻錫山自請入京，疏通此事。結果，湯化龍等提出只要閻錫山委與之有私交的方貞為雁門道尹，即可副署。閻應允後，省長的任命即很快下達，同時方貞也到了太原。可是閻只委任方貞為政治傳習所所長，支道尹薪，終不使他出雁門道尹之任，這也算是對湯化龍等人「把持朝政」的一個小小的報復。

一九一七年九月三日，閻錫山接到了北京政府「特任」其為「兼山西省長」的命令。這樣，閻錫山終於將山西的軍政大權集於自己一身，從而為實現其政治抱負獲得了重要資本，打下了不可或缺的基礎。

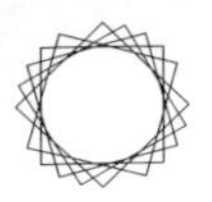

4、反對張勳復辟，態度堅決，「護法運動」中卻又站在了段祺瑞一邊

愈演愈烈的「府院之爭」，導致了「張勳復辟」醜劇的上演。當段祺瑞的「參戰案」未能獲得國會議員透過，因而促使各省督軍反對國會，於是黎元洪撤掉段的國務總理，之後，在段的反黎活動中，首先是宣佈獨立，繼而閻錫山通電脫離北京政府，接著各省紛紛效尤，「府院之爭」已然白熱化，眼看南北之戰一觸即發，國家將陷於一場更大動亂之時，長江巡閱使張勳，表示可以出任調停。黎元洪為了「依張自保」，遂於六月二日明令「張勳、徐世昌合力調停」。豈料，這卻給張勳復辟製造了機會。「張勳復辟」終於失敗，而黎元洪也引火焚身。

張勳（一八五四年——一九二三年）字紹軒，江西奉新人，辛亥革命前曾在袁世凱帳下任管帶、副將、總兵，還曾多次充當慈禧太后和光緒皇帝的扈從，一九一一年八月，被清廷任為江南提督。他堅決反對武昌起義，清廷退位後，張部被改編為武衛前軍，一九一四年武衛前軍改稱定武軍。袁世凱授予張勳武衛上將軍，一九一六年出任安徽督軍，其部已擴充到五十七營兩萬餘人。由於民國建立後，張勳及其所部仍保留發辮，所以被人們稱為「辮子軍」，張本人則被稱為「辮帥」。他一九一三年四月就陰謀擁溥儀復辟，因機密洩露而止。袁世凱稱帝時，他又企圖勾結保皇黨允升共同擁溥儀復辟。袁世凱死後，他認為袁失敗是其「辜負皇恩」，出賣清王朝的結果。因此仍想瞅準機會繼續進行復辟。黎元洪讓他出面調停「府院之爭」，無疑給他的復辟活動提供了一個大好機會。

張勳受命後，即於六月七日率三千餘人自徐州北上，先至天津逼迫黎元洪解散國會後，十四日進入北京。他一面調停，一面積極與康有為等保皇派約合，準備復辟。經過一番籌畫，一九一七年七月一日淩晨3時許，張勳身著清代朝服，率領清朝遺老遺少及其幹將三百餘人，進入清故宮，擁溥儀「登極」，隨即發表「詔書」，宣佈溥儀自即日起「臨朝聽政，收回大權，與民更始」，並改民國六年七月一日為宣統九年五月十日。張勳被授予議政大臣、直隸總督兼北洋大臣，實際上掌握了復辟王朝的最高權力。

在此之前，張勳陰謀復辟已有傳言，閻錫山聞訊後，於六月十二日致電察哈爾督統田中玉，指出：「復辟謬說，危清室，害國家」，當「出兵討伐，敉平政變」。七月一日，當復辟王朝任命閻錫山為山西巡撫後，第二天，閻即分別致電保定的曹錕、武昌的王占元、開封的趙倜、奉天的張作霖、濟南的張懷芝、西安的陳樹藩諸督軍以及安徽省長倪嗣沖，問他們「同志各省，有何主張？並乞隨時密示，以便一致行動」，並表示要「整飭師旅，準備進討」。

張勳復辟後，總統黎元洪逃進了外國使館，電令馮國璋代行總統職務，並重新任命段祺瑞為國務總理。七月三日，在全國上下一片討逆聲中，馮、段分別發出「誓討復辟」通電，段在馬廠誓師「討逆」。四日，閻錫山即派台壽民、張騏分赴天津、南京，晤見段祺瑞、馮國璋，請授方略，同時致電段祺瑞，除表示對張勳的復辟極為義憤，並認為「此次指揮義師，唯公莫屬」之外，還說自己「刻經選派混成一旅進駐石家莊，以便會師北上」（以上參見《閻錫山年譜》（一），第 211、214、218 頁）。

七月五日，閻錫山先派商震率第一混成旅由石家莊會師北上，配合曹錕北伐。七月七日，又續派第三混成旅旅長孔繁蔚率領所部進駐石家莊，以為後援。在接到京報稱張勳扣押火車三輛，擬逃竄蒙疆的消息後，又令大同鎮守使張樹幟帶一支隊進據居庸關，會同察哈爾督統田中玉，防止張勳兵敗北逃。同時，針對張勳與口北匪徒盧占魁相互勾結的情況，致電段祺瑞通知前敵部隊注意，並建議派兵一旅，北上分頭迎剿，另外還致電馮國璋請其派兵進攻張勳老巢合肥，以斷其後路。

在各路軍隊的同力征討下，張勳節節敗退。七月八日，討逆之師在京城週邊大敗張勳部，張勳堅閉城門不出，請王士珍出面調停。這時，率兵駐於豐台的段祺瑞卻下令各路討逆軍暫勿前進。對此，閻錫山不予苟同，力主從根本上解決問題，在其給曹錕的電報中，明確表示「鄙意時不可失，務懇我兄堅持到底，商同香岩（段芝貴字）大哥，根本解決，冀絕後患」

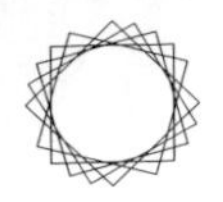

（《閻錫山年譜》（一），第229頁）。當張勳負愚頑抗，調停不成後，討逆軍下令總攻，晉軍商震、孔繁蔚兩旅遂奉命向北京城進攻。晉軍團長李敏率部首先攻克得勝門，接著各路軍攻入北京，分頭出擊。其時，天安門等處的復辟軍仍頑強抵抗。商震旅乃急調山炮一團向前猛攻，在強大的火力下，張勳殘部放棄了抵抗，紛紛繳械投降。張勳在德國人的保護下，從其南河沿住宅處逃入荷蘭使館。溥儀宣佈退位，馮國璋、段祺瑞因討逆有功，分任總統、國務總理，閻錫山也因堅決反對復辟而得以兼管山西民政。

但是，在其後不久由孫中山領導的「護法戰爭」中，閻錫山卻出兵攻打護法軍，站在了孫中山的對立面。馮國璋、段祺瑞雖然成功地粉碎了張勳的復辟，但馮國璋代理大總統後，並未恢復黎元洪解散了的國會，立法機關依然停廢。於是兩廣遂宣告暫行自主，及至馮、段另行召集臨時參議院會議時，孫中山便率海軍赴粵，宣佈護法。廣西、雲南、貴州各省相繼回應，原來的一些國會議員也紛紛南下在廣州舉行國會非常會議，制定中華民國軍政府組織大綱，九月一日選舉孫中山為中華民國軍政府海陸軍大元帥，重申護法大義。這樣，便與北洋政府形成了南北對峙的局面。

在此情況下，閻錫山沒有發揮山西這一「北方革命據點」的積極作用，起而回應護法戰爭，相反卻站在段祺瑞一邊，先是於一九一七年七月二十七日，致電北洋政府，表示贊成和支援段祺瑞召集臨時參議院的主張，並致電段祺瑞，支持他不恢復國會，支持段的「武力統一」政策，接著，又尊段祺瑞之命，派兵入湘作戰，以履行其當初對段「山西軍隊願為前驅」的諾言。

閻錫山所派的商震第一混成旅兩個團和周玳的一個炮兵營從太原出發，到石家莊後換京漢車，一直開到漢口大智門車站。十月，晉軍到達護法軍與北洋軍雙方交戰的主戰場湖南省，協助湖南督軍傅良佐對宣佈獨立的湖南零陵鎮守使劉建藩部進行鎮壓。起先，晉軍在永豐前線由於防守嚴密，使與之對陣的護法軍廣西馬濟、韋永昌的部隊無隙可乘，雖然後來廣西方面增加了兵力，但由於商震嚴令「本旅奉命死守永豐陣地，如敢私言進退者，以軍法從事」，晉軍進行了頑強抵抗，所以，在永豐前線陣地上

還一連堅持了十幾天。可是，當北洋軍湖南總司令王汝賢、副司令范國璋忽然在長沙發表通電，主張停戰撤兵，迫使傅良佐逃往靖港後，晉軍即陷於孤立。商震見事不妙，遂率部退至湘潭，卻又被湘軍包圍繳械，只有遠駐於城外的炮兵營未被殲滅，但撤至易家灣後也被繳械。商震等軍官被送至武岡，後買通傳教士，才得設法乘日本小輪逃到漢口，收容所部士兵。商震入湘後，閻錫山聽到北洋軍不利的消息，但卻未聽到商震的報告，於是便派上尉副官蔡鴻臚與上校副官張汝賢先後赴漢口、岳陽一帶探聽虛實。當蔡鴻臚先到岳陽時，商震已全軍覆沒，蔡即電告於閻錫山，閻即電商返並。

商震當初出發時，曾口出狂言，而今卻一敗塗地，自覺無顏見人，又怕閻錫山處罰，而湖北督軍王占元又想留商震在湖北任職，因而一時猶豫，蔡鴻臚將這些情況致電給閻錫山，閻又派其副官李德懋晝夜赴漢，勸商震返晉，於是商決定回太原。商見到閻錫山後，連說請罪，閻則以「勝敗乃兵家常事」相慰，不僅不咎既往，還囑商從速整理部隊，以備將來再戰。閻錫山如此對待商震，是因為一來商震在前不久的五月在晉南剿郭堅有功，二來這次赴湘失敗，不在商震用兵不當，而是局勢變化使然。商震也知恩圖報，後來在軍閥混戰中為閻錫山確實出了大力。

如果說，閻錫山在孫中山領導的二次革命中，還有回應革命的思想準備，但因湖北未起而回應，他也未予回應，所以，還有一些「保持北方之革命據點」的意味的話，那麼，「護法戰爭」爆發後，他卻站在了孫中山的對立面，則完全是為了維護其即得利益，保持他在山西的統治地位了。他奉段祺瑞之命出兵湖南，主要是為了報答段的恩情，並在今後得到已掌握北洋政府實權的段的進一步支持。除此之外，他的另一個想法，也許是想讓晉軍走出娘子關，擴大山西的影響，並提高其在北洋政府中的地位，為自己今後在中國的政治舞臺上施展身手創造條件。但他沒有想到會是這樣的結果，不過，他從此次晉軍的失敗中，也認識到了自己的力量確實有限，要想將來與群雄競爭，還必須儘快增強自己的實力。其後他採取的種種措施，正是為了使自己能有一個更好的「生存」和發展的空間。

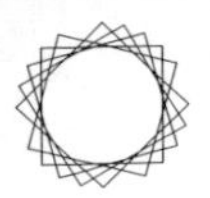

5、「保境安民」與擴充軍備雙管齊下，山西的軍事實力迅速增強

袁世凱死後，北洋軍閥中的直系、皖系、奉系等軍閥，二次革命戰爭中崛起的國民革命軍，以及在護法戰爭中發展起來的各個地方勢力，他們為了擴充自己的實力，以爭奪國家的最高權力而不時挑起的戰端，愈演愈烈的相互攻伐使中國社會陷入極度混亂的狀態。

在這種情況下，閻錫山由於既與北洋軍閥各派系特別是段祺瑞的皖系有著較深的關係，又與國民革命軍和其他地方勢力有著一定的瓜葛，所以，就不可避免地被捲入軍閥混戰的旋渦，或是他被旁人拉攏利用，或是他利用拉攏旁人。他奉段祺瑞之命出兵湖南，即是前者的明證。

然而，晉軍在湘的慘敗，使他變得清醒起來，在自己現有的力量還相當有限的情況下，如何能夠使自己不被別人利用，而又積蓄實力，發展自己，以利於將來的角逐，這是閻錫山不得不考慮的一個現實而迫切的問題。他透過總結以往的經驗教訓，於一九一八年初，向其下屬明確指出「現在大局紛擾，我省自己政策，在『保境安民』四字，然必須與臨省聯絡，使能不為我患，或競鄰疆樂與合作，進而為我用，代我禦侮，而後民治可安，非漫無區劃，公用閉關政策可以自衛也。凡事當計其遠者大者，毋僅顧目前」（《閻錫山年譜》（一），第254頁），首次提出了「保境安民」的方針。其後，他在致段祺瑞、寧夏馬福祥、湖南田中玉、保定的曹錕以及徐世昌、靳雲鵬、田應璜等人的電報中，反復強調了「晉省地方現尚未安謐，自當力保治安，共維大局」，「晉軍不出省一步，客軍不許透過」，「敝省向以保衛地方，息事寧人為主旨」等等。

從閻錫山提出的「保境安民」口號和相應的主張中，可以清楚地看出，他對「保境安民」這一問題的思考，是放在特定的社會環境下，站在戰略高度上來進行的，並且，不是孤立的，也不是一廂情願，完全被動的，而是相互聯繫的，動態的，在嚴予律己的基礎上，對客方也是提出了要求的，看似「示弱」「無為」，實則求強進取。閻錫山深知，在「大局紛亂」的亂

世下，僅憑晉省一己之力，是難以保境自衛的。只有與鄰省搞好關係，甚至結盟為友，才能夠與之化解矛盾，使其不為己患，進而為己所用，「代我禦侮」。而他在表明「晉軍不出省一步」這一態度的同時，又提出了「客軍不許過境」的要求，則是向世人說明山西無意參與其他軍閥的混戰，但也不允許客軍經過山西。因為客軍過境山西，無論有什麼正當理由，都難免會引起旁人的誤會，如果客軍借機滋擾山西，則又很有可能被捲入爭端，所以，他對強行入山西之境的客軍，要求予以堅決反擊，「保衛地方」。

閻錫山對自己提出的「保境安民」主張，可以說是予以了認真履行的。如一九一八年九月初，當選為總統的徐世昌，接到「陝西陳樹藩為靖國軍所困，蓋不能自支」，要求閻錫山派兵支援的電報後，再加上段祺瑞的「三令五申，強聒不舍」，閻錫山不得不「略微敷衍」，乃派晉南鎮守使張培梅率隊兩支，於十一月十五日渡河。「然事出無奈，情非得已」，故閻錫山「一方面向北京政府聲明兵力單薄，只可擔任韓城、合陽，兼顧河防，一方面又面諭五支隊長王嗣昌對於民軍方面，總以用和平手段為宜」。所以，晉軍「自來陝後，始終未與靖國軍開釁」，到第二年，各方起而調停陝事，監視停戰，雙方遵約實行，晉軍即行返回晉境。一九二零年七月直、皖戰爭時，因山西與河北毗鄰，曹錕、吳佩孚都曾請閻錫山出兵回應，閻則以「晉軍不出晉省一步」「嚴守中立」為由，婉言予以拒絕。直軍戰勝後，閻錫山不願開罪近鄰，便設法與其修好，不僅致函吳佩孚解釋山西不出兵之緣由，並對吳大加吹捧，還與吳互換蘭譜，行了結拜之禮。一九二二年四、五月間，直奉矛盾加劇，大有一觸即發之勢，這時，閻錫山囑其部下說：「此次直奉戰爭，吾晉仍嚴守中立，諒不受戰爭之影響。惟地界兩大，又作為戰上最關緊要之地，不能不思患預防，以為貫徹中立之準備」，「此次戰爭，按我省輿論，及咱數年來政治上之經營，非中立貫徹到底，不論幫誰，最後終是吃虧」。並致電總統徐世昌：「晉省嚴守中立，仰體鈞座和平盛意，始終以『保境安民』為宗旨，於軍事動作，本無佈置之必要」。同時，以「晉省軍隊本屬無多」，而「南北遼闊近兩千里……，平時兵力已有不敷分配之勢，際此多事之時，兵單防虛，尤屬可慮」為由，要求臨

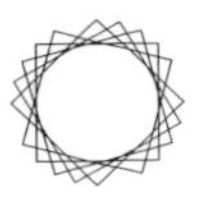

時增募兵員「兩三千人，暫備調遣震懾之用」（參見《閻錫山年譜》（二），第451、454、455頁）。雖然增加了六營新兵，但直奉戰爭開始後，閻錫山一直保持「中立」。不僅如此，閻錫山對於各派系之間的紛爭，還採取了「息事寧人」要求「停兵罷戰」的態度，以使其「保境安民」主張的實施能有一個好的外部環境。如一九二零年直皖戰爭爆發後，他就在給田中玉的覆電中表示「敝省向以保衛地方，息事寧人為主旨。對於此次戰事，惟以能有和平調停之機會為希望」，對曹錕的覆電中，在重申「此間兵隊決不出晉省一步，其他客軍也決不許透過」的立場後，進一步表示，「如至可以罷兵之際，屆時寧人息事或需弟效口舌之微，當盡力相從也」，給馬福祥的電報中，也表示「我輩對於同室有鬥，何忍坐視不救，只以地方為重，不敢舍己以從，惟有謹報初旨，不使戰爭益形擴大，渴盼早日解決，如至調停之際，當聯合二三同志，垂涕泣而道也」（《閻錫山年譜》（一），第369頁），並且，他還與山東督軍田中玉聯電籲請排解，一面請段祺瑞、曹錕先行停戰，一面電請大總統徐世昌明令息爭，「挽回危機」。

但是，對於進犯山西的行為，閻錫山是決不容忍的。還在他未提出「保境安民」前的一九一七年五月間，他就委張培梅為總指揮，商震為副總指揮，對偷渡黃河，竄犯晉南的陝西郭堅所部約兩千餘人，予以了堅決反擊，在河津、榮河、臨晉一帶，組織防堵，在臨晉城下展開激戰，竭盡全力反擊。一九二五年，原來駐紮於河北省順德以西至太行山一帶的國民軍第三軍孫岳部所屬的樊鐘秀部，因械彈兩缺，軍餉無著，在反閻派續桐溪的慫恿以及國民軍第二軍胡景翼的支持下，率部由涉縣出發，經峻極關進攻山西。但時任國民第三軍參謀長的徐永昌（山西原平人），因不同意樊鐘秀、胡景翼攻打山西，遂將他們的計畫轉輾通報給了閻錫山，使閻錫山得以預先佈置重兵於東陽關、峻極關及娘子關一帶防守。不料，樊軍來勢兇猛，在下莊、蛤蟆灘兩戰中，均大敗晉軍，樊軍隨即乘勝直下遼縣（今左權縣），閻錫山震驚之餘，急調駐潞安第六團榮鴻儒全部，另派商震率第二旅王嗣昌部第三團李培基全部、第四團侯守常兩個營，以及第三旅李維新的第五團文海部及炮兵、手榴彈各一營，晝夜馳赴遼縣增援，同時調第六

旅楊愛援部由壽陽開往榆次，第四團王靖國營從榆次向八伏嶺前進堵截，傅作義率第八團由原平馳往遼縣襲擊樊軍後方（《閻錫山統治山西史實》第 97 頁），幾乎將晉軍全部用來對付樊鐘秀。在晉軍全力反擊下，樊部終於節節後退，最後不得不撤出山西。

閻錫山提出的「保境安民」主張及其為此而進行的各種努力，所產生的作用和影響是多方面的，而其積極的方面，可以說還是主要的。首先，它比較有效地避免了山西捲入軍閥混戰的旋渦，使山西社會相對處於一個和平安定的環境，而這恰恰是一個社會發展所必需的基本條件。這樣，不僅山西的各項建設事業能夠正常進行，而且百姓也可以安居樂業；其次，由於山西「嚴守中立」，不捲入軍閥混戰，就可以節省大量軍費開支，將其用於其他各項建設事業，而百姓則會因此減輕許多財力、人力和物力上的負擔，得到休養生息，從而有一定餘力來建設家園，發展生產。這對於維護社會穩定，增加民眾對政府的信任無疑是有著重要的意義。山西自一九一八年閻錫山提出「保境安民」這一口號以來，直至北伐戰爭開始這一時期，閻錫山制定的以發展工業為主的「厚生計畫」及其宣導的「六政三事」、「村本政治」等所以能有較為順利的進展，都於此有著很大的關係。因此，對於閻錫山的「保境安民」所產生的積極作用，還是應當予以充分肯定的。

「保境安民」對於閻錫山統治的鞏固，也發揮了重要作用。這主要是它較好地保存了山西的軍事實力和保護了山西社會的生產能力，這樣，便可以更好地積聚力量，以圖爾後大舉，正如閻錫山所說的「凡事當計其遠者大者，毋僅顧目前」。北伐戰爭開始之前，他的軍火工業能迅速發展，並幾次擴充軍隊，正是因其未捲入軍閥混戰而在財力、人力上能夠有所保證的結果。同時，「保境安民」的實施，也為他贏得到了一定的民心。

此外，閻錫山對進犯山西的郭堅、樊鐘秀所部的堅決反擊，也使一些覬覦山西的軍閥不敢再小噓閻錫山，而他在直奉戰爭中向各方籲請的調停，則提高了他在各軍閥中的影響和聲望，使其「以國事為重」，「公正無私」的面目更彰顯於世，從而為閻錫山在中國政治舞臺上的活動，進一步

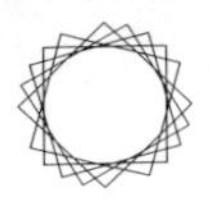

拓展了空間。後來，每遇軍閥間的大混戰，各方均請其出面斡旋，大凡重要國事也要其參與其中，都與此有著很大關係。

然而，無論怎麼說，閻錫山的「保境安民」，其實質上還是防禦的，其策略上是「以守為攻」的。這也是他在自己實力有限，且「大局紛擾」的現實面前，不得已而為之舉。但是，在當時國內「大局紛擾」之勢一時尚難改變，軍閥重開仗已是司空見慣的這種社會環境下，在弱肉強食，強權即真理，誰有軍事實力誰就可以稱霸稱王這一定勢下，「我不犯人」，並不能阻擋「人不犯我」，所謂「嚴守中立」這種理性的說詞，也很容易被失去理智的軍閥們點燃的戰火焚為灰燼。若想使自己不為「魚肉」而成為「刀俎」，就必須發展壯大自己的實力。已經在中國政治舞臺上拼搏歷練了一些年頭的閻錫山，自然深諳此道。但鑑於自己尚屬弱小，實力不強，只能先保存自己，然後再圖發展。因此，他提出的「保境安民」，實際上正是要為發展其實力創造一個先決條件的，這也是其「凡事當計其遠者大者」這一重要戰略思想的充分體現。

閻錫山為了在這一難得的較為安定的環境下，發展其軍事實力，主要做了兩方面的工作。

其一，就是不斷擴充軍隊。袁世凱在世時，閻錫山不僅不敢擴充晉軍，反而對為數不多的晉軍進行了裁減，所以，袁世凱死後，山西除了金永編練的警備隊十一個營外，只有一旅及兩個獨立團的兵力，總計不足七千餘人。而一九一七年夏季陝西郭堅所部的渡河犯晉，一九一八年反對張勳復辟的戰爭，頗使閻錫山感到山西兵力的不敷使用。山西北鄰綏察，南接河南，東靠河北，西挨陝西，邊界很長，僅靠現有兵力，是很難應付鄰省軍閥對山西的進犯的，更不用說與其他軍閥相抗衡，並進而與之爭雄了。特別是晉軍入湘的失敗，更使其實力大減。因此，當反對張勳復辟之戰剛一結束，閻錫山即將原第十二旅與金永的警備隊合編擴充為四個混成旅，每旅下轄兩個步兵團，外加一個炮兵營。一、二、三、四旅的旅長分別是商震、馬開崧、孔繁蔚、趙戴文。一團至八團的團長分別為蔡榮壽、王嗣昌、張治圭、謝濂、劉樹蕃、應之、龔奉山、豐羽鵬，各混成旅的炮兵營長分

別是周玳、張培蘭、顧祥麟、張振萬。同時編有晉南、晉北兩個鎮守使，鎮守使分別為張培梅、張樹幟，每鎮守使下轄一個混成團。此外，還成立了兩個騎兵團（一、二團長分別是路福保、孫祥麟），以及工兵營、機關槍營、衛生營、憲兵營、衛隊營這五個特種兵營，各營營長依次分別是楊澄源、關穎凱、陳鴻慶、張建、朱靈昭。第二年即一九一八年秋，又增設了兩個步兵團，即第九、第十團。第九團為學兵團幹部訓練隊，團長由商震兼任，第十團長為蔡榮壽，蔡之遺缺由營長楊愛源升任。新增之九、十兩團，名義上歸第四混成旅建制，實際上人事、經費等一應事項均直接由督軍署統轄。經過這次擴軍，山西地方總兵力達十個步兵團，兩個騎兵團，兩個混成團，四個炮兵營，五個特種兵營，共約兩萬人左右，晉軍數量上不僅倍增，而且有了正規的建制和統一的指揮，從而使晉軍初具規模。

閻錫山的第二次擴軍是在一九二四年冬馮玉祥發動「北京政變」後開始的。他為要出兵石家莊，阻擊直系軍閥吳佩孚北上，虛張聲勢，將原有步兵十個團改編為十個旅，但只是改變了一下番號，實際上並未增加人槍，及至軍隊返回太原後，才陸續進行擴編，充實裝備，並且又增加了一個旅，共十一旅，還成立了第一、第二兩師，每師下轄兩個旅。

第一師師長商震，下轄之第一、第二旅旅長分別是傅存懷、王嗣昌，每旅下轄兩個團，第一至第二旅所屬之一至四團長分別是楊效歐、盧豐年、李培基、侯守常；

第二師師長孔繁蔚，下轄第三、第四旅旅長分別是李維新、謝濂、三、四旅下轄之五至八團長分別是文海、榮鴻臚、程廷棟、傅作義；

第五旅旅長豐玉璽，下轄之九、十團長分別是傅汝鈞、張蔭梧；

第六旅旅長楊愛源，下轄之十一、十二團長分別是趙承綬、孫楚；

第七旅旅長楊中科，下轄之十三、十四團長分別是楊呈祥、高冠南；

第八旅旅長豐羽鵬，下轄之十五、十六團長分別是關福安、金鑄洲；

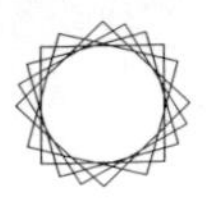

第九旅旅長榮鴻臚，下轄之十七團，即學兵團，團長由榮鴻臚兼任，第十八團長為辜任發；

第十旅旅長蔡榮壽，下轄之十九、二十團長分別是白毓晉、許晟蔚；

第十一旅旅長李德懋，下轄之二十一團（炮兵），團長為周玳，第二十二團（警衛營、憲兵營）

以上各步兵團每團均轄三個營，每營轄三個連及一個機炮連。炮兵團每團轄三個營，每連配炮四門。

同時還設立了一個手榴彈旅，旅長張振萬，下轄兩個團的團長分別是趙永勝、王萬勝；另外，又成立了九個手榴彈營。迫擊炮團，團長馮鵬翥，轄六個迫擊炮營。

擴軍不久，即遇上樊鐘秀所部犯晉，閻錫山在幾乎用全部晉軍擊敗樊部後，又於一九二七年春，將其炮兵擴充為八個團，任周玳為炮兵司令，第一至第八團的團長依次分別為辜任發、楊耀芳、溫玉如、曾延義、盧光、周俊傑、馮鵬翥、王錫符。

第二次擴軍先後進行了二年多時間，經過這次擴軍，使晉軍在原有的基礎上再翻了一番，由第一次擴軍結束時的兩萬兵力，增加到大約四萬人左右。

在這期間，一九二六年，閻錫山又把第十七團即學兵團改為了北方軍官學校，以榮鴻臚為校長，校內分設步、騎、炮、工四科，各科科長依次分別為曹鑑清、張甲齡、范殿傑、周承理。一九二七年即大量招收中學生，施以二年的軍事教育，畢業後分派至各部充任下級軍官。同時，在一九二六年冬，閻錫山為整頓軍隊，還委楊愛源為訓練總監，孫楚為副監，負責督促部隊施行訓練，並且成立了軍官教導團，委張蔭梧為團長，楚溪春為教育長，收容訓練編餘軍官和輪訓在職軍官。

閻錫山於第二次擴軍後不久，由於在與馮玉祥的作戰中，晉軍佔有了國民軍的地盤綏包，於是閻錫山相應地將晉軍改稱為晉綏軍。同時，將原

來旅的編制擴充為師，編為十七個師，師轄一個旅及一個團，旅轄兩個團，團約一千五百餘人。擴編後的第一至第十七師，各師師長依次為李培基、趙承綬、楊士元、傅作義、傅汝鈞、孫楚、張會詔、關福安、李維新、盧豐年、楊效歐、高鴻文、豐玉璽、李服膺、李生達、吳藻華、孟興富。

除此之外，一九二七年春，閻錫山還收編了國民軍第三軍。一九二六年一月，國民軍在直魯聯軍反攻下退守包頭後，軍長孫岳患病修養，參謀長徐永昌受孫之托，代理軍長職務。徐永昌是山西崞縣人，加上段祺瑞對他說：「閻錫山為人穩健，在國內外有些聲望，大有前途」，遂透過閻的炮兵司令周玳引薦，於一九二七年二月在太原與閻見面。徐永昌當初曾將樊鐘秀、胡景翼攻打山西的計畫轉告給了閻錫山，使閻預作準備，擊退樊軍，所以閻對徐早懷好感。閻有「相見恨晚」之意，而徐則表示願為閻之「前驅」。因此，四月倆人第二次會面，經過一番磋商後，徐即將其第三軍的兩個步兵師、1個騎兵師、一個炮兵團及一個獨立炮兵團，由駐地包頭出發，經磧口渡河入晉，歸於閻錫山的晉綏軍。第三軍的加入，更增加了閻錫山的軍事實力。

在此情況下，閻錫山於一九二七年北伐戰爭開始之前，又進行了第三次擴軍，將原有師的編制，一律擴充為軍。擴充後的部隊番號及主官情況如下：

第一軍，軍長商震，所轄之第一、第三師師長分別是李培基、楊士元；

第二軍，軍長楊愛源，所轄之第二、第六師師長分別是趙承綬、孫楚；

第三軍，軍長徐永昌，暫時保留原有番號，轄黃臚初、黃德馨兩個步兵旅，呂汝驥一個騎兵旅，梁鑑堂一個炮兵團；

第四軍，軍長謝濂，所轄第四、第十師師長分別是傅作義、盧豐年；

第五軍，軍長傅汝鈞，所轄第五、第十六師師長分別是傅汝鈞（兼）、吳藻華；

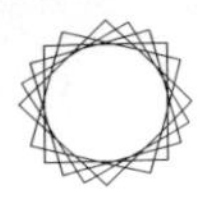

第六軍，軍長傅存懷，所轄第十一師、十三師師長分別是楊效歐、豐玉璽；

第七軍，軍長（缺），副軍長張蔭梧，所轄之第十四師、十五師師長分別是李服膺、李生達；

第八軍，軍長譚慶林，所轄騎三師、騎六師師長分別是孫長勝、楊兆林；

炮兵司令周玳，仍轄八個炮兵團；

手榴彈旅，旅長張振萬，仍轄兩個團；

第十七師，師長孟興富，歸總部直屬；

警衛旅，旅長杜春沂，歸總部直屬。

經過第三次擴軍，晉綏軍增至十三萬餘人，這還不包括未列入正規編制的被收編的冀南陳光鬥、劉桂堂，冀東張膺芳、山東范澄秋等部隊。因此，在北伐戰爭前，晉綏軍已成為一支在國內頗具規模且舉足輕重的武裝力量。

閻錫山在不斷擴充軍隊數量的同時，為提高其部隊的素質並增強部隊的戰鬥力，還在培養軍事幹部和發展軍事工業方面苦心經營，作了不懈的努力。

在培養軍事幹部方面。為訓練下級幹部，於一九一八年初成立了「學兵團幹部訓練隊」，由第一混成旅旅長商震負責，要求每個團都附設一個學兵隊，以提高下級幹部指揮和統馭能力。一九一九年六月，閻錫山又在學兵團幹部訓練隊的基礎上，建立起了山西第一所真正意義上的軍事幹部學校「學兵團」，以步兵第九團的名義呈報北京政府陸軍部，編制為一個正規步兵團一千兩百人的編制。「學兵團」以榮鴻臚為團長，學員從大同、臨汾、潞安、太原四地招收，要具有高小畢業或相當於此文化程度者。學兵享受步兵待遇，既學國文、英文、算術、歷史、地理等普通課，又學軍事課。閻錫山與其他高級軍政人員常到學兵團講話，進行精神教育，希望

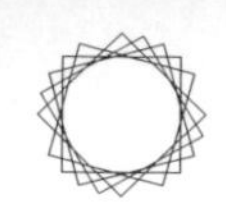

他們學好文化知識，掌握軍事技術，「以便將來擔負全省『保境安民』的重大任務」。學員畢業後均留團擔任連、排長職務。學兵團成立後的六、七年間，共招收三期學員，培養學員兩千餘人。一九二六年，又在學兵團的基礎上成立了「山西軍官學校」，由榮鴻臚任校長。一九二七年六月，閻錫山易幟參加北伐，就任「北方革命軍總司令」後，遂將「山西軍官學校」改稱為「北方軍官學校」。此外，在一九二五年至一九三零年中原大戰這一期間，還先後成立了對編餘軍官進行整訓的「晉綏軍官教導團」，以及專門教授後勤服務、築城、兵器、地形、衛生、馬學等專業技術的「山西陸軍輜重教練所」，培養晉綏軍航空人才的「山西航空學校」，以及對收編之他部雜牌騎兵及當地土匪騎兵進行訓練的「第三集團軍騎兵教練所」。閻錫山這些舉措，對於培養晉綏軍幹部隊伍，提高部隊的素質，都發揮了重要作用。如透過騎兵教練所培養出的一批基層幹部，就從內部控制了關係複雜的騎兵隊伍，並經過嚴格訓練，提高了騎兵的作戰能力，使騎兵成為晉綏軍的中堅力量。

在發展軍事工業方面。山西在辛亥革命前，所謂的軍事工業只有一個在清末（一九九八年）建立起來的「山西機器局」，它下轄「五廠一房」，即機器廠、翻砂廠、熟鐵廠、虎鉗廠、木樣廠以及鍋爐房，以修理槍械為主，兼造初級火器。槍械產品先是十八毫米口徑的「二人抬」火槍，後來才能夠生產由英國福公司提供金屬配件的只可裝一發子彈的「獨子快槍」。辛亥革命後，山西軍政府接管了山西機器局，雖經幾年發展，職工由初創時的八十人增加到了兩百餘人，但其規模和生產能力基本未變。一九一四年，閻錫山對機器局進行改組，成立了「山西陸軍修械所」。然而，其後的幾年也只是在內部進行了一些革新整頓，並無大的變化。一九一七年，閻錫山執掌山西軍政大權後，修械所才在其重視下有了起色，並且隨著晉軍的不斷擴充而迅速發展起來。

閻錫山為解決修械所經費不足的問題，首先設立了「銅元局」。這看似與軍事工業並不相關，但它卻為修械所的發展亦即山西軍事工業的發展奠定了物質基礎。因為銅元局能用低價從民間收購舊式製錢，然後鑄造銅

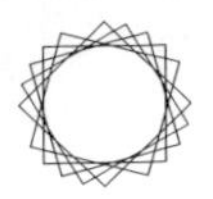

元，從中漁利。銅元局成立後，先從杭州訂購了一批製造銅元的舊機器，於是，修械所擴大規模，增設了提鉛廠、煉銅廠、熔化廠、鋼模廠四個廠，原有的機器廠改為印花廠、碾片廠、銑光廠等。同時購買了一部大鍋爐和一個一百匹馬力的汽機。職員工人也發展到了四百餘人。同時，閻錫山還選派張書田、劉篤恭等十餘名大學畢業生赴漢陽兵工廠技術學校深造，並於修械所內創設「實習工業學校」，招收學員百餘人，半工半讀學習技術（後改歸國民師範職業科），以培養造就一批自己的軍事工業人才。修械所雖然已具山西軍火工業之雛形，但它仍以修理槍械為主。

閻錫山的軍事工業大發展，是一九二零年初將「山西陸軍修械所」與「銅元局」合併，改為「山西軍人工業實習廠」後開始的。

「山西軍人工藝實習廠」，以第一混成旅旅長商震為總辦，總辦下設廠長，廠長李陶庵（李蒙淑）。廠內設銅元科、化煉科、電氣科，翌年又將以上三科改為機械科、子彈科、化煉科，不久又改名為一、二、三科。

第一科所轄工廠有:機器廠（附屬木樣廠、鉚工廠三個分廠）、銅元廠、炮廠、機關槍廠、電汽廠、鐵工廠、罐頭廠等七個工廠；

第二科所轄工廠有：槍彈廠、炮彈廠、炸藥廠、無煙藥廠、酸廠、壓藥廠等六個工廠；

第三科所轄工廠有：熔煉廠（附屬翻砂、制罐兩個分廠）和煉鋼廠。

此外，還另設銅元廠，直屬廠長管轄。隨著工廠規模的擴大，是年冬又招收藝徒四百餘名。一九二四年山西軍人工藝實習廠還成立了飛機廠，曾裝造過幾架教練機，後因花費昂貴而停辦。同年，閻錫山還決定興建育才煉鋼廠和育才機器廠，並派工藝實習廠廠長李蒙淑和技術科長洪中，赴歐洲考察。一九二五年五月間成立兩廠籌備處，一九二六年兩廠竣工投產。一九二六年春，工藝實習廠增設壓藥分廠，又添置壓彈設備與銅殼廠合名為水壓機廠，至此，軍火生產規模基本完備，職工增加到一千餘人，設備增至兩千三百部，月產火炮十餘門、衝鋒槍九百支、機關槍三十挺、炸彈三千餘發（《山西文史精選——閻錫山壟斷經濟》山西高校聯合出版社

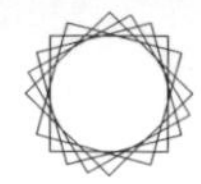

1992 年版，第 200 頁）。

閻錫山從一九一七年到一九二七年經過幾次擴軍，其晉綏軍的數量已達近十五萬。為保證部隊槍彈等物資的供給，他進一步擴大軍事工業，一九二七年將「山西軍人工藝實習廠」改為「太原兵工廠」。到一九三零年中原大戰爆發前為止的這四年中，可以說是閻錫山軍事工業發展的極盛時期。太原兵工廠直接隸屬於閻錫山的督辦公署，兵工廠廢除了實行多年的總辦制，實行廠長制，廠下設有采運、驗收、工務、檢驗、稽核六個處。這六個處中，以張書田（與閻錫山有親屬關係）任處長的工務處最為重要。因為它分管廠內二十多個部門，計有處本部、工程師部、醫療所、製圖室，以及十七個分廠，即槍廠、衝鋒槍廠、炮廠、槍彈廠、炮彈廠、機械廠、炸彈廠、雙用引信廠、機關槍廠、壓藥廠、電汽廠、壓銅殼廠、鐵工廠、罐頭廠、熔煉廠、木樣廠等，其中壓銅殼廠與壓鋼彈廠合併為銅殼廠，成為十六個分廠（曹煥文：《太原工業史料》）。

在太原兵工廠成立的同時，將原無煙藥廠和制酸廠兩個分廠單獨劃出，另行組建了山西火藥廠。首任廠長由畢業於日本九州大學化工科的張愷擔任，工程師為日本帝國工業大學電氣、化學科畢業的曹煥文。

經過不斷地發展，閻錫山的軍事工業在產品種類和產品數量上都有了很大增加，技術水準也有了明顯的進步與發展。到中原大戰前，「太原兵工廠和山西火藥廠共有設備三千八百部，職工一萬五千餘人」，主要產品為：六五步槍、六五機關槍、衝鋒機關槍、自來得手槍、一七式手槍、衝鋒槍子彈、一三式七五毫米高炸力開花全彈、兩用高炸力開花全彈、一四式七五毫米野炮鋼質高炸力開花全彈、兩用鋼質高炸力開花全彈、一二 0 毫米重炮假引信全彈、一六式一 0 五毫米重炮低炸力開花全彈、假引信全彈、七五毫米迫擊炮彈、一五 0 毫米迫擊炮彈、手榴彈、手雷、滾雷、地雷等。在一九二八年至一九三零年間，太原兵工廠的月產量為：輕重炮三十五門、迫擊炮一百門，步槍三百支，機槍十五挺，衝鋒槍九百支，炮彈一萬五千發，迫擊炮彈九千發，子彈四百二十萬發，與年代初期相比，炮增加長二點五倍，步槍增長六點五倍、炮彈增加二點五倍，子彈增加六

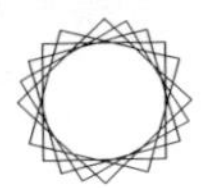

倍（《山西文史資料精選——閻錫山壟斷經濟》第 202 頁）。

在太原兵工廠中，炮廠和山西火藥廠佔有舉足輕重的地位。炮廠內分山炮廠、野炮廠和重炮廠，它共擁有各種大型新式工作機器八百餘部，廠房一九零零餘間，職工兩千多人，無論是基礎設施還是機器設備，都堪稱兵工廠的精華。到一九三零年，它共造出「一三式」山炮六百餘門。山西火藥廠則設備新穎，機器裝置大部購自德國、日本，「在當時世界上亦屬最新水準」。它所轄之無煙藥廠、酸廠、炸藥廠、黑藥廠、火工廠和壓藥廠等工廠，生產能力都很強。幾個廠子共可日產無煙火藥兩千公斤，接觸硫酸十噸。如此數量「在全國堪稱第一」。各槍彈廠生產的炮彈、槍彈所需藥料，全賴於此。到一九三零年中原大戰前，已經進入「全盛時期」的太原兵工廠，「在全國說來也是生產力最大的出品種類最多的一個兵工廠」（曹煥文：《太原工業史料》第 11 頁），「不僅可同全國最大的漢陽兵工廠、瀋陽兵工廠相媲美成三足鼎立之勢，而且其規模與現代化程度也超出了漢、沈兩廠」（景占魁：《閻錫山與西北實業公司》山西經濟出版社 1991 年八月版，第 17 頁）。

閻錫山軍事實力如此迅猛擴張，可以說正是他實施「保境安民」主張，以養精蓄銳的的一個結果。然而，實際上由於第二次擴軍後的軍事實力已經遠遠超過了「保境」、「自衛」的需要，而閻錫山當初提出「保境安民」，又是從實現其「遠者大者」的目的出發的，所以，隨著軍事實力的增強，他的活動能量和活動範圍也就更大更廣了，在爾後的中國政壇上，縱橫捭闔，翻雲覆雨，扮演了不少重要角色。

6、積極推行「用民政治」、「村本政治」

閻錫山於一九一八年提出「保境安民」的同時，又提出了「用民政治」的主張。他之所以如此，是因為一個最基本的事實擺在了他的面前，即無論是想要有效地防止其他地方軍閥對山西的侵犯，還是想使自己能在「亂世紛擾」的環境之下，得以生存並求得發展，都必需要有相當的實力，這個實力就是軍事和經濟，這兩方面都強了，政治上也就強了。而軍隊數量的擴充及其各種軍需物資的保證，都是建立在人力、物力、財力和智力的基礎上的。這一切都得靠人來做。也就是說得靠廣大民眾的支持。如果離開了人民，什麼增強實力，什麼「凡事計其遠者大者」，都會流於空談。對於這一點，閻錫山是早就有所認識的，還在一九一五年，他編寫的《軍國主義譚》中就說到：「無論帝國主義、國家主義或軍國主義國家的政治，都是用民政治，非用民不足以圖富強」，因此，他主張「政府政策是軍國政策，人民教育是軍國教育，社會組織是軍國組織」。他的這種有著明顯軍國主義色彩的思想，雖然因第一次世界大戰爆發後世界局勢的變化而不得不加以捨棄，但是，他對於民的重要性，「用民」與「圖富強」的關係認識得還是比較深刻的。

中國的歷代封建統治階級，對於「民」的態度，儘管有「民為貴、君為輕，社稷次之」等說法，可是「使民」「役民」乃是其貫穿一致的主導思想。而閻錫山因其階級的局限和受中國傳統政治思想影響，所以，他使用「用民」這一話語，也就不足為怪了。不過，他對於何以要「用民」的解釋，則不能說沒有一定的道理。在《山西現行政治綱要》中，他就指出：「鄙人嘗謂，我國後世政治，止求安民，不求用民，其善者以無事不擾為主，其不善者則與民為敵，愚之暴之，故其民知依人，而不知自主；知保守，而不知進取；知愛身家，而不知愛群。以此為國，是曰無人，非無人焉，無有用之人焉」，而「國民政治為新政治」，所謂的新、舊，「非善與惡之分，乃適與不適之分也」，「用政治而不適，則必亡其國家。鄙人之用民政治，亦在求其適而已」，「適時的政治作用與人生發展的企圖相順應的為用

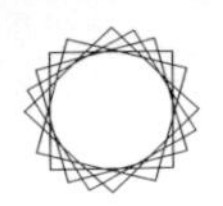

民政治」，所以，他的「用民政治」，即「適時之政治也」。對內對外都應「求其適」。在閻錫山看來，「夫舉一政令而欲其推行無阻，且行之有效，一在人民有相當之知識，尤在人民有相當之道德，知識道德，程度問題也。故善為政者，每視人民程度，而定施政之標準。夫在今日，吾國人民程度之卑下，豈容諱言，山西偏處西北，山嶺綿亙，風氣比較閉塞，又屬勢所必至，則欲拯我數千年橫沉於專制境內惰眠之人民，欲群趨之以赴於自用自治之途，又非執有相當之方術不能，此所謂對內而求其適也」（通俗國文教科書：《山西現行政治綱要》總述，第 7 頁）。

從閻錫山的這些說法中，可以看出，他對於當時中國，尤其是山西所以落後的原因，從社會制度和人的素質這些層面上，是有過一番深入思考，並且是切中時弊、頗有見地的。同時，它也反映了閻錫山不甘落後，力圖使其政治適應社會發展變化要求的進取精神，而他採用「用民政治」是為「對內而求其適」的意圖，則清楚地說明，「用民政治」與「保境安民」是閻錫山為鞏固其對山西的統治，並謀求更大發展，在政治上打造的內外適應，相輔相成的兩個輪子。他是想在「保境安民」，以對外求其適的同時，再透過「用民政治」以對內求其適，養精蓄銳，聚斂內力，做一番「遠者大者」的事業的。

除了對為何要實行「用民政治」的理論詮釋外，閻錫山對於「用民政治」的精神實質和目的，也有他自己的一套看法。他說：「用民政治之真精神，鄙人嘗研究得一確當語。厥語維何，則日不虧負。此三字謂用民政治之精神也，即謂為歐美列強人才發達之原動力，亦無不可」。他舉例說，炭在中國，只是供煮飯燃燒之用，而歐美則以之供蒸汽之用、化學之用若干。因此不能說中國不虧負此炭。再如人，人生在中國，因社會方面不良之習慣，國家方面有不良之政治，在此環境陶冶下，人難免會成為野蠻人或暴民，以中國人之聰明才力，並不遜於外人，而在外國之人，等而上者，未嘗不可多所發明。即使一般人，亦尚不失為完全人格之國民，中國人所以「類皆無所成就，甚至沉溺於賭博鴉片，自流於過惡而不自知，是國家之政治與社會之習慣，有虧負於人民也」。因而，要想不虧負物之質力以期極端之發達，「必須人人不虧負其才智，以求日進與高潮，果能如此，始有政治可言。而國家亦未有不富、不強、不文明者，吾故日不虧負三字為用民政治之精神」。

正因為他對「用民政治」的「真精神」有如此解釋，所以，他認為「民德、民智、民財三者，皆用民政治之實質也。民無德則為頑民，其弊則野蠻不化；民無智則為愚民，其弊則稚魯劣鈍；民無財則為貧民，其弊則救死不贍。是故欲去其弊而群趨之於自用之途，必須先從此三者著手，然後，能用之而有效」，「用民的目的，在啟民德、長民智，立民財」。

閻錫山不僅對此三者的內涵，進行了規定，他說：「民德所應注意者為信、實、進取、愛群；民智所應注意者為國民教育、職業教育、人才教育、社會教育各項；民財所應注意者為農、工、商、礦四項」，並且以此為綱，對每一部分的主旨做了明確規定，對其具體內容和要求也制定了實施計畫。

閻錫山為了實施「用民政治」，在草定「用民政治大綱」的同時，還於一九一九年四月十三日，在督軍公署召開有數百人參加的用民政治大會，經會議討論，議定設立政治研究會，為用民政治的常設討論機構，由閻錫山自任會長，聘請各界士紳，選派各機關重要職員任會員，分股推選專家任正副組長，主管政治研究事宜。

「用民政治」從其綱領到主旨，可以說是有一套理論的，並且也制定了頗為詳細的實施計畫。然而，怎樣才能將其付諸實踐，達到預期的效果呢？對此，閻錫山經過觀察和思索，提出了他自認為可行的一套辦法，簡言之，就是建立緊密的「行政網」。而這個行政網的基礎則是「村制」，也就是以村為行政建制單位，建立以村為單位的行政網。這一點，閻錫山在《山西現行政治綱要》中就明確指出：「用民政治之構造，鄙人亦有一語足以概括之，則行政網是也，大凡世界各國，其行政網愈密者，其行政愈良好，愈進步」。

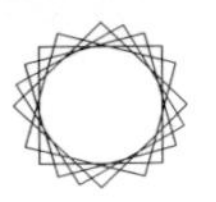

閻錫山所以要建立以村為單位的行政網，即以「編村」為施政單位的「村治」或曰「村制」，有著兩方面的淵源。其一，就是受十九世紀以來國內不少有識之士主張實行「地方自治」的思想及清政府實施「地方自治」的一些舉措的影響。戊戌維新運動失敗和義和團運動被鎮壓之後，隨著清政府政治危機和社會矛盾的加深，立憲派人士主張「地方自治」的呼聲更形高漲，進一步要求把地方自治方面的改革作為立憲的一個重要組成部分。康有為認為「西方國家所以能夠動員民眾的力量，完全是那些國家的地方自治長期實踐的結果」。他的弟子梁啟超更認為「自治將主要有益於中國的民氣，自治絕不是一種分配權力的方案，而是一條加強內部紀律、充實整個國家的途徑，雖然沒有官吏從『外部』統治他們，但是民眾最終會為一系列的社會法制激勵，朝向他們共同的目標邁進。這個目標就是國家的團結和強盛」。他還「相信自治對個人性格並最終對群體起到改造的作用」（（美）黃正清、黃維愷編，劉敬坤等譯：《劍橋中華民國史》（下卷），中國社會科學出版社 1993 年版，第 280—381 頁。以下凡引自此書中文者，只注書名頁碼）。鑑於內憂外患的嚴重形勢，清政府不得不提出了一些「新政」，並在地方自治方面做出一些姿態，如出臺了設治的城和非設治的鎮鄉的自治章程，府、廳、州、縣的議事會章程，準許在縣和縣以下級別建立自治的諮議局和議會等。辛亥革命後，孫中山也一直堅持要實行地方自治，認為它是一個強盛、統一國家的當然基礎，並把地方自治與民權主義聯繫起來，指出：「為避免舊時的專制政權更迭不已，需要使民眾成為政府的基礎，要做到這一點，政府的機構必須從下而上地重建」（《劍橋中華民國史》（下卷），第 329 頁）。袁世凱執政後，為強化其官僚政治的權威，雖然以地方議會難以駕馭為由，下令取消了縣和省的自治，但由於「地方自治」已日益深入民心，他並未完全取消地方自治，而是採取一種更適應官方控制的形式，推行了區的地方行政「實驗」制度，在縣以下保留了區，管理這些區的區長，由省長任命。凡此，對於曾親歷過辛亥革命前後中國社會變化的閻錫山，都有著相當深刻的影響，因此，他於一九一七年獨攬了山西的軍政大權後，為了鞏固其政權的基礎，也力行「地方自治」、「民治」，也就是符合邏輯的了。他一九一八年在談及如何加強山西省政建設的問題時說：「必須從實行自治和教育兩方面著想」。後來，更認為「中國既為民國，以民為主，即當由民施政，凡政治上之權利義務，必求其平等享受，平等負擔」（《治晉政務全書初稿》第一冊（政治講演），第 59 頁）。「自治二字，原指人民各自為治與共治而言，與官治立於相輔的地位」（《治晉政務全書初稿》第一冊（政治講演），第 63 頁）。「欲使民治主義完全實現，必須民間有施政之活體組織」，欲使人民參與政治，必須將政治「放在民間」，「凡係人民利益切身之事，切使人民自己為主，人民亦能自己為主，此方合民治之意，亦即自治之精神」（《治晉政務全書初稿》第一冊（政治講演），第 72 頁）等等，都清楚地說明了這一點。

其二，就是受日本政治文明的影響。閻錫山曾留學過日本。日本明治維新以來社會發生的巨大變化，都令他感到新鮮和企羨。其中，日本實行的「町村之制」就對他產生了很深的影響。所以，他曾提出過要「仿日本町村之制」，實行「編村」。而中國社會的基層組織狀況和活動的特點，更使他認為「人類權力，發動之淵源，基於人類集合之村」，官治自治均非徹底之治，「今定一徹底的最持平最適中之辦法，村為人群集合單位，村有若干人民，無論何種事項，皆人民自理，村即人民權力之起始點」。因此，要實行以村為單位的「村治」，「此種村本政治，即民本政治」（《治晉政務全書初稿》第二冊（進山會議記錄），第 118、132 頁），而只所以「非把政治放在民間不可，因為直接知民利弊的是民，間接知民利弊的是官」。那麼，「什麼叫民間呢？省不是民間，縣也不是民間，實在是村是民間。所以省縣無論什麼機關，不是官治就是紳治，總不是民治。換句話說，就是欲民治主義，非實行村治不可。所以我常說的，村是行政的單位即是政治的根本」（《治晉政務全書初稿》第四冊（自治），第 23—24 頁），「村治乃是自治根基，政治起點」（《治晉政務全書初稿》第五冊（村政·上），第 3 頁）。

閻錫山在提出這些「村本政治」理論的同時，還從以下幾個方面著手，以使「村本政治」得以實施。

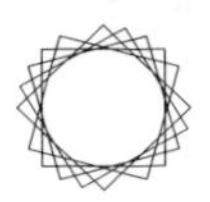

首先，對推行村制從整體上進行了規劃，並制定了相應的規章。從一九一七年十月至一九一九年，先後編訂了《改進村制綱要》、《整理村范原理七條》，制定了《整理村界簡章》、《修訂鄉村編制簡章》、《整理村範規則》，以及《各縣選任村長副閭長暫行規則》等，同時還制定有《村政考核條例》、《村政獎勵條例》，從而使村制的實施在指導思想、組織領導、目的任務和考核獎勵上，都有了比較明確具體的要求。

其次，以使「村制」形成「政治活體」為中心，實行「編村」。閻錫山認為，村「無編制」，「等於軍隊散亂，號令不行，難以指揮如意」，因此，他對村制的編制的大小，隸屬機構和職能也都作了明確規定。在其編訂的《修訂鄉村編制簡章》中就要求「凡滿百戶之村民或聯合數村在百戶以上者為一編村，應設村長一人，村副一人」，「係聯名村為一編村者，應以戶數最多之村為主村」；「村內居民以二十五家為閭，設閭長一人；五家為鄰，設鄰長一人，閭鄰應各按次序冠以數目字樣，如第一閭，第二閭，第一鄰、第二鄰之類」（《治晉政務全書初稿》第六冊（村政上），第7頁），如此，則可「積戶成閭，積閭成村，積村成區，區經於縣，上下貫注，如身使臂，臂使指，一縣之治以此為基礎」。不僅如此，閻錫山為使編村成為「有機體，有精神，有物質，能量具備，運用敏治」的政治活體，還要求編村設立相應的機構，即每個編村建立「村公所」、「息訟會」、「監察會」、「村民會議」以及「保衛團」，並對這些機構的職責作了明確規定。如「村公所」應辦事項即為「行政官廳委辦事項；村民會議決議事項；其他應行執行之村務；報告職務內辦事情形及特別發生事件」。「村民會議」主要就是要全體村民參與村政，使之從中練習參政能力。這是因為閻錫山認為「村民者，村之本也。一村之權，應歸之一村之民。一村之民，應參與一村之政」，「社會改造，非人民全體覺悟，何從起點？村會，則覺悟之路也」（《閻伯川先生要電錄》第140頁，臺灣閻伯川先生紀念會1996年十月編印。以下只注書名頁碼）。「監察會」之職責為「清查村財政；舉發執行村務人員之弊端」（《治晉政務全書初稿》第六冊（村政·下），第76頁）。「息訟會」主要解決村民爭執訴訟之事，以杜士族劣紳從中把持

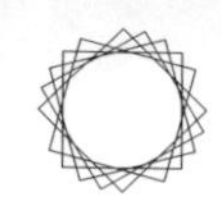

撥弄等流弊，「減少人民打官司的痛苦」。「保衛團」以一編村為村團，以一行政區為一區團，以一縣為一總團。凡村中有正業之十八至三十五歲男子，均於農暇入團練習（臺灣：《閻伯川先生要電錄》第141頁），其主要職責是維護社會治安，平時稽查窩藏，偶爾遇有潰兵土匪，也可防範。

在推行「編村」的過程中，閻錫山十分重視對於村長的挑選。他說，村長等於一村的「靈魂」，有好的村長，就是有「靈魂」的村。「一縣政治進行，全賴有好村長」。為此，他再三叮囑縣知事們要「慎選村長」，「村長為一村之重心，尤應以村長特別注意」（《治晉政務全書初編》第五冊（村政·上），第2頁）。

再次，就是把「村範整理」和「定村禁約」作為了「編村」活動的主要內容。所謂「村範整理」，用閻錫山的話來講就是要把「擾亂村中的治安」的壞人找出來，透過勸導、處罰，「把壞人改好」，使好人可以「安居樂業」。與此同時，閻錫山為與村範整理相輔而行，相輔相成，還要求各編村都要「定村禁約」，「以村範開其先，以禁約善其後，乃能持久而不敝」。據此，要各編村透過村民會議，按各村習慣，自行規定禁約，「大致將消極方面事項，列舉禁止，如女子不準纏足，樹木不準損毀之類，違約有罰，情順理安」（《閻伯川先生要電錄》第140頁），以此來奠定「村仁化」的村治基礎，使編村真正發揮「裕民生，正民情，敦民風」的作用。並且透過編村對生產的發展和對社會秩序的安定，做到「人人有工作，人人有生活，村村無訟，家家有餘」（山西省政協文史資料研究委員會編：《閻錫山統治山西史實》山西人民出版社1981年三月版，第72頁。以下凡引此書中文者，只注書名頁碼）。

閻錫山雖然於一九一八年就明確提出了要實行以「編村」為核心的「村本政治」這一主張，並且從以上幾個方面積極著手進行，但是，「編村」在全省的全面推行，則是在一九二二年方才開始。其中原因，主要是俄國十月社會主義革命後，世界形勢發生了深刻變化，並對中國社會產生了巨大衝擊，而「村本政治」作為「用民政治」的重要內容之一，又是一個十分重大的社會政治問題，在這種情況下，閻錫山自覺「茲事體大」，「未敢

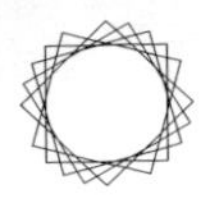

過於自信，輕率呈功」。而透過一九二零年開始的「進山會議」，圍繞「人群怎樣組織對」這一中心議題，對有關政治、經濟、教育、家庭等問題的討論，閻錫山更認為其他的什麼軍國主義、資本主義、共產主義都不行，只有他的「用民政治」和「公道主義」才能使人群「真富強、真文明」。同時鑑於馬克思主義在中國的傳播和「五四運動」的發生，他為了更好地控制人們的思想和行動，在「進山會議」尚在進行之中，便開始實施「編村」。即便如此，他仍是小心翼翼，採取了先在小範圍內進行試驗，然後逐步擴大的辦法。一九二一年三月，先由陽曲、榆次、太原等三縣及省城市區試辦，「試之而效焉」，又於六月在平定、壽陽、太谷、忻縣、定襄等五縣「再試之」，「試之而又效焉」，乃定推行全省之計。當年九、十兩個月，閻錫山就分次召集全省縣知事，舉行「村政會議」，「探討其原理，較論其方法，規劃其程式，解決其困難，辨證其誤解，預備其工具」，最後各知事全體一致表示決心，誓以「民本精神」，注重「村本政治」（《閻伯川先生要電錄》第 141 頁）。會後，「村制」即在全省全面展開。在這期間，閻錫山還曾多次到一些縣份巡視考察，召開政府官員和教師會議，發表演講，瞭解情況，以推動「村制」的實施。

「用民政治」和「村本政治」的實施，對於山西社會曾產生了相當的作用和影響，並因此而受到了不同的評論。在有的論著中，因受政治環境的影響，對於「用民政治」完全持否定的態度，而其所持的依據又往往是「六政三事」和「編村」方面的種種消極作用。有的則只是從理性的層面上予以否定，說什麼「用民政治」「只能是空想主義者的美妙藍圖和作為統治者的自我粉飾」，理由是「在有數千年專制傳統的中國，在政治、經濟、文化諸方面均落後於世界的中國，根本不具備『用民政治』的土壤和條件」（《閻錫山全傳》（上冊），第 245 頁）。其實，只要結合閻錫山提出這兩個主張的主觀願望，結合山西和中國社會的客觀現實和發展趨勢，再結合這兩個主張實施後山西社會所發生的變化這些情況，進行一些考察和分析，就可以清楚，「用民政治」、「村本政治」的理論和實踐，它所產生的作用和影響，是不能用「好」或者「壞」這樣簡單的結論來概括的。

它既有合理的、積極的，因而對山西社會的發展進步有促進作用和影響的一面，也有不合理的、消極的因而對山西社會的發展進步發生阻礙作用的一面。

先就「用民政治」而言，閻錫山提出這個主張，是鑑於社會制度的不合理和民眾素質的低下，致使各方面「虧負」的弊病，希望透過實行「用民政治」，達到人盡其才，地盡其力，物盡其用，從而使各種資源得以充分利用，以達到富國強民的目的。可以說，它是符合孫中山的三民主義精神的，要改變山西乃至中國社會積貧積弱、十分落後的現狀，這不失為一種有效途徑。閻錫山雖然因受歷史和階級的局限，所提的這個主張在很大程度上不能不帶有利己的因素，也不可能從根本上來改變中國的現狀，但其中還是有其不滿現狀，不甘落後，要求改變現狀，求富圖強的願望的。至於「用民政治」實施的結果，因其「民德」、「民智」、「民財」所包含的內容相當豐富，概括起來可以分為精神和物質兩大部分，而其中的每項中又規定了許許多多的事項，事實上它是一個相當複雜的系統工程，所以，僅用某個方面的成敗得失來衡量其是好是壞，顯然是不太恰當的。

「用民政治」的實施，儘管因其本身所規定的內容存在著一些不甚切合實際的東西，在實施過程中又有「求速成猛進」，以及一些官吏的敷衍塞責或弄虛作假、營私舞弊等等問題，而引起了一些群眾的不滿，但是，從總體上來看，它對促進山西社會的發展進步，還是產生了不小作用的。這個作用，有些如工農業生產、商業貿易事業、各類學校的建設，可以進行量化，用具體的數位予以證明，而有些如「民德」中的「信、實、進取、愛群」；「社會教育」中的「普及教育字母」、「頒發人民須知」等就難以量化。然而，從一些有形的事實上來考察，這個結論還是能夠成立的。從一九一八年到一九三零年這一期間，閻錫山經過幾次擴軍，使晉軍由兩萬之眾猛增到二十多萬；其軍事工業一擴再擴，形成與漢陽、瀋陽兵工廠的三足鼎立之勢，甚至在某些方面還要超過「兩陽」；全省教育事業上，到一九二一年，即成立國民學校近兩萬所，就學學生達七十二萬餘人，「學齡兒童已入學者，平均達百分之七十以上，較之六年前增加十倍。各縣高

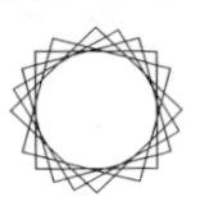

等小學逐年遞加兩百二十餘所」(《閻錫山年譜》(二),第 498 頁);山西省銀行一九一九年成立之初,實收股本僅 117 萬餘元,到一九二九年,其資本已達到近三百萬元,並且「省內外分支機構達四十餘處,形成了一個觸角四伸的金融組織網」,到一九二八年底,「十年間共發行一千三百萬元」(《閻錫山統治山西史實》第 84 頁)。所有這些,可以說,都是閻錫山實施「用民政治」的結果,也是山西凝聚內力的結果。這對於閻錫山更好地貫徹其「保境安民」主張,對於山西政治、軍事、經濟、文化的發展,無疑是發揮了積極作用的。自然,這也為閻錫山維護其對山西的統治,並進而謀求向外擴張,奠定了雄厚的基礎。

再就「村本政治」而言,閻錫山推行以「編村」為核心的「村本政治」,其本意主要是要把村編在他的「行政網」中,以加強其政權的統治基礎和運作效能的。應當說「編村」的實施,在這方面確實起到了重要的作用。這主要是「編村」首先強化了閻錫山統治山西的階級基礎。這是因為,閻錫山對於「編村」村長、村副的人選在其財產上有一定的要求,規定村長須有三千銀元以上的不動產(後來有所降低,也要在一千銀元以上),村副要在五百銀元以上,這在當時農村經濟十分落後的情況下,能有如此財力者,只能是地主、富農或豪紳,因此,編村一級的權力,便基本上掌握在了這些人的手中,從而使農村以往比較分散的政治權力,進一步集中到了剝削階級手上。村長、村副們由於政治地位得到了提高,因此,對閻錫山政權更加表現出了積極忠誠,這種狀況對強化閻錫山政權的階級基礎,顯然是十分有利的。其次,增強了閻錫山政權的統治能力。實行「編村」後,由於村民們完全處於了各級村幹部的監視控制以及「村禁約」的約束之下,各級村幹部實際上成了閻錫山的無編制的駐村員警;同時,「編村」後,由於把整個征稽責任確定在村,過去為支付巨額的庚子賠款而對農村的「攤款」,如今成了「為省及地方政府的現代需要,特別是軍事需要而籌款的通行方法」(《劍橋中華民國史》(下卷),第 389 頁),所以,它在政治、經濟和軍事上,都為閻錫山政權提供了便利,使之顯得更有能力。一個很小的事例,即可反映出這一點來。「太原憲兵司令部逃走了一名政

治犯，閻錫山給各縣縣長打了個電報，不到三天，就在盂縣查獲。送回太原，閻錫山認為這是『行政網』的成績，非常滿意」（《閻錫山統治山西史實》第 82 頁）。至於閻錫山在二三十年代能夠幾次擴軍、不斷發展其工業，修築成貫通山西南北的同蒲鐵路，也「多歸因於他卓有成效地由村經辦攤款向地方社區徵稅」（《劍橋中華民國史》（下卷），第 390 頁）。抗日戰爭期間，閻錫山在晉西南的政權能夠維持，也正是其在「編村」基礎上推行「兵農合一」政策後，較好地解決了兵丁、糧源的困難。不僅如此，「編村」的實行，不但使廣大人民群眾反封建的鬥爭受到了很大限制，而且，以「編村」為基本單位組織起來的「保衛團」，更成了閻錫山防共反共的重要軍事力量。如一九三五年和一九三六年，閻錫山就針對陝北紅軍以及中國工農紅軍的東征活動，在沿黃河各縣組成了以「編村」保衛團為基本隊伍的「防共保衛團」，協助其正規部隊防止陝北紅軍並阻撓紅軍東征。解放戰爭時期，不少地方以村或以縣為單位由惡霸、地主組成的復仇隊，還鄉團，又對要求進行土地改革的革命群眾和黨員幹部進行殘殺，並配合閻錫山的正規部隊，竄擾進犯解放區，阻撓人民解放戰爭，等等。

在肯定這些消極作用和影響的同時，也應當看到閻錫山實行的這種「地方自治」，在某些方面也還是有其一定的積極作用和影響的。首先，它在一定程度上啟發和增進了山西廣大農民的民主意識和參政意識。閻錫山在推行其「村政」的過程中，對民主、民權、民治等思想的大力宣傳，不論他是出於什麼樣的動機，在客觀上則多少地啟發和增進了廣大農民在這些方面的意識。而他的「編村」，由於把山西廣大農村的千百萬民眾都捲了進來，儘管民眾的這種捲入是無奈的、被迫的，但是隨著「村政」活動的深入展開，民眾也在不知不覺中改變著自己長期以來「不知政治，不問政治，更不管政治」的狀態，使他們對自己的生存狀況和國家民族的命運予以了越來越多的關注，因此，這種變化，在客觀上對於促進山西社會政治民主運動的進展和中國新民主主義革命事業的發展，其意義都是十分重要而深遠的。抗日戰爭爆發後，在民族統一戰線旗幟下組成的「第二戰區戰地總動員委員會」、「犧牲救國同盟會」，能夠在廣大農村迅速展開活

動；太原失守後，共產黨領導的八路軍三師主力能在其開闢的晉東北和晉東南、晉西北各抗日根據地內很快建立起各級抗日民主攻權，並把廣大農民、工人、青年、婦女、兒童組織起來，使根據地的政治、經濟在極其艱苦的環境下得到發展，為根據地的鞏固奠定了堅實基礎，都與廣大民眾民主意識和參政意識的增進，有著很大關係。閻錫山推行「村治」的主要目的，是為了更好地「治民」、「用民」的。然而，由於它在客觀上為「自治」在思想理論和組織形式上作了一定的準備，並且創造了一定的基礎和條件，而共產黨在其開創的革命根據地內，又真正地實行了民主、民治，因此，它能強烈地激發起「有益於中國的民氣」，極大地調動起人民大眾的民族民主革命的熱情，使他們朝著「國家的團結和強盛」這個共同的目標邁進。

其次，「村制」的實行，也為穩定山西農村社會，發展山西地方經濟，創造了比較有利的條件。「村制」雖然並不能從根本上解決農村存在的階級矛盾，但是，村界的劃定，村治行為的規範，以及息訟會、保衛團和經濟建設委員會等組織的活動的開展，對於避免村落之間的衝突，安定農村秩序，發展農村經濟，無疑是有一定的積極作用的。對此，梁漱溟先生在其考察晉省時，曾發表演講說：「山西這方面，無論如何，我們總可以讚美，地方政府有一種維持治安的功勞。別的地方如廣西、廣東、湖南、四川、陝西，哪處不是民不聊生？連我們最低要求的生命還保不住，還將什麼別的權利！」（《梁漱溟先生在晉講演筆記》山西省教育會雜誌臨時附刊，第 22 頁）。特別是透過「編村」，由於它進一步克服了農村中那種散亂無序的狀態，把村民們嚴格地組織了起來，使人力、物力和財力的管理組織更趨規範，因此，這就為山西地方政府在發展生產和其他經濟建設方面，創造了有利條件。山西在一九二七年至一九三七年內，尤其是在抗戰爆發前的一九三二年至一九三七年這五年中，能夠在經濟建設特別是工業和鐵路建設上有突飛猛進的發展，「編村」的實行，不能說不是一個重要的原因。

7、宣導「六政三事」，推行「厚生計畫」，發展金融貿易，以振興山西經濟

山西地處黃土高原，境內山巒起伏，溝壑叢生，山地和丘陵要占到總面積的百分之八十，平川河谷僅占百分之二十。在氣候上，又是冬季較長，寒冷乾燥，春季風沙肆虐，降雨很少，夏季高溫多雨，致使旱、澇、雹、凍等災害頻頻發生，這樣相當惡劣的自然條件，對於仍以農業為基礎的山西經濟的發展顯然是十分不利的，這也是造成山西經濟落後的一個重要原因。而政治制度的腐朽落後，社會的變亂動盪，則更加劇了山西經濟的衰退。清朝末期，境內鴉片種植面積不斷擴大，清政府分配給山西的「庚子賠款」數量又相當巨大，加之各種苛捐雜稅增加，晉商票號在辛亥革命中的被焚被搶和大量放貸款的無法收回，以及其後在外經商的十幾萬商人的失業，金永在晉時的搜刮，外省軍閥對山西的幾次侵擾，都使山西民窮財竭，經濟陷入嚴重的困境。正如閻錫山在其親擬之「六政宣言」中所說:「晉民貧苦極矣！貧苦之源，起於生者寡食者眾，曷言之？蓋晉民所恃以謀生者，農業而外，向重商業，非但跡遍行省，亦且角逐外藩，人數有二十萬之多，歲入在二千萬以上，此不僅匯兌一業，執全國金融之牛耳已也。乃一蹶於庚子之亂，再毀於辛亥之役，商人失業，而致歲入歸於烏有，向之富者已貧，向之貧者亦困，以故正貨缺少，金融閉塞，……社會經濟，既少來源；國家財政，自行竭蹶」。從這裡可以反映出閻錫山一九一七年獨攬山西軍政大權後山西經濟的實情及其心內的焦慮。

面對這一嚴峻現實，閻錫山在其主張的「用民政治」中，即把「六政三事」作為了「用民政治」的一個重要組成部分。所謂「六政」，即他於一九一七年提出的水利、種樹、蠶桑、禁煙、剪髮、天足；一九一八年又增加了「三事」，即種棉、造林、畜牧。兩者合一，統稱「六政三事」。閻錫山所以要推行「六政三事」，並將其作為「興利除弊施政之大要」，是因為他已經清醒地認識到，鑑於山西經濟的如此狀況，「若不為民生籌補救之策，將見公私日益交困，賦稅亦難有起色，故欲整頓晉省之財政，當先

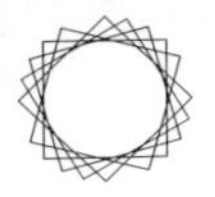

籌補晉民之生計；而籌補生計之法，不外別辟生利之途，以彌此向來商業之損失，使失業之人日少，遊惰之風漸去，此乃根本之計也。比年以來，海內多故，喪亂迭經，地方有司，僅能以維持現狀為盡職，而於保育政策，國民經濟之所在，或不知其要，而視為無關，或明知其要而始從緩議，馴至共和已將六年，民力毫無進步，此故人民不知競存之咎，抑說官斯土者之責也！」「錫山生長斯邦，見聞較切，惕心怵目，叔焉憂之！賞謂籌補生計多端，大要不外地力與人力二者而已」。並且針對山西「水田甚少」，「有水利者，向僅三十八縣，而亦興廢無常」的狀況，要求除對已有之水利設施加強管理，並勘測興辦一些新工程外，還要對「所在多有」的「清泉濁潦，巨川細流」未及利用者，加以充分利用。在蠶桑事業上，他要求不得以「地利不宜」為由，而不加以推廣。對於造林，提出「除荒山、荒地，面積稍大者，令其擇宜造林外，凡家宅田園之隙地，或河流道旁之曠土，可容樹株者，均令植樹」（以上參見村政考核處：《山西六政三事彙編》卷一），等等，閻錫山的這些想法，可以說是受到中國傳統經濟思想的很深影響的。他對籌補人民生計與增加政府稅收，從而促使財政狀況好轉這其間的關係，認識上是較為深刻的。

閻錫山為了促進「六政三事」的推行，曾下了很大工夫。他在反復宣傳，使各級官員和廣大民眾提高對推行「六政三事」的重要意義認識的同時，還成立了「六政考核處」，專司其責。其後不久，把「政治研究所」改為「政治實察所」，委任候補學習人員四十名，專充政治實察員，分赴各縣實地調查，並且，對「六政三事」的各項細則，具體的實施步驟，做了專門規定，還頒佈了一系列法令、訓示，進行獎勵與懲戒。如在水利方面就規定「凡有河流者逐漸疏鑿，其有渠可鑿而力不足者，由公款補助之。然庫儲有限，恐其難以為繼也，今復定水利貸金之條，以善其後。自茲提倡水利或易為力者乎，當六政考核處成立之初，即制定管道表式，委實察員攜往各縣，會同知事依式填列。翌年，取其所報，令實察員一一複勘，誤者更，遺者補，並稽其源流之所自，水量之餘絀附諸表末，以供參考」（閻錫山為《山西省各縣管道表》（上）所作序，山西省圖書館地方文獻）。

關於種樹，除前述之要求外，閻錫山還令各縣知事通令栽樹，做到人樹一木。他說「鄉下會栽種樹的人很多，凡不會栽種的，要問問會栽種的；凡會栽種的務必說與不會栽種的，不要就和以前的樣子，有些本事便不肯告人」（《人民須知》）。

關於蠶桑，規定「欲養蠶，必先栽桑」。閻錫山為推廣蠶桑，「前曾自捐薪俸，於全省南、北、中三區，各建一萬株桑園，以為提倡。此後廣購桑籽，分給各縣，實行育苗。現計第一期分各縣育苗之數，共種三千餘畝，可養成苗一點二億株。成苗之後，發給民間，以每畝植桑八十株計，已可成桑田一百五十餘萬畝。此項桑田生產，按年推廣，以補農業之窮」（《六政宣言》）。

關於種棉，閻錫山認為，「有人說山西韓信嶺以北，棉花多漲不開。其實都是種的不得法，種過一年，棉桃不能漲開，便不種了。要知道年採取早熟的種子，就一快地裡種植，人民也漸次的慣了，土地也漸次的熟了，究沒有漲不開的道理呢？」因此，在一九一七年推廣之初，他先以「三千塊大洋登報懸賞，教人民種棉。秋天將各縣所開的棉桃，送到省城，開會陳列」（《人民須知》）。翌年，再拿三百元獎勵，進一步推廣之，並且制定試驗規劃，開設試驗場，培育早熟種子和改良品種。

關於造林，不僅規定每年清明為植樹節，及每人必須種植樹木的株數，而且成立六個專門性機構——林區，專事育苗及調查適宜造林地段，進行造林指導，並在各縣成立林業促進會，以督促推動各縣造林活動。

關於牧畜，規定在省北不宜種棉之地，開辦牧畜，以彌補農民收入之不足。牧畜首先提倡養羊，養羊又以養收入較好之外國羊為好，為此，一九一八年閻錫山專門「從澳洲購回美利奴種羊六百頭」，同時在省城「設立模範牧場一處，並晉南北各設分場一處」（《山西政治述要》第 19 頁），以培育優種，進行繁殖，進而向各縣推廣。

此外，在剪髮、天足、禁食鴉片等方面，閻錫山則主張以勸導禁絕為主，對吸食鴉片，女子纏足，他要求「務在必除」，特別是對吸食鴉片，

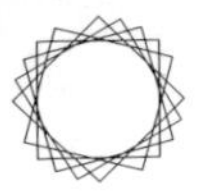

閻錫山更是深惡痛絕，故被列為所除三弊之首。他於一九一八年一月十五日給北京政府的呈文中，曾指出「山西自有外來鴉片，吸嗎啡之消耗，現金輸出，每年約在一千萬元以上。民國改建以來，社會經濟，入不敷出，各縣紙幣，到處充斥，不有從根本上之救濟，流弊必及於省城」。為掃除煙毒，並為金融上根本之救濟，「錫山與各廳道等，再四磋商，擬將前此煙民，因戒犯病者，由省派員，會同縣知事，督率村長村副，一律挨戶調查，非煙民者，令其五家出具互保切結，無互保者，以煙民論。分配藥丸，限期治療。期滿後，再經發覺，依刑律及嗎啡治罪法，從重處分……」，「至於禁運一節，……嗣後如遇大宗販運鴉片，或販運嗎啡及含有嗎啡之藥丸者，擬援照滇省禁種煙苗所定軍法從事辦法，盡法懲治，以絕來源。其小賣者，情節較輕，仍分別依刑律及嗎啡治罪法處辦」（《治晉政務全書初編》第八冊（內務））。

「六政三事」的推行，並非一帆風順，特別是在剪髮、天足、禁煙這些方面，因積習已久，積弊已深，所以阻力重重，在五台東冶鎮發生的幾釀成血案的剪髮、放足風波，就說明了這一點。同時，由於「六政三事」連閻錫山也不得不承認它「皆是治標的辦法，尚非根本上的解決」（吳文蔚：《閻錫山傳》第一集，第226頁），加之推行的過程中，不能因地制宜，而是搞整齊劃一，像晉北、晉西北一帶，氣候條件就不宜蠶桑，卻也要人們植桑養蠶；在棉田的推廣上，晉南一些地方，因未能全面規劃，統籌安排，結果造成棉糧種植比例失衡，致使棉田擴大，糧田減少，許多農民不得不到很遠的外地去購買糧食。再加上一些官員的敷衍塞責，或從中作弊，如閻錫山下力氣最大的禁煙，在這個過程中，有的官員竟將其作為勒索受賄的生財之道，沿黃河一些縣份的縣知事，就出賣護照以弄錢財，凡此種種，連閻錫山也無可奈何地說，各種章程並非不完備，但因「惟無實力奉行之人，則章程幾等於虛設」（《閻伯川先生言論輯要》第三卷，第123頁）。另外，宣傳上的不當，亦使不少民眾產生誤解，如「勸民栽樹，則以為按樹起錢，遂多不肯栽樹；勸民眾種棉花，人民則疑為按苗抽款，遂亦不種」（《閻伯川先生言論輯要》第三卷，第129頁）。因此，「六政三

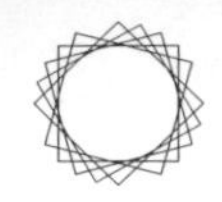

事」存在的弊端是顯而易見的。

但是，「六政三事」的推行還是收到了一定的良好效果的。對此，「山西政治述要」曾稱「六政則剪髮最好，天足、水利、種樹、桑蠶次之，禁煙又次之；三事則種棉最好，造林次自，牧畜又次之」。這個評價還是比較中肯的。據統計，在剪髮上，到一九一八年底，全省各縣已完全剪盡，到一九二一年，山西一百零五縣中有八十七縣十歲以下的女子「已全數天足」，有一百零一個縣十六歲以上的纏足女子，「已全數解放」，十五歲以下纏足女子「各縣解放者亦占多數」，一九二二年，全省婦女纏足已屬少數（《山西六政三事彙編》卷一）。而禁毒戒煙則可以說是不成功的，雖然從一九一八年到一九二一年四年追蹤共破獲煙案五萬多起，戒除煙癮人數達十二點六萬多人，可是，一九二二年全省勒令戒煙的人數竟比一九一七——九二一年四年戒煙的總人數還要多。究其原因，主要是種植鴉片屢禁不絕，外地鴉片嗎啡繼續流入山西，而閻錫山儘管其本人無此嗜好，以身垂範，但他的一些軍政要員卻是隱君子，這不能不使戒煙運動的效果大打折扣。在水利方面，到一九二一年，水利上經過開渠鑿井，築蓄水池，全省水澆地增加了1二十餘萬畝；種樹達五千多萬株（其中成活將近三千萬餘株）；植桑（包括實生桑和湖桑）1億餘株；種棉面積由一九一八年的五千三百餘傾增加到一九二一年的八千七百餘傾，棉花產量由一九一八年的一千七百萬餘斤增加到一九二一年的三千七百萬餘斤；造林（包括林區及各縣）一九二零、一九二一年兩年共達四千餘萬株，造林面積達二十四點四萬餘畝；牧畜上，到一九二一年，共培育出種羊近一千七百隻，改良羊近一千三百隻（《山西六政三事彙編》卷一）。

「六政三事」推行之後，一九二五年二月，閻錫山在太原召開的「全省實業會議」上發表了「關於晉民自動的開發實業的幾層意見」的演說，並正式提出「厚生計畫」案。如果說，「六政三事」中的興水利、種棉花、植樹、畜牧等是閻錫山為籌補晉民生計而在發展農業經濟上進行的努力的話，那麼，「厚生計畫」則是閻錫山為籌補晉民生計而主要是在發展山西工業上的作為了。同時，這也說明，在如何發展山西經濟這個問題上，閻

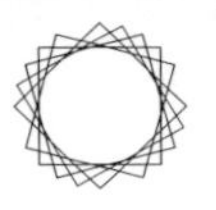

錫山考慮得更為全面和更為深入了。「厚生」二字，源於中國儒家文化中的「正德、利用、厚生」，「厚生」為「厚民生」之意，「正德」者，以德顯能，「利用」者，以物養人，「厚生」者，美善人生也。

閻錫山的「厚生計畫」亦即「發展實業之六大計畫」，包括煉油計畫、煉鋼計畫、機器計畫、電氣計畫以及農業計畫和林業計畫。他只所以要著力興辦工礦企業，從客觀條件上來看，主要是因為山西的煤炭、鐵等礦產資源相當豐富，可資利用，同時，隨著社會的發展，時代的進步，鋼鐵、機器、電力越來越成為現代社會所必需的重要物資，也是現代工業發展的重要標誌。拿閻錫山的話來講，就是：山西的「炭是一大宗特產，我們便可利用它來煉油」，「其次出產是鐵，可以利用它來煉鋼」，「有煤、有鐵、有鋼，便可以造機器，有機器，則可以減少人工，增加生產，……電力也有與機器同樣的作用」，「而一切農田、水利、礦產、森林以及各大小製造業等之改良與提倡，莫不有賴於機器。由是觀之，機器之振興，又豈能緩」？「力為人群發展之一要素，電氣普及，則力發達，一切事業均賴以進行」（《閻錫山年譜》（二），第611—612頁）。從主觀上來講，一方面是隨著山西現代化實業的發展，特別是閻錫山軍事工業的不斷擴大，對於煤炭、鋼鐵、機械和電力的需求量越來越大，山西雖然煤炭豐富，但靠人工開採已遠不能滿足需要，只有用機械開採，才可增加產量，有鐵可以煉鋼，但煉鋼、電氣也都需要機械。而在當時，閻錫山的軍火工廠所需之鋼鐵均需從外地購買，許多機械設備更是靠從國外進口，不僅花費大，而且不能保證需要，因此，閻錫山要大力發展工業；另一方面，則是閻錫山想透過這個計畫，來體現他的「公道主義」。他說：「事屬厚生，非獎殺人自利之具；公平發展，可杜奢侈爭奪之端，……總之，本計畫為厚生的，非經濟的；為自存的，非擴張富強的；是人民自給自足的，非利於特殊階級的。一面為現在存國存種之急圖，一面消將來經濟革命之隱患，福國利民平妥公道乃為旨歸」（《閻錫山年譜》（二），第612頁）。閻錫山發展工業的四個計畫是：

煉油計畫。由於煤油、汽油等，在當時全賴進口，僅煤油一項，每年輸入量即在一萬八千噸左右，所以，山西省計畫每年撥三十萬元用於煉油計畫，逐漸建成年產七百二十噸之煉油廠二十五個，爭取達到省內自給。

煉鋼計畫。擬在省內分設育才、經濟兩個鋼廠，育才廠以培養煉鋼人才為目的，經濟廠以供給本省鋼鐵為目的。其中經濟廠又分設制鐵、煉鋼、鋼軌、電機四部。制鐵部以「每日出產生鐵四十噸為標準」；煉鋼部「以每日出產鋼四十噸為標準」；鋼軌部「以每日出產八十五磅之標準軌四十噸為標準」，電機部「以供應全廠電氣為標準」。

機器計畫。振興機器之計畫擬分期進行，「第一期先在省垣建設育才機器廠一處，其目的有二：一為培養人才機關。嗣後山西機器工人及機器管理員等，均於此廠中培訓之。二為研究改良機關。嗣後改良山西產業所用各種機器，均於此廠中調查研究而改良之。第一期之培訓人才，改良機器，乃為第二期推廣之準備。迨入第二期，更建設經濟機器廠，該廠規模較大，為總製造機關，將來全省機器，均取給於此，每日至少須出普通機器十副，以資推廣」。這是第一步。在第一步的基礎上，可進行第二步。第二步，屬於普及計畫，即將經濟機器廠製成之機器「按市價之半，售諸鄉村」。普及的標準是「以山西現有編村（計一萬有零），每村平均能分到機器十副」，預計三年達到普及標準。

電器計畫。此計畫之目的，要使「電氣效用」在各村得到普及。為此，將全省劃分為太原、平定、襄垣、長治、晉城、平陽、運城、新絳、靈石、鄉寧、汾陽、苛嵐、朔縣、崞縣、大同等十五個區，擬在每區設一個電器廠。太原廠為一類，規模為一千五百基羅特（千瓦）；平定等十四處為一類，規模為五百基羅特，十五個廠全年共計發電八千五百基羅特。

除工業上的這四個計畫外，閻錫山還把農業和水利兩個計畫列入「厚生計畫」之內。他所以這樣做，主要是奔「農工合一主義」，「以工業扶助農業，工精而農愈進，農餘而複治工，即農即工，農工並重，農工並進」，「力出自己，既不背中國重農之國情，又不至演成資本專制之局」（《閻

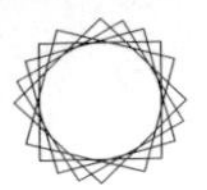

錫山年譜》（二），第 612 頁）。這兩個計畫是：

農業計畫。鑑於「山西農業所占財產，貽有山西富力全額三分之二」，而晉省又因「多年肥料瘠薄，未足補償地力，遂致土質漸壞，生產漸少，每畝之收穫額，尚不及東西各國三分之一」的狀況，擬從以下三個方面著手進行。一、水利計畫：制定水利法；調查水源、水量。二、肥料計畫：分三期進行。第一期設骨粉肥料廠一處；第二期設置晉南晉北二廠，增制以麥禾及其他雜禾為原料之可溶性化肥；第三期設置大規模之化學肥料廠一處，應用磷礦石硫化鐵等礦物，製成硫酸肥類。三、農事試驗場計畫。將全省劃為南、北、中三區，選擇可以代表各該區氣候土壤條件的地點，分設農事實驗場，負責研究改良方法，以供農民借鑑。農事實驗場下設農具改良、種植改良、農藝化驗、病蟲研究等部，各司其職，同時派員下鄉實行調查指導。

林業計畫，擬分期進行：第一期（由民國十四年至三十二年），共造十四萬畝，期滿後，每年主伐間伐各七千畝，每年約可收入大洋七十五點六萬元。第二期（由民國二十四年至四十三年），共造八十四萬畝，期滿後，每年主伐間伐各四萬兩千畝，每年約可收入大洋四百五十萬元，連同第一期收入，每年共收入大洋五百三十萬元。

煉油、煉鋼、機器製造、電氣這四項計畫，在時間上均預定為十年，其經費十年後總計分別為三百萬元、一百四十一萬元、一百二十一萬元和五百萬元。林業計畫也預定為十年，總經費為四十二萬元（吳文蔚：《閻錫山傳》第一集）。

閻錫山的「厚生計畫」，除上述六大官辦計畫外，他還提倡官方、民間「兩條腿走路」興辦地方實業。一九二五年二月召開的「全省實業會議」上，閻錫山就明確提出：「山西的實業，不能不辦，也不能專靠官辦，必須人民負責自動辦理。若辦有成效，則人民直接蒙其惠，而三晉利賴無窮矣。且興辦實業，非僅為殖財孳利計，實則仁義禮智之培養，亦均有賴於此」。在以後，他又提出了「官商合辦」、「官督商辦」的政策，並對民辦

企業採取了扶植獎勵的措施。可以說，閻錫山的這些思想，已經跳出了自晚清以來只由官方興辦企業的窠臼，把發展地方經濟的目光同時也盯在了民間，注意了發揮官辦和民辦企業兩個積極性。同時，也說明了閻錫山在發展物質文明建設對促進精神文明建設的重要作用這一問題上，是有著比較深刻的認識的。

「厚生計畫」提出後，雖然一些原有的官辦企業陸續擴大，如山西軍人工藝實習廠，一九二四年創建的育才煉油廠，一九一五年設立的普晉銀礦公司、裕晉煤礦公司等，並且相繼新建了一些企業，如一九二五年閻錫山創辦的旨在與煉油、煉鋼相匹配的山西軍人煤礦，一九二六年建成投產的育才煉鋼廠、育才機器廠和山西火藥廠。同時，由官商合辦或商紳獨立自辦的煤炭、紡織、染織、火柴、捲煙等企業，也有了相應的發展，但由於受資金、技術、經驗、政策等方面的限制，總體來看，「厚生計畫」實施的效果並不理想。不過，有些企業，因當時閻錫山正在竭力擴充其軍事工業，倒是得到了迅速發展，如「育才機器廠和煉鋼廠建廠之初，正值兵工廠擴展，需要機器極多之際，所以育才兩廠全力為兵工廠製造各種工作機器，以及各種鋼材，但仍供不應求。到一九三零年共制出機器一千三百餘部，鋼材數萬磅」（《太原文史資料》第 7 輯，第 90 頁）。而一九二六年，由太原兵工廠劃分出來之酸廠和無煙藥廠等部分另行組建的山西火藥廠，其創建初期的主要設備一百零七部機器，則全由德國進口，僅此一項，就投資一百四十萬美元，總廠下設之無煙藥廠、酸廠、火工廠、炸藥廠、壓藥廠、黑藥廠等幾個分廠，其設計生產能力就可日產無煙藥三百磅、硫酸兩噸，實際產量達到日產無煙藥四百餘磅、硫酸三噸。由畢業於日本帝國大學、任廠長的張愷發明的「愷字型大小炸藥」，更是享譽省內外。山西火藥廠，作為閻錫山興辦實業的重點工程，以其規模大、設備新、能力強，而在全國首屈一指。育才煉鋼廠和育才機器廠的創建，可以說是山西煉鋼、機器等重型工業發展史上的一個里程碑。它由此開創了山西現代工業之先河。這兩個工廠不但製造車床、銑床、插床、刨床、鑽床等，而且製造麵粉機、織布機、織毛機、紡毛機，各種馬力的黑油機、煤油機、蒸

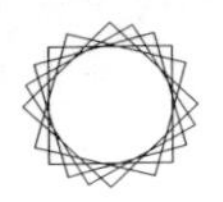

汽發動機以及熔鐵爐、熱風爐、清灰爐等。所造機器，除供山西本地之外，還遠銷於陝西、甘肅、四川等省。它既強化了閻錫山軍火工業的生產能力，也為民用產品的生產創造了有利條件，從而為二十世紀三十年代山西工業的飛速發展奠定了堅實基礎。

在加強工農業生產建設的同時，閻錫山還十分重視了金融建設。他認為：「金融是經濟之槓桿，掌握了金融，就是掌握了經濟命脈」。因而，一九一二年他從綏包返回太原復出山西都督後，即責成原晉泰官錢局（光緒二十八年清廷在山西設立的官銀號，太原辛亥革命中曾被搶劫一空）總經理渠本翹將局中之內外欠帳作了清理，其後，去掉「晉泰」，冠以「山西」，成了督軍可以直接掌握的「山西官錢局」，新絳人王化南為總辦，隨即恢復營業。「山西官錢局」成立後，由山西省軍政府陸續撥給官款，至一九一三年底，先後共撥款三十點八萬多兩白銀，並從成立之後即開始發行「銀票」（魏建猷：《中國近代貨幣史》第 200 頁）。

「山西官錢局」成立後不久，一九一七年，閻錫山又籌設了「晉勝銀行」，任賈繼英為行長。閻錫山之父閻書堂為董事長，這是一個私資性的金融機構。該行設於太原帽兒巷，它在大同設有分行，在京、津兩地設有辦事處。其股金來源，一是忻代甯公團於民國元年撤銷時交給閻錫山分肥的四五萬元，一是閻錫山於一九一一年撤退太原時，他在軍款截曠項下撥出的兩三萬元分給了趙戴文、黃國梁、徐一清、張玉堂等，作為晉勝銀行的股份。此外，還有閻錫山每月交給該行的軍費，調撥支付，作為流動資金，周轉運用。晉勝銀行除開展一般金融業務外，還透過閻錫山與舊交通系首領梁士詒的關係，代辦了交通銀行在山西的業務，它與山西官錢局相互扶助，勉力為閻錫山維持金融。

金永在晉期間，掌握了山西財政大權，以往山西官錢局作為閻錫山支付一切費用的供給機關，「憑條上只要有閻的圖章，即可提出款來」，而這時，「閻所領者只不過將軍署額定經費而已」，從此，不但過去閻錫山為照顧革命出力人員而設的若干空名義完全被取消，就是實缺原官，如「秘書長」等亦予裁撤。在此情況下，雖有晉勝銀行尚可稍資挹注，但因其局

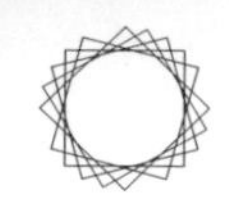

面不大，所以，使閻錫山在經濟上感到十分拮据。一九一七年，閻錫山兼山西省長後，面臨的經濟狀況如前所述並不樂觀，而他為「保境安民」和「充裕民生」，又要擴充軍隊，並進行各項事業的建設，因此，如何聚斂財力，活躍金融，不能不是他考慮的重要問題。有鑑於此，他瞅準時機，辦起了一個銅元局，以解燃眉之急。原來，辛亥革命後，幣制統一改為銀元，山西田賦自一九一三年開始即改征銀元和銀元以下的輔幣，此種輔幣便是當時在民間流傳的製錢即銅錢。閻錫山看到把從民間收購到的製錢和廢銅，改鑄成銅元，可以從中牟利，於是，以解決修械所經費不足為由，於一九一七年設立了一個銅元局，從杭州訂購了一批製造銅元的舊機器，開始鑄造銅元。「閻錫山籌謀以『三九』製錢（將含銅量 99.9% 的製錢）為原料，用三文製錢改鑄可當二十文銅錢的銅錢一枚」，「幣制即擴大五點八倍」，「在全省流通製錢中約有五十億文，改鑄銅元十九億枚，可當製錢三百四十億枚，……按當時主幣銀元與製錢的兌換率，所鑄銅元即相當於一千七百萬銀元」，而「若按流通中的約五十億文製錢計畫不過二百五十萬元，一經改鑄之後相比，憑空獲得一千四百五十萬銀元之巨」（《山西文史精選》——《閻錫山的壟斷經濟》第 199 頁），後來的事實雖然沒有像閻錫山「籌謀」的那樣理想，但從改鑄銅元中卻也獲得了三百五十多萬銀元的巨額利益，為解決修械所經費和其他方面的開支，發揮了很大作用。然而，靠改銅元牟利，終非長久之計，考慮到今後全省軍政和其他費用的開支將會日益增加，同時，「山西省官錢局」即不適宜發行全省統一的「紙幣」，又難以統制全省之金融，為了代理省金庫和發行省鈔，閻錫山遂決定接受原山西省官錢局的全部人員和物資，籌組一個新的金融機構—山西省銀行。

經過一番籌備，一九一九年八月一日，山西省銀行正式成立，當天在太原傅公祠召開了第一次股東大會，出席大會的股東達兩百四十五戶。會上選出了董事（閻錫山任董事長），並透過了「山西省銀行股份有限公司章程」。省行的資本預定為三百萬元。

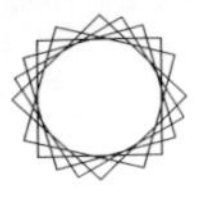

省行成立之初，採取公私合辦的形式，私股預定為一百萬元。在一九一八年省行籌備期間便開始招募，下令各縣公款局、商會、錢業公會、糧食公會等機構發動認股。在公股方面，除官錢局轉交的三十萬元外，其餘由財政廳籌措。閻錫山之所以採取這種公私合辦形式，一方面是由於公家財力有限，另一方面是因為辛亥革命時，閻錫山為解決當時軍政府急需，曾向一些鉅賈進行過勸募，如向祁縣渠筱洲（渠本翹之父）勸募過白銀十三萬兩，其他辛亥革命軍也有不少向地方勸募過款項和物資。閻錫山為履行自己當初所講「日後必還」的諾言，遂於一九一三年將這些勸募來的款項一律作為無息公債發給地方和原主，稱為「善後公債」，準備分年抽籤償還。省行成立時，即將此項公債收回，折合成以元為單位的股票，作為銀行的私股投資，按股票額由省財政廳墊付現金，這樣既壯大了省行的資力，也可取得民心。

但是，這種公私合辦的形式，沒有維持多久，到一九二三年，隨著全省財政狀況的好轉，閻錫山便以「省行不應有私人股本」為由，把私人股票一律收買，給予票面十足現金，從而使山西省銀行成為完全公辦的金融機構。其實，閻錫山這樣做的另一主要原因是因為「銀行既有商股，必有商股方面的董事和監察人，對閻的任意運用省行資金，多少也有點不便」。而對於那些私股持有者來講，沒想到當初勸募的款項不僅變成了公債，並且從無利公債變為有息公債，而今又能獲得十足現金，自然十分滿意，從而使「閻錫山不騙人」的話，很快流傳開來，這樣反而使省銀行的信譽更為昭著（南桂馨：《一九二０年以前閻錫山的「經濟措施」》、《山西文史資料》第5輯，第61頁）。以後，山西省銀行所發大量省鈔能夠得到人們的普遍接受，與此有著很大關係。

山西省銀行成立後，由於政府的支持，所以在存放款業務方面很快擴展開來。當時，全省銀行業的總資本額為三百餘萬元，山西省銀行一家即有兩百四十萬元，占到總額的百分之八十；在存款方面，全省往來存款總額是一百三十餘萬元，山西省銀行即吸收了八十三萬餘元，占到百分之六十三左右；放款方面，省內各銀行放款總額為八百四十餘萬元，省行就達五百九十餘萬元，占百分之七十一左右，其中信用放款全省總額為六十七萬餘元，而省行就達五十九萬元，占百分之八十八，由此可見，山西省銀行在全省金融中的地位了。

山西省銀行在維護閻錫山政權的財政金融方面確實發揮了巨大作用。這主要表現在以下兩個方面：

其一，它代理了省金庫。山西省銀行成立後不久，根據閻錫山省署財政的需要，在其所屬之太原分行下設立了「省金庫」，它作為銀行業的專門機構，不僅代財政廳收發各種款項、支付軍政各費，而且兼管發行和兌換「金庫券」。這個「金庫券」是閻錫山的創意，它實際上相當於國庫券、公債券等，也是山西發行地方公債之始。金庫券的發行數額，全由省財政廳決定，省銀行只按財政廳的支款憑證開付而已。「金庫券」為半年期，到期方可兌換，並且在推銷此券時，閻錫山採取了硬性攤派的方式，其物件主要是軍政人員。按每月薪餉的五分之一搭配發放，六個月後兌現，每月每元六厘利息（當時銀行放款利息為每月每元一分一厘），如果到期不兌，過一個月，則要多加一個月的利息。這種「金庫券」的發行，自然使軍政人員吃虧不小，因為每月每元的利息就比存入省銀行少了五厘，但是，透過「金庫卷」的發行，卻使省財政的資金周轉變得更加靈活，也大大方便了軍政各費的支付，從而為閻錫山政權的財政金融提供了有利保證。

其二，大量發行省鈔，從中聚斂財富。閻錫山為使省銀行成為發行省鈔的專辦機構，首先統一了全省鈔票的發行權，亦即省銀行發行省鈔的壟斷權。鑑於當時使用的貨幣銀錢和製錢，在計算單位上極不統一，在銀錢上有的以銀元為單位，有的以銀兩為單位，在製錢上有的以一千文為一吊的，有的則以九百六十文為一吊，還有以八百二十文為一吊的；同時，各地的私營商號，只要有些資本和信用，就發行銀錢票子，即所謂「錢帖子」，而其發行量又因大多超過商號的兌付能力，往往導致虧空倒閉，使商民受害；不僅如此，有些商號往來交易時，不用現款，而是透過錢莊過撥，即所謂「撥兌錢」的，這樣，無形中又增加了貨幣暗通的數量，凡此種種，都造成了金融貨幣市場的混亂無序，嚴重影響了社會經濟的發展。

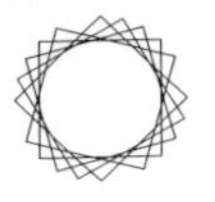

因此，省銀行成立後，閻錫山即以省長或其他名義，發佈了《劃一幣制暫行規定》、《山西省發行銅元規則》、《山西省長閻頒佈發行鎳幣條例》、《禁止商號私發銀元紙幣懲罰規則》、《山西省查禁私發紙幣規則》等一系列法規。在《劃一幣制暫行規則》中就明文規定：「凡山西境內商民交易，一律周行銀元、銅元」；「銅元以每十枚為一百文，每百枚為一千文」，「白銀按七錢二分折銀元一元」，《禁止商號私發銀元紙幣懲罰規則》開宗明義地聲明：「本規則專為禁止各縣商號發行銀元紙幣而設，凡違令發行者，應受本規則之懲罰」，同時，明確規定：「凡私發銀元紙幣經委員查出者，按照所發數目每一元處以三倍以上十倍以下之罰款」。《山西省查禁私發紙幣規則》指出「本省境內除中國銀行、山西省銀行經國府、省政府分別令準發行紙幣外，其餘公私商號一概禁止發行」。與此同時，閻錫山還多次召開全省商界會議，要求他們嚴格遵守政府法令法規。透過採取這些措施，使全省的鈔票發行權逐漸集中於山西省銀行之手，並使其發行省鈔合法化。

為使發行紙幣有足夠數量的準備金，閻錫山在籌措省鈔準備金方面，也是煞費苦心。在他專門組織的財政會議上討論準備金的問題時，閻錫山為了軍政各費的靈活運用，主張準備金越少越好，而曾在清末即任職於財政機關，對財政業務十分熟悉的省財政廳科長仇曾詒，則主張必須十足，即發行鈔票額與準備金的數目相等，經過激烈爭論，在準備金問題上財政方面一再讓步，最後以準備金至少必須達到鈔票發行額的百分之七十議決。但不管怎樣，有了這百分之七十，說明省銀行當初發行之鈔票還是有相當準備金的，因此，儘管一九一九年省銀行一開始發行紙幣時，曾出現了人民由於不信任、不習慣，而隨到手、隨兌換，「增發和回籠，每天都有」的現象，但是，透過比較，人們發現，中國、交通兩行發行的鈔票，因袁世凱帝制後，不能兌現，經常是四折五折，而山西省銀行則「十足兌現」。由於省行信譽昭著，所以，「人民持券保存，反而不去兌現，它在鄰省雖無分號，但鈔票通行京、津、綏遠，甚至遠走寧夏一帶，以此獲利很厚，股票每年利息在一分四五」（《山西文史資料》第 5 輯，第 60 頁）。當初

山西省紙幣的發行如此順當，其中的原因，除了有比較充足的準備金外，更重要的一點是其發行量還不算太大，一九一九年時僅為四十萬元，其後雖有增加，但截止一九二八年底，十年間共發行一千三百萬元，平均每年也不過一百三十萬元。因此，在兌付上還有一定的保證，「一度時期一元晉鈔可以兌換一元白洋」（山西省地方誌編委會辦公室編印：《山西金融志》（上冊），第 42 頁），這就使省鈔的發行更有了市場。

閻錫山在山西財政金融建設上的努力，不僅有力地改變了以往「各商號濫發錢貼，幾成不兌現之紙幣」那種金融上的混亂狀態，統一了貨幣發行與金融管理，使山西的金融業邁入了現代化的軌道，而且，也較好地改變了山西財政金融的窘迫局面，並由此而促進了山西各項建設事業的發展。

但是，也應當看到，這一時期，以山西省銀行為中心的財政金融建設，對山西社會所產生的消極作用，也是不小的。由於山西省銀行發行了大量省鈔，這就使閻錫山更有資力進行擴軍和擴大軍火生產規模，此舉雖然鞏固了閻錫山政權的統治，並在「保境安民」方面發揮了一定的作用，但卻也滋長了閻錫山向外擴張的野心，並因此而導致了山西的災難。特別是透過北伐，他的勢力發展到平、津、綏遠、察哈爾和河北，已然成為「華北王」之後，省鈔的發行量到一九二八年即已飆升到九百萬元，是此前近十年平均發行量的七倍多，到一九二九年，更激增至一千三百萬元（《山西金融志》（上冊），第 42 頁），及至中原大戰前夕，閻錫山允諾七十萬聯軍的軍費由山西來解決，於是又督促省銀行加快省鈔發行。但由於閻馮聯軍的失敗，發行的省鈔中，有七千五百多萬元，隨著聯軍的潰退一同流回山西，加之京、津、綏、察及河北地區的商人也把省鈔一批批販回山西，借兌現之際，從中牟利，因此，原先發放且有信譽之省鈔，急劇貶值，最高時省鈔三十元才能兌換一元。並且，由此引起連鎖反應，廣大持有省鈔的百姓，一夜之間一貧如洗，許多商號紛紛倒閉歇業，加之退入山西的客軍的滋擾，使山西的經濟幾乎崩潰。

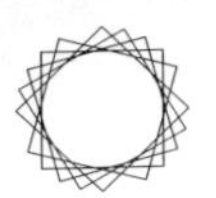

8、全面發展教育事業，山西的教育處於全國前列

清朝末期的「百日維新」和推行「新政」期間，山西雖然在籌辦新式學校方面走到了全國的前列，但是，由於山西經濟的落後，環境的閉塞諸原因，總體來看，全省的教育事業依然相當落後，各級各類學校極少，文盲大量存在，可用之才稀少，民眾愚昧無知的問題尤其嚴重。這種狀況，直至辛亥革命後，仍沒有改變。

閻錫山執政山西後，他在加強政治、經濟、軍事等方面的建設的同時，對文化教育事業也予以了極大的重視。這其中固然與他受到中國歷來注重教育這一優秀傳統文化有著很大關係，而他留學日本時，對於日本明治維新期間因推崇教育而使日本發生巨大變化所留下的深刻印象，也是一個重要原因。閻錫山對於教育的重視，在其提出的「用民政治」中，即有所體現。在這個「用民政治」中，他就把「民智」作為了與民德、民財並列的三項重要內容之一。為了「啟民智」，還把發展國民教育、職業教育、人才教育、社會教育作為加強教育的幾項重要措施。在他看來，現在國家「政體已成為民主，而民實無主之智慧；主之者既非民，即失卻民主之精神，無民主精神而日民主，危險孰甚！，欲渡此一難關，惟有積極發展教育之一途」，所以，「國民教育為人群之生命，非普及教育不可」（《閻錫山年譜》（一），第 355 頁），「國家的興衰，社會的好壞，全看人民的程度。要想人民程度高，必須要有良好的小學教育」（《人民須知·社會篇》）。他於一九一九年十月在「全國教育聯合會第五屆年會」上說的這番話，雖然是從政治的角度出發的，卻也進一步反映了他對教育的重視，其實，發展教育的意義，並不止此，它對於促進經濟社會的發展，科學技術的進步，政治和精神文明程度以及國民素質的提高，都是極為重要的，從閻錫山的「欲決勝於疆場，必先決勝於學校」這句格言中，更可以說明他對發展教育的意義是有著深刻地認識的。

閻錫山在其要發展的幾種教育中，對國民教育亦即他專指的義務教育或基礎教育「視為最重」。因為在他看來，振興教育，就像建屋，「屋之在

地上者，人人皆知注重，殊不知屋之能否經久不壞，全在地下之基礎，教育也是如此」。「人才教育，屋之在地上者，國民教育，屋之在地下者也。人才教育對於社會上有報酬，受此教育者，亦多亟亟以謀發展，故社會上皆知重之；國民教育係義務教育，低賤的，對於社會無報酬，受此教育者，也無所發展。其不為社會所重視，蓋有故也。不過今日為列國並立之世界，此人群與彼人群遇，較量優劣，要在多數人民之知識，不在少數優秀人才，今日中國四萬萬人，不及他國二千萬人者，因多數人無知識，……說到對內，共和國家，主體在人民，必人民之知識發達，然後能運用良政治。如其不然，則其政權必將由多數人民移之少數人之手。既移之少數人，則此少數人所運用之政治，必以少數人之利益為利益」（《閻伯川先生言論輯要》（三），第 49 頁）。所以，他不但強調「當兵、納稅、受教育，為國民之三大義務」，而且要求「為父母的，無論如何貧窮，總要使子女上學，是父母對子女的義務，又名叫義務教育」，「人民若不上學，就要罰他，罰了還得上學，又名叫強迫教育」，「凡是山西百姓，不論貧、富、貴、賤的小孩子，七到十三歲，這七年內，須要有四年上學，這就名叫國民教育」，「國民學校的功課，就是修身、國文、算術、體操、圖畫、手工等事，有四年工夫就畢業，學下打算盤、寫信、記帳的本事。稍有錢的，再上高等小學校；實在窮的，也可自謀生活。這就是求知識的第一樣要事」（《人民須知·民智篇》）。同時，為了發展以普及小學教育為主要內容的國民教育，閻錫山還採取了相應的措施，即一，擴充師範學校，培養師資隊伍；二，調查學齡兒童，籌款設校；三，勸導入學，實行強迫教育；四，全省分六次普及，第一次省城至七年九月普及，第二次各縣城至八年二月普及，第三次各縣鄉鎮及三百家以上村莊至八年八月普及，第四次二百家以上村莊至九年二月普及，第五次百家以上村莊至九年八月普及，第六次十家以上村莊至十年二月普及（《山西用民政治實行大綱》）。

經過一番努力，山西小學教育迅速發展，據一九一六年統計，全省每一萬國民中有小學生兩百九十人，居全國各省首位。每萬名國民中有小學生的數量又比一九一六年增加了三十四人，對此，黃炎培先生在《讀中

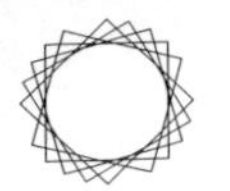

華民國最近教育統計》中講，民初山西學校和學生數額的增長「進行速而最穩」。有鑑於山西在教育方面的成就，全國教育聯合會第五屆年會於一九一九年十月十日至二十五日在太原舉行。一九二零年三月十九日，北京政府通令各省酌參山西辦法，推行義務教育。美國教育家孟祿博士也在同閻錫山的談話中稱：「貴省教育發達，久已聲聞海外，今日得親至貴省觀光，實為榮幸之至！」（《閻錫山年譜》（一），第 406 頁）。當時山西人口逾千萬，學齡兒童當在百萬人以上，以此推算，學齡兒童入學率已達百分之七十多。到一九二三年，山西約有八十萬兒童接受了不同方式的初等教育，「使山西小學生的入學的人數成功地巨增」（（美）唐納德·G 季林著，牛長歲等譯：《閻錫山研究》黑龍江教育出版社 1990 年版，第 68 頁）。因而，山西「比其他任何省份所報告的進入初等小學的人數要多得多」（《中國年鑑》（一九二五—一九二六年），第 257 頁）。

與此同時，閻錫山對於職業教育、人才教育和社會教育也予以了很大關注。他不僅對這些教育的重要性在思想上有著相當深刻的認識，而且對如何辦好這些教育，採取了相應的積極措施。如在職業教育上，他就要求「國民教育中應加授職業教育」，「如果不教學生學會技能，畢業生將成為遊民。自高級小學起，應加授職業教育，則有益家庭，有益社會」。職業教育的內容也非常廣泛，包括水利、桑蠶、造林、畜牧、植棉、冶礦、機械等人才的培養。

尤其值得指出的是，閻錫山對於發展職業教育的目的十分明確，這就是要「以發展國民經濟為主」，但在怎麼辦職業學校的問題上，他卻有自己的一套看法。他認為，過去中央政府對辦職業學校不重視，結果從專科學校出來的學生，對社會上有的事情不屑去做，或是做不了。而社會上許多待辦的事，卻又因為沒有相當的人才不能辦。現時當局雖然在這方面有所改進，但其辦職業教育的方法卻是錯的。因為「在職業和教育一分為二的路上辦教育，無論如何是錯的路，總不會找到『對』。實質的說，希望『學什麼的做什麼』，結果學下什麼終是不能做什麼。假如反轉過來，讓『做什麼的學什麼』，那麼，學下什麼，就原做他的什麼去。教育放在職業裡

邊，教育與職業打成一片，則前述各種困難問題都可以迎刃而解」。為此，他強調，「我們今後必須招什麼學生，從什麼職業裡去找，使真正做什麼的去學什麼，學生不稱學生，就稱學徒或工徒，畢業後不給文憑，使學生心裡潔淨了做職業官的錯誤觀念。然後，學有所得，才能真正安心回到本職業界，改進其生產技術，增加其生產能力。如此，既有益於社會，本身也絕不怕找不到職業，變成遊民。不過，一般辦學的人，或認為辦理此種學校是降了格，是丟了人，至於學生不願意更不必說。但我敢斷言，要不能矯正這個觀念，職業教育永不會辦好」（《閻伯川先生言論輯要》第8輯，第 8 頁）。基於這種認識，閻錫山一方面要求自高級小學起，加授職業教育，如養蠶、造林、植樹、牲畜、商業等科目；一方面要求在省城及各縣均設立一些相應的傳習所。如他依各地的經濟優勢，資源狀況和原有文化教育基礎，就將運城、長治、朔縣的三個職業學校與臨汾六師、代縣女師改職，要求運城著重紡織技術的傳習，臨汾則「因鄉間織土布者甚多，技術應加改進，漂染尤應傳習」，代縣不少人口在口外經商，「應授以商業知識與蒙文」等。他還「電令各縣縣長，召集紳商各界徵詢前項職業是否相宜，此外有無更適宜的職業應當提倡」（《閻伯川先生言論輯要》第 8 輯，第 38 頁）等等。在他的督促下，自一九一八年起，在太原相繼辦起了省立的林業傳習所、省立女子蠶桑傳習所、醫學傳習所、銀行薄記傳習所、商業傳習所，至一九二一年，各縣也先後辦起了一百二十八所商業傳習所，十四所蠶桑傳習所，四所女子職業傳習所。

在人才教育方面，閻錫山出於「以供給適應時代之行政自治，及社會高等事業之用」這一目的，對發展人才教育的迫切心情並不亞於發展國民教育。為此，他於一九一八年初設立了「育才館」，「招收專門學術試驗所錄取之學生，訓練新人，推行新政。其後，山西行政及經濟建設，即以其為骨幹，各機關主官及重要職員，多為育才館所訓練者」（《閻錫山年譜》（一），第 353 頁）。此外，閻錫山在對一九一二年由山西大學堂改成的山西大學校予以改革的同時，還在太原設立了一些專門學校。在運城、大同、長治、代縣、臨汾設立中學、師範，從而使山西省逐步形成

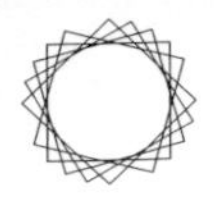

了由小學而中學而大學或專門學校的系統教育。山西大學在原先設有文、法、工三科本科的基礎上，又於各科之下設學門。一九一三年首辦法科法律學門和工科土木學門，一九一六年開辦工科採礦學門和文科文學門的國文學類，一九一九年又開辦法科政治學門和文科文學門的英文學類等，至此，山西大學初步形成了包括文、法、工各學科的一所綜合性大學。在此期間，閻錫山還對原來設立的各專門學校作了調整和創新，使專門學校更為專門。如一九一九年閻錫山倡辦山西中醫改進研究會，並將原醫學專門學堂改為山西醫學專門學校。到一九二一年山西已有省立法政專門學校、省立農業專門學校、省立工業專門學校和省立商業專門學校各一所，省立甲科農業學校三所、省立國民師範 1 所、省立師範學校六所、省立女子師範學校六處、省立醫學校一所，共計達二十一所，學校學生人數總計達六千四百三十七人（《山西文獻資料》第 24 輯）。這些專門學校，除醫專外，其餘學校的修業時間均為三年。在教學上，這些學校除沿襲了清末實業教育的傳統，把教育同發展工商業緊密地聯繫起來這一特點之外，還仿照日本的教育方法和內容，教師多為留日學生或是聘請日本教師。如山西農專牧畜科，就聘有日本獸醫教師，後來，經日本教師的倡議，還設置了獨立的獸醫科，每年招生四十名（據《閻錫山全傳·上》第 350 頁有關資料統計）。

從這些專門學校的設置上來看，閻錫山對於為發展教育而大力培養師資，以及為進行經濟建設而對工農業等方面的專門人才的培養工作是十分重視的。特別是對婦女的受教育予以了更大的關注。

在中學教育上，這一時期也發展很快，到一九二一年，全省共有中學二十六所，這些中學分省立、公立和私立三種，其中省立者九所，有的是由清末中學堂改建的，有的則是新建的，如省立第一、二、三、四、六中學，即分別由原來的晉陽中學堂、河東中學堂、大同府中學堂、潞安中學堂、平陽中學堂改建而來。甯武的省立第五中學、右玉的省立第七中學、榆社的省立第八中學、隰縣的省立第九中學則為新建。公立中學即一縣或幾縣合辦的中學有五所，公立女子兩等學校一所。私立的中學有川至中學、育

德女學校各一所。（據《閻錫山全傳》（上），第350頁中有關資料統計）。

在中學教育上，閻錫山於一九一八年在其家鄉五台縣河邊村創辦的私家學校即「川至中學」（取百川歸至之意），頗值得一提。當時五台縣立中學因資金短缺，設備太差，無力再辦下去，於是，由閻錫山出資在河邊村辦起了兩等小學校後，又在本村選址，由他出資，修建了私立「川至中學校」。一九二零年將兩等小學併入中學，稱附屬小學。校內總共蓋有七排瓦房，每排二十間，作為教室和宿舍，另外還建有大禮堂、會議室、生化研究室、標本陳列室。大禮堂可容納近千人，學校後面有幾畝地的體育場，設有足球、網球、籃球等場地。整個學校規模宏大，建築宏偉。學校初成立時，不但不收學費，每年還給每個學生髮一身校服、一雙皮鞋（後改為帆布鞋），一九二四年以後停發制服，並讓學生交納學費。中學建起後，閻又出資十萬元，存入他在太原開設的德生厚銀號，以其利息為該校經費。一九二三年夏，為復興山西商業，造就人才，又為該校籌集資金十萬元，增設商業速成科，為初中生設立科學獎。川至中學有校旗、校訓、校歌。校旗用長四尺、寬兩尺五寸的白色紡綢製成，以流水狀的綠綢子從對角線上將旗分成兩個三角形，三角形上剪貼著「川至」二字，迎風招展，表示百川如臨眼前。校訓是「公毅敏潔」。另有「苦學救國」巨匾懸掛在禮堂。校歌最後兩句是「苦學救國囑吾曹，切莫負主人之設學意」。一九二三年時，川至中學有學生一百五十四人，到一九三七年抗戰爆發前，該校共畢業一千多名學生。當時的學生主要是五台籍的，尤其是河邊村的，定襄的學生占第二位。此外，還有崞縣（今原平市）、繁恃、忻縣、代縣、文水、交城、祁縣的學生，河北、陝西、黑龍江省也有來川至求學的。畢業生中，不僅有成了閻錫山的軍政骨幹的梁化之、吳紹之、薄毓相、孟際豐、方聞、朱點等人，而且也有成為共產黨的重要幹部的賴若愚、朱衛華等人。

在人才的教育和培養上，特別是對科學技術人才的教育培養上，閻錫山更是傾注了大量心血。他認為：「國家的富強文明，既須國家的科學進步，科學進步，又賴於科學家不斷的發明，不斷的改進」，「只要我們有現代化的科學人員，科學一定能夠日有進步，只要我們的工程師能有超越

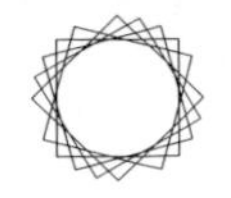

的進步，我們的工程一定不會不現代化」，科技人員的工作「是關係國家富強文明的前途，人民幸福生活的需要」，「責任至大」（《西北實業》月刊，第1卷第1期），「得人者昌，失人者亡，無人才不會起勁，人才不高，也不會成功」。今後「若非盡力培養人才」，事業「不能發揚廣大」（《西北實業》週刊，第94、95期合刊）。為了造就一支龐大的技術人才隊伍，服務於工礦業建設，閻錫山曾採取了一些措施，這主要是：一，選拔部分優秀學生或現有技術人才，派送省外國外學習或考察，以增加見識，提高技能。如一九一七年，閻錫山在北京參觀陸軍部國產武器試射比賽時，見漢陽兵工廠所制槍炮頗為精良，又聽說該廠設有藝工學校，便擬派學生前往學習，回到太原後，他即將大專應屆畢業生劉篤恭、張書田、趙甲榮、梁蓉齋、楊煥章、邢公弼等十人選送至漢陽兵工廠學習。為了解決舊有火藥生產不適軍火生產急劇發展的矛盾，一九二七年，他就叫曹煥文前往日本參觀考察陸軍火藥廠、海軍火藥廠以及民間火藥廠。二，大力吸收國內專科學生，不斷補充人才。一九三零年中原大戰之前，閻錫山就曾從山西大學、山西工業專門學校及其他專門職業學校中，吸收了一批應屆畢業生到太原兵工廠等廠服務。三，在廠內設職業學校，舉辦工徒訓練班，就地培養訓練。閻錫山為了儘快培養更多的技術人員，在工廠內設立職業學校或舉辦工徒訓練班。一九一九年八月，他就在山西陸軍修械所內設立了實習工業學校，半工半讀，招收學生百餘人，不久，因受「五四」運動的影響，學生鬧開學潮，遂改歸了國民師範專業科。一九二五年，又在山西軍人工藝實習廠內成立了藝徒隊，招收高小畢業程度的學生四百餘名，並續有補充。透過這些辦法，曾造就了不少技術人員。

在社會教育方面，主要是設立冬學，開辦一些短期的講習所，頒發《人民須知》、《家庭須知》，在各縣設立閱覽社、通俗圖書館，普及刑律知識等。如《人民須知》，就列有民德、民智、民財、家庭、社會、國家、世界、地理圖說九篇，每篇中都有具體的內容，如民德篇就列有信、實、進去、愛群；家庭篇中列有家庭教育、家庭、產育、女學、自立、職業、勤儉、積蓄、戒溺女、禁纏足、戒早婚、婚聘、祭葬；社會篇中列有村政治、結團體、尊重團體、互助、尊重勞工、信教自由、修理道路、慈善事業、尊重小學教員、好人的責任、戒紙煙、戒賭博、正當娛樂、公眾衛生；國家篇中列有國家、愛國、調查與登記、違警罰法、不服行政處分之告訴，清理不動產典當辦法、告發詐財官吏，尊重軍人員警、提倡國貨；世界篇中列有世界、種族、條約、待外人的道理等，總之，從個人的修身養性、成家立業，到每個公民應遵守的社會道德、法律、法規，以及各種社會活動規範等都作了詳細的規定。為使《人民須知》深入人心，閻錫山不但將其大量刊印發行，幾乎做到了人手一冊，同時，他還要求各縣署、區署組織人員宣講，至於國民學校的校長和教員，街村長、閭長、在籍之高等小學以上學生及前清舉人、貢生、生員、童生之品性端正者，還有退伍軍人，更有義務向人民宣講。

山西的教育事業，在閻錫山的積極關注和支持下，經過二十多年的不懈努力，到抗日戰爭爆發前，已經取得了令人矚目的成就。一九一八年，全省能看書的人如前清舉人、貢生、生員及學校畢業的學生，總計不過三萬多人。一九一九年，全省中學也只有二十六所，但到了一九三七年，全省中學即發展到了五十五所，師範學校由一九一九年的一所發展到了十七所，大學由一所發展到了六所，中等技術學校從無到有，興辦了五所（閻武宏主編：《山西經濟》中華書局香港分局、山西人民出版社 198 五年四月版，第 510 頁）。教育事業的發展，對於山西經濟社會產生了多方面的作用和影響。最明顯的就是它較好地滿足了全省政治、經濟、軍事、教育和科技文化等方面建設的需要。如閻錫山透過各種途徑所教育培養出的許多技術人才，後來就都成了山西工業界的骨幹。而他的軍事工業在一九三零年以前所以能有迅猛的發展，省營的工礦業建設所以能在抗戰爆發前進入它的「黃金時期」，同蒲鐵路能在短期內修築成功，等等，都與閻錫山著力於人才教育有著密切關係。除此之外，全省以往文盲大量存在的現象，也有了很大改觀。

從這一時期閻錫山發展教育的思想認識和實踐活動來看，有不少方面是順應時代潮流，適合中國國情的，也是具有創新進取精神的。把閻錫山

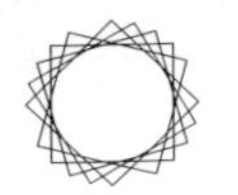

有關發展教育的思想和實踐放在當時中國社會這一背景之中加以考察，更能反映出這一點來。在民國建立後，面對中國經濟文化落後的現狀和幾次帝制復辟的現實，閻錫山不但承襲了中國近代資產階級先驅者們早就宣導的「教育救國」、「教育興國」的優秀思想，並且響亮地提出了振興教育，增強國民智識「為民主立憲的根本」這一見解，把辦教育的意義能上升到這樣的高度來認識，這可說是閻錫山教育思想中的一個閃光之處。然而在如何辦教育、怎樣才能辦好教育的問題上，也許由於他所處的地位和身份不同，他在考慮這些問題時，就跳出了一些「教育救國」論者就教育論教育的窠臼，而是把教育與社會現實結合起來對待的。也就是說，閻錫山不僅僅將教育當作是培養人才的一種手段，而是把教育作為提高國民精神、文化素質，培養國民愛國、愛群精神，增進國民智識，進而使之能夠自主謀生，並能夠創造財富為社會出力的重要途徑。是把「以人為本」的理念貫徹於其中的。因此，他對發展全省教育事業的規劃是全面的，也是相互有機聯繫的。不但把國民教育「視為最重」，將其作為了發展教育的基礎，同時，也重視了職業教育，人才教育和社會教育，從而使全省的教育形成了一個全方位推進的格局。另外，閻錫山的比較務實，不尚玄虛；新舊相容，中西並蓄的這些特點和做法，在發展教育上也表現得相當突出。閻錫山對於發展教育的意義、目的，教育的一些基礎理論問題雖然有不少論述，但更多的則是談論如何使教育服務於他的政治主張，服務於經濟建設和道德建設，如何擴大教育範圍，以及教育者當抱何種態度來教育受教育者等等具體問題上。如對發展職業教育重要意義的再三強調，在職業教育中，他要求人們拋棄陳舊觀念，不圖虛名，而求實效，並堅決反對把教育辦成「培養資格的敲門磚」等，都說明閻錫山對教育的實用性，教育與實際的結合是十分重視的。在辦教育的方式方法和教育的內容上，閻錫山也是不拘一格，採取了多元化的形式，他既強調省立學校的重要地位，也鼓勵公立、私立學校的發展，對於技術人才的培養更是靈活多樣。在學校科門的設置和教學的內容上，他既重視了理、工、農、醫等自然科學學科的建設，並聘請外國教師授課，以適應經濟建設的需求和科學技術發展的趨勢，但同時，也保留了中國傳統的一些學科，欲使這些國粹得以繼續發揚。凡此都為山西教育事業的發展在物質和人才資源上打下了比較堅實的基礎，對推動山西社會的進步發展是有其積極意義的。

但是，也應當指出，閻錫山的教育思想和實踐，雖然有不少值得肯定和借鑑的地方，然而，不能不看到由於受階級和時代的局限，在閻錫山的教育思想上，也確實有不少消極乃至反動的東西。閻錫山儘管接受了一些西方資產階級的文明，但他畢竟是在古老的中國這塊土地上土生土長的。中國幾千年的封建政治傳統，陰霾一樣籠罩著九州大地的封建文化氛圍，社會上隨處可見的封建傳統風俗，都不能不影響和浸染著閻錫山，因此，在他的教育思想中必然夾雜著許多封建主義的成分。如他所提倡的以仁教為核心的德行教育，他一直強調的封建倫理道德，綱常名教等，就是要以此來陶冶受教育者。使其透過不斷地修身養性，做到「道心向外通內心，人心向內通道心」，從而「存天理，滅人欲」，最終成為循規蹈矩的君子，接受不合理的社會現實，完全按統治者的意願去思想去行動。而在二十世紀三十年代前後，他將其《物產證劵與按勞分配》、《共產主義的錯誤》以及《防共應先知其》等著述，強行列為各級學校和黨政軍團的教育內容，更清楚地暴露出了他把教育當作對抗新民主主義革命的工具的真實意圖。再從當時中國教育狀況看，中國近代資產階級受西方文明的影響，雖然對中國現行的教育結構、教育制度進行了一些改革，在智力教育的內容上也添設了「聲光化電」這類自然科學學科，可是，在有關道德教育的內容這一重要問題上，辛亥革命後，由於封建土地關係以及以自然經濟為主體的社會經濟基礎並沒有多少改變，在物質文明如此落後的狀態下，中國近代資產階級又因自身的階級局限，他們沒有也不可能在德育教育的內容上提出具有影響的新內容，因此，他們只能更多地採用符合本階級利益和統治需要的封建主義的忠、孝、廉、悌、仁、義、禮、智這一套道德觀念，即使如「平等」、「博愛」、「民主」等新觀念，他們也採取了「中學為體」的態度，使之異化。在這種情況下，要想讓閻錫山徹底革除舊的觀念，顯然是不可能的。

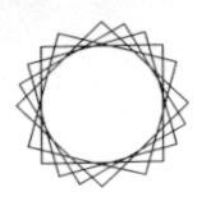

9、閻錫山在「進山會議」上提出了「公平制度」，以從「理論」上來反對共產主義

閻錫山推行「保境安民」政策後，山西社會雖然沒有更多地捲入軍閥混戰之中，因而顯得要平靜一些，但是，一九一七年以來，在世界上和國內發生的一些重大事情，卻像夢魘一樣，攪得他心神不寧。這首先是以列寧為首的俄國共產黨領導的十月社會主義革命取得了成功，這個革命既改變了世界的格局，也開創了一個人類社會向前發展的嶄新制度。與此相聯繫的就是十月社會主義革命後，歐洲許多國家的無產階級革命運動蓬勃發展，同時，馬克思列寧主義也在中國很快傳播開來，中國不少的革命知識份子已開始用它來研究中國的社會問題，探索著中國社會的前途和命運。接著就是一九一九年爆發的五四愛國運動，以及在此前後開展的新文化運動。這些運動，不但成了中國新民主主義革命的開端，而且，有力地衝擊著幾千年來的封建傳統文化，推動了新思想新文化的發展，使長期以來禁錮人們的舊思想舊文化開始瓦解。

面對國內外的這些重大變局和強烈衝擊，閻錫山在震驚和惶恐之餘，很快意識到這樣下去，中國也難保不會爆發像俄國那樣的社會主義革命。若果真如此，他對山西的統治及中國資產階級對中國的統治將不復存在。必須採取措施，防止社會主義革命在中國的發生。正是在這樣一種大的社帶背景下，閻錫山召開了進山會議。而促使其召開這個會議的直接原因，則是一批在俄國經商的山西商人被驅逐回國後，向他的「訴苦」。原來一九二零年四月，東三省巡閱使張作霖給閻錫山來電，說是「由莫斯科驅逐回國之山西汾陽縣僑民已到哈爾濱，因無路費返家，請派員攜款接回」。這批僑民被山西當局接回來後，公推五人為代表，進見閻錫山，一面表達謝意，一面向閻報稱：「蘇俄強迫農民將所產之食糧歸公，因農民不從，殺人無數。後來俄國員警也消極怠工，蘇俄即招雇中國人近十萬，並給其中一人以將軍銜，著負責指揮，搶收糧食。後因受雇之中國人不忍為，遂將中國人驅逐，我們乃山西僑民被驅逐之末一批」。並且還向閻錫山呈交

了一份「蘇俄共產黨怎樣統治人民」的書面報告。閻錫山聽罷這些僑民的訴說後，「甚為驚駭！」他敏銳地意識到，共產主義和共產黨已成蔓延之勢，「苟若沒有一個適當的方法以求對策」，它「終將成為世界人類之大禍」（《政令自治》）。他認為「資本主義與共產主義是兩極端的錯誤，人類應謀求適中的制度，以期消除制度形成的痛苦與殘酷，創造長久的安和與幸福」（吳文蔚：《閻錫山傳》第一集，第169頁）。此後不久，他以「遇此世界上政治、社會各問題，急待解決之時，我們當然應該討論」為由，於一九二零年六月二十一日開始舉行進山會議。

所謂「進山會議」，是因為它是在督軍府進山上之「邃密深沉之館」召開的，當時天氣炎熱，閻錫山將一些「社會賢達」，召集於此，一方面討論問題，一方面「藉以消暑」，於是，閻錫山遂將會議取名為「進山會議」。會議召開之初，只有二十四人參加，其後，逐漸擴展到五百餘人。每週召開兩次，每次進行兩小時，從一九二零年六月二十一日開始，直至一九二二年十月二十一日止，前後長達兩年又四個月，僅會議記錄就達兩百多萬字。

進山會議開始後，閻錫山並未直接把矛頭對準共產主義，而是以「人群怎樣組織對」為中心展開討論，逐漸深入，逼近主題。他先發表一通議論，說：「人是有理性、有欲性、有精神、有物質的一個生活物，按吾東方文化，有的人價值甚高，號為三才之一、二五之精，人與天地合德，人為天地立心，惟其認人之本位如此其高也，故最尊從人道主義。……鄙見以為人群雖大，總之皆人同此心，心同此理，能瞭解這一人之心理，皆可推知人群之心理」。「如何能使我之人群有好生活，而並使他人群亦都有好生活，此即已所立而立人，已欲達而達人，成已成物之謂也，過去聖哲對此持論，有所謂理想同者。如何而能實現之理想，如何而能得人世之天堂，是在吾令之研究耳」（《閻錫山統治山西史實》第70—72頁）。並且，在研究方面，他提出「吾輩當放膽為之，不要管過去歷史如何，不要管世界各國現象如何，只要在我們心理上研究真理」。對於討論的問題還立了三條定例，即「一，這句話一定得對。二，這句話一定得有兒子。三，這句

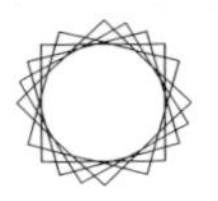

話一定得無父母。「所謂有兒子者，是指作一切的根據也。所謂無父母者，是可為最高的根據也」（吳文蔚：《閻錫山傳》第一集，第 162 頁）。同時，要求以他的「三一權衡論」為理論基礎，即其所說的「如何叫做對？合乎理是對，什麼叫做理？合乎人心同然就是理，能證明人心有所同然否？劫人貨財，人皆惡之；濟人饑寒，人皆善之；以天下為公，為天下得賢人，古今皆是之；以天下為私，為子孫爭天下，古今皆非之。以此可以證明人心有所同然也」。「一因有一果，無因必無果；二因非一果，二因若一果，一果必含二因，其果必不符合其一因。分其因，析其果，仍是一因得一果。因為一，果為一；內有一，外有一，內外符合是真一，言得一則真，事得一則成，家得一則興，國得一則存，子得一則親，官得一則愛民，朋友得一則相恭。一事然，萬事然，接物然，自處然。今然，古然，未來然。三一可權衡萬事中」（《閻伯川先生言論輯要》第 132 頁）。這樣的研究方法和指導理論，由於是拋棄歷史、不顧現實、也不考慮事物發展變化的研究，所以，它得出的結論絕對不會是什麼真理，而只能是主觀唯心主義的謬論。更何況，閻錫山召開進山會議的目的又是要按他的主觀意志和思維方式，對共產主義大張撻伐的。

在閻錫山看來：「由於資本主義剝削勞動群眾，故演出一個共產主義來，而共產主義之統治暴政，控制人民生產生活，有如洪水猛獸，形成的兩個極端之錯誤，就世界人類來說，應該產生一個適中的制度，以資幸福人類的生活，一面袪除資本主義之剝削，一面免遭共產主義之控制」，因此，進山會議是緊緊圍繞著閻錫山規定的「人群組織怎樣對」，這一中心議題展開討論的，其實質就是否定在這兩個主義後建立他所理想的社會制度。

閻錫山認為「資本主義與共產主義是兩極的錯誤」，也就是說這兩種社會制度都不對，這樣「組織人群」不對，因為，在他看來，由於資本主義剝削勞動群眾，所以「演出一個共產主義來」，而共產主義弊端則在「各盡所能」，「各取所需」，而這二者是「強人作聖賢，又強人作禽獸」。它「違背人性，反乎人情，不適合生產，不利於人生」。那麼，他所說的「人類應謀求適中的制度」，這個「適中的制度」又是什麼呢？對此，在討論「人群怎樣組織對」這一問題時，閻錫山認為，這是一個世界問題，要使人類謀求一個「合理的幸福人生的社會」，首先必須使國家富強文明，而要作到這一點，就必須有一個「放之四海而皆準」的做法，這個做法就是「主張公道」。在他看來，只有主張公道，才能使任何地域、任何國家、任何人種，人與人、人與家、人與國、人與世界，處處公平合理，從而達到「大同世界」。而要達到這個「大同世界」，閻錫山認為，「必須先從生活上入手」。為了解除對農民的層層剝削，就需要「田由公授」，使農民勞動的結果，除國課外，全部歸農民所得。以此類推，工人的資本，為工人最大之負擔，這就需要「資由公給」，以使工者有其器，工人勞動的結果，除折舊外，全歸工人所得。如此，農工生活改善，家庭富裕，人們便會有機會接受教育，知禮義廉恥，行孝悌忠信，社會才能「臻於安謐，國家便可富強文明」。

與此相關，在關於「經濟問題」的討論中，閻錫山認為，資本主義之弊在「資本生息」和「金代值」。他說「所謂人群欲成於制度者何也？金銀代值，資本生息是也。自金銀代值資本生息以來，人皆賤布帛菽粟而貴金銀，是以人皆不存布帛而爭聚金銀，舍耕織而專以淘金淘銀是務矣！是可惜者，人民之務耕織者，亦為金銀而耕也，非為衣食而耕織也。捨本逐末，未有若是其甚者」。由於人群欲之橫流，所以導致人群與人群的互相戰爭殘殺。如何去人群欲呢？只有「資不生息，信以代值」。「資不生息，驕奢淫惰者無所恃其為驕奢淫惰矣；金不代值，除必要之士農工商外，賤耕織而求美衣食者無所圖矣」（《閻錫山年譜》（二），第 539 頁）。為了既消弭「資本生息」和「金代值」的人群欲，又不致使共產主義「各盡所能」、「各取所需」的「弊病」發生，閻錫山提出了「資公有」，「產私有」，「按勞分配」的主張，他認為只有這樣，才能使「勞享合一」，勞動多少，享受多少。因勞動得多就享受得多，就為會增加享受而勤奮勞動，這樣，生產就會發達，國家就會愈富強。

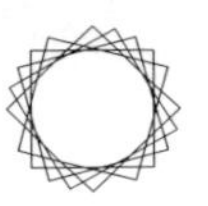

在進山會議上，還就「人生與家庭問題」、「教育問題」、「政治問題」，以及「自然物問題」、「工業問題」、「商業問題」等，進行了廣泛討論，並得出了一些相應的結論。如在「教育問題」上，就提出教育須道藝並重，不可偏廢，為此，要「打破機械教育，提倡心靈教育。打破資格教育，發達實用教育。打破『委的』教育，實施源的教育。打破虛浮教育，發揚本面教育。打破課本教育，力行創造教育。打破欲性教育，普及理性教育」。「理性教育就是要以人格利益為體，以知識技能為用」，「欲性教育」則是「以知識技能為體，以資格利益為用」。「理性的教育制度，是為人群全體的，愈發達愈好；欲性的教育制度，是為個人自身的，愈發達愈壞。中國之能否達到真富強文明，教育制度，不可不注意及之」。在關於「政治問題」上，閻錫山對政治是什麼，做了這樣的解釋，即政治在於「維持生活已有之幸福，增進生活未來之幸福」，「政治為人類共同組織，以求真富真強真文明也」，「政治為適於人類生活之方法與軌道，可促進日新月新，向前邁進」。「政治的責任在正民之德，厚民之生，利民之用」，「政治為完成人類共同生活之行為」，「為人類與國家施行公道之行為」等等（吳文蔚：《閻錫山傳》第一集，第 177——179 頁）。關於「自燃物」的結論是「土地公有私種。凡屬農民生則自種，死則歸公，產業既均，人欲亦遂，較之共產主義之共同生產共同消費之大同制度，大有不同。施行之方法，雖待研究，公理應如是也。礦業公有公辦，而兼私辦」。關於「工業問題」的結論是「工業應有限制，除必須之大工業外，應偏重小工業，大工業應公辦，小工業應私辦」。在「商業問題」上，「商業應有限制，因資產既由公給，商業自應限制」（《閻錫山統治山西史實》第 72 頁）。

從進山會議召開的社會背景，研究方法，指導思想的理論及其所討論的諸多問題上，可以清楚，閻錫山的最終目的，就是想要建立一個既防止資本主義剝削，又避免共產主義「統治暴政」的「主張公道」的「大同世界」，亦即他所說的「適中的制度」。而他所說的「公平合理的」「大同世界」，就是「田由公授」，「資由公給」，使「耕者有其田，工者有其器」，「按勞分配」、「勞享合一」。正因為是這樣的目的，所以，在討論的諸多

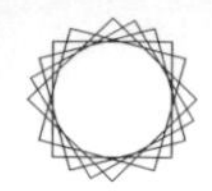

問題中，也就必然地要以此為出發點，圍繞著如何建立這樣一種「適中的制度」，經過討論，來作出相應的結論來。有些問題的結論像教育問題，雖然也有其一定的合理性，但由於整個會議討論問題的出發點就是錯誤的，所以，大部分結論也就不能不是錯誤的。如「經濟問題」上的「資不生息，信以代值」。「自然問題」上的「土地公有私種」等，這是因為只要有階級、有剝削存在，這種理想的「大同社會」就根本不能實現。中國古代聖賢夢寐以求的「大同世界」，經歷了幾千年仍是一個難圓之夢，更何況在資產階級正以無比的瘋狂和貪婪對無產階級和廣大勞動群眾進行殘酷壓迫剝削的現代，「大同世界」就更難以實現了。因此，閻錫山所謂的理想社會，儘管加了一點「按勞分配」的色彩，但它只是一種脫離世界形勢和中國現實國情的、一相情願的封建社會主義，是根本不可能實現的。對此，閻錫山從對現實的體驗中，似乎也認識到了，一九二七年八月十六日，他在對黨政軍各界講「三民主義之真義」時，就說：「吾人欲求徹底之民生，就理論言，自非實行資產歸公不可。此餘所以民國九年在進山會議，特主張徹底排除民生障礙，非田由公授，資由公給不可。然事實與理論不同，理論原可徹底，事實強欲徹底，每遭失敗」，「吾人改革社會，只當促人醒悟，不應以襲擊報復之方法施之。且資產生息人群之欲也。人群欲基於人欲，無法舍人欲而生人，而人群欲必不能免，此故需吾人為之調節耳」（《閻伯川先生言論輯要》（六），第 41 頁）。

閻錫山明知他的理想社會不能實現，為何卻偏要喋喋不休地向人們講述？他的一句「促人們醒悟」道破了天機。原來，他所以在進山會議上向人們進行這些說教，就是為了讓人們認識警惕共產主義在中國的蔓延，認識共產主義的危害。防止共產黨在中國的革命。還在進山會議期間，中國共產黨在上海誕生。對此，閻錫山相當警惕。當時會上有人認為共產黨只不過幾十個人，不成氣候，還說閻錫山過於敏感，在中國不可遭受共產黨的禍害。閻錫山則不以為然，他當即指出，「你們今天不注意討論這個問題，將來必為共產黨所殺」。同時，由於他看到資本主義剝削勞動群眾，已經「演出了一個共產主義」，並且引發了無產階級的革命，因此，他在

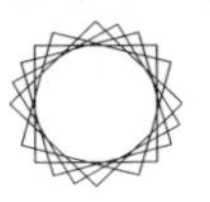

會上所講的實行什麼「田由公授，資由公給」，反對「資本生息」，「金銀代值」，實際上是為了緩和階級矛盾，不致引起「過激行為」，因為，正如他在後來所說的「國民黨的革命，是全民的革命；共產黨的革命，是無產階級的專政。所以共產黨的革命，是要劃分階級；國民黨的革命，最怕的是劃分階級。劃分階級，是國民黨自殺的辦法」（《閻伯川先生言論輯要》（六），第60頁）。

從閻錫山召開進山會議，以及他在會議上的種種言論來看，可以說，閻錫山作為一個政治家，在有關世界和中國政治的重大問題上，其政治的警覺力和洞察力是相當敏感，也是頗為深邃的。這在當時中國政壇上，能夠像他這樣的人物，也是少有的。同時，在這次會議上，由於種種原因，一些問題雖然尚未深入展開下去，但總的來說，這次會議可說是閻錫山進行反馬克思主義的一次總動員，它不但基本奠定了閻錫山反對馬克思主義、反對共產黨、反對中國新民主主義革命的思想和理論基礎，而且在閻錫山統治集團內部營造並形成了一種反馬克思主義、共產黨和反對新民主主義革命的氛圍。不僅如此，當時會上提出的一些觀點，也為其後對這些觀點的理論化、系統化，奠定了基礎。二十世紀三十年代左右，閻錫山形成的《物產證券與按勞分配》、《土地村公有》等論著，即是由此「雛形」發展起來的。

還應當指出的是，在充分肯定進山會議的反動消極性的同時，也不能不看到，閻錫山對於中國社會現存的資本地租、高利貸等剝削行為及由此而將導致的嚴重階級對立與階級鬥爭等社會政治危機，已經有了較為明確的認識，而他在會議上所提出的理想的社會制度和相關的種種主張，也正是為化解和消除這種社會危機，以維護地主資產階級統治，進行的思想理論上的探索，換言之，也是其為改良現存社會弊端的一種努力。他的這些舉措，雖然在當時世界形勢和中國社會已然在發生深刻變化的歷史條件下，是那樣的不合時宜，不識時務，並且也被爾後的歷史事實證明是根本行不通的，但他這種對社會的責任感，對本階級的使命感，卻是十分強烈的。他並非尸位素餐，庸碌無能，而是在其位，謀其政的。再就結合山西

社會的實際來看，自進山會議以來，直至抗日戰爭全面爆發這十多年間，山西的社會矛盾和階級衝突雖然時有發生，但比較而言，卻不甚尖銳激烈，社會秩序相對穩定。這其中的原因，固然與嚴密的政治網路對廣大農村的控制，閻錫山各種政工組織對進步革命思想的有力鉗制，以及閻錫山軍事機器的強大震懾等有著密切的關係，然而，閻錫山對限制剝削尤其是對農村封建地租和高利貸剝削在輿論上的宣傳和有關規定的制定，對「土地村公有」的嘗試等，則也多少地起到了一些緩衝作用。

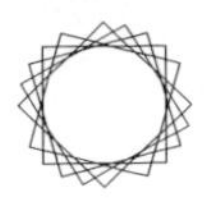

10、捲入軍閥混戰，左右逢源，在夾縫中求生存

當初閻錫山提出「保境安民」的口號，是因為他還勢單力薄，羽翼未豐，於是採取了這種以守為攻的策略。而當他借此養精蓄銳，聚斂內力，經過幾次擴軍，其軍事實力大增後，便不再安分守己，開始放棄了「晉軍不出省一步」的宗旨，加入了軍閥混戰的行列。北伐戰爭前，他先是聯合段騏瑞、馮玉祥，響應孫中山，參加了第二次直奉戰爭，出兵石家莊，阻止直軍北上，接著又聯合直系吳佩孚、奉系張作霖，攻討馮玉祥的國民軍，力圖在求得生存的同時，還向外進行軍事擴張。

第一次直奉戰爭結束後，直系得勢，把持了北京政權，曹錕賄選總統，引起國人共憤，吳佩孚高唱「武力統一」，受到各軍閥之抵制。在此形勢下，在第一次直奉戰爭中受到直系嚴重打擊的奉軍首領張作霖遂回應孫中山之討曹宣言，與孫中山及皖系段騏瑞結為「反直三角同盟」，共同對付曹、吳。

一九二四年九月初，因皖系浙江督軍盧永祥與直系江蘇督軍齊燮元為爭奪上海地盤而爆發的「江浙戰爭」，拉開了第二次直奉戰爭的帷幕。當齊燮元借直系孫傳芳從福建進攻廣東，企圖推倒孫中山革命政府之機，向盧永祥的浙軍發起進攻後，孫中山下令討伐曹、吳，張作霖、段騏瑞通電援盧，並且，張作霖以援盧為名，派兵入關，向直系宣戰，九月中旬，第二次直奉戰爭爆發。

戰爭爆發之初，閻錫山雖然言之鑿鑿地說：「於紛亂之中，持保境安民，促縮短戰期。不發權利之言，不發誇大之言，不發強硬之言，不發一偏之言。並提倡公平內政，均善外交；改造須本國情，不可偏趨時潮」（《閻錫山年譜》（二），第569頁）。但是，由於「閻錫山感到京保兩派的驕橫詭譎，自己受到壓迫，實所不甘」，因此，當三角聯盟與新直系對峙及佈置之際，孫中山使張健以私人名義，函達閻錫山、趙戴文及南桂馨，以同盟會的舊關係，要求晉方協助時，閻即「對張健所請，樂得順水推舟。慨允如命」（《山西文史資料》第9輯，第18頁），這實際上表明

閻錫山已經傾向於附段、聯孫倒直。然而，閻這時並未貿然對直軍採取反對行動。九月二日，直系的蘇督齊燮元來電商借子彈百萬發，就被閻托詞婉拒。即使受孫中山《建國大綱》影響的直系軍將領馮玉祥，於直奉兩軍在山海關等地展開激戰，雙方相持不下之時，乘北京空虛，倒戈回師，於十月二十三日發動了北京政變，將曹錕囚禁，並於次日通令曹氏下令停戰，免去正在灤州督戰的吳佩孚兼各職後，閻錫山仍是一方面以「禮讓為國」、「化干戈為玉帛」等詞為周旋，而不作明確表態；一方面依其「認請對面，才能與對面處，瞭解了周圍，才能在中間站」的一貫行事準則。暗派台壽民、田應璜、梁航標分別到皖、奉、直各方探聽情況。當他瞭解到段祺瑞將出山主持國政和馮玉祥發動「北京政變」的背景，且估計到直系將要失敗後，才於十月下旬決定公開聯馮、擁段。並答應段祺瑞要他「出兵石家莊，截堵吳佩孚所部，不使透過石家莊」的約定。在得知吳佩孚在洛陽的留守部隊不多，後繼無力這一情況，而十月二十六日，馮玉祥又電請閻錫山「遣派勁旅駐紮石家莊，以資堵擊南來之反對軍，則和議可告速成，同力合作，國事攸賴」（《閻錫山年譜》（二），第 572 頁）。閻錫山這才於十月二十八日正式向石家莊出兵。由此可見，閻錫山參加三角聯盟並出兵石家莊，是經過左右觀望，反復權衡的。因為在交戰雙方都實力雄厚的情況下，一著不慎，將會導致嚴重的後果。

正因為如此，所以，閻錫山對出兵石家莊的領軍人物頗為重視，當初，他委晉軍第三混成旅旅長孔繁蔚為總指揮，但孔到石家莊不久，閻又怕他威名不足，又改派晉南鎮守使張培梅為山西左翼軍總司令前往指揮，並且去電給張，對作戰原則作了明確規定，即「不準我軍先開仗，是此次本軍之宗旨，已與各方宣佈。且本督軍現正與各方周旋議和，我軍若攻入，則我軍窮矣」（《閻錫山年譜》（二），第 573 頁）。此外，還暗示張培梅：「只可吸取增灶故智，虛張聲勢使敵望而生威，不敢北越雷池，即足以應付段方；損兵折將，雖勝不取」（《山西文史資料》第 9 輯，第 21 頁）。

晉軍四個團六、七千人（閻為虛張聲勢，稱團為旅）抵達石家莊後，分別佈防於定縣以南之京漢路沿線附近地區，十月二十九日，就在石家莊

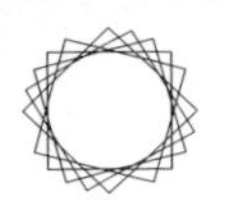

以南襲擊了北上增援的一部分直系軍隊的武裝。為了堅守石家莊，張培梅還「先斬後奏」，將閻錫山兩名團長龔鳳山和劉樹藩斬首。由於晉軍迅速擴充，卻又久不作戰，加上閻錫山的嬌縱，因而軍紀鬆弛，令行不止的現象相當嚴重，正如張培梅所說「頑廢鬆懈，士氣頹弱」。部隊到達石家莊時，正值隆冬，張培梅及其部隊均露營野宿，並命龔鳳山、劉樹藩兩部官兵，也下來露營。同時在鐵路附近佈置陣地，挖掘戰壕，以備應戰。然而，平時多得閻錫山驕寵之龔、劉二人卻對張之命令置之不理。不僅將團部設於車上，默許士兵宿於車中，並以天寒地冷，皮衣不全為由，拒絕構築工事。張遂大怒，為整肅軍紀，以指揮不力和謊報軍情為由，下令將龔、劉斬首，以示懲戒，然後方電告閻錫山。閻對張培梅此舉，深為不滿，疑張有獨立之心，曾動意出兵鎮壓，後經南桂馨前往探聽虛實，知張並無異心，方才作罷。殺了龔、劉二人後，張「令工兵營長楊澄源與閻錫山派往協助計畫作戰的參謀人員，率工兵在京漢鐵路破壞橋樑、水塔，使鐵路運輸完全失效。張又親自巡視營壘，並築「鶴峰堡」（張字鶴峰）以備自守，表示堅守石家莊的決心，同時宣佈『不準任何客軍過境』。當時在冀南的國民三軍（『北京政變』後，馮玉祥組織中華民國國民軍，自任總司令兼第一軍軍長，胡景翼、孫岳分任第二、三軍軍長—引者注）北上接應馮玉祥，亦因鐵路不通，只好徒步行軍」（《閻錫山統治山西史實》第 91 頁）。

駐守石家莊的晉軍，切斷了南北交通線，直軍不能北上，致使吳佩孚腹背受敵，陷入困境。這時，奉軍又大敗直軍，佔領了山海關、秦皇島、唐山等地。馮軍也在楊村、北倉一帶打敗吳軍。十一月二日，曹錕辭職。三日，吳佩孚率領殘部兩千餘人南下。第二次直奉戰爭以吳軍主力基本被殲而告結束。十二月底，駐於石家莊的晉軍，奉閻錫山之命，悉數撤回娘子關。

晉軍出兵石家莊時，實際上直軍已面臨瓦解之勢，而這也正是閻錫山估計到的，否則他不會貿然行事。因此，晉軍與直軍並未發生大的戰事。儘管如此，閻錫山出兵石家莊，畢竟使其勢力在向外發展上邁出了第一步。並且，在二次直奉戰爭中，他與各方的周旋，也增加了他在各軍閥中的份量。

第二次直奉戰爭結束後不久，閻錫山或聯名或以個人名義分別致電張錫元、馬福祥、馮玉祥、盧永祥、胡景翼、孫岳等人，以「國家綱紀之不振，實則中央主持之失宜」為由，希望他的恩師段騏瑞「務切俯念大局，慨允出山，即日命駕蒞京，主持一切」，「請藝老為中華民國執政」。與此同時，張作霖、盧永祥、馮玉祥、胡景翼、孫岳等人，也聯名致電各方，擬即公推「合肥段公」為「中華民國臨時執政」。在各方面的聯名擁戴下，十一月二十四日，段騏瑞正式就任「中華民國臨時執政」，組織「臨時執政府」。而在此之前，發動「北京政變」的馮玉祥電邀孫中山北上共商國是。孫中山遂於十一月十日在廣東發表《北上宣言》，主張速開國民會議，廢除不平等條約，以民族民權民生為基礎，以謀中國統一與建設，造成獨立自由之國家。接著十一月十三日，啟程北上。由於孫中山對山西的形勢一直予以密切關注，一九二零年他聞知「中央有換晉督之說，大為不平」，他與段騏瑞、張作霖結成「反直三角同盟」後，又讓張健以私人名義致函閻錫山，要求協助北伐成功。因此，孫中山北上之後，閻錫山即派王憲赴天津歡迎。同時，「組成山西國民會議促成會」，以示回應孫中山的《北上宣言》。十二月二十一日，孫中山向各省各軍民長官發出「馬電」，聲明「文對於時局主張，以國民會議為解決方法」後，閻錫山又很快覆電孫中山，表示「尊處選派同志宣傳政見，具見偉籌，已飭屬知照矣」（《閻錫山年譜》（二），第 596 頁）。

然而，孫中山的主張卻遭到了「反直三角同盟」中另外兩位盟友段騏瑞、張作霖的反對。《北上宣言》一發表，段騏瑞馬上以「外崇國信」和「召開善後會議」相對抗。孫中山抵達天津後，張作霖也勸孫中山放棄聯俄、聯共、扶助農工的三大政策。這使抱病北來的孫中山極為憤慨，病情惡化，於一九二五年三月十二日在北京逝世。「三角同盟」遂自行瓦解。從而使段、張利用其控制的北京中央大權，獨行其是。也因此引起了其他軍閥的不滿，為中國政壇的動盪埋下了隱患。

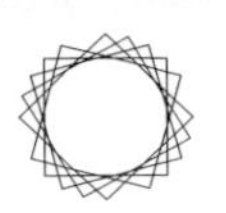

首先是兵敗南下的吳佩孚於一九二四年十一月初在漢口以直系各省軍閥的名義，發表通電，宣佈組織所謂「護憲軍政府」，以此代表中華民國行使一切內外政務，並於十一月二十一日在漢口成立了「十四省討賊聯軍總司令部」，自立為司令。這一舉措的直接後果是，一九二五年十月，直系軍閥浙江督軍孫傳芳以浙閩蘇皖贛五省聯軍總司令的名義通電討奉，經過「浙奉戰爭」，將二次革命戰爭中乘勢進入上海等地的奉軍勢力趕出了江南，奉軍撤至山東境內。江浙五省成了直系孫傳芳的勢力範圍。

與此同時，各軍閥為了自己的利益，也發生了分化與新的組合。不僅奉張與馮玉祥的矛盾加劇，終至反目成仇，而且吳佩孚與張作霖之間的關係，也發生了新的變化，化敵為友，結成聯盟。在第二次直奉戰爭中，馮玉祥為了對付曹錕、吳佩孚，曾與段騏瑞、張作霖暫時聯合。可是，當張作霖戰勝直軍後，因其勢力擴大，遂背棄了當初奉軍不入關的約定，大舉揮師入關，搶繳直系敗軍槍械，收編直系軍隊，搶佔地盤，因此，引起了馮玉祥的極大不滿。所以，在張作霖的部將郭松齡提出罷兵息爭，退出關外，保境安民，開發東北的建議後，馮玉祥即予支持，並與郭松齡訂了倒張密約，還成立了郭松齡、馮玉祥、李景林「小三角同盟」。一九二五年十一月下旬，郭松齡宣佈「班師回奉」，率部七萬餘人由灤州向山海關進發，開始舉兵倒張後，馮玉祥即趁機進佔了熱河。當他向李景林提出假道出關援郭的要求，被李拒絕後，繼續進兵，並與當年十二月下旬攻佔天津。李景林率部退往山東，與張宗昌結成直魯聯軍。這時，馮玉祥為了牽制奉軍，想與吳佩孚聯合，但吳不忘當初馮玉祥倒戈回師陷其於困境之舊恨，拒絕與馮合作，而與張作霖合作，共同對付馮玉祥。就在這時，郭松齡的倒張行動，也因李景林的變卦和日本帝國主義的干涉歸於失敗。馮玉祥見局勢對己已大為不利，遂宣佈下野，將其軍隊和地盤交給下屬，準備赴蘇聯考察。吳佩孚、張作霖結盟後，商定吳軍由京漢線北上，直魯聯軍由津蒲線北上，奉軍負責關外（指西北），奉張助吳軍餉兩百萬元，北京政局由吳主持。隨即，奉軍、直軍和直魯聯軍向馮玉祥的國民軍進攻，發起了所謂的「討赤」之役。

本來，「討赤」與閻錫山並無甚關係，況且在第二次直奉戰爭中，閻、馮還是盟友。可是，由於「北京政變」後，馮玉祥組織的國民軍，隨著對直系敗軍的收編及對直系地盤的進佔，其軍事實力迅速增加，半年之後，國民一、二、三軍的軍隊便擴張到三四十萬人，不僅佔領了察綏兩地及京畿附近，而且河北、陝西關中及豫西等地，也掌握在國民軍手中，這無疑給閻錫山的軍事擴張增加了一個競爭對手。更為嚴重的現實是，當時，山西的東面是佔據河北的孫岳國民第三軍，西面是據有陝西關中的胡景翼國民第二軍，北面是以察哈爾、綏遠及京畿附近為地盤的國民第一軍。這三個方面的國民軍，不僅對山西形成了包圍之勢，對閻錫山政權的生存構成了嚴重威脅，而且，也成了閻錫山向外擴張的嚴重障礙。

閻錫山雖然在撤兵石家莊後，因感晉軍實力不足，而進行了第二次擴軍，擴充後的晉軍已達八萬餘人，但面對如此之眾的國民軍，仍感到勢單力孤。為了解除國民軍對自己的威脅，他不得不開始重新調整他與各方面的關係。為此，閻錫山於一九二五年夏，即派《晉陽日報》經理梁航標到武漢去見吳佩孚，一面表示其「悔過之意」，希望吳「不念舊惡，共圖中原，解民倒懸」，一面向吳承諾，吳率師北上之日，「山西軍隊可以南出隴海，東出太行，打擊國民二、三兩軍，然後以全力共擊國民一軍」。吳佩孚正想聯合各方，共同「討赤」，而山西又有著如此重要的戰略地位，閻錫山的晉軍也有「十萬」（梁航標向吳回答山西有多少兵力時誇大之辭），正可利用，於是同意與閻聯手（梁航標：《閻錫山聯合張馮倒曹吳和聯吳倒馮》，《山西文史資料》第 12 輯，第 5 頁）。與此同時，閻錫山又與張作霖取得聯繫，擬借吳、張之力制約國民軍。然而，閻錫山在表面上仍遲遲不公開表態，因為，他考慮到奉軍遠在關外，吳佩孚的勢力也在兩湖江浙一帶，而馮的力量卻近在華北察綏，……如果自己不和馮玉祥合作，他以全力進攻山西，等於泰山壓頂，縱有張、吳的外援，也恐怕遠水解不了近火，因此，他對馮玉祥不僅仍然不動聲色，反而十分客氣。一九二五年十月二十一日，他在回復馮玉祥的「馬電」中，還稱「我兄身系安慰，志在匡濟，救民救國，端在此時。弟雖不才，願從兄後，如有驅使，惟命是從，

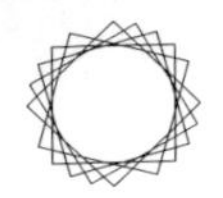

掬擾奉複，時盼教言」。甚至在一九二六年四月，國民軍在奉軍的進攻下退出北京時，他「還給了國民軍一些方便，允許其眷屬由山西過境」（《閻錫山年譜》（二），第641頁））。

一九二六年，奉軍、直軍、直魯聯軍聯合向國民軍發起進攻。吳佩孚計畫出兵京漢路，力圖肅清盤踞京漢要津順德（今邢臺）之國民軍第二軍鄭思成部。為掃除由武漢北上之障礙，打通京漢線，他要求閻錫山予以配合。但閻錫山考慮到吳軍尚未北上，而奉軍主力未入關，自己貿然出兵向國民軍發起進攻，勢必會給國民軍進攻山西以口實，使國民軍三個軍集中力量攻擊晉軍，那時吃虧的只能是自己。於是，他便以抓孔庚為名，出兵順德。因為，孔庚自被閻錫山繳了兵權後，即離晉謀職，策動反閻。一九二五年他就曾聯絡樊鐘秀、胡景翼進攻山西未成。這時，又在鄭思成部任職，而鄭思成是國民軍第二軍的部屬，正駐紮在順德，所以，閻錫山想趁此機會，先把順德奪下，抓獲孔庚，以解山西後顧之憂。並且對國民軍派往山西的代表張士吉振振有詞地說：「我們出兵順德，抓獲孔庚，完全是為了解決孔庚，這是山西內部的問題。孔庚不解決，還怎麼能夠拿出力量來幫助你們總司令呢」？於是，閻錫山遂應吳佩孚之邀，在三月初，派商震、楊愛源、周玳等部出兵娘子關，取石家莊，然後沿京漢線南下，在元氏、高邑、贊皇等地的鄭思成所部的前哨被肅清以後，直逼順德附近。在周玳炮兵團的配合下，商震師所部，經過激戰，攻入順德城內。鄭軍不支而降，鄭思成出逃，孔庚被俘。孔庚被解到山西後，軟禁在都督府內的慶遠樓，有兩月之多，後又被閻錫山放走，臨行時閻還送了他三千元旅費。

攻克順德後，商震、周玳等部北返石家莊，與駐防石家莊的楊愛源部一同待命。此時，吳佩孚、張作霖已開始對國民軍採取行動，於是閻錫山命出關晉軍除楊愛源部返防太原外，其餘各部再由石家莊北上，商、周兩部抵達保定後，前不久被馮玉祥收編列入國民四軍系列的魏益三部聞訊請降，閻對魏部歸附表示歡迎，遂授予「正義軍」之名義，仍由魏任軍長，繼續駐守石家莊。之後，晉軍稍事休整，即奉閻之命，撤兵返晉，回師太原。閻錫山對順德的攻克與對保定魏益三部的收編，打通了京漢線北段，為吳佩孚北上進攻馮玉祥開闢了道路。

晉軍撤回後不久，吳佩孚即率部開到保定，在此之前，張作霖已壓迫國民軍在四月中旬撤出北京，退往南口和西北地方。本來，這時的國民軍已處於被直、奉、晉三面包圍之中，形勢頗為不利。但吳佩孚恐怕張作霖獨掌北京政權，一面繼續進軍，一面要求張作霖讓渡北京政權，而張作霖認為「因直系內部出了問題，才增加軍隊，並參加了北京政府，現在吳佩孚剛剛統一軍權，就要讓他放棄北京，實在不合情理，好在國民一軍尚在，否則直軍豈不又要打奉軍嗎？所以張作霖決定留馮以剿吳，不再進攻南口了」。國民軍「見此情形，遂改變戰略，以劉汝明駐守南口，集中主力攻打雁門關，想趁機佔領山西」（《山西文史資料》第 12 輯，第 15 頁）。

國民軍撤出北京後，張之江出任國民軍全軍總司令，鹿鐘麟和宋哲元分別任東、西路軍總司令，石敬亭任後方總司令，駐平地泉。其時，雖然在河南的國民二軍，京蒲線上的國民三軍被吳佩孚和張宗昌、李景林的直魯聯軍擊敗，損失不少，但國民一軍仍保持完好，全軍總兵力還有二十萬之眾。國民軍東路軍主要在南口和察北多倫地區與奉、直軍隊作戰，國民軍西路軍主要在晉北十三縣與晉軍作戰。國民軍為了打破直、奉、直魯與晉軍的包圍，決定「先擊破山西，取得軍事上的有利地位，乃以宋哲元部從殺虎口、得勝口數路分進，合圍大同」（《閻錫山統治山西史實》第 114 頁）。

閻錫山清楚環布於山西東、南和西北的國民軍早就覬覦山西，而他打通京漢線北段的行為，實際上又加劇了與國民軍的矛盾，因此，當一九二六年四月國民軍撤出北京後，他即開始在大同一帶進行佈防，任命商震為前敵總指揮，統一指揮作戰。孔繁蔚指揮左翼，臨時擴編的第三師師長王嗣昌指揮右翼，周玳率炮兵團配合作戰。大同正面由臨時擴編的第四師長謝濂負責，主要部隊有謝濂部、第六旅楊愛源部、第七旅高冠南部及周玳炮兵部；大同左翼由孔繁蔚負責，主要有孔的第三旅第六團榮鴻儒部、騎兵第二團孫祥麟部及李鵬翥的迫擊炮兵；大同右翼由王嗣昌負責，主要部隊有王之所部、第五旅豐玉璽及溫玉如的炮兵部。

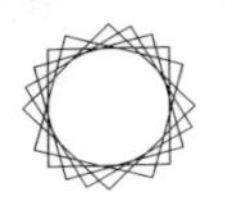

一九二六年五月二十八日，宋哲元親率八萬人馬向大同進攻。擬先由韓復榘、石友三、石敬亭等部，攻下大同，恢復京綏交通，繼而會師桑乾河左岸，肅清雁門關以北之晉軍，以穩固戰線。

開戰之後，由於雙方都是有備而來，所以戰鬥一直十分激烈。國民軍來勢洶洶，第六軍韓復榘部由得勝口殺入，先是一舉佔據孤山高地和要衝鎮川堡，接著又攻下大同車站，打通了京綏路，直逼大同城下；第五軍石友三部由殺虎口殺進，先後攻取左雲、右玉；第四軍方振武部由得勝口入侵後，依原定部署，奪得陽高、應縣。而晉軍在國民軍的猛烈進攻下，雖然傷亡慘重，第十三團長楊呈祥陣亡，第五旅旅長豐玉璽被俘，第六團長張蔭梧受傷，但仍頑強抵抗，雙方激戰七八晝夜，形成對峙局面。

正當晉軍吃緊之時，閻錫山接到張作霖來電，說是奉軍「從南口仰攻居庸關傷亡很重，攻不下來」，要閻將「孤山隊伍撤下來，開到雁門關一線，作為雙方防禦工事，採取守勢」，等候奉軍騎兵打到察北，占了多倫威脅張家口的時候，再行出擊。閻錫山為配合奉軍作戰，同時也為調正自己的部署，遂命商震「暫撤至雁門關一線，集結兵力，先取守勢，待機進攻」，並令右翼王嗣昌師同第六旅撤至繁峙附近沙河，左翼孔繁蔚、李德懋部撤至甯武陽方口一帶，不使國民軍有迂回竄擾之機。為了不使國民軍佔據雁北富饒地區，還採取（釘釘子）的辦法，派傅汝均旅李生達、蕭維漢團配有炮兵營、手榴彈營，說明代理張汝平（大同鎮守使）防守大同，傅作義團守天鎮，李服膺營守渾源，魏德新團守朔縣，命令這些部隊必須死守，（周玳：《閻錫山參加直奉反馮的經過》，《文史資料選輯》第 51 輯，第 118 頁）。五月二十七日，晉軍依閻錫山之命，放棄大同城郊以外部分地區，據守大同及雁門關等要隘，利用地形，沿長城構築陣地，伺機出擊。

國民軍東路軍對奉張軍隊的頑強抵抗，及其西路軍對山西大同雁北的兇猛攻擊，使吳佩孚、張作霖認識到國民軍的戰鬥力非同一般，要對付國民軍，還須雙方繼續合作，目前還不是分手的時候，因此，六月二十八日，吳、張在北京會晤，進一步協商「討赤」事宜。「兩軍擬定直魯奉軍豔日拂曉，對西北下總攻令」（《閻錫山年譜》（二），第 689 頁）。隨即，奉、

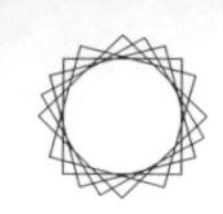

直兩方軍隊聯手向南口的國民軍發動攻勢。奉軍吳俊升部於八月上旬攻佔了多倫，八月下旬，國民軍在直奉軍的緊逼下，從南口撤出，退往西北。

在大同雁北與晉軍對峙的國民軍，由於指揮不統一，無後方作戰，內部分化等原因，開始陷入被動。而經過調整部署的晉軍，卻武器彈藥充足，相互協調配合，所以，各部所據守之城池關隘，雖經國民軍數度強攻，但均未失守。傅作義部死守天鎮，竟達三月之久。戰場上的形勢，對晉軍日益有利，國民軍則陷入被動。因此，當國民軍撤出南口後，進入山西的國民軍也開始撤軍。八月二十八日，大同在被圍困三個月後，宣告解圍。國民軍相互掩護，紛紛向綏遠五原地區撤退。八月二十四日，「晉省境內已無敵蹤」。晉軍乘勢「以三路追擊」，先占豐鎮、集寧，繼入平地泉，九月三日占了綏遠首府歸綏。之後，閻錫山立刻發表通電，以「敝軍佔領綏遠後，維持秩序，鎮撫地方，急需得人」為由，「權委前敵總指揮商震代理綏遠督統」（《閻錫山年譜》（二），第 694 頁）。至此，相持了三個多月的國民軍與晉軍的雁北之戰宣告結束。

這次閻、馮之戰，是閻錫山參與直、奉、直魯軍閥發動所謂「討赤」之役的一個組成部分。國民軍首先向山西發起進攻，閻錫山被迫反擊。開戰之初，國民軍佔優勢，晉軍處於被動。但後來局勢的變化，卻各自走向了反面。晉軍不僅由被動轉為主動，反敗為勝，而且，乘勢佔據了綏遠，閻錫山從參與「討赤」之役中得到了好處。如果不是這樣，結局很難設想。與此相應，若非晉軍在雁北的艱苦作戰，頑強抵抗，從而牽制了大部國民軍，直奉軍隊也不可能輕易拿下多倫、南口，最終導致國民軍的全面撤退。而閻錫山對軍事部署的及時調整，晉軍各將領的英勇善戰，以及晉軍物資彈藥的充分供給，則不能不說是一個重要的原因。

閻錫山這次對國民軍作戰的勝利，雖然也使晉軍遭受了很大傷亡，並且，雁北十三縣飽受了戰火的蹂躪。但是，它卻使閻錫山的軍事實力進一步增強，部隊戰鬥力得到了提高，地盤也大為擴大。除了戰爭開始前臨時擴編的兩個師外，又收編了國民軍韓復榘、石友三和陳希聖三部分軍隊（分別被編為晉軍第十三、十四、十五師）。晉軍對天鎮、大同的固守，更積

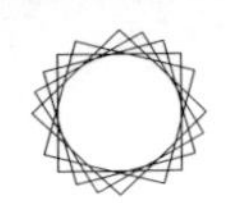

累了固守城池的經驗，自此，晉軍以善守而著稱。更重要的是，透過這次「討赤」之役，閻錫山的政治影響力也顯著增強，在北洋政府中已經佔據有舉足輕重的地位。

四、大革命潮流下的抉擇

1、北伐戰爭開始後，閻錫山審時度勢，擁蔣易幟

一九二五年「五卅」運動後，隨著全國大革命風暴的掀起，以及國民革命軍東征南征的勝利，廣東革命根據地得到了統一和鞏固，這就極大地威脅到了帝國主義和封建軍閥在中國的統治。於是，北洋直系、奉系軍閥又開始聯合起來，他們在各帝國主義操縱與支持下，準備在北方進攻傾向革命的馮玉祥國民軍，在南方進攻廣東革命政府。根據這一形勢，廣東革命政府遂著手進行北伐戰爭的準備。一九二六年七月九日，國民革命軍誓師北伐。國民革命軍共有八個軍，約十萬人，除留守部隊外，分西路、中路和東路三路，向北進軍。北伐軍由廣東出師不到半年時間，即打跨了直系吳佩孚，殲滅了孫傳芳的主力，佔領了湖南、湖北、福建、江西、浙江全省和安徽、江蘇等地約半個中國，將革命迅速推進到長江、黃河流域。受北伐勝利的影響與共產黨的幫助，原在綏遠一帶的馮玉祥國民軍，也於一九二六年九月在五原誓師，回應北伐，向甘肅、陝西進軍，同北伐軍南北呼應，十二月佔領陝西全省，並沿隴海路向河南進攻（郝國興等編：《中國共產黨歷史講義》（上冊），山東人民出版社1982年版，第72—73頁）。

面對北伐革命軍的淩厲攻勢，奉系軍閥首腦張作霖在「五省聯軍總司令」孫傳芳和「直魯聯軍」總司令張宗昌的擁戴下，於一九二六年十二月一日在天津就任「安國軍」總司令，正式把持了北京政權，並任命孫、張二人為副總司令，楊宇霆為總參謀長，企圖憑藉各系軍閥總計約七十五萬的優勢兵力，（盤踞湘鄂豫及直隸南部的吳佩孚集團二十萬人，擁有蘇浙皖贛五省的孫傳芳集團二十萬人，佔據東三省及直魯熱察的張作霖集團三十五萬人），與北伐軍決一雌雄。

在南北對峙、劍拔弩張的形勢下，雙方都想把踞有山西這一戰略要地，且擁有近十萬兵力的閻錫山爭取到自己一邊。但閻錫山卻不急於表態，還想觀察一段，然後再見機行事。他之所以如此，是因為他雖然不滿於直奉軍閥對自己的利用甚至控制，並且從北伐開始後的戰局上，他也看出了北洋集團即將敗亡的趨勢。然而，控制著北方的北洋集團畢竟還有強大的

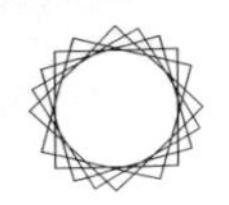

軍事實力，如果表態支持北伐革命，萬一北伐失利，張作霖得勢，那麼自己的後果將不堪設想。自己在北方還勢單力孤，雖有馮玉祥的國民軍回應北伐，但自己與馮的關係還不融洽，再則，一旦捲入這場戰爭，自己正在著力進行的山西省建設將會受到很大影響，正如他在一九二六年十月十三日在山西第四次村政會議上所說的：「山西向來絕對服從中央，例應報解之款項，山西無不如期運解惟謹。山西仰藉政府威力，保護地方得以平安無事。可是，比年以來，中央政府之力量日絀，而非中央政府之力量，反日見膨脹。欲山西一省於此風雨飄搖中存站得住，非變更宗旨另想辦法不可。方法安在？簡言之，即俗所謂『拉朋友』而已」。山西實行保境安民，「原為不肯多事與民休息而定，時至今日，則非有充分之自衛能力，絕不能貫徹『保境安民』之宗旨。……此次戰費，約略大數一千五百餘萬，地方供應車騾糧秣物料，尚未算入；……作戰耶，則耗費滋甚；不作戰耶，則蒙巨大之損失；兩方顧慮，均屬可怕之事。此猶言勝利之戰爭，倘再為失敗之一方設想，其驚心動魄，又如何耶？」（《閻錫山年譜》（二），第699—700 頁）。

考慮到山西地位的重要，所以，北伐軍於一九二六年十月攻佔武漢後，武漢政府派胡賓為代表赴晉見閻，聯絡山西參與北伐事宜時，閻當即派老同盟會員趙丕廉以代表山西教育會赴滬出席全國教育會議為名，偕胡賓前往武漢與北伐軍取得聯絡。趙臨行前，閻再三囑咐於他說：「秘密未揭開前，由你負責，揭開以後，是我的事」。因為閻有一批槍械，須在三個月以後，才能由日本運到山西，所以不能輕舉妄動。趙隨胡到漢，首先與政治部主任鄧演達會晤，又見了陳公博，陳引趙赴南昌與蔣介石見面，蔣說「閻是老前輩，又是丈夫團的人，盼閻能早舉事」。之後，趙折回武漢，會見了蘇聯顧問鮑羅廷。不久，他接到閻錫山的電報，表示次年五月五日可以舉事，當時軍事委員會正在開會，遂批準授予閻錫山北方國民革命軍總司令名義，趙丕廉即攜軍事計畫回到了太原。但閻仍不願馬上表態，因而沒有就任北方國民革命軍總司令一職（《閻錫山統治山西史實》第120—121 頁）。對此，蔣介石似也理解，十一月二十八日趙丕廉在給閻的

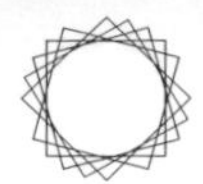

密電中稱「先生（指蔣介石—引者注）以就地理言，山西實為北方革命基地。但被軍閥包圍、環伺，非到最後關頭，不宜輕有表露。現定：出師須俟兩種關鍵時機，一為山西出師革命即能成功之時，一為山西不出師革命即將失敗之時」（《閻錫山年譜》（二），第 718 頁）。但是，閻錫山從武漢的被攻克中，已經看到了北伐大局正向著有利於革命軍的方面發展，因而向主持中共北方工作並且是國民黨北方執行部組織部負責人的李大釗發去密電，要求派教官到太原軍官學校，引入「黃埔軍校經驗」。趙戴文也召集以個人資格加入國民黨的山西中共黨員談話，暗示山西有與國民革命軍，國民軍行動一致的可能。見閻錫山等態度如此，武漢政府與李大釗遂不失時機地加緊了對閻的爭取工作，以便在北方形成閻錫山馮玉祥合作，一致對奉的局面，改變革命軍和北洋軍閥在軍事力量上的對比。於是，李大釗一方面寫信給閻錫山，一方面則在北京會見閻錫山的代表孔繁蔚。同意由閻組成「北方國民革命軍」，並要求閻政治態度明朗化，迅即與武漢政府取得聯繫。與此同時，武漢國民革命軍政治部也相繼派翦伯贊等特派員赴晉，策動閻錫山、商震等回應北伐。

閻錫山聽取李大釗、翦伯贊等的意見，一方面加緊了與武漢政府的聯絡，一方面加快了與馮玉祥捐棄前嫌、重修舊好的步伐。他於一九二六年九月二十日電告駐歸化的第六旅旅長孫楚，要他厚待被收編的韓復榘、石友三、徐永昌三部，不久，又幾次電示綏遠代理督統商震，要對馮軍加以保全，「為國家備力」。馮軍「如欲歸綏，可讓之，晉軍即相繼撤回晉境」（《閻錫山年譜》（二），第697頁）。同時，他還「發給總司令（即馮玉祥—引者注）二十萬元」。十一月二十二日，閻又電告其駐北京的溫壽泉，說「綏遠已定由奉方擔任，晉軍大部撤回」（《閻錫山年譜》（二），第 711 頁）。一九二七年二月，馮玉祥剛剛移駐潼關，閻錫山即派河東鹽運使崔廷獻前往拜謁慰問，其時，馮玉祥正處在軍費無著，糧餉兩缺之困難境地。閻能派遣使節來慰問，自然十分感動。加上閻錫山以往對他的一些恩惠，遂決計與閻攜手。在與崔廷獻長談中，他不但對閻「遣使厚意」表示感謝，欽佩閻的「保境安民」，說是「如有侵犯山西者，就是民黨之罪人」，並感

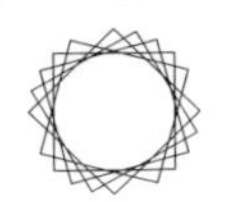

激閻成全接濟國民一軍之苦心，對他出國後「晉北誤會」表示抱歉，而且說「我帥（指閻錫山—引者注）為革命元勳」，「國家大事，非我帥合作不能成功」。「但山西環境不同，我帥苦心應付，自有因時因地之機宜，革命是曲線的，未便直進，只好漸進」，同時，還詳細介紹了陝、甘國民軍的實力及其部署等，最後還題詩四句：「鐵鍊捆縛全地球，重層壓迫世人愁，列寧主義行天下，解放人類得自由」，「贈我帥作紀念」（《閻錫山年譜》（二），第 729 頁）。

對於閻、馮關係的彌合，李大釗作了很大努力。他先向馮玉祥提出「聯絡閻錫山，使之消極的不與奉合作」的方針，及至馮五原誓師後，又為其提出「固甘聯陝，聯晉圖豫」的方針。這樣，既為馮的國民軍解決了出路問題，又打消了閻錫山對馮的顧慮，從另一方面增強了閻加入國民革命的決心。

與此相反，北伐戰爭開始後，閻錫山卻對張作霖逐漸疏遠，雙方關係日趨冷淡，甚至不斷惡化。馮玉祥回國後，張作霖要閻錫山派軍入陝對馮軍作戰，閻卻以「此間辦有困難情形，當請籌濟」為由，加以搪塞，對此，張頗為不滿，謂晉軍「既不能攻過武勝關，又不能阻止馮軍入陝，尚不準奉方出兵，一任大局破壞，至不堪收拾，殊屬令人急煞」（《閻錫山年譜》（二），第 709 頁）。此後，張在十一月二十日舉行的直魯將領會議上，他在要人們擁戴其為北京政府執政的問題上徵求閻的意見時，閻未予以同意（吳佩孚亦未同意）。十二月一日，張作霖在天津就任安國軍總司令後，為拉攏閻錫山，二十日又發表閻為安國軍副總司令一職，閻錫山亦未就任。對此，張作霖甚為不快，借機發難，先是對閻密派代表與蔣介石聯絡，進行質問，繼而又對山西取「保境安民」一策予以責備，「均疑山西、馮、吳早有預約」（《閻錫山年譜》（二），第 730 頁）。而閻錫山也對張作霖對晉省的種種無理要求，以及奉方據有綏遠之心，甚為不滿，雙方矛盾繼續發展。一九二七年一月下旬，當吳佩孚在湖南、湖北的軍隊遭到慘敗，孫傳芳在長江中下游的勢力也土崩瓦解，北伐革命軍將進攻的矛頭集中於進犯河南的奉軍，奉方派代表赴晉，想要閻錫山與其合作時，閻又婉言謝絕。於是，奉方代表返回後即勸張作霖「閻錫山與蔣介石、馮玉祥、靳雲鶚共通一氣，請以重兵駐石家莊，防晉軍由娘子關衝出，並在綏遠、察哈爾作相當之準備」（《閻錫山年譜》（二），第734頁）。閻奉雙方矛盾加劇，已經發展到了幾乎要兵戎相見的地步。

而在此期間，閻錫山卻在與奉虛繼續周旋的同時，則加緊了與武漢國民政府的聯絡，以及同馮玉祥的修好工作。根據他與蔣介石「次年五月五日可以舉事」的約定，一九二七年四月一日閻錫山宣佈廢除北京政府所任命的山西「督辦」名義，同時將所屬山西、綏遠各部隊改稱「晉綏軍」，自任總司令。四月五日，閻錫山電告其駐武漢的代表趙丕廉，即日起頒動員令，「向省民宣佈服從三民主義」，四月十六日又下令其南路各軍向娘子關進發。對此，張作霖「甚為不滿」，「頗為惶恐」（《閻錫山年譜》（二），第744頁）。看來，閻奉關係已經惡化，雙方間的裂痕已難以彌合，閻錫山與奉系軍閥已分道揚鑣，加入武漢政府，易幟北伐討奉似乎已成定局。

可是閻錫山直至一九二七年六月三日才通令全省易幟，懸掛青天白日滿地紅國旗，改所部為國民革命軍北方軍，六月六日就任國民革命軍北方總司令。在易幟之後，卻又按兵不動。直至九月才率部誓師，興兵討奉，參加北伐。這看起來似乎只是個時間問題，其實問題遠非這麼簡單。

一九二七年三月下旬，北伐軍佔領上海後，由於吳佩孚的下野以及孫傳芳主力的瓦解，北伐形勢形成了北伐軍與奉軍南北對峙的局面。奉軍雖然不得不收縮戰場，退居河南、安徽一線，但其元氣並未大傷，北方局勢仍由其左右。在此局勢下，閻錫山儘管與張作霖關係緊張，馮玉祥也表示了要「與閻督辦商督統合作，由熱察出兵制奉軍後路」（《閻錫山年譜》（二），第762頁）。北伐軍方面，四月份蔣介石去安慶督戰後，對戰局表現出樂觀態度，認為「長江中下游不日肅清，戰事方緊」，晉綏軍「發動時機已到」，要閻錫山「及早進攻」。但閻錫山仍然不敢貿然行事，一方面向蔣覆電稱「刻下我軍對於兩路（指正太、京綏路—引者注）軍事業已準備就緒，一俟唐（生智）軍北上，馮總司令率大部由潼關經洛陽東進，即可同時進攻，使敵對前後不能相顧」，一方面與張作霖繼續周旋。五月

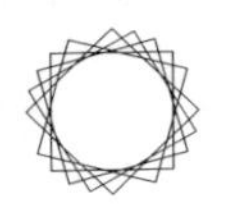

二十八日，張作霖約閻在石家莊會晤，閻卻「以病婉卻」，直到五月下旬，奉軍在河南、安徽等地軍事上連連失利，張作霖決定放棄鄭州，退守河北、山東，晉綏軍與河南之馮玉祥國民軍無形中在軍事上成為犄角之勢，北伐革命軍已對奉軍大軍壓境時，閻錫山才於六月三日易幟。

閻錫山遲遲易幟和出兵伐奉，除了對軍事形勢的考慮之外，在政治上更有著深刻的原因，這就是北伐革命性質的改變以及閻錫山一直堅持的反共立場。北伐戰爭的節節勝利，以及隨之而不斷高漲的工農運動，都沉重地打擊了帝國主義在中國的統治。帝國主義為了鎮壓中國革命，以維護其在華利益，一方面調遣軍隊，進行公開的武裝干涉。另一方面，則極力拉攏國民黨新右派，分化國共兩黨的革命統一戰線，陰謀從內部破壞中國革命。由於北伐戰爭是一個群眾性的統一戰線的戰爭，參加北伐戰爭的各個階級和各種政治勢力，對戰爭有著不同的目的。中國共產黨、國民黨左派和廣大工農群眾是要這一戰爭服務於反帝反封建的目的。國民黨新右派、民族資產階級的右翼，卻力圖把這場戰爭限制在一定的範圍內，以發展自己的勢力和地盤。蔣介石就是這種勢力的代表（李新等主編：《中國新民主主義革命時期通史》人民出版社 1962 年版，（初稿）第一卷，6 頁）。他為了透過北伐擴張自己的勢力，加緊了同英、美等帝國主義的勾結，成了帝國主義統治中國的新工具。一九二七年一月，當廣州革命政府從廣州遷到武漢後，蔣介石卻將北伐軍總司令部設於南昌，同武漢的革命中心相對抗。不久，他又於四月十二日在上海發動反革命政變。並於四月二十八日在南京建立了「國民政府」，同武漢政府相對立，寧漢之間糾紛頓起。

對於蔣介石的倒行逆施，早就仇視馬克思主義仇視共產黨，對國共合作不滿的閻錫山，很快便作出了反應。四月二十五日，他在複孫傳芳的電報中，就說：「赤黨囂張，爭奪為心，雖蔣尚且不容，足證其不能與人合作也」（《閻錫山年譜》（二），第 745 頁），並對蔣介石建立企圖「以黨治國」的南京政府極表贊同，而對當時以汪精衛為首的武漢政府，則極為仇視，他認為，「武漢不倒，南京必失敗，時期愈延長，愈危險，武漢倒後，中國之腐敗軍閥，必不足以為國民黨之敵手也，應排除一切，專對武

漢」。閻錫山所以對寧漢兩個政府持這樣截然相反的態度，這從他對武漢政府派來的代表孔庚於六月十七日抵達太原後的談話中，可以清楚地說明其原因，閻錫山對孔庚說：「南京是國民黨的政府，蔣總司令是總理的信徒，是革命的。武漢是共產黨的政府。山西人已害怕共產黨，已決定約蔣總司令動員北伐，拒受漢口政府之命令」。「武漢有一個鮑羅廷，是第三國際派來的，武漢政府完全為他所把持，一切事情非得他的許可，不能有所作為。武漢商人的資本，以及豐裕之人的產業，都一概被沒收，已經完全實行共產」。「漢口方面將孔子塑像抬上遊街，橫加侮辱，顯然是毀滅中國文化。我即不與漢口往來，只與南京合作」（《閻錫山年譜》（二），第761—762 頁），這也是閻錫山何以不接受武漢政府於三月十一日任他為國民革命軍北方總司令一職的原因。而在此期間，由於奉軍在津浦一線作戰失利後，準備向南京政府妥協，其中奉方只提出兩個條件，即「一、廢除共黨。二、與俄脫離關係，如甯方能行二條件，津浦戰事立即停止」（《閻錫山年譜》（二），第 748 頁）。與此同時，日本方面由土肥原出面，又向閻表示出了「奉將退出關外，北方政局，自當由山西維持，斡旋南北，平息戰事」的意向（《閻錫山年譜》（二），第 750 頁）。在閻錫山看來，既然南京政府是堅決反共的，蔣介石是「革命」的，而奉方又把廢除共黨作為了與甯方合作的條件，那麼，與蔣介石合作既可遂其志，又不會招致奉方的報復，於是，他不久便通令全省易幟，並毅然就任國民革命軍北方總司令。從而一反其所標榜的「山西從來不輕易與人合作，即不輕與人離」的信條，終於在「合和離，乃以黨國利害為前提之下」（《閻錫山年譜》（二），第 877 頁），與蔣介石同氣相投，攜手合作。

從閻錫山這種選擇上，可以清楚，他的易幟和後來討奉北伐的真正目的，並非是真正要進行北伐革命，而是想要透過經蔣介石領導的北伐，消滅共產黨，撲滅工農群眾運動，以及北洋軍閥等地方勢力，以便掃清完成「以黨治國」的一切障礙，建立一個由國民黨一黨專政的資產階級共和國。對此，還可以從他易幟前後的一系列言行中得到進一步證實。四·一二反革命政變後，閻錫山就曾多次向蔣介石提議「聯奉討共」，並加緊了對奉方

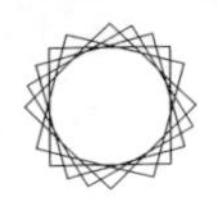

的勸促，勸其與南京政府合作，聯合起來，「組織討共大同盟」。他曾致電張學良等，勸促其取消安國軍，改為國民革命軍，這樣，「南方之戰爭，可變為國共之戰爭」，不久，又覆電張學良提出「聯絡南京及各方組織『討共大同盟』，消滅共黨，以貫徹我軍討赤初旨」（《閻錫山年譜》（二），第 754 頁）。他易幟後的第三天，即六月五日，在給蔣介石的電報中，又提出「現在徐州攻下，蘇、皖軍不成問題，鄙意此時辦法，似以雙方停戰（寧奉停戰—引者注），聯合討共，較為簡當」（《閻錫山年譜》（二），第 756 頁），同時還勸奉張與蔣介石合作，認為「民族、民權、民生為共和自然之趨勢，兩帥何妨標以旗幟，以團結力量共同討赤」，「為大局計，為奉方計，妥協各方，一致討赤，實為上策」（《閻錫山年譜》（二），第 747 頁）。當張作霖對閻錫山的勸說「並無感悟」，與南京政府也「無以見合作之誠」，因而，蔣介石決定繼續對蘇、皖之孫傳芳、張作霖軍隊討伐，以清除南京政府「臥榻之旁」的這一威脅時，閻錫山遂致電蔣介石，建議其調整策略。電報中，他就蔣介石考慮北伐西征戰略時，在先伐奉後討共，還是先討共後伐奉，即先奉後共、先共後奉這個問題上，透過對此兩策利弊得失的分析後認為，在奉軍退卻但損失無多，殘餘勢力尚足以維持京、津、保，切本黨先共後奉之計畫，彼亦有所覺察，奉軍勢必居京、津、保，視國共為鷸蚌，自在漁人地位的情況下，若「先共後奉」，其害有三，即「奉既不肯助我討共，我不僅不能得其助，且恐伺隙而動，乘我之危」；「對奉須加戒備，兵力不能不分」；「置奉討共則不能不與奉加以聯絡，將士與民眾易滋誤會」。而「先奉後共」，其利有五，即「討舊軍閥，將士與民眾不生疑慮」；「馮、唐不敢冒天下之大不韙攻我後路」；「晉軍全力可由京漢、京綏兩路出發」；「奉軍新敗之後，易於攻破」；「北京為國家首都，中外觀瞻所繫，佔領之後，易於號召。凡川、滇、黔、鄂、湘、豫、陝，非共產黨軍隊，皆無所顧忌，必能助我討共」。「總之，先共後奉，滅共至多不過六分把握。先奉後共，滅奉則有八分把握，滅奉後滅共亦有八分把握」，並向蔣介石提出了「晉方傾全力由京綏、京漢兩路攻奉，請甯方以大部兵力由津浦北上，會師京津」的作戰方略（《閻錫山年譜》（二），第 759—760 頁）。

就閻錫山這番分析而言，不能說沒有他的道理，但是他所提出的「先奉後共」，還是「先共後奉」方針，只是對共對奉策略上的不同，其實質還是以反共為主，以及如何才能更好地反共，滅共的。在這一點上，由於他與蔣介石南京政府反共的立場是一致的，所以，他對蔣介石亦步亦趨，獻計獻策，蔣介石發動「四·一二」反革命政變後，他很快與蔣介石一拍即合，在反共的道路上走在一起。

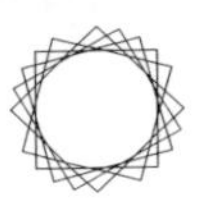

2、緊步蔣介石後塵，在山西大搞「清黨」

中國共產黨在山西的組織太原支部，是高君宇受中共北京區執行委員會委員長李大釗委派，於一九二四年五月成立的。它是山西第一個共產黨組織。太原支部由張叔平、傅懋恭、紀廷梓三人組成支部幹事會，張叔平任書記。高君宇在籌建中共山西黨組織的同時，還與苗培成、韓克溫等國民黨人進行了籌備國共合作的談判。

在中共太原支部成立的同時，一九二四年五月，中國共產黨也在山西成立了臨時委員會。一九二六年十二月十五日由國共雙方共同協商召開了國民黨山西省「一大」，選舉產生了正式的山西省執行委員會（簡稱「省黨部」）（王建富：《山西第一次國共合作和民主革命新高潮》，《文史研究》1989 年第 2、3 期合刊，第 5—7 頁），第一任臨時省黨部執行委員共九人，其中有苗培成、韓克溫、李冠洋、郭樹榮、梁賢達五人為國民黨員，王瀛、孫真如、王鴻鈞、彭兆泰四人為共產黨員，韓克溫、李冠洋、彭兆泰 3 人為常務委員。

閻錫山對於黨派活動雖然一直限制較嚴，但是在國共兩黨第一次合作形成的有利形勢下，自一九二四年至一九二七年「四·一二」政變之前的這一期間，山西的國共兩黨共同合作，在號召山西民眾聲援國民革命，組織學生反對閻錫山的征房稅運動，北伐前夕，將組織起來的全省五萬多工人，按行業成立了各種工會，「五卅」慘案後，掀起以「滬案後援」為特徵的反帝高潮，反對軍閥戰爭，以及發展兩黨的組織等方面，還是做了大量的工作，對促進山西民主革命運動的發展，發揮了重要作用。

然而，當北伐革命軍攻克武漢後，由於蔣介石在帝國主義的引誘支持下，企圖建立起「以黨治國」的專制獨裁統治，拒絕與武漢政府合作，並竭力限制不斷高漲的工農運動，因此，寧漢之爭愈演愈烈。受此影響，向來就主張排斥共產黨的以苗培成、韓克溫為首的國民黨新右派，由於與閻錫山沒有什麼淵源，遂成為蔣介石在山西的代言人，而一些在北伐大潮中加入國民黨的閻錫山的幹部所形成的黨內親閻勢力「官廳派」，因其早就

對共產黨在山西的活動表示反感，所以，這兩股勢力，很快就同氣相求，在反共這一共同的目標下，走到了一起，當時雖然寧漢尚未分裂，可是在山西國共兩黨的摩擦已悄然發生，兩黨的破裂也見端倪。一九二七年三月十二日，國民黨山西省黨部在太原文瀛湖公園舉行工人、學生聯席大會，紀念孫中山逝世兩周年時，大會主席苗培成即首先公然污蔑共產黨「共產共妻」，對此，與會的幾千群眾當即呼喊口號反對，共產黨員王瀛也講話駁斥。苗惱羞成怒，與其手下「山西工人代表總會」委員長楊笑天組織人員搗毀了共產黨領導的太原總工會，總工會會友又搗毀了設於平民中學的右派大本營，此後，雙方的衝突持續了一個月。對此，閻錫山尚持觀望態度，基本上不予過問，也不偏袒一方。但至四月下旬，即「四·一二」政變不久，他即表態，支持國民黨省黨部，並讓苗培成所屬骨幹每人從山西省公署領取手槍一支，以便向共產黨動武。五月九日，中共山西省委召集太原全市各大中學校師生及工人群眾在國民師範大禮堂為李大釗舉行追悼大會，大會尚未開始，閻錫山即以「共產黨集會不合法」為由，派兩營兵力包圍了會場，衝散了大會，還當場逮捕了共產黨員張勳（張文昂）、武學和、王道明和進步青年楊懷義等四人，在會場揭露閻錫山背叛革命的薄書存（薄一波）幸得群眾掩護才離開了會場。當時，由於閻錫山同武漢國民政府保持著聯繫，還沒有公開打出反共的旗號，但從這個事件中卻可以看出，閻錫山的地方勢力派已經與國民黨右派聯合在了一起。

閻錫山於六月六日就任南京政府任命的國民革命軍北方總司令後，其反共活動即予公開。他先是遵照南京國民黨中央命令，對國民黨山西省黨部進行了改組，在省黨部排除了全部共產黨員，並由國民黨中央派來的張健、何澄，閻錫山的骨幹趙戴文、南桂馨、溫壽泉、孔繁蔚，以及原省黨部委員苗培成、韓克溫、李冠洋、郭樹棨、楊笑天等十一人，組成黨務改組委員會，苗培成、韓克溫、郭樹棨等為常務委員。接著，由這個常務委員會提出了一個通緝共產黨員的名單，並頒發通緝令，在山西的「清黨」活動即此開始。這次被公開通緝的有王瀛、崔鋤人、王鴻鈞、薄書存、鄧國棟、趙秉彝、顏昌傑、孫真如、朱志翰、王箴、楊高梧、彭兆泰等共產

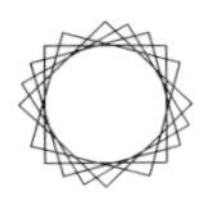

黨員和革命分子 32 人。

武漢的汪精衛政府於一九二七年七月十五日發動政變，開始在武漢大肆搜捕共產黨人，國民黨寧漢雙方在蔣介石下野，汪精衛反共的契機下達成一致，從而結束了第一次國共合作後，閻錫山進一步加快了在山西「清黨」的步伐。在閻錫山的支持下，苗培成等人不僅調動軍警封閉了共產黨領導的太原總工會和太原兵工廠工會，而且在省立一中、國民師範、進山中學等共產黨活動的中心，透過學生中的國民黨右派分子和便衣員警告密、偵察，對有共產黨嫌疑的學生開會鬥爭，毆打辱罵，開除學籍，甚至逮捕拘留。省立一中因被視為「共產黨的巢穴」，還在校門口架起了機槍，恐嚇進步學生。由於「五·九」事件後，中共山西省委對爭取閻錫山站在革命方面還沒有完全失望，中共打入國民黨省黨部做情報工作的周淙雲（張曄）發現了一份「清共」名單，立即報送省委，得到這一情報，中共山西省委提高了警惕，採取了規避措施，所以，「清黨」開始後，「清黨委員會」沒有捕到主要通緝對象，於是，就從中共週邊入手，單在太原市受迫害的就有一百餘人，但是，「清黨委員會」對「清黨」一直未從放鬆。「七·一五」事變後，時在武漢向中央彙報工作的王瀛，受中共中央負責人瞿秋白指示，回山西整頓工作。八月下旬，王瀛與其妻朱志翰一路到達北平，因正太鐵路不通車，即改乘京綏線火車，經張家口到大同，當其坐馬車返太原時，被國民黨特務跟蹤，途經崞縣時，被當地員警逮捕，押回太原，審訊中，面對種種酷刑，王瀛堅貞不屈，最後以「擾亂地方治安罪」於一九二七年十月十一日在太原被殺害。朱志翰因有身孕，倖免死刑，改判無期徒刑，直至抗戰開始，才被中共黨組織營救出獄。

在「清黨」中，閻錫山不僅繼續污蔑共產黨，說什麼，自國民黨活動以來，「社會上怨聲載道，是豈救國救民之三民主義所應招來者乎？皆仿效共產黨挑撥階級鬥爭手段所致也」，而且提出了「清其法」重於「清其人」的做法。他說：「惟自本黨容共以來，共產黨之革命方法，公然侵入本黨者不少。喊叫的口號，實施的行為，多陷於共產化。劃分階級，挑撥爭鬥，誠認為招兵良法。本黨黨員不知不覺中，亦仿效之。此實本黨之

大危險。亦民族殘殺之弊端。今日清黨，實為本黨之緊要工作。鄙黨清其人，尤須清其法。若清其人而效其法，則共產黨員得以反共之口號，潛伏於國民黨旗幟之下，做共產黨之工作。且故意為本黨得罪社會，必使國民黨三字不容於中國後而已，……深願本黨於此竭力清黨之際，確定本黨行為之界限，恢復被共產黨已失之人心，保存本黨在中國存在之基礎，黨國幸甚！」（《閻錫山年譜》（二），第 777 頁）。閻錫山這個「清其法」的思想，在他一九三二年第二次上臺後，為了全面反共、防共，於提出「軍事防共」的同時，又提出了「政治防共」和「思想防共」的思想，可以說後兩者正是其「清其法」思想的發展。在這方面，閻錫山真可謂見識非凡，非同一般，不愧為反共老手，比起蔣介石等一味「軍事剿共」來，確實要毒辣得多。

閻錫山在山西的「清黨」，迫使中共在山西的活動完全轉入地下，陷入低谷。直至抗戰爆發前夕，特別是一九三六年中國工農紅軍東征後，鑑於中共抗日的決心和華北危局的加劇，閻錫山為了利用共產黨抵禦日本帝國主義和國民黨中央的壓迫，並號召民眾進行抗日，以維持其統治，才逐步由反共轉向「迎共」、「聯共」，中共在山西的組織也才得以恢復發展。至於山西的國民黨組織，「清黨」過程中因內部派系鬥爭而分化成了 CC 派和「中山主義大同盟」派。改組後的省黨部，閻錫山雖然派了趙戴文等參加，但他對黨務工作向來不感興趣，而 CC 派的首領苗培成、韓克溫在閻錫山支持下，透過「清黨」則勢力漸大，把持了省黨部。但是，苗培成、韓克溫本就不屬於閻錫山的地方勢力，閻錫山對他們的支持，也只是因為在反共問題上雙方目標一致。及至 CC 派勢力坐大，閻錫山認為於己已有所不利時，即想利用「摻沙子」的辦法控制省黨部，此法儘管收效不大，但從此卻也使 CC 派基本上失去了對山西政局的影響力。因此，直至抗戰爆發前的 20 多年中，山西的政治經濟等方針大計，基本上都實行的是閻錫山的一套山西版本的「三民主義」。這中間，雖然一九三零年中原大戰期間，國民黨山西省黨部及各縣黨部負責人，紛紛被汪精衛、閻錫山兩派打倒，大部流落外地。可是，當閻錫山戰敗離開山西後，他們便以勝利者

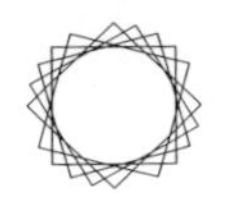

的姿態返回山西，又囂張起來。一方面積極反閻，對閻本人漫罵、諷刺、偵察，並在國民黨內部通緝、開除、清洗閻汪分子，另一方面，繼續反共，大肆破壞中共山西省地下組織。閻錫山對於省黨部對自己的攻擊，自然十分惱怒，但卻無可奈何。一九三一年八月五日閻錫山由大連潛返老家五台河邊村後，在靜觀時局變化的同時，積極籌畫自己的東山再起。不久，「九·一八」事變爆發，國人要求抗日救亡的呼聲日益強烈，愛國運動不斷興起，太原的大中專學生也積極回應。十二月初，太原學生派出代表向山西當局請願，要求開放抗日救亡運動。省黨部常務委員、省教育廳廳長苗培成出面接見學生代表時，態度蠻橫，激起代表們的憤怒，高喊「打倒苗培成」的口號，苗見勢不妙，扭頭逃跑。學生代表第二天又找省主席徐永昌，又受阻。憤怒的學生分頭將苗公館和教育廳加以搗毀。十二月二十八日上午，太原學生三、四千人到省黨部大門前請願，省黨部應允學生派出代表進入，豈料，學生代表進入省黨部後，突遭糾察隊圍攻毆打，並槍殺了穆光正，從而引發了震動全省的「一二·一八」慘案。閻錫山聞知後，即要清鄉督辦楊愛源命令太原市警備司令榮鴻臚，於當天下午派部隊將省黨部糾察隊繳槍，並將韓克溫、姚大海及糾察隊長等扣押在警備司令部，還會同學生代表查封了省黨部及《民國時報》社，隨後各縣縣黨部亦一律停止活動。其領導人則流竄到北平、西安等地。從此，蔣介石在山西的勢力消失殆盡。

閻錫山曾支持過國民黨山西省黨部，但後來卻又查封了國民黨山西省黨部，排除蔣介石在山西的勢力，這看起來似乎有些矛盾，其實不然。因為，在反共的問題上，他們是一致的，並因此而協力同心，但是在關乎各自利益的問題上，由於蔣介石想透過他在山西的國民黨省黨部來逐步控制山西政局，從而達到一統天下的目的，而閻錫山則不願意受中央的約束，總想自成一體，維護住本集團的利益，這就不能不發生衝突。在省黨部的問題上是這樣，北伐結束後的編遣會議及不久爆發的中原大戰，也是這樣。

3、出師討奉，參加北伐，晉軍初戰得勢，不久全線撤退

閻錫山的易幟，讓張作霖感到了事態的嚴重。因為他的這位盟友態度上的這種轉變，不但在政治上對奉方陣營是個不小的衝擊，而且也因寧漢之爭使其在南方形成的與北伐軍軍事上的均勢產生了不利於奉方的變化。但是，張作霖並未對閻立即採取激烈行動。其原因主要是閻錫山的易幟僅僅是其政治態度上的表示，而在軍事上尚未有什麼異常變化。如若貿然對閻動手，情急之下，閻錫山必然作出反映，如此一來，奉方必然要抽調相當兵力對付閻的還擊，這樣就不能不影響到南方的戰事。所以，他在震驚之餘，還是對閻採取了緩和的態度。為此，一九二七年六月二十八日，他在北京就任「安國軍海陸大元帥」後，即委閻為「安國軍副元帥」。同時，請閻推薦「軍政府官員」，但閻均婉言拒絕，並向張作霖表示，他在山西的易幟，只是為了自保，並不意味著與張為敵，今後反共立場絕不改變。同時還勸張取消「大元帥」稱號，改易「東北國民革命軍」。看來，閻錫山主觀上一直想勸促奉方與蔣介石合作，加入「討共大同盟」，來共同對付共產黨的。這可說是閻錫山易幟後，遲遲未出兵伐奉的一個重要原因。因為，如果勸促奉方成功的話，那麼，不但加強了反共勢力，也可避免他與奉方的軍事衝突，更好地保存自己。

另一個原因，就是寧漢之爭使南方軍事上進展緩慢，無暇北顧，而奉方在北方的勢力又基本上未動，如若晉綏軍與奉軍孤立作戰，後果可想而知，因此，閻錫山不得不繼續與奉方周旋，一方面希望張作霖能改弦更張，一方面加緊與南京政府的聯繫。

蔣介石對於閻錫山拒汪拒奉，力行「清黨」反共的作為，大為讚賞。七月七日，南京國民政府軍事委員會改組時，閻錫山、馮玉祥、胡漢民、李烈均等就當選為委員。並且，國民政府於七月九日發表了國民革命軍北方各軍軍長，分任商震、楊愛源、徐永昌、傅存懷、傅汝均、豐玉璽、張蔭梧、譚慶林、鄭擇生、李維新等十人為第一至第十軍的軍長。（第七軍

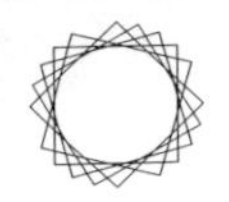

軍長由閻錫山兼，張蔭梧為副軍長），這就直接把閻錫山的晉綏軍納入了北伐軍系列。從而使閻錫山更加依賴南京政府。因而，此後不久，七月十五日，閻錫山便命北方國民革命軍進佔石家莊，奉軍退守正定。

北方國民革命軍各軍均由二至三師並附炮、騎、工等兵種分隊編成。分為左、右兩路，由第一、七、九各軍組成的左路軍出兵京綏路；第二、三、四、十各軍組成的右路軍出兵京漢路，另以第六、八軍為挺進部隊，其餘為總預備隊。而奉軍在京綏路方面的軍隊為第三軍團所屬第九、十二軍，其主力配置於宣化、張家口附近，另外，在平地泉派駐一個機動部隊，奉軍在京漢路方面是第三、四軍團之主力。從晉綏軍與奉軍雙方的兵力與部署上來看，晉綏軍雖處於進攻地位，其炮兵、騎兵也頗具威力，但其總兵力要少於奉軍，並且在戰略上處於外線作戰地位，進軍路上，山河重重，交通不便，給部隊運動帶來很大困難。奉軍的兵力雖然要比晉綏軍多，並且所據之京津資源相當豐富，京綏、京漢、京奉三路交通也極為便利，況且是以守為攻，以逸待勞，優勢不少，但是其戰線過長，兵力分散，從察哈爾之懷安到石家莊的新樂，如同蛇形一樣，沿線所設兵力都較為孤立，很容易被分割圍殲，各個擊破。

面對閻錫山這種架勢，張作霖不得不作出反應，為應對局勢，他一面令駐於京綏、京漢線的第三軍團主力積極補充訓練，一面還於八月二十五日派出代表與晉方聯絡，希望閻錫山能從石家莊撤軍，守中立地位。因為，作為國民革命軍總司令的蔣介石迫於北伐失利和武漢方面的壓力，於八月十三日宣佈辭去總司令一職，在滬通電下野。張作霖想乘寧漢互爭之機改變南方戰局，準備派出兩路兵馬南下，一路到河南攻打北伐軍，一路沿津浦線援助孫傳芳。可是，由於晉綏軍已進佔石家莊，給奉軍運兵南下造成了障礙，所以，儘管張作霖對這位盟友的背叛十分惱火，但為大局計，他還是委曲求全，與閻聯絡，然而卻遭到了閻錫山的拒絕。於是，張作霖派第三集團軍中將於珍為豐鎮平地泉總指揮，以檢閱察西部隊為名，前往這兩處部署軍事，準備向綏東進攻。不料，當於珍由第九軍參謀長劉維勇陪同返經大同時，突遭奉閻錫山之命的晉綏軍大同鎮守使李生達扣留，並轉

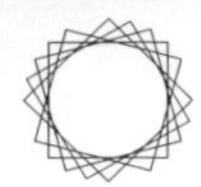

送太原。晉北頓呈緊張局勢，閻錫山與張作霖的矛盾進一步惡化，雙方劍拔弩張，大戰一觸即發。

閻錫山將其左右兩路大軍部署後，晉綏軍與奉軍曾發生過多次小的戰鬥。他亟待中央配合支持，但是，蔣介石下野後，由於寧漢合作改組後的中央國民黨特別委員會的多數委員們，仍沉迷於「黨統」之爭，根本無暇顧及北伐大業，而奉方卻乘南京混亂之際，在津浦方面連連反攻得手。在此情況下，閻錫山屢屢致電南京政府，認為對奉軍「若再遲遲不發，坐使強敵益張，殊非黨國前途之幸」，「為牽制敵人南下，並先發制人」，經與馮玉祥和其他方面聯絡後，遂於九月二十七日令前鋒依作戰計畫，退出石家莊，集中井徑待命。二十八日，即致電南京政府：今日率部誓師，討伐張作霖，並發佈檄文，謂「不得已，隨諸同志之後，誓師北伐，以掃除三民主義之障礙，以達救國救民之目的」。同時，令其所部二十九日向京綏、京漢兩路一致發動。閻錫山雖然因對張作霖「屢與開誠相商，終見固拒，近更龐然自大，盤踞北京，不謀與民合作，只求一己之尊，且日肆以武力壓迫國人，……既忍無可忍，又望無可望」（《閻錫山年譜》（二），第820、822頁），「不得已」出師討奉。但不管怎麼說，他總算是參加北伐，向奉軍宣戰了。

閻錫山在誓師討奉之前，即針對奉方部署，為達到突然襲擊，儘快攻佔北京之目的，制定了「集中兵力，兩端下手，多路進攻，分割圍殲」的戰略方針。擬將奉軍當面主力及預備隊吸引到京綏、京漢線之兩端，將其攔腰斬斷，使之首尾不能相接，然後分進合擊，「直下京津，厥收奇功」，因此，討奉通電發表時，左右兩路大軍均已進入出擊地域。

雙方交戰之初，晉綏軍進展順利，左路軍在商震的指揮下，第五師王靖國部由大同沿京綏線向張家口進擊後，很快輕取張家口、萬全，第十五師李生達部由天鎮經懷安縣左衛向宣化附近的沙嶺子之敵前進後，經激戰擊退了奉軍高維嶽的第九軍，佔領了宣化。由閻錫山直接指揮（實際由徐永昌代行）的右路軍，以二、三聯合軍為主力，由石家莊荻鹿、平山、井徑一線向北發起進攻後，也很快以優勢兵力推進到接近保定的定縣、望都

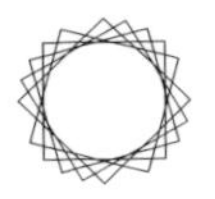

一線。右路軍的第六軍第四師傅作義部做為一支奇兵，則由太行山間挺進，從京、保（定）之間截斷鐵路，以求全殲京漢保定以南之敵，並相機呼應由陽原縣經蔚縣向南口進發的第十四師李服膺部。晉綏軍初戰告捷，不到一周時間，連克數地，十月「一日克正定、四日克新樂、定縣、柴溝堡，五日克張家口、宣化，六日克望都」（《閻錫山年譜》（二），第829頁）。與此同時，馮玉祥所屬各部在隴海、津浦兩路也發起進攻，以策應晉軍。看來，形勢對晉綏軍十分有利，似乎已經穩操勝券。

但是，晉綏軍好景不長，它在奉軍猛烈反攻下轉入守勢。面對兩線作戰，張作霖調整了兵力部署，在津浦方面取守勢，集中兵力解決西線戰事。十月十日，下令京綏、京漢、隴海三路部隊開始向閻、馮軍隊發起反攻。當日即收回定縣，切斷了晉綏軍前線與石家莊的聯繫，右路軍全線動搖。在石家莊指揮作戰的閻錫山忙將總部轉回正太線荻鹿車站，由徐永昌任前敵總指揮，晉綏軍右路部隊被迫沿京漢線之左側，經平山、荻鹿等地，向娘子關撤退。推進到張家口、宣化的晉綏軍左路軍，也遭到奉軍的激烈抵抗，先頭部隊李生達十五師傷亡近三分之一。十日，奉軍又發起猛烈反攻，連連得手後，乘勢將商震左路軍壓至天鎮縣永嘉堡一帶，幸被李生達十五師力戰所阻，才免於全線崩潰。商震本擬在大同佈置防線，因閻錫山深感兵力薄弱，遂下令放棄雁北、綏遠，左路軍集結雁門關一帶山地，憑險防守。大同重鎮被奉軍佔領。至一九二七年十月底，晉綏軍主力均被奉軍逼退，收縮於山西境內。

執行南路挺進任務的傅作義四師，因與上級失去了聯絡，未得到撤退命令，仍照原定計劃出易縣，趁奉軍主力集結京綏、正太兩路而腹部空虛之機，於十月十三日一舉攻佔了京南重鎮涿州。但因聯絡中斷，無法確定下步方略，傅作義只得據城固守。他不知道晉綏軍主力全線撤退後，涿州已經成了奉軍防守腹地中的一座孤城。而奉軍向來小覷晉軍，認為晉軍打不了硬仗、惡仗。況涿州已是一座孤城，守軍只有一師人馬，因此，張作霖決心拔除這個釘子，下令期限拿下涿州。豈料，奉軍四次總攻，多次增援，均未奏效。張作霖遂派張學良親自指揮作戰，最多時一天竟向城內發

射炮彈四、五千發，並派工兵炸毀西南城牆。傅作義則集中兵力，親自督戰，數次打退奉軍進攻，以一師兵力堅守涿州三個月，並因此而牽制了奉軍十萬之眾不能南下，大大緩解了馮玉祥部的壓力。守城期間，傅作義曾數次電閻請援，閻自覺無力也無望增援，只好多次回電嘉勉，並於十二月二十八日致電傅作義，著第四師全師官佐一律晉升一級，賞全師七萬元大洋，鼓勵士氣。不久，南京方面也於十二月二十七日任命徐永昌、傅作義二人為軍事委員會委員，以示對閻的籠絡和對傅的嘉勉。以師長一級任軍委會委員，傅作義實乃空前絕後之一人。這時，傅作義已是糧盡援絕，而奉軍也成強弩之末，於是雙方接受北京商民代表調停，議定傅作義部改編為國防軍而不屬奉軍系列，傅本人離開部隊。一九二八年一月十二日，傅部接收改編出城，歷時九十天的攻防戰終於結束。涿州之戰使傅作義以「善守」而名揚天下。傅作義交出兵權後，張作霖、張學良對其優禮有加，並許以奉軍方面軍司令官一職，蔣介石亦於事後兩次對傅收買，但傅均予謝絕。對此，閻錫山十分讚賞，曾對趙戴文得意地說「傅作義是咱們的關雲長，義重如山」。

晉綏軍紛紛撤回山西境內後，張作霖調集號稱三十萬的軍隊，分兩路分別向娘子關南北地區和雁門關附近地區展開進攻，迫於奉軍壓力，閻錫山一方面部署兵力防守於龍泉關、長城嶺、鐵角嶺至雁門關之間，以及由固關、娘子關延伸至六嶺關到黑三關一線，構成了左、右兩道防線。並命第十四師李服膺部以五臺山和勾欄山為兩側，以繁峙平地為底部，構築「口袋陣地」，以誘奉軍深入。因奉、直聯軍同時在隴海路方向對馮玉祥猛烈進攻，馮已無法呼應閻錫山，所以，閻錫山在加強防守的同時，一方面致電李烈均「極盼南部大軍迅速北上，為我支援」，同時，還讓在天津的南桂馨，速請段騏瑞出面，「聯結孫、魯、張，迫奉張出關」（《閻錫山年譜》（二），第 834 頁）。

閻錫山向奉軍發動的第一次進攻，雖然以全線撤退而告終，並損失了五千餘人，但它卻打亂了奉軍南進的計畫，對奉軍也予以了重大創傷。奉軍被晉綏軍右路部隊「繳械約兩師」，特別是傅作義攻佔涿州後的苦守三月，更具意義，由於涿州在北京、保定之間，對京漢、京綏兩線的奉軍造成很大威脅，迫使奉軍不得不集結重兵，力爭奪回，這樣就牽制了奉軍大量兵力，不但使守退山西的晉綏軍在軍事上減輕了壓力，而且對於正在河南與奉軍作戰的馮玉祥部，以及渡江北上，分向津浦、運河兩路並進的北伐軍第一、二兩集團主力部隊，也間接地起到了很大的支援作用。

4、與馮相聯，促蔣復出主持北伐，投桃報李，蔣讓閻接收兩市三省

閻錫山孤軍討奉的失利，使他深感要戰勝奉軍，必須借助南方力量。可是，當時由於唐生智心懷叵測，勾結奉魯，隱圖牽制，北伐軍總部不得不先行西征討唐，以除「內顧之憂」，防變生肘腋，況且，對南方境內的奉張殘餘勢力，也須肅清，一時難以調動主力大舉北進，遠水不解近渴，因此，就近而言，在北方所能依靠的只有河南的馮玉祥國民軍了。但此時張作霖、張宗昌等部正由直隸、山東分路向河南進攻，馮玉祥自顧不暇。為此，閻錫山加緊了與馮玉祥的聯繫。他認為「目下我與煥帥合則勝，不合則兩敗，尤宜開誠相與，一切均所不計」，並且對馮玉祥要求援助軍火一事，答應「就近在運城、長治兩處先行接濟」（《閻錫山年譜》（二），第 837—838 頁），後來給馮撥了兩百萬發子彈。儘管閻馮之間還遠未達到「開誠相與」，聯合一致的程度，也未能形成合兵伐奉的態勢，但是，他們所表示出的合作意願和相互聲援，則對解除各自的困境，並為爾後的共同討奉，起到了積極作用。

與此同時，閻錫山也看到，北伐進展緩慢，多因缺乏統一指揮及各部相互協調所致，因而，他屢請蔣介石出來總管北伐事宜。蔣介石被迫於八月十三日宣佈辭去北伐革命軍總司令一職，在滬通電下野歸里後不久，九月十六日遷都南京的武漢政府成立了以桂系和西山會議派把持的國民黨中央特別委員會，決定寧漢合作，改組中央黨部和國民政府，並由特委會推舉蔣介石、汪精衛、胡漢民、閻錫山等十四人組成主席團。然而，汪精衛、唐生智等因不滿蔣介石戀棧不走，遂返回武漢成立政治分會，反對南京特委會。蔣介石在反對派的壓力下，遂於九月二十八日離開上海，前往日本。而胡漢民又深居上海，閉門不出，國民黨三巨頭，一個在武漢，一個赴日本，一個不出戶，皆不在位，實際上北伐戰爭已無人掌管。閻錫山第一次出師討奉開始後，所以形成孤軍作戰，各方無援，就與此有著很大關係。如今，奉軍正對山西大舉進攻，晉綏軍雖仍在頑強堅守，但再堅持下去，

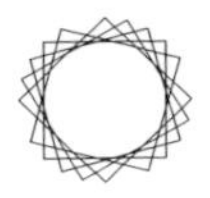

前途確實堪憂，不僅山西難保，北伐大軍渡江北上，也將困難重重。只有讓蔣介石重新出山，統一指揮北伐軍事，方可挽救危局，完成北伐大業。

閻錫山所以認準了蔣介石能行，主要是因為蔣介石堅決反共，這一立場與閻完全相同。再就是蔣介石有江浙財團和英美帝國主義在經濟上的援助。北伐軍興後，隨著北伐軍作戰地域的不斷擴大，收編的軍閥部隊日見增多，軍隊人數已從廣東出發時的八個軍、十餘萬人，猛增到一九二七年的三十多個軍，約一百三十萬人，僅就軍餉一項，即較廣東時期增加了十二倍，每月財政支出總計高達一千七百餘萬元。而當時南京政府的財政直接收入每月僅六百萬元左右，如果蔣介石不復出，這一龐大的軍費開支就難以解決，北伐也就無法進行。此外，蔣介石雖然去了日本，但他仍對晉奉戰爭予以密切關注。如晉綏軍撤回山西，涿州之師被圍困後，蔣即致電閻錫山，謂：「欲望其他援助，皆非所能，如可與奉議和，則從速停戰，保存實力」（《閻錫山年譜》（二），第 836 頁）。而閻錫山也不時將晉奉戰況通報於在日本的蔣介石。所以，閻認為比起其他國民黨要員來，蔣對北伐更為關注，急切盼望蔣「即日返旆督師北來」。其實，還在蔣介石通電下野之前，閻錫山即幾次致電蔣，表示挽留：「傳聞我公有消極意，黨國存亡之秋，維持支柱，責在我公，遁萌退志，竊期期以為不為，務請勉抑高懷，力任艱巨，無任企禱」（《閻錫山年譜》（二），第 769 頁）。而今，在南軍進展緩慢，山西和馮玉祥部隊又遭奉軍壓迫的情況下，閻錫山更覺得十分必要讓蔣復出，並主持北伐大局。因此，他奔走呼籲，不但多次致電劉樺，希望他聯絡各方，請蔣介石回國，並與馮玉祥聯名或自己單獨向蔣致電，要其復任，而且給國民政府軍委會主席團和中央黨部、國民政府去電，謂：「當此九仞成功之際，黨務事小，北伐事大，尤宜蠲棄一切，努力殲敵，完成革命大業，……不失千載一時之機也」（《閻錫山年譜》（二），第 856 頁），「錫山等為完成革命工作起見，擬請中央黨部、國民政府復任蔣中正同志統一指揮，不唯弟等大願，大局實利賴之」（《閻錫山年譜》（二），第 859 頁）。蔣介石於一九二七年十一月十日由日本回到上海，當他於一九二八年一月四日回到南京復任國民革命軍總司令一職

後，閻錫山又專電國民政府軍事委員會，謂：「兵不統一，用兵大忌」，建議中央統一北伐全軍戰鬥序列，並提議由蔣介石任北伐全軍總指揮（《閻錫山年譜》（二），第 1088 頁）。蔣介石的復出，有著多方面的原因，但閻錫山在其中確實發揮了重要作用。

蔣介石復出並統轄指揮北伐軍後，當年一月下旬即在開封召集軍事會議，決定全面北伐之戰略部署。國民政府軍事委員會也統一了北伐軍序列，成立了三個集團軍，第一、二、三集團軍總司令依次分別為蔣介石、馮玉祥、閻錫山，後又將駐紮於兩湖的廣西軍隊收編為第四集團軍，由李宗仁任總司令。由於奉軍四月一日開始集中兵力三十個師，分中、北、東三路進攻山西，因此，蔣介石通令二、三集團軍於七日開始總攻，而在此之前的四月四日，他已令一、二、三集團軍分別從津浦路、京漢路、正太路向奉軍發起攻擊，從此，閻錫山開始了對奉軍的第二次討伐。

第一次討奉的晉綏軍撤回山西後，即深溝高壘、憑險固守，並多次擊退了奉軍的猛烈進攻。晉綏軍付出了很大代價，奉軍也損失慘重。晉綏軍可就地取給，糧秣充裕，奉軍卻長途運輸，補給困難。晉綏軍再無退路可退，故而頑強抵抗，士氣高昂，而奉軍長期與晉綏軍對峙，已成疲憊之師，所以，閻錫山第二次討奉，是從固守前進陣地出發，在態勢上是以逸待勞，加上有一、二兩集團軍的配合，更增添了勝利信心。這次，閻錫山在原來的基礎上把對奉軍的作戰部署做了一些調整，由他任總司令，朱綬光為參謀長，商震為前敵總指揮，兵分左、右、中三路，左、中路為主力，分頭出平型關、淶源和龍泉關、阜平，從側面對保定形成南北夾擊之勢，並向京綏線方向派兵一支，由雁門關向大同方向出擊，以阻止察綏奉軍主力向南策應，同時，相機作預備隊，從北路圍攻北京，確保主力攻佔保定、北京。右路軍則出井徑，搶先攻佔石家莊及其以南之元氏、高邑，以控制京漢路，切斷石家莊、南口奉軍北歸之路，迫其轉向京漢、津浦兩路間第二集團軍的進攻地域，以遲滯馮玉祥部前進速度，並吸引奉軍增援隊到第二集團軍進攻地域，從而減輕晉綏軍左、中路的壓力，使之能迅速攻取北京。

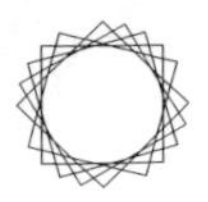

晉綏軍依此部署，分頭進發，到一九二八年四月下旬，已先後攻克高邑、平山、元氏、井徑等地，及至四月二十六日馮玉祥部襲破奉軍在京漢路、石家莊南（南口）防線，奉軍開始向北潰退後，閻錫山即令右路軍集中優勢兵力對石家莊發起總攻。五月九日，石家莊被攻克後，由於察哈爾方面的奉軍主力被晉綏軍左路部隊阻擊，無法南下增援，石南奉軍又在馮軍追擊下潰逃，於是，保定便被暴露在冀中平原，京津也指日可下。這時，奉軍已呈現頹敗之勢，第二、第四集團軍亦均進入河北境內。三路大軍，一齊指向北京。但是，當時據守京津的奉軍尚有四十多萬兵力。並且日、英、美等國在京津設有使館和駐有一定部隊，他們都與張作霖的關係非同一般。因此，佔領京津，這既是各集團軍所一直垂涎的一塊肥肉，又是一個十分燙手的山芋。到底由誰來接收京津較為合適，作為北伐軍總司令的蔣介石不能不認真考慮。

對於蔣介石而言，他自然想坐享其成將這塊肥肉攫為己有，但他不能不有所顧忌，因為，在眼下這樣一種複雜形勢和這樣一個敏感地區，要想占住腳，首先得有自己的軍隊作後盾，可是他的第一集團軍尚在津浦路一線與山東的直魯聯軍及孫傳芳的殘部作戰。李宗仁的發祥地是湖廣，在北方根本沒有根基，難以勝此重任。馮玉祥倒是兵多將廣，其集團軍兵力數量與作戰能力均為北伐諸軍之翹首，而這又恰恰是蔣介石所顧忌的，況且馮玉祥還有親共傾向，雖然他在彌合寧漢裂痕，促蔣復出上有所貢獻，但也有過與武漢國民政府合作的歷史。經反復權衡，蔣介石認為，由閻錫山接收京津還比較合適。這是因為閻錫山是資深的老同盟會員，處事一向謹慎穩健，善於應付複雜局勢。他與日本方面以及奉方高層幕僚之間，都有密切關係，便於處理有關外交事宜，並且，他的兵力僅次於馮玉祥，軍權統一，部署齊奏，有能力接收管理京津。更重要的是，他從派代表與蔣介石聯絡北伐事宜開始，在山西易幟、「清黨」，反對武漢政府等問題上一直站在蔣介石一邊，並在促蔣復出及由蔣掌管北伐軍事上，都出了大力，表示對蔣的忠心。閻錫山佔領石家莊等地後，並未貿然進軍京津，而是向蔣電請戰地政務委員會迅速北來處理河北政務，還請蔣「移節北來」。因此，

蔣介石於五月二十二日給閻來電，稱「奉軍退出關外，京津由第三集團軍和平接收」（《閻錫山年譜》（三），第 974 頁）。這也是蔣介石對閻錫山於己有恩的一種報答吧。

閻錫山受此重任，自然喜出望外，但他並沒有得意忘形，因為他深知其中的艱難。奉軍雖然於五月十二日提出停戰要求，卻只言漳德、正太，不言津浦，況且京津一線仍有重兵駐守。而日本方面「為保障東亞和平，維持大局起見」，又「確望」閻錫山從速與反過激派之奉天講和，倘不講和，恐亦為日本之敵（《閻錫山年譜》（三），第 966 頁）。面對這種狀況，閻錫山採取了軍事與外交同時並舉的策略，力圖以軍事上的勝利加重外交談判籌碼，以外交談判促進和平接收。為此，他督促第三集團軍加緊對保定門戶方順橋一線奉軍的作戰。由於奉軍為保住保定而在方順橋部署重兵進行頑抗，雙方在此膠著十數日，戰鬥空前激烈，晉綏軍一度幾乎被奉軍合圍。面對危局閻錫山與白崇禧電請蔣介石，請他「迅飭第一集團軍急取滄州，籍資策應」，並「懇電請馮總司令飭第二集團軍迅速北進，保持第三集團軍右翼之安全」（《閻錫山年譜》（三），第 976 頁），以利第二集團軍在完縣方順橋之線與敵作戰，同時向馮玉祥求援。但因冀南之奉軍大部被吸引至馮玉祥部所在的豫北戰場，當馮部吃緊向閻求援時，閻卻以種種理由敷衍，按兵不動，致使馮部傷亡重大，所以，對閻的請援，馮部不予支援。幸虧第四集團軍先頭部隊趕到，晉綏軍才得以解圍，並於五月二十九日攻克方順橋，翌日攻佔保定。在外交上，閻錫山則按照蔣介石關於「戰事達到京津附近，應以竭力避免惹起外交之方法為作戰之佈署，如能以和平達到目的，自不妨曲予遷就」的指示（《閻錫山年譜》（三），第 977 頁），加強了對日本以及英美等國駐京使館的外交活動。

其實，閻錫山對此已未雨綢繆，早有籌畫，還在一九二七年春，他即派諳熟日方情況且善於折衝尊俎的南桂馨，赴北京繼任了因病去世的田應璜的駐京首席代表一職。南上任以後，積極活動，很快與其在日本時的舊交、日本駐京公使武官本莊繁（後任日本關東軍司令）少將取得聯絡，事先向他通報了山西方面準備出兵北伐的資訊，使日本方面有所瞭解，並

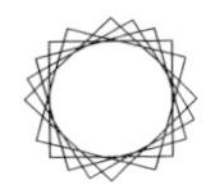

且和英國駐京公使蘭普森舉行了會談，針對蘭氏所提出的怕馮玉祥軍隊進駐京津「發生意外」這一問題，解釋了閻錫山不會是武漢政府的做法，如閻錫山接收京津，一定並且必須遵守與各國的既定條約。從而為以後閻錫山開展對英美的外交活動作了鋪墊。晉奉開戰後，南為躲避奉方緝捕而遷至天津。在這裡，他不僅很快將張作霖因在華北用美國借款修築鐵路一事與日方交惡的情報告知閻錫山，而且還向閻傳去了日本駐京公使芳澤關於「只要閻軍打入保定，我們日本就可壓迫奉軍退出華北，如果退出時，潰不成軍，恐怕山海關也不易出去了」的情報，加上事後更為準確直接的有關情報，對堅定閻錫山二次討奉時採取「中心突破，側面接敵，先下保定」的戰略方針，起到了很大作用。與此同時，南桂馨在天津還先後聯絡了北京「安國軍政府」的內務部警政司長李新培、督察總監署司法處長蒲子雅等人，從他們那裡及時獲取日方、奉方主張與國民黨合作的新派以及掌管京津治安衛戍大權的北洋皖系勢力對時局的看法。在張作霖行將敗逃時，南又與日本天津駐軍司令新井達成諒解，由日方放出不惜一戰的口風，堅拒馮玉祥部接收天津，而由從保定奉方軟禁中跑出來的傅作義指揮由張宗昌撤離時留下的一個團，負責接收天津。為使接收京津順利進行，閻錫山甚至對京津冀察的主要人事安排都透過南桂馨取得了北京外交使團的「諒解」。正因為有了這些事先的充分準備工作，所以，五月三十日蔣介石赴石家莊與閻錫山會晤時，兩人對接收京津及善後事宜問題，很快達成共識，並於六月四日由國民政府委任閻錫山為京津衛戍總司令。

閻錫山攻佔保定後，鑑於同在京漢路上北進的第二、第四集團軍只推進到石家莊及其以南地區，為不失時機搶佔北京，遂令其第三集團軍以張蔭梧、孫楚為左、右路先鋒，兼程向北京挺進。由於奉軍在石家莊、保定戰役中連連失利，在京漢一線的部隊也被北伐軍所殲滅，加上日本方面的逼迫，張作霖知道大勢已去，不得不於六月二日離京返奉。六月四日在皇姑屯被日本人炸傷殞命。同時，由於南桂馨的工作，掌握北京警政的地方維持會王士珍等人出面維持了北京秩序，並拒絕了試圖接收北京防務的第二集團軍韓復榘部，所以，孫楚所部於六月八日進入北京，順利接收了奉

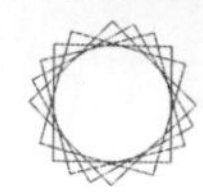

軍留京衛戍部隊的防務。同日，閻錫山電令南桂馨接收天津防務，並報呈國民政府、軍事委員會、蔣介石，請任張蔭梧、傅作義分別擔任京、津警備司令。六月十二日，國民政府批準了對張、傅的任命。六月二十日，國民黨中央政治會議決定將直隸省改稱河北省，北京市改稱北平市，並以北平、天津二市為特別市，後又任何其鞏、南桂馨分別為北平、天津兩市市長，商震為河北省主席，趙戴文為察哈爾督統（不久又調任國民政府內政部長），徐永昌為綏遠督統。同年十二月，察哈爾、綏遠由特別區改省，督統改為省主席，兩省主席分由楊愛源、徐永昌擔任。這樣，閻錫山遂控制了北京、天津兩市和晉冀察綏 4 省，成了北伐中的大贏家。

五、中原大戰前後的沉浮

1、「編遣」會議前後各方明爭暗鬥，閻錫山不動聲色暗中籌謀

北伐戰爭推翻了北洋軍閥的統治，基本上結束了中國四分五裂的局面，這對中國社會而言不能說不是一個進步。然而，由於受帝國主義支持的以蔣介石為代表的國民黨右派改變了北伐的革命性質，把北伐當作了擴充自己勢力，進而對全國實行專制獨裁統治的手段，所以，北伐的勝利，並沒有能夠改變中國半殖民地半封建的社會性質，相反，由於參加北伐的各派勢力為保護或爭取到更大的利益而明爭暗鬥，以至最後大動干戈，使中國社會陷入了更深重的災難。

北伐戰爭的硝煙尚未散盡，蔣介石為削弱馮玉祥、閻錫山、李宗仁的軍事實力，以實現其對中國的獨裁統治，即加緊了「削藩」的步伐。一九二八年六月十二日，國民政府發出對內施政方針通電，聲稱北伐完成後，將立即施行力行法制、澄清吏治、肅清匪盜、減免苛稅、裁減兵額「五要政」。不久，國民黨中央又提出因全年軍費開支與財政收入相差甚巨，要將軍隊縮編為八十個師一百二十萬人，軍費減至財政收入的六成。七月五日，蔣介石致電馮玉祥、閻錫山、李宗仁稱：「今日非裁兵無以救國，非力行軍政財政之統一無以裁兵」。七月十一日至十三日，蔣介石又召集馮玉祥、閻錫山、李宗仁、李濟深、蔡元培、張靜江、李石曾、吳稚輝、李烈鈞、戴傳賢等人，在北平小湯山舉行會議，研究議定北伐善後事宜。會上劃定了各集團軍的轄區範圍：第一集團軍為廣東及華東沿海富庶地區；第二集團軍為山東、河南及原有的陝甘寧青四省；第三集團軍為冀察兩省、平津兩市和原有的晉綏兩省；第四集團軍為湖南、湖北及原有的廣西省。對於這樣的劃分，蔣介石、閻錫山得益最多，當然沒有意見。而馮玉祥則因濟南和膠東半島為日本佔領，山東是一個殘缺省份，原有四省又相當貧瘠，況且自己在北伐中又出力最多，所以，頗為不滿。李宗仁則嫌地盤太小，又無出海口，也表示不滿，會場氣氛頓形緊張。會議最後，蔣介石提出了一個在改組中央政府的同時，舉行「編遣會議」，整理軍事的議案，

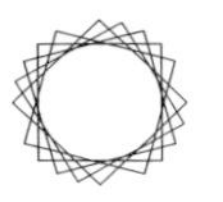

建議取消各種「總司令」、「總指揮」名義及相應的集團軍和軍一級編制機構，由編遣委員會負責在全國軍隊中擇優編成國防軍五十至六十個師，其餘軍隊一律遣散，以集中財力進行國家建設，並要求會議原則透過其提出的《軍事整理案》。當四個集團軍總司令共同簽署《軍事整理案》後，蔣介石還當面邀請與會的各集團軍主要負責人和他一塊去南京，立即舉行編遣會議。

小湯山會議後，蔣、馮、李相繼離開北平，而閻錫山卻藉口身負平津衛戍之責，難以即刻南下，回到了山西。八月份，國民黨二屆五中全會透過了裁撤各政治分會，設立政府五院八部、《軍事整理案》等重要決議。但因閻錫山的缺席，最為關鍵和敏感的軍事整理問題，不能正式開會。由於閻錫山受到蔣介石的照顧，在北伐中受益最大，所以從有關裁軍問題一開始，就唯蔣介石馬首是瞻，言聽計從。而馮玉祥、李宗仁對蔣介石於上半年底前裁撤政治分會的決議卻予以激烈抵制，致使決議流產，故爾蔣介石亟待閻錫山來給他從中斡旋，以應付馮、李等人在軍事整理問題上對他的聯合進攻。馮、李等人則以為，裁撤軍隊也勢必傷害閻錫山的利益，閻與他們都是受蔣之害者，也盼閻錫山來「加盟」，共同對付蔣介石，於是乎，蔣介石與馮、李對閻寄予厚望，使閻錫山身價百倍，似乎閻錫山不來參加會議，編遣就進行不下去。而閻錫山卻穩坐太原，靜觀南京各方軍事首領的動態，以「療疾」、「侍父疾」、「侍疾勞頓致病」等等為托詞，遲遲沒有前去，直到十二月十二日，才在各方頻頻電邀下，行抵南京。

閻錫山到南京後，不僅受到各方面的熱烈歡迎，而且就任了「冀察綏賑災委員會主席」、「國民政府委員」等要職，並且應國民黨中央黨部之邀，於十二月二十日在中央無線電臺發表與蔣介石口徑相一致的題為《裁兵為建設之先務》的廣播講話，一時聲譽雀起。十二月二十九日，張學良等奉軍將領通電宣佈東北方面「遵守三民主義，服從國民政府，改易旗幟」。在「國家統一」這一背景下，「編遣會議」終於在元旦時開幕。在此之前，就任行政院副院長兼軍政部長一職的馮玉祥，曾在非正式會議上，提出了一個編遣四原則，即「強壯者編，老弱者遣；有槍者編，無槍者遣；

有訓練者編，無訓練者遣；有革命功績者編，無革命功績者遣」。具體方案是「一、二集團軍各編十二個師，三、四集團軍各編八個師，雜牌軍共編八個師」。馮玉祥的目的，本來是想把第一、二集團軍拉齊，把第三、四集團軍和其他雜牌軍壓低，以蔣、馮團結為核心，借此控制其他方面。然而，他卻忘了蔣介石裁軍的目的正是要削弱包括他自己在內的一切地方，況且馮玉祥的兵力僅次於第一集團軍，蔣介石又怎麼能讓他與自己平起平坐呢，因此，馮的這個提案自然不為蔣介石所喜，也未得到李宗仁的支持，還遭到了閻錫山的不滿，結果使自己孤立起來，並成了眾矢之的。

與此相反，閻錫山到南京後按照蔣介石的意思，提出的「在四個集團軍的轄區外，再加上一個中央區」。一、二集團軍各編十個師，三、四集團軍各編八個師，其他非正式隊伍編六到八個師由中央處理的提案，倒在編遣會議的正式會議上得到多數代表的贊成，閻錫山這個提案，在各集團軍編制的數量上，基本上與馮玉祥所提相同，為何馮案卻遭到各方反對，而閻案則得到大家贊同？其中的奧妙，就在於提案中增加了「由中央處理六到八個師」一條。而中央又是誰，明眼人一看便知，閻錫山更是清楚，但他不僅未予反對，反而按蔣的意見，自己把它寫進了提案。閻錫山這樣做，顯然是為了討好蔣介石，以保住自己的既得利益，並把馮玉祥進一步推到不利的處境。果然，蔣介石很快就對閻錫山予以了回報，委派閻出任編遣委員會下設的一個管理編遣經費的經理組組長。而馮玉祥雖然在蔣介石的拉攏下，也同意了閻錫山提出的方案，但對蔣、閻的配合極端不滿，提出戰事剛畢，還不到裁撤軍隊的時候，以抵制閻案。在此情況下，蔣介石只得同意先把編遣辦事機構建立起來，下半年再召開編遣會議，著手裁軍。這次編遣會議歷時二十五天，於一九二九年一月二十五日草草收場，雖然只是透過了編遣方案，還未進入裁軍的實施階段，但從中卻可以看出，這次會議最大的贏家是蔣介石，因為，他不但在編的軍隊最多，連上「中央區」的六到八個師，在編的軍隊就要十六至十八個師，占到了整個在編軍隊總數的四成多，而且，張學良東北易幟後，他又增加了東北編遣區，獲得了張學良的好感，而馮玉祥則是這次會議的大輸家，他的提案不僅遭

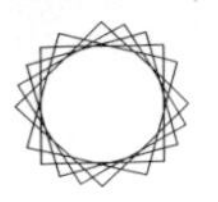

到了各方的反對，本想拉攏蔣壓閻、李，卻沒想到蔣不肯買帳，閻、李也對他產生不滿，而且蔣閻關係更趨密切，形勢對他極為不利，於是，編遣會議不久，他便以養病為由，於二月五日避居豫北輝縣萬泉村，其軍政部長一職也交由他的將領鹿鐘麟（時任軍政部常務次長）署理。

這次編遣會議雖然沒有什麼實質性的進展，閻錫山卻對蔣介石急於「削藩」的用心已了然於胸，也深為自己的處境感到擔憂。但他仍不露聲色，繼續觀察中央和各實力集團的動向，並依自己歷來未雨綢繆的做法，在暗中進行著防患於未然的各種準備。編遣會議結束後，閻錫山並未在南京留任「經理組長」，而是逕自返回太原，一面整理轄區軍政事務，以鞏固新控制的平津兩市和冀察兩省，一面加強了與張學良的聯絡。他縱觀全域清楚地知道，要對付蔣介石的「削藩」，僅靠一己之力，斷然難以成行。儘管眼下蔣介石對自己相當器重，但絕難保證他以後就不會對自己不動手，為防備起見，先得找到自己可依靠的力量，以引為奧援。馮玉祥軍事實力不謂不強，可是他與馮之間過去產生的芥蒂還未消除，李宗仁的第四方面軍又與自己缺少歷史淵源，難以密切呼應。於是，他把目光放在了關外「故舊」張學良身上。閻錫山只所以這樣做，是因為他在北伐中曾對奉軍有所回護，這次編遣會議在編遣區劃分上又對東北予以了關注，再則，張學良雖然易幟受到蔣介石的歡迎，但他遠在東北，也須要有人在中原互為依託。而張學良則認為閻錫山資歷深、又「老成持重」，在國民黨內聲望正隆，正可做為他之依託。因此，張對閻錫山表示了相當的尊重，在致閻的電報中謂「此後事件如承指導，無不願效步趨」，「嗣後關於時局重要事宜，尚祈遇事關垂，風雨同舟」，閻錫山也表示「屬在舊交，幸接鄰光，既深竭其綿薄，以副雅命也」。晉奉關係一時修好如初。一九二九年三、四月間，張學良還派曾任奉軍參謀長的鮑文樾為首的代表團到並見閻，通報了東北解決常蔭槐、楊宇霆的內情。鮑稱「張學良說，他年輕無知，對關內事不知如何應付，說閻是他的父執，請求閻指導他」（梁航標：《一九二七至一九三一年的蔣閻關係》，《山西文史資料》第 7 輯，第 6 頁）。

就在閻錫山與張學良加緊修好，關係日密時，一九二九年二月，蔣桂戰爭爆發，本來，蔣介石是準備先向馮玉祥發動戰爭的，因為馮反對他的編遣主張，並稱病抵制編遣會議，但蔣考慮到馮的第二集團軍實力雄厚，為確保討馮軍事的勝利，他想拉李宗仁的第四集團軍與之共同討馮，但李宗仁卻以「共產黨日益坐大，日本軍閥虎視在側」為由，予以婉拒。於是，蔣便把打擊目標放在了實力較弱，又近在肘腋的第四集團軍身上，以肅清湖北、武漢，先真正「統一」江南流域，然後再安定北方。蔣桂戰爭開始後，蔣介石為孤立桂系，一方面連電閻錫山，要其赴寧商討國是，閻雖然知道蔣的用心，但考慮到眼下的形勢，不得不以「和事佬」自居，致電白崇禧，請桂系諸將「禮讓為國」，並遵照蔣介石的通電命令，於三月十六日將原「第三集團軍總司令部」改為「第三編遣區辦事處」，三月二十九日又通電回應討伐桂軍。另一方面，蔣介石則特派邵力子等人到馮玉祥的駐節地華陰見馮，勸馮與蔣合作，為使馮也通電聲討桂系，還答應讓馮任行政院院長，孫良誠回山東擔任主席，若有不便，亦可派西北軍將領石敬亭任該省主席，青島特別市歸西北軍接收；由馮在湖北、安徽兩省中任選一省為西北軍的地盤。蔣的這些允諾不謂不慷慨，但馮玉祥卻未作正面答覆，想拖延時間，以觀事態的發展，因而派出韓復榘為總指揮，率兵出武勝關，作壁上觀。豈料，由於桂系將領李明瑞被蔣介石收買，突然倒戈，桂系一敗塗地，這時，馮玉祥才趕忙發了個聲討桂系的通電，但卻成了「馬後炮」。蔣介石見討桂戰事已成定局，竟把當初答應馮的三個條件收了回去，同時，蔣在武漢行營約見韓復榘，盛情款待後，又送給韓十萬元，並透過韓給馮的另一員大將石友三送款三十萬元，使韓、石萌生了投蔣之意。

蔣介石打敗桂系，南方基本平定後，即將馮玉祥作為了下一個打擊物件。為此，蔣介石一方面利用其特務，散佈種種謠言，說什麼馮玉祥與蘇俄勾結，蘇俄將支持馮玉祥向天津、浦口發展，進攻蔣介石；向山西發展，打倒閻錫山，將中國西北部與蘇俄連成一片，以造成反蘇反共的國民黨右派勢力更團結在蔣介石周圍，以及加劇閻、馮間矛盾的局面；另一方面，為逼迫馮玉祥，又在背後阻止日軍撤出山東，使山東省主席孫良誠接受濟

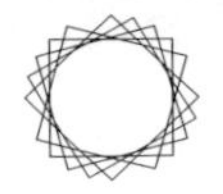

南和膠濟路發生困難，只得於四月二十五日稱病辭職，率軍返回河南。隨後，五月三日，蔣即派陳調元為接受膠濟路特派員、代理山東省主席，接管了路、省大權。五月七日，蔣介石又發佈題為《和平統一為國民政府唯一之希望》的文告，稱「欲消弭內亂，非剷除軍閥不可；欲剷除軍閥，非根本撲滅封建地盤思想不可」，接著又令唐生智從河南進攻馮軍。

馮玉祥對於蔣介石的步步緊逼，也不甘示弱，先是在政治上予以反擊，其部將孫良誠、劉鬱芬等就通電指責蔣介石在外交上賣國，黨務上非法指派國民黨三全大會代表，行政上用人不當等，促其下野。並公推馮玉祥為「護黨救國西北軍」總司令，正式向蔣發難。接著，在軍事上將西北軍主力集中於豫西、潼關一帶，並炸毀橋樑。蔣、馮大戰大有一觸即發之勢。然而就在關鍵時刻，原來依附馮玉祥的劉鎮華、楊虎城、馬鴻逵等部先後宣佈歸順中央。馮的心腹愛將韓復榘、石友三亦背馮投蔣，於五月二十二日通電「擁護中央」。在此情況下，馮玉祥在精神上已難支撐，更不敢貿然應戰，而是採取了避戰自保的防禦策略，於五月二十七日發表下野通電，謂「潔身引退，以謝國人」，「入山讀書，遂我初衷」，之後，即上華山隱居讀書。

桂系的戰敗，馮玉祥的被迫下野，使閻錫山對蔣介石分化瓦解地方實力派，以求各個擊破，最終實現其獨裁統治的險惡用心，看得越來越清楚。因此，當馮玉祥下野後，蔣介石讓唐生智偕何成浚來太原謁閻錫山，轉交蔣介石促閻對馮玉祥所部用兵函後，閻錫山就不得不考慮改變自己對蔣介石和馮玉祥的態度了。因為，他已經看到，蔣介石是必欲置馮玉祥於死地而後快的。蔣要他對馮部用兵，用心十分毒辣，因為如果真的對馮部用兵，必然使他與馮的矛盾愈發加深，並且透過用兵，不但消耗他的軍事實力，同時也消耗了馮玉祥的軍事實力，這顯然對於蔣介石對第二、第三集團軍再各個擊破是十分有利的。若真的出現這種局面，就再難有任何力量與蔣介石相抗衡了。再則，即使幫蔣討馮取得勝利，蔣是否會與自己分享勝利成果呢？北伐結束後蔣的「削藩」，已經充分說明這是不可能的，隨著蔣的實力的進一步壯大，第三集團軍被消滅的日子也就會不遠了。反過來，

如果不對馮部用兵，不但自己與馮的矛盾可以化解，而且尚擁有強大軍事實力的馮軍，還可以成為自己對抗蔣的奧援。閻錫山根據對當下形勢的判斷，並從自己今後的出路打算，不僅未曾答應蔣介石要其對馮部用兵的要求，反而一改編遣會議中捧蔣壓馮的做法，對馮玉祥曲予維護，甚至不惜以與馮玉祥「共進退」來向蔣說項。在複蔣的電文中說：「山為促成和平統一，故決計約同煥章出洋，果能如願以償，非特目前免除戰禍，將來亦不至留國家隱患。煥章去，山若不去，山為失信背義，當亦鈞座所不取也。玉成此舉，全仗鈞座割愛。山約煥章同去，即軍事可停，國家可定。……山自抵運城後，即派朱參謀長綬光、賈秘書長景德赴華陰促駕，煥章隨派曹浩森、鄧哲熙來運，據轉述情形，煥章尚能知難而退，惟對於所部之安置，撤銷通緝之成命，將領之保全，軍食之維持等事，尚容有顧慮之處，現正在商酌之中，俟有結果，再行電請核示只尊」（《閻錫山年譜》（三），第 1246—1247 頁）。不久，六月十一日，閻錫山在太原接見唐生智、何成浚等人後再度電蔣，重申馮若出洋，他必偕行；馮若爽約，他則為中央負責北路軍剿馮任務。

蔣介石並非不清楚閻錫山要與馮玉祥「共進退」的用意，但卻無可奈何，因為閻的理由是「為促成和平統一」，冠冕堂皇，無可指責，再則，他又表態如若馮玉祥爽約，他則為中央負責北路軍剿馮任務，更重要的是，若處置不當，閻錫山與馮玉祥真的走在一起，爾後將會為「削藩」帶來更大的麻煩。所以，蔣介石不得不向閻錫山作出如馮出洋，給予經費，撤銷通緝，保證安全，對馮部統籌撥發欠餉、恤賞的許諾，並表示不允許閻走，還要借重閻「收東西北，辦理善後」。

蔣介石對於閻錫山的這番「許諾」，可說是給了閻錫山很大的面子，但他對閻錫山集團對華北的控制，一直未能釋懷。北伐快結束時，鑑於當時的形勢，蔣介石不得不讓閻錫山接收京津和冀察兩省，這就使閻錫山的統治區域驟然擴大，從而為閻錫山增強其經濟、軍事實力創造了有利條件，僅京津地區的稅收，一年就有上千萬元。據說，閻錫山後來在中原大戰中戰敗，準備逃往大連前，他的辦公室主任梁汝舟（航標），曾把平時背著

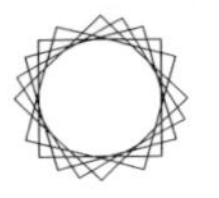

閻剋扣截留的晉、察、冀、綏、平津等省市的收入三千萬元交給閻（《山西金融志》（上冊），第 42 頁），一年多時間，僅剋扣截留的收入就如此之多，可想而知，整個收入無疑是相當之巨了。閻錫山實力的增長，對於蔣介石無疑是一個潛在的巨大威脅，因而，蔣介石一直想插手華北政務，用各種手段來瓦解閻錫山對轄區的統治體系。不僅在北平、河北乃至山西指使黨務人員組織學生、市民抗阻閻錫山的政令，甚至直接毆打侮辱閻系行政官員，阻撓政務。對此，閻錫山不再以「忍」為高，而是進行了堅決的反擊。六月十五日，他就向正在召開的國民黨三屆二中全會發出「請嚴定黨政權責」的抗議電，並指示河北省主席商震和新任北平市長張蔭梧及有關廳局長嚴格限制各級黨部的活動，授意對地方各級黨部挑起的糾紛，必要時可用非常辦法處置。六月二十日又致電蔣介石，以馮玉祥退居甘、新「聯俄聯蒙，將來必為中國患」，「國家初建，國基未固，軍事若曠日持久，倘少生變化，恐動搖國本」為由，堅拒向西北用兵，堅決與馮一併出洋。

閻錫山在向蔣介予以顏色的同時，進一步加緊了與馮玉祥的聯繫，閻錫山拒絕蔣介石要他出兵討伐馮部，表示要與馮「共進退」，並爭得蔣的幾項「許諾」，令正處於窘迫之中的馮玉祥大受感動，使絕望之中的他增加了聯閻抗蔣的信心，也看到了自己東山再起的希望。於是，馮玉祥為聯閻討蔣，力拒其部屬的勸阻，應閻之邀，繼夫人李德全和女兒之後，於六月二十一日由風淩渡過黃河入晉。六月二十五日，閻錫山親至距太原以南兩百多里的介休迎接馮玉祥抵並，二人相見，回首往事，自是百感交集。

馮玉祥抵並後，被閻錫山安排在太原南郊的名勝晉祠居住。閻錫山對馮玉祥禮遇極周，每隔三、五天就來探望他一次，噓寒問暖，十分親熱。馮玉祥來太原，本來是想與閻錫山儘快商量討蔣大計的，然而，閻錫山對此事卻不提及，每當馮玉祥想要談此事時，閻錫山總是笑呵呵地說不著急，咱們慢慢來，或以其他言辭搪塞。閻錫山這樣做，主要是觀察馮玉祥被他邀來太原後，南京和其他地方的反響，以作下一步打算，因此，他更注意了在「與馮同行出洋，促成統一」上做文章，進一步向蔣介石施壓。閻錫山這種「以守為攻」的策略，雖然沒有刀光劍影，腥風血雨，卻已使蔣介石感到有些招架不住。

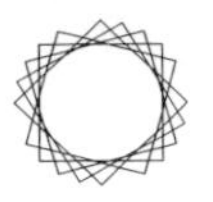

2、閻錫山患得患失，舉棋不定；蔣介石採取攻勢，各個擊破

閻錫山邀馮玉祥來山西，對這一事態最為關注的莫過於蔣介石了。因為閻錫山控制著華北地區，手握重兵二十餘萬。他說是要與馮玉祥「共進退」，實際上是挾馮以自重，向蔣介石討價還價，如果閻、馮真的聯合起來，對付蔣介石，那麼後果就嚴重了。在此情況下，蔣介石不得不表示出一些姿態，以避免事態的惡化。為此，他在授意國民黨中央諸大員和供職南京的趙戴文接連去電挽閻「請取消息肩之意」的同時，又先派吳稚輝、孔祥熙二人到太原撫慰閻錫山和馮玉祥，並委任閻為西北宣慰使，兼辦西北善後事宜，全權護馮出國，接著，蔣介石親自出馬，赴北平約見閻錫山，以解決北方問題。

閻錫山於六月三十日抵平後，便強硬地對蔣介石重申馮玉祥出洋他必須同行之意，雙方因距離較大，商談未果，閻錫山第三日便稱病住進了德國醫院。蔣介石為達目的，不惜屈尊紆貴，攜帶禮物，到醫院看望，並於七月五日宣佈取消對馮玉祥的通緝令，以示對閻特別尊重。七月七日，蔣介石召張學良來北平，先行密談一次，假閻以聲色。閻見張來平，恐有變化，即於次日出院。七月九日，蔣、閻、張在北平就國是達成一般性諒解，決定由張學良負責對蘇聯持強硬態度，收回中東路；發表閻錫山為「西北邊防司令長官」，負責西北軍事善後，甚至蔣還向閻表示可任其為全國陸海空軍副司令，許閻薦山西財政廳長楊兆泰任內政部長職。蔣介石的利誘，使閻錫山不再提「出洋」之事，還表示盡力善後西北事宜，支持中央裁兵。閻雖然未受「西北邊防司令長官」一職，但回晉後，不僅不再提與馮玉祥共進退的事情，還將馮玉祥遷居五台建安村的西匯別墅，派軍警嚴密守護，形同軟禁。閻錫山這次向蔣介石低頭，固然是想盡力與蔣周旋，在準備不足的情況下，避免貿然從事導致李宗仁、馮玉祥那樣的後果，但他拒任西北邊防司令長官一職，也是想給西北軍將領留下餘地，而對馮玉祥「保護」起來，不是遵蔣之命令其出洋，則仍是想打馮玉祥這張牌，使蔣對他不致輕舉妄動。

馮玉祥被閻錫山軟禁於五台建安，自然十分惱怒，大罵閻錫山背信棄義，勢利小人，更擔心蔣或閻趁他不在軍中之機，瓦解吞併了西北軍，果真如此，那一切就都無從談起了。這時，馮夫人李德全勸馮安心讀書賦詩，韜光養晦，以鬆懈閻錫山之警惕，而在暗中卻派前任濟南市市長淩勉之給駐守陝州的宋哲元送了一封親筆信，指示宋團結西北軍將領堅決反蔣，只要團體仍在，持軍威以不墜，終有前途。但是，鹿鐘麟、宋哲元、韓復榘、石友三等這些西北軍的老將們，對閻扣留馮玉祥的行經痛恨至極，認為西北軍要發展，不把山西地盤拿到手，永遠要受閻的威脅。因而決議由已經投蔣的韓復榘牽線，向蔣介石獻策，由西北軍打頭陣，用武力驅逐閻錫山出山西。這自然受到蔣的歡迎。於是，他即派于右任、賀耀祖到西安點編西北軍，安撫將領，供給軍餉，還將先前被免職的鹿鐘麟、薛篤弼等人請回南京，官復原職。蔣介石過去曾答應過馮玉祥的允諾，如今得以兌現，當然受到西北軍的擁護。閻錫山沒想到他的挾馮以自重，竟然會導致這樣的結局。

西北軍將領的向蔣輸誠，使蔣、馮、閻三角局勢發生了微妙變化。當年八月一日，確定已久的編遣委員會編遣實施會議在南京召開，是為第二次編遣會議。由於桂系李宗仁已經失敗，馮玉祥又通電下野，閻錫山請假未到。而中央大員只有胡漢民、吳稚輝、孔祥熙、何應欽、宋子文等親蔣的一派，西北軍、東北軍、晉綏軍也僅有承辦軍務的代表參加，所以，這次會議，蔣介石擁有了壓倒優勢的地位。會議開始由胡漢民代表中央黨部所致的訓詞中就聲色俱厲地說「裁兵為義務，為天職」，「凡不服從決議者，其結果必失敗」。蔣介石在開幕詞中也氣勢洶洶地說「今日各將領唯一必要的出路」是「保持革命歷史與功績的最大光榮」，「裁兵為今日唯一首要之任務」，「誰的兵多，誰就是新軍閥，誰就是千夫所指的罪人」，「養兵愈多，力量愈大，其亡愈速」。會議期間，蔣介石曾召見閻錫山派往中央的裁軍代表朱綬光和周玳，囑二人將其一手重新確定的裁兵方案電閻「徵求意見」，說是這樣，其實這只是蔣對閻的一種敷衍。儘管閻錫山

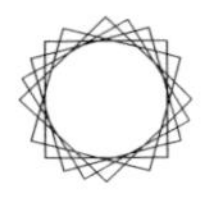

的挾馮以自重，弄得蔣介石十分惱火，在目前他還不能與閻錫山鬧翻。按照蔣介石親定的這個裁軍方案，「擬中央與一、二、三各集團各編縮為九師，騰出數額，預備留為韓、石及其他各部編遣數目。」閻錫山明知自己吃虧，卻也不敢反對，而只能以「此次編遣攸關建國基業，中外人士均注及於此，只求編遣成功，其它何必計較」這些冠冕堂皇的話，表示自己的無奈。

不但如此，蔣介石得寸進尺，在這次會議上，還透過了三個重要決議案：(一)定全國軍隊數目為六十八個步兵師，以及其薪餉服裝、公費和中央直轄軍事機關月費為一千八百八十四萬元。(二)各省政府主席不得兼軍職，各師長不得兼任政務官。(三)各編遣區以團為單位編遣，削師長之權。這實際上是蔣介石給各地方實力派的最後「通牒」，即交出兵權，皈依中央。會議透過決議的當天八月六日，閻錫山率先垂范，給南京政府上了個「請辭山西省府委員兼主席」的魚電，他本想用這個「虛招」表示自己對中央決議的服從與堅決照辦的，豈料，蔣介石將計就計，給他玩起了真的，對閻沒有半句嘉慰的話和一絲挽留之意，國民政府十日即準閻辭請，調任商震為山西省主席，徐永昌繼任河北省主席。

蔣介石的咄咄逼人，使閻錫山感到了問題的嚴重，照此下去，不用多久，自己將成為李宗仁、馮玉祥第二，這時他才看到當初助蔣壓馮的失策，為求自保，他決計再走聯馮抗蔣之路。是年中秋，閻錫山借節日探望之名，來到建安村，當面向久已回避不見的馮玉祥賠禮道歉，共商反蔣大計。馮玉祥的主要目的是聯閻反蔣，儘管他對閻錫山的出爾反爾十分不滿，但現在見閻態度轉圜，也就表示了捐棄前嫌，與閻重修舊好，相約共同反蔣，並與陝西方面取得聯繫。

蔣介石把持中央，飛揚跋扈，不但引起了閻錫山的不滿，而且也招致蔣的宿敵的強烈反抗，張發奎原為第四集團軍第二方面軍總指揮，編遣後任第 4 師師長，因受汪精衛、李宗仁「株連」，蔣亦欲除之而後快，因此，第二次編遣會議開過不久，九月十九日，張即於廣東樹起反蔣旗幟，提出三點政治主張：取消三全大會選出之代表（在蔣介石把持下，出席之代表

四百零六人中，由其圈定與指派者就占到 80% 多）；二、現政府用人皆帝制餘孽，一律罷免；三、要求汪精衛回國主政。原定與張同時舉事的安徽省主席、第六路總指揮方振武因機密洩露，被蔣介石押於南京，廣西俞作柏也同時通電反蔣。在閻錫山和馮玉祥的幕後支持下，西北軍將領宋哲元、孫良誠等二十七人也於十月十日通電擁戴閻、馮為國民軍正、副司令，並列舉了蔣介石「包辦三全大會，黨成一人之黨；自蔣氏主中樞，政以賄行；財政不公開，黑暗貪污；消滅革命武力，以恣行其帝王專政之淫威；假編遣為名，行武力吞併之實；利用外交問題，轉移國人目標」等六大罪狀。十一月下旬，兵敗下野的李宗仁復出，與張發奎切實合作，成立了擁戴國民黨改組派中央的「護黨救國軍」。

面對國民黨內掀起的又一次反蔣浪潮，蔣介石馬上作出反應，他首先透過國民黨中央常務會議交國民政府通緝在上海的陳公博、王法勤、柏文蔚、白雲梯、王樂平等改組派部分二屆中央委員，以防止反蔣的軍事、政治各方勢力聯合。同時，透過在中央任監察院長的趙戴文和在北平的何成濬與閻錫山加緊聯繫，為換取閻錫山對他在政治、軍事上的支持，還答應兌現先前在北平晤閻時允諾的「海陸空軍副司令」一職。

閻錫山清楚蔣介石此時對自己大加籠絡的用意，但他一想起第二次編遣會議上蔣介石對自己的態度，又不免有些猶豫。更重要的是，南方的改組派中一些中央委員雖然被通緝，但在北方，西北軍將領仍將閻、馮視為反蔣的旗幟，而東北軍的張學良正在全力應付中蘇邊境衝突，無意捲入關內各方政爭，在這種情況下，閻錫山的舉手投足，直接關係到擁蔣和反蔣兩派勢力的勝負成敗。閻錫山如果答應了蔣介石的條件，那麼，勢必為西北軍將領和各方反蔣勢力所不齒，其在軍閥中的地位和聲望將會一落千丈，而拒絕蔣介石的條件，又將失去一次進入中樞的良機，並且會得罪蔣介石，使蔣把進攻的矛頭直接對準於他。在這種既不願出力擁蔣，卻又想借機向中央索取一二的矛盾心態下，就有關「就任海陸空軍副司令」一事，於十月二十一日覆電趙戴文稱「此事絕不可發表，我之擁護中央是為黨國，若發表此事，反有擁護中央是為自己權利的嫌疑，我之為人，你深

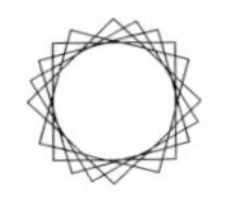

知，使我站在理不長的地位，就將我的能力沒有了。千萬速見介公，切實說明，我將來只要個新縣縣長，一個月與予我三十萬元經費，將三集團的閒員帶去，為黨去做實驗主義的建設，是我十分的希望」。二十二日，又再次致趙一電，強調不能就任副司令，說「是時萬不可發表副司令之職。若就職則我的步驟大受打擊，戰禍反恐延長，不就則有損中央威信，大局必受影響。……然介公盛意，不宜重違，擬俟時機到時，我再電知執事，即請介公發表。如無此種必要，則待事定後發表，我必即就職，決不推諉，此時則萬萬不可，此非謙抑，實為大局計也」（《閻錫山年譜》（三），第1303—1304 頁）。

儘管閻錫山一再推諉，但蔣介石卻不放棄，因為他太清楚閻錫山此時對他的重要性了，只要把閻爭取過來，其他問題就可迎刃而解，所以，他繼續讓趙戴文做閻錫山的工作，十月二十四日，趙在致閻電中，勸閻「鈞座如能最後扶助黨國完成革命，亦一大快事也」，並且把他知道的時下局勢向閻報告，謂廣西事完全解決，張發奎在湖南亦快解決；中央此回用兵，最小限度要將陝西、寧夏兩省拿回來。中央望鈞座快表示者，一半是在分化西北軍，一半是在堅固中央軍隊的心。同時，還轉告前日吳稚暉向趙說的一段話，吳雲「此回不將改組派打下去，中國全境沒有一個能安全者，百川治晉十八年來，成績甚好，但這回事，如能用從前『保境安民』的法子，轉眼恐山西亦成了大亂的省份，請將此意切告百川知」（《閻錫山年譜》（三），第 1305 頁）。

趙戴文的這個電報，對閻錫山震動極大。閻錫山從中不僅知道南方的反蔣戰事，蔣介石已完全處於了主動地位，並且勝利在握，而且看到了蔣介石對西北軍用兵的決心甚大，大有不達目的誓不甘休之勢，尤其讓他感到恐慌的是，若不與蔣合作，山西也將大亂，無有寧日，一旦出現這種局面，那麼他還有什麼立足之地可言？因此，接到趙戴文電報的當天，閻即回電，除解釋因中央部隊與西北軍「尚未大接觸」，而從陝西、寧夏開拔的西北軍尚須時日，所以，他暫不能就任副司令之外，還對馮玉祥故意向各處發電表示了不滿，謂「其用意在急求煽惑」。但是，閻錫山在回電中卻原則上答應了就任副司令一職，說是「時機一到，我即有所表示，彼時中央再為發表，於國於省均有莫大好處」。不久，十一月五日，閻錫山就通電同意出任「中華民國陸海空軍副司令」一職，並在北平、太原等地召開「討逆大會」。

閻錫山在蔣介石的恩威兼使，及其權力欲望的支配下，終於又站在了蔣介石一邊，他立場上的這一變化，自然對蔣介石十分有利，因為，閻錫山手握重兵且在地方實力派中可謂領軍人物。他倒向蔣介石，無疑使反蔣與擁蔣雙方的鬥爭形勢發生了明顯有利於擁蔣一方的變化，從而大大強化了以蔣介石為首的國民黨中央的控制能力，而對於反蔣勢力來說，則是一次沉重的打擊。由於閻錫山的等待觀望，並為擠進中樞而終於倒向蔣介石，這就使得西北軍處於了內外無助的境地。在蔣介石的強大軍事壓力下，不得不退守陝西。也使國民黨「改組派」領導的「護黨救國軍」和「西山會議派」領導的反蔣活動，失去了一個強有力的軍事後盾。對於閻錫山而言，他雖然擠進中樞，就任了「中華民國陸海空軍副司令」一職，但是卻使自己在地方實力派和反蔣勢力中的威望大大削弱。而他對蔣介石的幫忙，則也為自己最終被蔣介石「削藩」種下了苦果。

蔣介石在這次反蔣浪潮中對反蔣勢力的分化瓦解，各個擊破取得了成功，又一次化險為夷，渡過危機。閻錫山的出爾反爾，患得患失，使綿延一年的反蔣運動功虧一簣，陷於失敗。但是，反蔣與擁蔣兩種勢力的爭鬥並沒有結束，他們為了維護各自的既得利益並奪取更大的權勢，正在進行著力量上的重新整合，準備著更大的爭鬥。

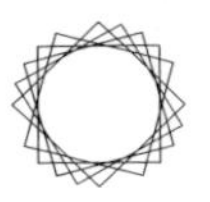

3、在蔣的逼迫下，閻錫山組織反蔣隊伍，一番「電報論戰」後，終於決定訴諸武力

閻錫山同意就任「中華民國陸海空軍副司令」一職之前，此起彼伏的反蔣浪潮可以說幾乎已把蔣介石逼上了絕境。這時，只要閻錫山當機立斷，登高一呼，極有可能一舉推翻蔣介石的統治。然而，閻錫山非但沒有如此，反而為虎作倀，站在了蔣介石一邊。這其中，固然有其向中央索取一二的考慮，但最主要的原因，一方面是閻錫山認為他所掌握的軍事實力，不僅根本無力問鼎中央，就是在反蔣諸方中也難以占到絕對優勢；另一方面則是倒蔣如果成功，善後如何處理的憂慮。據閻的部屬交際處暨行營辦公處處長梁汝舟的回憶說，一九二九年秋，蔣介石消滅異己愈急，各方紛紛派代表入晉勸閻領導國人共同倒蔣，「而閻則一再以時機尚不成熟為詞，往後拖延。尤其是馮玉祥，大哭大鬧，不可終日，其實，他所謂不成熟的含義，不是指倒蔣，而是指倒蔣後的善後問題。他估計他掌握二三兩集團軍，再加上總數為二十萬人的雜牌軍隊，就可以把蔣介石打到長江以南，而東北軍一再表示願意參加反蔣，蔣之內部亦有人來接頭，所以，他認為倒蔣的問題不大，但倒蔣之後，如果處理不當，前途真不堪設想，夜以繼日地研究這些問題，直到冬季，仍無妥善辦法」（梁航標：《一九二七至一九三一年的蔣閻關係》，《山西文史資料》第 7 輯，第 8 頁）。

閻錫山雖然因各種因素終於就任了「中華民國陸海空軍副司令」一職，但其反蔣的初衷並未改變，只是形勢尚未迫使他走這一步而已。這從他對唐生智反蔣的支援上，就可以說明這一點。曾參加討袁護法，又是北伐宿將的唐生智，因其政治上傾向於汪精衛，而汪精衛、陳公博又是「國民黨政組派」的中心人物，所以一貫受到蔣介石的排擠，唐早有反蔣之意，曾派代表與閻錫山聯繫，意圖聯閻反蔣。當時，唐已受蔣介石之命，率領其第五路軍萬餘人及河南境內的雜牌軍十數萬人，在河南討伐西北軍。閻錫山派趙丕廉去南陽瞭解唐的底細時，唐又表示願乘蔣不備，腹心開花，在河南通電反蔣，並在通電中擁閻為首，一舉逼蔣下野。於是閻遂答應與唐

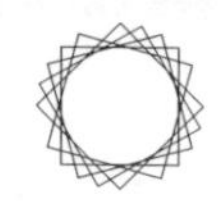

共同反蔣，並同意接濟唐生智軍費六十萬元，支持軍需若干。只是由於唐生智、宋哲元、孫連仲等七十五名將領在十二月一日發表的反蔣通電中稱只受汪精衛任命的「護黨救國軍」職務，三日又響應石友三發表擁汪（精衛）張（發奎）通電，而未按原先與閻錫山的協議發表通電，這使閻錫山頗為不豫。唐生智等人發表通電後，蔣系內部頗為慌亂，何應欽首先沉著觀變，態度不明。其時，各方認為只要閻、馮通電響應，蔣介石只有下野一途了。而此時，蔣介石也認為，事已至此，進退只好取決於閻，乃致電請教，意謂「弟德薄能鮮，致有今日，不知吾兄將何以教我」（梁航標：《一九二七至一九三一年的蔣閻關係》，《山西文史資料》第 7 輯，第 7 頁）。由於唐生智違背前約，並且通電之前也未與閻取得聯繫，而唐等在通電中擁汪為首，也為西北軍諸將所不喜，因此，本就不願自己出錢出力，為汪精衛打天下的閻錫山，遂聽從趙戴文的意見，於十二月二十日，與張學良、劉振華、陳調元、韓復榘、孫殿英等聯名通電擁護中央，反對改組派，派人到南京向蔣介石請罪，蔣介石得此通電，精神大振，馬上電閻錫山部署北伐，何應欽見勢也主張用兵。唐軍本身力量就弱，加之未能得到山西方面原定的接濟和回應，所以唐生智的反蔣活動很快失敗，唐本人只好通電下野。閻錫山又幫助蔣介石渡過了一次危機。

然而，蔣介石「削藩」的決心並未動搖，儘管閻錫山在蔣介石幾次處於危難之時，都為蔣介石出了大力，但他對閻錫山權勢的限制也一直沒有放鬆。就在閻錫山十一月五日同意就任「中華民國陸海空軍副司令」後不久，十一月二十六日，蔣介石即宣佈「在中央有職務者不得再兼省職，國府委員應駐京，無公事不能離職」（苗建寅：《中國國民黨史》西安交通大學出版社 1990 年第 1 版，第 222 頁）。不僅如此，蔣介石還在經濟上加緊了對閻錫山的逼迫。閻錫山自任平津衛戍總司令後，就把平津兩市稅款留用，可是就在當年十一月，宋子文到北平，要劃分國家稅與地方稅，閻儘管答應了這樣辦，把平津稅收機關的晉方人員全部撤出，同時向宋提出平津衛戍部隊的餉項由財政部撥發，宋子文也答應了照辦。可是實行了一個月，就停止撥付了。閻至此始知受騙，他便藉口北伐時期山西銀行曾墊

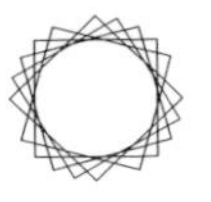

付三千萬元作軍費，申請發行省公債三千萬元以資彌補。但蔣不準發行。閻為這兩件事對蔣恨極了。有一天他怒氣衝衝地把桌子一拍說：「我很後悔北伐時期墊此鉅款，這件事咱們做錯了。現在蔣要用經濟手段把咱們困死，咱們沒有錯，他不敢用兵來打咱們，只有在經濟上來困死咱們」（劉驥：《蔣馮閻關係和中原大戰》，《文史資料選輯》第 16 輯，第 31 頁）。蔣介石對閻錫山在政治經濟上的扼制，可說是閻當初支持唐生智反蔣及其後來倒蔣的重要原因。其後，蔣介石又對閻錫山和其他地方實力派施加壓力。討唐之戰剛一結束，一九三零年一月十六日，吳鐵城就受蔣介石之命到太原，代表中央監視閻錫山補行「陸海空軍副司令就職典禮」，要閻「宣誓」服從中央。二月十日，國民政府五院更秉蔣介石意旨，發表《告全國軍人書》，咄咄逼人地說什麼「曆觀叛逆軍閥之末路，即可知反抗黨國以破壞和平統一之政策者，未有不趨於覆滅」（王俯民：《蔣介石評傳》（上冊），中國廣播電視出版社，第 393 頁）。二月二十八日，改組派中委王樂平又在上海法租界被刺隕命。

面對蔣介石的步步緊逼，表面上一直表示「擁護中央」的閻錫山，感到再難與蔣介石和平共處下去了。因而，他對蔣介石的態度變得日益強硬起來。為了爭取時間，以聯絡馮玉祥等反蔣力量，閻錫山首先在一些政見上提出了自己的觀點，並與蔣介石展開了論戰，開始對蔣介石發難。一月二十二日閻錫山在就職典禮上就發表了主旨為「尚治不尚兵」的演說，提出反戰觀點，反對蔣介石的武力統一政策，爭取輿論支持。中原大戰之前蔣閻雙方間長達近兩個月的電報論戰就此拉開了序幕。二月九日，蔣介石致電閻錫山，催促趙戴文回南京，平息謠傳，以示蔣、閻「團結始終」。二月十日，閻錫山即給蔣覆電，在「和平統一」還是「武力統一」；「黨人治黨，國人治國」還是獨裁統治；以及國民黨「三全大會」統緒這三個方面的問題上與蔣展開論戰，表示「武力統一，不特不易成功，切不宜用之於民主黨黨治之下」，不僅他自己「決意下野，以遂初衷，……且禮讓為國，為黃種民族固有之精神，在野負責，為今日救國唯一之途徑」，並且還勸蔣介石「以仁讓風全國，豈特樹黨國億萬太平之基，亦可導全國億萬人禮讓之路」(山西文史資料編輯部:《中原大戰內幕》山西人民出版社199四年五月版)。對於閻錫山的發難,蔣介石豈肯退讓,但鑑於閻錫山的實力與號召力,蔣介石還是希望閻錫山緩衝一時,在二月十二日給閻錫山的電報中,先是大談所謂「義務」,雲「革命救國,本為義務,非為權利;權利自當犧牲,義務不容諉卸。此時國難正亟,非我輩自鳴高蹈之時」,接著堅持認為「惟對於憑藉武力謀危黨國者,舍以武力裁判之外,更有何術以實現和平統一之目的」,並表示,只要「我輩能一德一心,共謀匡濟,消弭反側,實非甚難……務望採納愚誠,勿稍消極,取消下野之意,同競救國之功」。但是,閻錫山從北伐結束後蔣介石對二、四集團軍和其他地方實力派武力圍剿的作法上,從蔣介石目前的態度上,已經更清楚地認識到了蔣介石的頑固,如果認同蔣介石的「共謀匡濟」,他勢必在地方實力派面前更降威信,為了給即將建立的反蔣聯盟在政治上爭得權利,他繼續採取了強硬的態度,二月十三日給蔣的電報中不僅把國民黨內部分裂、國家財政困難,各派勢力爭戰不已的責任歸之於蔣介石,而且繼續要蔣下臺。二月二十八日,又向蔣去電,表明其政爭非為個人利益,實「純係為黨國」而謀。蔣介石對於閻錫山公然對他的挑戰,已忍無可忍。二月十九日致電閻錫山,在指出閻「已決定對中央作戰,所有總指揮、各路司令,均已委派,且又強二集團軍以主力由鄭洛直取武漢,以大部進犯襄樊;對平漢路局與北平電局之中央機關,皆派隊監視,……在河北各縣徵發車騾,急如星火」等準備發動戰爭的事實後,警告閻錫山說,如果他仍舊這樣鬧下去,「兄雖矢言服從(中央)命令,恐兄動員令完畢之日,即兄通電辭職之時」,並且要閻「今日宜首踐請煥章出洋之約」。

蔣、閻雙方電報頻繁來往,唇槍舌劍,喋喋不休,所詰責的問題愈益尖銳,而所置措辭也更趨激烈。二月二十日,閻錫山在複蔣的電報中,再次強調了「三全大會」的合法性問題,對實施編遣提出了「交兵於黨」的意見,指出「惟黨國是以黨為主體,個人中心之武力,是黨國之障礙,應一齊交還於黨,再實行編遣」。蔣介石則反唇相譏,在二月二十二日給閻的電報中說是「今日本黨之武力,乃總理千辛萬苦,艱難締造,付之吾人,

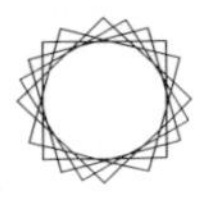

以求國民革命之成功。中躬受總理之託付，創辦黨軍，……今日惟服從黨國之命令，執行黨國所賦予之職權，以為黨國掃除叛逆，何得指為個人中心之武力乎？兄於本黨革命歷史，或尚未盡明瞭，放鶩禮讓之虛名，責中正以引退，而不知兄議果見實行，無異為反動者解除本黨武裝，阻止本黨革命，此中所以萬萬不敢從命也」。蔣介石這樣說，無疑是把自己置於了總理繼承人的位置，並把他的種種作為視為是中央授命的，是合法的，而閻錫山等則成了「黨國叛逆」，其存在自然是不合法的，是必定要由中央來「掃除」的。閻錫山毫不示弱，二十三日即聯名馮玉祥、李宗仁、何健、劉文輝等共四十五名反蔣派將領，向全國全黨發表黨統問題的通電，否定蔣介石佔據中央權位的合法性。二十四日，又致電蔣，重申二月二十日電報內容要點，並要求蔣介石交權於黨，「亡羊補牢」。這實際上等於是向蔣介石下了最後通牒。蔣介石很快作出反擊，二月二十六日致閻錫山的電報中，不但指責閻錫山拿三全代表大會做文章，是對中央的「詆毀」，指出當初三全代表的指派圈定，只是代表產生的方法問題，包括閻錫山在內的不少人也是竭力主張的，「且兄本身當選中央執行委員，已將一年。果不滿於指派圈定，何以從無異議，亦不拒絕當選，忽於今日要脅中正同退，始振振有辭？真愛黨愛國者，果如此乎？無怪論者，謂兄別有用心，僅以此為倡亂之口實而已」。而且最後還警告閻錫山「中猶冀兄之不致此，故不憚煩而再盡最後之忠告，結果無益之辯論，停止不祥之舉動，臨崖勒馬，維持和平，固黨國大幸也」。

閻錫山在與蔣介石電報論戰的同時，還加緊了對反蔣聯合陣線的組織。在這方面，他首先從政治上著手，來否定蔣介石南京中央政府的合法性，閻錫山為此把目光盯在了「改組派」身上。這個「改組派」是國民黨二屆四中全會上，蔣介石藉口廣州起義指責汪精衛是「共產黨的尾巴」，排斥了汪精衛、陳公薄、顧孟余、甘乃光出席會議後，汪精衛這一派在一九二八年成立的一個組織「中國國民黨改組同志會」，簡稱「改組派」。國民黨第三次全國代表大會上，改組派主要領導人被開除，或被警告，從此處在了蔣介石的對立面。閻錫山雖然不喜歡改組派，但是由於改組派在

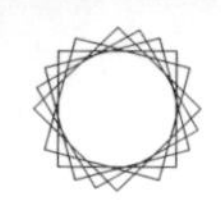

政治上主張以一、二兩次全國代表大會的精神恢復國民黨「民眾運動，組織紀律、反帝、黨內民主」的「革命精神」，反對「惡化腐化勢力，喚醒並組織社會上一切民主勢力」的建黨宗旨，實現國家外交、軍事、政治、財政各個方面的統一。這些政治主張適應當時民眾希望和平、民主建國的心理，也非常適合資產階級改良主義者的口味，所以，汪精衛雖然手無寸鐵，但他在國民黨內仍有很高的威望和號召力，在一九二九年的反蔣浪潮中也一時成為各反蔣派「護黨救國」的精神領袖，因此閻錫山極力想將汪精衛拉在自己一邊。這樣不僅利於各派反蔣實力的團結，而且一但倒蔣成功後也利於自己透過「黨人治黨，國人治國」的口號把握局勢。而改組派自其中央負責人王樂平和潘行健在上海被殺害後，在蔣介石的巨大壓力下，已難在南方立足，便將總部移至北平，也正需要與北方反蔣實力派相聯絡。閻錫山豎起反蔣旗幟，陳公薄、王法勤等改組派頭面人物很快到平津與閻錫山的重要將領天津警備司令傅作義、北平警備司令李服膺、市長張蔭梧、師長王靖國等人取得聯繫，雙方逐步形成了「以閻錫山為首主持軍政大計，以改組派的『二屆中央』為號召，集合全國反蔣的地方實力派，組成反蔣聯合陣線」的共識。受蔣介石壓制打擊的國民黨老右派「西山會議」的首領鄒魯、謝持、傅汝霖、覃振等人也來到天津，策動閻錫山反蔣。

其次，就是在軍事上加強了與各反蔣實力派的聯絡。從軍事實力上而言，反蔣實力派中，要數馮玉祥的第二集團軍最強，當初閻錫山把馮玉祥接到山西就是出於這樣的考慮，但由於中間受蔣介石利誘，他卻又把馮玉祥軟禁起來，這不能不引起西北軍將領的憤怒，於是遂有了一九二九年十二月鹿鐘麟等人策劃的西北軍向蔣介石輸誠，石友三準備進攻太原，藉以從閻錫山手中解救馮玉祥的軍事行動。馮玉祥事先已知鹿鐘麟等策動的這一行動，但他是堅定的反蔣派，因而，乘此時機，馮玉祥派代表向閻錫山作了三點聲明：一、石友三進兵之事馮完全不知；二、馮要同閻合作到底反蔣；三、事態緊急，請閻讓馮速回軍中，說服鹿、韓、石退兵，並以馮玉祥的名義保證決不做背信棄義之人。閻錫山這時也感到當初軟禁馮玉祥是不明智的，現在在政治上的籌畫已基本就緒，在軍事上若不把馮玉祥

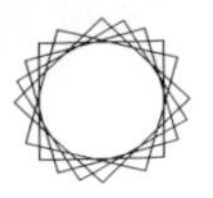

聯合在一起，就很難以倒蔣。於是，他決定放馮玉祥，對此，趙戴文堅決反對，因為他清楚如今閻蔣矛盾已經加深，大有兵戎相見之勢，若放馮玉祥回去，大戰很快就可能爆發，而閻錫山則認為「不放他二集團就跑了」。閻錫山決定後，即率領一干人馬到五台縣建安村去見馮玉祥，「同馮玉祥又抱頭痛哭一番，彼此表示：『同生死，共患難，反蔣到底』，並歃血為盟」（淩勉之：《中原大戰前的馮玉祥》，《文史資料選輯》第52輯，第122頁）。三月八日，馮玉祥在太原與閻錫山話別，他不但拿到了與閻錫山一致反蔣的協議，而且還得到了閻錫山贈送的現款五十萬元、花筒手提機槍兩百挺、麵粉兩千袋。在反蔣的共同前提下，閻、馮再度攜手合作。

與此同時，閻錫山還對各方軍事實力派進行了合縱連橫。北伐後不久，即被蔣介石打下台去的李宗仁、白崇禧，其第三集團軍雖然受到蔣介石打擊，元氣大傷，但仍有相當軍事實力，一直想報前仇，所以對聯合反蔣態度十分積極，為此他們曾派代表潘宜之赴晉，對促成晉、桂聯合穿針引線，做了大量工作。在此基礎上，三月初，閻錫山電邀各派主要人物到太原共議「國是」。李宗仁即派葉琪、胡宗鐸、麥煥章等桂系核心人物到會，他自己也欣然就任「陸海空軍副司令」一職。

對於投蔣的石友三、韓復榘，閻錫山也積極爭取。他清楚，蔣介石對於石、韓這些非嫡系部隊僅是拉攏利用而已，如果能把石友三爭取過來，不但可使之駐防的新鄉這一平漢、津浦交通要衝為已所有，而且因其軍力較強，也可壯大反蔣軍事力量。於是他許以趙丕廉相機用款許可權，到新鄉與石友三聯絡反蔣事宜。出於利害，石友三痛快答應反蔣，趙丕廉當面許以其軍費八十萬元。不料趙回來覆命時，閻嫌其出手太大方，不願認可趙許石之軍費，並另派人去與石聯繫，石為此大為惱火，後經韓復榘勸解，始派人去太原見閻，接受了閻委任的第四方面軍總司令一職和五十萬元開拔費，歸順了反蔣陣營。在此前後，駐河南的劉鎮華、任應歧，駐安徽亳州的孫殿英，駐山東的高桂滋等北方大小實力派，對於蔣介石消滅異己的做法都感到如芒在背，他們在閻錫山的拉攏下，也都投入反蔣陣線。就連遠在四川的劉文輝以及湖南的何健，也主動派代表到晉洽款，願奉閻錫山

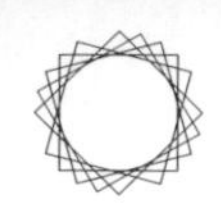

為反蔣盟主。閻錫山逐漸成了反蔣派公認的領袖人物，納入他麾下的反蔣軍事力量，已有原來的第二、三、四集團軍和不少雜牌軍，而其所駐地區，除大部在華北、中原外，還有一部分分佈於南方一些省份，在整個態勢上，比擁蔣實力派較為占優。

除此之外，閻錫山對張學良也積極爭取，但結果卻不甚理想。這除了閻錫山的優柔寡斷、出爾反爾外，其經濟上的拮据，也是一個重要的原因。張學良是東北地區軍事力量最強的實力派，且與閻錫山有著良好的個人關係。張學良因也受蔣介石的狹制，因而具有反蔣的政治基礎，一旦把張學良爭取過來，不僅可增加一支反蔣的生力軍，同時也可徹底解除閻錫山在北方的後顧之憂。可是就在閻錫山對各方面聯絡成熟，並擬好了討蔣通電，將電稿剛剛給張學良發走後，趙戴文攜蔣之命回到太原，勸閻放棄反蔣，說是「委座正在治理國家大事，全國人都很厭戰，希望過太平日子，你這樣做，就不怕挨天下人的罵？再者，我在南京一年多，深知他的內部對他信仰很深，已經成了鐵桶子，軍隊力量也很強大。你以為聯合的人不少，還不是烏合之眾嗎？這些人見利則爭，見害就避，打起仗來，哪能靠得住？你要打他，不是自取滅亡嗎？你看，來太原勸你的這些人，多半是一些流氓政客和失意軍人，你怎能聽他們的鬼話呢？這不是叫他們把你迷糊透了」（周玳：《閻錫山發動中原大戰概述》，《文史資料選輯》第 16 輯，第 36 頁）。趙戴文是辛亥元老，崇奉儒家之學，他雖然與閻錫山素有「半師半友」之公認關係，但他卻一向視蔣介石為孫中山的「正宗」傳人，認為反蔣各派均系「稱兵作亂」，況且，蔣介石對他不薄，現在被委為監察院院長，還許諾將來讓他兼任國府主席，因此，他才這樣勸。閻錫山聽他這麼一說，覺得也有些道理，反蔣決心有點動搖，遂電告張學良暫停發通電。張學良不知原委，特派秘書長王樹翰攜「寧事息人」的「國事主張」到太原聯絡。張接到王的報告後，對閻在政治上的出爾反爾很為不滿。事後，閻再度決定通電討蔣，已不便再請張在電報上署名，只得先派薛篤弼、賈景德赴瀋陽向張學良解釋，但張已被蔣介石先期派去的吳鐵城、何成濬、方本仁所說動，對閻錫山的代表只是虛與委蛇。

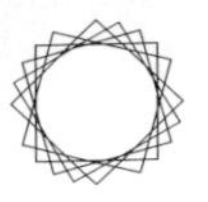

其實，張學良的被吳鐵城、何成濬說動，倒不如說是被蔣介石的重金打動。在蔣、閻相互爭鬥不可開交的情況下，張學良可謂舉足輕重。他擁蔣則蔣勝，附閻則閻勝。蔣介石、閻錫山雙方對此看得很明白。張學良也清楚自己在雙方爭鬥中的重要作用，本來在唐生智事變後，他認為蔣介石力量加強了，閻的威信降低了，因而，他曾對其親信說，以後不可再輕言反蔣，但閻、馮若真停止反蔣，東北對於南京的壓力，仍然無法減輕，蔣介石對他自然也不會放心，所以，他又不敢說不反蔣。這也是他當初答應閻錫山由瀋陽發出討蔣通電的原因。可是閻錫山卻出爾反爾，這不免使他對閻產生不滿。恰在此時，蔣介石派來的吳鐵城「建議蔣介石以各種名義（高價買瀋陽兵工廠的武器、發行公債、撥給出兵費等）送給張約兩千萬元，還透過請客送禮等手段，收買了張學良周圍的高級幕僚、秘書、副官以至衛士。有一次，吳設宴招待東北軍政要員，飯後打麻將，開了十幾桌，每人抽屜裡放了兩萬元，輸贏都歸你。所以，吳何時想見張，都會受到接待。而閻派去的代表賈景德和薛篤弼，賈只帶了一千元，薛只帶了五百元，除了開支自己的路費和食宿以外，幾乎沒錢賄賂張的左右，所以在商談過一次之後，再想見面，均被擋駕」（劉存善等編著：《閻錫山的經濟謀略與訣竅》山西經濟出版社 199 四年八月版，第 51—52 頁）。張學良在重金收買之下，自然傾向於蔣。不過他與閻有共同討蔣之約在先，不能這麼簡單地拒絕，因而以「東北處境困難」，老前輩們「通不過」為由，客氣地拒絕了閻的要求，並說經他一再爭執，「決定採取善意的中立，就是對蔣先生這一戰爭，東北決定中立，但對閻先生，我們要加上善意兩字，請轉達閻先生多加原諒為感」（梁航標：《一九二七至一九三一年的蔣閻關係》，《山西文史資料》第 7 輯，第 9—10 頁）。閻錫山對張學良的爭取雖然不甚成功，但能做到讓張學良「採取善意的中立」，也算是一個不小的收穫。張學良言而有信，中原大戰開始後一度保持了善意「中立」，這也是閻、馮聯軍取得暫時勝利的重要原因。然而，也正是因為閻錫山在爭取張學良上的出爾反爾及其在金錢拉攏方面大不如蔣介石闊綽，才使得張學良最後倒向了蔣介石，導致了閻馮聯軍的最終失敗。從這一點上來講，似乎雙方大戰未開，已經可以料定誰勝誰負了。

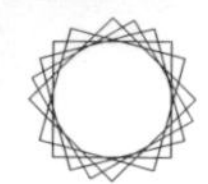

隨著閻錫山在政治上、軍事上組織反蔣聯盟活動的加緊，閻、蔣之間的電報論戰也迅速升溫，字裡行間的火藥味愈來愈濃。當蔣致電閻錫山要其「臨崖勒馬」的電報發出後，由於閻錫山於二月二十五日去建安與馮玉祥已經取得一致，所以，在三月三日給南京中央黨部、國民政府及蔣本人發去辭職的電報，準備另立爐灶，與蔣以武力說話了。對於閻錫山的這一手，蔣介石已經料到，在閻錫山於二月二十八日給蔣的電報中表示不與蔣再作口舌之爭時，蔣介石即於三月一日在國民黨三屆二中全會上，透過了開除汪精衛黨籍，查明閻錫山行動之真相等議案，並在濟南方面進行了軍事部署，以對付閻馮聯軍。針對蔣介石此舉，反蔣一方很快作出反應，三月十四日，以鹿鐘麟、商震、黃紹竑為首的原第二、三、四各集團軍五十七名將領聯名向全國發出責蔣通電，歷數蔣介石「非法毀黨」，「造成以個人為中心之武力，故冒不韙而弗恤」，「天下為私」，「但知利己，手段故自不擇」等十大罪狀。三月十五日，他們又聯名通電擁戴閻錫山為中華民國陸海空軍總司令，馮玉祥、張學良、李宗仁為副總司令。四月一日，閻錫山、馮玉祥、李宗仁分別通電就任總、副司令一職。閻錫山在其就職通電中又對蔣介石進行了兵戎相見前的最後一次口誅筆伐，斥責蔣介石「使黨權高於一切之黨，變而為一人之化身，專制獨裁，為所欲為。而政治上之一切錯誤，其責任悉歸於黨，以至賄賂公行，國人不敢詰責，土匪遍國，政府不加過問。籌鉅款，借巨債，無非成全其篡竊之具；張撻伐、行暗殺，無非私張其篡竊之威，黨不黨矣，政不政矣，民不聊生矣……茲不得已，從黨員之催促，並軍民之請求，謹於中華民國十九年四月一日宣誓就中華民國陸海空軍總司令，統帥各軍，陳師中原，以救黨國」。

蔣介石很快作出反擊，國民政府於四月五日發出對閻錫山的免職並緝拿令。緝拿令中也對閻錫山自辛亥革命以來至最近與國民黨的關係大加貶損，說閻「素昔狡詐，辛亥革命，遭遇時會，僭竊一省」，「袁氏叛國，該逆競懷祿貪勢，反顏事仇，……迄袁氏稱帝，該逆率先勸進」，「去年李、白、馮、唐之亂多為該逆所潛煽，一方密請政府聲罪討馮，一方密款馮氏以劫持政府」「閻錫山應即免去本兼各職，著京內外各省政府、各軍隊一

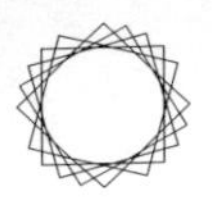

體嚴拿歸案訊辦，以儆奸凶，而申法紀」。同時蔣介石還以國民革命軍總司令名義發出《為討伐閻馮兩逆告將士書》，羅列了閻、馮二人「存封建之心理，具軍閥之積習」，「處心積慮必欲破壞統一」等罪狀，要求各將士「忠勇奮發，滅此朝食，以競革命之全功而奠國基於永固」。

至此，蔣、閻雙方徹底決裂，各自厲兵秣馬，劍拔弩張，一場大戰在即。

4、中原大戰爆發，閻馮聯軍先勝後敗，閻錫山被迫下野

一九三零年五月十一日，以蔣介石下達對閻馮聯軍的總攻擊令為標誌，歷時五個月，在中國近代史上規模最大，地域最廣，投入兵力最對多，傷亡最重的中原軍閥大混戰正式開始。

閻馮聯軍共出動七十多萬人馬，分別在津浦、隴海及魯西南、平漢、湖南四個戰場同時進攻。聯軍編成八個方面軍，其作戰地域為第一方面軍總司令李宗仁率兵三萬，經湖南進攻武漢；第二方面軍總司令馮玉祥率二十六萬大軍，擔負河南境內隴海、平漢兩線作戰任務，分別東向徐州、南向武漢進攻，計畫與一方面軍南北對進，會師武漢，控制長江中下游地區；第三方面軍總司令閻錫山，出動二十餘萬人馬，一部擔負山東境內津浦、膠濟兩線作戰任務，一部在豫東北隴海線與馮軍合攻徐州，然後合兵，沿津浦路直搗南京；第四方面軍總司令石友三，傾其十萬之眾，先東攻魯西濟寧、兗州，然後與晉軍合攻濟南；第五方面軍擬給東北未果；第六方面軍總司令劉文輝，第七方面軍總司令何健只暗地裡接受任命，不願公開發表，在軍事上也未起作用；第八方面軍總司令樊鐘秀，由原駐許昌的雜牌部隊組成，作戰歸馮玉祥指揮。這樣，參戰的閻馮聯軍八個方面軍實際上只有五個方面軍。為統一指揮二、三、四三個主力方面軍，特任命鹿鐘麟為這三個方面軍的前敵總指揮，徐永昌為副總指揮。

針對閻馮聯軍的部署，蔣介石除令各地方駐軍繼續圍剿紅軍之外，令粵系軍隊負責對付桂軍，並使何成浚在武漢組織雜牌部隊牽制反蔣聯軍攻漢主力，讓投蔣的韓復榘、陳調元、馬鴻逵、劉珍年等雜牌部隊在津浦和山東戰場應付閻錫山、石友三所部，而將中央主力大部集中於隴海戰場，準備以壓倒優勢兵力一舉粉碎閻馮聯軍的南下東進攻勢。由於蔣的重點所指為馮玉祥所部，所以，晉軍作戰地域無中央軍主力。

大戰初起，因河南省主席韓復榘不願也不敢同馮軍作戰，向蔣介石請調山東作戰，所以，聯軍順利佔領了河南省境大部。閻即任萬選才為河南

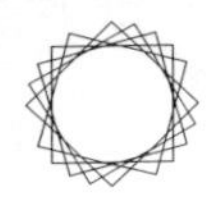

省省長。五月三日，閻錫山與馮玉祥在鄭州召開軍事會議，二人認為開局良好，形勢十分有利，桂系「李、白對討蔣軍事已準備就緒，東北的張學良雖暫不出兵，但已允為彈藥之助；汪精衛也覆電表示同意合作，共舉大事，各友軍均願戮力同心，反蔣到底，從總的形勢來看，時機已經成熟，應即積極準備進攻。他們對此次大舉討蔣信心很強」（劉驥：《蔣馮閻關係和中原大戰》，《文史資料選輯》第16輯，第9頁）。因而調整了軍事部署，決定隴海路豫東、平漢路豫南兩個方面，均採取攻勢防禦，在津浦路之魯北方面則採取攻勢，俟有進展後，再全線出動，並在兵力上做了相應的調整：隴海線閻馮兩部共同擔任，輔以萬選才、石友三、劉春榮、劉茂恩、孫殿英等部；平漢線由馮部擔任，輔以樊鐘秀部；津浦線由閻部擔任，平漢、隴海兩路軍，統由駐鄭州的第二方面軍前敵總指揮鹿鐘麟指揮。

但這個部署剛開始實施，在隴海線方面，就受到嚴重挫折。首先，由於劉茂恩怨恨閻錫山沒有把河南省主席一職交與其兄劉鎮華，而是交給了萬選才，劉茂恩於五月二十一日誘捕萬選才於寧陵並殺害，在他兼併了萬的部隊後，又馬上倒戈襲擊了楊效歐軍，還扣留了一個炮兵團長和一營炮兵，致使隴海線前線的楊效歐、孫楚、關福安三個軍失去豫西寧陵、睢縣、民權等地友軍屏障，不得不後退百餘里。所幸馮玉祥及時派駐紮鄭州的機動預備隊孫良誠部提前投入戰鬥，又調去吉鴻昌協同孫良誠部迎頭痛擊當面蔣軍的陳誠十一師，在晉軍的積極配合和強大炮兵火力支援下，孫、吉兩部主力軍將十一師幾度包圍，幸該師裝備優良，火力熾盛，始得突圍而出，但蔣軍全線動搖，直至六月上旬，蔣軍援軍開到，才在魯西南定陶、曹縣至豫東民權一線穩住了戰線。西北軍在這次反擊中，大顯威力，但由於兩翼之晉軍和龐炳勳部進攻跟不上，雖然其間挺進到蔣軍後方的鄭大章騎兵集團燒毀蔣軍多架飛機，幾乎襲擊到蔣介石所乘坐的列車，並繳獲了大量作戰物資，卻未能圍殲更多的蔣軍。

劉茂恩的前線倒戈，也使孫殿英部被隔斷在亳州成為孤軍，孫部戰鬥力頗強，進行了頑強抵抗，吸引了蔣軍相當多的兵力，兩個多月的被圍困作戰中，幾乎彈盡糧絕，後馮玉祥派從大西北趕到的孫連仲部率四五萬兵

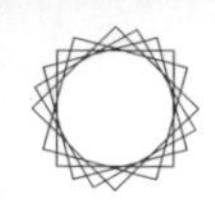

力前去解圍，雙方在這一帶交戰激烈，援軍付出兩萬多官兵的生命，才於七月中旬解了亳州之圍。之後即命孫連仲、孫殿英合兵，由亳州長驅東進，直取蚌埠、宿縣，切斷蔣軍後路，配合隴海、津浦兩線作戰，但二孫均以士兵過於疲勞，損失也很慘重為由，要求總部在糧、彈和餉項方面給予充分的接濟，否則恐難完成任務，可是由於馮軍長期駐防於瘠苦的陝、甘、寧、青等地，幾乎沒有什麼積蓄，而閻錫山對馮軍的供應也大不如開戰之初，不但數量少，而且也不及時，因此，馮玉祥也無法解決這些問題，只好打消原意，令二孫兩部撤至柘城、大康一帶。這樣，亳州複入蔣軍之手，二孫的撤出也為蔣軍解除了後顧之憂，並能使其抽出兩師兵力，分別開往隴海線正面和山東曹縣一帶。

儘管隴海一線的馮軍遭到這些挫折，並在糧餉供給上遇到很大困難，但馮玉祥發動進攻的決心並未動搖。八月上旬，馮軍在隴海戰場發起連續攻勢，除在平漢線上控制小量兵力外，把主力全部投入到隴海戰場。馮玉祥以徐州為目標分七路總攻，決心一舉奪取徐州。總攻開始後，各路部隊奮力作戰，取得了相當戰果，蔣軍左翼戰線連連後撤，為確保退路，蔣介石分電各將領固守豫、皖、蘇邊界各重要城池，並下令凡敵兵至而守城不失者各晉升兩級，賞洋五萬元，以激勵士氣。在情勢危急時，蔣介石甚至已經準備自隴海戰場正面及歸德以南撤退。但參謀長楊傑和軍政部陸軍署長曹浩森力主再苦撐數日待變，恰在此時，連降大雨，河水氾濫，遲滯了馮軍的進攻，蔣軍危險局勢才得以扭轉。

在山東戰場上，由於石友三的第四方面軍在新鄉以東渡過黃河後，即佔領了東明、考城，向濟寧挺進，與蔣軍幾經爭奪，在魯西南站穩了腳跟，牽制了大量蔣軍兵力，所以，給津浦路向南進攻的晉軍創造了極好的條件。而閻錫山親自指揮的在津浦路方面的晉軍，當面又無蔣介石嫡系主力，並且，投蔣後被蔣委以全權指揮山東戰場的韓復榘，本為馮玉祥的「十三太保」之一，他見討蔣聯軍進展順利，頗有回頭報效馮玉祥之意，在津浦戰線連避三舍，自然也有觀望待變的意思在內，不作認真抵抗，所以，晉軍五月二十九日在董家溝渡過黃河後，進展順利，六月二十五日即攻佔濟南。

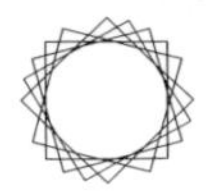

之後，兵分兩路，一路東進追擊韓復榘部，一路南下攻取泰安。至七月下旬，津浦戰場已全部牢牢控制在晉軍手中，大有兵臨城下，直取徐州之勢。

可以說，到七月下旬，討蔣聯軍，除張發奎和桂系聯軍敗退回廣西外，其他各部都在戰場上取得了主動權，特別是馮閻兩部對隴海、津浦兩戰場的控制，更奠定了對蔣軍作戰勝利的基礎，從總的戰場態勢來看，討蔣聯軍處於攻勢，而蔣軍則處於守勢。

但是，隨著戰事的進展，這種局面很快發生了逆轉，蔣軍逐漸轉為主動，而討蔣聯軍則日益陷入被動。

閻錫山在攻克濟南後，便集中主力猛攻兗州。可是，由於孫殿英部由皖北撤往豫東後，為蔣軍解除了後顧之憂，使之能抽調出兩師兵力開往隴海線正面和山東曹縣一帶，這就增加了馮閻兩部各自戰場的壓力。而馮玉祥發動總攻後，又是在大雨滂沱、遍地澤國的極端困難情況下進行奮戰，攻取每一個蔣軍據點，都要付出很大代價，加之官兵過度疲勞，又得不到及時補給，致使馮軍不得不忍痛停止進攻，使本可以被擊潰的蔣軍，得到了喘息之機。不但得到了援助，使其在全線動搖之中逐漸穩定下來，而且，還能抽出兵力支援危急戰場，所以，當兗州危急時，蔣介石即從隴海線調兵增援兗州。閻錫山面對這一局勢，便不敢繼續南下，轉將主力調到膠濟線，進攻韓復榘。韓復榘本已取「觀戰」態度，閻錫山若不向其進攻，或許真能化敵為友，增加自己的一分力量，閻如此一來，反而使自己多了一個勁敵。更大的失誤是閻錫山臨陣換將，由傅作義任總指揮的第二路軍，由六個軍另三個獨立團組成，作戰初期，戰事相當順利，不日即攻克濟南，正當傅作義準備擴大戰果時，閻錫山忽命張蔭梧為聯軍總指揮。閻錫山這樣做，是因為傅作義攻克濟南後，張蔭梧給閻去了一個密電，說是張學良和蔣方代表吳鐵城、張群、方本仁在北戴河開會，傅作義秘密參加了會議，要閻注意這一動態。於是，閻錫山對這位曾被他稱之為「關雲長」的戰將產生了懷疑，臨時變更了津浦線上的總指揮。由於張、傅二人互相攻訐、掣肘，嚴重影響了津浦戰局。不僅如此，當初閻錫山為籠絡也是馮玉祥「十三太保」之一的石友三，曾給予石山東省主席的位置，可是卻又在暗

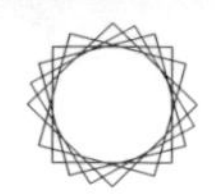

中操縱當地青紅幫與石搗亂，並在晉軍進入山東後，佔領一縣就委派一縣的縣長和稅務局長，使石友三的省主席成了空頭職位，從而招致石的不滿。其後在北平組織政府時，閻又以「石友三反復無常，貪得無厭，又是一個粗人」為由，堅不同意由石出任軍政部長職位。因此，當馮玉祥在隴海戰場展開八月攻勢的時候，石友三即與張學良取得聯繫，準備休戰投張，另起爐灶。他在致張的電報中稱閻錫山狡猾無信，排斥友軍，萬難與共大事，願率部北上，聽張指揮云云。該電被蔣方截獲後，在馮軍猛烈攻勢下，正準備全線總撤退的蔣介石，遂命各部苦撐堅持，以待時機。閻錫山的這些失當舉措，都嚴重破壞了在津浦戰場上晉軍取得的有利局面，所以，七月二十七日，當蔣介石親到兗州督戰，決定兵分左中右三路發起兗州以北的會戰，先從晉軍處打開缺口後，山東戰場上的晉軍，很快全面潰敗。八月五日，在蔣軍優勢兵力和德國大炮的攻擊下，晉軍退至泰安、肥城、平陰一線。蔣介石的參謀長楊傑力排眾議，親率一軍穿插到張蔭梧、傅作義兩路晉軍的後方大汶口，迂回作戰大獲成功。在兗州一帶與蔣軍對峙的傅作義部，以及在膠濟線與韓復榘作戰的張蔭梧部，相繼被迫撤往濟南。在各路蔣軍的追擊下，閻錫山只好於八月十五日棄守濟南，隨即晉軍紛紛撤退至黃河北岸。

晉軍退出濟南，撤往黃河以北，使蔣軍得以抽出大部兵力轉用於河南戰場。馮玉祥攻取徐州雖已無望，但還與蔣軍在隴海一線對峙。蔣介石為擴大戰場的軍事優勢，一方面透過贈給金錢，許以官位，派人拉攏等辦法，一個個收買馮玉祥的部將，以此來削弱西北軍的戰鬥力。由於戰事歷時日久，損失慘重，而物資供應又相當匱乏，馮部中的厭戰情緒上升，不少官佐暗地裡向蔣輸誠。另一方面，蔣介石為了防止戰局反復，在軍事上取得徹底勝利，又加緊了促張學良擁蔣入關的活動。在戰事開始不久，蔣介石便於六月三日專派李石曾到瀋陽為張學良祝賀三十歲生辰。六月二十一日，派張群把特任張學良為陸海空軍副司令的特任狀及印信送往瀋陽，勸張出兵入關。七月份，又派吳鐵城、劉光到葫蘆島參加張學良舉行的該島建港工程開工典禮，將任命於學忠為平津衛戍司令、王樹常為河北省主席

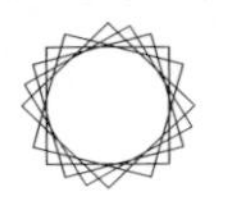

的任命狀密交於張。這時，他又命吳鐵城、張群攜鉅款在東北進行活動，吳在東北兵工廠以每支價格高過日本二十五元的高價為南京訂購步槍十萬支，等於送給張兩百五十萬元。八月以後，蔣介石根據吳鐵城的電請，撥給張學良一千萬元，用以整理奉票及償付外債，又允許東北軍入關後，駐平津部隊的薪餉由中央負擔。蔣介石所以「捨得這樣花錢，就是因為張學良的一句話可以決定戰事的勝敗」（《中原大戰內幕》第 482—483 頁），為此增加了委東北方面的胡若愚為青島市市長、王家楨為外交部長、朱啟鈐為北平市長、藏啟芳為天津市市長的任命，許以「北方諸事托漢卿全權處理，內政、參謀兩部部長，平綏、平漢、正太、滄石等鐵路局長、平津中央直屬機關各負責人均可由東北方面保薦」。這樣，張學良不僅可以控制整個東北和華北，而且把勢力伸入到了中樞和北中國的鐵路系統。這對張學良無疑是一個很大的誘惑。張學良在蔣介石的利誘和吳鐵城、張群的不斷推促下，向吳、張二人口頭表示，「如蔣軍能將濟南攻下，東北即可出兵」，並以此意告訴閻錫山的代表賈景德。

張學良的這個表態，使閻錫山大為震驚，為了穩住張學良，起碼令張繼續保持中立，閻錫山、汪精衛一面派人赴瀋陽，以察綏平津永久讓與為條件，希望張出兵援助，一面加緊成立政府的步伐，以期增強政治上的號召力。原來，中原大戰開始不久，閻錫山即積極籌備擴大會議，進行政治設計，以便大戰勝利後，使他組織的新政權能掌握在自己手中，並正常運行。七月下旬，汪精衛由日本返回轉赴北平後，經與西山會議派協調，提出「中國國民黨中央黨部擴大會議」的七項基礎條件。八月四日，由閻、汪主持，有反蔣聯合陣線各派代表參加的會議透過了即將召開的擴大會議的基本文件。八月七日，「中國國民黨中央黨部擴大會議」在北平中南海懷仁堂舉行第一次正式會議，透過發表了「黨務宣言」，並推舉汪精衛、趙戴文（代表閻錫山）、許崇智、王法勤、謝持、柏文蔚、茅祖泉七人為常務委員，主持擴大會議一切工作，隨即，擴大會議開始了緊張地組織政府工作。九月十一日，透過《國民政府組織法大綱》，公佈了由閻錫山、唐紹儀、汪精衛、馮玉祥、李宗仁、張學良（並未徵得本人同意）、謝持

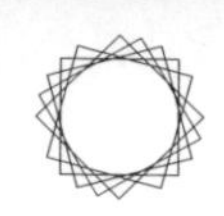

等七人組成的國民政府委員名單，推閻錫山為主席。因此，在得知張學良這個表態後，儘管當時反蔣聯軍在軍事上已由優勢轉為劣勢，並且日顯頹勢，但閻錫山等人為造成既成事實，使張學良對反蔣勢力有所顧忌，不致貿然行事，仍於一九三零年九月九日在北平組成「國民政府」，閻於當日九時零九分在中南海懷仁堂宣誓就職國民政府主席。因前線軍事吃緊，閻宣誓就職後不到兩個小時，即離開北平登車前往津浦戰線督戰去了。

可是，張學良並沒有答應閻錫山所允諾的這些條件，反而於閻錫山的「國民政府」成立的第二天，即九月十日，在瀋陽北陵別墅召開的東北軍高級會議上，答應了蔣介石出兵關內的諾言。他說，「東北地處邊陲，日本窺視已久，如欲抵禦外侮，必須國內統一，在先大元帥在世時，我曾迭次進言，未蒙採納。一九二六年先大元帥曾派韓春麟赴山西見閻，請他與我們合作，我們也絕不干涉山西的事務。閻錫山表示同意，韓春麟滿意而歸。而為時不久，閻錫山即將大元帥所派往山西的使者於珍扣留，並由娘子關出兵，與我方作戰。韓春麟就由於閻的失信，氣憤病死。閻馮二氏的為人，一向反復無常，從前北洋系統的覆滅，二人應負其責。目前閻馮合作，事如有成二人亦須決裂。且以國民革命軍系統而言，閻馮本應為國民黨的一部分。至於擴大會議，西山派本詆汪、陳為赤化，改組派亦罵鄒、謝為叛徒，暫時的結合，將來仍須水火。蔣介石亦係一個陰謀的野心家，在他的陰謀裡，本想以軍事解決西北，以政治解決西南，以外交解決東北。他對我們，亦無特殊的關係。從馬延福的事變，更可看出他的不顧友誼和不擇手段。不過目前國事日非，如非國內統一，更不足以對外。我們為整個大局計，必須從速實現全國統一，早停內戰。最近閻馮的軍隊業已退至黃河北岸，蔣軍業已攻下濟南，我方似應實現出兵關內的諾言」（於學惠：《東北軍第四次入關的經過》，《文史資料選輯》第 16 輯，第 77 頁）。

九月二十八日，張學良發出「巧電」，宣佈出兵關內，呼籲各方「罷兵以紓民困」。在此之前，閻錫山已得知張學良決定擁蔣的消息，即背著馮玉祥悄悄收編晉軍戰線，由山東撤回河北、山西。馮軍在勉力抵抗蔣軍的九月大反攻之後，不少官佐在蔣介石的拉攏利誘下向蔣輸誠，已基本上

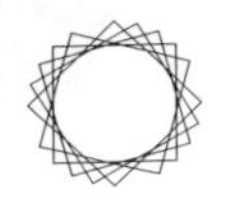

失去了作戰能力，馮玉祥還想力主一戰，但由於整個西北軍中除宋哲元、劉郁芳兩部外，其餘均不願聽命再戰，也只好作罷。當初投附閻馮的各小股反蔣武裝則紛紛改換門庭，分別投蔣、投張。反蔣聯軍就此土崩瓦解。

閻錫山、汪精衛並不甘心軍事上的失敗，還想借助「擴大會議」和「國民政府」的招牌，利用聯軍殘餘力量，繼續與蔣介石周旋。九月二十二日，擴大會議被閻錫山搬到太原，但從九月二十日起，東北軍每隔三小時即發一列兵車入關，十多天就完成了對河北及平、津兩市的佔領，因此到十月初，閻馮兩部一些將領迫於形勢，紛紛向張學良輸誠。這時，閻馮聯軍在數量上還要比蔣軍多五、六萬人，因此汪精衛提出「一不作，二不休，最後退到大西北，繼續硬幹到底」的強硬主張，馮玉祥也表示贊成，要把所有部隊先集結到黃河北岸，做好堅固工事，蔣介石如要再打，和他硬幹，如果不打，就乘隙渡河南進。但閻錫山不表示同意，他說：「這是國事之爭，我們軍事上雖已失敗，但在政治上，蔣介石既承認錯誤，也就是我們取得了勝利，況且中國是整個的，如果弄成華北、華南兩個中國，我們就成了歷史的罪人」。其實，閻錫山是因為已經截獲到了馮玉祥的參謀長劉驥從新鄉給馮的電報，內稱「晉南富庶之區，糧餉不缺，隴海路撤下來的軍隊應兼程開入晉南」。閻認為這是馮想取其而代之的辦法，如果真是這樣，他將無所憑藉，所以，他不同意汪、馮的意見。事後他對人說，「留得青山在，不怕沒柴燒」（《閻錫山統治山西史實》，第 156 頁）。但閻錫山仍在表面上支撐，因而擴大會議到了太原後，汪精衛還用了一個月的時間，起草了一個「約法草案」，並於十月二十七日在擴大會議的最後一次會議上透過。其後，擴大會議的代表便作鳥獸散，有的改換門庭，轉而投靠蔣中央，有的則下野韜晦，以求再逞，改組派作為國民黨內的一個政治派別，也以汪精衛的結束聲明而宣告終結。

對於戰敗的反蔣聯軍，蔣介石因急於抽調兵力到南方圍剿紅軍，所以，他除要閻錫山、馮玉祥必須下野外，其餘人員都在「赦免」之列，同時，將收拾華北殘局事宜全權托給了張學良。十月十六日，閻、馮、汪在太原議定如能和平解決一切，閻馮將同時下野。但蔣介石不答應，為逼閻馮等

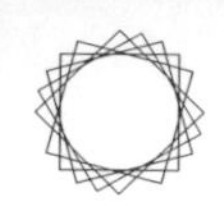

下野，十月二十九日派飛機轟炸太原，在北門外兵工廠附近炸傷一人，炸死1條狗，十一月一日又一次轟炸，炸塌了柳巷北頭晉隆飯店的廚房，炸死廚師郭某。兩次轟炸，使太原市民人心惶惶，十分恐懼，認為這都是閻錫山招來的，都希望閻錫山早日離開太原。在蔣介石的高壓下，閻錫山、馮玉祥於十一月四日致電張學良「釋權歸田」，馮玉祥無處可歸，遂隱居於山西汾陽縣峪道河。汪精衛於十一月二十三日偕夫人陳壁君亡命日本。閻錫山則在太原呆了一段時間，對山西人事安排了一番後，即以侍奉父疾為由，回到了老家河邊村。他並不打算如蔣介石所願，離開山西，出洋「考察」，而是想暫避風頭，等待時機，以圖後舉。在老家，閻錫山一方面調整軍隊，撤銷了陸海空軍總司令部及第三方面軍總司令部，成立了晉綏警備總司令部，安排親信知交徐永昌、楊愛源分任總副司令，替他掌管晉綏軍；另一方面則展開「公關」，派人到南京、瀋陽疏通說項，以太原各縣公推的名義，由榮鴻臚等到南京交涉，表達太原各界對閻錫山的挽留之意，派交際處長梁汝舟，偕溫壽泉前往瀋陽，面見張學良，透過張向蔣介石方面疏通。

然而，蔣介石並不手軟，他知道，閻錫山畢竟是一個擁有相當實力的地方實力派代表人物，雖然他中原戰敗，通電下野，但仍有相當的影響力和號召力，決不能讓他稍有喘息之機，以免其重振旗鼓，東山再起，因此，對於閻錫山的活動交涉，一方面以「百公不出洋，無以善後」作答，一方面電張學良「堅不允許」閻錫山滯留山西，並且又派偵察機在太原上空盤旋，進行示威。

閻錫山無奈，只好於十一月二十九日離開老家，走上了逃亡之途。

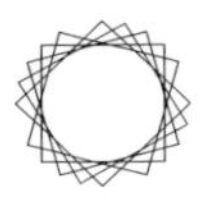

5、離晉出逃，避居大連，在這裡一面遙控山西，一面研究「理論」

一九三零年十一月二十九日清晨六點鐘，天還未亮，閻錫山一行即從河邊村動身出發，前往大同，準備乘車去天津，從這裡「出洋」。

受蔣介石、張學良的逼迫，閻錫山不得不離開山西「出洋」。但是，閻錫山根本就不願意「出洋」，因此，也就沒有「出洋」的打算。然而為了應付蔣、張，他還是放出口風說願去美國或者日本，並且把他出行的第一站定在天津，準備在這裡暫避一時，爾後看具體情況再作安排。

閻錫山離開河邊老家之前，除軍事上作了前述的安排之外，還給其親近的文武屬僚按等級每人贈送了三萬元、兩萬元、一萬元，或五千元、三千元，以示其對他們生活上的關懷。其實也就是要這些人在他離開山西後仍能忠心於他，他還囑託這些人說「我們是有辦法的，不要以為就此完結了」（關民權：《閻錫山戰敗逃亡記述》，《山西文史資料》第 7 輯，第 26 頁）。並且派李汝驥以晉謁汪精衛為名（汪時在天津，正與覃振等人研究擴大會議所制定的「中華民國約法草案」），執閻的親筆信，專程去天津跑了一趟，李從天津返回後，告知閻錫山「沿途平靜無事」，閻遂決定動身。

對於這次出行，閻錫山特別謹慎，一切都是在極端秘密的情況下進行的。他對其隨行人員的挑選，就規定有忠實可靠，熟悉旅途情況，且能隨機應變，還要有相當地位而對外交際面又不大這樣三個標準。經與趙戴文多次研究考慮，最後決定由李汝驥、王懷明二人隨閻錫山同行。因為李、王二人都曾留學過日本。李為五台人，與趙戴文為同鄉和世交，曾任德勝口稅務監督，內政部科長等職，素為趙所器重。王懷明是沁縣人，曾任省長公署秘書及縣長多年，為人謹慎小心，忠實可靠。定下來之後，閻錫山即將此二人召到河邊村閻宅同住，一方面是準備隨時動身，一方面也是為了對他們再作進一步考察（關民權：《閻錫山戰敗逃亡記述》，《山西文史資料》第 7 輯，第 26 頁）。可是，這時前晉南鎮守使張培梅卻也前來，要

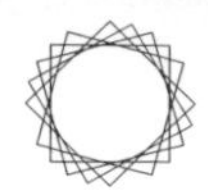

求以保鏢身份伴隨護送閻錫山。這張培梅是原平人，在晉軍中素以「剛正耿介」而著稱，對人多有得罪，唯對閻錫山可謂忠貞不二，人言張培梅之於閻錫山，如同許褚、典韋於曹操，鄭恩之於趙匡胤。晉軍出兵石家莊第一次對奉作戰時，張培梅為整肅軍紀，擅殺龔鳳山、劉樹藩兩團長，曾遭閻猜忌，返防不久，即因此解甲歸田，如今，閻正在落魄之時，張卻不計前嫌，前來助閻，閻即予以應允與之同行。

一切準備停當之後，閻錫山給在太原的徐永昌、商震發了一個電報，告知「東日到石，冬日到津」，即於十二月一日到石家莊，二日到天津，同時，還電告蔣介石，他於十二月一日動身離晉。然而，閻錫山一行卻於十一月二十九日動了身。他之所以這樣比向外界所說的日期提前了兩天，主要是擔心蔣介石、張學良會按他所告知的日期在其赴津途中採取不利於他的舉動。

閻錫山離開河邊村時，送行的只有他的父親閻書堂，總參議趙戴文、交際處長梁汝舟，以及他的表兄曲靜齋等四人。閻錫山裝扮成商人模樣，身穿長袍馬褂、足登老頭棉鞋，頭戴風帽，懷裡揣著印有「山陰縣富山水利公司經理曲容眾」字樣的名片（曲容眾字成三，係閻錫山的叔伯表兄），他與李汝驤同乘一輛小汽車，王懷明與張培梅同乘一輛小汽車，兩輛車一前一後，相距半小時路程，相繼出發。徐永昌接到閻的電報，信以為真，於十一月二十九日急忙由太原前來五台，準備與閻錫山話別，豈料等他到來時，閻錫山一行早已離去。

按照事先安排，閻錫山等自帶乾糧，一路上只在太和嶺口和懷仁打了兩次尖，經過一天的顛簸，晚上六時半，天剛擦黑，抵達大同。李汝驤令司機加快速度，想闖過汽車站的檢查哨，直奔火車站，不料讓哨兵喝住，李答「我們是去火車站，怕誤了點」，哨兵到車前問明瞭來去地點，然後說「不進城怎麼上火車站」，李說「我見城門已經上了」，哨兵說：「你們捺一捺喇叭就開了」。司機捺了兩下喇叭，城門果然開了。汽車穿過北大街直至大同火車站。這時，天已漆黑，距晚十一點開車時間尚早，便計畫先去旅館休息一下。到第一家旅館，已住滿軍隊，門口有衛兵，不能進去，

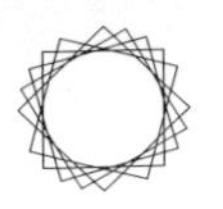

至第二家旅館，才找到住處。閻錫山下車後，賞司機一百元，讓他回去。在這家叫泰來的客棧裡，閻錫山只吃了些他自帶的餅子，即歪在炕上休息（關民權：《閻錫山戰敗逃亡記述》，《山西文史資料》第7輯，第28—29頁）。晚11時，閻錫山一行悄然從大同火車站登上了一輛北上的火車，離開了大同。十二月三十日淩晨，車抵張家口，然後，由此南下，直達京郊豐台車站。閻錫山一行因轉乘火車尚須一段時間，即先到一家旅館稍事休息。

等他們再上車站時，只見站上停靠著一輛慈禧太后當年坐過的花車。閻錫山不禁生疑，遂遣李汝驤去打探清楚，當聞聽此車係開往石家莊接閻總司令到天津出洋時，閻掐指一算，這輛車由豐台到石家莊的時間，正好與他向蔣介石報告的出發日期相符。閻不由得對李等一行人發出會心的微笑。他們在豐台轉車後，十一月三十日晚上，到達天津。據傳，「當閻錫山向蔣介石電報定於十二月一日起身赴天津時，張學良亦有所知道，曾發出三道命令：一、令陸軍『檢查列車，查獲後格殺勿論』；二、令憲兵『查獲後押解來部』；三、令鐵路員警『嚴加保護』。所以十一月三十日晚，京綏列車過柴溝堡時，軍警憲勤令停車，嚴加檢查。但此時閻錫山已安臥於天津日租界熙來飯店矣。事後趙戴文和張學良見面時，張尚表示殷切地說：『我曾下令要沿途嚴加保護』，可知道命令確非虛傳」（關民權：《閻錫山戰敗逃亡記述》，《山西文史資料》第7輯，第31頁）。閻錫山事後得知這一切，不禁為自己的神機妙算暗自得意。其實，將前後之事聯繫起來看，所謂的三道命令，只有第三道命令比較屬實。因為閻錫山已答應蔣介石「出洋」，並把去天津的時間告訴了蔣和外界，儘管這個時間是假的，若真的將閻「查獲後格殺勿論」，那麼，在輿論上，蔣是不好交代的。再則，張學良派出慈禧太后用過的花車停於豐台，看來也明顯是要接閻錫山去天津的。而他下令要沿途嚴加保護，也是對閻錫山安全的考慮。張這樣做，其出發點很可能是只要能讓閻錫山安全「出洋」就行，不希望再節外生枝，發生什麼變故。再則，三道命令是蔣發出的，還是張發出的，沒有說明，況且，三道命令三個內容，既要「格殺勿論」，又要「嚴加保護」，似相互

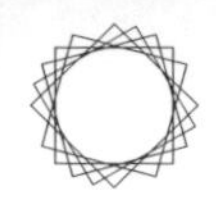

矛盾，所以，張學良後來對趙戴文所說，還比較可信。

不管怎麼說，一路上提心吊膽的閻錫山總算到達了天津，並住了下來。李汝驤、王懷明將閻錫山送達天津後，即先後返回。隨後，閻錫山的其他隨從人員總參議趙戴文、交際處長梁汝舟等也陸續來到他身邊。張培梅一向不喜趙戴文，見趙一來，亦返回原籍。閻錫山為向蔣介石等表示自己準備出洋，還在他的住處日租界一所叫「張家花園」的地方，掛起了一快「籌備出洋辦公處」的牌子，任命梁汝舟為處長。可是，好長時間卻沒有任何籌備出洋的實際行動。並且，閻錫山的隨從也日益增加，甚至把他的姨太太徐蘭森和幾個兒子也接到了天津，大有在津門安營紮寨，長久住下去的架勢。閻錫山的這些活動，不能不引起時刻關注其動向的蔣介石的不滿，「蔣介石聞訊，認為津晉相距咫尺，閻在津在晉有何區別，張學良亦認為閻如在天津，他對晉軍更難節制。所以，蔣、張二人都以閻留津為大患，於是蔣發動國民黨山西省黨部迅速返晉工作，以揭發閻的罪惡，一面讓蘭衣社特務分子在閻的居所附近不時加以窺探，以威脅之。那時，蘭衣社特務可以用種種方法隨便殺人，而法庭不加過問。閻在精神上不堪其擾，行動又受此威脅。而張學良又隨時派人詢問閻的放洋日期」。正是在這種情況下，閻錫山思考後決定放棄久居天津的打算，「今年先到大連，明年再經日本赴歐美」。由於大連自甲午海戰簽訂「馬關條約」後，即為日本佔領，所以，經與日本方面的多方接洽，辦妥了去大連的一應事項。

一九三零年十二月二十二日淩晨，閻錫山乘坐日本大阪商船會社的「武昌丸」號輪船，離開天津，前往大連。隨行者除趙戴文、梁汝舟外，還有忻縣人、曾留學日本的甯超武、廣靈人張金等。閻錫山登上船後，見船遲遲不開，「深恐發生意外，顯得非常焦急。正在這時，有人進來先自我介紹，說明他是船長，跟著就嚴肅而恭敬地對閻說：『請大帥不要驚恐，我們的船等待潮來就起碇，至多不過三兩小時』。閻正要否認他的身份，日籍船長就跟著說：『你不必否認，你們買票時我們就知道的，請你放心，我們的船就是今天不開，你的安全，我們要負責任的，絕對不會發生什麼問題。我再說一句，請你放心』」（曲子祥：《我所聽到的閻逃大

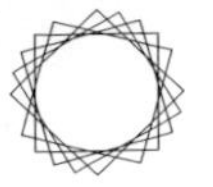

連的情況》，《山西文史資料》第 7 輯，第 37 頁）。不久輪船起航，在行途，閻錫山以個人名義又發了一封致《大公報》記者函，謂「茲以定於本日離津，經大連東渡，續游歐美，……閻錫山十九年十二月二十二日倚裝留贈」（《閻錫山統治山西史實》第 158 頁）。經過幾日的海上航行，大約在十二月底，閻錫山等到達大連，暫居於孫傳芳過去在黑石礁修建的一幢別墅小樓裡。

蔣介石得知閻錫山去了大連的消息後，與以前的強硬態度不同，採取了聽之任之的做法，據分析，大概是因為「閻錫山既去大連，蔣介石認為大連離晉較遠，且在日本員警統治之下，他的特務無法活動，所以不再逼迫」（梁航標：《一九二七至一九三一年的蔣閻關係》，《山西文史資料》第 7 輯，第 11 頁）。雖然如此，但閻錫山仍故作姿態，對外宣稱先赴歐洲，再轉美國考察實業，在此之前擬先到日本參觀各項建設，並煞有介事地派其隨員靳瑞萱（字祥垣，留日醫學學士）與日本人接洽行程、節目等。而事實上，閻錫山則準備在此長期居住下去韜光養晦。他蟄居大連後，隨從人員越來越多，到一九三一年四月已達到三十多人。

大連依山臨海，風景優美。在這裡，閻錫山儘管與其隨員們有時同登小舟泛游於海濱，視潮起潮落，聽澎湃濤聲，或是上酒樓飲酒賦詩，看上去優哉悠哉，但閻錫山的心裡並不輕鬆，他在對其倒蔣活動進行反思和總結的同時，更多的是對遠在內地的山西局勢的關注。閻錫山自辛亥革命以來，經過近二十年的苦心經營，已經形成了一個以他為核心的山西地方勢力統治集團。從軍界的軍師團各級軍官，到政界的省政府各廳、局長和各鎮守使以及大部分縣長，再到各金融商貿和工業界的董事長、經理，都是他一手提拔栽培起來的。儘管存在著晉北與晉南畛域上的成見，在軍人之間有派系之爭，文人中有團夥夥，軍人和文人之間也相互勾心鬥角，但總的來看，由於閻錫山有他用人的一套辦法，而這些文臣武將間也沒有什麼根本的利害衝突，所以閻錫山對他們還能駕馭得了。他們大部分對閻錫山也能俯首聽命，表示效忠。但是在中原大戰之前，特別是閻錫山戰敗離晉而去，蔣介石讓張學良節制山西以來，由於種種原因，卻出現了一些不穩

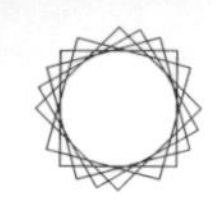

定的因素。個別軍、師長在蔣介石的利誘和張學良的控制下，就懷有異心，而另找靠山，另謀出路。這其中，最讓閻錫山擔心的是時任山西省省長的商震。商震原是陝西陸建章屬下的一個團長，後與陸分裂，率部投閻。他自到山西後，雖非晉軍嫡系，但一直被閻視為中堅，予以重用。商震因在一些大的戰役中屢立戰功，屢次升遷，在晉軍中的地位日益顯赫，但是，閻錫山對他的處處掣肘，則令他頗為不滿。晉綏軍於北伐戰爭中佔領河北後，商即被任命為河北省主席，可是，河北省政府的各廳局長，閻錫山都派自己的人擔任。閻錫山恐商震遠在河北，自己鞭長莫及，遂調商回晉，不久，在編遣會議中，蔣介石將計就計，於一九二七年十月調任商震為山西省主席，閻錫山則讓其親信王平當了省政府的秘書長，以便監視商震。而商震的一些做法，也著實讓閻懷疑，商任河北省省長期間，準備自己成立一個師，透過張學良購買了一批槍械，不巧被傅作義的部下扣留，並報告給閻。不久，蔣介石北來，對晉軍駐平、津各將領分別賞賜。得賞者均立即向閻報告，唯有商震默不作聲，這更加深了閻對商的懷疑。雙方間芥蒂日深，閻雖對商不滿，但他還不便於將其撤換。他下野後，商震作為山西省主席，自然承擔著山西善後的責任，這不能不使閻錫山擔憂。因此，閻在出走之前，讓楊愛源、徐永昌共同掌管山西，實際上就是要把商震架空。

閻錫山所以將山西託付給楊、徐二人，因為楊愛源是晉軍的嫡系派，這一派以楊愛源為代表，其中不僅有王靖國、趙承綬等五台人，而且還有取得閻充分信任的非五台籍軍官如孫楚等。徐永昌雖非晉軍的嫡系派，但由於他當初帶國民第三軍回晉後，一直十分小心謹慎，不露鋒芒，不但與孫楚結成深交，同楊愛源、周玳也殷勤往來，而且事事取決於閻。一九二八年第三軍軍長孫岳病故後，徐永昌即將舊部第三軍交出改編，部屬將領也紛紛散在晉軍中任職，以示自己不自立門戶。徐調任綏遠督統後（後改為省主席），事事也是聽從閻的心腹省府秘書長王謙的安排，所以，深得閻的信任，視徐為忠實可靠之人。

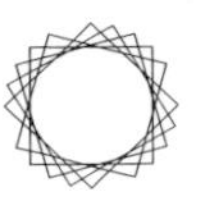

可是，閻錫山仍不太放心，為了及時掌握晉軍的動態，還「經常派其親信副官劉升，由大連化裝潛回太原，瞭解情況，並按照閻的指示，對不同的人，採用不同的方式方法，予以傳達。如對徐永昌、楊愛源的秘密指示，則要他們緊密團結和控制各軍師長的情況，不為蔣介石、張學良所誘惑利用；並設法破壞商震和各軍師長的來往。劉升每次到太原，必去周玳家中，詳詢蔣介石、張學良曾否派人到晉，及各軍師長的思想動態，然後要根據情況採取措施，分別對待，以達到其確實掌握軍隊實力的目的」（《閻錫山統治山西史實》第 163 頁）。因此，閻錫山人雖不在太原，但山西的一切均在其掌握之中，並對一些重大事情予以操縱。

其中，在對山西軍隊的改編問題上，就最能說明這一點。晉綏軍原有十四個軍、四十多個師，根據蔣介石的意圖，張學良擬將其整編為四個軍、八個師，師轄兩旅，旅轄兩團。若按這個整編方案去辦，晉綏軍將只剩下徐永昌、楊愛源、商震和傅作義四個軍。這樣，趙承綬、孫楚、周玳等晉軍的嫡系將領們將再無位置。閻錫山得知這一情況後，馬上將徐、楊、商、傅四人叫到天津商量。他們從天津返回後，徐、楊即與張學良力爭，由於「張學良對山西軍隊的裁併問題，只作原則上的要求，不管具體如何實施，加之閻對山西的暗中操縱，所以徐永昌、楊愛源對張的裁編方案，誰去誰留，何並何存，都能按閻的秘密指示，順利進行」（《閻錫山統治山西史實》第 164 頁）。張學良在對晉綏軍裁撤問題上採取如此比較寬容的態度，有著更深的原因。他與閻錫山既有矛盾又相互依存。他知道閻錫山鬥不過蔣介石，但卻又不願看到蔣介石徹底消滅閻錫山的勢力，因此，張學良不僅在蔣介石要他推薦晉、綏兩省主席人選時，他建議兩省主席仍交由山西方面出人，而且，閻錫山暫住天津期間，他還曾以全權負責北方軍事的最高領袖身份會晤了閻錫山，並給了閻一個坦誠的表示，他決不會和中央吃掉山西軍隊，閻於是安心地去了大連。

徐永昌、楊愛源經過與張學良的討價還價，在議定只編四個軍後，又額外為孫楚爭得正太護路軍軍長，為趙承綬爭得騎兵司令，還保留了周玳的炮兵司令，並將商震、傅作義、楊愛源三個軍挑選剩下來的李服膺、楊

澄源兩師編入徐永昌的二十二軍，因此，這次整編，與其說是按照張學良的方案，倒不如說是依從了閻錫山的安排。閻錫山對這個結果自然是比較滿意的。因為，經過整編後的這七個軍級單位的正職，屬於晉綏軍嫡系派的就有楊愛源、趙承綬、孫楚，再加上雖非嫡系派但對閻卻忠心耿耿的徐永昌、周玳，閻的親信就有五人，使閻錫山所能掌握的部隊在晉綏軍中占到了絕對優勢。尤為重要的是，整編後的晉綏軍在數量上遠超過了張學良當初整編方案所規定的數字，原定四個軍，八個師，師轄兩旅，旅轄兩團，依次計算，當有1六個旅，三十二個團，但實際上，由於孫楚的正太護路軍下轄了三旅，趙承綬的騎兵下轄四旅，周玳的炮兵下轄三個獨立旅，另有十個團，所以，連同五個步兵軍，就共有三十個旅七十個團。

閻錫山不僅在軍事上進行操縱，在其他方面也予以控制。中原大戰後，在軍隊整編未竣，張學良未予發餉，各部隊均以貶值之晉鈔暫予維持，可是，商震卻對駐於陽泉平定一帶的舊部高鴻文、黃光華兩旅，以現洋補助，因此不少將領尤其是王靖國、孫楚等對商震相當不滿，幸虧元老士紳張樹幟、高步青從中疏解，才相安一時。北伐結束後，山西村政處尚有存款六十萬元，商震擬提用，處長陳敬堂以「閻總司令指定用途拒之」，對此，商震也無可奈何。陳敬堂以老告退後，商才以省主席的名義想方設法，提經省府委員會透過，將村政處裁撤，使存款移交省府。接著他還召集省府會議，一次性撤換了二十五個縣的縣長。商本想以此來擺脫閻錫山的控制，不料「輿情大嘩，終於爆發了第一次太原商民驅商大會，在文瀛湖畔，群起聲討」（趙正楷：《徐永昌傳》（台），第200、201頁）。由此可見閻錫山在山西的根基之深，及其控制之嚴，而商震卻為此給自己種下了苦果。當他正被搞得很狼狽時，一九三一年七月，石友三與張學良反目，舉兵進攻東北軍。張學良向蔣介石電報告急，蔣命商震出娘子關攔截石部，商震即以此為藉口，率舊部兩個旅，開往河北，從此，脫離了他賴以發跡的山西，投靠了蔣介石。這樣，山西的軍政事宜也就自然由徐永昌、楊愛源暫領，更有利於閻錫山對山西的遙控。在商震離晉之前，一九三一年春，蔣介石請李石曾代表他來晉，要徐永昌任省主席，但徐永昌以「主席是一煩

職，他能任勞但不能任煩辭謝」。可是，當八月五日閻錫山由大連返回五台河邊村後不久，八月十一日中央突然發表徐永昌代理山西省政府主席，李石曾並電告徐「閻伯川回晉，事出非常，中央不暇征兄同意，發表你主晉，時局如此，請勿再辭」時，由於閻錫山遣王平告訴徐永昌「千萬勿辭」，徐才沒有再作推辭，於八月二十八日到省政府「視事」，出任山西省代理主席。

除此之外，閻錫山在大連期間，還致力於他的「物產證券」、「按勞分配」理論，以及「新村制度」的研究。從一九三一年三月十五日開始座談，之後，每星期一、三、五上午舉行座談會。參加者有其隨行人員，陸續來訪之外客、舊屬等。閻錫山所以要對「物產證券」與「按勞分配」這個問題進行研究，其出發點，就是希圖在既反對他視為罪惡之源的「資本主義」制度，又反對他深惡痛絕的「共產主義」制度的基礎上，建立起一套為他所希望的「公平制度」服務的理論。為此，還在一九二八年九月，他在北平時，就曾對法國記者提出「勞資合一」問題，並於第二年九月二十四日在太原成立了「勞資合一」研究會。一九三零年一月二十五日，在「勞資合一」研究會上又提出了「公平制度之研究標準」。但由於其後的「編遣會議」和接著進行的倒蔣戰爭，無暇深入下去。如今避居大連，既無以往日常軍政事務之累，又有充裕時間，加之環境又比較安定，正好安下心來，集中精力研究這些理論。

閻錫山所以提出「物產證券」、「按勞分配」的問題，是因為他認為「現社會之經濟制度：『勞動不以產物為目的』，『分配不以勞動為標準』；以至人與人之間，群與群間之種種罪惡因之而生，其所以至此之原因有二：一為『金代值』，一為『資私有』。『金代值』發生四弊害，『資私有』發生四罪案」（以下所引引文均出自閻錫山著：《按勞分配與物產證券教程大綱》山西檔案館藏）。

「金代值」之四弊害是：「其一為違反為產物而勞動之勞動原則。反成勞動不為產物，乃為金銀」；「其二為違反生產愈多生活愈優越之生活原則，反成生產愈多，生活愈困」；「其三為違反保證人民生活之政治原則，反成限制人民工作，減少人民生活」；「其四為違反互通有無之國際貿易原則，反開商戰之路，增兵戰之端」。

「資私有」之四罪案是：「其一為強盜罪。在『資私有』制度之下，因剝削分配之故，勞動者之勞動結果須分與資本家二分之一，……此制度無異於強盜罪」；「其二為殺人罪。在『資私有』制度之下，勞動者之勞動結果，，既須分與資本家二分之一，則勞動者及其家屬之生活需用，亦須減去二分之一，減少生活需要即是減少生活，若忍饑寒而生，則壽命必短；若欲不饑不寒而生，則靠勞動者生活人口之二分之一，勢須致死，……此制度無異於犯殺人罪」；「其三為擾亂罪。在『資私有』制度之下，一人資本所生之息，抵千百萬人勞動所得者，比比皆是。勞動者生產而被剝削，靠勞動反不易生活；資本家剝削人，靠資息反奢侈其生活，……造成社會大不平人心常是不滿之狀態，人類罪惡之事，多由此而生，擾亂人生，孰甚於此」；「其四為損產罪。在『資私有』制度之下，靠資息生活者，不事勞動，以至生產者少，減少群的生產總量。減少群的生產總量，即是減少群的富強文明，減少生產，即是損產」。

在「『資私有』『金代值』制度之下，人之企圖皆集中於金銀，然物產愈多，物價愈賤，而換得的金銀亦愈少。資本家為求得多數人之金銀計，每於物產剩餘之時，為求物價之高漲，毀滅物產，減少工作而致多數人失業失食」。而且，由於「勞動者托命於資本家，始則被資本家剝削，不能得相當之生活，繼則一遇物產剩餘，資本家限制生產，非全為供國人之需要，乃為輸出他國，作經濟侵略之利器，就勞動者本身而論，實被資本家慘殺之餘，複供國家作殺人工具」。

對於馬克思所創立的共產主義學說中的「按需分配」理論，閻錫山也大加否定。他認為「『按需分配』就理想言，既無私資，又無私蓄，不特『資私有』之害永不發生，靠積蓄生活之事，亦且無之，能勞動之人，須人人勞動，應勞動之時，須時時勞動。物產無論如何多，因無交易，自無所謂物產滯銷之慮。故可無阻礙的以產變資，發展群的生產能力，即能高度計畫群的保護與進化」。但「就事實言，勞動者對其所生之產，無享有權，

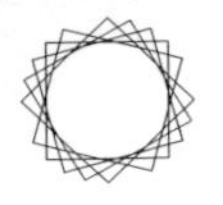

只能享受，勞動與享有分離，『分配既不公道』，即『不合乎人情』。生產的勞動為痛苦的，若成為強迫之被動的勞動，人必怠於勞動，則不『適於生產』，其弊一」；「人之智，愚、巧、拙各不相同，乃使其獲得同等的享受，不足以勵進化，其弊二」；「親人之父母，不若親己父母，愛人之兒女，不若愛己之兒女，終老長幼之責，不能付之直系親屬，而付之政治，有老困於終，幼困於長之慮，其弊三」。因此，「按需分配」不「合乎公道」，不「合乎人情」，不「適於生產」。

既然，「金代值」、「資私有」與「按需分配」都不適合當今社會，那麼，究竟什麼制度才適合於當今社會呢？閻錫山認為，唯有「按勞分配」、「勞資合一」。他所謂的「按勞分配」，就是「生產資本公有、資由公給，勞動者所生之物產，歸勞動者享有，作為自己及其應養育親屬之生活，於保護、進化、互助上負擔之用。能勞動之人，須人人勞動，能力大的，知識大的多做，多享有；能力小的，知識小的少做，少享有；巧的巧做，照巧享有，笨的笨做，照笨享有。各就勞動能力生產，各就勞動結果享有。各個人勞動能力不同，其勞動結果亦不同，享有美劣多少亦異」。至於「勞資合一」，「即有生產資本之人，與勞動之人，相合為一，農為自種之小農，工商為資本自營之小工商，此小農、小工商之田與資本，皆歸私有，無資本與勞動者之區別。大工商業及大農場，分別由國、省、縣、區、村公辦。在公辦農工商下之勞動者，即是田由公授，資由公給，完全與『按勞分配』同，即在自辦農工商下之勞動者，雖有『按勞分配』之含義，然勞動者與資本所有者，實為一人，實際亦係『按勞分配』。實行這樣的『按勞分配』，其利有三：其一，『按勞分配』使勞動與享有相當，即分配『合乎公道』，以其享有，勵其勞動，勞動『合乎人情』則『適於生產』」。其二，「勞動與享有一致，以其享有上之所好，勵其勞動上之所惡，足以勵進化」；其三，「終老長幼之責，所付之直系親屬，老易得其終，幼易得其長」。實行「勞資合一」其利也有三：「生產資本私有，雖似含有『按勞資分配』之含義，惟因『勞資合一』之故，實際是『按勞分配』，其利一。勞動與享有一致，足以勵進化，其利二。終老長幼之責，能付之直系親屬，老易得其終，幼易得其長，其利三」。

在閻錫山看來，實行他的「物產證券」、「按勞分配」就可既避免資本主義的弊病，又能彌補共產主義的缺憾，他認為「就今日中國實際而論，尤非趕速實行『物產證券』與『按勞分配』制度，不足以圖自存。試問今日中國所受之國難為何？不外經濟壓迫，主義壓迫，武力壓迫而已。假使突破此三者之壓迫，中國當然成為自由、自主、自立之平等國家。……實行『按勞分配』免除階級鬥爭，人力可以集中。實行『物產證券』，開闢造產途徑，物力可以集中，人力集中，物力集中，武力自振矣。……故我國今日，欲突破此經濟、主義、武力三大壓迫，舍行『物產證券』與『按勞分配』，其道莫由」。

然而，在當時中國仍是半封建半殖民地這樣一種社會環境下，在階級鬥爭和民族矛盾日益尖銳的情況下，閻錫山也清楚，要推行他的這套理論並將其付諸實施，確非易事。因此，他提出應於推行之前，注意四點。即一、須求得國內知識界之承認，二、須使資本家覺悟，三、須求得一般人之認識，四、須求得友邦之諒解。

在研究「物產證券」與「按勞分配」的基礎上，閻錫山還開展了「新村意義及組織之理論與方法」的討論，討論的結果，初步提出了「土地村公有」的理論，作為在中國解決土地問題的方法。

閻錫山在大連期間組織有關人員對於「物產證券」、「按勞分配」的研究，當時都作了詳細的記錄和問題解答，並彙編成冊，但未公開發表。直至一九三四年為配合其思想上、政治上「防共」的需要，方成立「物產證券研究會」，出版會刊，陸續將其發表。

閻錫山對「物產證券」、「按勞分配」問題的研究，可以說是其一九一九年「進山會議」的繼續與發展，都是圍繞著如何防止共產主義、消除階級鬥爭，最終建立起他理想的「大同社會」、「公平制度」這一主題進行的。並且逐步形成了他的一套以反共防共為主旨的理論體系。上個世紀三十年代以來，閻錫山要其軍政幹部乃至教師學生把《物產證券與按勞

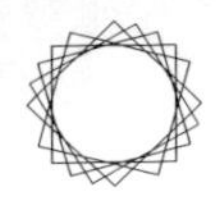

分配》作為必須讀物，就足以說明他推行這套理論的用心所在了。

就閻錫山對「物產證券」、「按勞分配」問題上的一些認識而言，並非一無是處，滿口胡言，其中有些還是有其一定的道理的。如對「金代值」的頗置不滿，對資本家剝削壟斷所造成的種種社會弊病的譴責，以及怎樣發展社會生產力的論述等。但是，他推行這些理論的目的，只是想要避免資本主義的弊端，克服主義壓迫，即共產主義在中國的實踐，以「求得消除階級鬥爭，泯滅赤化危機」，而非想推翻舊的社會制度，從根本上解決問題的。這就完全脫離了中國當時的現實。他想改變中國社會中一些不合理的現實，使中國成為自由、自主、自立之平等國家，可是卻又想使資本家覺悟，求得友邦的諒解，凡此都反映了閻錫山既不甘心落後挨打，卻又不敢與舊世界決裂，既想有所作為，卻又怕冒風險的矛盾心態，而這也正是其階級局限性所至。

6、山西政局動盪，閻錫山冒險返晉

一九三一年，山西可說是個多事之秋。敗退至山西境內的部分倒蔣聯軍對當地的滋擾，及其企圖對山西的長期佔有，這些部隊中不時發生的兵變，以及國民黨在山西的加緊活動和中國共產黨組織的武裝暴動，都加劇了山西政局的混亂和動盪，也使遠在大連的閻錫山深為焦慮不安。

一九三零年九月二十八日，張學良發出「巧電」表示擁蔣後，馮玉祥的西北軍除投降繳械者外，還有一部分忠於馮玉祥的部隊在潼關被蔣軍佔領、平漢路又被石友三截斷，因而走投無路的情況下，紛紛撤到山西。支應麟、高桂滋兩部進駐晉中一帶；宋哲元所屬之張自忠、劉汝明、馮治安、趙登禹等部駐於晉南蒲縣、解州一帶；方振武所屬之鮑剛、張人傑部駐於晉南浮山、翼城一帶；孫殿英、龐炳勳等部駐於晉東南晉城、屯留、遼縣一帶。這些退入山西的七個省的軍閥部隊被統稱為「客軍」，以區別於晉綏軍，其總數達十餘萬人。這些客軍所需糧秣等一應支出，全部向駐地勒索攤派，使百姓負擔大為加重。供給稍有不周即以武力威脅；不少辦事人員還被傷害，「如臨晉縣長郭顧在赴運城交涉差務的途中，被開槍擊碎膀骨。解縣支應局長李勉生，被劉汝明部毒打致死。永濟縣長劉玉璣，被迫逃回太原，不敢回任」。「至於支應駐軍耗費之巨，至足驚人，僅就解縣說，為時不滿一年，一切供應花費計達現洋一百餘萬元。鮑剛部在移駐介休期間，支應花費達兩百萬元」。不僅如此，「各部隊的姦淫擄掠，毆辱民官的不法情事，已成普遍現象，尤其孫殿英及鮑剛、劉汝明等部，或製造嗎啡金丹，或販運鴉片毒品，不僅大量售賣，並脅迫駐地縣長代為派銷」（《中原大戰內幕》第 525—526 頁）。更有甚者，一些部隊因駐晉日久，已開始不滿足於客軍的地位，想反客為主，長期佔據山西。一九三一年夏，石友三乘張學良改編其部隊之機，發起了對東北軍的進攻。本來，晉綏軍擬與石友三配合，一舉將張學良趕出關外，但在正準備出兵之時，截獲了蕭振瀛給宋哲元的一份電報，內稱「蔣允每月給宋哲元軍餉兩百三十萬元，晉軍出動後，宋就近奪取山西地盤，軍政全歸宋掌握」（《閻錫山統治山西

史實》第 165 頁），這才使徐永昌、楊愛源撤銷了出兵計畫。而商震則接受蔣介石的命令，出娘子關，攔截石部，致使石友三孤軍無援，腹背受敵，不日即告失敗。

同時，由於退居山西的客軍兵多餉少，時有士兵嘩變。中共山西地下黨組織即利用這一契機，在客軍中策動兵變。一九三一年七月四日，曾組織原國民黨第十一路軍高桂滋部（司令部駐於平定縣城內）發動起義，演成了「平定兵變」。起義部隊共八個連，一千多人，接受共產黨的領導，組成了中國工農紅軍第二十四軍。對於這次兵變，天津《蓋世報》曾發表社論說：「太行山脈，蜿蜒千里，北可經蔚縣入宣、大，橫截平綏一線。南可出井徑，掠石邑，折斷平漢要衝，下臨則易定可取，遠征則平、薊可窺，沿山城邑，均係殷富之區，土匪均可利用。假使有共軍千人，則不久即能滿萬，俟其羽翼養成，則包圍無所施，竄擾不及防。較之江西，有過之而無不及也……情勢已極嚴重」。這支起義部隊後來雖然在國民黨軍隊的追剿下遭到嚴重損失，但由此不難看出「平定兵變」所引起的巨大震動。

不僅如此，閻錫山出走大連後，一度遭到很大削弱的國民黨山西省黨部 CC 派的勢力，又捲土重來，加緊了在山西的活動。他們「以勝利者的姿態返回山西，又囂張起來，積極進行反閻活動，除漫罵、諷刺、討伐閻本人外，並在國民黨內部大量通緝、開除閻汪分子」（《閻錫山統治山西史實》第 165 頁），大有把持山西，取閻錫山勢力而代之之勢。而蔣介石也以各種手段，在晉綏軍內部進行分化、瓦解、收買活動，商震的脫離山西就是這種活動的一個結果。

另外，中共山西地下黨組織，於中原大戰後，也進一步活躍起來，不僅許多被破壞的組織又重新恢復起來，而且還針對「退回山西的各種雜牌軍隊中，差不多都有我黨的地下組織。許多外地共產黨員隨軍轉來，大大充實了山西地區的革命力量」這一實際情況，決定在山西發動武裝暴動，組織紅軍（中共太原市委黨史研究室編印：《中國共產黨太原地區鬥爭史料》第 74 頁）。據此，在發動「平定兵變」組織了「中國工農紅軍第二十四軍」之後，又在呂梁地區組建了「中國工農紅軍晉西北游擊大隊晉

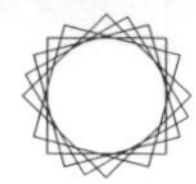

西游擊隊第一隊」等革命武裝。

凡此種種，都使遠在大連的閻錫山如坐針氈，深感事態的嚴重。如若照此下去，山西早晚會易手他人，或是被國民黨的 CC 派執掌，或是為共產黨赤化，或是讓客軍反客為主。因此，他急於想返回山西，儘管有人時常來往於大連至太原，向他彙報山西的情況，但他總覺得不如自己回去親自料理山西放心。

還有一個促使閻錫山決定返晉的原因，就是閻錫山寓居的大連在遼寧，遼寧屬東北地區。張學良主政東北後，日本帝國主義繼續尋找種種理由，向張施加壓力，以圖在東北尋求更大的利益，進而吞併東北。據梁汝舟回憶，一九三一年春夏之間，曾留學日本，充當日本走卒，後數任偽滿州國大臣的趙欣伯，就由瀋陽來大連活動過一次，「他到大連後說，東北三省讓張家父子搞得一塌糊塗，人民水深火熱，不堪其苦，所以很多人希望閻先生以治晉之方，救救東北。他托人向閻轉達此意，閻聞言大驚，急派人主動訪趙，經過兩日，趙遂悄然返省。由此推測，可以肯定，趙來大連是日人派來的，至於閻如何表示，我就不得而知了。只聽閻在事後說，此種人，遠不得近不得，見了面就麻煩了」（梁航標；《一九二七至一九三一年蔣閻關係》，《山西文史資料》第 7 輯，第 12 頁）。顯然，日人派趙欣伯來大連，並說出這番話來，就是想試探閻錫山的態度的，目的是一旦時機成熟，即讓閻錫山代替張學良主政東北，成為日人的傀儡。可是閻錫山卻沒有貿然從事，究其原因，可能覺得這不現實，但他又不敢得罪日本方面，所以採取了不近不遠的態度。然而，覬覦東北已久的日本並未放慢侵佔東北的步伐。一九三一年七月，日本陸軍省就制定了《解決滿州問題方案大綱》，規定了對中國東北採取軍事行動的部署，此後，關東軍進行了一系列的具體準備。在吉林長春北郊的萬寶山，製造了屠殺中國農民和挑撥中朝關係的萬寶山事件。八月，本莊繁就任關東軍司令官，一向政治嗅覺靈敏的閻錫山，對於東北發生的這些事情不能不予以關注，並予以分析，可能覺得日本在東北將會有大的舉動，東北形勢將會發生什麼大的變化。果真如此，東北將會大亂，不但會殃及他避居的大連，而且他

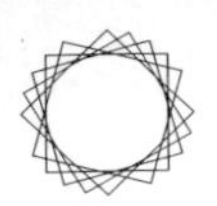

本人也極有可能被捲進去，於是，也想趕快離開這個是非之地。

閻錫山決定返晉的主意打定後，即付之行動。為了對內對外有一個交代，一九三一年八月一日，他「接劉升由五台河邊村帶來的口信，及先生表兄曲容靜手書，告知：太公子明先生，自七月二十日後，屢感身體不適，飲食漸減，念子之心益切」。閻接信後，「心有不安，憂心於色，翌日，即著靳瑞萱與日人接洽，以飛機送回山西」（《閻錫山年譜》（四），第1634頁）。閻子明有病，兒子回家探親，自然合情合理，但明眼人一看便知，所謂「口信」、「手書」，完全是閻錫山事先安排好的。

經過一番籌畫，八月五日，閻錫山出大價（約合美金三、四萬元）包租一架僅可坐四五人的日本小型飛機，於當日四點半出發，經近五個小時的飛行，九點多鐘，降落於大同機場。閻錫山出走八個月之後，終於又回到了山西。

閻錫山這次潛返山西，進行得十分秘密，他到達大同時，連其親信、騎兵司令趙承綬都感到突然和不安。據趙承綬回憶說，一九三一年「八月四日，隨同閻錫山逃往大連的侍從副官張逢吉，突然來到大同我家中。我知道他來必然有要緊事情，所以立即引入住室，問其由來，張馬上取出一個小紅布條，上邊有閻錫山的親筆字，說即乘飛機返省，要我密接。張逢吉接著和我耳語：『總司令（指閻錫山）明天就坐飛機回來，請司令（指我）務必親自去接，並且要嚴守秘密』。我問：『你何不早來兩天，我好早作準備』。張答：『這是總司令計畫好的日期，早來怕洩露了不好』。第二天，我和張逢吉一起坐上轎車子親到大同飛機場等候（當天我的汽車不在大同），時間很久，飛機方到，降落後，閻錫山身穿綢大衫、頭戴草帽，還戴著一付黑色眼鏡，……從飛機上走下來。我立即上前迎接、敬禮，閻微笑和我握手，隨即上車，坐在轎車子裡面，我和張逢吉分坐前沿左右，遮住閻錫山，以免人看見。當時我心裡七上八下，忐忑不安，既高興閻錫山回來，又怕蔣介石、張學良知道後問罪。當晚閻就住在大同城內戶部角新教巷二號我的家中」，第二天，由大同出發，悄然回到他的老家五台縣河邊村。對於閻錫山的突然返晉，趙承綬忐忑不安，提心吊膽，而閻錫山

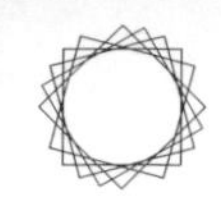

卻似乎有恃無恐，毫不在意。據趙承綬回憶說，閻在大同逗留時，「我曾試探著問閻：『蔣先生和張漢卿是不是同意總司令回來？』閻說：『張漢卿自顧不暇，那顧上管咱們的事，他也管不了咱們。我是不怕他們的。要怕他們還回不來呢！只要你們好好整頓隊伍，有了力量就好辦事。事情不能沒有（意指蔣、張找麻煩），但他們決不能把咱們怎麼樣』」（趙承綬：《我參與閻錫山勾結日軍的活動情況》，《山西文史資料》第 11 輯，第 4—5 頁）。

閻錫山回到老家之後不久，「九·一八」事變爆發，對此，有的人便認為閻錫山與此有著很大關係。閻的親信趙承綬、梁汝舟在其回憶錄中就說道，「閻錫山所謂的『張漢卿自顧不暇』一語，是閻錫山當時早已知道日本人要在東北發動侵略戰爭的證明，說明『九·一八』事變是閻錫山老早參與其謀的」（《山西文史資料》第 11 輯，第 5 頁）。「閻性吝嗇膽小，此次出重價，冒險回晉，事如不急，閻必不肯，以此推斷，閻必預知東北將發生變故」（梁航標：《一九二七至一九三一年的蔣閻關係》，《山西文史資料》第 7 輯，第 12 頁）。這些回憶文章，均發表於二十世紀六十年代的《山西文史資料》上，在那個抓階級鬥爭、左傾思潮氾濫的年代裡，他們作為閻錫山的親信，為了儘量說明自己要與反動派閻錫山劃清界限，難免違心而論，把閻錫山與這個重大事件聯繫在一起，以此證明閻錫山的反動，況且閻錫山又與日本走卒趙欣伯有過那個過節，並且他回山西又是由日本人駕機，乘日本飛機回來的。因而這些說法不能不帶有明顯的政治色彩。然而，事實卻並非如此。即以閻錫山所說的「張漢卿自顧不暇」而言，就難以令人相信它能證明閻錫山與「九·一八」事變有關。因為，中原大戰後，張學良身為國民黨政府的要員，既要掌管東北軍政，又要兼理華北事務，他上要對蔣介石「負責」，下要籠絡晉綏政要，方方面面都要應對，而日本為挑動戰爭在東北的不斷尋釁滋事，更加重了張的外交負擔，所以，張學良可謂日理萬機，窮於應付。他的這種「自顧不暇」，也就並非僅僅是指東北危機了，憑此來「證明」閻錫山早已知道日本人要在東北發動侵略戰爭，並參與其謀，及其必預知東北將發生變故，顯然是站不住腳的。

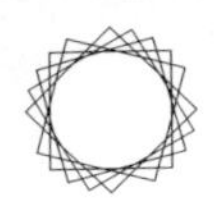

再則，閻錫山雖然留學過日本，與日本軍政要人關係不錯，可是，他畢竟是在野之身，在他已經沒有實權的情況下，日本人怎麼能把東北軍政寄託給他呢？況且，日本發動「九·一八」事變，對日本而言是一件舉足輕重，又是十分秘密的大事，又怎麼能讓閻錫山参與其謀呢！因此，把閻錫山返晉與九·一八事變聯繫在一起，顯然有些牽強。事實上，山西局勢的動盪不安，才是促成閻錫山急於返晉的主要原因，他對東北時局一些跡象的觀察分析，則是其返晉的次要因素。

閻錫山潛回山西，儘管進行得十分秘密，但「沒有不透風的牆」，一直密切注視閻錫山動向的國民黨山西省黨部 CC 派，很快打探到了消息，消息傳出，首先引起了張學良的不安，因為，是蔣介石委派他節制山西並監管閻錫山的，因而，張學良於九月十一日致函閻錫山，稱「現在國家力求鞏固和平統一，先生應即速行放洋考察，以正各方視聽，何日起程？學良當囑各方妥為保護送迎」，並且又透過徐永昌向閻提出，要閻「自動移北平」，「晉將領對以往不聽調遣事認過」（趙正楷：《徐永昌日記》第 2 冊，（臺灣）中央研究院近代史研究所 1991 年十二月編印發行，第 464 頁）。但早有準備的閻錫山卻致函張學良稱「……家父病況漸趨平復，惟仍須中西醫繼續診治服藥，醫雲：年老體衰，約須再調養數日。山為獨子，不忍遽離左右。既承尊囑，自當『俟病情好轉，即行起身。至迎送一節，實不敢當』」（趙正楷：《徐永昌日記》第 2 冊，第 464 頁），以此為由，進行應付和拖延。

蔣介石聞知閻錫山返晉的消息後，也大為震怒，即刻命何應欽、孔祥熙等電閻，促其從速離晉，否則將採取嚴厲措施。同時，劉峙、韓復榘等也發出通電，請蔣介石逐閻離開山西，以示附和。但閻錫山面對蔣介石等人的逼迫，卻毫無怯意。仍像應付張學良那樣予以應付。因為，晉綏軍於中原大戰後，雖然經過整編，壓縮了編制，但其元氣未傷，骨幹力量尚存，況且在閻錫山出走後，又掌握在他的親信楊愛源、徐永昌手中，從而使他「有了力量」對付「嚴厲措施」，所以，閻錫山能從容不迫，在應付蔣、張的逼迫的同時，等待時機，以圖東山再起。

7、閻錫山東山再起，立即著手整頓晉省秩序

「九·一八事變」爆發後，國內形勢出現了一些新的變化。日本帝國主義對東北三省的侵佔，使民族矛盾加劇。蔣介石在「九·一八事變」中的不抵抗政策，激起了全國人民的公憤，國內抗日救亡運動的高潮由此興起，要求停止內戰共同抗日的呼聲日益高漲。而蔣介石卻不僅繼續用大量兵力對中國共產黨在南方建立的革命根據地進行「圍剿」，而且在政治上加強了獨裁專制，這不能不引起國民黨內部反蔣派的群起攻之。他們群集廣州，成立廣東國民政府，一致要求蔣介石下野。在內外上下的一片反對聲中，蔣介石以退為進，被迫宣佈辭去本兼各職，二次下野。凡此，都為閻錫山的復出，提供了有利條件，成為閻錫山重掌山西的一個契機。

閻錫山為了東山再起，採取了種種措施，調動了方方面面的力量。他採取的第一個措施，就是要求國民黨中央取消對他的通緝令，以爭取行動上的自由。由於蔣介石此時正忙於應付日本的侵華事件，加上國民黨內反對派的攻擊，所以，他對閻錫山返晉一事已不再特別在注意，而他又急於與廣東國民政府尋求「統一」，擬由國民黨中常委會決議，因政治問題而被開除黨籍者一律予以恢復，因此，九月三十日，由中央政治會議決定，取消了對閻錫山的通緝令，十月三十日，國民政府令：閻錫山免於通緝。至此，被通緝了近一年的閻錫山終於完全恢復了自由。

閻錫山採取的第二個措施，就是以得力之人，多方疏通，他又是讓時任國民政府蒙藏委員會副委員長的趙丕廉駐於南京，與「擴大會議」的首領、時任國民政府行政院院長的汪精衛聯繫，以求得汪的支持；又是派時任山西省政府主席的徐永昌（一九三二年十月三日正式任命）到北平去做張學良的工作。同時還請求李石曾、魏道明、鄭毓秀等，予以協助，並由鄭毓秀透過宋美齡的關係向蔣介石疏通。

這中間，徐永昌對於閻錫山的復出，可說是立下了汗馬功勞。由於徐永昌時任山西省主席，但他原係國民軍，並非閻錫山的嫡系將領，地位比較超然，所以，他與各方都能說得上話，並且一些說法和認識也有一定份

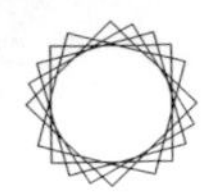

量。如他在與張學良的談話中，就對閻錫山何以返晉作了一番頗為得力的解釋，他說：「閻先生多年沒出過門，一旦出去，感覺什麼都不方便，回來住著，沒什麼關係。我認為今日國家要求北方安定而有把握，必國家對山西有辦法，尤其要山西自己有辦法，有力量。當前晉綏政治，明明建築在軍隊基礎上，軍隊統一或不統一，即影響兩省政治之良劣與協調。如軍隊不能統一，兩省不能協調，久必分裂；加以外力思入，內力不容，必致演變到紊亂混戰，此不但晉綏不了，且必致引起北方之大不了，蓋山西能控制黃河流域各省，對外亦形成北方之核堡地位。又山西省昔在各省之商業，十之九已經破落，此項失業歸來之人極多，失業者眾，社會如何能安？再看綏遠，全省號稱 2 八十萬或三百萬人，而實不足，日貨傾銷，經濟停滯，若提倡實業，連帶經營綏遠，運用大戶遊資，以山西失業商人移殖綏遠，豈非大好機會，大好事業。而倡之者，又必有資格地位，有聲望信譽，有能力有謀猷之人，乃能集事。我們為欲求晉綏不壞而統一，非閻先生不可；不但為國家保存一部分有用軍隊，且可使晉綏政治有辦法，為國家在北方樹一強大重鎮，而為救濟山西多數失業商人，移補綏遠之人少與提倡西北實業，亦非閻先生莫屬。所以在他人方懼閻先生歸來為害國家，我則正慶閻先生歸來而獲致晉綏兩省與北方之安定」（趙正楷：《徐永昌傳》，（臺灣），山西文獻社 1989 年二月版，第 202—203 頁）。

隨後，徐永昌在奉召到漢口面見蔣介石時，再為閻錫山說情。他先是對中原大戰作了一番解釋，說：「閻先生是愛國者，其人勤儉，能深思，長處很多，最大限不過是委員長之一政敵，而不是叛國者；叛國者不能合作，政敵是可以合作的。十九年之事，不但北方雜牌軍隊擁護他，即南方甚至政府軍隊派代表到太原的也不少；因為怨中央編遣會議不公，所以凡各方不滿意編遣的人都集合到太原來」。繼而，陳述了要閻出山的理由：「固然閻先生不願久居大連，我覺得戰後的山西，晉鈔五六千萬貶值不到二百萬，尚發出金融公債三千萬，軍公教人民均不堪其苦，想要收拾此局，我辦是事倍而功不到半，閻先生是事半而功不止倍。以軍隊言，聽他的比聽我的多。以經濟言，他掌握的錢通可以拿出來用。從閻先生出山他手中

的錢肯化為公這一點看，他亦是很廉。若是北洋軍人們，只要交他幹，公家的錢他是永遠拿不完，而且都是拿到自己家裡去，決不肯再拿一點給公家用的。所以，由很多方面看，委員長不但有與閻先生合作的必要，將來他會有幫你的時代」（趙正楷：《徐永昌傳》（台），第205頁）。

閻錫山的另一舉措，就是對製造「一二·一八慘案」的罪犯國民黨山西省黨部的韓克溫、王琚等加以包庇，以買好國民黨中央，為自己上臺創造條件。

一九三一年十二月二十八日，國民黨山西省黨部槍殺進山中學學生穆光政的「一二·一八」慘案發生後，已從大連返回河邊村的閻錫山，即對這次學生請願活動予以了積極支持，他之所以如此，主要是學生們的行為，給他清除國民黨在山西的勢力製造了機會。因為，閻錫山下野離開山西不久，國民黨山西省黨部又囂張起來，積極進行反閻活動。閻錫山對此一直懷恨在心。如今有了這樣的機會，他正好加以利用。但是，鑑於閻錫山正在籌畫自己的復出，他也不願意在這種關鍵時刻與國民黨中央把關係搞僵，給自己復出造成麻煩，因此，雖然他對那些製造「一二·一八」慘案的兇犯予以了扣押，其實，也是為了對學生們有個交代，同時也可以此來取得學生們和社會各界對自己的信任和擁戴，給其復出後奠定一個較為良好的群眾基礎，但在復出之前，尚須向南京表現一些姿態，所以，這些罪犯被扣押之後不久，即把他們送到河南省鄭州，詭稱易地審判，實際上是無罪釋放。

閻錫山在積極籌畫其復出活動的同時，還加強了晉綏軍的建設，並在河邊村頻繁接見山西軍、政、教和工商各界人士，「日有數客」，以便瞭解掌握省內情形，為其復出作準備。在他回到河邊村後，即叫楊愛源、孫楚前去，面授機宜。「楊、孫接受了閻的指示，立即組織了晉綏軍事整理委員會，楊任主任委員，孫任副主任委員。各軍師長均為委員。下設總務、考核、教育和補充四處，編制名額百餘人。舊日曾任過軍師旅長的二十餘人，都被委為中將和少將督練員，派在各處服務。如梁培璜即派在考核處，曾去臨汾一帶，點發楊澄源六十九師的八月份餉項。所有督練員的任務，

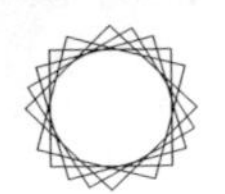

都和梁培璜一樣，每月到各部隊去考察、點名或校閱」（《閻錫山統治山西史實》第 172 頁）。而從楊愛源到各督練員，都只向閻錫山負責，這樣，透過他們，閻錫山未雨綢繆，對晉綏軍加強了控制與管理，所以，他復出後的「清退客軍」的行動能得以順利進行。

同時，閻錫山對於他復出後如何進行經濟建設，也做了一些工作，如他「與由太原建設廳長介紹來河邊之水利技正，研究開發山西水利。計畫先在河邊村擇地，親自實驗鑿深井機器」。此外，他還利用閒暇，親自執筆擬定《閻氏家族自治規章》，編撰《閻氏族譜》。

「九·一八事變」後，中日民族矛盾的加劇，使國民黨內部的派別之爭暫時緩和。一九三二年一月二日，國民黨中政會召集緊急會議，決議邀蔣介石返回南京，主持大計。一月十六日，「汪精衛到杭州與蔣介石會晤，雙方達成權力分配協定」，寧、粵（南京國民政府與廣東國民政府）合流。一月二十八日，日軍進攻上海閘北，駐滬的國民黨第十九路軍奮起抵抗，「一·二八」事變爆發。日益上升的民族矛盾，加上趙丕廉、徐永昌、汪精衛、李石曾等人的疏通，以及閻錫山處理「一二·一八」慘案的表現，使蔣介石不能不表示對閻錫山「摒棄前嫌，團結禦侮」，並接受了汪精衛的提議，派閻錫山為太原綏靖公署主任。一月二十九日，國民黨中央政治局會議推舉閻錫山為國民政府軍事委員會委員，同時被推舉的有蔣介石、馮玉祥、張學良。二月二十八日，汪精衛給閻錫山來電，稱「……介石及弟擬提議設太原綏靖公署，指揮統帥晉綏兩省軍隊，並擬請公為主任，如荷贊同，擬即發表，立複為盼，弟兆銘巧」。閻錫山接電後的第二天即覆電汪精衛，稱「傾奉巧電，並悉一是，弟以多病之軀，本不堪再任繁劇，惟此國難主股之際，兄與介兄既如此擬議，弟自當勉任其職也」（《閻錫山年譜》（四），第 1664—1666 頁）。閻錫山的回電雖然如此，多少有些矯情，其實，他心裡早就盼望的不正是這個結果嗎！

之後不久，國民政府的正式任命發表。二月二十七日，閻錫山由河邊村回太原，略作佈置，即於當日上午十時，在山西省政府大禮堂舉行了就職典禮，正式就任太原綏靖公署主任。何應欽代表國民政府出席了就職典

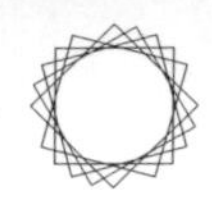

禮。閻錫山下野蟄居一年有餘後，終於東山再起，重掌山西。

復出後的閻錫山，所面臨的問題都令他感到棘手，卻又必須加以解決。中共山西地下黨組織的相繼恢復和廣泛開展的民主運動，廣大學生和民眾抗日救國運動的日益興起，這些都不能不使閻錫山感到擔憂，而最為棘手的問題，卻是待在山西的十幾萬「客軍」，以及瀕臨崩潰的山西財政金融。

十幾萬「客軍」對山西地方的滋擾，已使當地官民不堪其苦，怨聲載道，而他們企圖長期對山西的佔領，對復出後的閻錫山對山西的統治，更造成了嚴重威脅。因而閻錫山一就任太原綏靖公署主任，便抓緊了「清退客軍」的工作。為此，他一面以客軍經費山西已「難再籌墊」為由，向當時的華北軍政負責人張學良提出了予以解決的要求；一方面利用徐永昌的特殊身份，向各方遊說。徐永昌對宋哲元說：不要困死山西，應把目光放遠大，要設法向外發展，否則是不會有什麼前途的。並建議宋哲元不妨走孔祥熙的路子，注意向孔拉攏。同時，徐又以同鄉身份遊說孔祥熙，說「山西遭受雜牌軍的災害，我們都是山西人，應關心山西地方」，還建議孔要抓住機會，培植自己的軍事力量。不僅如此，徐永昌甚至直接向蔣介石反映山西的「客軍」問題。他在晤見蔣介石時，就說：「現在晉民所苦，首在少數不守紀律之客軍，鮑剛、張人傑兩部尤為地方人民所痛惡，但又不便迫其解散，最好能設法調開」（趙正楷：《徐永昌傳》第 209 頁）。徐的建議得到了蔣介石的允諾。客軍陸續從山西境內開走。一九三二年七月十九日，日軍進犯熱河。八月十四日，國民黨中央任宋哲元為察哈爾省主席，宋軍大部及龐炳勳先後由晉赴察，次年初，「鮑剛、張人傑、孫殿英等部亦離晉北上。五月二十八日，在泰山養病的馮玉祥下山赴察，通電抗日，組織『民眾抗日同盟軍』，於是，方振武、鮑剛、張人傑、孫良誠、吉鴻昌、劉桂堂、孫殿英等皆歸之。此時駐晉客軍，只留宋哲元部之張自忠師尚駐平定陽泉一帶。待二十三年（一九三四年）三月，北平軍分會令調張部開察後，山西全省已無客軍在晉」。在此之前，一九三三年春，馮玉祥部大部和手槍團、炮兵團、軍官學校亦開往張家口附近，「但留有手槍團三百餘人，遲遲不動。山西方面即由晉綏軍第七十一師二零七旅旅長

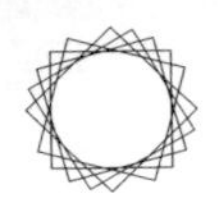

溫玉如率兵一部，前往包圍繳械。繳械後，對晉籍官兵發給川資，令各回原籍；對外籍官兵，則集中押送到榆次車站，上了火車才發給路費令行」，予以遣散（《閻錫山統治山西史實》第 173—174 頁）。

在「清退客軍」的同時，閻錫山還把連隊空名予以剔除，以防部隊主官吃空額。並為縮減軍費開支，裁汰了一部分老弱官兵，又召集了一批失業的閒散軍官，編為優待失業軍人的屯墾隊，派遣到綏遠西部從事開墾。第七十、七十二、七十三師的老弱殘病士兵，亦同時前往，在包頭設立了辦公署，閻錫山自兼督辦，由七十師師長王靖國任會辦，代理閻的督辦。屯墾隊對外說是閻主任「決心造產救國，並遵孫總理墾荒遺教，實行屯墾，為海內倡」，但實際上，這支屯墾隊是在綏西種植鴉片的。原來，閻錫山為了解決其財政困難，即把種植鴉片作為了一條生財之道，他藉口為修築同蒲鐵路籌措鉅款，把鴉片煙製成「戒煙藥餅」，實行官賣，令「禁煙考核處」承辦專賣，每縣設一「禁煙」委員會，監督縣長推銷藥餅。這些製造藥餅的原料鴉片煙，除一部分是從農民手中低價收繳、禁煙考核事物所沒收，以及從甘肅、青海、寧夏等地採買者外，其餘大部分主要是綏遠「屯墾處」所種的鴉片。如屯墾處原計劃種三萬畝，第一年即一九三二年種了六千畝，預計產煙土六十萬兩。而當年共沒收煙膏二十餘萬兩，連同「禁煙考核事物所」存儲以前沒收的煙土十餘萬兩，總共才三十餘萬兩。從一九三二年八月開始發售藥餅，到一九三七年抗戰爆發停止售賣，六年中即共獲利兩千萬元（《閻錫山統治山西史實》第 175 頁，第 192—193 頁）。閻錫山是堅決反對人民吸食鴉片的，可是他卻以「寓種於禁」的辦法，大量種植鴉片，大肆銷售所謂的「戒煙藥餅」，荼毒人民，這不能說不是其階級本性使然。但是，閻錫山此舉，對於緩解山西的財政困難，開辦「公營事業」，也確實起到了一定的作用。

閻錫山復出後，另一個讓他頭痛的問題是晉鈔的急劇貶值，並由此而導致的金融危機和工商業的蕭條。中原大戰之前，閻錫山為了籌措軍費，不斷擴大省鈔發行量。據統計，到「閻錫山逃亡大連時，晉鈔發行總數已高達七千餘萬元」（《閻錫山和山西省銀行》第 43 頁）。由於晉鈔發行

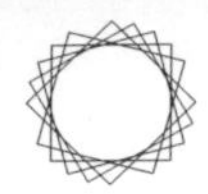

量迅速擴大，使晉鈔與銀元的比價，由一九二九年的一比一，跌至一九三零年的十三比一。晉鈔開始陷入「毛荒」危機之中。而倒蔣戰事失敗後，以往流行於平、津、冀、察等地的晉鈔，以及發給倒蔣聯軍的晉鈔，同軍隊一樣，形同飛蝗般全數湧回山西，更使「毛荒」的晉鈔，雪上加霜，到一九三一年，晉鈔與銀元的比價，進一步跌至三十比一。晉鈔已形同廢紙，以往信譽較為良好的山西省銀行信譽掃地。晉鈔的急劇貶值，使山西經濟大受打擊。其中的當質業，一九二七年為六百六十家，到一九三三年僅剩下三百零六家，不及半數，錢莊業倒閉得也很厲害。

為克服金融危機，閻錫山出走大連後，省主席商震曾採取了「抽籤兌現」的辦法，即晉鈔一元只能兌現洋四角，但「二五兌現」的辦法，並未能從根本上解決問題。

面對如此嚴重局面，閻錫山下決心開始著手整理晉鈔。因為他重新上臺後即倡言的山西省政十年建設計畫案，必須要有足夠的財力和強有力的經濟基礎作保證，而眼下的晉鈔「毛荒」，省銀行的信譽全無，無疑成了他發展經濟的最大制約因素。為改變這種狀況，閻錫山首先採取了「二五存款，折收股本」的措施。這樣做，對存戶而言，雖然拿不到現款，但卻能以每元折價四角入股，確比市面價二十比一要划算得多。因此，以此辦法省銀行收回了一部分晉鈔。緊接著，閻錫山嚴令省銀行經理高步青，迅速湊足現洋一百萬元，作為回收省鈔之用，否則從嚴懲辦。閻錫山之所以如此威逼高步青，是因為高系商震所委，「一九三一年商震帶他的三十二軍離晉時，藉口關發欠餉，又從省銀行僅存的現金四十餘萬內提走三十萬元」（《山西文史精選》(2)——《閻錫山壟斷經濟》山西高校聯合出版社 1992 年版，第 19 頁），並且高又有以落價晉鈔套取銀行庫存現洋之行為。高步青對閻的嚴令，不敢怠慢，親自出馬，一日之內，即湊足了規定數目，得以交差。閻錫山以這一百萬元現金作準備，放棄了正「毛荒」的舊省鈔，發行了兌現新省鈔。新省鈔一元撤收舊省鈔二十元。新省鈔發行後，半年不到，舊省鈔即全部收兌完畢。

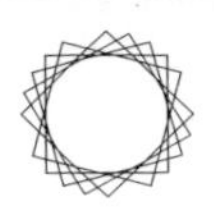

與此同時，為了進一步鞏固金融秩序，閻錫山又讓省政府下令整頓改組山西省銀行。根據《修正山西省銀行章程》，改組後的山西省銀行，實行「公營民監」，即「由山西省政府設置經營，由全省商民監督之」；其宗旨為「調劑全省金融，扶助經濟建設」。銀行的主要經營範圍是：1、發行兌換券；2、經營省金庫及省建設金庫；3、募集和經理公債事務。並且規定「為鞏固業務，防止流弊起見，概不借墊軍政個費」。意在向社會表示省銀行不再會像以往那樣充當籌餉機關，而是依照金融機構的規則獨立經營，完全可以相信。此外，閻錫山為使省銀行的經營不再受改組前信譽掃地的影響，還將其重新註冊登記。

省銀行的改組於一九三二年七月結束，轉入正常運行。對此，國民政府全國經濟委員會所寫的「山西考察報告」中，曾予以很好評價，稱「改組後定為官營民監，以調劑全省金融，扶助經濟建設為宗旨，現省政府當局，為力矯前非，防止流弊起見，嚴定規章，概不借墊軍政各款，故邇來營業頗有起色，其基礎也漸臻穩固。共有分行辦事處二十七所，散佈各縣，總資本定為國幣一千兩百萬元，自二十二年度開始，由山西省政府每月撥十萬元，預定十年如數撥足，截至民國二十四年十月止，計已撥兩百八十萬元」（《閻錫山與山西省銀行》中國社會科學出版社 1980 年版，第 75 頁）。經過這番整頓，山西金融危機基本得以克服，全省金融秩序初步走上軌道，而山西省銀行也重新確立了在山西金融中的統治地位。

閻錫山復出後，對客軍的「清退」和晉綏軍的整頓，及其對金融的整理，應當說是成功的，其效果也是明顯的。這些措施的採取，都有力地克服了山西社會混蕩不安的局面，使山西社會秩序基本上趨於穩定，從而為其政治、經濟和其他各項事業的建設，創造了一個比較有利的環境。

六、民族危機加劇下的奮起

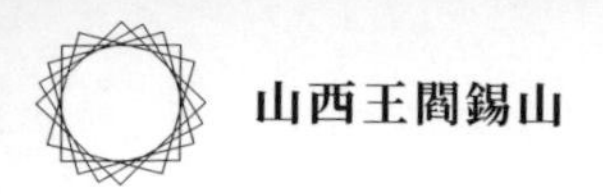

1、呼籲救國自強，山西率先垂範，制定實施《山西省政十年建設計畫案》

閻錫山出任太原綏靖公署主任之後不久，即於三月一日向國民黨四屆二中全會遞交了一個《請政府及時確定十年自強計畫案》。此案首先提出了「自強救國」的主張，以及確定《十年自強計畫案》的必要性。

其實，閻錫山在大連期間，就已對中國如何圖存自強這個問題進行過思考。當時，他在日記中就曾寫道「造產增人為中國今日圖存之要件，當有分年計畫」。閻錫山返回山西不久，「九·一八事變」爆發，這對他震動很大，所以，在他積極籌畫爭取重新出山的同時，還繼續思考著這個問題。在一九三一年十一月下旬，他與到河邊採訪他的安徽壽縣志士張崇禮的談話中就談到，要抵禦外侮，促成和平統一，就必須「規定大規模之自強救國十年計畫案」。十二月中旬，在與大同通訊社社長梁毅等談開發西北及防旱方法這一問題時，又講道：「苟欲挽救危亡，爭存於世界，舍奮發自強外，別無它法。自強之道，即造產增人是也。總理之民族主義即在此」（《閻錫山年譜》（四），第1655頁、1658頁）。

閻錫山在其提交的《請政府及時確定十年自強計畫案》中，開宗明義地指出：「自日本強佔我東省以來，迄今數月，猶未解決。而滇桂邊陲，又告緊急。值此一髮千鈞，危急存亡之秋，幸政見之爭，已告平息。一致團結，共禦外侮；而一般民眾複皆奔走呼號，竭力於愛國運動。多難興邦，其在今日。處此國難當頭之日，國際間之折衝，固重外交，而立國大計，尤須自強。蓋自甲午庚子而後，舉凡列強侵奪，未嘗不借外交以作了局。惟事過境遷，不自警惕。政府無生聚教訓之計畫，人民無遵行推進之規程。因循荏苒，不振至今。馴至前次創痛未已，後次之艱難又來，次複一次，有加無已。溯往追來，舍急起直追，力圖自強，以為挽救，則不足以臻郅治，冀立國於世界。錫山外觀各國之富強，內察我國之貧弱，深感中央政府，有及時確定十年自強計畫之必要」。

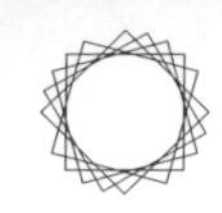

至於「計畫案」的具體內容，閻錫山幾乎對各方面都進行了思考，他認為：「在政治上應確定均權制度，以期共治，樹立廉潔負責政府，積極訓練人民政治知能，並促進政治經濟合一之地方自治，以推進民主政治之實現。在財政上實行財政公開，力除弊端，以符取於民，用於民，而公於民之原則。在軍事上應制定國防計畫，確定常備軍額，充實軍備，並實行徵兵制度，以固國防。在教育上應推進基礎教育，以增進國民生活基礎知能，更以品質上之適用，數量上之適合為準，以嚴整人才教育。在經濟上尤應大規模開發物產，由國省縣村分別計畫進行，如礦產之開發，工業之振興，農業之改良，以及交通之建設，凡可以增加輸出，減少輸入者，均須就其範圍，俾人盡其力，地盡其利，以達造產救國之目的」（《閻錫山年譜》（四），第 1669—1670 頁）。

閻錫山在遞上這個「計畫案」後，即率先垂範，在山西積極活動起來。一九三二年四月十二日，他就設立了「山西省政設計委員會」，自任委員長，著手制定《山西省政十年建設計畫案》。對於編定「建設計畫案」的動機和宗旨，他在第一次全體「設計委員會」會議上的講話中，就指出：「了現在的國難在抵抗，了未來的國難在自強。欲自強必須實行建設。古人重未雨綢繆，我們進行建設應有計劃，所以我正建議中央進行『十年建設計畫』，本會為山西十年建設計畫，尚無成例可循。應於三民主義原則之下，在不抵觸中央法令範圍內，擬前三年以政治為中心，注重掃除建設障礙，確立『民主政治基礎』。後七年以經濟作中心，以完成『自足為目標』。希望盡心研究，本著古人以『物土之宜，而布其利』之宗旨，計畫合理、合時的道路，編定適當有效方案，以盡應盡之責任」（《閻錫山言論類編》卷三，上）。

設計工作分政治、經濟建設兩部分進行。政治建設部分由時任省政府民政廳長的邱仰濬負責。經濟建設部分由時任山西省政府委員兼村政處長樊象離（一九三四年村政處改為建設廳，任建設廳廳長）負責。同時委派軍政各界兩百餘人為委員，分組進行。該計畫的步驟是分組調查、廣征意見、起草、修改、討論、審查、修正、覆核、複定，綜合後印製成草冊，

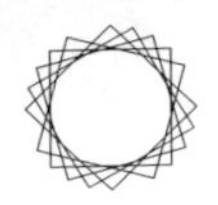

分交各委員再次複閱。工作進行得相當緊張，也十分認真。

就在閻錫山等人對《山西省政十年建設計畫案》緊鑼密鼓地進行時，一九三二年夏季，個別新老軍閥又想憑藉閻錫山的威望及其所擁有的晉綏兩省軍事實力，拉攏他進行驅逐張學良的軍事活動，挑起內戰。先是段祺瑞派人幾次向閻說項，「願推公主持北方以驅張」。倒張後，「北方另成政府，以抗南」，「只得公一諾，即行發動」。接著山東的韓復榘也派人，欲與閻錫山「共攻平津以驅張」。但閻錫山均予拒絕。他不僅向段、韓的使者對中原大戰進行了反省，說是「十九年欲出洋息內爭未果，變為內戰，至今思及，尚為痛心」，而且指出「外禍方殷，豈可再生內訌，且山東已在日人虎視中，若此，正所以與敵以隙，國事更不堪問矣」（《閻錫山日記》一九三二年七月一日、八月二日）。由此，也可以看出閻錫山的確是想維護國家統一，力求克服外患的，而他在外患方殷的情況下加強造產建設，正是為了要「了未來的國難」的。如果閻錫山答應了段、韓的要求，那麼，中國將又陷入動盪和混亂，日本帝國主義將會趁機加快侵華的步伐，山西的建設計畫也將會被打斷，但閻錫山沒有這樣做，而是更加致力於山西的建設。

在閻錫山的督促下，一九三二年十二月二十日，《山西省政十年建設計畫案》正式編成。然後，閻錫山又組織太原綏靖公署首席參事崔廷獻、參事潘連茹、甯武超、張之傑及秘書等人再對此案全部組織審核，始於十二月二十五日備函正式報送山西省政府審議。透過議案後，以山西省政府的名義定案，規定「自二十二年開始遵照實施」。

這個「計畫案」共分三篇，分別為總則、省建設之部、縣村建設之部，篇下為項或章。

總則篇下分為六項，計有「應遵守之原則」，「應注意之事項」、「建設之先決事項」等。「應遵守之原則」規定：經濟建設應著重於合作主義之提倡，使分散的人的要素、物的要素集合而為集中強固之經營勢力。產業屬諸私有者，施以私營公督政策。「應注意之事項」規定：十年建設之理論，是適於就防禦而言，不適於就攻擊而言。「建設先決事項」規定：籌措建設經費，要借外債、發公債、由省籌集三者並舉。由太原晉綏公署在十年內籌集兩千三百萬至三千九百萬元，作為省生產保護經費，省政府財政廳等機關在十年內籌集六千萬至一億元，其中借款與公債各占三分之一，作為省公營事業經費。

省建設之部分為政治建設、經濟建設、省政建設研究院、附則四章。「政治建設」列舉了「改善現行政治」必成、期成的十七大事項，包括了警政、財政、教育、文化等方面。

「經濟建設」是整個「計畫案」的重點，依次為農業、礦業、工業、商業、交通。在農業上，分為改良農事、水利、棉業、種煙葉、林業、植樹、畜產各個方面。改良農事：包括傢俱、肥料、種子、耕作辦法、病蟲害等，要求十年後，增加產量十分之三為期成量，十分之二為必成量；水利：包括鑿井、開渠、築蓄水池、導河入晉等，要求十年後，增加水地八百萬畝為期成量，四百萬畝為必成量；棉業包括推廣種區與改良棉種，要求十年後增加棉田一百萬畝為期成量，六十萬畝為必成量。種煙葉：要求十年後種十萬畝為期成量，六萬畝為必成量。林業：包括保護舊林和增造新林，要求每年播種兩百四十萬畝，成活十分之七為期成量，十分之五為必成量。植樹：包括木材樹、逐年生產樹、逐年生產樹苗圃等項，要求木材樹每年每戶二株為期成量，一株為必成量；逐年生產樹七百五十株為期成量，五百株為必成量；逐年生產樹苗圃五十萬株為期成量，二十五萬株為必成量。畜產增加本地羊三百萬隻為期成量，兩百萬隻為必成量。養牛要求培養岳爾夏牛兩千頭為期成量，一千頭為必成量。

礦業建設，鑑於「山西煤炭銷售不及產量之一半」的現實狀況，「刻下無擴充開採之必要」，今後「應提倡分采合銷，以免各廠間之競爭」。

工業建設，所列應舉辦之事項有四，即設立工業試驗所、女子工業傳習所，獎勵特種工業及新發明，倡辦縣村工廠，提倡家庭工業。

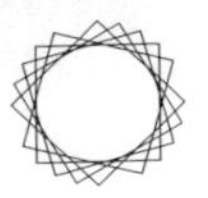

商業建設，所列應舉辦事項有八，主要是實行商標法和商品檢查，設立商品陳列館與公營百貨市場。

交通建設，所列應辦事項有七，主要為修築同蒲鐵路與修築公路。同蒲鐵路由太原綏靖公署負責監督指導，設立晉綏兵工築路局執行其事。

經濟建設計畫中還提出扶助社會辦理之實業事項和發展公營事業等項。扶助社會辦理之實業事項有十九件，主要為發展毛紡織業、釀造業、化妝品業、造紙工業等。發展公營事業項下分為：一、應整理者為山西省銀行、王申製造廠、育才機器廠、育才煉鋼廠、硫磺廠。二、創辦而必成者為煉鋼、肥料、毛織、紡紗織布、捲煙、蘇打、洋灰、印刷八廠。三、創辦而期成者為電氣、機械、電解食鹽、制糖、染料、汽車、飛機、人造絲八廠及農工與商業兩銀行。

對於經濟建設的資金問題，「計畫案」中在提出「在關稅不能自主，外貨傾銷的情況下，本國工廠如何維持？」「山西社會經濟死滯，建設資金如何籌措？」這個問題的同時，也提出了解決的辦法，即：一、在省、縣、村設立經濟統制機關，遇生產品不易銷售時，設法補助，藉以維持工廠的存在。二、增發紙幣。

關於省政建設研究院，計畫劃陽曲、太原、榆次三縣為「建設研究區」，成立建設研究院，凡建設項目，均須先研究，再試驗，然後推廣。

第四章為附則。具體規定了《山西省政十年建設計畫案》實施考績辦法，設立山西省政建設考績委員會，專司考績之責。

縣、村建設之部，分縣政十年建設計畫案與村政十年建設計畫案兩級，分別由縣、村兩級自行編定，省政建設計畫案中只提出編定之方針。

在「計畫案」之外，同時還擬訂了各種相應的專案。如「公營事業經費專案」、「革新村政專案」、「提倡機器汲水灌溉專案」、「開渠專案」、「統制貿易專案」、「修築窄軌鐵路專案」、「紡紗織布專案」、「毛織廠專案」、「紙煙製造廠專案」、「汽車製造廠專案」、「革新警政專案」、「整

頓衛生行政專案」、「籌辦社會事業專案」、「改良農事專案」、「棉業專案」、「造林專案」、「植樹專案」等等。

從閻錫山親自組織督導編訂的這個《山西省政十年建設計畫案》中，可以看出，它確實是下了功夫，也是頗具特色的，其主要表現是：一、他縱覽全域，立足長遠，具有一定的客觀性和戰略性。一個地方的發展進步，需要有一個過程，需要社會各個方面的努力，何況當時山西在政治、經濟文化等方面還相當落後，要改變這種狀況，就不能急於求成，急功近利，就需要縱覽全域，從各個方面著手，並應當從客觀上予以考慮，作長遠打算和準備，正如閻錫山所說：「要樹立民主政治之基礎，並要達到山西社會經濟入款多出款少的實況，不能不要十年建設的準備」。二、它把政治建設與經濟建設結合在了一起，而非就政治建設或經濟建設單獨設計，所以如此，閻錫山講得十分明白，也相當透徹，他說「如果社會經濟不能達到出入相符，則新興國家之基礎，沒有法子鞏固。政治不達到民主徹底的實現，則新興國家的保證不能健全。所以說省政全般設施，全屬於政治事業固可，全部政治為經濟事業亦可」。「無論如何，十年建設的步驟，總得要先政治而後經濟。政治不上軌道，經濟建設便無從著手。即勉強著手，也必定失敗」。雖然「計畫案」中規定了「前三年以政治作中心，後七年以經濟作中心」，但「這只是就其著重之點而言」（《閻錫山言論類編》卷三，上）。事實上也是如此，前三年中並非完全是進行政治建設，而後七年也並非純粹的經濟建設。三、「計畫案」在經濟建設中，把農業放在了第一位，並對具體專案及要求的「期成量」、「必成量」作了詳細規定。而工業、礦業這些方面就不是如此，這說明閻錫山對農業的重要性是認識得很清楚的。四、對現實狀況認識比較清醒，對將會遇到的問題和困難估計得比較充分，並提出了一些相應的解決辦法。如山西煤炭的產銷問題、建設資金的籌措問題等等。即使在「計畫案」編成後，閻錫山仍認為：「現在十年建設計畫案，雖已編成，在實行上，當然也有許多的難關，不容易進行順利」（《閻錫山言論類編》卷三，上）。五、注意了實施「計畫案」的有關配套措施。「計畫案」本身制訂得再好，如果沒有相關的配套措施

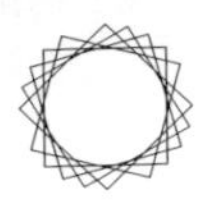

做保證，「計畫案」的實施也不可能順利進行，甚至半途而廢。閻錫山注意到了這一點，因此，不僅設立了建設研究院，劃出研究區，先研究，再實驗，然後推廣，而且成立了考績委員會，對省政建設的實施予以考核。

《山西省政十年建設計畫案》從提出到編成，歷時半年之多，這個「計畫案」，在當時就國內各省而言，是絕無僅有的，也是閻錫山的一個創舉。

閻錫山對於這個「計畫案」頗為滿意，甚至有些得意。他就認為「就今日政治情形說，以政治力量，完成經濟建設，在中國歷史上，可以說是個創舉」（《閻錫山言論類編》卷三，上），並且，他對「計畫案」實行後山西的前景，抱有很大希望，同時也充滿了克服困難，一往直前的決心。他說：「我們既有計劃的建設，當然我們心目中有個要造成怎樣山西的一個標的。我想實行十年計畫後，民主政治的基礎可以健全，社會經濟，至少的限度，可以達到每人每年平均增加二十元生產額之基礎」。「我對於十年計畫事業成功，希望是很濃厚的，……十年計畫自然是一件很繁難的工作，但凡是有重要價值的事業，總是從繁難裡面奮鬥得來的。既認定要做，那怕他怎樣難，也不能因難而止。突然要積弊相沿的政府，變成一個『造產政府』，自然要遇到許多的困難。且社會事實，是時時變遷，往往出乎我們現在意想之外。計畫實行起來，將來會遇著許多的阻力，即發生鑿枘不合的毛病。尤其是十年期間，不能算短，現在科學發達，日新月異，將來於生產上或更有一種比較最經濟的方法勝過於今日，也許有的。此次所擬訂的計畫方案，不能說是至當恰好，有不適合的地方，各當局盡可提出具體意見來修正；萬不要因困難，遂擱置不做，或以為不適合而不願去做。總而言之：方法只要在合理的範圍隨時可以變更，目的無論如何不能動搖」。（《閻錫山言論類編》卷三，上）

在當時中國東北三省已被日帝佔領，民族矛盾日益加劇，而一些新舊軍閥，又想透過武力征伐來實現其政治欲望，中國社會階級矛盾也十分尖銳這樣一種現實狀況下，閻錫山為了克服「現在的」和「未來的」困難，率先垂范，毅然把主要精力集中於實際上是山西的經濟建設上來，這不能不說閻錫山確實是一個具有強烈民族獨立、自主自強意識的政治家。儘管

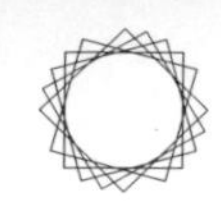

閻錫山編訂《山西省政十年建設計畫案》，也有其維護和鞏固本集團統治的目的，但他能夠從國家的現在與未來這個大局考慮來制定「計畫案」，這一點還是應當予以肯定的，這在當時也是難能可貴的。

《山西省政十年建設計畫案》規定自一九三三年開始實施，但實際上在一九三二年「計畫案」尚在制定過程中，一些計畫的工礦業建設專案即已動工上馬了。如果這個「計畫案」不受干擾，照此下去，或許也能實現閻錫山所說的「標的」。然而，正如閻錫山所說，由於「社會事實，是時時變遷，往往出乎我們現在意想之外」，在「計畫案」實施過程中，一方面，因「計畫案」中的一些項目，尤其是工礦業建設專案，設計規模過大，而資金、技術力量卻相當有限；另一方面，是中間一九三六年有紅軍的東征，繼而是一九三七年抗日戰爭的爆發，所以，有不少建設專案並未達到「計畫案」規定的「期成量」與「必成量」。雖然如此，「計畫案」的實施還是取得了頗為可觀的成績。對山西社會的發展進步，對「了現在的困難」和「了未來的困難」，都發揮了十分重要的作用。

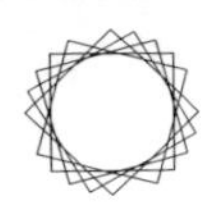

2、山西經濟迅速發展，令國內外人士刮目相看

《山西省政十年建設計畫案》從一九三二年後半年開始實施，到一九三七年抗日戰爭爆發，山西的工業、商業、金融、交通和農業等各項經濟建設事業都蓬勃發展，取得了令人矚目的成就。可以說，抗戰爆發前的這五年，是山西經濟建設的「黃金時期」。

在工業建設上，閻錫山為使分散的人的要素、物的要素集合而為集中強固之經營勢力，以發展「公營事業」為名，從一九三二年後半年即開始籌畫，到一九三三年八月一日，終於成立了一個工業「托拉斯」性質的集全省工業之大成的「西北實業公司」。「公司」的基礎是中原大戰前的以軍事工業為龍頭的工礦企業。閻錫山出走大連後，張學良雖然由於經費及其他方面的原因，對這些工礦企業進行了一系列的改組和兼併，也裁汰了一大批工人，但其機器設備、技術人員和業務骨幹，卻幾乎是原封不動地保留了下來，這就為閻錫山復出後山西工業的復興奠定了基礎。加之「山西的煤礦很多、鐵礦也很多。……有了這種工業最重要的基礎，山西可以構成一個工業區域，這是無疑義的」（《閻伯川先生言論輯要》（七），第12頁）。正是因為有了這樣的基礎和得天獨厚的物產資源，所以閻錫山對創辦西北實業公司信心十足，他對公司不用「山西」，而冠以「西北」二字，就是「要由晉綏而發展向陝、甘、甯（夏）、新（疆）」等地。這樣，既可應國人因「東北藩籬已失」而開發建設西北之呼聲，名正言順地向外開拓，又可以山西為基地，把公司發展成一個在西北地方獨佔鰲頭的工礦企業托拉斯。

閻錫山最初規劃的西北實業公司規模相當之大，「計畫在十年後每村要配備五十部之工作母機的機器廠，以做到『村村有機器，無村不工廠』；三年後完成三百部麵粉機；五年後完成布機五百台和二十萬錠紗機；三年後完成煤產九百萬噸，供給全省自用，完成洋灰三百萬桶；五年後完成生鐵五十萬噸，鋼材二十萬噸」。但由於公司初成立時，毛織廠、捲煙廠、印刷廠、洋灰廠、紡紗織布廠、煉鋼廠、電氣機械製造廠等「創辦而必成」

和「創辦而期成」的企業，有的正在籌建，有的尚未進行，因而它首先開始的事業，僅有辦理西北特產之輸出的「西北貿易商行」，在綏遠設立的潔毛池和在天鎮設立的特產經營場，於天鎮和綏遠涼城、豐鎮三縣之間，種植大黃、黃芪、枸杞、胡麻五萬餘畝，以輸出土特產品。一九三四年九月，閻錫山將王申廠和育才煉鋼廠等廠予以改組，改組後，這些廠礦正式併入西北實業公司。它們分別是西北鑄造廠（生產輕、重機槍）、西北機車廠（生產山炮、野炮、迫擊炮和機車車輛）、西北農工器具廠（生產各種炮彈和農用器具）、西北水壓機廠（生產炮彈殼和大型鍛件）、西北機械廠（生產衝鋒槍和機械）、西北鐵工廠（生產步槍和機械）、西北汽車修理廠（修理裝配汽車）、西北電氣廠（供應西北各廠電力、蒸汽等動力）、西北槍彈廠（生產各種槍彈並軋壓各種銅皮）、西北育才煉鋼機器廠（生產工作母機、電爐鋼料和煆鑄毛坯）、西北化學廠（生產硫酸、硝酸和炸藥）等十一廠。這十一廠可謂西北實業公司的骨幹企業，其性質也由軍事工業變為以民用工業為主。與此同時，新建的西北煉礦第一廠、西北窯廠、西北洋灰廠、西北皮革製作廠、西北印刷廠、西北制紙廠、西北毛織廠、西北火柴廠、西北電化廠以及在西河口、靜樂、甯武等地建設的鐵、鋁採礦處，也相繼投產。計畫總投資八百萬元、規模宏大的西北煉鋼廠也動工興建。

西北實業公司，由於是「山西省公營事業」，處於實際上是官辦的特殊地位，在資金、原材料供應、運輸和產品銷售上都受到關照，所以，很快擴充發展成為一個包括鋼鐵、煤炭、機械、電力、化學、建材、紡織、造紙、捲煙、火柴、皮革、麵粉等輕重工業以及國防工業在內，多種門類、多種行業的經濟實體，從而為山西現代工業的崛起，尤其是鋼鐵、煤炭、機械、電力工業的發展，起到了奠基作用。如今的太原鋼鐵公司、山西機器廠、太原發電廠、太原捲煙廠、太原造紙廠、太原水泥廠等，即是由原來的西北煉鋼廠、西北機器廠、西北發電廠、西北捲煙廠、西北造紙廠、西北洋灰廠演變而來的。

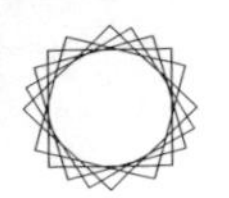

公司從成立到一九三七年「七七事變」，短短四年之中，所轄工礦企業已達三十三個，員工總數達兩萬餘人，其中職員兩千零五十一人，工人一八五九七人。公司的不少企業如捲煙廠、化學廠、洋灰廠等均在全省獨樹一幟。同時，一些企業的資本、職工人數、年產值，也在全省同行業中占到很大比重，在山西經濟中居於主導地位。不僅如此，它在全國工業中，也舉足輕重。萬元的七成。其新建的西北煉鋼廠投資八百萬元，比廣東省一九三三年度全年的工業建設經費還要多。公司工人一九三七年占到當時全國產業工人總數的百分之四，其中西北機車廠、機械廠、農工器具廠、鐵工廠、鑄造廠、水壓機廠、育才煉鋼機器廠、汽車修理廠、電氣機械製造廠這九個廠的工人即有近七千人，占到全國機器製造業工人總數的四成。（景占魁：《閻錫山與近代山西》香港天馬圖書有限公司 2003 年版，第 188 頁）。

在鐵路交通建設上，由閻錫山極力主張並大力督導，於一九三二年十月開始籌畫，翌年五月一日動工，到「七七事變」時，全長八百六十多公里，貫通山西南北的同蒲鐵路的築成並通車，可說是山西鐵路建設史上的一個里程碑，彪炳於山西史冊上的一個壯舉。也是閻錫山對山西的一個傑出貢獻。

清末以來，山西境內雖然有清政府修建的正太、京綏兩條鐵路幹線經過，但其里程較短，且又處於晉中和晉東北一隅，因此，對於開發全省的物產資源，溝通山西南北，連接外界交通，促進山西經濟社會的發展，所起作用相當有限。曾先後任過山西巡撫的張之洞、胡聘之、張曾敭、寶棻等官員，為修築一條貫通山西南北的同蒲鐵路幹線曾進行過籌畫。孫中山在其制定的《實業計畫》中的同成鐵路（從大同經太原、風淩渡、西安到成都）也包括了同蒲鐵路，但由於種種原因，均無結果。一九二七年，閻錫山聘請德國工程師籌備測量工作，制定修路計畫，爭取在一九二九年春開工修建同蒲鐵路，在請南京政府撥款予以援助的請求被拒絕後，遂決定由山西本省「自籌資金」修路。但不久又爆發了中原大戰，之後是他的下野，真可謂好事多磨，同蒲鐵路坎坎坷坷，幾起幾落。

閻錫山復出後，在其制定的《山西省政十年建設計畫案》中，在鐵路建設上即提出「興修窄軌鐵路」，並規定「以五千五百華里為期成量，以三分之二為必成量」，這其中自然包括了同蒲鐵路。一九三三年二月二十一日，又成立了晉綏兵工築路總指揮部，閻錫山自兼總指揮，同年五月一日即開始動工。

閻錫山所以急於同蒲鐵路早日上馬，並提出爭取在三年內完成幹線工程，是因為「計畫案」開始實施後，許多工礦企業建設所需用的大量原料、產品都要靠鐵路運輸，同時，儘快建成同蒲鐵路，不僅可以使其沿線幾個盆地的經濟得到進一步開發，而且還能夠與正太、平綏以及隴海等鐵路系統溝通，促進山西的對外貿易。對於方便人們的出行，加強地方行政管理，自然也大有益處。為解決築路經費，閻錫山本想把用其族叔、族侄名義在國外的一大筆存款取回暫用，但由於國外銀行對於國外的私人存款，不允許自由提取，而如果你購買他們國家的一些產品，則可以給你提供方便和幫助，於是，閻錫山遂透過斌記商行，先後向德國西門子公司、法國萬達鋼廠、德國克魯勃公司等企業訂購了價值近千萬元的鋼軌、機車、車輛。

當時閻錫山的一些屬僚認為修築同蒲鐵路這麼大的工程，僅憑山西一省之力，實非易事，況且山西剛經過中原大戰，經濟十分拮据，希望得到中央的幫助，可是，閻錫山卻對他們說：「我不是早就說過了嗎？錢的事情不用你們操心，南京說的事情，不知何年何月才能辦到，我們不能再等了！」也有人覺得修窄軌不夠氣派，將來也不便與其他鐵路系統相銜接，而中央也一再指出：「修築同蒲路，應採用標準軌距」。但是，閻錫山經過算細帳，認為若用標準軌，僅鋼軌和枕木兩項，全路就得八百六十多萬元，再加上徵地、橋樑、隧道、涵洞、車站等，下來得六七千萬元，如此之大的投入，自己沒有就得借債。這筆款即使以最低年息一分計，每年所付利息就要六七百萬元，因此他說：「如修標準軌，三十年複利損失，即可至七千八百九十五萬元」（《閻錫山年譜》（四），第 1721 頁）。在鐵路通車初期營運收入少，不可能有盈餘來支付息金的情況下，「日積月累，恐怕修了同蒲鐵路，將來就是賣掉山西，還不夠還債務的」((《山西文獻》

（台），第25期，第5頁），「我們現在的力量不足，可以先修成窄軌，……二十年以後，我們有了錢，再換寬軌，就不是什麼困難的問題」（郭廷蘭：《修築同蒲鐵路見聞錄》，《山西文史資料》第24輯，第141頁），正是有了這個準備，所以，當時的同蒲路路基是按寬軌標準修築的。

閻錫山為了加快同蒲路的修築進度，並保證品質和節約成本、減低費用，曾採取了許多措施。首先，組建了一個有高度權威，能協調各方的領導機構，先是一九三二年十月由太原綏靖公署下令設立了晉綏兵工築路局，第二年二月又在此基礎上成立了晉綏兵工築路總指揮部，由閻錫山自兼總指揮。指揮部下設之督工、兵工、經理、監製材料、會計、事務、文書、衛生等幾九個組的負責人，多為綏署所轄之職能部門的主官。工程開始後，又組織了同蒲南段、同蒲北段兩個工程局，各自獨立工作，南北分進；其次，閻錫山採用了「兵工築路」的做法，下令晉綏軍步兵的四個師以及孫楚的正太護路軍、炮兵獨立第一旅和各師、旅中的兵工約三萬餘人，投入同蒲鐵路工程建設；再次，放手讓工程技術人員工作，對原先勘察設計不甚合理的線路重新勘察設計，並採納他們好的建議；第四，下令西北實業公司相關工廠生產築路的各種工具和鐵路設備，能自己製造的，就儘量不向外購買。為了解決修路所需用的大量水泥，閻錫山不是由政府給洋灰廠撥款，而是讓築路總指揮部與洋灰廠簽訂合同，以預先付款的方法，讓洋灰廠購置設備，洋灰廠出洋灰後，以貨抵款。

與修築同蒲幹線鐵路的同時，按照「計畫案」忻州至窯頭的忻窯支線、祁縣到晉城的白晉支線、原平至繁峙的原繁支線、太原到磧口支線上的部分路段，以及未列入計畫的西山支線和上蘭村支線等支線鐵路（均為窄軌），也相繼上馬，到一九三七年大都竣工，總計長一百八十公里。這樣，從一九三三年到一九三七年，全省共修築鐵路一零四三公里，加上七公里專用線，共為一零五零公里，提前五年實現了「計畫案」中「以五分之二為必成量」的要求。這也就是說，山西這四年多修成的鐵路，其長度相當於此前近三十年修成的山西境內之正太、平綏鐵路總長度三一七公里的三倍多。一九三三年至一九三六年，中央和地方共修成鐵路三七二七

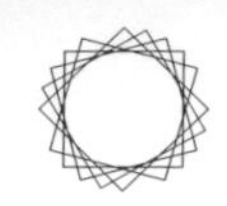

公里，山西同蒲幹線就有七百多公里，占到全國總量的將近兩成，因此，這個時期是山西鐵路建設大發展的一個時期。其中，同蒲鐵路幹線的建設更在國內鐵路建設史上創造了一些奇跡。其一，它進度快，如浙贛鐵路浙江玉山縣至江西南昌一段，全長九零五公里，前後歷時六年，年平均築路一百五十多公里。江南鐵路南京至孫家埠一段，全長一七八公里，用了二十二個月，年均築路九十二公里。而同蒲鐵路八六三公里，只用了四年另五個月，年均築路兩百公里。其二，費用低。一八九五年至一九二七年，中國所築鐵路每公里的平均費用是八萬八千元（汪敬虞主編：《中國近代經濟史》下冊，人民出版社兩千年版，第 2025 頁）。

至於閻錫山把一些經濟手段運用到鐵路建設上來的事實，除了對大量經費的明顯節約外，更重要的意義，則在於他改變了經濟建設上的傳統觀念和方式，在如何加快經濟建設的問題上，向人們提供了有益的啟示和借鑑。因此，這一時期的山西鐵路建設，不僅僅表現在了物質上的成就，更重要的是它在精神上和觀念上有了新的突破。

在金融和商業貿易方面，這一時期也成就斐然。山西省銀行經過改組整理後，雖然重新確立了它在山西金融中的統治地位，但卻也為保持銀行信譽而不能像以前那樣大量發行省鈔了。在當時《山西省政十年建設計畫案》正欲付諸實施，各方建設需要大量資金的情況下，這無疑使資金的籌措受到了限制。然而，閻錫山自有其「生財之道」，由於人們對省銀行仍心存疑懼，省行不便再大量發行紙幣，閻錫山即認為，只要再成立幾個銀號，就可以解決這個問題。於是，一九三二年八月，他以開發西北，實行綏西屯墾的名義，以「活動金融，扶助綏西墾業」為宗旨，在包頭開設了「綏西墾業銀號」。同蒲鐵路動工後，一九三四年七月又成立了「晉綏地方鐵路銀號」。一九三五年一月又成立了「晉北鹽業銀號」。這三個銀號與山西省銀行統稱「四銀行號」。墾業、鐵路、鹽業三銀號開辦之初的資本分別為三十萬元、兩百萬元和二十四萬元，均屬於「山西省公營事業董事會」管理。它們的業務主要為資助實業，存放款項，匯兌抵押，發行期票和兌換券。由於它們都被授予了發行紙幣——「兌換券」的特權，所以，

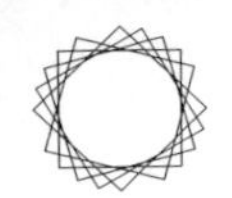

實際上成了閻錫山的「籌款」機關，與省銀行形成了自成一體的金融體系。一九三二年前，山西省銀行的資本只有一百二十萬元，到一九三六年，「四銀行號」的資本便增至三千三百萬元。這個數目相當於當時國民黨中央控制的中央、中國、交通和農民這四家銀行資本總數一億七千萬元的近兩成。其中，山西省銀行之資本為兩千萬元，與中國交通銀行之資本相同。晉綏地方鐵路銀號資本為一千萬元，同中國農業銀行之資本一樣。作為地方「公營」的金融企業，在國內能達到如此水準者，並沒有幾家。

一九三五年十一月，國民黨中央實行幣制改革，規定中央銀行發行之貨幣為法幣，並作出法幣不兌現，限制各省銀行發行紙幣的規定後，閻錫山宣佈四銀行號發行的紙幣也停止兌現。但他隨即卻以「為開闢造產途徑，救濟農工困難，並維持貨幣信用，保障人民生活基礎起見」為由，令「四銀行號」共同設置「實物十足準備庫」。可是，實物準備庫並沒有「十足」的實物，而是由閻錫山指示山西省政府和晉綏財政整理處，以空文給「四銀行號」增撥資本三千萬元，其中省行、鐵路、墾業和鹽業分別為兩千萬元、五百萬元、兩百五十萬元、五十萬元。然後，令實物準備庫從四銀行號借紙幣向民間購買實物，等收回物資，即是「四銀行號」的準備金。並且規定了「四銀行號」負責供給實物準備庫購買物資和設備等費的比例。實物準備庫利用當時市面呆滯、周轉不靈的機會，派員到各縣大量收購糧食、棉花和其他農副產品，因而，「四銀行號」的紙幣在市面上大量出現，在一年多的時間裡，實物準備庫的物資及不動產達到一千萬元以上（《閻錫山和山西省銀行》中國社會出版社 1980 年一月版，第 113 頁）。正由於有了這個實物準備庫，才使閻錫山又能繼續大量發行紙幣。實物準備庫設立之前，山西省銀行的紙幣發行額僅兩百八十三萬餘元。墾業、鐵路、鹽業三銀號也分別僅為四十七萬元、一百餘萬元和三十二萬元，但實物準備庫設立後，到一九三七年日軍侵入山西時，山西省銀行發行的新省幣即達兩千五百多萬元，鐵路、墾業、鹽業三銀行也分別發行了一千萬元、五百萬元、五百餘萬元，「四種紙幣達四千五百餘萬元」（王尊光、張青樾：《閻錫山對山西金融的控制與壟斷》，《山西文史資料》第 16 輯，第 22—23

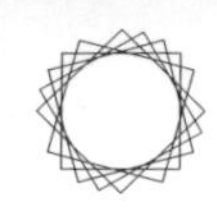

頁）。閻錫山的四銀行號及其實物準備庫，在收購農民的農副產品以及其他金融活動中對民眾的剝削是顯而易見的。從時人將同蒲鐵路戲稱為「紙糊的鐵路」，把「墾業銀號」叫做「坑人銀號」，將實物準備庫比作「赤腿穿套褲（套褲係時人所穿，套在褲子外面，只有兩個腿，沒有褲襠）」，即可說明這一點，但它在活躍當時市場，尤其是在支撐同蒲鐵路和西北實業公司的建設與發展上，卻也發揮了重要作用。

與此同時，閻錫山對於促進發展山西的商業和外貿，也採取了一些積極措施。「九·一八事變」後，以日貨為主的洋貨在山西大量傾銷，當時在市場上出售的日貨牌號就達六四四種之多，而國貨僅有九十一種。這不僅加劇了農村經濟的衰敗，而且也使工商業受到沉重打擊。由於外棉的傾銷，致使山西的棉花價格一跌再跌，棉農們不堪虧損，只好棄種棉花而改種其他，因而棉田面積驟減。工業上也因洋貨的傾銷，使許多工廠虧賠累累，不得不減產或停產，如火柴企業，到一九三三年就有五家工廠停工。大同的煤礦，因日煤在山西的傾銷，致使「各廠囤積山積」，不得不「力圖縮減以渡難關」。英美煙公司的捲煙對山西市場的壟斷，就使山西每年流失現銀達一千萬元之巨（《北平晨報》一九三二年七月二十四日）。凡此種種，都不能不極大地影響著《山西省政十年建設計畫案》的實施。為了克服這種現象，閻錫山不僅提出了「保護生產」的主張，即「一為利用政治權力，不用外貨進來，一為甘地做法，不準買外國貨」，並且決定把「實施貿易之統制」，作為「計畫案」的一項重要內容。一九三四年又制定了《晉綏實施經濟統制方案》，決定「斟酌供給需要關係，對於輸出入貨物加以獎勵或限制」，規定「全省主要物產價格，以免奸商乘機抬高物價，阻礙省貨之推銷」，在重要城市和各村鎮組成以「國營商店」和「國貨消費合作社」為主的商業網絡；「奢侈品或全省特種產品，實行政府專賣」，省外設立貿易機關，並規定獎勵輸出辦法（全國經濟委員會：《山西考察報告書》一九三六年）。同時，還採取了一些相應的具體措施，這主要是，一、建立並擴大外貿機構，使之形成一個覆蓋面廣且又相互聯結的外貿網路，為此，閻錫山督令「山西人民公營事業」、「省縣村營業公社」，以及

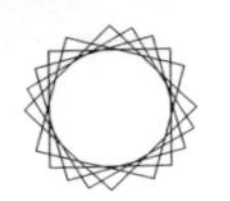

直屬的官僚資本這三大系統的每一個系統內都設立專門的外貿職能機構。這些機構及其分支機搆，共達三十多個。其中「實物十足準備庫」在省內一些重要城鎮設立的分庫、支庫就有二十餘處，從業職員有六百多人。二、加大外貿業務的投入。閻錫山規定，「在一定時期內對輸出業特設優待辦法，以策對外貿易之發展」（《公營事業董事會檔》第32卷）。他為將大同、陽泉所產煤炭儘量向外運銷，特批準由省政府撥給資金十萬元，在大同成立晉同銀號，專為大同礦業公司籌畫周轉資金，以使本省煤炭繼續向日本等國輸出。三、嚴格產品品質，注重商品信譽。閻錫山認為，以往的出口商品中，由於「我國舊式商人眼光短淺，每多攙雜冒假，促使外商懷疑，因之物價低落」（《中華實業季刊》第32卷），以致影響到外貿出口，因此，他要求把「實行產品檢驗」作為其出口商品能「厚信用而銷售」的一個重要保證。據此，一些企業為「增加外商信仰起見」，注重了對生產工藝的改造和產品的檢驗。四、重視商業資訊。閻錫山在其制定的對外貿易綱要中，明確規定「在國內外各重要商埠派遣經濟調查人員調查各地商業狀況，作為全省貿易之標準」（《公營事業董事會檔》第32卷）。依此，公營的各種企業都在省內主要城鎮及國內各大商埠設立了辦事機構，並派遣大批人員「調查各大商埠經濟商業狀況及各國經濟大概，按期編訂報告，以供本省辦理公營或私營者之參考」。如一九三六年，同蒲鐵路管理處在給閻錫山呈報的關於購置機務材料的報告中，有一部分材料擬指定向禮和、禪臣、新民這幾家洋行購買。但經采運處瞭解，這批材料由於洋行報價太高，共預計需洋三十一萬餘元。於是采運處遂報告閻錫山「擬請飭知需用機關研究，將前項機車零件儘量改由各廠製造或另設專廠製造以節公帑」，此建議被閻錫山批準，決定計劃向國外購買的機車零件經由西北製造廠製造，並撥給該廠五萬元，由其與同蒲鐵路局、機車廠訂立合同（《公營事業董事會檔》第44卷），從而使閻錫山避免了一次重大損失，也提高了西北製造廠的生產能力。

這些措施的採取，較好地改變了過去山西外貿基本上處於自流無序、各自為政的狀態，增強了政府對全省外貿的宏觀調控能力，從而使全省

商品的出口能力有了一定提高，並且，「公營」的外貿企事業的實力，也得到了加強。如斌記商行一九三六年透過向洋行購進貨物，即獲淨利二十六.九萬多元，比上年增加了三.五萬元。同時，隨著創匯能力的增強，也有力地支援了山西的工業和鐵路建設的發展。據統計，到一九三五年底，西北實業公司因購進所需材料，以及同蒲鐵路所需之鋼軌、機車零件和鐵路材料等，就已對德、日、英、美等國十八家洋行負債兩百五十萬美元，一九三六年又透過外貿單位向各國洋行訂購了總額為三百八十五萬多元的貨物（《公營事業董事會檔》第 23 卷）。這說明，山西透過外貿其創匯能力已大為增強，如果沒有一定的外匯儲備，外國洋行是不可能使其負債並提供這麼多價值的貨物的。此外，山西外貿的發展，也在一定程度上抑制了洋貨大量傾銷的勢頭，保護了山西地方民族工業。由於外貿事業的發展，使山西的農副產品有相當一部分被有組織地收購到外貿企業之中，而西北實業公司各廠礦產品的數量、品種、規格和品質也有了相當的增加和提高，這就相對地減少了洋行對山西農副產品的掠奪及洋貨在山西的傾銷。如西北實業公司所屬之晉華捲煙廠生產的香煙，就基本上佔領了山西市場，並遠銷到綏遠、寧夏等地，到一九三三年英美煙除了在太原市面略有銷售外，各縣已盡絕跡。

總之，從一九三二年到一九三七年的這五年，山西的「公營」工礦、鐵路、金融、貿易業的發展，相當迅速。（據山西省委調研市編：《山西經濟資料》第四分冊，第 15—16 頁有關數字統計）。

在這一期間，全省的農業經濟，也有了很大發展。

上述事實說明，抗戰爆發前五年，山西經濟建設發展的勢頭是相當強勁的，其成就是十分明顯的。如果沒有抗日戰爭的爆發，山西經濟當會在此基礎上有一個更大的發展。

戰前這五年，山西經濟能有這樣快的發展，原因很多。在客觀上，主要是山西社會局勢總的來講還比較安定。雖然「九·一八事變」後，中日民族矛盾日益上升，但國內的主要矛盾仍是階級矛盾，而這個矛盾鬥爭的中

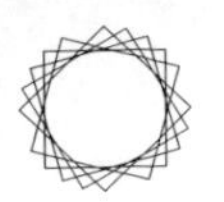

心又在南方，國共兩黨軍事鬥爭「圍剿」與「反圍剿」的主要戰場在湘、鄂、贛等省份。處於北方的山西，相對而言，比較安定。其間，雖曾有一九三六年春的紅軍「東征」，同年秋冬又有反擊日偽進犯的綏遠抗戰，但前者時間不長，只有兩個半月，後者的戰場又在綏遠，對整個山西社會局勢並未造成大的破壞和影響。這一比較安定的社會環境，對山西經濟建設的發展，顯然是十分有利的。而山西得天獨厚的豐富礦產資源，也為經濟建設的發展，提供了物質上的有利條件。

從主觀上來看，主要有兩個方面，一方面就是以閻錫山為代表的山西統治集團，對發展經濟建設予以了高度重視，不僅在思想上對經濟建設的重要性和緊迫性有著深刻的認識，而且在行動上採取了一系列相應的積極措施。閻錫山向國民黨四屆二中全會送報的《十年自強計畫提案》，他督導制定的《山西省政十年建設計畫案》及其實施，就充分說明了這一點。特別值得一提的是閻錫山對於科學技術對發展經濟建設的意義，有著明確的認識，他就說過：「科學為發達物質之途徑，……。今欲救國裕民，應用非常方法促進科學之進步，以發展物質之文明」（《閻伯川先生言論輯要》第 9 集，第 33 頁），並認為中國的今日落後，就是因為自然科學不發達，所以如此，主要是我們對於人與人的關係、政治、法律、經濟等間的關係的研究，一直相當重視，而對於人與物的關係「即所謂人認識自然，征服自然、利用自然的關係」的研究，則相當缺乏。因此，他不僅要求重視對科學技術的學習，認為「從容學去太慢，從頭學去太拙，應該迎頭學去，將今日世界上所有講人與物的關係的新發明、新著述，搜羅淨盡，選拔高才，趕步研究，以補缺陷，並挽救危亡」（《閻伯川先生言論輯要》第 8 集，第 4—5 頁）。同時，建立一些科學技術領導機構，並用各種方式方法培養技術人才，在實際中委以重任，大膽使用，以發揮他們的聰明才智。這些技術人員在西北實業公司的建設中，在同蒲鐵路工程上和金融貿易及農村水利事業上都作出了卓越的貢獻。主觀上的另一方面，就是山西社會各界的共同努力，即以經濟建設所需經費的籌措而言，山西省四銀號發行的各種建設券、借款券、公債等，到一九三七年上半年共達七千萬元，而這些都是廣大民眾認購的，以一九三六年全省人口一千一百多萬計，人均便在六元以上。除了這種對民眾「文明」的籌款方式外，工廠為減低產品成本而要「工人增加工作時間，減少工資」，向農村發放高利貸，增加賦稅，鐵路徵用農民土地時對地價的壓低等，這些無形的榨取，又無不充斥著廣大工人農民的血汗。除此之外，廣大民眾對日貨的積極抵制，工程技術人員為增加產品數量，提高產品品質而對工程技術的不斷改進，鐵路建設中技術人員為重新勘測合理線路的不畏艱險勞苦，築路兵工和廣大民工日以繼夜地艱苦奮戰等等，凡此，都有力地支援了山西的經濟建設。

綜上所述，可以清楚，山西經濟建設所以能取得如此成就，是多種因素聚合的結果。把它簡單地歸之於某個方面，或某個層次，都是不實際的。山西當時比較安定的社會環境，僅是外部條件或機遇，它只是發展經濟建設的前提或可能性，而要抓住機遇，利用這一有利條件，把可能性變為現實，則必須透過主觀上的努力。同期與山西這種社會環境相似的省份不在少數，而山西的經濟建設卻能異軍突起，其主要原因正在於主觀上的努力。而這種努力又是多方面的，多層次的。決策者對事物在思想認識上的明確及其決心和魄力，固然作用非淺，但如果不能統馭全域，把握整體，依據實際，制定出一個系統而全面的計畫，就有可能顧此失彼，事倍功半，甚至留下諸多後遺症，即使有了好的計畫，若沒有各級政府的認真貫徹執行，沒有各階層群眾的積極奉獻，勤奮苦幹，那也會是一事無成。因此，從這個角度來觀察問題，主觀上的兩個方面都應當予以客觀地考察，只強調前者而忽視後者，或者相反，都不可能對山西這一時期經濟建設騰飛的原因，做出比較符合歷史實際的結論。

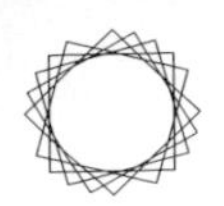

3、加強思想政治控制，「以主義對主義，以組織對組織」

閻錫山在進行省政建設的過程中，並沒有放鬆思想意識形態領域方面的建設，而是進一步加強了這方面的工作。他除了要人們學習中國傳統文化中的仁、義、禮、智、忠、信、悌、孝這些東西外，還竭力向人們宣揚他的「公道主義」。

其實，還在一九二零年前後，閻錫山就已經比較系統地闡述過他的公道主義理論。在他提出的「公道主義的村本政治」中，就明確指出「世間有一種主義，兼各主義之長，而無各主義之短。不論何時何地，皆可適用者乎？日有之：『公道主義』是也」。要求為政者以公道主義相號召，推動村本政治的實施（《閻伯川先生言論輯要》（六），第20頁）。他所指的「各主義」主要就是軍國主義、封建主義、資本主義、共產主義。在他看來，這些主義都有其「短」，軍國主義擴張侵略，封建主義專制統治，資本主義私有剝削，而共產主義又是「強人做聖人」，因此都不可取，只有他提出的「公道主義」才是能避各主義之短而揚各主義之長的最好主義。在這裡，閻錫山的「公道主義」實際上已在針對共產主義了。他之所以這樣做，是因為在他看來「共產主義之狠毒，實有甚於洪水猛獸，苟若沒有一個適當的方法以求對策，則共產黨之勢力蔓延，終將會成為世界人類之大禍」（吳文蔚：《閻錫山傳》（一），第160頁）。

在這之後，閻錫山經過不斷地修正完善，使其公道主義逐漸形成了一個比較系統的理論。其內容主要是：一、「公道即中也，也即是事之恰倒好處。凡事皆有個好處，也只有一個恰好處」，「遇事持平，不能偏依」；二、「公道自在人心，以吾之心所願欲者施之於人，自能得人心之所同然」（《閻伯川先生言論輯要》（六），第85、86頁）；三、公道於民主共和至關重要，「一國人民能有自動的公道愛人精神，一國可成個真真民主共和」；四、民主就要為民主持公道，「中國今日可算是民主國家，如果不能替民主持公道和愛群，就是假民主」（《閻伯川先生言論輯要》（五），第

52、55頁）；五、公道能夠濟事匡時，「而公道彰，則百政舉，公道頹，則百政弛」。正因為公道對社會不平具有「平之」、「補之」、「除之」的功用，所以只要主持公道，人間就能「衣、食、住、用完足，不相侵擾也」；六、士人負有主張公道的責任，士人必須「踢破三千年以來被傳子所蹂躪之臭官場氣味，恢復讀書人本來面目，本『父母其心公僕其身』八個字，實行推愛與主張公道也」（《閻伯川先生言論輯要》（六），第82、83頁）。

閻錫山希望透過「公道」這個「政治樞紐」，能使人們做到他所謂的凡事適中，「遇事持平」、「將心比心」、「人人主張公道」，克服和剷除「強淩弱，眾暴富、富欺貧，智詐愚」等社會之不平，從而使任何地域、任何國家、任何人種、人與人、人與國、人與世界，處處都是公平合理，以達於「世界大同」。而這樣美好的社會，不正是幾千年來人們所追求的理想社會嗎？

但是，理想歸理想，現實歸現實，理想不能代替現實，現實也不等於理想。從人類社會發展演進的歷史中，不難發現這樣一個帶有規律性的有趣現象，即往往是當社會中哪個方面出現缺失，並對社會的正常運行造成危害時，人們尤其是當政者對哪一方面的缺失就愈加重視，愈加強調對那方面的缺失的彌補。閻錫山如此強調「公道」並把它上升到一種主義，就是因為在現實社會中「公道」已經嚴重缺失。這種缺失，不僅造成了社會的動盪不安，而且出現了種種的社會不平。造成「公道」缺失的原因，除了歷史形成的一些原因之外，根本的還在於現存社會制度的不合理，在中國的表現就是代表著少數人利益的地主資產階級對廣大人民群眾的壓迫剝削。對於這一點，閻錫山還是有所認識的，從他對「資本私有而剝削」，以及由此產生的幾種社會弊端的一些言論中，即可說明。可是，在如何解決現存社會制度不合理，亦即如何改變這種不合理的現存社會制度的問題上，閻錫山雖然提出了諸如反對高利貸剝削，實行「土地村公有」等一些主張，但卻並沒有觸及到現存的社會制度本身，相反，卻不顧社會歷史發展的客觀規律，把批判攻擊的矛頭，對準了馬克思主義和共產黨。

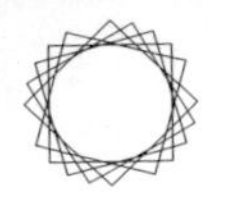

閻錫山這樣做，可以說是他面對嚴峻現實所做出的一種選擇。因為，中國共產黨自其誕生以來，即以馬克思主義作指導，在他的領導下，新民主主義革命蓬勃發展，這不能不使閻錫山感受到早就預感到的威脅，特別是一九三五年前後，與山西一河之隔的陝西紅軍的不斷發展壯大，更令他感到恐慌不安。為了對付共產主義，他雖然已經提出了「物產證券」、「按勞分配」、「公平制度」等主張，企圖從政治上、經濟上來否定馬克思主義的科學理論，但他認為這還不夠，還需要從思想上用一種主義來抵消甚至取代共產主義，他所提出的「公道主義」即由此而生。用閻錫山的話來說，就是共產黨號稱有主義，「他有主義，我們也要有主義，我們的主義是『公道主義』」（《閻錫山統治山西史實》第 200 頁）。

閻錫山所以要在「公道」問題上大做文章，主要原因是公道思想在中國傳統文化中佔有相當重要的地位。由於公道思想容納了「公道」、「均平」、「恤困苦、去紛爭」等內容，體現了人們對理想社會的憧憬和追求，它歷經幾千年，已經積澱為一種民族傳統心態，很容易為人們所接受，並且，它也是人類和社會進行自我控制、自我調節和自我整合的一種重要的道德自律範式，對於人類社會的發展進步具有不可替代的作用，所以，歷代一些有作為的當政者，都把它視為安邦治國的重要思想工具，予以大力宣揚。受到過中國傳統文化薰陶的閻錫山自然不會對這個法寶棄之不用。尤其是他執政山西後，面對種種不公不平以及由此而引起的紛繁複雜的各種社會矛盾，更需要用它來「平之」、「補之」、「除之」，以維護社會的安定，鞏固其對山西的統治。如果從這個意義上講，閻錫山對「公道主義」的那些解釋，並非沒有一定的道理，其中儘管有些說法帶有濃重的唯心主義色彩，但總的來看，基本上是體現了公道思想的實質的。至於他把公道與民主和民主共和聯繫起來的思想，也是頗具時代氣息的。

但是，由於閻錫山主張的「公道主義」是針對共產主義的，其真正目的是要「以主義對抗主義」的，因此，他對「公道主義」的那些解釋，其實就是想使人們相信他的這個主義才是調理人群生活中人與人之間各種錯綜複雜關係的道德標準，才是解民於倒懸的「救世良藥」，才是安邦治國

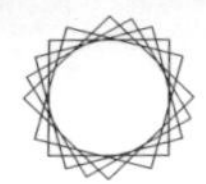

乃至達於「大同世界」的理想主義，從而利用人們對「公道」社會憧憬與追求的心態，把他的公道主義灌輸於人們的頭腦中，並對之崇拜信仰，而摒棄、排斥共產主義。閻錫山很清楚，在公道思想已然積澱為一種民族傳統心態，而在當時大多數人對共產主義是什麼還相當陌生的情況下，如果單刀直入，直接切題，把矛頭對準共產主義，人們自然會莫名其妙，對其所雲不知所以，難以收到預期的效果。只有利用人們對公道思想的傳統心態，再向人們宣揚其「公道主義」，進而對被他嚴重歪曲、醜化了的「共產主義」的種種不平和危害，予以宣傳，才能使人們透過比較，看清孰優孰劣，也才能引起人們對共產主義的憎惡和批判討伐，而樹立起對他的「公道主義」的崇拜和信仰。因此，可以說，閻錫山宣揚的那些「公道主義」，只是其表，是為其對共產主義的批判做鋪墊的，在這些表面文章的掩飾下，對共產主義的批判才是其實。

對於共產主義、共產黨的仇視攻擊，閻錫山是「一以貫之」，也是十分堅決的，但他並不是僅僅停留在二十年代前後那種粗俗的漫罵和污蔑上，而是想透過對共產主義、共產黨的不斷觀察瞭解，反復琢磨，抓住其要害和「弱點」，從理論上加以批判反擊。為了做到「知己知彼」，閻錫山甚至還專門請了一些身為共產黨人的學者給其講解馬克思主義、社會主義的有關理論。他的「物產證券」、「按勞分配」學說，可以認為是其「研究」的一些結果。閻錫山經過長時期的瞭解、研究，不僅對共產主義有了自己的「新」認識，而且似乎還從中找到了對抗這個主義的「方法」。經過「深刻研究」，他對共產主義理論不得不表示出「佩服」。一九三五年九月二日，在太原綏靖公署和山西省政府擴大紀念周的講話中，閻錫山就說道：「共產主義是世界上最具備『一以貫之』的中心思想的思想體系，而且在現時學術界幾將普遍，在勞動界尤為有力。共產黨是世界上最富國際精神，奮鬥精神，群眾精神的著名政黨。這樣一個博大精深的主義，這樣一個龐大精銳的政黨，活在這世界上的人，無論把他認成什麼，都應有深刻研究的必要」。「我們今日防共，尤其應先知道共產主義、共產黨之由來，共產學說的錯誤，及共產黨造亂之做法」。由此可見，閻錫山研究共產主義、

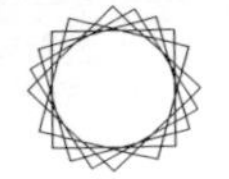

共產黨的真正目的是什麼了。

「研究」的結果，閻錫山認為：「共產的意義，原文只是個共同的意思，本無產字的含義，馬克思用這個字，代表『各盡所能，各取所需』的人類生活制度。要使人各盡所能，各取所需，必須以資產皆公有為前提，原文雖無產的意義，實有產的事實」。「共產學說是很精微的一種學說。他觀察經濟的事體，有如以顯微鏡觀察物質，能見人所不能見者，本非一言能盡其底蘊。但就其學說理論之根據而言，是因機器發明，生產力加大，物產過剩，貨物滯銷，以致工廠停工，工人失業，社會恐慌，造成危險病態，……到政府不能維持失業工人生活時，就是現制度之政府與人生不兩立。制度與人生不兩立之下，當然人要崩潰制度，維持人生。這是共產學說產生的原因，就此點而論，共產學說也是憑上他的認識，說明將來的現象。他認為到了共產的時候，才是人類正當關係生活之開始。現在剝削關係之生活，實非人類之正道。他這點心理，不只不是洪水猛獸，且是從坦白慈悲中發出來的。根據他這種學說，就發生出共產主義來。把握住資本主義必然要崩潰的現象，實現一個反資本主義的制度，這就是把共產學說變為革命性的共產主義。由信仰共產主義的一部分人，結合而成為共產黨」。

閻錫山承認資私有而造成的剝削是共產主義產生的原因，可是，他卻認為，由此而就主張無產階級革命則是錯誤的。「因為認成是病在資本私有而剝削，並且是環境決定意志，就推斷資本主義制度必然崩潰，並推斷共產主義制度必然產生，因而就主張無產階級革命，將整個的社會，劃分兩個階級，並認為階級鬥爭是社會進化的原動力，故提倡階級鬥爭，使人類殘殺，違反人類互助求生的意志」，「所以它這個錯，在學說上可以批評他是個錯，在政治上他錯雖錯，而其煽亂之能力，與不錯一樣大」。同時，閻錫山還結合中國的實際說是：「無產階級這個名詞，是共產主義者所專用的，專指產業工人而言。按中國機器工業不發達，工廠甚少，工人當然亦不多，本無共產革命之可能性；而共產黨乃將佃農、雇農作為準無產階級，以增大其革命基礎勢力。故中國共產黨以佃農雇農為基幹，以地主為

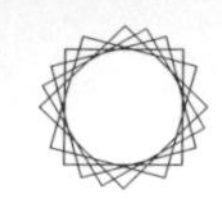

物件，以農民暴動為策略，這完全是要製造階級鬥爭的環境，以遂其奪取政權之企圖」（《閻伯川先生言論輯要》（八），第 114 頁），因此在閻錫山看來，「共產主義」是萬萬不可取的，而只有「主張公道」，才能達於「大同世界」。要達到這個目的，就「必須先從生活上入手」，這個入手，就是「田由公授」，「資由公給」，使「耕者有其田」，「工者有其器」，如此，才能使「農工生活改善，家庭富裕」，人們便有機會接受教育，知禮儀廉恥，行孝悌忠信，社會始得「臻於安謐，國家便可富強文明」。

對於閻錫山的這些說法，人們可以從理論和社會運動的發展實際的結合上，以其階級立場和政治信仰，作出各種不同的評判和結論來，但有一點可以肯定的是，閻錫山在反對共產主義、共產黨這個問題上，不僅立場是堅定不移的，而且在如何反對共產主義、反對共產黨方面，是予以認真對待，進行過深入思考的。除了前述之外，他還曾經說過：「剿共是七分政治，三分軍事，防共是要九分政治，一分軍事」（王生甫、任惠媛注：《犧盟會史》山西人民出版社 1987 年四月版，第 259 頁）。從這裡不難看出，他對反共防共是何等的重視，這比起包括當初他自己在內的反共分子對共產主義、共產黨只是潑皮式的漫罵來，比起國民黨的一些軍政要員只是著重對共產黨的軍事「圍剿」來，閻錫山確實要深謀遠慮，老辣狠毒得多了，因此，人們說閻錫山是反共老手，真可謂名副其實，當之無愧。

在閻錫山提出「公道主義」以對抗共產主義的同時，他還成立了與「公道主義」相對應的組織—公道團。用他的話來講，就是「他（指共產黨—引者）有組織，我們也要有組織。我們的組織是好人團體」，（《閻錫山統治山西史實》第 200 頁），亦即後來的公道團。他認為，既然共產黨有主義有組織，那麼，要防共就必須「以主義對主義，以組織對組織」。這個公道團於一九三五年十月十日，透過省署防共會議決定，成為了他的政治組織團體「主張公道團」。

「主張公道團」總部設在太原，內設秘書室以及組織科、宣傳科、民運科、總務科。閻錫山兼總團長，趙戴文兼副總團長，下設高級委員，分別由賈景德、朱綬光、邱仰浚等擔任，總幹事為薄毓相。全省各縣、區、

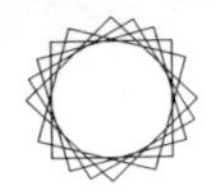

村也都成立了「主張公道團」。閻錫山還為「公道團」規定了宗旨，即「組織民眾、訓練民眾、團結好人、制裁壞人、輔助行政、保鄉衛國」（《閻錫山年譜》（五），第 1858 頁），並告諭公道團員不忘防共的「職責」。他說：「共產主義不公道。今天我教你們組織主張公道團就是教你們拿出力量制裁壞人，消除社會不平，建立社會公道，消滅共禍」（《犧盟會史》第 259 頁）。

對於這個對抗共產黨組織的「公道團」，閻錫山格外重視，他不僅對公道團的各級幹部進行專門訓練，從縣團長、副團長，到區團長、村團長，都要集中受訓，縣、區團長由省裡訓練委派，村團長由各縣在當地選拔訓練。公道團成立後的一年多時間裡，就先後集訓區村團長四千餘人。而且，他還親編所謂「防共歌」六首，印發全省各村，教公道團員和群眾歌唱，並公開發表《防共應先知共》、《共產主義的錯誤》等小冊子，及有關共產主義論文集，以配合公道團的活動。企圖透過這些宣傳，把他對共產主義、共產黨的污蔑攻擊之辭，及其公道主義思想灌輸給人們，在全省形成一個所謂「民眾防共」的局面。

閻錫山為反共防共可謂處心積慮，但是，一方面由於中國共產黨領導的新民主主義革命，符合了中國社會發展的方向，也反映了廣大人民群眾的願望，因而，共產黨及其信奉的共產主義，理所當然地受到了廣大民眾的擁護，對於這個歷史潮流，閻錫山已是防不勝防；另一方面，華北事變後，隨著民族矛盾的加劇，如何抗日救亡，已成為各階層民眾迫切關注的國家大事，而對於閻錫山、蔣介石仍堅持的反共防共，已表示出了強烈的不滿，希望停止內戰，一致對外，挽救危亡。所以，在一九三六年紅軍東征後，出於種種考慮，閻錫山逐漸放棄了反共防共方針，走上了聯共抗日的道路，遂將其公道主義轉為「犧牲救國」、「民族革命」，與此相應，成立一年多的公道團也合併於一九三六年成立的具有統一戰線性質的抗日救亡組織「犧牲救國同盟會」，成為「犧公總部」而名存實亡。

4、「土地村公有」主張的提出及其夭折

一九三五年九月二十八日，閻錫山在其召開的有沿黃河二十一縣縣長參加的「防共會議」上，提出了「土地村公有」的主張。這個被閻錫山稱之為「根本防共之計」的主張，也是他「以主義對主義」的又一防共措施。

中國是一個以農業立國的國家，土地問題一直是困繞著歷代統治者的一個重大問題，因土地問題致使王朝傾覆的事情，在歷史上並不鮮見。不少有識之士雖然也曾對解決土地問題提出了種種主張，但它所發揮的作用卻相當有限和短暫。一九一一年，經過轟轟烈烈的辛亥革命，中國幾千年的封建專制制度是結束了，但它並沒有能從根本上改變中國半封建半殖民地的社會性質，因此，締造了共和的孫中山，他所提出的「耕者有其田」的主張，也只能還是一個理想。土地問題依然是引發中國社會各種矛盾的突出問題。從一九二七年至一九三七年中國共產黨進行的國內革命戰爭來看，它所以也被稱之為「土地革命」，即可清楚地說明，解決土地問題，對於中國社會發展進步的重要意義。

閻錫山一九三二年復出後，共產黨領導的「土地革命」正在如火如荼地進行，並由南方蘇區迅速向北方各省蔓延。一九三五年以來，陝北革命根據地內，「打土豪、分田地」的運動也日益興起，對此，閻錫山在加緊軍事防共的同時，不得不在土地問題上也予以密切關注並著意解決。其實，在二十年代初，他就對有關土地問題進行過一些研究，進山會議上，他曾經提出過「田由公授」的主張，認為「中國是以農立國，農人所耕的田，經過層層剝削，遂致勞苦終身，貧窮終身，這就需要田由公授，以免去層層的剝削，使農人勞動的結果，除國課外，全部歸農民所得」，但由於那時的土地問題尚未演變到後來如此嚴重，所以，他只是在理論上進行了一些闡釋，並沒有出臺什麼具體的行動方案。如今，共產黨領導的土地革命，已經嚴重威脅到了自己的統治，他就不得不認真考慮，加以解決了。

閻錫山從對中國國情的瞭解中認為：「過去中國數千年來是以農立國，直到現在，農業生產依然占社會經濟重要的地位，從農民占全國人口百分

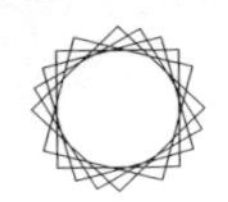

之八十以上和農業生產占全國生產總額百分之九十以上來看，便可證明土地是農業經濟的基本要素。如果土地問題得不到根本的解決，中國整個社會問題也就得不到根本的解決。中國地主占極少數，中小農民占多數，這是事實。不過就最近農村破產的情形看來，自耕農降為半自耕農，半自耕農降為佃農雇農，土地確實是在集中的過程，如此趨勢，必然激起土地所有者不勞而獲，坐享其成；土地使用者終歲勞動，不得一飽。這於改革農業，增加農業生產是絕大的障礙。所以不但是與共產黨作政治上的鬥爭要以解決土地問題為唯一的武器，並且就增加農業生產上說，也非解決土地問題不可」。

閻錫山所以要把解決土地問題視為是與共產黨作政治上的鬥爭的唯一武器，是因為在他看來，陝北紅軍和土地革命的興起，其根本原因是土地私有給共產黨留下了可乘之機。他說：共產黨造亂能這樣厲害，其原因「就是私有制度漏下的大空隙。」我們有了這個空隙，為共黨所乘，就我們來說，是個大困難。就共產黨來說，是個大厲害。他還以目前的現實來證明他的這個觀點，他說：「從前江西共黨，佔據不過十幾縣的地方，政府以十倍的兵力，百倍的財力，千萬倍的槍械子彈，剿了五年，才把他們趕到四川。假如把江西的共黨，換成任何強國的陸軍，以政府這樣大的力量，我想用不了三個月，就可把他打下來。但是對於共產黨不能打下，這就是共產黨厲害的證明。再說陝北共黨的亂子，本是幾個弱小的學生與無槍的民眾鬧起來的。我們拿了許多的軍隊，剿了這些時日，還沒有把他解決，他倒反有擴大的趨勢。這又是一個共產黨厲害的證明。他為什麼這樣厲害呢？就是剛才所說，乘了我們土地私有漏下的空隙。何以土地私有成為他的厲害呢？因為共產黨將私有土地拿來分給貧農，使貧農同情於他，成為擁護他的基本分子」。所以共產黨是「以平分一切土地取得農民擁護為其革命手段」，「土地革命為號召民眾的幌子，摧毀現在政府建設的基礎」，「今日土地問題的嚴重性，並沒有因之失去」，只有解決了土地問題，才能堵塞住給共產黨留下的大空隙，使之無機可乘。

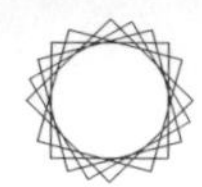

閻錫山的這些分析不無道理，他也確實感到了解決土地問題的必要性和緊迫性，然而，他也不得不承認解決土地問題「尚有許多煩難之點」，他已經意識到，若廢止今日土地制度，就要根本影響於現社會的經濟組織。如果沒有適當的辦法，反會引起社會經濟的紛亂。並且他從對中國歷史上防止土地集中政策及其實踐的考察中，認為漢之王田、晉之占田、北魏之均田、隋唐之班田、宋之限田，都是限制土地集中的辦法。可是由於這些土地政策，「只就土地問題的本身觀察而求解決，並未就社會經濟全盤的觀察而求解決；只瞭解土地集中在少數人手中的弊害，並未根本消滅土地集中繼起的原因存在，所以轉瞬間這些土地制度破壞無餘。所以中國的土地問題，老是走迴圈路線，由集中到重新分配，由重新分配又恢復集中的過程，以致到現在還成了嚴重問題」。那麼，對現在的土地問題，應用什麼方法來解決呢？閻錫山的答案是：「我們要實行孫總理的耕者有其田的主張，只有將土地收歸國有，分給農民耕種，農民對於土地只有使用權，不得出租或私相買賣授受。凡地主富農多餘的土地，由地方政府發行無利公債收買，此項公債，以產業稅、不勞動稅、利息所得稅、勞動所得稅為擔保」（以上引文均引自於《土地村公有問題言論輯》（一），第1—5頁）。但是，閻錫山為了把解決土地問題與他推行的「村本政治」相結合，在實行土地分配時有村人理解，並且手續簡便易行，他不是將土地收歸國有，而是「收歸村有」，因此，他將這種解決土地問題的主張稱之為「土地村公有」，並且認為「『土地村公有』是依據平均地權的意義而來的」，「正是徹底的做到耕者有其田」，只有這樣，才即符合實際，又公道自然，還可使農村取得「增加農業生產、農業機械化、改善教育、建設合作」四項進步（《閻錫山先生言論類編》卷一）。

經過相當時間的籌畫，閻錫山在一九三五年九月二十八日召開的「反共會議」上，提出了「土地村公有」的主張，在與會者討論的基礎上，九月二十日，決定透過了他督導制訂的《土地村公有辦法大綱》。這個「大綱」共十三條，其主要內容是「由村公所發行無利公債，收買全村土地為村公有」，「就田地之水旱肥瘠，以一人能耕之量為一份，劃為若干份地，

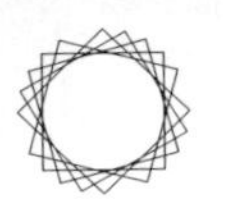

分給村籍農民耕種」，「農民之耕作年齡，定為十八歲至五十八歲，人民滿十八歲，即有向村公所呈領份地之權；至五十八歲，即應將原領之田，交還村公所」，「收買土地之公債」，其分年還本之擔保為產業保護稅，不勞動所得稅（凡村民因無正當緣故不勞動者，應比照耕農一份地平均所交之勞動所得稅，徵收不勞動稅），並對各稅所征比率做了具體規定，等等。九月二十一日，閻錫山還以「在山西試辦土地村公有」為題，將其《土地村公有辦法大綱》上報國民政府蔣介石，稱：「錫山研討土地問題有年，竊不自揣量，謹遵先總理『耕者有其田』遺教，本擬『土地村公有辦法大綱』十三條，呈請國府核示，準由晉省先行試辦，以為根本防共之計」（《閻錫山年譜》（五），第 1853 頁）。之後，閻錫山即回到河邊村，在附近的七個村子進行土地村公有之調查試點，在此基礎上於十二月還制定了「土地村公有真調查假分配表」，派員會同各村長副分別在其村中實地調查土地、人口各種情形及進行公有後耕種分配計畫等。

對於閻錫山的「土地村公有」主張，外界很快有了反映，首先是蔣介石於九月二十八日，在回復閻錫山的電報中稱「土地問題，關係國本，為防遏共匪煽亂計，能有解決良策，至佩藎籌」，及至十月八日收到「大綱」等件後，又覆電閻錫山，在稱讚其「謀國之患，憂時之切」，「原則所示，極表贊同」的同時，卻指出「惟『耕者有其田』之實施方案，關係土地轉移，影響遍及山陬僻壤，於其取予分配之間，厲害參錯，絕非簡單。亟待多事考量，審慎周詳，俾臻妥洽」（《閻錫山年譜》（五），第 1855、1858 頁）。蔣介石雖然對閻錫山的「土地村公有」主張「原則」上表示了贊同，但卻因滋事體大，不能不提醒閻錫山須慎重對待。蔣介石所說的此事「絕非簡單」，確是實情，對此，《北平晨報》在一九三五年九月十一日發表的一篇題為《平均地權言易而行難》的文章中就指出：「共黨造亂原因，仍在政治不良與經濟衰頹：今之為政者，應認識各地農民有因政治不良，雖有地可耕，亦不得不棄地而逃，……是當前所謂農村問題，耕者是否有其地，乃問題之一部，並非全部，甚屬顯然；耕者有其地縱做到最徹底程度，亦恐未必能防止共黨蔓延」。《天津蓋世報》一九三五年十月六日的社評《評

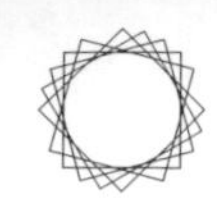

閻伯川之土地村公有》中，也提出了類似的問題，認為「中國土地問題之所以成為嚴重問題，並不單是因為分配太不公平，更主要的卻在掩護封建殘餘，阻礙生產力的向前發展。如果只是將土地分配問題解決了，而不顧及其他，仍是不能解決一切的農業問題。所以，這種政策在理論上不但有許多的缺陷，就是將來經中央核準，實行起來也不容易」。至於「土地村公有」中的相關一些具體問題，一些輿論也提出了不同看法，如《北平世界時報》在一九三五年九月十日的社評中，就指出，將可能發生的幾個問題，其一，由於村之範圍大小，各地不同，貧富亦頗有懸殊，人口相差更不一致，若以村為分配單位，村與村之間將會發生不平等之現象；其二我國農業本患土地分散，則此種分配方法勢必更促進分散狀態，從而影響農業的改良與發展；其三，現在以無利公債收買地主的土地，斷絕其生活之道，地主當難聽從，必致釀起重大糾紛；其四，閻氏既主張徵收不勞動稅，複又創立勞動所得稅，其間不無矛盾？著名學者丁文江則認為，以村為主體來分配土地，在都市不發達的山西，在村公所、村長制比較完善的山西，或者有實行的可能。在其他省份一定無法著手，「我以為閻先生的辦法，最好先在情形簡單的山西，選幾縣試辦，如果成績昭著，再推行全省。目前中央恐怕沒有普遍採用的可能的」（《土地村公有問題言論輯》第一輯，第 178 頁）。

這些評論所提出的問題，應當說都相當深刻，也是符合中國實際的。綜合這些評論，可以清楚，解決土地問題是一個系統的、龐大而又複雜的工程，它涉及到社會政治、經濟、習慣勢力等等方面，關係到貧富間各自利益的重新調整。從更深的層次上而言，它實際上是要觸動甚至是改變現存的社會制度，建立一種能夠適應生產力解放和發展的新的生產關係和上層建築的。因此，它並不像閻錫山所設想的那樣簡單，似乎只要實行了他的「土地村公有」，就可使民眾「一變而為拼命防共自動武裝之民眾，此不但為防共之要途，亦即國家長治久安之策」（《閻伯川先生言論輯要》（八），第 98 頁）。在現存的社會制度下，也不可能達到他所理想的目的，即「以平和的方法，達到平均土地的目的」，（《土地村公有問題言論

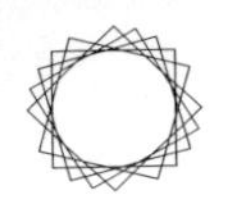

輯》第一輯，第 6 頁）。而事實上也是這樣，就在閻錫山在老家五台縣幾個村的試點上，儘管他苦口婆心地勸說富人們為了長遠利益而犧牲一些眼前利益，要他們把多餘的土地拿出來，以無利公債收買，但這些富人們不僅不聽勸告，反而採取種種的方式進行抵制。同時，也遭到了代表這個階級的一些上層人物的抨擊和反對，他們認為「私有和佔有為人類之天性」，「保守私產為人類牢不可破之心理」，「公有制只是人類在原始時代的現象」，還說什麼「土地公有使農民對土地失去愛力」，「將塞農民勤勉節儉之心」，甚至公然指責佃農和雇農沒有土地，是他們「原來就是不能夠生產的人」，土地公有就是「剝奪良民去幫助不良的社會分子」（《閻錫山評傳》中共中央黨校出版社 1991 年五月版，第 231 頁），等等。所以，閻錫山這一主張的實施，並沒有取得什麼進展，僅僅在五台縣的幾個試點村中進行了一些調查和試辦，在出版物和會議上宣傳了一番，也就不了了之了。如果說「土地村公有」主張有什麼實際效果的話，那就是抗戰期間第二戰區司令長官部和山西省政府寓居晉西南地區後，閻錫山為了解決二十幾萬軍隊的衣食供應，在推行「兵農合一」政策時，參照《土地村公有辦法大綱》中關於「劃分若干份地，分給村籍農民耕種」這一規定，對「份地」的劃分，及其強迫農民對「份地」的耕種，但這已是後來的事情了。

對於閻錫山的「土地村公有」主張，歷史地來看，不能說它就一無是處。閻錫山在清楚地意識到了現存土地問題的嚴重性，以及解決這一問題的必要性的基礎上，提出了他自己解決土地問題的主張與方案。這說明，閻錫山也是想解決土地問題的，是想在這方面有所作為的。他這樣做的目的，自然主要是為了維護其政權的統治。但從社會發展的角度而言，如果真能做到，它對於緩和階級矛盾，穩定社會秩序，促進農業生產發展，還是有其積極意義的。即使由於種種原因，他的主張未能實現，但在引起人們對土地方面問題的關注，還是起到了一定的作用的，社會各界對他的主張的種種評論即可說明這一點。特別是對於在三十年代中國社會興起的鄉村建設和改造農村的運動中，閻錫山的土地主張，可以說也起到了推波助瀾的作用。

然而，閻錫山提出以「土地村公有」來解決土地問題的主要動機，是為了堵塞因土地私有而給共產黨留下「造亂」的「大空隙」的，是為了「防共」的，也就是說，他認為共產黨「造亂」的原因僅僅只是「土地私有」，而非現存整個社會政治、經濟制度的不合理所致，似乎只要實行了他的「土地村公有」，便可以抵制住中國共產黨領導的土地革命，就會使國家「長治久安」。這不能不說是閻錫山對事物因果關係的本末倒置，起碼是輕重倒置。而這並非是閻錫山無知所為，而是其明知故為，因為從他以往的許多言論中，也已經談到了國家的「政治不良」、「吏治腐敗」等。他只所以如此故意顛倒，其根本原因就在於他一直堅持的地主資產階級立場。如果他承認了現存的社會政治、經濟制度的不合理性，那就等於承認了現存制度是應當否定的，共產黨領導的土地革命是合法的。正因為他不敢也不能面對這個嚴峻的現實，卻又不願意看到他這個階級統治的國家再潰亂下去，甚至一旦讓共產黨的取而代之，所以，他只好在不從根本上損害本階級利益的前提下，提出了這個實際上只是一種改良的解決土地問題的方案，以挽救這個正在走向沒落的階級。即使如此，閻錫山也還是遭到了他的階級中的一些頑固勢力的種種非議和責難，這不能不說是閻錫山的悲哀，也是這個階級的悲哀。

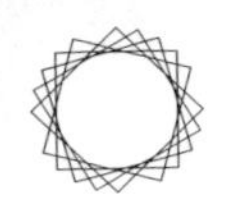

5、「華北事變」中，婉拒日本利誘，表現非凡

一九三五年，對中國而言，是一個進一步蒙羞的多事之秋，對閻錫山來說，是其經受考驗的一個嚴峻關頭。

當年，日本帝國主義繼侵佔東三省之後，又侵佔了熱河省全境。日帝欲壑難填，五月，開始在華北製造事端，提出了一系列無理要求。六、七月間，先後逼迫國民政府達成了《何梅協定》和《秦土協定》，攫取了冀察兩省的大部主權。緊接著，日帝便策動親日漢奸加緊了「華北五省自治」的活動，企圖使河北、察哈爾、綏遠、山西、山東等華北五省聯合自治的政府，脫離中央政府，從而成為第二個滿州國。

山西地處華北腹地，因其為一山地型高原，被稱為「華北屋脊」，它東控冀察，西扼陝甘，境內山嶽縱橫綿延，險關要隘遍佈，易守難攻，戰略地位十分重要。並且，山西物產豐富，特別是煤、鐵等礦產資源尤為雄厚，因此，日本帝國主義對山西垂涎已久，在「華北事變」中，把山西作為了首選目標。因為它一旦佔領山西，不僅可以在戰略上控制整個華北，甚至進而向中原和西北擴張，而且能夠攫取更多的物資，以保證侵華戰爭的需要。如一九三五年九月二十日本提出的「侵略華北之計畫」就明確提出「擬由正太線之石家莊與津蒲線之滄州相接，再由滄州接至大沽港，目的在將山西之煤炭輸出，送至津沽，再將日本之貨物，輸送至山西」（《閻錫山評傳》第 255 頁）。

除此之外，日本帝國主義所以將山西視為其「華北事變」能否成功的重要一環，就是他們看中了閻錫山。因為在以下幾個方面，閻錫山是別人無法替代的，其一，閻錫山是辛亥元老，在北伐中功勳卓著，後來倒蔣的中原大戰，又是他組織發動的，因而有著很深的資歷和較高的威望。同時，閻錫山不僅在治理山西上頗有一套辦法，而且能對各種錯綜複雜的局勢，應付裕如，有很強的政治領導能力，將來的「華北五省聯合自治政府」正需要這樣的人物出面「掛帥」，如此，既可提高這個政府的威信，又能更好地「領導」起這個政府；其二，閻錫山有相當的實力，在政治上，以閻

錫山為核心的山西統治集團，比較團結一致，因而能夠對山西進行嚴密的控制；同時，閻錫山掌握著二十幾萬軍隊，而他多年苦心經營起的軍事工業又頗具規模，能夠解決其軍隊的槍彈供給問題。在經濟上，閻錫山開辦的「四銀行號」也很有實力。至於商業貿易和農業經濟，在閻錫山的治理下，也呈現出良好勢頭。這對於增強「華北五省聯合自治政府」的實力，使之更好地充當侵略中國的工具，顯然都是十分有利的；其三，閻錫山曾留學過日本，他與當時的教官或同學後來在日本陸軍部、關東軍中擔任要職的岡村寧次、土肥原賢二等人，關係都較好。在日本方面看來，出於這層關係，閻錫山是會與他們合作的，況且用自己學校培養出來的學生也比較放心；其四，閻錫山於北伐結束後，因「編遣」問題，就與蔣介石鬧得不可開交，終於導致了倒蔣的中原大戰。此後，雖然由於形勢的變化，閻、蔣之間的矛盾有所緩和，但實際上這種矛盾在新的形式下仍在繼續著。「閻錫山在名義上是蔣介石的部下，但他一直要保持自己的獨立性」。蔣介石力圖將其嫡系分子打入山西各種機構的內部，同時千方百計從閻錫山的內部收買一些人為其所用。閻錫山則千方百計地控制其屬下的軍政機構，只用忠於他的人員，歧視、監視和打擊蔣介石的嫡系分子和與蔣暗中勾搭的人，並且借「一二·一八」穆光政事件，趕走國民黨山西省黨部，使國民黨省黨部在很長時間內不得不「停業」，連個掛招牌的地方都沒有，而閻則另外組織自己的政治團體，諸如「青年救國團」（簡稱青年團）、「建設救國社」等，「實行他的一套政治主張」（犧盟會和決死隊編寫組：《犧盟會和決死隊》人民出版社 1986 年八月版，第 15 頁）。因此，日本方面認為閻錫山「是舊時代的軍閥」，並在一九二八年「全國統一之後，曾有背離中央的經歷，故而對之頗為看重」（南開大學馬列主義教研室中共黨史教研組編：《華北事變資料選編》河南人民出版社 1983 年版，第 471 頁）。

正因為如此，所以「華北事變」一開始，閻錫山就成為日本方面最寄予厚望的擔綱人物。為使閻錫山就範，日本方面對閻積極爭取，頻頻拉攏。一九三五年六、七月間，日本駐北平使館武官高橋坦首先來到太原，訪晤閻錫山，拉攏他出任「華北自治政府」的主席。其後，天津駐屯軍司令官

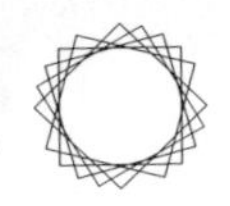

多田駿，以及與閻錫山有同學關係的日本特務機關長土肥原賢二、關東軍參謀長阪垣征四郎也陸續來太原對閻進行工作。直至一九三六年一月中旬，日本駐天津參謀中井還偕新任太原特務機關長和知鷹二飛赴太原，會見閻錫山。這些人對閻錫山軟硬兼施，恩威並用，一方面吹捧閻如何如何的英雄，說只有他才能勝此重任，一方面則威脅閻，如不答應，就要採取必要措施。日本華北軍駐軍司令田代皖一郎就曾公開聲稱要「迫使閻錫山，綏遠傅作義退到汾河以南」（《蔣總統秘錄》（十），第100頁）。與此同時，日本在其他方面也加緊了「華北自治」的步伐。「何梅協定」簽訂後，日本即由山海關外調集軍隊威脅平津，並組織漢奸配合日軍及日本浪人，在平津兩地到處挑釁，製造事端。一九三五年六月底，由漢奸白堅武任總司令的「正義自治軍」在武裝搶佔豐台車站後，就劫持兩輛鐵甲車開向北平永定門，準備炮轟北平，接收北平各機關。此外，還勾結漢奸拼湊偽組織，企圖加速華北政權的特殊化，在冀東和察北，就醞釀組織偽「冀東防共自治政府」、偽「蒙疆自治政府」。對於綏遠，日本也伸出了黑手。日本關東軍以「為了中國和平與安全」，「共同合作」完成反共任務為由，一九三五年秋在強迫綏遠當局於歸綏設立特務機關後，又要求綏遠當局「驅逐國民黨綏遠黨部，趕走蔣介石派來的特務人員，取消歸綏市一切抗日標誌，佈置瀋陽—天津—歸綏的日本航空班機」。佈置日航班機一事未經應允，乃籍口借用歐亞航空公司（綏新線）機場降落日機。此後，日機在歸綏可以自由降落，日本關東軍、天津駐屯軍的軍人以及滿鐵會社調查團，滿蒙開發會社人員，新聞記者便不斷來綏，非法進行攝影繪圖，為所欲為。

閻錫山對於日本得隴望蜀的侵略野心，早有警覺，並主張進行抵制。一九三二年初，他復出後不久，鑑於「九·一八」事變帶來的民族危機，就向國民黨四屆二中全會提交了《請政府撿撥十萬勁旅死守錦州以救危亡案》，提案指出，日本以武力占我東北三省，藐視我國家之主權與國際間之正義，至此而極，「今者日本野心未死，節節進逼，其處心積慮，勢必亡我東省全土，吞我東蒙全部而後快意，當此危機存亡之秋，苟措置不當，華北數省，覆亡堪慮」，「日本既以武力占我領土，我即不願輕與宣戰，亦

宜以鐵血主義，堅抗死守，不使日軍橫衝直撞，如入無人之地，得寸進尺，而後乃可以徐圖自存也。錦州為東省之要口，北方之屏障，其覆亡之禍，勢必迫於華北全部，錫山等興念及此，良用心悸。夫國家興衰存亡，固政府之責，國民犧牲奮鬥，實乃民族之光。……處此艱窮危急之時，圖國家民族繼存之道，政府宜速撿撥十萬勁旅，增防錦州」（《閻錫山言論類編》卷三，上）。可見，閻錫山對日本帝國主義的侵略是痛恨的，也是主張對日本的侵略進行抵抗的。而他對日本擴張野心的預料，也是被眼前的事實所證實了的。

正是基於對日本的這種立場和認識，所以，閻錫山對於日本對他的爭取拉攏，沒有表現出動搖。據《蔣總統秘錄》第十三冊中所載，「六月，日軍對於華北五省當政者的政治工作，也還是進行的頗為起勁，日方所寄予期待的是山西的閻錫山。二十四年六月下旬，日本陸軍省當局滿蒙工作的負責人前往太原訪問。其後日本大使館武官高橋坦以及駐天津的『支那駐屯軍』幹部，曾陸續到晉，不僅閻先生沒有為他們動搖，反而在報端發表公開信，將日本陰謀揭穿，並更致函孔祥熙，道出：『看到來太原訪問的日本軍官所持軍事地圖，顯示日本最初只想利用黃河以北，作為日、蘇交戰時的補給基地，但現擴大及長江以北地區』，呼籲中央，提高警覺」。這裡所說的閻錫山「沒有為他們動搖」，應該是事實。對此，徐永昌在與宋哲元談論「華北自治」時所說的「日人華北五省特殊化陰謀，其心目中之領導人物首為閻主任錫山，惟閻公絕不走離開中央之途徑」，也可印證。但是，從徐永昌接著所說的閻錫山「主張對日極力忍耐敷衍，但不出頭負責」（《閻錫山年譜》（五），第 1857 頁）這句話上，則說明閻錫山對於頻頻而至的日本說客，並沒有斷然拒絕，而是採取了「極力忍耐敷衍」的態度。閻錫山如此做法，不能說沒有一定道理，因為日本既然決意搞「華北自治」，那是不達目的不肯甘休的，如果斷然拒絕，很可能激化矛盾，使事態變得嚴重起來，屆時局勢更難預料。關於閻錫山的「不出頭負責」，也並非吾不為之，爾等可為之，而是從保存自己的角度出發的。因為如若由他出頭負責，不僅早就聲明要北上抗日的中國共產黨，便會以他降日為

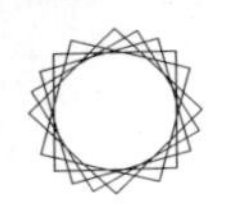

由，名正言順地率領與山西一河之隔的中央工農紅軍進攻山西，而且，國民政府和蔣介石也會視其為漢奸賣國賊對他大張撻伐。如此，他對山西的統治就將岌岌可危了。正是出於對全域和個人利益的考慮，閻錫山在此處境下，才對日本採取了「婉拒」的態度。並且為了照顧日本人的面子，還應允了日本可派人來山西參觀考察的要求，這也許是閻錫山「忍耐敷衍」的辦法之一吧。而日本人見縫就鑽，一九三六年一月，日本增派特務機關進駐太原、大同，加緊了對山西的特務活動。其後不久，一批批的日本人又以各種名義前來山西考察。他們利用這個機會，在山西各地遊覽時，進行各種調查、勘測活動，把山西的山川形勝，關隘要塞，交通線路均予詳細考察，並繪製成圖，甚至有些村莊裡有幾口井，也都標進圖內。「七·七事變」後，日軍進攻山西時所以對地形那樣熟悉，並選擇他們認為可行的進軍路線，都與此有著很大關係。

閻錫山在「華北自治」問題上與日本進行周旋的同時，為防患於未然，還做了大量工作。一方面，在省內加強了救亡自強的教育。一九三五年七月十五日，在太原綏署、山西省政府聯合紀念周上，他就強調「救亡對症有效方劑在自強，自強於未自亡之前易，自強於已自亡之後難。自強於人未亡之前易，自強於人已亡我之後難。……故今日欲圖救亡，當先自強。」在九月二十八日他發表的「告山西農民書」中，又指出，「日本今日之國力，尚不足侵吞中國，今後十年、二十年勢力即強，現應隱忍以待時機，我們應在此十年之間，決心自強」。為此，「極應，一、加速度以縮短年限，二、加強度以增進效率」。（《閻錫山年譜》（五），第 1838、1852 頁）。另一方面，籲請中央決定三十年防守國策，以自強救國。九月二十八日，閻錫山在給蔣介石的電函中即指出，現在國家「外侮憑淩，匪亂未定」，「深長計慮擬請決定三十年防守國策，以圖『自強救國』之計」。並且對現在國力羸弱的情況下，如何增加生產以保證民眾之生活，保證一定數量的軍隊的供給，進行了一些具體設想。因此，十月二十六日，閻錫山赴南京出席國民黨第四屆中央執行委員會第六次全體會議時，受命參與擬定「三十年防守國策」。

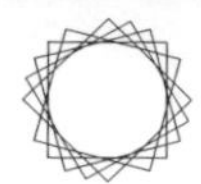

特別值得一提的是，閻錫山對「華北自治」事態的變化一直予以了密切關注。他雖然表示了「不出頭負責」，但卻並沒有置身事外，而是時刻關注著日本的動向以及國內其他軍政要員的態度，並採取了相應的對策。閻錫山「不出頭負責」，有其前述的原因，然而，他很清楚，自己不出頭負責，並不等於其他人也不願意出頭負責。因為，只要日本「華北自治」之心不死，它總要尋覓一些願意「出頭負責」之人的，而在中國錯綜複雜的政壇上，因政見不合、黨派之爭或一些利益衝突，總會有一些人為了自己的政治利益，置國家民族之生死存亡於不顧而叛國投敵，為虎作倀的。這些人無論是誰，只要他「出頭負責」，就會對華北乃至整個中國造成嚴重危害。而事實也證明了閻錫山的這種顧慮並非多餘。據徐永昌說，在「華北自治」問題上，因閻錫山的「婉拒」，「日人絕望於閻，乃轉而寄望於商（河北省主席商震）、韓（山東省主席韓復榘），今則責望於宋（哲元）」（《閻錫山年譜》（五），第 1856 頁）。

日本人所以「今責望於宋」，是由於宋哲元與蔣介石發生了矛盾。原來，二十九軍軍長宋哲元自一九三三年八月到張家口勸走馮玉祥，回任察哈爾省主席後，因其收編了馮玉祥的一部分抗日同盟軍，又接收了熱河省主席湯玉麟部的全部槍馬大炮及一部分軍隊，二十九軍實力大增，宋不斷與日方發生摩擦，如「察東事件」、「張北事件」等。六月二十七日「秦土協定」簽訂之前，南京政府為了滿足日方的要求，遂於六月十九日免去宋哲元的察哈爾省主席職務，並擬請將二十九軍南調。因此，宋哲元對蔣介石、何應欽極為不滿，於是離開張家口回天津居住。在天津，他邀其左右謀士蕭振瀛、秦德純等前來會商，他們均以二十九軍南調毫無出路，留在當地又非得日本之諒解不可，於是由蕭振瀛透過陳黨生等人的關係與日本駐屯軍參謀長酒井隆及日本特務頭子土肥原賢二等接觸，取得諒解，宋哲元本人已與親日派大漢奸王揖唐、齊燮元等相往來。日本乃將求諸於於學忠而不得的「華北獨立」轉而求諸宋。而宋也想乘機在華北打開一個局面，甚至實現「南蔣北宋」（《劉家鸞：《日寇侵略華北與冀察政權的形成》，《文史資料選輯》第 63 輯，第 56、57 頁）。但宋哲元也清楚，要想在華

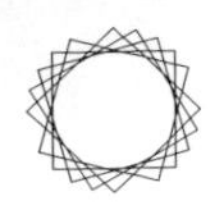

北打開一個局面，單憑一己之力是遠遠不行的，還得聯合一批有實力的人物，而在華北最有實力者莫過於閻錫山了。

正是在這樣的背景下，宋哲元於九月下旬訪晤了山西省主席徐永昌。他所以訪徐而不直接訪晤閻錫山，可能是想先從徐這裡探聽閻的態度如何，若閻態度有所鬆動，即可晤閻，如果直接晤閻，閻予拒絕，就不好迴旋了。宋哲元對徐永昌說：「華北在日本壓迫之下，不能不自己聯合起來，閻先生當首領，韓復榘副之，咱們大家幫著辦，實行李石曾的分治合作如何」？徐永昌答曰：「一念之差，便致身敗名裂，為後世笑，中國現在不分固然難治，但若不合，則斷斷不能自保」。不久，宋哲元又派秦德純訪徐，對徐講：「土肥源到張家口表明：希望華北五省（冀、察、魯、綏、晉）組織自治，與日本親善妥協，如我們不做，即由劉桂堂等來做，所以宋想由閻先生出來領導」（《閻錫山年譜》（五），第1856頁）。徐永昌則以「主張對日極力忍耐敷衍，但不出頭負責」作答。徐永昌對宋哲元、秦德純二人的答覆，可以說，實際上也就是閻錫山的態度。因為，一向對閻錫山忠心耿耿、言聽計從的徐永昌，在「華北自治」這樣重大的問題上，他是不敢擅自做主、隨便表態的，由此，也進一步表明閻錫山是反對分裂，「絕不走離開中央之途徑」的。

蔣介石對於閻錫山在「華北事變」中的這種表現，大為稱讚，當十月上旬，熊斌訪晤徐永昌，傳述參謀本部對日備戰計畫並諮詢徐後，「晚又訪徐，出示蔣委員長電雲：『閻先生態度光明，意志堅決，出人意料外，但渠絕不出任華北的領導之責，希令宋（哲元）、商（震）、韓（復榘）知之，遇事可請示』」（《閻錫山年譜》（五），第1861頁）。

此後不久，日本更加緊了「華北自治」的活動。十一月十一日，關東軍特務機關長土肥原賢二自天津到北平，向宋哲元提出華北高度自治方案，限宋於十一月二十日前宣佈自治，否則日軍將取河北、山東。鑑於華北局勢緊張，十一月十二日至二十三日，國民黨召開第五次全國代表大會，十九日蔣介石在會上作對外關係講演，聲稱外交方針為「對本國求自存，對國際求共存」，「和平未至完全絕望時期，決不放棄和平；犧牲未到最後

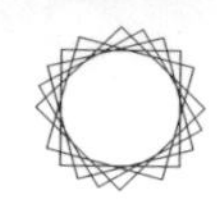

關頭，決不輕言犧牲」。據說這後一句話還是閻錫山提出的。會上還透過了《中國國民黨黨員守則》，《國難時期集中力量充實國防建設》等案，並於十六日下令調兵備戰，京滬路沿線已屯兵達十一個師。二十六日又明令，對宣佈冀東「獨立」，背叛國家，甘為漢奸的殷汝耕，撤職拿辦，還下令取消北平軍分會。二十八日，與日方商洽設冀察政務委員會，宋哲元為委員長，日本推出王揖唐為委員。十二月二十八日，冀察政務委員會在北平正式成立，宋哲元出任委員長。同時，國民政府還任命閻錫山、馮玉祥為國民政府軍事委員會副委員長（李松林等編：《中國國民黨大事記》解放軍出版社 1988 年版，第 252—254 頁）。

宋哲元能夠有這樣比較好的結局，固然與國民黨中央所採取的這些較為強硬措施，及其在一定程度上滿足了宋哲元的要求有直接關係，但是，閻錫山透過徐永昌對宋哲元的勸戒、警示，也是起到了一定的積極作用的。如果宋哲元一意孤行，繼續勾結日本，「一念之差」，其下場很可能就是「身敗名裂」。

從閻錫山在「華北事變」中的這些表現來看，他是堅持了民族大義，維護了國家的統一的。如若他在日本的爭取、拉攏下產生動搖，其後果是不堪設想的。要是他願意「出頭負責」，憑他的資力、威望和實力，「華北五省自治聯合政府」是會很快成立起來的，這樣第二個偽滿州國將成為現實，民族危機將更加加劇，即使他「不出頭負責」，卻也對其他一些躍躍欲試者不加勸阻，其結果也很可能是如此，只不過是進程的快慢，時間的遲早而已。因此，說閻錫山在「華北事變」中是有功於民族，有功於國家的，並不過分。正是由於閻錫山的不動搖，才使日本的「華北自治」陰謀未能如願以償，其間雖然日本扶植成立了幾個偽政權，但它畢竟是局部的，小範圍的，並未牽動全域。從這一點上來講，閻錫山的如此作為，對於「七·七事變」爆發後國共兩黨兩軍堅持華北抗戰，特別是共產黨八路軍開闢晉察冀、晉冀魯豫和晉綏這三大華北抗日敵後根據地，也是有著重要的現實意義的。

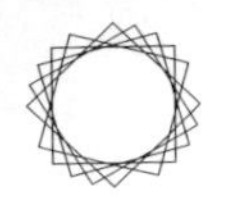

6、紅軍東征後，閻錫山反復權衡，作出了「迎共」抗日的選擇

一九三六年，對於閻錫山來說，又面臨著一次艱難的選擇。因為紅軍東征後，局勢發生了重要變化。一方面是日本人在逼他，一方面是蔣介石要搞他，而共產黨又一直沒有放棄北上抗日的主張，也就是說，一旦時機成熟，共產黨領導的紅軍還會再次東征，北上抗日。閻錫山面對如此嚴峻形勢，不能不感到巨大壓力，也不能不再三權衡，作出有利於己的選擇。

閻錫山在政治上、思想上竭力防共反共的同時，在軍事上的防共反共，也是進行過一番努力的。但是負多勝少，除一九三一年他要徐永昌對平定兵變和晉西游擊隊的軍事鬥爭還算是取勝之外，以後幾乎是每戰必敗，而一九三六年春，在對東征紅軍的作戰中敗得更慘。

早在一九三四年冬，閻錫山按照蔣介石的命令，就由正太護路軍總司令孫楚率領五個旅的兵力，協助駐陝的張學良部「圍剿紅軍」，豈料，陶振武、方克猷兩旅遭到重創，孟獻吉旅的一個團長曲有誠被擊斃，馬延守、吉文蔚在宋家川附近也被紅軍打得四分五裂，全軍覆沒，馬吉二人僅以身免。閻錫山鑑於這個教訓，遂以黃河為天然屏障，在北起河曲南至永濟的黃河東岸上，沿河構築土城、碉堡，轉守為攻。一九三五年八月，又召集黃河沿岸二十一縣縣長，舉行防共會議，要二十一個縣都成立「防共保衛團」。同時，將孫楚所率 5 旅人馬繼續駐紮於河西，另派兩個師分別駐紮於晉西和晉南沿黃河一線。一九三五年冬，中央工農紅軍抵達陝北後，閻錫山置中共「停止內戰，一致抗日」，並要求閻錫山允許紅軍透過山西開赴華北抗日前線的聲明於不顧，再一次調整軍事部署，除原有之河防部隊繼續防禦外，又將其他部隊進行了縱深配置，把晉綏軍七個師的兵力，編為了四個縱隊，各縱隊均附屬炮兵一團，「進駐汾陽、孝義、靈石、蒲縣、隰縣一帶山嶽地區，總指揮部設在孝義，準備應戰」（楊耀芳：《閻錫山阻擊紅軍東渡的概況》，《山西文史資料》第 6 輯），想憑藉其精心構築的多層防線，將陝北紅軍阻擋在黃河以西。

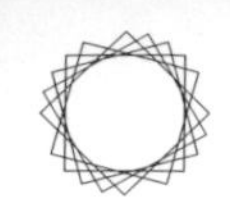

但是，閻錫山萬萬沒有料到，由毛澤東、彭德懷率領的「中國人民紅軍抗日先鋒軍」約三萬人，於一九三六年二月二十日一夜之間便突破了他的河防工事，東渡黃河，並且，在他組織的所謂「汾孝會戰」中，紅軍在孝義兌九峪、陽泉曲重創閻軍第一縱隊的周原健獨立第二旅，第二縱隊的楊效歐六十六師，也曾被紅軍包圍兩翼，幾被殲滅。之後，紅軍又跳出了閻軍的包圍圈，於三月上旬兵分三路，進行戰略展開。一路由徐海東率領紅二十五軍團向北挺進，直逼晉中；一路由林彪率領紅一軍團揮師南下，殺向晉南；另一路則由毛澤東、彭德懷率領總部和警衛團少數兵力，在晉西北繼續周旋。徐海東的先頭騎兵曾一度逼近太原附近的晉祠。閻錫山驚慌萬分，忙讓在綏靖公署大門前壘起沙袋，構築臨時工事，同時令在汾孝地區尾追紅軍的李生達、楊效歐兩部回防太原。林彪的一軍團在截斷南同蒲路之交通線後，一路向前，圍攻霍縣、趙城、洪洞、臨汾等縣城，並佔襄陵、侯馬。紅軍所到之處，發動群眾，宣傳群眾，打擊土豪劣紳，並籌款和擴充紅軍。

閻錫山還在「汾孝會戰」之前，鑑於紅軍來勢兇猛，恐自己難以應付，即於三月三、四兩日連電蔣介石「請速定大計，助中央及地方『協剿』紅軍」。蔣接電後，急令駐於河南之關麟征二十五師，河北商震之第三十二軍，分赴晉省靈石、晉南「協剿」紅軍。同時，電令張學良部向黃河西岸挺進，以斷紅軍之退路。當紅軍兵分三路後，閻錫山又以「匪軍分股流竄晉省，現有兵力已不足遏阻匪禍」為辭，再電蔣介石「請求再增派部隊」。三月中旬，蔣介石派中央軍第十三軍湯恩伯率所部及其他中央部隊共三個師三個旅入晉，這樣，前後增援山西的國民黨軍隊達十二萬之多。三月二十四日，蔣介石又派陳誠赴太原坐鎮，並派空軍一隊進駐太原。三月二十一日增援山西的各路中央部隊和閻錫山的晉綏軍，向東征紅軍發起「進剿」。

鑑於這種嚴峻形勢，毛澤東從大局出發，為了避免大規模內戰的爆發，保存國防力量，以利將來對日作戰，果斷決定回師陝北。各部隊於四月底五月初，陸續渡河回陝，並於五月五日發表《停戰議和一致抗日》的通電，

表示願意與所有一切進攻抗日紅軍的武裝隊伍，實行停戰議和，以達到停戰抗日的目的。東征之役，就此結束。紅軍在晉活動共七十五天，足跡達於晉中、晉西、晉西北和晉南四十餘縣，其間擴充紅軍八千多人，而閻軍損失萬餘兵力。

東征紅軍主動撤退，返師陝北，閻錫山雖然暫時鬆了一口氣，但他卻並未因此而感到高興，因為由紅軍東征而引發的各種問題和矛盾又擺在了他的面前。

首先，蔣介石派赴山西「協剿」紅軍的十幾萬中央部隊，當紅軍回師陝北後，不僅毫無撤走的跡象，反而在山西發展起國民黨組織，收買拉攏閻錫山的高級軍官，甚至還在晉南策動河東道獨立。不但如此，蔣介石又命令閻錫山從晉軍中挑選十五個團的兵力，附以騎、炮各一個團，西渡黃河，繼續協助張學良圍剿紅軍，而任這支部隊總指揮的又恰恰是被蔣介石竭力拉攏、提拔，由蔣明令升任為十九軍軍長兼第七十二師師長的李生達。要拉走相當於晉綏正規軍四分之一兵力的十五個團，又要讓李生達任總指揮，蔣介石這樣做的目的，閻錫山自然十分清楚，就是蔣想透過剿共削弱自己的實力，進而以李代己，把山西控制在他的手中，因此，蔣閻矛盾再一次尖銳起來。閻錫山已深感蔣對自己的嚴重威脅，曾發出「我不亡於共，也要亡於蔣了」（牛蔭冠：《山西犧牲救國同盟會紀略》，《山西文史資料》第 15 輯，第 3 頁）的哀歎。為了不使蔣的陰謀得逞，閻錫山來了個「釜底抽薪」，一面令李生達準備率部渡河，一面又派人收買李生達的衛士熊希月，在即將渡河的淩晨暗殺了李生達，然後打電話給蔣介石，藉口「李生達被暗殺，軍心不穩，請於緩期」（《閻錫山評傳》第 264 頁），從而暫時停止了晉軍入陝。蔣介石明知這是閻錫山玩的手段，但卻也無奈。雖然如此，可是由於蔣介石仍在一意推行其「攘外必先安內」的政策，儘管其對日態度開始有所轉變，而其政策的重心仍然放在加緊軍事剿共和消耗各地方實力派力量方面。閻錫山則出於民族存亡和個人統治的考慮，在「防共」、「剿共」的同時，開始著手整理軍備，訓練幹部，修築國防工事，因此，他不僅得不到蔣介石在國防準備上的積極支援，反而還要服務於蔣的

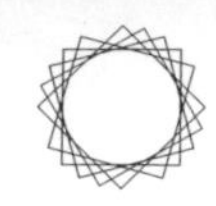

「剿共」政策，這就不能不引起閻錫山的不滿。一九三六年九月十四日，在綏署省府擴大紀念周上，他就滿腹牢騷地說：「我於去年及今春，曾數次電請中央，將晉綏軍隊與國家財政統歸中央統一，兵權之留多留少，亦由中央決定，迄未蒙邀準，我當再行呈請」，並大聲疾呼：「國家應當努力協助山西」（《閻伯川先生言論輯要》第 126 頁）。由此可見，在民族危機加劇的形勢下，閻錫山與蔣介石在對日態度和反共政策上，也逐漸產生了矛盾和分歧，而這種矛盾和分歧，比起「援軍」賴在山西不走，又要晉軍入陝這些問題來，更為深刻，也更難以化解和彌合。

其次，日本對綏察的侵略，也加劇了閻錫山與日本的矛盾。綏遠、察哈爾兩省，不僅是山西西北的重要門戶，而且在經濟上對山西也有著重要意義。這兩省豐富的鐵礦資源和皮毛等土特產品，都是「西北實業公司」進行生產和山西發展外貿出口事業所需要的重要原料。可是一九三五年日軍佔領察哈爾省後，閻錫山寄予厚望的這個原料基地不復存在。更使閻錫山感到威脅的是，此後不久，日本又在為閻錫山「軍事統制」的綏遠蒙古族上層策劃分裂，在一九三六年初於綏西成立以蒙古族王公德穆楚克棟魯普任總司令的「蒙古軍總司令部」後，五月正式成立偽「蒙古軍政府」和偽軍性質的軍事組織「大漢義軍」。不久，即策動了對駐紮於綏東之晉綏軍的進攻，與閻錫山發生了直接軍事衝突。雖然閻錫山於八月平定了綏東戰事，但他從種種跡象上斷定，日本絕不會就此甘休，勢必再犯，他在致蔣介石的函中，就指出：「日人對綏遠晉北，在所必取。若綏遠不守，不特『大元國』圓滿成立，『大夏國』亦將發生。但守綏遠須有強大之兵力與堅固之工事，不只兵力財力之問題，亦且有對日之問題，……請鈞座將陝北剿匪另派兵力，抽撥三十團以上兵力，助山一拼」（《閻錫山年譜》（五），第 1949 頁）。可是蔣介石不僅不給閻抽撥兵力，反而要閻再次派兵入陝，對此，閻無可奈何地說：「我這次從南京回來，是很知山西要有絕大的危難，……我決定自己犧牲一切，能救幾分救幾分」（《閻伯川先生言論輯要》（九），第 109 頁）。日本在加緊侵略綏遠的同時，對山西也多方覬覦窺測，一方面抱怨閻錫山如若他早與日本合作，就可以對共軍共

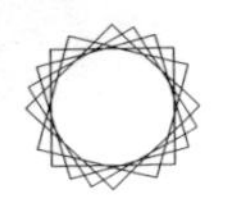

同作戰，不至出現紅軍東征，並威脅說，山西一旦遇到共軍襲擊，日本絕不會袖手旁觀；一方面則繼續派遣大量人員進行所謂「參觀」、「調查」。凡此，都使閻錫山倍感擔憂，他與日本的矛盾也日益加深。

閻錫山除感到蔣介石、日本的威脅之外，對於來自共產黨方面的威脅也十分憂慮。東征紅軍渡過黃河進入山西後，橫衝直撞，東突西奔，戰略戰術十分嫻熟，而其戰鬥力又是那樣的強盛，雖然目前已返師陝北，但他們為了實現北上抗日的目的，難道就不會再進入山西？對此，他曾對其部屬說過：「現在共匪雖然被我們的軍隊打跑，趕過河西去了，但是大家不要以為從此就可以放心。因為黃河長千餘裡，處處可渡。我們如果要把這一千多里的黃河處處都用兵把守，你們想得用多少兵，得花多少錢，人民那能負擔得起？如果不處處設防，又怎能保共匪不再偷渡？」（《閻伯川先生言論輯要》（九），第 54 頁）。尤其令閻錫山感到壓力的是，紅軍東征期間，對共產黨「停止內戰，一致抗日」主張的廣為宣傳，及其發動群眾進行的土地革命，已在廣大民眾中留下了深刻的影響。他們要求抗日救亡，要求實行民主的呼聲日益高漲，共產黨播撒的這些星星之火，一旦燃燒起來，後果真是不堪設想。不但如此，在閻錫山統治集團內部，有的人竟對紅軍的標語和減租減息法令、佈告，爭相傳誦，甚至還有人認為與紅軍作戰是同室操戈，令親痛仇快，只能對日本帝國主義有利。

蔣介石、日本人、共產黨這三方面的壓力，使閻錫山如同生活在夾縫中，臨深履薄，戰戰兢兢，他將自己的這種處境曾作過一個比喻，說是好比「在三顆雞蛋上跳舞，踩破那一顆都不行」（《閻錫山統治山西史實》第 196 頁）。因此，對於閻錫山而言，如何在這夾縫中求得生存，如何不踩破那一顆雞蛋，找出一條既可利用共產黨的力量發動和組織群眾來抵抗日本侵略，保存和發展自己的實力，來作為和日本人討價還價的資本，又可頂住蔣介石對他的吞併，並使共產黨不再對自己採取軍事行動這樣的道路（牛蔭冠：《山西犧牲救國同盟會紀略》，《山西文史資料》第 15 輯，第 4 頁），就成為他必須抉擇的頭等大事。

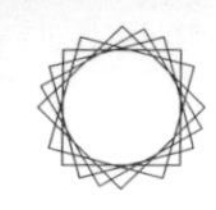

就在閻錫山感到左右為難、一籌莫展之時，一九三六年五月二十五日，毛澤東讓紅軍東征期間在「汾孝會戰」中被俘的閻軍團長郭登瀛回太原，給閻錫山帶去了一封親筆信。信中向閻明確指出：「側聞蔣氏迫先生日甚，強制晉軍二度入陝，而以其中央軍監視其後，是蔣氏迄無悔禍之心，漢奸賣國賊無與為匹，三晉軍民必有同慨。先生如能與敝方聯合一致，抗日反蔣，則敝方同志甚願與晉軍立於共同戰線，除此中國人民之公敵」（《毛澤東書信選集》中國人民解放軍出版社，1984 年一月重印版第 34 頁）。

其實，中共早在一九三五年九月十五日就向閻發出一份建立「反蔣抗日」統一戰線的建議書，指出，在目前民族危亡空前嚴重的時刻，任何偏安局面的支持和保守，都是絕對不可能的。日帝任何部分的向中國進攻，都必牽涉到對於全國的進攻，而抗日運動的部分開展都必定影響到抗日全面的開展，「所以，晉省當局以為既可以不反蔣、不抗日，而又可以擺脫日本帝國主義的侵犯與壓迫，則必會成為一種空泛之想，在事實上絕對不可能實現的。根據晉軍目前的處境，只有開展反蔣運動和開展抗日運動才是唯一的出路」，（王生甫、任惠媛著：《犧盟會史》第 29 頁），而閻錫山對此建議卻置若罔聞。儘管如此，中共仍不放鬆對閻錫山的工作。一九三六年二月，中共中央北方局就約請「中國民族革命大同盟華北聯盟」主席朱蘊山，透過曾任閻錫山參謀長的台壽民等關係，為約請閻參加「民族革命大同盟」進行疏通。五月，朱蘊山再次赴晉與閻晤面，進而談到「反蔣抗日」之事。

中共的這些爭取工作，對於促使閻錫山在歷史的重大轉折關頭做出比較明智的抉擇，產生了積極的作用。而閻錫山從「九·一八事變」以來，日本帝國主義得寸進尺，加緊對中國侵略的事實，從蔣介石堅持「攘外必先安內」的政策及其對其他地方實力派的態度上，也逐漸認識到，抗日已是歷史的必然趨勢，只有抗日才能救亡圖存，不抗日，國之既亡，省將何存。蔣介石目前對抗日不積極，反而加緊剿共，並利用「剿共」想削弱異己，已搞得內外不滿，怨聲四起，而只有共產黨才是真正堅持抗戰的，其主張深得民心。對此，閻錫山曾說過：「東北失守後，張學良退出東三省，堅

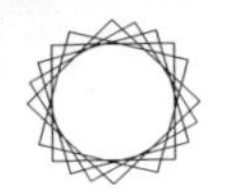

持抗戰的都是共產黨，沒有一個國民黨，假如日本人打進山西來，山西抵抗不了，蔣介石也抵抗不了，怎麼辦」？（張文昂：《犧盟會和決死二縱隊成立前後的片斷回憶》，《山西文史資料》第 15 輯，第 68 頁）。由此不難看出，在民族危亡關頭，閻錫山在對蔣、對日、對共這三方面關係的處理上，是把中日矛盾或日閻日矛盾作為主要矛盾來考慮的，而要解決這個矛盾，靠國民黨中央不行，僅憑自己的力量也不行，還必須借助共產黨的力量，只有這樣，才能抵抗日本的侵略，保住山西。經過反復權衡，閻錫山終於做出了「迎共抗日」的正確選擇，開始走上了聯共抗日的道路。

閻錫山為了貫徹他的這個政策，一九三六年八月綏東戰事平息後，鑑於日軍步步緊逼的危急形勢，為進一步組織發動社會進步力量，不僅明確改變了此前「防共」、「剿匪」的政策和提法，並發佈懸賞捉拿漢奸的通令，提出「第一除漢奸」的口號，而且同意了「自強救國同志會」（一九三六年春將官辦各團體合併後的一個新團體）中宋紹文、戎子和、張雋軒等左派進步青年倡議組織一個抗日救亡團體「抗日救國會」的請求，只是為避免刺激日本，他提出在組織名稱上作些改動，認為以「犧牲救國」稱之，更為合適，因而將這個救亡團體定為了「山西犧牲救國同盟會」（簡稱「犧盟會」）。並於一九三六年九月二十八日，在「九·一八」五周年紀念會上正式發起組織「犧盟會」。新成立的犧盟會仍由閻錫山任會長，其表侄梁化之兼任總幹事，宋紹文、戎子和、張雋軒等為委員。同盟會成立之初雖然仍是閻錫山的「御用」團體，但由於形勢的變化和左派青年的實際工作，它一開始就有了明確的宗旨和工作綱領，宣佈「本會以剷除漢奸，武裝抗敵，犧牲救國為宗旨」（山西省史志研究院編：《山西犧牲救國同盟會歷史資料選編》山西人民出版社 1996 年版，第 28 頁），號召「不願做亡國奴的人們，我們不分黨派，不分階級，不分職業，不分窮富，不分性別，凡是願意爭取民眾的生存與個人的出路的人們，都團結在犧牲救國同盟會來，我們要從晉綏人民和軍政領袖的團結擴大到華北人民與軍政領袖的大團結，更從此擴大到全國軍民的大團結。在聯合的力量之下，抗戰！抗戰！抗戰！抗戰到底！」。

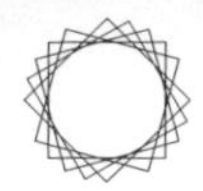

這樣一個帶有明顯的進步性質的組織，自然受到了全國各界救國團體和進步人士的擁護，但也使日本帝國主義和蔣介石感到惱怒。日本就指令其駐太原特務機關直接向閻錫山提出抗議，並由其外務省向南京國民政府外交部提出質問。而閻錫山周圍的反共頑固勢力，也乘機發難，要求取消同盟會。由於各方面的非難，同盟會的工作陷於停頓。面對這種狀況，閻錫山採取了一個能夠左右逢源的新策略，即：犧盟會採取共產黨的某些進步措施和口號，但在提法上要換成「山西語言」；用一些堅決抗戰又有號召力的共產黨人，但他們不是以共產黨員或共產黨代表的身份，而是以山西抗日進步分子的面目出現；借助共產黨的影響，但又要打著山西的旗號。基於這樣的考慮，閻錫山希望把同盟會辦得有聲有色，但他認為要做到這一點，靠山西的舊班底不行，必須大膽延攬共產黨的人才。曾被閻錫山通緝過、其時尚在北平監獄中的薄一波，正是在這樣的背景下，被閻錫山派人從北平請回山西「共謀保晉大業」的。

薄一波，原名薄書存，山西定襄人，一九二五年加入中國共產黨，一九二十七年、一九三一年兩次被山西當局通緝。經中共黨組織的營救出獄後，按照中共中央北方局的指示，接受了閻錫山的邀請。他於一九三六年十一月初，與楊獻珍、韓鈞、董天知、周仲英等人回到山西後，第二天即受到閻錫山的約見。閻不僅對「請回來」的薄一波取消了通緝令，答應了薄的「約法三章」，即：在宣傳抗日救國主張上不能受到限制；對抗日救亡有利的事情都做，不利的事情都不做；用人方面應於方便，並保證所用之人的安全。而且，同意了薄一波對犧盟會進行改組的意見。改組後的犧盟會，雖然仍由閻錫山任會長，梁化之任總幹事，但實際上是由薄一波等共產黨人在主持工作。這樣，犧盟會實際上成為了中共與閻錫山之間特殊形式的統一戰線組織，成為由中共透過公開工作委員會領導的抗日救亡團體。

改組後的犧盟會，從一九三六年底開始，為山西的抗日救亡運動做了大量卓有成效的工作。這主要是，在閻錫山於一九三六年 6、七月間成立的軍政訓練委員會（由閻自兼會長，薄一波回山西後也參加了該會的工作）

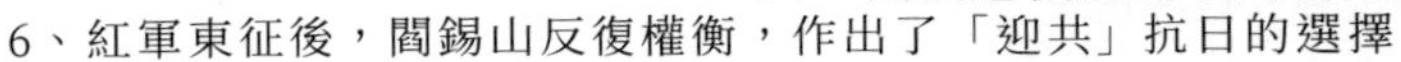
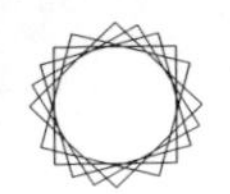

的名義下，舉辦了軍政訓練班、民訓幹部班、村政協助員訓練班、縣犧盟特派員訓練班、國民兵軍士訓練班、國民兵軍官教導團等各種不同類型的訓練班。這些訓練班大約在半年的時間裡，為山西培養了近萬名基層軍政幹部。這些幹部經過訓練，都初步具備了進行群眾工作和開展武裝鬥爭的基本素質。他們先後被充實到後來成立的山西新軍和地方政權中，成為堅持持久抗戰的骨幹力量。尤其是一九三七年二月，犧盟會在太原等地舉辦的「國民兵軍官教導團」訓練班，以「軍政訓練班」訓練出來的部分青年為骨幹，把從全省各地來的小學教師與中學生等加以訓練，組成了八個教導團，約有十六萬人，並在此基礎上組成了決死隊。決死隊提出了「寧在山西犧牲，不到它鄉流亡」的口號。決死隊的成立為推動當時山西的抗日救亡運動，以及抗日戰爭全面爆發後配合八路軍主力開闢太行、太岳、晉西北、晉東北各抗日根據地，開展廣泛的游擊戰爭，都發揮了巨大作用。此外，在這期間，犧盟會還促使閻錫山釋放了一批關押在山西監獄裡的「政治犯」。到一九三七年初被山西當局關押在太原的「政治犯」已達三百人，為將這些「政治犯」救助出獄，薄一波多次找閻錫山談話，說是山西的抗戰救亡運動已經初步開展起來，目前正是用人之際，而這些「政治犯」又都是愛國的有為青年，這和山西目前的政治形勢很不相稱，既以抗敵救亡相號召，並願和共產黨合作，就應把這些「政治犯」全部釋放。閻錫山則認為蔣介石關了那麼多「政治犯」都沒有放，山西也不能放。薄一波又向閻表示，目前山西的做法與蔣已不相同，山西可以做得漂亮一些，首先釋放「政治犯」，在全國做個表率。經過多次協商，閻錫山首先同意釋放中共重要人物王若飛。隨之，也同意了釋放其他「政治犯」。

在犧盟會的努力工作下，山西的抗日救亡運動很快就走到了全國的前列。對此，一九三七年二月，在太原訪問的著名記者范長江認為：「現在的太原，可以說是對外空氣最緊張的地方。我到太原的時候，正舊曆正月十五前後，一切舊式的遊藝組織，如秧歌、高腳、社火、梆子戲等，都一起搬了出來，熱鬧非常。但是這些舊東西，卻完全換了新的內容。一種有組織的力量，支配這些東西，他們歌唱和演戲材料，或是已經成為抗日救

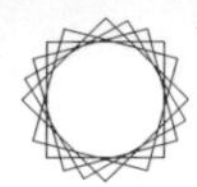

亡的題材，或者夾入許多抗戰的唱歌和口號。這種做法，普遍到全省」。（范長江：《塞上行·太原印象》）

閻錫山同意組織成立犧盟會，並放手讓共產黨人薄一波等發展壯大犧盟會，是他聯共抗日政策的重要實施，也是他為挽救民族危亡的一個進步表現，而他能夠摒棄黨派之見，敢於起用共產黨人，則反映了他的一種政治胸襟。歷史也已經證明，閻錫山此舉是正確的，因此，包括國民黨在內的大多數人，對於閻錫山的這一舉措，是持肯定的態度的。然而，時隔多年之後，仍有人在這個問題上對閻錫山進行詰責，認為，閻錫山於中原大戰後，一面阻撓國民黨在山西的活動，致使該黨不能公開活動達六年之久；「一面招納平津及全國各地共黨分子，大量訓練所謂青年幹部、民訓幹部、行政幹部及村政指導員等，從此山西各縣即成共黨天下了」，因而，「山西赤化了」，乃閻錫山之過。不僅如此，抗戰初期，由於閻錫山讓「共黨分子」充任好幾個行政區的行政專員，又兼抗日決死隊各縱隊政治委員，結果，「晉西事變」後，山西新軍及各縣地方團隊約五十團，人數約十五萬人同時叛變，攜帶新武器，與朱德、劉伯承、林彪、賀龍等公然合股，「你的本意想利用共產黨，結果反為共產黨所利用，朱毛經此裝備，如虎添翼，所有華北軍略要地，幾盡為其盤踞，其勢如火燎原，後來大陸淪陷，實種因於次」（臺灣天一出版社：《閻錫山傳記資料》（五），第 35 頁）。也就是說，閻錫山是國民黨垮臺的「禍首」。正因為如此，所以閻錫山於一九六零年五月二十三日在臺北去世，臺灣的國民黨政府準備為其舉行國葬時，臺灣《民族晚報》一九六零年五月二十九日發表的《閻錫山值得國葬嗎？》的「社論」就認為，抗戰前後，「閻氏大量培植左傾分子，卒使共黨勢力在山西坐大」，綜觀其一生歷史，「縱不能說是罪大於功，至少是功過兼有，瑕疵互見」，所以，不符合國葬法所規定的「有特殊勳勞，有偉大貢獻」，「我們對閻錫山先生國葬之議，期期以為不可」（臺灣天一出版社：《閻錫山傳記資料》（三），第 3 頁）。這些論點，顯然是從國民黨及其所代表的地主資產階級的利益出發的，而不是從整個國家和民族的利益出發的。而國民黨的垮臺，也並非僅僅是由於閻錫山讓「共產黨坐大」，

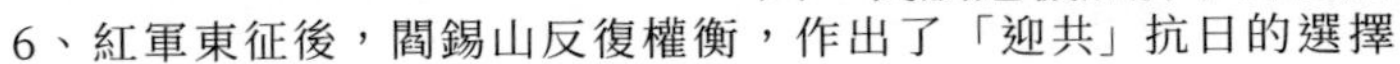
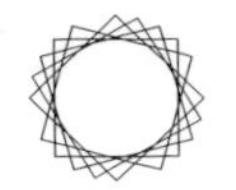

而是它已經腐朽沒落，成為了中國社會發展進步的嚴重障礙，失去了人民大眾的支持。不過，從這些論點中，反倒是進一步證明了儘管閻錫山本人並不想使「共產黨坐大」，但他實行的聯共抗日政策，對於團結組織各階層民眾挽救危亡，對於共產黨的發展壯大，在客觀上確實是起到了重要作用的。共產黨正是抓住了這個難得的機遇，不但帶領全國人民堅持抗戰並最終打敗日本帝國主義，使中華民族得以解放，而且奪取了人民解放戰爭的勝利，把中國引向光明。從這個意義上講，閻錫山的聯共抗日的正確選擇，對於國家和民族都是有積極貢獻的。

7、提出「守土抗戰」主張，取得綏遠抗戰勝利

一九三六年五月，偽「蒙古軍政府」正式成立，並組建「大漢義軍」，在日本特務機關的指使和操縱下，德穆楚克棟魯普即加緊擴軍備戰，研究侵略綏東的部署。日本飛機不時在綏東上空偵察，各種作戰物資源源運出，潛伏的漢奸也蠢蠢欲動，綏遠危機加劇。有鑑於此，綏遠省主席傅作義於六月一日赴太原，向閻錫山「請示機宜，秉承一切」。七月底八月初，經過一番籌畫，偽蒙軍在「大漢義軍」總司令王英的指揮下，向駐守於土木台和紅格爾圖的傅作義所部發起進攻。對此，閻錫山不僅要傅作義組織抵抗，而且命其騎兵趙承綬部予以配合，在晉綏軍的堅決反擊下，偽蒙軍迅速敗退，綏東戰事暫告平息。

雖然如此，閻錫山並未鬆懈，他認為日偽絕不會就此甘休，其後還會對綏東大舉進犯。他在九月十四日致蔣介石的函中就指出：「自王英匪擊潰後，綏遠晉北，表面上雖較沉靜，然日方積極招匪調兵，預備甚力。蓋以王匪試探我方決心，以作其準備之標準，恐秋冬之交，必再來犯」，並提出，估計日偽兵力總共不過六萬，因而對敵第一次來犯，「必須暗集七萬以上兵力，出其不意一擊，始能速戰速勝，或可期其暫不來犯，使我得以從容佈置」（《閻錫山年譜》（五），第 1948 頁）。同時，指定晉綏軍第十九軍王靖國部在晉的四個團，以及李服膺的六十八師、馬延守獨立第七旅、孟憲吉獨立第八旅、炮兵四個團為「先遣入綏增加挺戰之部隊」，「爾後，視情況之必要，凡屬晉省軍隊，全數入綏挺戰。先以六十八師一部開綏，其餘分駐晉北及大同附近集結」，由傅作義隨時調用。並且召集「晉綏全體軍官，輪流到省聽訓，諭以：『我們要為國家盡責任，我們要為責任犧牲，全體官兵應成功以盡責任，成仁以保人格』」（傅作義：《綏戰經過評論》，《綏遠抗戰》第 3 頁）。

閻錫山為迎戰再犯之敵，在軍事上進行著積極準備的同時，在中國如何進行抗戰的這個重大問題上，經過反復思考，還提出了自己的主張即「守土」二字。他說「晉綏自肅清共匪（指紅軍東征一事——引者注）以

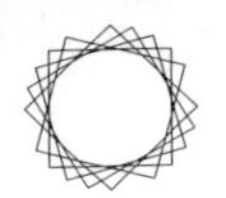

來，積極準備守土，迄未稍懈。軍民均有決心死裡求生」（《閻錫山年譜》（五），第1953頁）。十一月二十三日，正當綏東戰役激烈進行之時，他在給李宗仁、白崇禧的電報中說到：「日人得寸進尺，兇焰日張，全國動員，守土抗戰，實為必要」（《閻錫山年譜》（五），第1965頁）。第一次明確地提出了「守土抗戰」。閻錫山對他的「守土抗戰」曾作過這樣的解釋：「什麼叫守土抗戰？以反侵略反畏縮的意義，站在整個國家責任的立場上，純論是非，不顧成敗的抗戰行為」（《閻伯川言論集》第71—72頁）。他的這個話，可以這樣理解，即：為了國家的獨立，民族的解放，亦即為了正義的事業，不管是成功還是失敗，都要堅守、死守，不怕犧牲。閻錫山所說的「只要這塊土地上有一個人，也該守土抗戰」（《閻伯川先生言論輯要》（十一），第74頁），實際上也包含著這個意思。

閻錫山的「守土抗戰」主張，不但與他一九三二年復出之初，在向國民黨四屆二中全會提交的《請政府檢撥十萬勁旅死守錦州以救危亡案》中所說的：「死守死抗」一致，也與他一九三六年提出的「犧牲救國」的主張相一致。更重要的是，閻錫山的這個「守土抗戰」，既非以往有些人所說的，是指「只要是他負責的轄區，他就堅守」，也與蔣介石的「準備抗戰」和馮玉祥的「收復失地」有著很大的不同。它是閻錫山針對當時中國的實際國情提出來的。他認為，中國在財力、物力、經濟力，甚至「國民的愛國心」、「人民的道德」、「國民的科學知識」也都不如人的情況下，不能等「準備的力量足以抗戰時再抗戰」，「抗戰是為守土，不應因準備而不抗戰，即不應因準備而守土」（《閻伯川先生言論集》第72頁），也不能「把一件件事情都做得趕上人家了，能和人家列強並駕齊驅了，然後把自己已失的土地收復回來」（《閻伯川先生言論輯要》（十一），第74頁），而是應當「義之所在不容反顧者，成功是成功，失敗亦是成功，不容審慎，應盡力而為之」，（《閻伯川先生言論輯要》（十一），第70頁）。同時，他還認為「守土抗戰不是一部分人的責任，實是全部分的責任，應當大家一致的努力」。（《閻伯川先生言論輯要》（十一），第65頁）。閻錫山的這些思想，由於它體現了「威武不能屈」，「捨生取義」和「國家興亡，匹

夫有責」這些民族傳統文化，所以，其「守土抗戰」的主張成為「七·七事變」前後山西朝野之共識，它對於振奮民族精神，激勵民眾鬥志，同仇敵愾，堅持抗戰，也是具有積極的影響的。

閻錫山正是基於這樣的認識，自從他復出以後，尤其「華北事變」以來，在各方面加緊了「守土抗戰」的準備。從一九三五年開始，閻錫山即在娘子關、龍泉關一線和平型關、雁門關一線，修築了綿長的「永久性」國防工事，到「七·七事變」時已基本完工。同時根據其「守土抗戰應當大家一齊努力」的要求，從一九三六年開始，還對各地機關公務員一律施以軍事訓練，由部隊上抽派軍官，負責教練軍事動作及練習打靶，並且在各學校也實行軍訓。軍訓內容主要為制式教練、射擊教練、刺槍和手榴彈教練等。此外，閻錫山還「想把其軍隊擴充到十萬人，再建立一支比其正規軍還多兩倍的民兵和一支由一萬五千名學生組成的青年尖刀軍官隊」（〈美〉唐納德·季林著，牛長歲等譯：《閻錫山研究》黑龍江教育出版社 1990 年版，第 232 頁）。一九三六年夏，鑑於綏東局勢緊張，閻錫山先是要「西北實業公司」中由原來的十一個軍火企業改組成的民用企業，改組為「西北製造廠」，部分地恢復軍火生產，及至綏東戰事平定後，則要求全部恢復軍火生產，並加大了生產數量。其他民用企業也被要求生產一些軍需物品。至一九三七年十一月太原淪陷前，這些軍工企業生產的軍火已可裝備三十個步兵師和四個炮兵師。同時，為對「第一次來犯」之敵能夠「速戰速勝」，他還向蔣介石提出增兵綏遠之要求，蔣應閻之所請，不久即派中央軍第十三軍湯恩伯部、騎兵第七師門炳嶽部入綏作戰。

綏遠的形勢日趨緊張，日偽為進犯綏東，不僅加強了張北特務機關的領導，而且擴充軍備，加緊了軍事進攻的部署。「張北田寶昌征來蒙兵幼軍及精壯者各二百名」，「王英匪部三個騎兵團六、七百名，槍馬齊備，現由各鄉村移駐張北廟灘」。「李守信擴充機炮大隊，計分十二連，每連百六七十名」，「張北現停輜重炮車六、七十輛」，「張垣之汽油多被日人買去，運往商都」，「日本坦克車五輛，由化德開往張北」，「駐熱河張海彭部，準備向察省出動」（《閻錫山年譜》（五），第 1954 頁）。

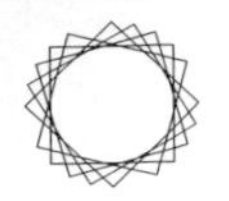

時刻關注著綏遠形勢的閻錫山，獲悉有關日偽這些動向後，認為大戰在即，遂於十月十一日，電令綏遠方面頒發戰鬥序列：任命傅作義為晉綏剿匪軍總指揮兼第一路軍司令官，指揮所部三十五軍，附第二零五旅、獨立第七旅、補充十二團，炮兵二十一、二十九兩個團及小炮二中隊；任命湯恩伯為第二路軍司令官，指揮所部十三軍、附七十二旅及炮兵二十七團；任命李服膺為第三路軍司令官，指揮所部六十八師，附炮兵二十四團，及小炮一、三兩中隊；任命王靖國為預備軍司令官，指揮所部七十師（欠二零五旅四零七團），附獨立第八旅；任命趙承綬為騎兵軍司令官，門炳岳為副司令官，指揮騎兵第一、第二師及第七師。並且，閻錫山於當月二十三日電報蔣介石，稱：「我軍現已在綏邊之興和、陶林等縣駐有重兵，並做國防工事，……已令傅主席迂有敵探，立即拿獲槍斃，倘果入境來犯，即予迎頭痛擊，追蹤追剿」（《閻錫山年譜》（五），第 1957 頁）。十一月二日，蔣介石致電閻錫山，「請酌收復百靈廟之時機」。因為百靈廟是綏遠重鎮，也是德王把持之「蒙政會」（「蒙政會」是一九三三年七月間，在日本支持下，由德王成立的管轄蒙旗事務的「蒙古地方自治政務委員會」的簡稱——引者注）所在地，所以蔣介石想乘此機會，直搗匪巢。但閻錫山在十一月三日的覆電中認為，德王以蒙政會駐在地為藉口，屯兵聚糧，為將來西進南犯之根據地，關係至重。「惟以山預料下令之日，德王或即宣佈獨立，借日軍抗戰，不免有對日挑動真面目戰爭之慮，厲害亦關重要，山意現在偽匪軍果不出鈞座所料，有所發動模樣，俟其發動，再由政府下令，較為有詞」（《閻錫山年譜》（五），第 1960 頁）。閻錫山這個「後發制人」的方針，因其即可避免日軍之介入，又能「師出有名」，所以得到了蔣介石的同意，後即以此執行。

日偽經過一番部署，認為進攻時機已然成熟，十一月五日，德王遂藉口百靈廟特稅改路事，向傅作義發出挑戰性的通牒。閻錫山接到傅作義的來電後，即指示傅「德王此電顯係開釁之先聲，師直為壯，我方自當一一明白答辯，免為所詘」，並向傅對答覆德王的主要內容予以指點，謂：「至百靈廟特稅改路一事，係商人因綏蒙交涉糾葛為時太久，自由變更路線，

我們深知，當予據理答辯，其餘應變各節，及不能應允之要求，亦須振振有辭，使中外共見其聞，知其曲不在我也」（《閻錫山年譜》（五），第1960頁），對德王的挑釁表示了強硬的態度。

德王見此舉未能奏效，即訴諸武力。十一月十五日，王英率偽軍五千餘人，由日本駐察北特務機關長田中隆吉直接指揮，在日本飛機的掩護下，由商都（屬察北境，偽蒙軍基地—引者注）出動，向綏遠門戶——紅格爾圖進攻。駐守此地的晉綏騎兵趙承綬所部依事先部署，奮起反擊，是為紅格爾圖保衛戰。綏遠抗戰由此拉開大幕。在晉綏軍的堅決反擊下，經過三日激戰，打退了進犯之偽軍。之後，日偽軍集結於百靈廟，準備更大規模的犯綏。

在紅格爾圖激戰正酣之時，十一月十六日，蔣介石致電閻錫山，要他「即令傅主席向百靈廟積極佔領，對商都亦可相機進取，對外交決無顧慮，不必猶豫，以弟之意，非於此時乘機佔領百靈廟與商都，則綏遠不能安定也」（《閻錫山年譜》（五），第1963頁）。蔣所以要閻這樣，是因為百靈廟在歸綏西北，相距四百三十多華里，為內蒙西部的交通要道，也是烏蘭察布盟盟長雲端旺楚克的駐地，蔣介石並且於十七日從瀋陽飛抵太原，與閻商談綏遠及與日關係問題，這是蔣介石第二次來晉。此前一九三四年十一月八日，他曾攜宋美齡到山西，逗留四日，其間還在閻之陪同下，至五台河邊村，拜見了閻父。蔣這次來，僅停留一天，於十一月二十八日返回洛陽。

根據蔣介石的要求，閻錫山立即要傅作義部署收復百靈廟的戰役。傅作義即命孫蘭峰、孫長勝為收復百靈廟前敵總、副指揮，務於二十四日上午攻克百靈廟。十一月二十三日夜，孫蘭峰旅、趙承綬部孫長盛旅經過三百餘里的長途行軍，拂曉抵達百靈廟週邊後，即發起總攻。經過十餘小時激戰，於次日上午勝利收復百靈廟。日本特務機關長田中隆吉乘飛機逃脫，殘餘潰敗。此役共斃傷日偽軍五百餘人，俘獲日偽軍兩百餘人，並繳獲大量日偽檔案和彈藥輜重。然而，日軍並不甘心，除派飛機轟炸外，又增加部隊，於十二月初大舉反攻，但終未得逞。此後，晉綏軍乘勝出擊，

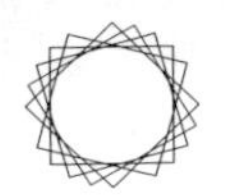

孫長盛騎兵部隊一舉收復了百靈廟以東日偽盤踞的另一個重要據點——大廟，基本上肅清了綏遠境內的日偽軍。收復百靈廟後，傅作義本來計畫乘勝奪回商都，遂由閻派駐綏遠的聯絡參謀賈毓芝電閻請示，閻覆電制止，因為他認為「商都不屬晉綏管轄，與百靈廟原屬綏遠不同，……若攻商都，誠恐日方有所藉口，會對晉綏不利」，傅即作罷（《閻錫山統治山西史實》第 213 頁）。

閻錫山在綏遠抗戰中，不僅縝密籌畫，詳予部署，而且帶頭捐輸。十一月十七日，他就將其父親遺產八十七萬元以其繼母陳秀卿的名義捐給了綏遠前線，「以作禦侮之用」，在他的帶動下，晉綏軍將領也紛紛解囊。趙戴文捐款十五萬元，王靖國捐款四萬元，楊愛源捐款兩萬元……。太原市各學校還紛紛成立了學生救國會，停火、節食，以支援抗戰。募捐運動還由軍界、學校普及於商界。「募捐援助綏遠抗敵將士，已成為太原人的中心任務」（《國聞週報》第 13 卷，第 48 期，第 30 頁），成為「大家一齊努力」的一個重要方面。

綏遠抗戰的勝利，被譽為「中國人民抗日的先聲」。這個勝利，極大地鼓舞了全國人民的抗戰熱情。當時，以輿論為先導，以募捐為主要形式的援綏抗日運動遍及長城內外，大江南北，「從十一月中旬開始，許多地方如杭州、上海、廣東等地都派代表來太原，甚至親來綏遠慰問前線部隊，……許多代表團還給閻帶來大量的資金，這些錢都是作為全國『援綏運動』，為前方戰士捐獻一天工資的號召下而募捐起來的」。（《閻錫山研究》第 237 頁）。三月十三日，國民政府也派行政院院長汪精衛率領包括各方面負責人員的代表團，帶來了大批慰勞品，由閻錫山陪同前往綏遠慰勞。

閻錫山由於一直是綏遠抗戰的主持者領導者，傅作義是綏遠抗戰的直接指揮者，因此，他們也因此役的勝利而名聲雀起。閻錫山就收到好幾百份電報，「絕大多數都是來自其他地方實力派們及各界領導人的電報，讚揚他和傅作義將軍敢於反抗日本，晉綏軍殺退敵人的拼搏精神」。《華北通訊》還載文說，「許多人們都看到，在綏遠的抗日運動中，閻動員起來的

廣大民眾，超過歷史上任何時候」（《閻錫山研究》第 237 頁）。翌年三月九日，南京國民政府行政院決定通令嘉獎抗戰將領，閻錫山與傅作義一起被授予「一等寶鼎勳章」，趙承綬被授予「二等寶鼎勳章」。

不僅如此，綏遠抗戰的勝利，也使山西名聲大振。自從紅軍東征後，由於閻錫山在抗日救亡上採取了一系列開明進步的措施，而這次又對日偽的侵略進行了堅決地反擊，這種比較寬鬆的政治環境和敢於面對強敵的行為，與當時國內其他省市仍然壓制民主，阻撓民眾抗日運動的情況，形成了鮮明的對比，因此，一時間，山西成了除陝北根據地之外的又一個抗日的中心，不僅使國人對山西刮目相看，而且也吸引了許多愛國志士和青年前來山西。著名愛國將領續范亭就由衷地說道：「山西以一隅之地，進行了守土抗戰，收羅進步青年，成立犧盟會，解放思想自由，允許開設生活書店，我看見山西是有了光明，雖然是僅僅點出一支蠟燭來，光明不大，但我卻和許多愛國的青年一樣，像燈蛾似的，圍著這一點光明，不肯他去了」（穆欣：《拔劍長歌一世雄——續范亭生平》山西人民出版社 1988 年十月版，第 172 頁）。

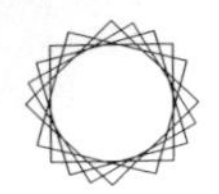

8、「西安事變」前支持少帥向蔣苦諫，事變後力主和平解決，與中共意見相合

一九三六年十二月十二日，東北軍首領張學良與西北軍首領楊虎城，在西安發動兵諫，扣押蔣介石，是謂「西安事變」。

這一事變，震驚中外。由於事變是在綏遠抗戰剛剛結束不久，全國民眾的抗日救亡熱情進一步高漲，要求「停止內戰，一致對外」的呼聲日益強烈，而蔣介石卻仍堅持其「攘外必先安內」的方針，要繼續「剿共」這樣一種民族矛盾和階級矛盾相互交織並更趨尖銳的政治背景下發生的，作為國民黨和國民政府元首的蔣介石被扣留後，致使群龍無首，中央權力頓形真空狀態。因此人們對於西安事變的發生，以及如何解決這一事變，以克服「國家危機」，不能不予以格外關注。

閻錫山對於「西安事變」的發生，事前根本就不知道，更沒有想到張學良與楊虎城二人會採取如此激烈的手段。但有一點他是清楚的，即張學良曾向他表示過要求停止內戰，一致抗日的願望，以及向蔣介石力諫的意向，而他也向張學良囑咐過「有機會將與張聯名向委座進言」。

閻錫山與張學良作為地方實力派，為了維護各自的利益，在北洋政府時期雙方曾有過合作，一九二四年的直奉戰爭中，閻錫山就支持奉張，出兵石家莊，截斷京漢鐵路交通，阻擋直系援軍北上。而在北伐戰爭中，雙方又相互對立，兵戎相見，打得不可開交。中原大戰開戰前曾向閻錫山表示中立的張學良，後來卻發出「巧電」，出兵山海關，抄了閻馮聯軍的後路，十多年來，雙方恩恩怨怨，又打又和。但是，從一九三五年開始，雙方關係卻日益融洽，在一九三六年前後，越走越近，並且在停止內戰，共同抗日這個極其重要而又相當敏感的政治問題上，達成了共識。

閻張二人的關係能走到這一步，究其原因，主要是，一方面，他倆都為民族危機的加劇而憂慮，不甘心國家民族就這樣淪喪下去，迫切要求抗日救亡；另一方面，就是他倆的處境都不甚妙，其命運有著相同之處。張

學良的東北軍撤進關內後，即被蔣介石調到陝西，與楊虎城的西北軍對陝北的紅軍進行「圍剿」，可是，與紅軍的作戰卻屢屢失敗，損兵折將，東北軍先後損失了兩個師，對此，蔣介石不僅不予補充，反而取消了這兩個師的番號。閻錫山的晉綏軍五個旅，一九三五年也被蔣介石調到陝北「剿共」，結果也被紅軍打得狼狽不堪。一九三六年春紅軍東征後，蔣介石派赴晉省增援的十幾萬中央部隊不僅賴著不走，卻又要閻錫山再派十五個團去陝北「剿共」，這事雖然被閻錫山勉強地應付了過去，但並不能說明問題已經解決。蔣介石這樣一直命令他們「剿共」，已經使他們看到了蔣的險惡用心，即利用「剿共」來消耗他們的實力，如此下去，後果定然不堪設想。這樣共同的處境，難免使他們同病相憐，也促使他們不得不共謀出路。與此相關，他們也深深感到，再繼續「剿共」，只能是兩敗俱傷，國力大損，不但會給日本加緊侵略以可乘之機，而且將來一旦中日戰爭爆發，中國軍隊將難以有效禦敵，只有停止內戰，共同抗日，才能保存自己，也才能保全國家。正是在這種不利處境的逼迫下，在挽救民族危亡強烈願望的驅使下，閻錫山與張學良漸漸地走到了一起。

這裡值得一提的是，在閻張「修好」的過程中，是張學良採取了主動的態度，首先邁出了第一步。一九三五年十月七日，張學良就任「西北剿總」副司令五天之後，即親自駕機飛抵太原，與閻錫山晤談。從此之後，至一九三六年十二月十二日「西安事變」爆發的一年多時間裡，張學良先後五次親飛太原，面見閻錫山。其中，張學良於一九三六年一月八日和五月二十七日與閻會晤時還偕同著楊虎城。

雖然張學良、楊虎城與閻錫山三人都清楚他們之間所要晤談的基本問題是什麼，可謂心照不宣，但是，作為政治家的他們，也都知道晤談如此重大問題所要承擔的風險，況且過去他們之間又沒什麼私誼和深交，因此，不得不小心翼翼，謹慎從事。起先的晤談，可以說是帶有試探性的，看對方的態度如何，當瞭解到對方的真實意向後，才由虛而實，由淺而深，切入正題。張學良第一次飛抵太原，即以「商陝北剿匪事」為由，第二次也就是他偕楊虎城來太原時，仍是與閻錫山「會談剿匪事」（《閻錫山年譜》

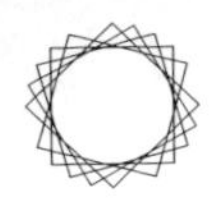

（五），第 1857、1896 頁）。張學良身為「西北剿總」的副司令，而閻錫山這時也正為防止紅軍入晉加緊籌畫，自然以「剿匪」事為由，是名正言順的了。

如果說這兩次晤談，沒有什麼實質性進展的話，那麼，一九三六年春紅軍東征期間中共方面所做的努力，以及紅軍東征後，閻錫山所面臨的各種矛盾，則像催化劑一樣，加速了他們間會談的進展。一九三六年二月，紅軍東征前夕，中共中央北方局派人到西安與楊虎城秘密會見，就雙方停戰、準備聯合抗日、互派代表，在楊處建立電臺和交通站等具體問題達成了協議。四月九日，周恩來作為中共全權代表與張學良在膚施（今延安）舉行會談，對於聯合抗日的許多重大問題達成了一致意見。中共統一戰線政策在張、楊身上的成功實施，對於爭取閻錫山等地方實力派，創造了有利條件。張學良與中共聯合後，為了擴大西北的抗日同盟，遂以與閻錫山會商「剿共」事宜為名，實則是試探閻錫山對聯共抗日的態度，於四月二十九日再次駕機抵並。此時，仍在山西東征的紅軍，雖然從大局出發，正準備返師陝北，但其在過去的轉戰中已給了閻軍以沉重打擊，閻錫山面對這一新的威脅，不得不開始考慮其對共政策的調整問題。由於紅軍東征尚未結束，而中央的十幾萬大軍又開進山西，閻錫山不得不行事謹慎，因此這次會晤，仍無進展。可是，紅軍東征結束後，面對蔣、日和共產黨的壓力，「在三顆雞蛋上跳舞」的閻錫山，就不得不作出選擇了。五月二十七日，張學良楊虎城再次飛並，進一步與閻交換意見。六月，楊虎城還派其秘書蒲子政到太原，向閻提出聯合起來逼蔣抗日的問題。閻對楊所提問題雖然未從正面回答，但從其六月六日的日記中所雲：「兄弟鬩於牆，外禦其侮是道理，亦是利害，不此之能己不若常人豈肯更甚焉」（《閻錫山日記》一九三六年六月六日），及其對蒲子政所說的「虎城主張聯合抗日，我們贊成，不過具體做法還須從長計議」（申伯純：《西安事變紀實》人民出版社 1979 年十一月版，第 79 頁）這些內容上來看，他對於停止內戰、共同抗日還是基本贊成的。

此後，張學良與閻錫山反復聯絡交換意見，張學良的秘書李金州，以「私人」身份幾次往返於晉陝之間。張學良第四次到太原之後不久，他便受張委派赴並，「相機閻錫山晤談」。到太原後，他先行拜訪了山西省主席趙戴文（一九三六年五月二十七日徐永昌赴南京任職，趙繼任山西省主席），趙稱：「閻主任時以剿匪非計為念，理由為對內則將來無對外也」，繼而在趙陪同下與閻錫山面談。閻在談話中，除表示了上述的看法外，還囑轉張學良：「有機會與張氏聯合向委座進言」。當張學良得知這一切後，「頗有喜色」（李金洲：《西安事變親歷記》臺北傳記文學出版社 1972 年七月版，第 12—16 頁），並於十月初再派李金洲與戢翼翹，攜其親筆信到太原見閻。張在信中說：「尊意並手教拜聆之下，不勝雀躍，國事急矣，有我公一呼，抗敵之事必皆追隨而起，可促成政府抗敵決心。事可為矣，國有濟也，豈限於華北秦晉乎」！（《閻錫山日記》一九三六年十月九日）。其時，日偽正準備進犯綏遠，綏遠戰事大有一觸即發之勢，張學良同時允諾援助綏戰。對此，閻錫山在給張學良的覆信中稱：「敵對綏遠，勢在必取，得兄慨允協助，弟膽壯多矣。抗戰而勝，國家之幸，抗戰而敗，我輩亦可了矣」（《閻錫山日記》一九三六年十月十五日）。

從紅軍東征後，閻錫山與張學良、楊虎城之間的這些交往中，可以看出，閻錫山在將其政策由「剿共」轉而為「聯共」，並且提出「守土抗戰」、「犧牲救國」主張的同時，對蔣介石的態度也發生了明顯變化，如果說，在此之前，他對蔣的「攘外必先安內」的政策還只是表示不滿的話，那麼，透過毛澤東的來信，以及張學良、楊虎城的多次接觸，已經有了與張學良一道向蔣「進言」的要求了，也就是說，他已經在停止內戰，共同抗日的問題上與張學良站在了同一立場上，支持張的向蔣「進言」行為的。正因為如此，所以，十月三十一日，閻錫山才能與張學良一起向蔣介石進諫。

十月三十一日是蔣介石的五十壽辰，這時的蔣介石雖然對閻錫山堅持的綏遠抗戰予以了密切關注，並調派湯恩伯、門炳嶽等部入綏作戰，但是，他卻仍然堅持其「攘外必先安內」的政策，為此，他先到西安，督飭張學良、楊虎城繼續「剿共」。接著以「避壽」為名，轉飛洛陽，但仍「避」

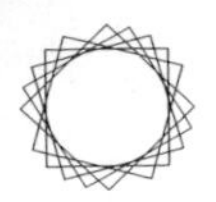

之不及，眾多軍政要員風相繼前來，向蔣祝壽。閻錫山也不例外，借赴洛陽給蔣祝壽之機，偕徐永昌、傅作義於蔣氏壽辰前一日乘包機先赴西安，對張、楊的多次太原之行進行回訪，同時進一步交換意見，當晚同乘專列沿隴海路東行洛陽。當蔣之祝壽典禮完畢後，閻錫山履行對張之諾言，連袂晉見蔣介石，並就停戰抗日問題向蔣進諫。但仍一心要「剿共」的蔣介石根本不聽他們的諫言，反而厲聲斥責：「你們只答覆我一句話，是我該服從你們呢？還是你們該服從我？」進諫碰壁後，閻、張均感到遺憾。在此情況下，他們之間單獨進行了一次長談。閻錫山最後對張學良說：「漢卿呀，看委員長態度，咱們不能再說話了，只有咱們自己以後看機會慢慢做吧」（李金洲：《西安事變親歷記》臺北傳記文學出版社 1972 年版，第 23—25 頁）。這次進諫雖然沒有結果，但張學良並未就此甘休，仍繼續向蔣進諫，直至十二月十二日在西安進行兵諫，扣押了蔣介石。

正由於一年多來張、楊、閻之間的頻繁交往，並由此而在停戰抗日問題上達成了共識，而閻錫山又近在山西，因此，西安事變發生後，張學良、楊虎城在一方面以其抗日救國「八項主張」通電全國；一方面分別致電各地方實力派「共商抗日救國大計」的同時，張學良還以個人名義另致閻錫山一電，希望得到理解和支持。然而，事發突然，閻錫山事先沒有得到任何具體的消息，這不能不令他大為吃驚，也大感以外。於是連夜召集緊急軍事會議，探討事變真相及其對策。會上，閻錫山表示了對張學良此舉的不滿，他說：「小六子（指張學良的乳名——引者著）太蠻幹了，事先沒有商量好，就鬧出事來。我們現在不比過去，已元氣大傷」（郭汾陽：《閻錫山在西安事變中的活動》，《山西文史資料》第 49 輯，第 3 頁）。並於第二天即十二月十四日覆電張、楊，雲「兩兄靖機電及漢兄來電均誦悉，環讀再三，驚痛無似，弟有四個問題，質諸兄等：第一，兄等將何以善其後？第二，兄等此舉，增加抗戰力量乎？減少抗戰力量乎？第三，移內戰為對外戰爭乎？抑移對外戰爭為內戰乎？第四，兄等能保不演成國內之極端殘殺乎？前在洛陽時，漢卿兄曾涕泣而道，以為介公有救國之決心，今兄等是否更以救國之熱心，成危國之行為乎？記曾勸漢卿兄雲，今日國家

危險極矣，不洽之爭論，結果與國家不利，當徐圖商洽。不洽之爭論，尚且不利國家，今兄等行此斷然之行為，增加國人之憂慮，弟為國家，為兄等，動無限之悲痛，請兄等亮察，善自圖之」（《閻錫山年譜》（五），第1973—1974頁）。十二月十五日，張、楊二人回電閻錫山，在表示對綏遠抗戰「佩仰」的同時，解釋了「請蔣暫留」的目的，「只為貫徹抗日救國主張，既非內爭，亦不赤化」（《孔庸之先生演講集》下冊，第696、697頁），繼而於十七日以李金洲為代表赴並見閻，面陳詳情。

對於閻錫山十二月十四日回復張、楊的「寒電」，有論者曾認為這是閻錫山出爾反爾，背叛了張、楊，說輕點，至少是「不負責任」。其實，從西安事變後中國政局出現的動盪，以及閻錫山為解決事變所進行的一些工作上來看，這種指責是不當的。蔣介石被扣後，國民黨統治集團內部因不同的利益關係，就迅速分化，出現了旗鼓相當的兩派勢力，一派是親日的以何應欽為首的主戰派，要調集重兵，討伐叛逆張、楊，甚至要出動飛機，轟炸西安；一派是親英美的以孔祥熙和宋子文、宋美齡為首的主和派，想以和平手段解救蔣介石，並和平解決這一事變。兩派出於各自不同的目的和願望，在戰與和的問題上爭執不下。如果矛盾激化，一但動武，那麼，將會釀成一場大規模內戰，演成國內之極端殘殺，也會減少抗戰力量，給日帝以可乘之機，民族危亡將進一步加劇。因此，閻錫山向張、楊提出的第二、三、四個問題，並非沒有一定的道理。而這也恰恰是閻錫山立足於民族危亡的這一嚴峻現實，從大局從長遠進行深思的結果。同時閻錫山雖然對張、楊的「行此斷然之行為」表示了責備，但他並未因此而袖手旁觀，對此等大事漠然視之，而是以憂慮的心情，密切關注著事態的發展變化，並且以其聲望和地位，為爭取事變的妥善解決，而積極與各方磋商斡旋。就在十二月十四日回覆張、楊的同時，他還致電行政院長孫科，云：「元電誦悉，西安事變，關係國家存亡，介公安危至巨，鄙見以為處理允應適宜」，並將致張、楊之「寒電」抄送轉達。

由於閻錫山在當時地方實力派中資格最老，實力最強，加之晉陝僅一河之隔，因此，西安事變發生後，南京中央政府中戰和兩派的代表人物，

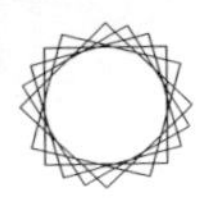

也把解決這次事變的希望寄託在了他的身上。孔祥熙就認為：「閻伯川的地位很重要，無論討伐和調停都要派人去問他的意見，同他商量或請他調停」（《西安事變親歷記》第 317 頁）。何應欽、孫科在致閻錫山的信中也說：「環顧國中能深識此事之癥結，熟權公私中之兩宜者，無如先生，務切即日向漢卿剴切勸導」（孔祥熙：《西按事變回憶錄》）。孔祥熙在十二月十三日與閻通報情況時，甚至說：「我公公忠體國，雄鎮邊陲，登高一呼，眾流回應，尚乞主張正義，領導群倫，俾抒國難。……漢卿於公夙致推仰，尚希責以大義，動之以私情，挽已倒之狂瀾，拯國家於萬劫」，並提出營救蔣介石的具體辦法與閻相商，稱：「逕送蔣介石回南京或有困難，故擬勸張先生送蔣介石赴太原，而以斡旋之任托伯川閻公」。十四日，再次電閻：「弟意請公即電漢卿，促其反省，即日陪同介公南來，一切弟當保其安全。倘渠因南來或恐不為各方所諒，則請公電勸其暫移晉省，並保證其絕對安全。即希迅速密加運用，或派要員即往尤佳」。十五日，再電閻：「務乞我公切電漢卿。促其親送介公赴並，弟即邀中央負責同人前往晤商，則一切問題，有我公居間保證」（孔祥熙：《西安事變回憶錄》，參見劉振東編輯：《孔庸之先生演講集》下冊，臺北一九六零年年九月版）。與此同時，孔祥熙與何應欽達成一致意見，派黃紹竑、莫德惠等專程前往太原與閻面商一切，而閻錫山在聽取了十七日達到太原的李金洲的詳細陳述後，「得知『委座安然無恙』，且張『願隨介公赴南京請罪』等情況」後，不僅立即命令秘書告何應欽，並在太原報紙上登出「號外」，「以安定全國人心」（相從智主編：《中外學者論張學良楊虎城和閻錫山》人民出版社 199 五年九月版，第 436 頁）。同時，準備以趙戴文、徐永昌為代表，於二十八日同李金洲一道去西安，參與解決事變。由於閻錫山派趙、徐去西安「能與委座單獨談話」的要求未得到張、楊方面的明確答覆，而南京方面又決定派黃紹竑「赴晉與閻面洽」，於是，閻讓李金洲先行返回，約定二十日再來並接趙、徐。

南京方面各派對閻的信賴，更促使閻錫山努力調停西安事變。十二月十九日，他致電國民黨元老張靜江，稱：「皓電誦悉，營救介公出險，為

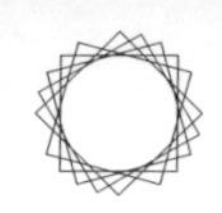

目前第一要義。……昨漢卿代表來晉，談次察知漢卿頗有悔過之意，但尚不能認為確有解決之方。辱承垂諉，當勉力為之，尚乞隨時指示，俾利進行」（《閻錫山年譜》（五），第 1974 頁）。在二十日致時任蒙滿委員會副主任趙丕廉的電報中，告知趙，張學良等再次表示：「一、抗日之外，絕無他圖，為抗日而受任何犧牲，在所不惜；二、決不造成內戰」。並認為，「茲事體大，動關安危，惟望我公不棄，切實指教」。次日，再致電趙丕廉，說，接到張學良來電，李金洲因今日天氣不佳，擬緩返並，並向趙表示：「鄙意為國家計，非使現在僵局善化，不能上一致救國之途徑」。同日，閻還致電馮玉祥、居正等，表明他自己「謹當在中央嚴整紀律之下，竭盡綿薄，不顧一切，營救介公脫險」。（《閻錫山年譜》（五），第 1974—1976 頁）。由於先是「天氣不佳」，繼而是「福特機現因端納南返，已飛南京」，趙戴文、徐永昌一直未能成行。十二月二十二日，閻錫山決定先派傅作義前往西安。傅作義接到閻錫山的電報後，準備先飛太原請示閻後，再作行動。不料，傅所乘飛機因迷失方向中途誤降河北易縣，直至二十五日才抵達太原。而此時，蔣介石在張學良的護送下已離開了西安。

西安事變的和平解決，雖然得力於中國共產黨的推動，十二月十七日，應張學良、楊虎城之邀請，以周恩來為首的中共代表團到達西安後，即表明了自己和平解決事變，建立抗日民族統一戰線的方針和支持張、楊「停止內戰，一致抗日的主張」。同時，以孔祥熙為代表的主和派又在與主戰派的抗衡中站了上風，在此情況下，急於脫險的蔣介石不得不口頭承諾張、楊二人的主張。但是，閻錫山對於這次事變的和平解決也是起了相當重要的作用的。如若他不主張和平解決，並多方斡旋，從中調停，甚而挾私怨，以報前仇，附和主戰派，欲置蔣介石於死地而後快，那麼，事情就會變得複雜起來，至少要推遲這次事變和平解決的進程。所以，在克服這次「國家危機」中，閻錫山的這些表現是應當肯定的。正因為如此，毛澤東在十二月二十二日寫給閻錫山的信中，才這樣說：「陝變突起，事出非常。從電訊中知我公反對內戰，有『共維大局』之語，至理名言，曷勝欽佩。敝方主張詳刪皓兩電，抄陳台鑑。敝方為大局計，不主決裂，亦絲毫不求

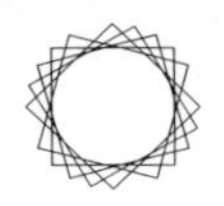

報復南京，願與我公及全國各方調停於寧陝之間，誠以非如此則損失盡屬國家，而所得則盡在日本。目前寧軍攻陝甚急，願我公出以有力之調停手段」（《毛澤東書信選集》第95頁）。

毛澤東所說的刪、皓兩電，是指一九三六年十二月十五日紅軍將領就西安事變問題致國民黨和國民政府關於要求「當局立即停止內戰，改變獨裁統治，建立廣泛的抗日民族統一戰線」的電報，以及中共中央、中華蘇維埃中央政府同月十九日發出的關於提議「召集和平會議解決西安事變，停止內戰，一致抗日」的通電。而閻錫山在十二月十四日給孫科的電報中，就提出「處理允應適宜」的意見，十二月十七日又在太原報紙上登出「號外」，「以安定本國人心」，並準備派趙戴文、徐永昌二人去西安參與解決事變。可以看出，閻錫山與中共方面在「停止內戰」和解決西安事變時應採取和平方式的方針上是一致的。他在同各方斡旋中雖然沒有提及「一致抗日」的話題，但實際上，他在山西政治上的開放，讓薄一波等共產黨人回到山西主持「犧盟會」工作等作為，已經說明他正在「一致抗日」和「聯共抗日」的道路上向前邁進，而他在西安事變中所持的這種態度，正是其繼續前進的又一表現。

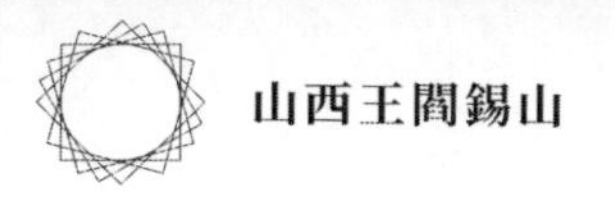

七、抗戰烽火中的進退

1、禮迎周恩來，同意八路軍三師主力開赴山西抗日前線

一九三七年「七·七事變」爆發，中國進入全面抗日戰爭時期。

此時的閻錫山雖然因患腸胃炎正在養病，仍通令各地駐軍嚴加戒備，令綏遠部隊趕築作戰工事，要傅作義對察綏邊境嚴加防範。此外，他還派張蔭梧親筆信赴天津，勸宋哲元接受中央軍的援助，協同作戰。

面對全面爆發的中日戰爭，蔣介石於七月底電邀各地軍政大員赴南京，商討國防大計，八月二日，閻錫山飛赴南京。在八月六日他與軍政部長何應欽的談話中，曾說明了自己對抗日戰爭的設想，即：在戰略上「實行持久戰，放棄土地，無關重要。在持久戰中，應研究減少敵人三種力量，即飛機、戰車、火炮」。在戰術上「最好在敵傲慢之下，第一次會戰須求得勝利，正世界視聽，爾後再將軍隊疏散，實行持久戰」。在戰鬥上，「我宜在有利之地形與之作戰，使其飛機、戰車、火炮皆失作用」（《民國檔案》1987 年第 3 期）。閻錫山的這些戰略設想，雖然在後來的國民黨正面戰場上並未得到真正的實施，但它對中國的抗戰還是有相當影響的。特別是閻錫山提出的「實行持久戰」，及其「宜在有利之地形與之作戰」的設想，實際上正是中共中央和八路軍所主張的堅持持久戰爭和開展山地游擊戰爭的戰略方針與作戰原則。

在這次會議上，決定把全國劃分為四個戰區，分別由蔣介石、閻錫山、馮玉祥、李宗仁負責。由於日軍七月底相繼佔領北平、天津後，又兵分三路，沿平綏、平漢、津蒲路向西、南進攻，其中由平綏路西進之敵意在奪取綏遠、山西，所以，八月七日會議一結束，閻錫山便於第二天飛回太原。

山西地處華北腹地，素有「華北屋脊」之稱，是華北的戰略要地。正如任弼時所說：「如山西高原全境保持我軍手中，則隨時可以居高臨下，由太行山脈伸出平漢北段和平綏東段，威脅敵在華北之平津軍事要地，使敵向平漢南進及向綏遠進攻感到困難」（《中共黨史資料》第 10 輯，第

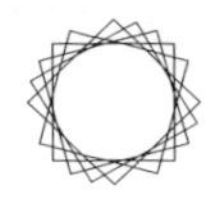

54 頁）。只要控制了山西，便掌握了華北戰場的主動權。正因為如此，所以，閻錫山回到太原後，即將晉綏軍編為第六、第七兩個集團軍，分別由楊愛源、傅作義任司令，並在東起娘子關，沿太行山各要隘地區，以及經廣靈、天鎮到豐鎮、平地泉、百靈廟一線的防禦陣地上，部署兵力，將主要兵力集結於天鎮、大同等重點地區。其部署主要是「北區以天鎮、平地泉為兩大據點」，大同、綏遠為兩大核心；中區由平型關經茹越口、陽方口至利民堡一線，「擬構成國防北部主線」；東部由東陽關經娘子關至龍泉關一線擬構成東部國防主線。「壽陽、忻口等處，尚擬設備中間防線，以太原為總核心」（《閻伯川先生救國言論選集》第 2 輯，第 96 頁）。

八月十三日，國民政府軍事委員會任命閻錫山為第二戰區司令長官，負責晉綏戰事。閻根據軍委會編制，八月二十日發表了第二戰區戰鬥序列：第六集團軍總司令楊愛源，副司令孫楚，下轄孫楚的第三十三軍和楊澄源的第三十四軍；第七集團軍總司令傅作義，副總司令劉汝明，前敵總指揮湯恩伯，下轄傅作義的第三十五軍，李服膺的第六十一軍，劉汝明的第六十八軍，高桂滋的第十七軍，湯恩伯的第十三軍，以及新編第五、第六旅和新編騎兵第二旅；預備軍總司令閻錫山（兼），下轄王靖國的第十九軍，趙承綬的騎兵第一軍。同日，國民政府以軍委會名義頒佈了《國軍作戰指導計畫》和《戰爭指導方案》，認為，日軍「將以有力之一部先進占平綏各要點（張家口、南口等處），爾後或深入山西，以威脅第一戰區之側背，或轉進於正定、保定方面，以直接協力於其在平津部隊之攻擊」，而第二戰區位於華北主戰場之側背，「為華北唯一之屏障，務須永久固守，以為國軍爾後進出之軸心」（中國第二歷史檔案館編：《抗日戰爭正面戰場》（上），江蘇古籍出版社 1987 年版，第 3—4 頁，以下只注書名頁碼）。八月二十二日，國民政府軍事委員會宣佈將紅軍改變為國民革命第八路軍，並任命朱德、彭德懷為正副總指揮，下轄三個師，不久，將第八路軍改稱第二十集團軍列入第二戰區戰鬥序列，正副總指揮改稱正副總司令。

還在紅軍未被改編之前，中共中央軍委即於七月十四日命令紅軍做好開赴華北前線抗日的準備。由於山西是紅軍將來開赴華北對日作戰的必經

之地，所以，首先必徵得閻錫山的同意。為此，毛澤東於七月十五日、七月十七日連致閻錫山兩信，分別讓其秘書周小舟和中共駐山西秘密聯絡工作站負責人彭雪楓帶給閻錫山，信中不僅向閻提出了「紅軍開赴前線協同作戰問題」，希望閻錫山「促成全國上下一致團結，救此危難」。（中共中央文獻研究室編：《毛澤東年譜》中卷，人民出版社、文獻出版社 1993 年版，第 4 頁），而且指出，日寇大舉進犯，動員全力抗戰到底，「實屬刻不容緩」，「茲有敝方指導華北工作者數人擬在太原駐止，祈先生予以方便」（《毛澤東年譜》中卷，第 4—5 頁）。而就在七月十七日，蔣介石在廬山發表談話，提出「如果戰端一開，那就是地無分南北，人無分老幼，無論何人皆有守土抗戰之責任」（蔣介石:《革命文獻》第 72 輯，第 171 頁）這就為紅軍進入華北抗日前線提供了一定保證。後經彭雪楓的再三工作，閻錫山儘管對紅軍入晉存在疑懼，但還是答應紅軍可「活動於五臺山以南地區，另一部配合王兆相部進擊綏遠」（張學忠、孫傳恒：《彭雪楓在太原的統戰活動》，《山西文史資料》第 39 輯，第 21 頁）。同時還想贈送給紅軍七九子彈、中正子彈各五十萬發，衝鋒機關槍兩百多支，並準備汽車為辦事處使用。七月二十八日在覆毛澤東的信中，閻稱：「國事危急，非集合全國財力人力不足以渡此難關，願與先生同赴國難也」（《閻錫山評傳》第 292 頁）。之後，七月三十一日，閻錫山向彭雪楓正式表示：自今日始，你可以用紅軍和中共中央代表的名義，公開進行活動。至此，閻錫山與中共正式建立了山西省範圍內的抗日統一戰線。有了這樣的進展，毛澤東於八月十日致電彭雪楓，在就與閻錫山交涉與各方接洽等問題作出進一步指示的同時，還指示彭與閻交涉紅軍出動路線問題，請閻同意紅軍由韓城渡黃河，經蒲縣、孝義、汾陽開赴抗日前線，此外，要彭立即開設太原公開辦事處，以彭為主任。經彭雪楓交涉，閻錫山同意紅軍由韓城渡河，經同蒲路輸出，並且在紅軍渡河日期、地點、船隻等問題上也都商談妥當。

八月二十二日，國民政府軍事委員會關於將紅軍改編為八路軍的命令發佈後，八月二十五日，中共中央即發佈了《關於紅軍改編為國民革命軍第八路軍的命令》，宣佈了第八路軍的總指揮、副總指揮分別為朱德、

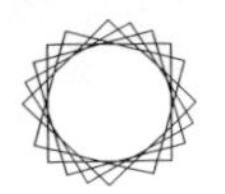

彭德懷，葉劍英任參謀長，左權任副參謀長，任弼時任政治部主任，鄧小平任政治部副主任，林彪、賀龍、劉伯承分別任第一一五師、一二零師、一二九師師長等任命事項。同日，一一五師作為先頭部隊，由陝西三原縣出發，進行軍事改編，經富平、蒲城抵韓城芝川鎮，然後東渡黃河，在侯馬沿同蒲路北上抗日。

紅軍改編後，八路軍駐晉辦事處在太原正式宣告成立，彭雪楓為主任，周恩來為中共代表。

為使八路軍進入山西後能夠迅速開展對日作戰，九月四日淩晨，周恩來、彭德懷依照毛澤東關於赴太原會晤閻錫山，商談八路軍入晉之後活動地區、作戰原則、指揮關係和部隊補充計畫等問題的指示，率與閻錫山是同鄉又有師生關係的一二九師副師長徐向前、以及一一五師副師長聶榮臻、一二零師副師長肖克和程子華等，從西安登火車抵達潼關，然後換乘木船渡過黃河，抵達風陵渡。

由於日軍於八月下旬攻陷張家口、南口之後，兵分兩路，向晉綏深入，其中的一路板垣征四郎第五師團，從懷柔向蔚縣進攻，兵鋒直指天鎮、陽高，戰爭已發展到晉北，而閻錫山又處於一種不打一仗無法向山西人民交代，打又沒有把物的矛盾之中，因此，他希望八路軍早日北上，協助晉綏軍對日作戰。正是在這種心情支配下，他對入晉的中共代表周恩來等人，表現出了極大的熱情。此時由閻錫山主持修築的同蒲鐵路，南同蒲太原至風陵渡一線已於一九三六年初告竣，所以，閻錫山讓其心腹秘書、上校軍官梁化之帶了有兩節車廂組成的專列，前往風陵渡迎接周恩來等人。專列上為周恩來等準備了相當豐富的各式中西菜肴，但周等只吃了一些簡單的便飯，令前來迎接的閻屬人員感佩不已。

九月五日下午，專列抵達太原，當時，閻錫山正在雁門關以西的代縣太和嶺口行營指揮部署與日軍的「大同會戰」，所以，他便讓趙戴文代其迎接周恩來等，並在車站舉行了隆重的歡迎儀式，隨後安排周恩來等下榻於東緝虎營街傅公祠院內的綏署高級招待所。第二天，周恩來移住於太原

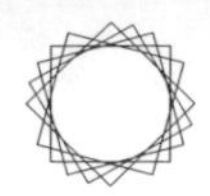

成成中學八路軍駐晉辦事處。九月七日淩晨，周恩來、彭德懷、徐向前等從太原動身，乘汽車前往太和嶺口閻錫山行營指揮部會晤閻錫山。閻沒有想到中共中央軍委副主席周恩來能夠親自前來，十分高興，熱烈歡迎。寒暄中，周恩來首先稱讚閻錫山積極抗戰。閻錫山見徐向前也在其中，便半開玩笑地說道：「周公來山西也真會選人才呀，把我們五台同鄉，又是我的學生徐向前帶來與我會見談判了？（徐在閻創辦的山西省立國民師範讀過書——引者著）……你這次來山西，除了商談合作，共同抗日，再沒有別的用意吧，可不要帶徐向前來刨我的牆角啊！周恩來馬上答道：『百川先生把話說到哪裡了。我這次同徐向前一塊來，因為他是山西人，要他給我帶路的。同時，向前又是百川先生二戰區八路軍第一二九師副師長，以後是你的部署了，和你見見面，以後，還要請先生多多關照哩！』」（喬希章：《徐向前與閻錫山》中國青年出版社 1991 年版，第 109—110 頁）。

當天中午，閻錫山設宴款待周恩來一行。

下午，雙方開始會談，閻方代表有閻錫山、朱綬光、續范亭、王靖國、陳長捷、梁化之。中共代表有周恩來、彭德懷、徐向前、肖克、彭雪楓。

談判中，周恩來對閻錫山的「聯共」態度和「守土抗戰」主張給予了積極的評價，希望閻不負國人期望，與共產黨合作抗戰到底。接著他分析了抗戰形勢，說明日本帝國主義是可以打敗的，雖然目前敵強我弱，但我們是正義戰爭，敵人是非正義戰爭，只要動員全體民眾，團結奮鬥，就可以削弱敵人的力量，增強我們的力量。打到一定時候，敵人會一天天弱下去，我們會一天天強大起來。其時，由於繼南口、張家口相繼失守後，天鎮守軍已經撤退，日軍正奔襲陽高、大同。傅作義也準備從大同撤出。閻錫山正憂心忡忡，對日作戰缺乏信心，因此，周恩來對形勢的分析，解除了閻錫山的許多顧慮，也鼓勵了他的抗戰信心，所以，閻錫山對周恩來的分析深表佩服，談判後，他曾對薄一波說：「周先生對抗戰前途看得非常清楚」（薄一波：《深切懷念敬愛的周恩來同志》，《山西革命回憶錄》第 1 輯，山西人民出版社，1983 年三月版，第 19 頁，以下只注書名頁碼）。

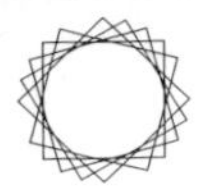

關於八路軍入晉後的作戰地域和方針問題，會談中，當周恩來根據毛澤東關於與閻錫山商量八路軍入晉後的活動地區、作戰原則、指揮關係、補充計畫等事宜的指示，提出八路軍準備在太行山脈及其北段的阜平、唐縣、曲陽、行唐、靈壽、平山、繁峙、渾源、五台、盂縣及淶源、靈丘兩縣的南部地區活動、佈防，以此為根據地，進行獨立自主的游擊運動戰，八路軍入晉部隊希望早日到達預定作戰地域，請閻錫山給予支持和方便時，閻錫山當即表示同意。同時，周恩來還提出，八路軍根據自己的兵力及戰術特長，將開赴冀察晉綏四省交界的山區，以山地戰、游擊戰側擊西進和南下的日軍，配合友軍正面作戰，閻錫山也滿口答應，並派員協助八路軍在其將要活動的地區開展游擊戰爭。而閻錫山則藉此問題，扼要地介紹了他的「大同會戰」部署。關於八路軍入晉部隊的薪餉和裝備補充問題，閻錫山對周恩來提出的包括槍炮、子彈、炮彈、炸藥、手榴彈、軍毯、皮衣、棉衣、通訊器材及醫藥衛生材料等物質，應在部隊路過太原時予以解決的要求，也十分爽快地答應下來，並下令兵站幫助運輸大炮和炮彈。

雙方代表的這次會談，氣氛融洽和諧，所談問題比較集中，周恩來所提出的要求，閻錫山都予以答應，會談取得了很大成功。

會談後，閻錫山還要求周恩來給他寫一個第二戰區對日作戰計畫，並希望周恩來等去大同會晤傅作義，疏通關係，與晉軍共同準備「大同會戰」，必要時，還煩請周等到第一戰區會見劉峙，商談配合作戰問題。對於閻錫山的要求，周恩來當即表示同意，並於當晚著手起草第二戰區對日作戰計畫。次日中午寫好後，交給閻錫山。閻看了之後十分驚訝，連聲稱讚說：「寫得這樣好，這樣快！如能這樣打，中國必勝」，並感歎：「周先生的確是個大人才，國民黨是沒有這樣的人才的」（《山西革命回憶錄》第 1 輯，第 19 頁）。周恩來在交出作戰計畫時，還向閻錫山提出了在淪陷區成立「第二戰區戰地總動員委員會」（簡稱「戰動總會」）的工作綱領，主要內容包括：積極組織、訓練、武裝民眾；實行減租減息，合理負擔，改善人民生活；實行民主政治等，同時明確提出戰動總會由中共、犧盟會和其他群眾團體參加組成，並由共產黨、八路軍代表參加領導。周恩來估

計到閻錫山在這個問題上可能不同意，事先與薄一波進行了研究，責成薄做閻的工作。果然，閻看到綱領中有由共產黨、八路軍來領導的條款後，不大高興，認為在這個問題上不能讓步，如果讓了，山西淪陷的地方，今後就沒有了。薄一波則對閻說：「現在把淪陷區交給共產黨、八路軍領導，是最大的人情，同時還可以加強抗日民族統一戰線。如果不讓，共產黨、八路軍一定要堅持，也無可奈何，因為那些地方是共產黨、八路軍從日本人手中奪回來的，怎能不讓？如果不讓，連個人情也落不到」（《山西革命回憶錄》第 1 輯，第 19 頁）。閻錫山經過權衡，認為薄一波所說不無道理，遂同意了周恩來的意見，於一九三七年九月二十日在太原成立了第二戰區民族革命戰爭戰地總動員委員會，由國民黨元老、積極主張抗戰的愛國將領續范亭任主任，主要職能部門由共產黨員負責領導，如程子華即擔任了戰動總會的黨團書記兼人民武裝部長。

九月八日下午，周恩來、彭德懷離開太和嶺口，依閻錫山的建議趕赴大同，與傅作義商量有關事宜。次日，周、彭一行返回太和嶺，閻錫山又主動約見。鑑於日軍此時已重兵壓到晉北一線，閻錫山準備在平型關與雁門關實行重點防守，並要求八路軍與之配合行動。周恩來根據閻錫山在這兩地的防禦部署，建議閻不要單純死守陣地，而應主動出擊，實行側擊和伏擊。同時為了提高八路軍的威信，也給晉軍以一個好的影響，他與彭德懷提出將第一一五師開到五台、靈丘地區，配合友軍佈防於平型關一帶，在側翼伺機殲敵；第一二零師開到晉西北地方，待敵進攻雁門關時，從側翼進擊，閻錫山對此表示了贊同。

一九三七年九月中旬，日軍佔領大同，山西北部門戶洞開，華北局勢急劇逆轉，原來部署的八路軍作戰地區已經變成日軍的戰略中樞地帶。因此，毛澤東於九月十六日電示周恩來，在此情況下，我三個師已無集中晉東北一處之可能，更無此必要，提出將三個師分散佈置在晉東北、晉西北和晉南太嶽山脈。而此時的第一一五師於八月底渡過黃河，在侯馬因暴雨沖毀鐵路逗留數日後，已開進晉東北地區，於是，周恩來與在九月二十一日率領八路軍總部到達太原的朱德，在二十二日傍晚一道乘車去太和嶺

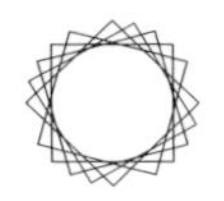

口，與閻錫山進行商談，重申了八路軍進行獨立自主的山地游擊戰的作戰原則，商談了八路軍作戰的地域、軍隊駐紮和兵力使用等問題，周恩來一再申明共產黨的作戰方針是持久戰，不是速決戰，主張以廣泛發動群眾、組織群眾和開展游擊戰來支持長期抗戰。會談之後，閻錫山與周恩來一道在視察雁門關一帶陣地時，周恩來用探詢的口氣問閻錫山：「如果日寇攻到這裡，你準備怎麼打」？閻未正面回答周的提問，只是說：「我拼了老命也要保住山西」（南新宇：《周恩來的一生》中國青年出版社 1987 年版，第 223 頁）。

九月二十七日，周恩來在太原致電閻錫山和第二戰區副司令長官黃紹竑，提議：下令平漢退軍轉側面發展游擊戰；催桂軍立即北上增援娘子關；督促蔣介石迅速武裝河北民眾，組織河北游擊戰爭。閻錫山覆電表示贊同，並提出「華北局勢日危」，「請將劉師（八路軍一二九師）早日北開以挽局勢」（《中共黨史資料專題研究集——抗日戰爭時期》（一），中共黨史資料出版社 1988 年版，第 7 頁）。

周恩來與朱德同閻錫山這次太和嶺口會談後，九月中旬至十月初，八路軍三師部隊陸續進入作戰地區。第一一五師進入以恒山為依託的晉東北地區；第一二零師進入以管涔山為依託的晉西北地方；第一二九師先進入正太線南北地區，然後逐漸向太行山南側轉移。三師部隊在各自所在地區，在正面戰場的側後立即開展游擊戰爭，並實施戰略展開，創建抗日根據地，並由此拓展到整個華北，逐漸發揮了山西戰略支點的重大作用。

「七七事變」爆發後，閻錫山禮迎周恩來，並同意改編的八路三師部隊按中共的要求開赴晉東北、晉西北和晉東南地區，可說是他在「聯共抗日」道路上的又一大進步。儘管這其中有著中日民族矛盾的上升，國民黨蔣介石對日政策的改變，以及他為自身「存在」的考慮等等原因，但他能夠在中國歷史發生大變局的關鍵時刻，採取這些做法，還是值得肯定的。如果不是這樣，而是相反，那麼，八路軍三個師就不會如此順利而迅速地開赴山西抗日前線，配合友軍對日寇的倡狂進攻予以堅決的抵抗，也不可能有以山西為依託的晉察冀、晉冀魯豫和晉綏三大華北敵後抗日根據地的

很快建立，從而在戰略上有效地遏制日軍的進攻。所以閻錫山此舉對於中國人民堅持抗戰，並奪得這場戰爭的勝利，在客觀上仍是有著重要的現實意義和深遠的歷史意義的。對此，中共領導人張聞天曾經說過：「我們承認閻百川先生是在當代政治家中比較有遠見的。不論在過去一段時間內，他同共產黨怎樣立於完全對立的地位，想出了各種怎樣的『防共』的辦法，反對過共產黨，然而當日本增兵華北，華北形勢十分緊急的情況下，閻先生就開始把『防共』的精力轉向『守土抗戰』，……閻先生的這種變化，是值得我們贊許的」（《解放》週刊，第 25 期）。

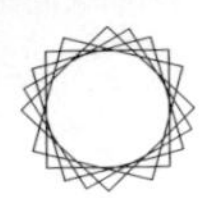

2、「大同會戰」失敗，繼又組織忻口戰役

一九三七年八月二十五日、二十七日，南口和張家口的相繼淪陷，使察南喪失屏障，無險可據，日軍則乘勢突破察省平綏路各據點後，分兵兩路，向晉綏深入，戰火開始向山西境內蔓延。

當日軍佔領平、津，兵分三路向華北大舉進攻，其中一路沿平綏路西進，意在奪取山西、綏遠時，八月五日，閻錫山奉蔣介石之命派第二戰區第七集團軍前敵總指揮湯恩伯率部進駐南口，部署防守，以阻止沿平綏路西進之敵。他本想依賴中央軍阻敵於晉省境外，但由於日軍為打開這個平綏路東段的門戶，以實現其戰略意圖，不惜全力瘋狂進攻，而這時，平綏線上的另一軍事重鎮張家口已被日軍包圍，使南口守軍處於腹背受敵的困境，加之指揮作戰的將領一味依重單純性防守，同敵進行陣地消耗戰，援軍又遲遲未能趕到，所以，儘管守軍頑強抵抗，浴血奮戰，仍未能守住。

南口、張家口失陷後，閻錫山判斷日軍將沿平綏路西進，進攻大同，遂命令南口前線各部隊西返大同地區集結，準備與日軍決戰。為此，八月二十八日，閻錫山乘坐用汽車改裝的鐵甲車離開太原，赴原平，然後改乘汽車到代縣雁門關東太和嶺口，設立行營，指揮作戰。隨同閻的軍政要員有趙戴文、朱綬光、張培梅、王靖國、續范亭等，並由郭宗汾兼行營參謀團主任。次日，閻錫山發表了《告第二戰區前敵將士書》，云，：「此次戰爭，是國家民族存亡的關頭，非勝不可，應將個人生死利害，置之度外，方能致勝，方能救國」，「錫山定本犧牲救國之決心，領導大家，一致努力，一致犧牲」，「民眾為國家主人翁，武力與民眾結合者必勝，否則必敗」（《閻錫山年譜》（五），第 2037——2038 頁）等等。並在軍事部署上，鑑於敵我雙方可能於雁門關以北擺開戰場，擬訂了一個「大同會戰」（也有稱「雁北會戰」）計畫。

大同又稱平城，曾是北魏的國都，它處於雁北大同盆地西北部，北有外長城作屏障，西南靠管涔山為依託，東南憑恒山為支持，與平型關遙相呼應。平綏、同蒲兩鐵路又交匯於此，扼晉、察、綏交通要衝，自古就是

軍事重鎮，晉北的門戶。如果大同及周邊地區為我所控制，北出外長城，則可制西進之日軍左側背，反之，若大同為敵所占，則可沿同蒲路南下，直撲太原。正因為大同的戰略地位如此重要，所以，閻錫山在制定「大同會戰」計畫時，曾有過這樣的考慮，認為日軍進犯晉北有兩種可能：一是「以一部兵力由蔚縣向廣靈行佯攻，以主力沿平綏路西進奪取大同，以圖切斷我晉綏之聯絡線」。二是「以一部兵力向天鎮行牽制攻擊，以主力向廣靈進攻，企圖截斷我雁門後路」。因而，閻錫山確定了機動的作戰方針，即「以主力配置於天鎮、陽高、廣靈、靈丘、平型關各地區，以一部控制大同、渾源、應縣附近以策應各方之戰鬥，相機轉移攻勢」（《抗日戰爭正面戰場》（上），第 451 頁），以達到利用山地殲滅敵人之目的。「大同會戰」計畫制訂後，閻上報蔣介石，得到蔣的批準與鼓勵。蔣同時還答應速將劉茂恩第十五軍派往山西，列入第二戰區序列，以作為南口失守後，將湯恩伯三個師拉走調向平漢線的補償。

依此計畫，閻錫山又制定了具體作戰方案。將李服膺第六十一軍及其他部隊共七個團，附屬一個山炮營，佈防於晉省東北邊界的西灣堡、天鎮、陽高等地，拒止日軍西進，掩護大同東面的聚樂堡主陣地；王靖國的第十九軍及其所轄三個旅，附屬山炮團、野炮營又一個重炮連，佔領大同東面三十里的聚樂堡，吸引敵於熊耳山和外長城線間的南洋河盆地；楊澄源第三十四軍及劉茂恩第十五軍為南兵團，以楊澄源為指揮，集結於渾源、東井集間；傅作義第三十五軍（三個旅共計九個團兵力），及綏遠的兩個騎兵旅、附一個山炮團、一個野炮營為北兵團，以傅作義為指揮，集結於豐鎮，得勝口等地待機。騎兵集團軍趙承綬、門炳岳部設防於綏東之興和東北地區，劉奉賓第七十三師在廣靈以北火燒嶺——洗馬溝一線擔任警戒。孟憲吉獨立第八旅設防於雁門關上，辜拯宇獨立第三旅佈置在五台、龍泉關間，陳長捷第七十二師和新編獨立第四旅於鎮河部，編為預備兵團，由閻錫山直接掌握。

閻錫山這樣的計畫，本想將日軍誘至聚樂堡主陣地後，南北兩軍發動鉗擊，合擊於該地區，況且週邊、內線均有部隊策應，似乎勝券在握。

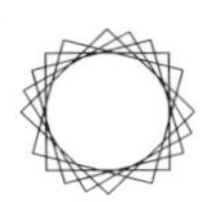

可是，他的計畫迅速被日軍的進攻打破。因為日本關東軍察哈爾派遣兵團，在偽蒙軍的配合下，繼續沿平綏路西進時，除其先頭部隊第十五旅團推進至柴溝堡，直指天鎮外，又兵分三路向南向西挺進；一部由張家口趨興和，以圖集寧；一部自懷安逼陽原，進攻渾源；一部從懷安撲蔚縣，直插廣靈。三路大軍分進合擊，對大同乃至晉北形成了包圍態勢，而非像閻錫山當初所設想的日軍可能「以一部主力奪取大同」，或是「以一部主力向廣靈進攻」。

九月二日，日軍第十五旅團、混成第二旅團，分別進至天鎮的永嘉堡和史家堡一帶，至此，日軍已進入山西境內。

天鎮是雁北東部的門戶，大同的前哨，正因為如此，所以，閻錫山電令李服膺率部固守天鎮以東盤山迄北之線和天鎮城三天以上，拼死待援；以大同附近之總預備隊相機向天鎮附近推進，而渾源附近兵力也渡桑乾河，向天鎮右翼實行側面反擊，俟其頓挫，再由天鎮兩翼夾擊之。而也正是因天鎮的戰略地位如此重要，它自然也就成了日軍進攻山西的首選目標。因此，「大同會戰」首先從天鎮拉開帷幕。

從九月三日開始至九月六日，日軍在飛機、大炮、坦克、裝甲車的配合下，先後向天鎮週邊李服膺部駐守的李家寨、羅家山、磚窯村，以及天鎮主陣地盤山，發動了多次猛烈進攻。守軍拼死抵抗，使敵未能很快得手。盤山激戰時，原來坐鎮陽高指揮的李服膺坐臥不安，急率行營人員及直屬騎兵連進駐天鎮城西村莊指揮作戰。閻錫山也急調王靖國第十九軍在豐稔山、聚樂堡一帶緊急佈防，聲援天鎮，同時向蔣介石致電，稱「鈞座對積極方面，收復察、平，或增兵固守晉綏，俟敵再度來攻；或消極固守山西，均應有所打算」。蔣回電雲:「敵攻大同時，當由平漢、津蒲兩方面令衛（立煌）部同時反攻策應，以收復平津及察省也」（張憲文：《抗日戰爭的正面戰場》河南人民出版社 1987 年版，第 55 頁）。儘管如此，九月六日，盤山仍告失守，日軍兵臨城下，李服膺率殘部退往王千戶嶺，天鎮僅留獨立二零零旅之第 2 二九九團固守。

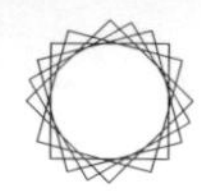

九月八日，日軍開始攻城，接連數次，均被守軍擊退，日軍遂改變策略，一面繼續向城內轟炸，一面繞過天鎮，奔襲陽高、大同。

陽高城內守軍僅六百餘人，況且根本無天險可據，雖經英勇抵抗，陽高也於九月十日失陷。陽高失守，天鎮後路被截，李服膺乃下令棄守天鎮。十一日軍佔領天鎮，於是，日軍乘勢向大同附近集結兵力。

九月十一日，日軍突破聚樂堡附近陣地，機械化部隊直驅大同城外，由於此時配合大同守防的劉茂恩第十五軍仍未到達大同佈防，城內兵力薄弱，駐軍見大同難以堅守，便於當晚炸毀禦河鐵橋，棄城南撤廣武、雁門關一線。在此狀況下，閻錫山聽從王靖國「大同無死守的價值」的建議，下令棄守大同。日軍原以為大同定有重兵駐守，未敢妄動，隔了兩天，見城內毫無動靜，遂在未受任何抵抗的情況下，於九月十三日佔領大同，閻錫山的「大同會戰」終告失敗。

蔣介石對閻錫山「大同會戰」的失敗表示了不滿，急電警示閻：「集中兵力於一點，與敵決戰，是失我所長，而補敵短，此非不得已，切勿輕用，弟意晉綏陣地（當）取積極防禦為主也」（《抗日戰爭正面戰場》（上），第 454 頁）。儘管迫於南京政府的壓力和國人的譴責，閻錫山不得不「揮淚斬馬稷」，將「大同會戰」之責推給了他的愛將李服膺，並於十月四日將其處決，但此次會戰失敗所產生的不良影響及其嚴重後果，畢竟是難以彌補的。

大同被棄守的第二天，九月十四日，日軍又攻陷廣靈。之後繼續向靈丘、渾源挺進。

閻錫山為防止日軍攻佔平型關，切斷雁門關的後路，在將其戰區主力全面南撤至內長城一線後，又根據一九二七年北伐中與奉軍大戰於靈丘、繁峙間的戰例，提出了把日軍放進平型關以內進行圍殲的計畫，即以逐次抵抗的方式，誘敵深入到繁峙縣砂河以西地區，然後從恒山、五臺山兩方面發動鉗擊，並截斷平型關要隘，會殲日軍於滹沱河上游砂河——大營間的盆地裡。閻錫山將此戰術稱之為「口袋陣」，要把敵人「放進口袋裡」，

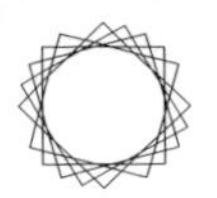

給以狠狠地打擊」還頗為得意地說是：「布好口袋陣，讓敵人進得來，出不去」（陳長捷：《平型關戰役中蔣閻軍對日作戰及撤退情況》，《山西文史資料》第 14 輯，第 138 頁）。為此，他將內長城防線分為左右兩個地區，以楊愛源為右地區總司令，孫楚為副總司令，轄第三十三、十七軍；傅作義為左地區總司令，轄第六十一、三十四、六十三、十九軍，以第七十一、七十二兩師為預備軍，並把孫楚、楊澄源、王靖國、傅作義所部，分別佈防於平型關、茹越口、雁門關、陽方口方面；劉茂恩之十五軍設防於恒山外側；趙承綬騎兵第一軍之兩個師在神池、朔縣擔任警戒。佈防部隊共約六七萬人。

與此同時，日軍也積極部署新的作戰方案，決定採用兩路分進合擊的「鉗形」迂回戰術，以第五師團約萬餘兵力為主攻，以察哈爾兵團約萬餘人為助攻，首先攻佔平型關，搶奪南下通道——滹沱河後，繼而以迂回戰術，直撲忻縣，奪取恒山之戰略中樞，將該地區之中國軍隊聚而殲之，然後乘勝南下，直取太原。

閻錫山所以要嚴防平型關，而日軍要首攻平型關，是因為平型關為內長城南端的重要關隘。它位於靈丘縣西南，兩峽谷中縱貫一條大道——蔚（縣）代（縣）公路。公路兩側地形複雜，峰巒迭起，陡峭險峻，地勢極為險要，它又是控制冀、察入晉之交通要道。日軍要由靈丘進攻雁門關側背必經此路。

日軍繼九月十四日攻陷廣靈，十七日佔領渾源，二十日攻佔靈丘後，二十一日板垣即命令日軍約四個大隊的兵力，沿靈丘——大營鎮大道，直撲平型關。步兵第二十一聯隊從渾源出發，攻擊平型關右側。

有鑑於此，閻錫山急調七十三師、第十七軍、第十五軍、獨立第三旅佔領平型關南之馬跑泉經平型關至東跑池；東跑池經團城口至西河口；大坪村經淩雲口至北樓口之陣地。

九月二十二日，日軍三蒲二十一旅團的先頭部隊到達平型關，與擔任修築工事的獨立第八旅展開激戰，次日拂曉，日軍主力四五千人到達，又

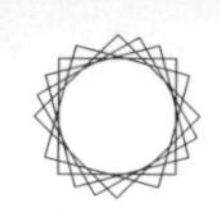

向平型關、團城口一帶陣地大舉進攻，並以數十輛戰車沿公路向平型關挺進。戰況空前激烈，雙方傷亡慘重，同時，日軍兩千餘人又向東、西跑池發起猛烈進攻。

閻錫山為確保平型關，於二十三日致電朱德，要求八路軍配合作戰，同時令傅作義率領預備軍增援平型關，新編第二師赴西河口地區待命，第七十一師向大營東北地區前進，第七十二師向砂河集結待命。

朱德接電後，同彭德懷立即電令：「一一五師立即向平型關、靈丘間出動，機動側擊向平型關進攻之敵，但須控制一部於靈丘以南，保障自己之右側」（中共中央文獻研究室編：《朱德傳》人民出版社、中央文獻出版社 1993 年版，第 411 頁），並回電閻錫山，報告進攻準備情況。

九月二十四日，傅作義率預備軍兩個旅達到平型關，日軍亦增兵五千人，分別向東西跑池、1886.4 高地、團城口及講堂村各處猛攻。因我軍傷亡過重，東、西跑池及 1886.4 高地再度陷於敵手。團城口位於平型關北五公里處，為平型關隘前的制高點，因此，當天，傅作義、楊愛源與八路軍第一一五師聯絡參謀共同商討決定次日拂曉以第七十一師和第一一五師合擊團城口之敵，並作出了「二十五日平型關出擊計畫」，要求一一五師按原計劃從平型關東南出擊。

第一一五師接到命令後即於二十四日當夜由冉莊向白崖台進發。指戰員們冒著傾盆大雨，拂曉前到達陣地。由於二十四日白天第一一五師偵察到日軍第二十一旅團開始向平型關方面運動，遂決定在靈丘通往平型關的最險要地段即小寨村至老爺廟的山溝公路兩邊設伏，並決定第三四三旅之第六八五團、第六八六團擔任主攻任務；第三十四旅之六八九團負責向靈丘方面警戒並斷敵退路，第六八八團為預備隊；獨立團和騎兵營插到靈丘與淶源之間和靈丘與廣靈之間，以截斷敵人交通線。二十五日淩晨，日軍第二十一旅團第二十一聯隊之第三大隊，攜帶大批輜重車輛，沿著公路西進，開始進入第一一五師伏擊地段。七時許，當驕橫的日軍全部進入伏擊圈後，指戰員迅速出擊，居高臨下，向敵發起猛烈襲擊，採取攔頭斷尾，

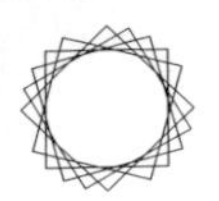

中間突擊，分別殲敵的戰術，與敵展開激戰。至下午一時許，戰鬥基本結束。是役，第一一五師殲敵近一千人，擊毀汽車一百餘輛，馬車二百九十餘輛，繳獲步槍一千餘支，機槍二十餘挺，野炮一門，以及大量軍用物資。我軍亦傷亡一千餘人（王秀鑫、郭德宏：《中華民族抗日戰爭史》中共黨史出版社 1995 年版，第 185 頁）。平型關殲敵戰是八路軍出師抗戰以來的第一個大勝仗，也是華北戰場上中國軍隊主動尋機殲敵而又首次取得勝利的戰鬥。由於此役的勝利，也為閻錫山籌畫的整個平型關戰役爭了光，所以，閻錫山感到很欣慰。

儘管如此，卻未能扭轉中國軍隊在整個平型關戰役中的被動局面，先是傅作義等「合擊團城口」之敵的計畫，因高桂滋第十七軍不顧大局，在敵重壓之下退出團城口陣地而告失敗，雖然後來閻錫山組織力量要奪回團城口，但因敵也增兵團城口，致使敵我雙方在團城口一線呈對峙狀態，直至九月二十九日，日軍終未能越雷池一步，中國軍隊也無法全殲敵於平型關外。但是，當平型關鏖戰正激時，從九月二十七日開始日軍又進攻茹越口，在日軍向茹越口發動進攻時，第七十四軍梁鑑堂第二零三旅官兵雖曾頑強抵抗，自梁鑑堂旅長以下一千四百人全部殉國，但仍未能守住。二十九日茹越口失陷，三十日繁峙城又失。在茹越口失陷的當日，閻錫山在聽取了平型關方面的戰況報告後，判斷日軍是以一部兵力在陽方口、茹越口方面實施牽制，而以主力攻擊平型關，因此，戰區的注意力仍應集中在平型關方面，依然貫徹實施原定計劃。並召集前線高級將領開會，商討禦敵之策。傅作義等曾擬出兩個方案；一是圍攻茹越口、繁峙，殲滅平型關外之敵；二是堅守平型關、團城口陣地，夾擊入侵繁峙之敵。但在討論中，將領們對兩個方案都各執一詞，閻錫山一時也拿不定主意，而此時日軍佔領繁峙，閻錫山便聽從了楊愛源的「繁峙之敵有可能經峨口直竄五臺山」的微妙提醒，深恐通往五臺山的退路被截，竟拍案而起，有氣無力地說道：「我看這種形式，已無法補救了，拖下去，要更不好，星如（楊愛源字）、宜生（傅作義字）就下令全線撤退吧」！（陳長捷：《平型關戰役中蔣閻軍對日作戰及撤退情況》，《山西文史資料》第 14 輯，第 153 頁），並部署了各路大軍向五臺山區的撤退。會議於午夜 1 時結束後，閻錫山即趁夜騎著毛驢趕往五台縣台懷鎮。三十日上午，太和嶺口行營人員也撤回太原。從棄守大同，到九月三十日，歷時十幾天的內長城防禦作戰就這樣結束了。

如此結果，閻錫山自知責任難逃，遂於三十日下午在台懷鎮致電蔣介石稱：「山指揮無方，喪失關隘，遺誤國事，非特內疚，實為國法不容，懇鈞座呈請政府嚴予懲處」（《抗日戰爭正面戰場》（上），第 473 頁）。蔣介石也清楚內長城防線失守將會造成的嚴重後果，但在大敵當前的形勢下，似不宜深責，反而於十月二日覆電，對閻加以慰勉，云：「吾兄躬親督師，為國宣勞，殊深嘉佩。平型小挫，請毋介懷，仍盼策勵各軍，繼續殺敵，以爭最後勝利」（《抗日戰爭正面戰場》（上），第 475 頁）。

日軍攻佔平型關的目的，是為了搶奪南下通道，之後，直撲忻縣，再取太原。因此，當其突破閻錫山的內長城防線後，於十月一日攻陷代縣，繼而出朔縣、陽方口，向甯武進攻。日軍統帥部鑑於山西的「戰略價值」，十月一日下達作戰命令，令關東軍「以一部列入華北方面軍指揮下」，協助該方面軍佔領太原，同時加入的還有關東軍察哈爾派遣兵團四個半旅團，從向保定轉進的第九旅團抽出的兩個大隊，總計集結於山西北部的日軍兵力約二點八萬人（不含第九旅團兩個大隊）。日軍用如此重兵，目的在於迅速拿下太原，以山西為戰略基地，解決華北戰事。

閻錫山為阻敵南下，保衛太原，一方面急忙調集八萬兵力，將主力集結於忻口附近，佔領既設陣地，築起保衛太原的最後一道防線，一方面向蔣介石求援。蔣介石「為挽回危機，著眼於山西要地之確保，決定轉用平漢線兵力」（何應欽：《八年抗戰之經過》臺灣文海出版有限公司印行，第 11—12 頁），於十月二日急令衛立煌率第十四集團軍四個師，以每十五分鐘發一趟十節列車的速度，晝夜由石家莊運往太原，轉赴晉北對日作戰。

十月二日，閻錫山從五台回到太原，決定在忻口附近與敵決戰，並制定了作戰計畫，同時，他還任命衛立煌、傅作義為前敵正副指揮官，負責

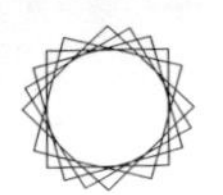

指揮前線作戰。對衛的任命，閻錫山是為了表示對中央軍的歡迎和對衛的信任，也便於指揮參戰的中央軍。衛受命後，立即趕往前線，設總部於忻縣城內。

與此同時，閻錫山還將入晉之部分川軍、滇軍以及其他一些地方部隊佈置在晉東一線，組織了娘子關防禦陣地，由新任第二戰區副司令長官黃紹竑任總指揮。此時，由於日軍已從十月一日開始進攻崞縣，並有一部兵力直趨原平，而從五臺山向忻口轉移的晉綏軍尚須兩日方可達到指定地點，衛立煌部隊也還未到達，形勢十分危急。閻錫山為爭取時間，以便於主力部隊進行戰前準備，遂命令王靖國第十九軍，薑玉貞第一九六旅，馬延守獨立第七旅等部「死守崞縣、原平、忻口鎮、忻縣各要點，遲滯敵人前進，以待後續部隊到達」（《抗日戰爭正面戰場》（上），第 483 頁）。

駐守崞縣的王靖國部，在日軍飛機大炮的狂轟爛炸下，雖頑強抵抗，傷亡極為慘重，第四零九、四一零團傷亡殆盡，但因日軍不斷增兵，已無力挽回局勢，王靖國遂於十月八日淩晨率餘部突圍，崞縣陷落。

姜玉貞駐守的原平鎮，因其坐落在忻口以北三十里，為日軍進攻忻口的必經之地，所以，從十月四日軍進攻原平鎮開始，敵我雙方戰鬥很快進入白熱化階段。守軍與敵展開巷戰，逐院爭奪；城內北防線，數次易手，失而復得，戰況異常慘烈。為解原平之圍，根據閻錫山的命令，右集團軍朱德總司令曾令一一五師、一二零師之各一部，襲擊繁峙日軍，左集團軍楊愛源總司令，亦以八路軍一二零師與甯武附近之騎兵一部襲擊崞縣日軍，但在日軍強大火力的攻擊下，十月十日，原平還是陷落，旅長姜玉貞在與敵巷戰中陣亡。

崞縣、原平守軍對日軍的頑強抵抗，為忻口大軍的集結與部署贏得了寶貴的時間，閻錫山曾贊曰：「忻口佈陣得從容，全憑原平抗戰功」（《閻錫山日記》一九三七年十一月二日），並為此役作詩一首：「全區原平戰最烈，三團只還五百人。據守三院十一日，玉貞旅長兼成仁」（《閻錫山年譜》（五），第 2051 頁）。

日軍攻佔崞縣、原平後，十月十三日，即在板垣的指揮下向忻口發起進攻，忻口戰役全線展開。

忻口，位於太原北面一百公里的忻（州）定（襄）盆地北部，是五臺山、雲中山東西兩山峽谷中的一個隘口，在地理上是出入晉中的交通要道，也是太原以北最後一道憑險可守之處。峽谷川道中有一條高度不大，南北長十六公里，東西寬三公里的山嶺，山嶺頭枕界河鋪，腳伸至秦城，忻口鎮緊貼於山嶺北端右側腳下，地勢十分險要，自古即為軍事要地。忻口一名，相傳漢高祖劉邦被匈奴困於平城（今大同東），後突圍退到此地，觀其形勢險要，六軍忻然，而得此名。

閻錫山根據對敵情的偵察，調整部署，將中央集團軍分為左、中、右三個兵團，分別由李默庵、郝夢齡、劉茂恩指揮，前敵總司令衛立煌統一指揮三個兵團作戰，全線兵力達八萬餘人。前敵指揮所亦由忻口縣城遷於忻口公路右側九號石窯（國防工事編號）。

十月十三日，日軍以中央突破的戰術，在飛機、戰車和大炮的掩護下，向中央兵團南懷化陣地發起猛烈攻擊。守軍在第九軍軍長郝夢齡率援軍協同作戰下，當天曾將突入南懷化陣地之敵包圍殲滅，但第二天，又被日軍攻陷，1200 高地被日軍佔領。由於該高地為中央兵團陣地的制高點，對守軍正側面威脅甚大，因此閻錫山十分著急，一再嚴令衛立煌抽兵反攻，還提出若能拿回 1200 高地，賞大洋五十萬元。衛立煌立即抽調五個旅兵力，令十五日進行反攻。

收復 1200 高地，關鍵在於奪回南懷化陣地。為此，衛立煌、傅作義親到紅溝前敵指揮所督戰。而已深入南懷化陣地之日軍，尚未等中國軍隊實施反攻，於十五日即向官莊以南陣地及 1300 高地一帶發起猛攻，以圖擴大戰果。這些陣地上的守軍英勇反擊，打退敵人七次進攻，與敵形成對峙之局，衛立煌即行部署，令第二十一師等部夾擊南懷化日軍，限於十六日零時左右開始攻擊。

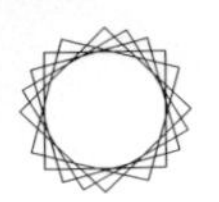

此時（十五日），閻錫山獲悉忻口正面日軍以三百餘輛汽車運來增兵一萬餘人，遂電令朱德指揮五臺山區部隊截斷敵後交通，阻敵增援，並令相關部隊火速趕赴忻口。

十六日，反攻部隊正面主力向南懷化日軍展開反攻，而日軍也在十餘架飛機的協同下展開反擊。雙方再次在此交戰，戰況空前激烈。第九軍軍長郝夢齡、第五十四師師長劉家祺、獨立第五旅旅長鄭廷珍三位將軍，在指揮作戰時，不幸陣亡。中央軍團因連日血戰，損失慘重，加之三位將軍犧牲後，指揮中斷，因而此次反攻失利，遂於十七日轉攻為守。

鑑於戰局的嚴峻，衛立煌向蔣介石致電，「請速籌畫增兵」，蔣回電稱：「忻口會戰關係至大，望督勵所部一鼓殲敵為盼」，並令在潼關的第二十二集團軍日夜兼程馳援晉北，閻錫山也加派晉軍步兵一個旅，山炮兩個團於十七日下午抵達前線。

從十七日開始，中國軍隊在南懷化、大白水、紅溝等線陣地與日軍展開了激烈的爭奪戰。中央兵團在接任前敵總指揮的陳長捷指揮下，對南懷化日軍展開反攻。南懷化僅二十八日一天，就雙方易手達十三次。中國守軍六失七得。左翼部隊在李默庵指揮下與日軍在東常村、大白水一線的爭奪，右翼部隊在劉茂恩的指揮下與日軍在靈山、界河鋪一線之交戰，都十分慘烈。雖然未能將敵全部驅逐，但日軍也未能有所進展，雙方形成對峙之勢。其間，八路軍一一五師在廣靈、靈丘、平型關、沙河鎮等處，破壞公路，伏擊敵人援軍，還相繼收復淶源、蔚縣，攻克靈丘等地；第一二零師一部二十八日在雁門關附近設伏，與敵激戰，消滅日軍五百餘人，並佔領雁門關和太和嶺，截斷日軍通往忻口的主要交通線；第一二九師第三八五旅第七六九團十月十九日夜襲代縣陽明堡之日軍飛機場，焚毀敵機二十四架，殲敵百餘人，使急欲突破忻口防線的日軍喪失了空中優勢，凡此，都有力地配合了忻口正面作戰。

此時，日本華北方面軍因將兩個師團及一個支隊等兵力轉送到淞滬作戰，已無餘力向忻口增兵，而忻口正面又無多大進展，加之後方交通又被截斷，因而，衛立煌決定利用這一有利時機，圍殲忻口之敵。他在命令中央地區各部隊全力抵抗，左右兩翼全線以小部隊深入敵後，襲敵側背的同時，還電請蔣介石「倘能置派有力三師參加晉北作戰，則此殘敵眾可指日消滅」。鑑於日軍萱島支隊已前來增援，寺內壽一所率援軍也將到達的緊急情況，二十五日，衛又向蔣致電，請蔣「務予嚴厲指派，增加部隊三四師先殲此敵，再行轉擊晉東之敵，再遲即無法挽救」（《抗日戰爭正面戰場》（上），第 506、507 頁）。

根據衛立煌的命令，從十月二十四日開始，忻口防線守軍各以一部出擊，襲擾敵軍。日軍雖得到萱島支隊的增援後向中方發起攻擊，卻無進展。左翼兵團還收復了朦滕村北側及西北高地主陣地。在與敵對抗近戰中，守軍炮兵曾對南懷化和泥河一帶敵炮兵陣地與機場，予以突然的猛轟，迫使敵將機場搬到了原平鎮。這些勝利，使忻口對陣戰漸有轉機。十月二十六日，娘子關失守，雖然閻錫山為保太原急調傅作義第三十五軍回太原部署城防，使忻口戰場兵力大減，但衛立煌仍指揮餘部，堅持作戰。十月二十八日，日軍進攻朦滕村陣地時，第八十三師曾殲敵兩千餘人。左翼第九十四師逆襲得手後，乘勝出擊，連奪主要山頭數個，日軍雖增兵一個聯隊，並出動戰車支援，但無進展。

然而，由於晉東戰事失利後，太原已處危境，因此，閻錫山於十一月一日，令衛立煌返回太原協助傅作義「保固太原」，並且，晉東戰事的失利，也使忻口守軍側面受到威脅，再對峙下去，恐於守軍不利，於是十一月二日，衛立煌下令全線撤退。至此，從十月二日閻錫山開始進行的忻口會戰，歷時一個月，宣告結束。

忻口戰役，共殲敵逾萬餘人，中國軍隊也傷亡近兩萬餘人。這次戰役，是抗戰初期與淞滬、徐州、武漢會戰並稱為四大戰役的一次大戰役，也是抗戰初期華北地區抵抗最堅決、最持久、戰績最顯著的會戰之一。在這次戰役中，國民黨中央軍隊與晉綏等地方軍隊進行了密切合作，八路軍也有力地配合了正面戰場，而廣大官兵更是不怕犧牲，浴血奮戰。凡此，都充分體現了舉國上下同仇敵愾，國共兩黨聯合抗日的決心。此役雖然未能達

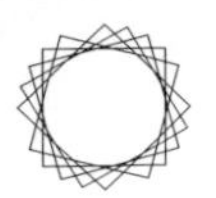

到預期的目的，但它對於打破日軍「一個月滅亡山西，三個月滅亡中國」的神話，對於在戰略上配合淞滬戰役，從而遲滯日軍侵略中國的步伐，都是具有重大影響的。

閻錫山不畏強敵，敢於同裝備現代化且訓練有素的日軍在忻口進行如此大規模的決戰，其維護民族獨立，決心救亡圖存的精神是值得敬佩的。而他對整個戰役的部署，以及戰略戰術的應用，也基本上是恰當的。與他此前先後進行的「大同會戰」、「內長城防禦作戰」相比，顯然有了很大的進步。如果從總結這三場戰役的角度來看，可以清楚，「大同會戰」可以說是一種消極的防禦，而「內長城防禦作戰」，企圖把日軍裝進口袋裡再打的策略，則又有些冒險，因為，依據當時雙方作戰的態勢來看，即使把日軍引入口袋陣裡，憑當時中國守軍的實力，也是難以將其消滅的。而在忻口決戰中，正是充分利用有利地形，憑險固守，才大大削弱了敵人的現代化優勢，而發揮了中國軍隊特別是晉綏軍能防善守的優勢，使裝備很差的守軍與日軍對抗一個月之久，並給日軍以重大創傷。在這一點上，閻錫山是實踐了他八月六日同何應欽所談的戰鬥上「我宜在有利之地形與之作戰，使其飛機、戰車、大炮皆失作用」的理論的。

忻口戰役未能大獲全勝，而是如此悄無聲息地結束，確實令人遺憾。造成這種結果的原因應當說主要是由於娘子關失守後，晉東戰局急轉直下，迫使閻錫山不得不全力以赴，保衛太原。而晉東戰事的失利，又與閻錫山對晉東防禦作戰重要性的認識不足，及其過分依賴第一戰區的思想，有著很大關係。然而，即使不存在這些問題，恐怕也與事無濟。究其原因，主要是「七七事變」後，日軍為儘快佔領全中國，在軍事上採取了多方面的進攻態勢，各個戰場都需要兵力，可是山西兵力有限，中國兵力也有限，在此情況下，只能將主要兵力用於重要戰場，而無力再兼顧其他方面，出現捉襟見肘的窘迫。這從忻口戰役一開始，閻錫山就向蔣介石求援，蔣介石「著眼於山西要地之確保，決定轉用平漢線兵力」，將衛立煌所部轉赴晉北對日作戰上，從衛立煌在致電蔣介石中所說的「增加部隊三四師先殲此敵，再行轉擊晉東之敵」一語中所隱含的蔣介石想讓這三四師部隊先赴晉東作戰的意思中，從晉東戰事吃緊後，前往作戰者又多屬其他地方部隊的事實來看，都可以清楚地反映出兵力不足的問題。這樣，閻錫山只能集中全力進行忻口決戰，而無力再兼顧晉東戰事，而衛立煌也只能眼看著圍殲忻口日軍的大好時機白白溜走。同時，作為山西東大門門戶的娘子關能否守住，關鍵在於屬於第一戰區的石家莊能否守住。可是，石家莊很快淪陷，致使娘子關暴露於日軍面前，加之防禦力量的薄弱，以及各部隊指揮的無序，娘子關很快失陷，迫使閻錫山不得不抽調忻口前線部隊回防太原。歷史事實就是這樣無情地擺在了他們的面前。不過，在如何解決中國兵力嚴重不足的問題上，閻錫山在抗戰爆發前的一九三五年九月二十八日，即向蔣介石建議指定「三十年防守國策」，此後不久，又與張學良、何應欽、朱培德、唐生智等擬定「國防計畫」，準備「三十年分為五期，先計畫第一期，每期前一年，計畫本期」，「以每年增加二百萬之戰鬥員為標準」（《閻錫山年譜》（五），第 1870 頁），倒可以看出閻錫山還是有相當的前瞻性和戰略眼光的。

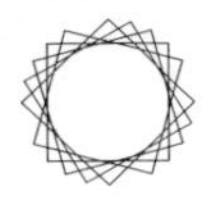

3、太原淪陷後，仍然堅持抗戰，組織「反攻太原」和「游擊」、「攻勢」作戰

晉東戰事失利後，閻錫山急調傅作義的第三十五軍回防太原，不久，晉東方面各部隊也奉命向太原東南既設陣地轉移。十月二日，忻口方面的作戰部隊在日軍毫無察覺的情況下，乘夜轉進，於三日上午全部撤至太原附近陣地。四日，閻錫山在綏靖公署再次召開軍事會議，商討太原防守事宜。不僅重申了他的依城野戰計畫，而且決定以傅作義部死守太原。會後的當日夜晚，他便率趙戴文等匆匆離開太原，沿晉西公路退往交城。

尾隨追擊中國軍隊的日軍，於五日迫近太原城郊，並從東、北、西三面包圍了太原之後，六日拂曉便開始向太原北關兵工廠和東北城外黃國梁墳園的一帶陣地發起猛烈進攻。由於此時太原東、北、西三面依城野戰的部隊均先後倉皇撤退，實際上形成了傅作義孤軍應戰的局面，因此，守軍雖然對突入城內的日軍進行了頑強抵抗，損失慘重，經兩日激戰，有戰鬥力者僅剩兩千餘人，局勢已難挽回，傅作義見狀，乃下令撤退。十一月八日夜，太原失陷。

一個月之後，十二月十三日，南京也告失陷。

對日作戰的一連串失利，閻錫山難免有些痛心，也感到了一定壓力，但他對堅持抗戰並未喪失信心。

十二月二十九日，閻錫山應蔣介石之召，前往武漢開軍事會議。在會議快結束的一月七日，他就向第二戰區各總司令全文轉發了軍事委員會第一部通報。這個通報摘錄了總顧問法肯豪森函送十二月十五日簡要情況判斷，其主要內容為：在敵情上，指出日軍佔領南京後，將繼續用兵，不僅「驅逐我晉北活動兵力，並於最近由南前進，主力向潼關佔領山西」，而且「沿平漢路續取攻勢」，向徐州前進，以佔領山東。在繼續作戰之著眼點上，則指出，應充分利用廣大空間地形及氣候，「宜注意不使部隊於接近敵時即行退避」，這樣會使部隊受重大損失，且迅速沮喪士氣，而「宜就各地區嚴格分別」，無論進退攻守，「原則上應絕對固守之陣地」，「嗣後須特別注意向敵背後及其聯絡線之小戰動作」。情況判斷中還特別指出，「山西戰略上有莫大意義，是以須阻敵人驅逐我晉北兵力，其辦法為直接增加兵力，而最好為晉軍向太原前進，收復僅有少數敵兵之該城。切斷其太原石家莊之聯絡，若能收復晉北，則敵於察綏之地位，必俱感受威脅」（《閻錫山年譜》（五），第 2070—2071 頁）。由於在此之前的十一月初，日本即向蔣介石提出七項和談條件，實際上是要中國政府妥協，十二月初，蔣介石表示願意接受日方條件，作為談判的基礎。因而在這次關於商討抗戰形勢和新軍事對策的會議上，是戰是和的問題，自然就成了會議商討的一項重要內容。在這個問題上，閻錫山雖然發表了自己比較獨特的看法，認為「凡一個戰爭，總要了結，甚麼是個中途，也難為在確定」，「妥協與否，是以國家民族利害為前提，假若對方與我們一個頂有利的條件來妥協，妥協並不是滅亡」（《閻錫山年譜》（五），第 2069 頁）。即未明確表示主戰，也沒有支持汪精衛鼓吹的妥協，但從他全文轉發這個通報上來看，可以清楚，閻錫山實際上是傾向於反對妥協，堅持抗戰的。如若他傾向於妥協，是不會轉發這個明顯有利於堅持抗戰的通報的。

一月八日，閻錫山從武漢返回臨汾後，即召開會議，向軍政人員傳達武漢會議的內容，並決定在軍事上，必須鞏固確保黃河以東以北陣地，絕不讓日軍渡過黃河，以屏障西北及西南後方之安全。在政治上，以民族革命戰法組訓民眾，軍民聯合，全面抗戰。

一月中旬，蔣介石準備在津蒲南段同日軍會戰，以保衛武漢，為此，他要求閻錫山、衛立煌的部隊保留在黃河以北作反攻太原的準備。一月二十九日，又電示閻錫山向太原、石家莊迅速出擊，以策應徐州方面作戰。閻錫山據上述指示，於二月十七日在距臨汾十公里的土門鎮，召開軍事會議，部署了反攻太原的軍事行動。決定以一部主力沿同蒲路發動攻勢，先將太原以南之敵殲滅，乘勢攻略榆次、太原，另一部則斷敵南北同蒲路交通，阻敵增援。

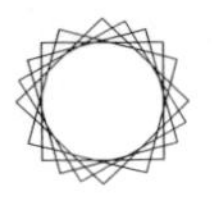

不僅如此，閻錫山還從思想上，鼓勵人們堅持抗戰。太原失陷後，第二戰區司令長官部、山西省政府、中共中央北方局、八路軍總部、犧盟總會等黨政軍和民眾團體機關，相繼駐於臨汾，使這個據說是堯帝曾在此建都的地方，又一時成為山西乃至華北抗戰的中心。在這裡，一九三八年二月十日，也就是籌畫反攻太原的前夕，閻錫山在召集第二戰區軍政民高級幹部舉行的抗戰工作檢討會議上，不僅重申了他於一九三七年八月十六日就提出的「民族革命戰爭」的口號，他當時就認為：「我們此次對日抗戰，不是國與國的戰爭，也不是民族與民族的戰爭，而是民族革命的戰爭。……是為求我們民族的解放與國家的存在」（《閻伯川先生救國言論輯要》第1輯，第1頁）。並提出了要實行「民族革命戰法」，認為「我們此次對日作戰，是以弱對強。要以弱勝強，非根據中國的兵法創造民族革命戰略不可。運動戰與游擊戰配合，就叫做民族革命戰法」（《閻司令長官抗戰復興言論集》第1輯，第24頁），而且，還提出了「由抗戰到復興」的「民族革命路線」。他認為，民族革命的目的有二，其一是抵抗目前敵人武力的壓迫，以求國家之存在；其二是走上復興國家之途徑，以圖國民之復興。「必須經過抗戰，才能復興。不抗戰當下就要亡國；若只講抗戰，而不講復興，那是不徹底的移疸辦法，不過將日前亡國之禍，移後幾年，將來還是要亡國。所以，我們今日要在抗戰中進行復興的工作，由抗戰的勝利，奠定復興的基礎」。「只有堅決抗戰，才能圖存，只有持久抗戰，才能勝利。只有由抗戰到復興才能完成民族革命的大使命」（《閻司令長官抗戰復興言論集》第2輯，第117—118頁）。在這次會議上，還作出了「抗戰工作總決議案」，規定凡山西的政治工作人員應將認識統一到以下三個方面，即實行由抗戰到復興的民族革命；鞏固抗日民族統一戰線；發揮組織責任心。並在此基礎上規定了應進行的各項工作：一、健全民主集中的政治機構，發揮廉潔責任的政治效能；二、組織民眾，訓練民眾，武裝民眾；三、實施民族革命教育；四、實行戰時經濟政策；五、實行合理負擔，改善民眾生活；六、剷除漢奸並發動爭取不做漢奸運動；七、發動人民戰時服務，以促進軍民合作；八、發展公營事業，推行物產證劵。與此相應，為了將一批雲集臨汾的有志青年培養為抗日人才，閻錫山還聽取犧盟會一些進步人士的建議，於一九三八年一月二十日在臨汾成立了「民族革命大學」，由閻自兼校長。「民大」總校設於臨汾的鐵佛寺內，學生來自全國的十八個省市，後因學生較多，又在臨汾師範設立了「民大」一分校，在運城設立了「民大」二、三分校，學生達五千餘人。不少知名學者如李公僕、何思敬、施複亮、江隆基、侯外廬、周魏峙、徐懋庸、蕭軍、陳維實、溫健工、秦豐川、胡磊、莊啟東、劉蕭然等都慕名而來任教。二月二十五日臨汾失陷前，閻錫山令民大師生向鄉寧轉移。三月十九日，閻錫山同「民大」師生一起由吉縣小船窩渡過黃河，到達陝西。渡河後，其中有四五百人到了延安，也有一部分人到了西安，剩下的三分之一按閻錫山的指定到了陝西宜川。這些學生為抗戰都發揮了重要作用。

閻錫山在做這些工作的同時，又著手反攻太原計劃的實施。但是，由於奉閻之命在隰縣以北石口附近抗擊敵人的第十九軍軍長王靖國，擅自改變防守地區，使隰縣要隘石口於二月二十二日失守，之後又置隰縣於不顧，撤往永和，致使隰縣於二月二十六日淪陷。而當隰縣危急時，閻又急調已經進抵太原附近邢家莊、古交鎮地區的傅作義第三十五軍南下解隰縣之圍，實際上打亂了反攻太原的即定部署。因此，儘管在「反攻太原」作戰中，八路軍根據作戰部署，向平漢、正太、同蒲等鐵路積極出擊，斷敵交通補給，並相機打擊增援之敵，但還是未能夠挽救「反攻太原」作戰失敗的局面。對於「反攻太原」的失敗，閻錫山有其不可推卸的責任。這主要是他所屬的軍隊雖然也對日軍進行了抵抗，但是大多作戰不力。他為保隰縣而不顧全域將進攻太原的主力之一第三十五軍調回來增援隰縣，王靖國有令不行，作戰不力，也未予制裁，當第二戰區長官司令部執法總監張培梅請閻錫山將王繩之以法時，閻又不允，張培梅因此憤而自殺。然而，即使沒有這些問題，「反攻太原」也不一定能夠成功。因為太原失陷後，日軍在太原的防守力量雖然比較薄弱，但是攻陷太原後轉進於石家莊附近的第五十四師團，以及進至榆次附近的日軍第一零九師團，隨時可以增援。更值得注意的是，反攻太原實施時，正是徐州會戰開始之際，日軍為南渡黃河進出隴海路，或東進策應徐州，或西逼潼關，威脅西北，調集三萬餘

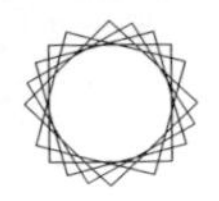

兵力，向晉南重鎮，也是當時二戰區首腦機關所在地臨汾發起了猛烈進攻。土肥原賢二之第十四師團、下元熊彌之第一零八師團、川岸文三郎之第二十師團，於二月中旬從南面的垣曲、東面的長治、北面的太谷、榆次出發，向臨汾猛撲過來，對臨汾形成了三面包圍之勢，這實際上形成了日軍對閻錫山「反攻太原」的有力反擊，對閻錫山的軍政指揮中心構成了巨大威脅。如此嚴峻形勢，勢必要嚴重影響到「反攻太原」作戰的進行。當日軍川岸文三郎第二十師團之右支隊沿孝義——臨汾公路前進，迫近隰縣時，閻錫山不得不命令王靖國在隰縣石口鎮設防，隰縣危急時，又不得不急調傅作義部趕回增援，而當東、南方面兩路日軍從側背威脅到臨汾時，閻錫山又不得不於二月二十六日離開臨汾，因此，二月二十八日，日軍第一零八師團攻佔臨汾後，「反攻太原」實際上已告結束。雖然如此，閻錫山的「反攻太原」，對於策應徐州會戰還是起了積極作用的，對於山西境內的日軍也給予了一定程度的打擊。八路軍一二九師在二月二十二日就伏擊了從井徑出動支援舊關的日軍，激戰五小時，斃敵一百三十餘人，毀汽車五輛，繳獲迫擊炮三門。一一五師於二月十九日在孝義縣兌九峪附近襲擊了由孝義西進之敵汽車四十輛，殲敵一部，二十一日至二十二日又在川口附近與由雙池鎮西犯之敵一千六百餘人激戰，斃敵兩百餘人。

閻錫山離開臨汾後，經由蒲縣、大寧，幾經輾轉，於三月初到達吉縣。反攻太原未果，臨汾又予失陷，這使閻錫山頗為沮喪。他前往吉縣途中所賦一詩中所雲：「夜向吉縣行，昕水百餘經。行人身半濕，殘冰伴稠星」（《閻錫山年譜》（五），第2085頁），或許就是這種心情的流露。然而，閻錫山並未氣餒，仍在為堅持長期抗戰而努力著。在這之後，他不僅在第二戰區部署了「游擊戰」，而且發起了「攻勢作戰」。

日軍佔領臨汾後，繼續攻擊晉南各縣。土肥原第十四師團之酒井支隊先後攻佔運城、平陸、芮城和風陵渡，並向黃河南岸施行炮擊。川岸第二十師團也從臨汾南下，連陷禹門、蒲州，於三月七日推進至潼關對岸的黃河一線，大有渡過黃河，向南向西進攻之勢。閻錫山所部雖然乘日軍分兵深入，兵力分散之機，利用山地有利地形，在對敵進行阻擊中，小有收

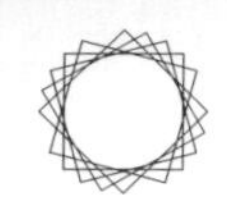

穫，可是，三月十日，日本華北方面軍第一軍即下達了「肅清」作戰的命令，令第二十師團守備運城地區及黃河沿岸，第一零九師團守備太原、汾離公路兩側地區，且警戒磧口及軍渡附近地區的黃河一線；第一零八師團守備臨汾，並從長治、隰縣兩側地區展開肅清戰；第十四師團守備新鄉——清化（博愛）地區，並警戒黃河沿岸，「肅清」晉城、陽城地區。日軍的意圖十分明顯，即在確保已佔領地區安全的同時，準備渡過黃河，大舉南進或西進。

針對敵人的這種軍事態勢，三月上旬國民政府軍事委員會電令第二戰區，「對晉東南之敵應包圍殲滅之；萬一不能得手，須分向山地轉進，全面游擊，長期抗戰；不準一兵渡過黃河，積小勝為大勝，以挽戰局為要」（蔣緯國：《抗日禦侮》第 4 卷，臺北黎明文化事業公司印行，第 53 頁）。據此，閻錫山調整作戰方針，決定以一部阻敵進佔黃河渡口，並破壞其主要交通線；主力迅速將東陽關內之敵圍而殲滅。為此他將原右翼軍改為東路軍，總司令朱德指揮所部，以主力殲滅東陽關內之敵，確保太行山，建立游擊根據地。原中央軍改為南路軍，總司令衛立煌指揮所部，一部於安澤、翼城地區，阻敵向白晉（白圭至晉城）公路前進，協力東路軍前進，主力以中條山、呂梁山區為根據地，發動全面游擊。原左翼軍改為北路軍，總司令傅作義指揮所部，以太原、雁門、大同以西山地為根據地；第九軍及六十六師為游擊總預備隊，控制於大寧及河津附近地區。

三月十五日，日軍萬餘人分八路圍攻吉縣。閻錫山聽從衛立煌等人的建議，先行離開戰地，西渡黃河，第二天閻離開吉縣，二十八日抵達黃河東岸，因待渡之司令部非直接戰鬥人員竟達萬餘，而渡口僅有一隻小船擺渡，於是，閻錫山親自指揮渡河，次日晨才乘舟渡過黃河，抵達陝西宜川桑柏村。

日軍於三月十五日發起「肅清作戰」後，至三月二十日，已侵佔鄉甯、吉縣。閻錫山急令晉西各部展開游擊，收復失地，並令戰區各部配合作戰，牽制日軍。

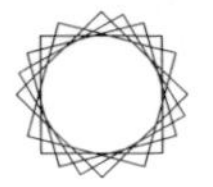

各部迅速出擊，三月二十一日，衛立煌部由河南陝縣渡過黃河，將北岸日軍包圍，並乘機收復平陸。第六十一軍於二十六日收復吉縣。八路軍第一一五師第三四三旅三月中旬在隰縣午城、蒲縣井溝與敵激戰，殲敵一千餘人，切斷了蒲縣至大寧段的交通，迫使大寧之敵東撤。第一二零師等部於三月底相繼收復五寨、苛嵐、神池、河曲、保德、偏關、甯武 7 座縣城。第一二九師取得神頭嶺、響堂鋪伏擊戰的勝利。四月初開始，朱德、彭德懷又指揮一二九師、一一五師三四四旅、決死一、三縱隊，在國民黨軍高桂滋、朱懷冰、武士敏、李家鈺等部的配合下，經二十三天激戰，粉碎了三萬餘日軍向晉東南發動的「九路圍攻」，殲敵四千餘人，收復縣城二十八座。這些戰鬥，迫使日軍轉攻為守，有力地配合了閻錫山的晉西作戰。

為策應徐州作戰，閻錫山奉蔣介石之命，於四月十五日由桑柏返回吉縣中市村後，與衛立煌會晤，決定先擊破臨汾、侯馬之敵，以確保黃河各渡口。從五月四日開始，二戰區晉南各部實行全面反攻，相繼收復蒲縣、永和、汾西、芮城、禹門、稷山等縣城，並破壞同蒲鐵路，使日軍第二十師團的給養、彈藥等嚴重缺乏，不得不依靠空投，甚至取狗、貓、野菜充饑（日本防衛廳防衛研究作戰室編：《中國事變陸軍作戰史》第 2 卷，第 1 分冊，中華書局 1980 年版，第 84 頁）。

之後，有一段時間，戰事比較緩和，閻錫山的司令長官部等機關陸續遷回吉縣辦公。但是，一九三八年十二月初，日軍向汾南稷王山發動圍後，又於十二月二十五日出動兩萬餘兵力，分九路對以吉縣為中心的晉軍根據地發起進攻，企圖將晉軍驅逐出吉縣，佔領吉縣渡口。閻錫山在令長官司令部、山西省政府等機關人員分別由吉縣、古賢渡口向陝西桑柏、秋林、官亭等處撤退後，則於十二月二十九日晚帶領部分工作人員、侍衛和警衛隊，以及眷屬，由參謀長楚溪春隨行，向吉縣東北方向轉移。一九三九年一月一日抵達南嶺，住於三嵐溝劉家院內。因南嶺川底有一座小廟叫五龍宮，而在當天晚上，閻錫山聽薄毓相給他報告：日軍廣播說：「吉縣進軍，已將閻錫山主力王靖國部擊潰，閻錫山青衣小帽，坐二人轎，逃往黃河以

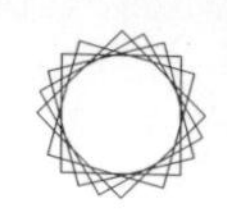

西」，閻聽了後，不禁大笑，目視左右說：「我不是安然在吉縣五龍宮嗎！看樣子，日軍進攻快要結束了」（《閻錫山統治山西史實》第 263 頁）。所以，人們也把閻錫山的這個「避戰」之地叫做五龍宮，而極少提南嶺了。閻錫山的估計沒錯，雖然在這次日軍進攻吉縣等地時，一零八師團曾相繼攻佔蒲縣、大寧，第二十師團也突破晉軍的紫金山、禹門口陣地，於三十一日佔領了吉縣，但閻錫山於一九三九年一月一日下令對侵入吉縣之敵全線攻擊，一月三日反攻開始後，七日即收復大寧，八日攻陷吉縣，十日又相繼收復鄉甯、蒲縣，粉碎了日軍的圍攻，對這次作戰，閻錫山覺得「雖不十分好，但相當滿意」（《閻錫山年譜》（五），第 2118 頁）。

一九三九年初，日本華北方面軍為「透過討伐作戰，全部摧毀匪軍根據地」，以確保其佔領地區的安全，推行了所謂的「治安肅正」方針。令第一軍「在給予殘存在山西北部的敵正規軍以打擊的同時，儘量沿同蒲線和正太線兩側地區進行廣泛的肅正。對同蒲線以東的山嶽地帶，從西面及南面控制住敵人的聯絡補給要衝，依靠封鎖使匪軍陷入枯竭自滅」《中國事變陸軍作戰史》第 2 卷，第 2 分冊，第 162 頁）。針對日軍的方針，蔣介石於二月頒發「國軍攻勢轉移部署方案」，決定「加強游擊區兵力，並相機轉移攻勢，以牽制消耗敵人」。並令第二戰區，「以約二師向晉北甯武、朔縣之敵攻擊」，「以現在晉南部隊向臨汾以南同蒲路之敵攻擊，與晉西兩部隊策應，掃蕩晉南三角地帶之敵」（《抗日戰爭正面戰場》（上），天津人民出版社 1982 年版，第 34—35 頁）。據此，閻錫山部署衛立煌指揮第四、五、十四各集團軍以一部向臨汾以南同蒲路之敵攻擊，並協同陳長捷部之南區軍掃蕩晉南三角地帶；朱德第十八集團軍確實切斷正太路之交通，阻敵轉移，並發動廣大之游擊戰，處處予敵威脅而牽制之。對日軍的「春季攻勢」作戰拉開帷幕。

各部隊按此部署，向指定目標實行攻擊，獲得了相當戰果。四月十五日，收復浮山、安澤二縣，陳長捷第六十一軍呂瑞英師、陳光鬥師主力向同蒲路兩側之敵主動出擊，並將趙城縣附近同蒲路截斷，使敵十餘日不能通車。中條山國民黨軍隊則對日軍交通線發動了持續攻擊，八路軍「內部

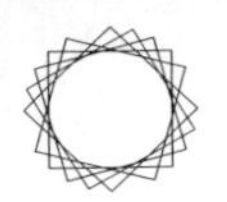

活動漸趨深入細緻，特別是朱德所在的晉南方面」（日本防衛廳戰史室編、天津市政協編譯組譯：《華北治安戰》（上），第 120 頁）。十月，陳長捷又指揮西路軍、南路軍各部，採用分段截擊，誘敵深入，斷敵接濟的戰法，經一個多月的苦戰，擊潰了向晉西呂梁山根據地大舉進犯的日軍，斃傷敵兩千餘人。

接著在當年十一月開始的「冬季攻勢」作戰中，閻錫山按照國民政府軍委會關於「第二戰區應首先切實截斷正太與同蒲一路，肅清同蒲線南部晉南三角地帶敵人」的命令，部署兵力對晉南三角地帶日軍發動攻勢。這次「冬季攻勢」作戰，歷時一月有餘，殲敵逾萬人，打退了日軍的肅正攻勢，並保住了中條山戰略要地。

閻錫山自太原失陷後到一九三九年冬這一期間的這些作為，可以看出，他仍是堅持抗戰，並對進犯之敵予以了積極抵抗的。他開展的游擊作戰，以及太原失陷後發動的對日攻擊性的「春季攻勢」和「冬季攻勢」作戰，雖然未能從根本上扭轉整個山西對日作戰的戰局，但它卻對日軍予以了相當打擊，並且對於策應徐州會戰，阻敵渡過黃河南下西進，破壞日軍的戰略計畫，堅持中條山的抗戰，也都有著重要的意義。然而，從中也可以看出，閻錫山的堅持抗戰，還是不夠全面和不夠堅決的。這不僅表現在他的游擊作戰仍僅限於依靠軍隊，沒有真正把民眾組織起來，共同游擊，同時，也表現在對敵作戰仍以陣地戰為主，致使在攻勢作戰中，遭受到許多犧牲。不僅如此，在一些作戰中，他還採取了比較消極的「避戰」態度，如一九三八年十二月二十三日，當他聽到日軍進攻吉縣的消息後，即急令長官司令部、山西省政府及其他機關人員，紛紛撤往河西，只令一個團扼守鄉（甯）吉（縣）大道要衝的三堠鎮，以資警戒，佈置後，閻也於十二月二十九日帶領部分人馬由吉縣小河畔村向吉縣東北方向轉移。導致這些問題產生的原因，一方面與閻錫山的傳統軍事思想及其對游擊戰的真正涵義還缺乏全面認識有著很大關係。但更重要的則是，經過一年多的對日作戰，晉綏軍已遭到重大創傷，閻錫山想儘量保存自己的一些實力，特別是太原、臨汾失陷後，八路軍及新軍在各個根據地迅速展開，勢力日益強大，共產黨領導的抗日民主政權也紛紛建立。而武漢失守後，蔣介石又採取了嚴格限制與打擊共產黨的政策。因此，閻錫山更想憑藉保存下來的軍事實力，來對付共產黨、八路軍，並以之與日方討價還價。

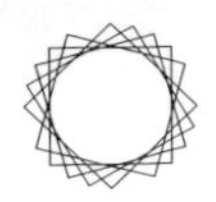

4、臨汾失守後，開始抑新扶舊，最終挑起「十二月事變」

一九三八年二月十日，臨汾失守之前，閻錫山在臨汾西南溫泉村召開的「第二戰區抗戰工作檢討會議」亦即所謂的「溫泉會議」，可以說是閻錫山抑新扶舊，在抗日道路上向後倒退的開始。在這次會議上，閻錫山雖然提出要求凡山西的政治工作人員，應在「認識上適合需要，行動上把握現實且推動現實」，即實行由抗戰到復興的民族革命，鞏固抗日民族統一戰線；發揮組織責任心。從表面上來看，似乎閻錫山的抗戰態度並未改變，但是，閻錫山為了既克服其舊軍「不認識需要」，又防止新軍「把握不著現實」；既要打破「安守常規」、「維持現狀」的錯誤觀念，又要糾正「脫離現實，操切操進」的幼稚行動（《閻伯川先生救國言論選集》第 2 輯，第 104 頁），於二月十六日成立了一個作為統一領導第二戰區軍政民各部門工作的新的組織機構——「民族革命同志會」（簡稱「同志會」），用閻錫山的話來講，是「為了集中力量，加強本戰區的動員工作，我們當前最急切的需要是要建立一個強有力的統一的民族革命的領導機構」（《閻錫山統治山西史實》第 252 頁）。由於閻錫山自任會長，並且指定趙戴文為副會長，孫楚、朱綬光、賈景德、楊愛源、續范亭、王懷明、陳長捷、邱仰浚、王尊光、李江、薄右丞、梁化之等十三人為第一屆高級幹部委員，這些人除「戰動總會」主任續范亭外，其餘均為閻錫山的軍政骨幹，而一些犧盟會和新軍的負責人雖然也參加了「同志會」的發起，但卻無一人進入高幹之列，實際上是把犧盟會、新軍領導人排除在了掌握第二戰區軍政大權的領導機構之外。尤為重要的是，閻錫山為「同志會」確定的中心思想為「物產證券與按勞分配」，中心任務為「由抗戰到復興的民族革命」，組織原則為組織責任心和民主集中制；工作方式為集體領導、集體努力、集體制裁；行動作風為知錯認錯，反求諸己，取得人心；組織生活為互相批評，檢討錯誤，嚴格的小組生活（《閻錫山年譜》（五），第 2076 頁）。這些規定，不僅嚴重背離了中國正處於對日作戰，挽救民族危亡為當務之

急的這一嚴峻現實，而且要以「集體」為名，對黨政軍和一切民眾團體進行領導，並規範其行為，實際上是要把「犧盟會」、新軍完全控制在「同志會」亦即閻錫山手中，因此，「溫泉會議」儘管有著抗戰、民族革命等等言辭，但透過這些現象，不難看出，它無疑是自抗戰爆發以來，閻錫山由進取轉向保守，由扶新轉向抑新，由抑舊轉向扶舊，由民主轉向專制的一個開端，是閻錫山在抗戰道路上向後倒退邁出的第一步。

此後，閻錫山在抗日道路上倒退的步伐日漸加快，在思想和政治、軍事、經濟等方面都有明顯的表現。

從一九三八年六月上旬，閻錫山在吉縣古賢村秘密召開的晉綏軍高級將領會議即第一次「古賢會議」開始，閻錫山便加緊了扶舊抑新的活動。會議一開始，閻錫山就故弄玄虛地對與會的軍師長們說：「這次會議，是給你們開追悼會的，但是如果你們懂得了道理，也可以說是慶生會」。正當將領們莫名其妙時，閻接著講道：「現在你們的力量，已大大地減少，再這樣下去，不到三個月，你們就全完了。所以預先給你們開個追悼會」（牛蔭冠：《山西犧牲救國同盟會紀略》，《山西文史資料》第 15 輯，第 28 頁）。又說：「抗戰以來，我們抗光了，唯獨八路軍不但不減少，反而增加，再加上犧盟會、決死隊和共產黨八路軍合作，今後還有我們晉綏軍立足之地嗎？」羅貴波：《「十二月事變」與山西新軍》，《山西革命回憶錄》第一輯，第 298 頁）。因此，他強調說：「欲抗戰的成功，必須先求軍隊本身的存在。欲存在，須以弱變強，欲成功，須以弱勝強」（《閻伯川先生救國言論選集》第 2 輯，第 111 頁）。到一九三八年十一月，他在陝西宜川縣秋林鎮舉辦的軍官集訓團上又含沙射影地說「某友軍自抗戰以來，人員增至四倍，我軍某部抗戰以來，減少了一半，按這個比例，再過十個月，就是友軍的一變成十六，我某軍的一變成四分之一，這就成了六十四與一之比了……你們看新與舊，一膨脹一縮小的結果，可怕不可怕」？（《閻司令長官抗戰復興言論集》第 1 輯，第 4 頁，以下凡引此書只注頁碼）。「我們的軍隊今日不改用新做法，就不能存在」，確有「新的必要」，這就好比「冬天要穿皮襖生火爐，夏天要穿衫子扇扇子，這就適

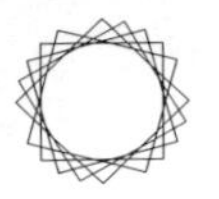

合氣候，這就對，對就能存在」，「如果冬天穿衫子，用扇子，夏天穿皮襖生火爐，違反了氣候，你一定要受熱、受凍，甚至生病而死，那就不存在了」（第 1 頁）。「知此而不覺悟，不改新，則如餓了尚急走，凍了尚抱冰，豈非自殺」？（第 4 頁）。而他所謂的改「新」就是「適與效能的問題，適合有效就是新，不適合無效就是舊。比如夏天穿衫子，雖舊亦新，穿皮襖雖新亦舊」。至於其舊軍如何走上新路，閻錫山提出了「四新教育」的辦法，即新補充法、新管理法、新訓練法、新作戰法。新補充法就是採用動員志願兵的辦法補充軍隊；新管理法即廢除打罵，採用說服教育，「人情統馭，合理管理」。新訓練法即在行軍打仗中，休息、打仗前後，隨時隨地進行訓練。新作戰法即「為避免戰略的劣勢，運用戰術的優勢，所採取之游擊戰、運動戰之機動戰法」（第 42 頁）等等，由此可以清楚，閻錫山對於抗戰以來迅速發展起來的八路軍新軍是頗為不滿並深感恐懼的，而對他的正規軍亦即舊軍是哀其不幸，怒其不爭，是想透過這番道理，讓他們很快「覺悟」，自立自強的。

為加強舊軍勢力，在第一次古賢會議上，閻錫山還決定成立軍政幹部學校，培養青年軍官，並且決定將原來準備給決死隊兩個軍的番號第三十三軍、三十四軍，撥給舊軍，將第七十一師擴編為第三十三軍，教導二師擴編為第三十四軍，由孫楚、楊澄源分任軍長。一九三九年一月，閻錫山在吉縣五龍宮「避戰」時召開的高級軍官會議即「五龍宮會議」上，又作出了「建立現代化有基礎的三十萬團力的鐵軍」的決議。所謂「鐵軍」，按閻錫山的說法，「就是要打人人受不住，人打來必定吃虧，使人不敢打不願打無法打，而自己打人，卻是無往而不利」。後來，他還提出「我們能完成十萬有團力的鐵軍，即可掌握山西；完成二十萬就可掌握二戰區，驅逐敵人出境；如完成三十萬，即一定可以支持華北」（《閻司令長官抗戰復興言論集》第 3 輯，第 100、123 頁）。在閻錫山的籌畫和大力支持下，由王靖國具體操辦，被冠以「三三鐵血團」名稱的鐵軍組織，於一九三九年十一月在秋林成立。

於積極扶舊形成鮮明對比的是對新的多方抑制與打擊。閻錫山於一九三八年九月二十五日至十月八日在吉縣古賢村公開召開的由軍政民幹部參加的「抗敵行政工作檢討會議」亦即第二次古賢會議上，透過了由他親手制定的《抗敵行政十大綱領》、《抗戰人員必戒二十條》和《抗戰必要條件六項》。「十大綱領」雖然有軍事核心、實行說服教育、實行強民政策、整理地方武裝、儘量消除摩擦、嚴格執行紀律、按期實行考核、保障人民權利、爭取漢奸反正、普及革命教育等內容，但實際上，它不但否定了一九三六年十一月公佈的「山西省民族革命十大綱領」，而且繼溫泉會議後，又使閻錫山的專制領導進一步加強，因為在「嚴格執行紀律」中就要求「下級必須遵守紀律」，而「普及革命教育」中，又強調了「要壯大民族革命同志會的組織」。至於《抗戰人員必戒二十條》，其中所規定的「行政不協助軍隊者必戒」、「軍隊妨礙行政者必戒」、「有武力而不抗敵、圖謀擴張勢力者必戒」、「言論行動力足以挑動階級鬥爭者必戒」、「濫委人員、成立游擊隊、強迫人民供應者必戒」等等，可以說，都是針對抗日進步勢力，企圖限制共產黨、犧盟會和決死隊發展抗日武裝，建立民主政權的活動的。此外，在這次會議上，閻錫山還特地議定的「釐定區、縣戰事編制」、「統一動員機構」、「嚴格執行合理負擔」三案，也是要從法令制度上縮小犧盟會和決死隊的權力的。而第二次古賢會議後，閻錫山的許多作為也更證實了這一點。

先就閻錫山對犧盟會的態度而言，自從犧盟會成立以來，閻錫山對犧盟會一直是支持的，就在一九三八年一月，閻錫山還準許犧盟會挑選四十名能力較強的犧盟會特派員，經過短期訓練後，調任游擊縣的縣長。對於「犧盟會同志」積極回應他的游擊縣長制，去當游擊縣長，還頗感滿意。二月，在對全省行政機構進行調整時，把原來的行政公署改為行政督察專員公署，政治主任改為督察專員，雖然對新增設的第八、第九行政區委舊派人物陳興邦、尚因培任專員，但原來七個行政區的第一、三、五、六行政區的主任宋劭文、薄一波、戎子和、張文昂仍繼續擔任行署專員。這些行署專員可代行省政府職權，委派縣長，有很大權利。這樣，到臨汾失守

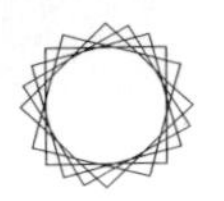

前，全省十三個縣中，就有六十二個縣的縣長、九個專員公署中就有四個專員，是犧盟會的特派員。由於這些人都是共產黨員，所以，山西的政權實際上有一半掌握在了共產黨的手中。這個事實，不能不使閻錫山感到問題的嚴重性。因此，他於溫泉會議成立「民族革命同志會」，以便對犧盟會等抗日進步勢力加以控制之後，在第一次古賢會議開過不久，一九三八年八月，便從宋劭文的第一專區分割出靈丘、廣靈、渾源、應縣、山陰、大同、陽高、天鎮等縣，組成第十專區，從舊派專員楊集賢的第二專區分割出新派基層勢力較強的河曲、保德、五寨、偏關、平魯、神池、左雲、右玉等八縣，組成第十一專區，由楊集賢任專員兼保安司令，以縮小新派勢力的活動範圍與權力。不久，閻錫山又在行政區之上特設四個「省政府行署」，分別委任其親信將領第十三集團軍總司令王靖國（王不願赴任，改為楊澄源）、第七集團軍總司令趙承綬、第八集團軍總司令孫楚、第六集團軍總司令陳長捷兼第一、二、三、四即晉東北、晉西北、晉東南、晉西南四個區的行署主任。由於這四位行署主任可以代行閻錫山的職權，而行署之下，又依閻錫山的要求，根據全省人口、土地面積及戰略位置，劃分成了若干「作戰師管區」。每個師管區派若干團駐紮，在師管區內實行軍事統治一切，師長兼專員，團長兼縣長，將軍、政、民大權，全集中在了舊派軍人手中。按閻錫山的話來說，這樣「不但有利於現在的抗戰，而且有利於將來的復興」（《犧盟會史》第488頁）。但實際上，閻錫山此法，就是要把大多數犧盟會員任縣長和四個犧盟會員任行署專員的權力以及決死隊四個縱隊的權力予以剝奪，使之完全掌握在舊派軍人的手中。秋林會議之後，閻錫山又向決死隊、犧盟會控制的地區派遣了「政治突擊隊」、「敵區工作團」、「精建會」（全稱為國民抗戰精神建設委員會。因「同志會」的名義當時不便公開，閻錫山便借國民黨中央成立「國民抗戰精神總動員山西分會」之機，於一九三九年七月在秋林成立了「精建會」等），進行偵察、搗亂、破壞活動。

與此同時，閻錫山對於抗戰初期他曾同意創辦的戰動總會，也採取了排斥打擊的態度。一九三八年二月，他要在戰動總會宣傳部任部長的趙

宗複（趙戴文之子）和趙中樞（國民黨中央蒙藏委員會副委員長趙丕廉之子，戰動總會宣傳部印刷科科長、秘密中共黨員）二人將宣傳部人員全部帶走，離開戰動總會。經戰動總會內的中共秘密黨團組織研究決定，為了維護抗日民族統一戰線，只允許二趙離開戰動總會，其他人員一律不準離開，二趙離開戰動總會後，即到臨汾第二戰區政治部交通局任職。閻錫山企圖從組織上削弱戰動總會的舉措未能得逞後，又斷絕了對戰動總會游擊隊的軍需供應。三月下令將戰動總會所屬十二個游擊支隊改編為山西保安二區游擊支隊，任命續范亭為保安二區游擊隊司令。但在中共中央的指示下，在改編過程中由於將一部分部隊巧妙地編入其他部隊共四千三百餘人，其中決死縱隊一千四百餘人，第一二零師一千八百餘人，編入保安四區一千一百餘人，因而，各游擊支隊實際上並沒受改編的多大影響。

此後，閻錫山對戰動總會的打擊，更為變本加厲。當戰動總會所屬游擊支隊改編後，閻就趁續范亭由苛嵐赴吉縣古賢之際，將保安二區的第十四和第一支隊分別調往保安四區和苛嵐趙承綬騎兵駐地附近，以便於控制，並且密令保安二區各支隊統歸趙承綬指揮。由於續范亭的堅決反對，閻也覺得自己無理，只好暫時「忍讓」。可是，閻並未就此甘休，不久，他便委派郝夢九（閻方派往戰動總會委員）為保安二區政治部主任，舊軍官朱耀武為保安二區司令部參謀長，企圖從人事上控制保安二區的軍政大權，架空續范亭，同時還將游擊支隊的活動範圍由原來的六十八個縣，縮小到保安二區所轄苛嵐、五寨、神池、朔縣、甯武、崞縣、靜樂、左雲、右玉等十三個偏僻貧瘠的縣份，以限制游擊支隊的發展。

尤為嚴重的是，閻錫山對戰動總會的解散。在第一次古賢會議上，閻錫山就想解散戰動總會，但鑑於他覺得自己直接出面不太方便，遂一面電請蔣介石以中央政府的名義下令取消戰動總會；一面透過戰動總會副主任、第二行政區專員楊集賢等人提出取消和改組戰動總會的建議。會後，閻又電召續范亭赴吉縣，商談取消戰動總會之事，當他見續維護戰動總會的態度很堅決後，遂提出戰動總會可以不解散，但是必須讓南漢宸、程子華離開戰動總會。這一提議也遭到續的堅決反對。會談未取得結果。雖然如此，

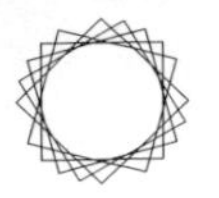

但閻已「對戰動總會開始進攻，如提議由兩個專員發動各縣長和人民請願取消戰委會，再由專員彙集報閻錫山取消戰委會」，「閻已電戰總會減少工作人員，各縣經費由總會支出」等等（中共山西省委黨史研究室編著：《戰動總會簡史》文津出版社 1993 年版，第 177 頁）。中共中央和毛澤東等領導對於閻錫山想取消戰動總會的一切舉動，早已知道，針對閻錫山的圖謀，中共中央和毛澤東等為避免與閻正面摩擦，並延緩與閻公開破裂的時間，曾做了大量工作，其間周恩來還致電閻錫山，告以解散戰動總會將會產生的不良後果，但由於閻錫山在秋林會議上，藉口國民黨中央政府下達了各地戰爭動員一律由總動員實施委員會負責，不允許形形色色機關存在的通令，發出了取消戰動總會的命令。在此情況下，經中共中央同意，戰動總會於一九三九年七月一日正式發出了結束工作的通告。

如果說自溫泉會議、兩次古賢會議，直至五龍宮會議這一時期，閻錫山在抗戰道路上向後倒退的主要表現還是扶舊抑新，所採取的措施也還比較隱晦的話，那麼，隨著中日戰爭形勢的變化，在秋林會議前後，閻錫山在抗戰道路上的向後倒退，不僅表現在對日妥協的嚴重傾向和與日的加緊勾結上，並且其表現方式也變得更為肆無忌憚和更加露骨。

一九三八年十月二十一日廣州淪陷，二十五日武漢失守。武漢的失守，代表著國民黨正面抗日戰場的基本結束。自「七·七」事變爆發後的一年多時間裡，由於全國人民堅持團結抗戰，特別是中共領導的華北、華中敵後戰場的開闢和抗日游擊戰爭的開展，消耗和牽制著日軍的大量兵力，給日軍造成了日益嚴重的威脅。日本帝國主義為了集中兵力打擊中共及其領導的八路軍、新四軍，以鞏固其所佔領的地區，並且為其開闢南洋戰場進行準備，因而於攻陷武漢後，遂調整了它的侵華戰略和策略，把對國民黨政府以軍事進攻為主、政治誘降為輔的方針，轉變為政治誘降為主，軍事打擊為輔的方針，停止對正面戰場的戰略性進攻，政治誘降活動隨之加緊。而蔣介石也採取了嚴格限制與打擊共產黨、八路軍和新四軍的政策。這種嚴重逆轉的抗戰形勢不能不對於抗戰已經信心不足的閻錫山產生影響。

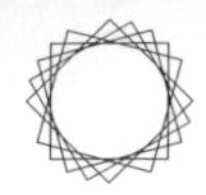

就在當年冬天，閻錫山在秋林舉辦的校尉級軍官訓練團的一次講話中，就說：蔣先生的腦筋中決無抗戰之意，今天是如何妥協的問題了，因此他可以設法更多地增加前線的困難，使前線將領自動要求停戰，他可以任意廣播共產黨、八路軍破壞統一，不服從命令，加他們一個奸黨奸軍的帽子，在不知不覺中，轉移抗戰為剿共，一切關鍵只在日本條件能否接受。這種形勢我們要看得很清楚，天要下雨，要趕快準備雨傘。所謂天要下雨，即抗戰形勢要大變了，蔣介石已開始對日妥協與反共了，在此情況下，山西也應根據形勢的變化，及時準備好反共和日的準備。

不僅如此，一九三九年一月一日，當閻錫山在五龍宮聽到薄毓相向他報告的另一則日本廣播說是「汪精衛已由昆明正往河內，發表豔電（一九三八年十二月二十九日），聲言要與日本合作」後，他當即沉下臉來，思索了一陣方說：「兆銘（汪名）走得太早了。咳！各行其是吧」！隨即將他以《共產主義的錯誤》一文為藍本而改寫的《中心思想》，電致其秋林司令長官部辦公室主任甯超武用大通行發表，作為「元旦文告」。閻錫山這裡所說的汪精衛「走得太早了」，是對汪的惋惜，或是認為汪的降日「不合時機」，還是「不講策略」？均無可妄斷，但有一點卻是可以肯定的，即他對汪的降日沒有任何譴責的意思。並且，汪的降日也確實觸動了閻錫山。至於他將其《共產主義的錯誤》一文的基本精神改頭換面後，作為一九三九年元旦文告發表，則清楚地表明，閻錫山對共產黨的態度已經發生轉變，由過去的聯共變為反共了。也就是在一月九日至十七日召開的五龍宮會議上，當從重慶返回的省財政廳廳長王平向他報告交涉財政經費及有關後方情況後，閻錫山因何應欽卡二戰區經費而大動肝火，罵何是「混帳」，是「漢奸行為」，並且自負地說：「全中國只有三個真正抗戰的人，就是重慶蔣、延安毛和吉縣的我！其餘都不抗戰，也不懂政治」（《閻錫山統治山西史實》第263—264頁）。從這些言辭中，也反映出閻錫山在和日或降日的問題上是早就有所考慮的，在他看來，和日或降日是一個嚴重的政治問題，必須謹慎對待，不然就會落下千古罵名。汪精衛魯莽行事，早早降日，就是「不懂政治」，而他才是懂政治的。

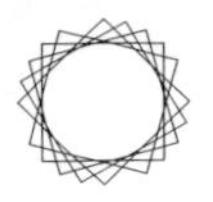

正因為如此，所以，閻錫山於一九三九年三月二十五日至四月二十二日，在陝西宜川秋林鎮召開的有師長、獨立旅長以上部隊軍官、各區專員、保安司令以上的行政區幹部及部分縣長、「公道團」縣團長、「犧盟會」縣特派員等共計一百六十七人參加的「軍政民高級幹部會議」即「秋林會議」上，「懂政治」的閻錫山，雖然在開幕詞中提出這次會議精神為「討論加強抗日力量，爭取最後勝利，奠定復興基礎的全盤辦法，討論事項，為軍政民工作如何進行」（《閻錫山統治山西史實》第 266 頁），但實際上是要在這些「抗戰」、「復興」言辭的掩飾下，為他的降日、反共而對其軍政幹部進行思想動員，並採取相應的一系列行動，以掃清其降日的主要障礙共產黨、犧盟會和決死隊等抗日進步勢力的。

為此，閻錫山在會上不僅對抗戰的前途作出了將是「中日不議而和，國共不宣而戰」（《犧盟會史》第 472 頁）的判斷，而且提出了「無條件存在」和「走上抗戰最高峰」的口號，認為「抗戰只是手段」，存在才是一切，為了存在，他甚至對其心腹們說：「我們不能背上棺材抗戰」（《戰動總會簡史》第 106 頁）。要學狡兔一樣要有三窟，「我們必須具備以下三個窟窿，才能存在：第一個是日本人，第二個是國民黨，第三個是共產黨」，現在「日本人最有力量，所以必須費力經營好日本人這個窟窿」（山西文史資料編輯部：《山西文史資料全編》第 75 輯，2001 年三月版，第 310 頁）。會上，閻錫山還針對續范亭所說的對晉西北一帶熱情抗戰的青年應當支持，「不要怕人左，不應以左的口號，排斥了成千上萬熱心參加抗戰的青年」。大談什麼在人類生存上，我們應求人類生存上的十五月亮，不要上旬月亮的不及方面之右，也不要在下旬月亮的過方面之左。「今日中國，我們應該在『抗戰到復興上』求十五的月亮，……抗戰是手段，復興是目的」，「只言抗戰而忽視復興者，縱然幸而抗戰得勝，免今日之亡國，而未來之國難正多且大，必難免十年二十年後之亡國慘痛也」（李冠洋：《對閻錫山的剖析》，《山西文史資料》第 47 輯，第 92 頁）。甚至指責反對他降日言論的犧盟會和新軍負責人說：「現在明明白白天要下雨，應該準備雨傘，可就是有些人硬說不下雨，……我最討厭那些沽名釣譽的

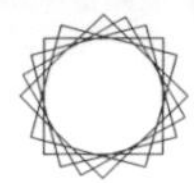

人，害了他自己，還要害別人」（《犧盟會史》第 475 頁）。

閻錫山在大造這些消極抗日和準備降日的輿論的同時，進一步加緊了策劃取消犧盟會、決死隊和新軍的活動。會議期間，他在「手論犧盟會暫停發展，各行政專員權力予以縮小，不準再自由委派縣長」，各專員也不再負責指揮及訓練各行政區保安隊，以「減少各專員之軍權」（《閻錫山評傳》第 330 頁）後，又透過行政手段規定，將犧盟會專員、縣長可以委派縣長、公安局長、縣秘書、科長、區長的權力全部收回歸省政府。並且還透過了「嚴格執行紀律」和「整飭紀律實行制裁」兩案，要對不徹底奉行命令、不能按期完成計畫而又不預先聲明理由者「以貽誤罪論處」，對托故棄職離開戰區者「予以撤職」的處罰，規定了「山西省分區視察辦法」，每專區派實察專員軍、政、民各一人，對各基層的抗日活動進行監視，以剝奪犧盟會的權力，並對其嚴加控制。

在對新軍的打擊上，閻錫山也採取了更為強硬的措施。秋林會議期間，閻錫山藉口國民黨中央軍令部來電規定文官不能兼任軍職，欲取消新軍中的政治委員制度。他說薄一波、張文昂、戎子和因兼任專員，不能再任決死一、二、三隊的政委，決死四縱隊政治委員雖未兼專員，但要調任戰區高級參事，這實際上是閻錫山要這些共產黨員脫離新軍，從而脫離黨的領導，以便於他對新軍的指揮和控制。在遭到薄一波等的拒絕後，閻錫山遂採取拖延會議的辦法，阻止決死隊領導人返回部隊。接著，他又以「統一編制、統一訓練、統一指揮、統一人事和待遇」為由，要取消決死隊番號，恢復組建時的旅團番號，把決死隊四個縱隊各編為兩個旅，之後，各旅旅長雖然均由閻錫山的舊軍官擔任，但旅政治部主任絕大多數仍為中共黨員。此外，閻錫山還把政治保衛隊改編為三個旅，兩個武裝自衛旅也改編為二零七旅。秋林會議後，六月，閻又下令將續范亭第二督察專員公署保安司令部撤銷，該部所屬之七個游擊支隊中的兩個支隊歸入舊軍，其餘五個支隊改編為暫編第一師，由續范亭任師長，並且規定全師只能編三個團。經過這樣的改編，新軍力量相對削弱，而舊軍力量卻明顯加強。

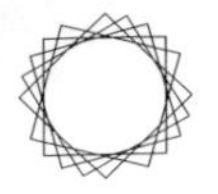

經過這一番準備後，閻錫山認為動用武力，解決決死隊的時機已經成熟，而此前何應欽又在西安與趙戴文協定：「山西新軍問題解決之後，可換得中央三十萬法幣、兩萬新兵」，反之「如果山西新軍問題不予解決，或將撤銷總司令第二戰區司令長官的職務」。（《犧盟會史》第 603—604 頁）。這實際上是受到了中央的支持。因此，閻錫山藉「冬季攻勢」之際，於一九三九年十二月初下令其舊軍，首先向主要活動於洪洞、趙城、隰縣、汾西、蒲縣等地的決死二縱隊發動攻擊，製造了震驚中外的晉西事變，亦即「十二月」事變。二縱隊政治部主任韓鈞和張文昂等領導，被迫指揮所部應戰自衛，但因新舊軍力量懸殊，決死二縱隊經過艱苦奮戰，越過離（石）軍（渡）公路轉移至晉西北的臨縣招賢鎮地區。閻錫山不肯甘休，又令趙承綬騎兵第一軍和郭宗汾第三十三軍，會同第六十一、十九軍剿滅決死二縱隊。其間彭德懷還曾到秋林勸告閻錫山，並與朱德共同向閻致電，報告孫楚在晉東南大肆殺害抗日進步分子和共產黨員的行經，希望閻加以制止，但閻錫山卻置若罔聞，繼續指示趙承綬、郭宗汾進攻新軍。在此情況下，中共中央軍委不得不採取斷然措施，將時在晉察冀配合作戰的一二零師主力調回晉西北，與活動於晉西北的決死四縱隊一道集中力量進行反擊，從一九四零年一月二日至十三日，經過旬餘作戰，將趙、郭舊軍全部趕出晉西北。與此同時，在八路軍陳庚三八六旅新一團和第三八八旅主力兩個團等部的大力配合下，也在二月初粉碎了國民黨中央軍和閻錫山舊軍對活動於晉中地區的決死一縱隊的進攻。只是活動於晉東南的決死三縱隊受到比較嚴重的損失，但總的來看，閻錫山策動的「十二月」事變是失敗的，而新軍與八路軍密切配合的自衛反擊則取得了很大勝利。

經過這次事變，八路軍的主力更加壯大了，因為除一部分新軍分離出來外，其餘新軍十三個團脫離了閻錫山後，被編入了八路軍系列，並且這些新軍的武器裝備都相當好。閻錫山在晉西北的舊軍被驅逐後，共產黨領導的晉西北抗日民主政權也隨之建立，從此結束了兩種政權、兩種部隊共存的局面。閻錫山在晉東南製造的摩擦，雖然使決死三縱隊受到一定損傷，但蔣介石的中央軍卻乘機插了近來。不僅如此，對閻錫山表示不滿的第六

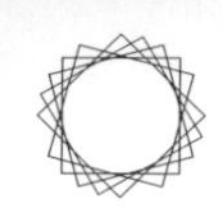

集團軍總司令、第八十三軍軍長杜春沂，第十九軍軍長孟憲吉等高級將領，事變後也先後離他而去，投靠了蔣介石。真可謂損兵折將，丟城失地，眾叛親離，偷雞不成反蝕一把米，這樣的結果，是閻錫山始料不及的。

事變後，中共中央為了維護山西抗日民族統一戰線，爭取閻錫山繼續抗戰，不使處於內外交困中的閻錫山孤注一擲，向日妥協投降，多方進行調停，毛澤東甚至親筆寫信給閻錫山，在肯定他抗戰以來，「創立抗日根據地，實施了進步政策，使抗戰各軍團結一致，屏障中原，保衛西北」這些貢獻的同時，也指出：「目前國際形勢日見有利於我之抗戰，國內關係雖有一班不明大義幸災樂禍分子，進行挑撥離間陰謀，然深明大義者固居多數」的複雜形勢，並明確提出「近來山西境內發生某些不幸事件，然大勢所趨，終必和平解決，尤因先生領導提挈，至明至慎，必能處理悉當，益臻進步，團結之途，無可疑者」（《閻錫山評傳》第 346—347 頁）。後經派代表王若飛、肖勁光與閻錫山反復談判，一九四零年四月初，閻錫山與中共達成協議，確定以汾陽經離石至軍渡公路為晉西南與晉西北的分界線；以汾河為晉東南與晉西南的分界線，晉西南為舊軍防區，晉西北、晉東南、晉東北為八路軍、決死隊活動區域。

對於能有這樣的結果，閻錫山還是比較滿意的，因為中共和八路軍、新軍，並沒有對他趕盡殺絕，還個他留下了一定的生存空間。況且，經過「十二月」事變，他的軍事實力已大為減弱，能守住晉西南地區已是勉為其難了，那還有餘力再在其他地區有所作為。

從此，閻錫山的統治地區就限止於晉西南一隅。而中共和八路軍、決死隊則可以在晉西北、晉東南、晉東北地區，更加獨立自主地堅持抗戰了。從這個意義上講，雖然「十二月」事變使山西的抗戰出現了逆流，但由於中共中央高瞻遠矚，對事變處置得當，未使矛盾擴大，因此，它又使山西的抗戰出現了新的轉機，改變了山西抗戰的格局，也為中共領導的抗日根據地的鞏固發展，開創了一個新的局面。

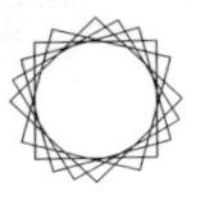

5、發行省鈔、合作券，推行「新經濟政策」和「兵農合一」制度，維持對晉西南的統治

抗日戰爭爆發初期，由於在抗戰爆發前的幾年中，閻錫山對山西省四銀行號和四銀行號實物準備庫以及外貿事業的苦心經營，他的財政還是比較寬裕的。雖然抗戰爆發後，各路大軍雲集山西，使山西省僅用款及墊支中央各軍的軍械彈藥等款項，到一九三七年十月已超過一千萬元，但在太原失守前夕，山西省四銀號還有現洋約八百萬元、黃金一千萬餘兩，原金沙兩千餘兩，以及未發行的新鈔票三千餘萬元。

這些款項，由於在南遷時，有相當一部分現洋和大部黃金委託中國銀行、中國農民銀行駐山西分行代運，而這些分行卻將代運之款項很快轉運至漢口中國銀行收存，當閻錫山派人追索時，又藉故推委或是以「黃金應歸國有」為辭，只付給閻錫山已經日益貶值的法幣，因而使閻錫山損失了一筆資金。而三千餘萬元未發行的新鈔，又因晉南局勢吃緊，恐鈔票落入敵手，也在運城銷毀。儘管如此，閻錫山退居臨汾後，尚有一千餘萬法幣，其財政還是能夠維持的。

但是，當臨汾失陷，第二戰區司令長官部、山西省政府退至晉西南吉縣後，由於晉西南地區多為偏僻山區，經濟相當落後，而蔣介石所撥的軍政費用也十分有限，因而，閻錫山的財政日趨拮据。一九三八年五月，閻錫山在吉縣中市村對「省鐵兩銀號隨營辦事處」監理王尊光說：「咱們帶來的法幣，不久要花完了，今後軍政費無著，設法印票子吧」。王回答說：「為抗戰，所需軍政費，應該向中央要」。儘管閻錫山去年冬天在武漢會議上，蔣介石曾讓孔祥熙問他要不要錢，可以帶些錢回去，而閻當時回答「抗戰還要錢嗎」？給人家拍了胸脯子，覺得此時「不好回頭」，然而，面對拮据的財政現狀，閻錫山還是決定「咱們自己印票子吧」。在「中央不讓各省印票子」，自己又「沒印刷工具和人員」的情況下，閻錫山想出了一個辦法，即叫《陣中時報》社李洪慶籌備印刷晉鈔。因為《陣中時報》就有西北印刷廠帶出來的印刷機和工人「可做基礎」，李洪慶又是西北印刷廠廠長。「不足部分，可派人到西安購買些機具和紙張，即可開印。不過這事須秘密進行，只要從西安把應用東西買回來，開印後，就什麼都不怕了」（王尊光、張青樾：《閻錫山對山西金融的控制與壟斷》，《山西文史資料》第16輯，第42—43頁）。

經過一番籌備，當年十月，閻錫山在秋林鎮西五里的票落村，以「晉興出版社」的名義，開始印刷山西省銀行10元票，接著又印刷鐵路銀號5元票。由於印刷效果不佳，票面花紋模糊不清，人們把「10元票」叫做「大花臉」，「五元票」叫做「二花臉」。與此同時，閻錫山又以中央撥發晉省軍政費不敷使用，而晉鈔已不敷周轉為名，呈請國民黨政府準許發行紙幣一千萬元。經孔祥熙的從中斡旋，「核準山西省銀行印發紙幣五百萬元」，這無疑使晉鈔的發行合法化。閻錫山為了把中央所發之法幣節存下來，以「搭配」的辦法，將半數以上的晉鈔作為軍餉、薪資下發，再不限止「核準」定額，大量印行晉鈔，至一九四零年七月底，先後已印行七千七百八十八萬元，並且用晉鈔在敵區套購小麥兩千萬石。

「十二月」事變後，閻錫山管轄的地區只剩下十幾個縣，且半數以上為不完整縣。由於閻統區面積有限，而晉鈔卻大量發行，致使物價飛漲，不僅廣大民眾怨聲載道，而且閻的一些高級軍政人員也致函蔣介石，指控晉鈔「出境不如廢紙」，「官兵陷於無法生活之困境」，「逃者死者隨日而增，抗戰前途，十分可悲」（景占魁：《閻錫山官僚資本研究》山西經濟出版社1993年十月版，第311頁）。迫於各方壓力，閻錫山於一九四零年七月底，才停止印刷晉鈔。

停發晉鈔後，閻錫山隨即以「為中央統一印刷，防止敵偽套換外匯，打擊敵偽經濟侵略」為名，向中央提出「整理晉鈔」方案。要求在將新舊省鈔分別整理後，如若能另撥新券五千零七十九萬餘元，「即可將原發新舊省鈔，悉數收清」（《閻錫山官僚資本研究》第311頁）。其實，是他想透過「整理晉鈔」，趁機向國民黨政府索要一筆資本，但這一要求被蔣介石拒絕。在此情況下，閻錫山為避免晉鈔過剩引起的金融危機，下令回收晉鈔。通令各縣把「調整金融，穩定省鈔價格」作為一項政治任務。為

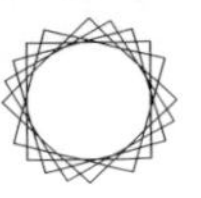

此，他除了用「田賦折收」一法，對一九三九、一九四零年兩年欠賦及一九四零年部分田賦，以每石糧銀折征抗戰前和抗戰時發行的新舊省鈔折收外，又把甘肅土商的十五萬兩大煙購買下來，用煙土撤收晉鈔。結果，以一百八十萬元法幣的煙土，收回省鈔四千五百萬元，加上田賦折收，到一九四三年底，共回收晉鈔六千餘萬元，基本上穩定了閻統區的金融秩序。所餘一千多萬元，則仍分散在晉東北、晉西北地方的民眾手中。

一貫善於搞經濟建設的閻錫山從晉鈔的印行與回收中，也認識到，單靠在晉鈔的印行上做文章，顯然是無法從根本上扭轉財政拮据的狀況的，只有從發展生產入手，才能促進財政經濟狀況的好轉，也才能從各方面滿足軍民生活生產和作戰的需要。再從客觀形勢來看，一九四零年春，閻錫山決定將第二戰區長官司令部和山西省政府由陝西秋林遷到吉縣南村坡（因南村坡諧音「難存」坡，閻錫山嫌不吉利，改為「克難坡」）後，他管轄的晉西南地區，只有吉縣、大寧、鄉寧、隰縣、永和、石樓、蒲縣這七個縣為完整縣份，其餘大部為淪陷區。這七個縣共有人口五十三萬多，地區狹小貧瘠，人口又少，但其軍隊及其幹部眷屬，就有二十萬人。並且，日本想逼迫閻錫山早日公開投降，但因與閻有暗中勾結關係，不便硬訴諸武力，而是以傾銷不必要物資、封鎖重要物資、吸收法幣、套取外匯等經濟手段向閻施加壓力。致使閻統區的經濟困難更加嚴重。正是在這種情況下，閻錫山為渡過經濟難關，於一九四二年提出了他的「新經濟政策」，即「對內擴大生產，充裕物資，穩定物價；對外深溝高壘，嚴密經濟封鎖，抵抗敵人經濟侵略」。

閻錫山為了推行其新經濟政策，以實現「使人生活的物質合理滿足」這個目標，不僅提出了實施這一政策的先決條件，即「政治經濟化」，也就是拿政治權力管理經濟，所有計劃生產、節約消費、配給物品、統制商業都由行政上負責辦理，以體現政治的力量；並且要把「生活生產戰鬥合一」，「人人勞動生產」、「互助合作」、「計畫管理」這四項作為建立新經濟的基礎。

在實施新經濟政策上，閻錫山在克難坡成立了「山西省經濟管理局」，以作為實行這一政策的總管理機構，他自兼局長，趙承綬任主任委員，王尊光任副主任委員兼秘書長。管理局下設一個辦公室，以及合作事業、互助事業、工商事業和鐵業四個管理處，一個糧食調節處，一個運輸合作總社。管理局不但管轄著閻統區內直屬的隨軍消費社、連升商行、興業成、建業成、軍裝管理處、軍裝、染色、制鞋、汽車管理處、中藥供銷社、麵粉、造紙、出版、石器廠、制墨廠、電氣廠、鑄造廠、制油廠、制酒廠、木器廠、硫磺廠、制茶廠等八、九十個企業，而且管理著各縣相應的企事業。此外，還有歸第二戰區「經濟建設委員會」管轄的紡織、化學、皮革、鐵工、煉焦、造紙、造胰、鋼鐵、麵粉、衛生材料、棉毛紡織、復興紗廠等二十多個企業，以及由閻錫山直接領導的復興號、昌記、墾業商行、慶記等金融企業。

新經濟政策實施中的最為突出之處，首先就是廢除私商，實行商業統制。他以「物價波動，社會不安，全係私商從中撥弄，穩定物價非取消私商不可」為理由，打著「中央的限價法令」這個旗號，要求廢除晉西南 20 多縣的私商，並且提出要「以互助合作為中心，有計劃地組織生產、交換和消費，消除中間剝削，統一管理市場，穩定物價，保障人民生活」（張青樾：《閻錫山的「合作社」》，《山西文史精選》第 2 輯，第 260 頁）。為此，閻錫山採取了以下幾個步驟：第一步「分行合組」，即按同一地方、同一商號、同一物品、一個價格原則，將各種商號按業分行。人口較多、商業繁盛的縣份分為八行，人口較少，商業不發達的縣份，分為四行；第二步，登記接收。將各縣的私商全部進行登記，接收其貨物。對所接收貨物按品質及銷售好壞情況，進行定價，熱銷貨物按帳面十成或九折，冷滯的根據程度，按五到八折計價，殘品按殘損程度計價；第三步，化商為工，私商的貨物被接收後，其固定資產、包括用具店址在內，也一律歸公借用，然後再陸續歸還；其人員也歸公選用，除一部分留用被委以「商官」，從事合作社的業務外，其餘大部編為各業生產小組，從事生產勞動。透過這些措施，閻錫山將晉西南二十三縣（多不完整）八千六百多名私商，強行廢除。廢除私商的做法，相當殘酷，不僅使相當一部分私商在貨物折價中

受到損害，而「公家」卻大獲其利，僅殘貨折價一項，就從中牟取了上萬元的利潤，並且也使一些私商無以為生，有的被迫自殺。

其次，是要求合作供銷壟斷市場。一九四三年春，閻錫山將各縣經濟管理局，一律改組為縣供銷合作社，統制商業，管理市場。這些縣供銷合作社，因私商已經廢除，所以，它透過商品流通壟斷了零售市場，與糧食調節處結合控制了糧食市場，還與購銷處結合壟斷了採購批發業務，以及服務性行業。不僅如此，合作供銷社還專門設立了手工業生產管理社，控制了當地的手工業生產。這個管理社實行三定、二包、一管理的辦法，即定量、定質、定價，包供原料、包銷產品，管理其生產活動。它根據手工業不同行業，組織各業生產小組，如棉布、文具、副食等生產小組，供給其生產原料，經成本核算後，接收其產品，不準各生產小組自行出售其產品，從而直接控制了手工業生產。又透過強制生產，為商業供銷部提供了貨物來源。

再次，就是發行「合作券」。同任何經濟政策的實施一樣，推行新經濟政策，也需要有一定的金融作支持。閻錫山廢除私商時，對私商貨物的接收需要資金，收購糧食，實行合作供銷，供應各生產小組的原料，包銷各生產小組的商品，也需要資金。然而在軍政各費已相當緊張，國民黨中央又明令禁止發行地方紙幣的情況下，閻錫山仍能想出辦法來解決有關資金的問題，這就是依其「物產證券」的理論，決定由合作社發行的「物產的收條」——「合作券」，一種變相的紙幣。拿閻錫山的話來說，「合作券是接收產品的收條，受一物，發一券，券物相等，不會貶值落價」。

「合作券」由晉興出版社統一印刷，票面分一元、五元、十元三種，並印有縣名，然後，由山西省經濟管理局合作事業管理處發行給各縣合聯社。為此，閻錫山還頒佈了《山西省各縣經濟合作社聯合社開付合作券辦法》，規定合作券僅限於原開付之合聯社所屬縣境內購買物品；持券人如果向它縣購買物品，或在它處有需用，得請求付合作券之合聯社為之匯兌；合作券以日工為計算標準，每一日工折合合作券十元；合作券接受產物，須依據評定之價格，並付合作券；合作社不得將合作券移作另項開支等等。

對此，閻錫山曾自豪地說：「我新經濟政策的靈魂，是擴大生產；而接收物產唯一的武器是合作券，可以說合作券是新經濟制度的中心」（《革命行動》第9卷，第3期，第3頁）。它「可以鼓勵人民無限制的發展生產」。（張青樾：《閻錫山的「合作社」》，《山西文史精選》第2輯，第264頁）。

但是，事實並不像閻錫山所說的如此美妙。由於「合作券」只是物產的收條，而非貨幣，並且它的本位不確定，無論閻錫山使用的「糧本位」，還是「工本位」，都因嚴重違反了商品價值和商品價格規律，當糧食豐欠變化後，仍按原來的價格收購糧食，而生產某種產品的勞動，又不分簡繁和勞動付出多少，均以一種標準來確定；同時，所產物品是否能夠適應社會需要而銷售出去，又都予以接收；並且，合作券僅限於在本縣流通，一出縣即不能使用，這對採購原料、銷售產品也造成了極大不便。凡此種種，都使「合作券」的推行，困難重重。後來，閻錫山雖然又成立了「平價購銷處」，以法幣從蔣管區採購日用品，調撥給各縣合作社銷售，並且為解決合作券不能在異地使用的問題而制定了「匯兌辦法」，規定各縣合作社按合作券與法幣的比率，折成法幣，實行匯兌，可是，由於合作社銷售日用品後回收的合作券無法兌換為法幣，導致資金周轉困難，而合作券的兌換，因各縣「券」「幣」比率不同，物價也各異，不僅折算麻煩，而且貽誤商機，因此，問題仍無以從根本上解決。

「合作券」的推行雖然並沒有促進了社會生產的發展，反而嚴重制約了社會生產的發展，給廣大民眾的生活也造成了極大的不便，然而，它卻為閻錫山收購到了一大批糧食，為解決其統治區的糧食問題發揮了很大作用。山西省經濟管理局糧食調節處，當初用合作券向農民購買糧食時，規定每石小麥十五元，固定不變。當時合作券與法幣之比為一：二，即每石小麥為法幣三十元，可是當小麥漲價至每石法幣四十、五十、六十元時，合作券價仍為十五元。農民吃了大虧後，不願再將糧食交付合作社，糧食調節處不得不將糧價調整為每石小麥合作券兩百五十元。但不久，小麥每石又漲價至法幣四千元，而收購價卻仍為兩百五十元。就是透過對農民利益的這種損害，從一九四三年初到一九四五年七月，閻錫山從農民手中共

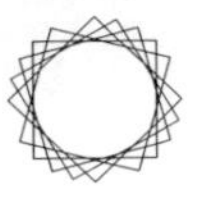

購得糧食三萬多石，僅此一項，農民就損失法幣約五千萬元以上（王尊光、張青樾：《閻錫山對山西金融的控制與壟斷》，《山西文史資料》第 16 輯，第 51 頁）。難怪晉西南地區的百姓要把「合作券」叫做「活捉券」了。因為它確實活活捉弄了老百姓。

與新經濟政策一脈相承的，就是閻錫山於一九四四年開始正式推行的「兵農合一」制度。由於閻統區人口不多，而晉西南又土地貧瘠，糧食產量很低，因此，閻錫山軍隊兵員的補充，社會生產的進行，糧食的供給就都面臨著嚴重的困難。一九四三年二月間，孫楚在鄉甯給閻錫山的電報中所說：「目前農村無丁，無人種地，營盤無兵，無人打仗，部隊已到瓦解境地」，（楊懷豐：《關於閻錫山兵農合一暴政的回憶》，《山西文史資料》第 14 輯，第 174 頁）並非虛妄誇大之辭。以閻錫山的第六十一軍、第十九軍和騎兵軍而言，每連官兵最多者不過六七十人，少則只有二三十人（志青：《兵農合一暴政紀實》，《山西文史資料》第 14 輯，第 180 頁）。因而，當閻錫山接到孫楚的電報後，即提出要解決「種地的人少，打仗的人少，」的問題，並提出「軍事第一、食糧第一，必須向食糧為中心的抗戰政治目標集中努力」（《閻司令長官抗戰復興言論集》第 7 輯，第 137 頁）。經多次開會，他又想出了一套「不但中國從來沒有，就是世界各國也沒有」的「兵農合一」制度（《閻錫山統治山西史實》第 326 頁）。並於八月十五日召開的有軍師級軍官和區、縣級負責人參加的行政會議上透過，決定試行這一制度。他認為，這樣，不僅能使打仗的人多，種地的人多，而且還能把土地問題和國防問題一爐而解決，使民族革命與社會革命並談而處理。會後，還由省民政、財政、教育、建設 4 廳廳長、田糧處長、軍管區司令部主任等組成兵農會議，閻錫山自兼主席，作為領導「兵農合一」的機構。

閻錫山為推行其「兵農合一」制度，曾從三個方面進行了準備，這也是「兵農合一」的主要內容，即「編組互助、劃分份地和平均糧銀」。

編組互助。就是以自然村為單位，把村中十八至四十七歲的役齡壯丁，不管其在村或不在村，每三人編為一個兵農互助小組，其中一人為常備兵，

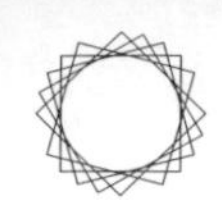

入營服役受優待，其餘二人為國民兵，在家領種份地做工，每年共出小麥或小米五石，熟棉花十斤，優待同組的常備兵家屬，簡稱「優待糧花」。常備兵服役三年期滿，轉服國民兵役，由同組中另抽一人入營服役。不在村的役齡壯丁，限期由家屬叫回，抽籤服役，逾期不歸者，則編入兵農互助小組，頂服國民兵役，由家屬代出優待糧花。已在軍中服役的本省籍士兵，由原籍村公所指定村中兩人，編為一個兵農互助小組，給予優待糧六石，熟棉花十斤，以示優待。

劃分份地。即以村為單位，把村中所有土地按年產量純收益小麥或小米二十石作為一份的標準，劃分為若干份地，分配給國民兵領種。份地分為七等二十一級，優劣遠近相搭配。若是果園、菜地，則按上述標準把產物與糧食折合，名為果木份地、蔬菜份地。每個國民兵領一份份地，非國民兵和婦女，不得領份地。國民兵領到份地後，或與家屬自耕，或與村中有勞動力的人組成耕作小組，由國民兵當主耕人，勞動產品，按勞力大小分配。為保證份地的耕種，由村公所適當調配耕畜與農具。為避免貧困的國民兵交不起糧租，要其領地前先交優待糧花，否則不準領地。

平均糧銀。即把劃入份地的田賦負擔，均重新平均，不管以前有糧無地，有地無糧，地好糧輕，地壞糧重，都要重新均糧。各縣原有糧銀，以不增不減為原則，偏高偏低時由全村調劑、縣補救。無主或推於村中之地，其糧銀累入份地中。

在這些內容確定之後，閻錫山還派薄毓相率人去鄉寧縣進行試點工作。薄僅搞了十多天的試驗，就回去向閻彙報說：「『兵農合一』貧富皆大歡喜，農民普遍擁護，是『為人類謀幸福，替造化表功能』」（《山西文史資料》第 14 輯，第 180 頁）。閻聽後頗為滿意，稱薄為「兵農專家」，隨即在兵農會議下設辦公室，由薄兼主任。並下令從各機關抽調大批幹部，分別主管編組、份地、均糧等事宜，指定有關「兵農合一」的各種章則法令。

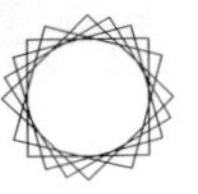

一九四四年二月，閻錫山在吉縣小河畔召集各大區統委會主任開會，研究在晉西南各縣普遍推行「兵農合一」的問題。會上，閻標榜其「兵農合一」制度是什麼「新的井田制」，並對這個制度的好處，大大吹噓了一番。會後，閻便組成十七個「兵農合一」宣導組，分赴各縣指導執行「兵農合一」工作。

僅經過一個春天，鄉寧、大寧、吉縣、永和、石樓、隰縣、蒲縣等七個完整縣即普遍實行了「兵農合一」。七個縣的五十三萬人口中，共編兵農互助組五千零二百七十個，把十五萬多國民兵和編入耕作小組的六十五萬多男女老少，用於了他的「兵農合一」上（《閻錫山統治山西史實》第326頁）。於是，閻錫山更認為「兵農合一」是既「合乎公道」、「合乎人情」、「又適於生產」的一個「無一行不通，故可以永久不變」的制度，應將其「發揮光大」。「兵農合一」等於手掌，組織、政治、軍事、教育、經濟等於五個指頭，「手掌作了五個指頭的根據，就可以掌握運用屈伸自如，我們深信將來一定會有許多意想不到的好處，一切復興上的工作統有了著落」（《革命行動》第9卷，第8期，第2頁）。他所辦的《陣中時報》更吹噓兵農合一是「革命主張，空前絕後，為歷史之創舉」。是不流血的土地革命，輕而易舉的解決了擾攘複雜的中國土地問題，「是抗戰的聚寶盆，抗戰勝利在此，建國必成亦在此」（《陣中時報》一九四四年十一月六日）。

但是，事實確並非完全如此。許多青年為了逃避常備兵，有的隱瞞年齡，甚至有的不惜自殘以示抗議。不少新入營的常備兵也設法潛逃，連閻錫山也說：「我近來感到不快者，即兵農合一之下，入伍的新戰士逃的不少」，還有一些村莊，為了達到閻錫山所要求的各村役齡壯丁應達到全體村民的四分之一的指標，竟連五十多歲的老頭和十五、六歲的孩子，也算進了役齡壯丁之中。在份地上，問題也不少。晉西南的各縣多為山地，產量不高，一些地方的上等地，每畝產量也不過一點五石，大部在一石以下，根本達不到每份地純收益必須夠二十官石的要求。於是，不少地方只好人為地增加土地產量，把畝產一石提為一石五斗，五斗提為一石，結果由於

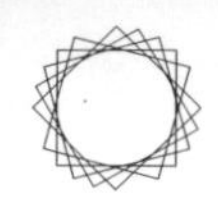

農民受害，各村都出現國民兵不願領份地的現象。有的國民兵則明分暗不分，仍然各種各地，有的領了地，但所產糧食還不夠交各種負擔，只好逃亡在外。對此，閻錫山也不得不承認：「耕作小組之編成，因助耕人之勞動能力大小不一，耕作技術優劣不一，並與主耕人立場不同，領受份地後，雖加強政治管理，合夥耕種，亦不如樂於自動耕作收穫大」（蔣順興、李良玉主編：《山西王閻錫山》河南人民出版社 1990 年版，第 213 頁）。

在均糧上，更是坑害百姓。由於閻錫山的軍隊和幹部眷屬有二十萬人，人口糧和馬料，每年共需一百萬石，除過蔣介石從陝西撥給現糧二十萬石，晉西南田賦徵糧三十萬石外，尚缺之六十萬石，係向國民政府領款購買。於是閻錫山把這項鉅款差糧，全部要由農民負擔，向他們強迫攤購。可是購糧價從請款到核定，手續往返，經過一段時間後，法幣已經貶值，加上不能及時發款，這樣，等到糧款發到農民手中時，已經不值多少錢。在「均糧上」，由於實行的是累進的「均糧法」，畝產越高，累進數越大，結果不僅沒起到均糧的作用，反而增加了農民的糧銀負擔。至於田賦的徵收，閻錫山在幾個完整縣實行的「徵一購三」的辦法，即徵收一石頂糧銀不給錢，另購買三石。此外，還要購馬料四斗，民調糧和省、縣附加糧各七點五斗，村攤糧五斗，幫助糧一斗，下來共計六點五石在不完整縣則實行「徵一購二」或「徵一購一」。

不僅如此，閻錫山還要農民服「義務勞動」，每人每日四小時，全年以百日為限，就連無領份地權的適齡婦女，也不例外。

廣大農民在要丁、要糧、要義務勞動這三者夾攻之下，因缺衣少食，已經無法生活，有許多人不得不放棄份地，攜家帶口到外邊謀生。以至不少村莊出現村無男丁，土地荒蕪的淒涼景象。當時社會上流傳的歌謠：「兵農合一聚寶盆，聚來聚去沒有人。種地的人少了，地荒了；打仗的人少了，跑光了」。「兵農合一實行了，茅廁滿了沒人陶；十畝地裡九畝草，留下一畝長黃槁，老百姓受死吃不飽，就是給閻錫山鬧個好」（《閻錫山統治山西史實》第 329 頁）等，正是對閻錫山「兵農合一」制度的尖銳嘲諷和憤怒控訴，這也許是「兵農合一」比較實際的一面。

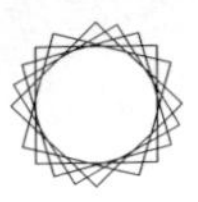

對於閻錫山所採取的這些經濟措施，從其實施的效果來看，受益最大的當然是閻錫山統治集團。正是靠著「新經濟政策」對晉西南的「經濟統制」，靠著「兵農合一」制度，強制人民當兵，並從他們那裡巧取豪奪，才養活了閻錫山的二十萬軍隊幹部和眷屬，才一次次地渡過「經濟難關」，維持了他對晉西南地區的統治，也才積蓄了爾後反共反人民的實力。在當時日本對閻錫山採取經濟攻勢，而晉西南經濟又十分落後的情況下，閻錫山大量印行省鈔，推行「新經濟政策」和「兵農合一」制度，似乎是不得已而為之，他推行「新經濟政策」，也有其發展社會生產力的動機，然而，由於他的主要目的是想透過這些措施，來解決其政權的生存問題的，他考慮更多的是如何克服其兵丁、糧食來源的困難問題，以保持其軍隊的穩定和政權的運轉的，因此，就不顧或很少顧及廣大農民的利益了。而他的「新經濟政策」，其實並沒有多少新意，只不過是在戰時條件下實行的一種更為專制的封建主義的經濟政策，它對各種社會經濟活動的嚴格「統制」，及其違背經濟規律的一些舉措，不僅沒有促進了社會生產力的解放和發展，反而成了社會生產力解放和發展的嚴重桎梏。至於他的「兵農合一」，更是搞得怨聲載道。它雖然暫時地解決了閻錫山的一些困難，但對閻錫山政權也造成了很大的負面影響，而它所留下的創傷更是令人永遠難忘。

6、對內強化政治控制，向外進行「政權開展」

被閻錫山更名為克難坡的南村坡，位於黃河東岸，它東距吉縣城六十華里，西面緊臨黃河。坡下有一渡口叫小船窩。乘船擺渡即可過河入陝。黃河由此南下十餘里，便是有名的黃河壺口大瀑布。這裡為丘陵地形，坡南高山連綿，重巒迭峰。閻錫山所以要選擇這個地方為第二戰區司令長官部和山西省政府的駐地，一來是渡河西去方便，二來有利於防空。

南村坡原來只有兩三戶人家，自從閻錫山選中這塊風水寶地之後，很快就發展起來，到一九四零年夏天，這裡的機關幹部及其眷屬以及各種類型的培訓人員，已有一萬多人。隨著人口的增加，不斷新挖了許多土窯洞。這些窯洞分佈於約二十平方公里的五條溝中，依山坡而挖，高低參差，錯落有致，一到晚上，那窯洞中透出的燈光，如夜空中閃爍的星星，令人似乎置身於夜景中的山城重慶。

閻錫山為了克服困難，要人們節衣縮食，一切由自己動手，爭取做到「自給自足」，並且還提出「卑宮室，惡衣服，菲飲食」的口號。為此，包括閻錫山自己，無論何人，不分官兵，均穿粗布料軍裝，每人每年棉衣一套，單衣兩套。吃的方面，一日兩餐，大部由食堂供給，有眷屬者，自己在家開灶。所住窯洞，也均由各部門自行解決，即挖即住。他還要求官兵和幹部家屬一律參加生產勞動，種菜、種地、養雞、做鞋、紡織。即使長官部公務員，也要每天勞動八小時。這雖然是閻錫山在抗戰環境中的迫不得已之舉，但從中卻也反映出閻錫山對眼下存在的困難是有充分認識，並在努力加以克服的。

如果說經濟上的困難正在困擾著閻錫山的話，那麼，在政治上存在的問題，更令他焦慮。「十二月」事變雖然過去了，事後經過與中共的反覆談判，也明確了自己的活動區域，並且，閻錫山為推卸在事變中的責任，還把第七集團軍總司令趙承綬、第三十三軍軍長郭宗汾撤職留任；將第三十三軍的六個師、旅長一律撤職；將梁化之送往重慶受訓。但是，事變留在人們心中的陰影並未消除，其部屬對他過去過於扶植新軍，以及在事

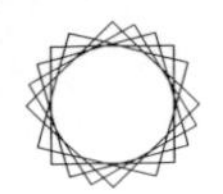

變中對新軍下手不夠堅決的怨聲，依舊不斷。不僅如此，在他的統治集團內部，過去一直存在的「文人與軍人」兩派之間的明爭暗鬥，以及兩派內部嫡系與非嫡系間的權力之爭，仍在繼續。另外，一些不利於閻錫山的輿論，也悄然興起。因而，如何加強對內部的政治控制，就成了閻錫山不得不認真對待的重要問題之一。

為了解決這個問題，閻錫山首先加強了同志會的組織建設和領導力量，以使其真正成為第二戰區統一領導組織、政治、軍事、經濟的，具有總裁一切權力的政治組織。

閻錫山於一九三八年二月在臨汾就成立了「民族革命同志會」，當時的目的是為了將新舊兩派勢力統一於一個組織之內，以便協調矛盾，並從組織上扶舊抑新。可是，事情並沒有朝著他所願望的方向發展。新舊兩派的矛盾日益尖銳，終於爆發了「十二月」事變。但事變後，閻錫山不僅沒有對這個組織失望，反而更予以了厚望。因為，在事變前和事變中，同志會中的骨幹，絕大多數是服從他、追隨他，並與他一道積極扶舊抑新的，是其真正志同道合的同志。所以，在他一九四零年五月八日還未返回吉縣克難坡時，二月份就在秋林對同志會執行部實行了改組。以李江為總書記，席尚謙為副總書記，並加緊訓練幹部，規定「同志會」區縣分會的幹部，必須由幹部訓練所畢業，方可分派工作。閻錫山返回吉縣後，又選擇一些優秀者，將其發展為「同志會先鋒軍」（簡稱「同幹」），還由他指定或讓人介紹，從高、中級幹部中積極發展同志會的「基幹」。同時，在山西省軍政、經濟、教育各部門中，普遍而系統地建立了「同志會」的分會、支部、特分會、特支部。這樣，就將山西省的軍政、經濟、教育等部門的權力完全集中在了「同志會」手中。九月，閻錫山再次改組「同志會」執行部，由原精建會辦公室主任裴琛任執行部總書記，並將執行部由秋林移克難坡辦公。

一九四一年五月初，閻錫山又對「同志會」的組織機構進行改組，將執行部總書記制改為高幹駐會制，取消正副總書記，設駐會高幹七人，由趙承綬、王靖國、梁化之、薄毓相、孟際豐、楊澄源、裴琛為第一屆駐會

高幹。高幹駐委會下，設立了由其直接領導的九個委員會，即幹部管理委員會、組織委員會、行政委員會、軍隊委員會、計畫委員會、理論委員會、敵工委員會、基幹委員會、秘書處。這時，地方組織共建立了十個區分會、五十四個縣分會。各軍隊、各區縣、各機關學校，共計發展了同志會員八萬餘人，「同幹」五千餘人，「基幹」四百多人。

一九四三年秋，閻錫山將「同志會」執行部各委員會合併或取消，在駐會高幹領導下設立了秘書處、組織組、軍事進步保證組、行政進步保證組、幹部管理組。並指定趙承綬、王靖國、梁化之為執行駐會常務委員，集中領導「同志會」的基幹組織，以及「鐵軍」、「政工」、「敵工」、「青紅幫」等政工組織。但是，此後不久，梁化之便實際上掌握了「同志會」的大權。「十二月」事變後，梁化之因消滅新軍的陰謀失敗而被送往重慶受訓期間，「軍人組織」的領頭人王靖國便乘機大力發展自己的勢力，把持了「同志會」，引起了「文人組織」的極大不滿。一九四零年梁化之從重慶受訓回來後，「文人組織」即推舉他出面，與「軍人組織」相抗衡。一九四二年夏，乘「洪爐訓練」之機，文人組織醞釀反對王靖國的大聯合，要從王手中把權奪過來交給梁化之。加上閻錫山對王的做法也甚為不滿，因而在這場文武較量中，王靖國的勢力逐漸削弱，而梁化之的勢力則大為增強。梁化之得勢後，驕橫傲慢，加上他用特務做法，監視打擊了不少幹部，因而，也像王靖國那樣，引起了閻錫山基幹內部普遍的不滿，可是由於他在閻錫山同意下所成立的「流動工作隊」（簡稱「流工隊」）、「真理辨證處」等特務組織，在一九四三年至一九四四年間，透過派往各縣的「流工隊」，對縣、村、各學校進行的「淨白陣營」活動中，對各縣參加過「犧盟會」的青年和民眾大批扣捕起來，作了一次徹底的過濾，以此發現共產黨在閻統區內的工作和組織線索，而後加以破壞，並且，對於政治嫌疑人員，經過所謂「真理辨證」，使其將自己的地下組織關係和工作關係都坦白交代出來，再透過他們，去追尋地下組織的活動，以此來淨化閻統區的政治和閻錫山統治集團的陣營。這些活動，恰恰正是閻錫山與日偽加緊勾結，並對共產黨進行打擊所需要的，因此，閻錫山不僅對於那些對梁化之

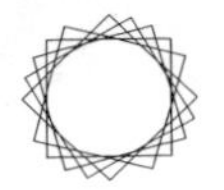

不利的種種輿論，不予理睬，反而對他重用有加，因為他認為，在二戰區只有梁化之瞭解共產黨最深，也只有梁化之才能和共產黨鬥。正因為如此，所以，閻錫山一直鼓勵梁化之。

按慣例，一年一次的同志會全體基幹大會第四次會議，於一九四五年二月十六日在吉縣召開。閻錫山這次一反常態，一改過去完全由他指名決定的辦法，而要在會上實行無記名投票的方法選舉。閻錫山本希望將梁化之選到同志會工作委員會，但他卻沒有想到有三分之二的與會者，把梁化之選成了「開展」高幹，即到縣上進行「開展政權」工作，這實際上是要把梁化之擠出「同志會」首腦機關，而把李江選為組織高幹，負責同志會工委會之責。閻錫山聞訊大怒，馬上叫來李江、王靖國嚴加斥責：「我以為等我死了以後，你們造反，不料我活著，你們就反了！我教你們組織起來革我的命，我閻某不是婦人……」，繼之聲淚俱下。王靖國等恐懼萬分，當即下跪求情：「我們有甚不到之處，會長教訓好了。如此言重，實甚惶恐」（楊懷豐：《閻錫山的民族革命同志會紀述》，《山西文史資料》第 11 輯，第 80 頁）。接著，仍由閻錫山提出侯選人名單，交各小組討論。與會代表那敢還有異議，只好照單透過。「選舉」結果，同志會執行部責任會議的成員是：楊愛源為首席高幹，孫楚、王懷明為責任高幹，李江為行政高幹，薄毓相為兵農高幹，王靖國為軍事高幹，梁化之為組織高幹，謝濂、裴琛為審議高幹，王尊光為經濟高幹，趙承綬、郭宗汾、彭毓斌、楚溪春、翟全晉、楊澄源為開展高幹。另外，還有席尚謙、白志沂、鄧勵豪、孟際豐、溫懷光、劉傑、楊貽達、李培德、嚴廷颺、續如楫、劉涵森、李崇才、孟祥祉、孫福麟、劉效增、劉逢洲、高倬之、於鎮河等十八名候補高幹。

在加強「同志會」工作的過程中，閻錫山為統一其黨政軍民各級幹部的思想認識，還以他的「存在就是真理，需要就是合法」這一理論作指導，從一九四一年暑期開始，透過舉辦訓練班，對幹部進行訓練。閻錫山把這種訓練稱之為「洪爐訓練」，意即訓練班就像是冶煉鋼鐵的洪爐，透過在洪爐中的冶煉，使受訓的「每一個同志去掉自身上的必須得割除的雜渣，把好的成分鍛煉成一塊堅硬的鋼鐵」，從而使受訓者既成為「警覺、迅速、

負責、自動、深入、徹底的革命幹部」，又能夠「熔化成齊一的整體，加強整體的內力，推進整體的發展，不允許有一個不健全的細胞，破壞整體存在與發展」（《閻司令長官抗戰復興言論集》第4輯，第284頁、282頁），使各級幹部一切唯閻錫山之命是從，「志會長之志，言會長之言，行會長之行」，以便形成「在集中領導下，精密的分工，有機的配合，表現齊一進步的團力」。這顯然是閻錫山對內加強政治思想控制的另一個重要舉措。

參加「洪爐訓練」的人員，是軍隊連級以上、行政社區級（縣屬區）以上幹部，以及政工、政衛、理論宣傳、經濟、兵役、學校等全體幹部。他們被分批召集到克難坡進行輪訓。

閻錫山對「洪爐訓練」十分重視，不僅興建了「洪爐台」，作為集訓場所，還親自制定了「會訓」即「警覺、迅速、負責、自動、深入、徹底」，撰寫了「洪爐訓練歌」，而且每天早晨六點，他都要在洪爐台前，對受訓人員訓話，同時，為配合訓練，還創辦了專門刊物《革命洪爐》，編印了《洪爐訓練集》。

「洪爐訓練」從一九四一年夏至一九四五年七月的四年中，在克難坡、吉縣、隰縣共舉辦了六十一期，輪訓幹部兩萬餘人。其中第一至第四期，共受訓中高級幹部兩千六百餘人。在二戰區的幹部中，可以說很少有沒經過洪爐訓練的。閻錫山對於在訓練中表現好的，稱之為「鋼鐵幹部」，加以提拔重用，對於表現不好的，則稱之為「爐渣子」，予以清除。

閻錫山在加強對內控制的同時，為了擴大其統治區域，還提出了「鞏固晉西革命根據地與開展政權」的口號，竭力向其政權管轄範圍之內而又未能控制的所謂「敵叛區」滲透、蠶食，建立自己的政權。而實際上他「開展政權」的對象卻主要是抗日民主根據地，他認為只有這樣，才可能維持和擴大其統治範圍，若向日軍佔領的地區擴展，就會影響他與日本正在加緊的勾結活動。

閻錫山為了「開展政權」，根據不同區域、不同情況，採取了不同的方式。

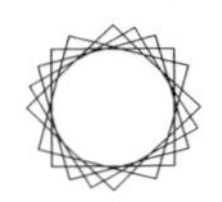

「十二月」事變後，閻錫山的管轄範圍僅限於晉西南地區，它西臨黃河與陝西為界，其東與南兩面，以汾（陽）離（石）公路為界，則是八路軍、新軍活動的區域，因此，閻錫山把汾東即汾河以東的安澤、浮山、翼城、襄陵、臨汾、曲沃等地，以及汾南即汾河以南，東至稷山，西至黃河的猗氏、萬泉、榮河、臨晉一帶地區，作為了「開展政權」的主要對象。他曾說過：「汾東為我戰區政治經濟之重要地區，也是我們生存發展的基地，所以我們對汾東絕不放棄，一定要以最大的努力奮鬥來鞏固汾東，開闢汾東」（《閻司令長官抗戰復興言論集》第6輯，第71頁）。並且把汾南也視為他的二戰區的「政治經濟重要地區」，「對汾南也絕不放棄」。

汾東地區，物產豐富，且因其西控同蒲鐵路，東臨上黨地區，戰略地位十分重要。一九四一年中條山戰役後，國民黨軍隊潰退，日軍隨之佔領，八路軍太嶽軍區部隊深入汾東，開展游擊戰爭，建立了抗日根據地，對晉南日軍構成極大威脅，日軍雖多次掃蕩，但一直未能將八路軍趕走。因此，日軍便企圖利用閻錫山的軍隊協同控制這一地區。而閻錫山也正想「開闢汾東」，於是一九四二年底，閻便指示第六十一軍與日軍協商，日軍讓出浮山、安澤、曲沃三縣，由第六十一軍進駐。一九四三年三月，第六十一軍東渡汾河，進駐浮山，遭到八路軍襲擊，被迫撤回晉西南。此後不久，由於斯大林格勒戰役的勝利，使世界反法西斯戰爭的形勢發生了根本性轉折，面對這一形勢，閻錫山在預測中國抗戰前途時說：「我們中國此次抗戰上的問題，可以說不成什麼大問題，只要能與同盟國家團結一致，共同努力，勝利很有把握」（《閻司令長官抗戰復興言論集》第9輯（上），第5頁）。也正是這種日趨光明的抗戰形勢，使閻錫山開始考慮抗戰勝利後如何存在和發展的問題，因而，他更加緊了「開展政權」的步伐，他認為：「單靠守住晉西，實在不夠，必須向敵叛區開展，打下個縣份村莊來，開掘糧源和兵源，……這兩件事，能不能做好，是我們的存亡關鍵」（《閻司令長官抗戰復興言論集》第8輯，第136頁），於是，一九四四年一月中旬，閻錫山又決定以第六十一軍全部兵力在臨汾日軍師團掩護下，再次向汾東地區「開展」，企圖將汾東之八路軍、決死隊消滅，至少也要將其壓迫到白晉路以東地區，然後向上黨地區「開展」。

一月二十八日，第二戰區總參贊楊澄源指揮第六十一軍及續如楫所屬第五專署保安兩個團共計萬餘人，在日軍配合下，向汾東解放區大舉進犯。閻軍所到之處，大肆抓丁搶糧，搜捕抗日兵民，摧殘抗日區、村政權。但在八路軍的堅決反擊下，這次進犯又被擊退。之後，儘管朱德致電閻錫山，要他對六十一軍的行動「予以制止，免起衝突」，閻錫山卻置若罔聞，三月初又增派隊伍東進汾東，結果又被八路軍殲滅一個師兵力。在此後不久的進犯中，第六十一軍的主力第七十二師及新增援的第三十七師，也大部被殲。

經過幾番失敗後，閻錫山雖然仍決定派遣大部兵力，開往汾東，伺機向上黨推進，但攝於前車之鑑，率部東犯的第十九軍長史澤波不敢貿然東進，只得同梁培璜的第六十一軍等部鞏固汾東，而閻此時亦認為東進上黨的時機尚不成熟，乃命史澤波「養精蓄銳，待機再發」。雖然如此，卻也為閻錫山爾後進攻上黨地區創造了一定條件，抗戰勝利後，史澤波正是率其第十九軍從汾東出發向上黨地區進犯的。

除了軍事上的武裝「開展」外，閻錫山為了開闢汾南地區，「拯救汾南同胞於水深火熱之中」，還成立了「汾南青年工作大隊」，潛入汾南地區，組織當地土匪、地主等，建立地方武裝、發展勢力。並且利用特務，潛入抗日民主根據地，破壞中共地下組織。他認為「如果摧毀不了他的地下組織，打不破他的基幹小組，我們存在開展均無辦法」，只要「拿上與民合謀，實行兵農合一，本上收復定義，革命競賽，真理戰勝，如此就可以摧毀他的地下組織」（《閻司令長官抗戰復興言論集》第 8 輯，第 62—63 頁）。為此，閻錫山派出三個「流工隊」，分赴汾東、汾南，專門破壞共產黨的地下組織。

不僅如此，閻錫山還與日軍「合作」，「開展政權」。一九四二年閻日安平會議之後，由於日本開闢了南洋戰場，急需抽調大量兵力和作戰物資支援南洋戰場，因此，對閻錫山的策略，由硬而軟，進一步加緊了拉攏，

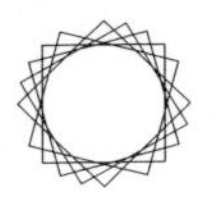

以便利用閻鞏固其對山西的佔領，並抽調人力物力支援南洋戰場。而閻錫山則急於「開闢汾東」，並伺機向上黨地區推進，也表示了對日願意和好的態度，企圖得到日軍的援助。在這種各自目的的推動下，雙方加強了「合作」。一九四三年春，太原日本高級參謀笹井向閻錫山提出了一個政治、經濟、軍事合作方案，稱閻方可派軍政幹部，參加日方政權；日方同意閻方軍隊向汾東發展。雙方經過反復談判，於同年底，在太原簽訂了「秘密協定」，其內容主要為：日方同意除安澤、浮山等縣外，再將翼城、曲沃、長子、高平、襄垣、黎城、沁水、陽城、晉城等九縣，分期「讓渡」給閻方接管；日方政權機構和地方武裝中，閻方可以繼續派人充任要職；日閻雙方共同分擔「剿共」任務，將共產黨地區「剿清」後，其防務由閻方接管。

翼城、曲沃、長子等九縣，絕大部份為中共領導的太岳、太行抗日革命根據地。日軍雖然多次對這九個縣進行過「掃蕩」、「清剿」，竭力要將八路軍趕走，但均遭失敗，根據地反而更加發展壯大。這時日軍所以要把他們「讓渡」給閻錫山，是因為太平洋戰爭爆發後，駐於這裡的兵力有相當部分被調往南洋戰場，造成的這個空虛極需要閻錫山派遣兵力予以填補。同時，讓閻錫山的一些部屬加入其政權和地方武裝，不僅可以誘使閻錫山與日方的「合作」，而且有利於日偽政權和武裝的建設。而閻錫山夢寐以求的正是對這些地方的「開展」，並透過這種「開展」，實現其「收復失地」統治山西的願望。他說：「不只是把汾東汾南開展了就算完了，我們能有力量還要竭力的收復全山西，更向河北開展」（《閻司令長官抗戰復興言論集》第 9 輯（上），第 29 頁）。

因此「秘密協定」簽訂後，一九四四年上半年，閻錫山即多次派遣軍隊向汾東開展，其中，一月二十八日楊澄源指揮的那次「開展」，就得到了日軍的配合，所部正是由日軍指定的據點襄陵橋和史村橋東渡汾河的，但上半年向汾東的多次開展，均遭失敗。閻錫山並不甘心，於當年秋後，又特邀臨汾日軍增派步炮聯合三千餘人的兵力，協同第六十一軍在安澤、浮山一帶，實行「三光掃蕩」。在軍事上與日方「合作開展」的同時，在政治上，閻錫山也與日方進行了積極合作。一九四二年夏天，騎兵第一師

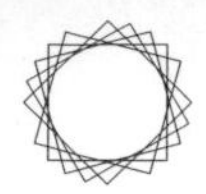

師長趙瑞、副師長段炳昌和騎兵第四師師長楊誠、副師長何炳，率部前往平遙縣淨化地區「突擊糧食」時，被日軍俘虜，押往太原，經日偽省長蘇體仁從中斡旋，不僅將被俘閻軍改編為「山西剿共軍」，而且趙瑞、楊誠也分別被委為第一、第二師師長。一九四四年冬，閻又與日勾結將此二人分別委為新編第一軍、第二軍軍長。一九四三年間，山西省日偽省長馮司直就向閻錫山提出，由閻派遣幹部若干，以投降方式，由日偽政權給予安排委用。這正合閻之心意。於是，閻先派軍長張翼前去，因與日軍沒有接通關係，反而被扣押，施以酷刑，直到日本投降後始被釋放。繼又派政衛組王庚堯、陳興舜等到太原，王被委為日偽省公署「剿共委員會」秘書，陳被委為「警務廳」秘書。一九四四年間，閻派出的靳瑞萱被日偽省公署委為省衛生局局長，並且所派之張從龍、李石麟、焦琪瑞也分別被委為安澤、沁源、浮山三縣的縣長。

日本投降前夕，閻日雙方的這種政治合作更為密切。一九四五年六、七月間，閻錫山由吉縣進駐隰縣後，他接到其在太原設立的「辦事處」的報告，稱太原日本山西派遣軍司令部，認為現在的廳長、道尹多不稱職，希望閻從速推薦廳長級等人員若干。閻接報告後，即派遣李榮才、孟祥祉、張馥葜偕同到達太原，準備擔任日偽廳長、道尹等職。就在這時，漢奸廳長趙汝楊由太原到了隰縣，也將日軍之意轉達於閻錫山。閻立即表示，省長一職，以你（指趙汝楊）擔任最為相宜。趙離開隰縣後，閻又授意梁上春接受日偽省政，並任省長。而梁上春又因其子梁綖武（也是閻錫山五堂妹閻慧卿的丈夫）一直是閻與日方勾結的連絡人，又推薦梁綖武任省長，日方也表示同意，但不久，日軍投降，此事未得實現（《閻錫山統治山西史實》第 340—341 頁）。

閻錫山與日方的合作「開展」，雖然在向汾東、汾南的開展方面沒有取得什麼成效，但他派出的「流工隊」等特務組織的活動，卻對抗日民主政權造成了相當的破壞，同時，也糾集潛伏了一批反革命勢力。而他與日方在政治上、軍事上的合作，也為閻錫山搶收抗戰勝利果實，創造了有利條件。

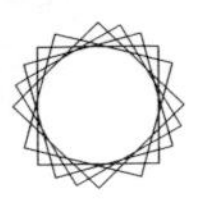

7、日閻加緊勾結，日對閻又打又拉，閻對日又磨又頂

武漢失陷之前，日本大本營陸軍部為了儘快佔領中國，即於一九三八年六月制定了一套「謀略計畫」，即在軍事上對華全面進攻的同時，試圖用政治手段瓦解、誘降中國軍隊。鑑於山西在華北戰略地位的重要性，計畫中就把瓦解閻錫山軍隊的工作列入其內，並將此工作的秘密代號稱之為「狸」工作。由此不難想見日本對閻錫山的印象。一九三九年日本駐中國派遣軍總部成立後，總參謀長板垣征四郎將對閻錫山的誘降工作，又更名為「伯」工作，並由日本華北方面軍第一軍具體執行此項任務。日方所以要在閻錫山身上下功夫，除了山西十分重要的戰略地位以及閻在地方實力派中頗具影響之外，最主要的是閻錫山在臨汾失陷後，雖然仍對日軍的進攻進行了抵抗，但已不像以前那樣堅決和積極了。一九三九年他發動「冬季攻勢」後，更採取了消極抗日，力圖避戰，保存實力的政策。所以，日本想透過閻加入汪精衛的日偽南京政府，促使那些「抱機會主義態度的反蔣將領挺身而出，從而打開重慶政權的崩潰的缺口，以此向中外宣傳，以期有利於促進中國事變的處理」（《華北治安戰》（下），第 122 頁）。

正因為如此，所以，一九四零年二月，田中隆吉一出任華北方面軍第一軍參謀長，即讓日偽山西省長蘇體仁找人給閻錫山送信，當派送人閻錫山的族侄閻宜亭（名志義）攜板垣征四郎之親筆信前往晉西，尚未返回時，蘇體仁又派漢奸白太沖（孝義縣白壁關村人，曾任汾孝游擊支隊長，一九三九年被俘投敵），偕同日本特務小林高安，到孝義縣兌九峪鎮，透過「興亞黃軍」司令蔡雄飛（閻軍第六十八師副師長，一九三九年被俘投敵）的介紹，與駐隰縣大麥郊的閻軍警衛軍軍長傅存懷接洽，然後透過傅的安排，秘密前往克難坡會晤閻錫山。

這時的閻錫山在「十二月」事變後，正處於內外交困的境地，而他又早就有「天要下雨，準備雨傘」的打算和「狡兔」也要有三窟，「第一個窟窿是日本人」的想法，因此，他對於日方主動派人前來聯絡，頗為欣喜，覆信田中隆吉和蘇體仁，表示「願與日軍合作，共同『剿共』，安定山西治安」（續志仁：《閻錫山向日軍乞降見聞》，《山西文史資料》第 11 輯，第 38 頁）。

日方見閻如此態度，遂加緊了與閻的聯絡，閻恐惹出風聲，則讓駐隰縣的第 7 集團軍司令趙承綬具體負責與日的聯絡接洽工作。其間，蘇體仁還從北平請回梁上椿，共同商議如何促進日、閻關係問題，經蘇、梁的穿針引線，閻錫山逐步同日方勾結起來。

日方為了向閻錫山表示親善，一九四零年六月曾將靈石境內的雙池鎮據點交給閻軍駐防。七月間，駐太原日軍參謀長筱塚又提出一個「合作草案」，主要內容是：閻錫山的第七集團軍駐崞縣、原平一帶，第 8 集團軍孫楚駐臨汾、運城一帶；第十三集團軍王靖國駐陽泉、娘子關一帶；閻的長官部駐太原，如果閻本人願到北平就任華北政務委員會委員長職務，更為歡迎，太原長官部則由楊愛源主持。但閻錫山認為這個「草案」純屬一紙空文，並沒有什麼實質性的東西，於是向日方提出必須是先幫助他充實力量，然後再具體協商「駐防問題」。日方對閻的要求，不肯明確答覆。而這時，日本大本營已在籌畫發動太平洋戰爭，企圖早日解決中國問題，以便騰出更多的力量進行太平洋戰爭，因此，日軍兵務局長田中隆吉來到太原後，即授意駐太原日軍首腦：「只要閻錫山肯投降，要什麼就答應給什麼，暫時不必斤斤計較條件」（趙瑞：《閻錫山勾結日軍的罪惡活動》，《山西文識資料》第 4 輯，第 8 頁）。於是，經交涉日閻雙方開始進行較高層次的接觸。十一月中旬，閻錫山派趙承綬到孝義縣白壁關與日軍山西派遣軍（第一軍）參謀長楠山秀吉進行了秘密會談。趙承綬根據閻錫山於他臨行之前所指示的「亞洲同盟，共同防共，外交一致，內政自理」這四項原則，在會談中要求日方先給山西軍隊裝備三十個團，所有武器、服裝、糧餉及兵員均由日方供給。而楠山秀吉此行主要是試探閻錫山的意圖，並未提什麼具體條件，對於趙所提的要求，根據田中隆吉的授意，口頭上完全答應並表示只要閻錫山「誠意合作，一切都好辦」。

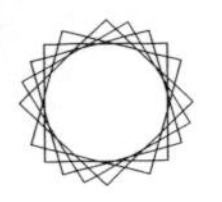

會談後不久，日方即加緊了對閻錫山的誘降活動。十二月間，日軍主動將孝義縣西之兌九峪、胡家窯、高陽鎮、如來村等地，「讓渡」給閻錫山的騎兵第一軍接防，雖然在接防中發生了一點誤會，但日方總算是有了一點「表示」，因而，一九四一年三月，閻錫山又派趙承綬偕同溫懷光再到白壁關，與日方舉行第二次會談。臨行前，閻對趙說：「如果對方把孝義讓給咱，咱就可以解決一部分糧食問題。你可用『聯繫更方便』為理由，盡力和對方交涉，我看可以辦到的」（趙承綬：《我參與閻錫山勾結日軍的活動情況》，《山西文史資料》第 11 輯，第 15 頁）。四月七日，日閻雙方代表舉行第二次白壁關會談，最後，雙方達成口頭協議：一、日閻雙方必須消除敵對行為，互相提攜；二、離石—軍渡（黃河東岸）公路以北地區，對共軍之進剿，由日軍負責；離軍公路以南，汾陽、孝義以西地區，由閻軍負責，必要時，雙方可實行「會剿」。這次會談後不久，日方即依協定中趙承綬提出的日軍將孝義縣城讓給閻軍接防的要求，於六月間，將孝義縣城「讓渡」給了閻錫山的軍隊。閻之騎兵第一軍軍部及騎兵二師師部，即進駐孝義縣城。不久，閻錫山恐怕共產黨大力宣傳他向日本人妥協投降，直接打他，為防備起見，又令趙承綬將第七集團軍總司令部由隰縣移駐孝義。

日方見對閻的「謀略」工作，初見成效，更加緊了對閻的工作。一九四一年五月下旬，日本陸軍省派田中隆吉第二次來太原，日本華北派遣軍司令官岡村寧次也派其特務參謀茂川秀和來太原，插手對閻的工作。這二人來太原後，要求閻錫山派趙承綬來太原商談。閻不敢貿然派趙前往，遂以趙患傷寒為由而派其機要處副處長劉迪吉去太原。七月初，劉迪吉去太原後即與田中開始談判，閻錫山透過由日軍提供給劉的電臺，讓劉向田中提出條件，田中均予答應。這些條件是：一、防共合作以打倒蔣介石為基本條件；二、為維持山西紙幣價值，貸款五千萬元；三、為充實山西軍（現在兵力六—七萬）的實力（當前以三十萬為目標），供給步槍十萬支、輕機槍二、三千挺、大炮三百門；四、以上述辦法加強實力後，馬上宣告反共討蔣，聯合各地將領，為完成目的而邁進，另方面勸告蔣介石全面和

平。附帶條件是：一、恢復山西西北實業公司；二、委閻為華北國防總司令和南京政府軍事委員長；三、以後每年須由南京政府給閻軍兩千萬元，步槍十萬支、大炮兩百門；四、以後須由南京政府支付一億元作為華北民眾救濟費等（《日本外交檔案中有關閻錫山投降活動的材料》，《山西文史資料》第 6 輯，第 11—12 頁）。並且，雙方還達成了「日閻停戰基本協定條款」草案，還約定在汾陽簽字。八月初，閻錫山打電報給在孝義的趙承綬，要趙就近前往，代表他到汾陽簽字。九月七日，趙承綬偕騎兵第一軍軍長溫懷光、參謀長齊駿鳴、騎兵第一師師長趙瑞及第七集團軍參謀處長續志仁，以及劉迪吉、白太沖等，到達田屯鎮，脫下軍裝，經過化裝後，由日軍接入汾陽城內。九月十一日，趙承綬代表閻錫山，日本華北派遣軍參謀長田邊盛武代表日方在用日、中兩種文字列印好的《日本軍與晉綏軍基本協定》即所謂的「汾陽協定」上簽字。

「汾陽協定」的基本內容，與「日閻停戰基本協定」草案，大體相同，其要義仍是日閻軍隊停戰，與南京政府合作，共同反共。只不過在日方要求閻錫山做什麼，怎麼做，日方給予閻錫山的支持是些什麼這些問題上更為具體和明確而已。如在汾陽談判中，閻錫山堅持要求把雁北十三縣劃歸山西省管轄，日方認為雁北十三縣隸屬蒙疆區，不能劃歸山西。後來日方華北派遣軍由北平派來的一個大佐級軍官即參謀長田邊盛武來汾陽，與趙承綬會面時說：「日方和山西軍誠意合作，以後共事的地方很多，不能因為一點小事發生意見，就依閻先生主張」（第 125 頁），這才把「晉綏軍之管轄區域，先為山西，漸及於全華北」寫進「汾陽協定」之中。在如何實施「汾陽協定」的步驟上，則劃分了三個階段。在第一階段，「停戰協定成立後，孝義縣城交與晉綏軍，晉綏軍即向以孝義為中心之區域挺進，閻長官移駐孝義縣城或隰縣，與日本軍緊密合作」，「日本軍集中於軍事上必要之地區，晉綏軍擔任山西省內各地方之治安」，「在執行協議期間，一面秘密聯絡各反共將領，一面在太原或孝義與汪主席協議合作」。第二階段，「第一階段工作完成後，閻長官即向重慶政府督促反共和平。如不接受，則向中外宣告單獨行動」，並且，「與日本軍合作，首先肅清山西

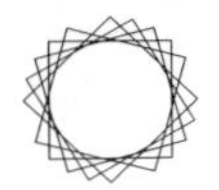

省內共產軍」。晉綏軍「兵力五十萬，由山東、河南、河北、安徽等地補充壯丁約十萬人，餘由山西省內補充」，「恢復太原兵工廠」。第三階段，「負責維持華北全境治安」，「察哈爾、綏遠問題與蒙古民族問題之解決，概由汪、閻商議決定」。「西北實業公司」、同蒲鐵路及山西省人民公營事業董事會所轄各工廠承認完整歸還，俟閻長官來後施行（郭彬蔚譯編：《日閻勾結實錄》人民出版社 1983 年版，第 13—16 頁）。對於閻錫山的支援，在槍、炮、資金、軍費等數目上，也都作了明確規定。

閻錫山與日方簽訂「汾陽協定」的主要意圖是為了緩解日軍向晉西南進攻，並借助日本擴充實力；日本則想透過這個協定，誘降閻錫山，使其成為日本在華「謀略工作」的典型、離間重慶中央政府的利器。正是由於雙方各有所圖，各懷鬼胎，所以，在履行協定時，必然會討價還價，明爭暗鬥，引發出不少糾紛與摩擦。

「汾陽協定」簽訂後，閻日雙方就協訂的履行落實問題多次商談，閻方代表仍為趙承綬，日方代表為楠山秀吉。日本方面急切想讓閻錫山「早日脫離重慶政府，迅速通電獨立」，「閻軍迅速讓出小船窩渡口，使日軍能早日進駐」，「閻錫山要早日進駐孝義，再進一步進駐太原」。還說閻錫山「不早日通電，一切都很難辦理，日方是為了閻閣下，為了華北才這樣做的」。而閻錫山則迫切「要求日方早日撥給兵員、武器、彈藥，特別是早日撥款」，認為「沒有裝備起兵力來，就貿然發表通電，進駐孝義、太原，既對付不了蔣介石，更難對付八路軍的進攻」，並以後方的兵工廠和高級人員向前移動，需要時日，「不能要求過急」為由，婉拒日方的要求。因此，儘管十月初，雙方達成了「閻方在太原、汾陽、臨汾、運城等地設立辦事處，和日軍交換情報，（主要是關於八路軍的情報）、交換物資的正式協議（趙承綬：《我參與閻錫山勾結日軍的活動情況》，《山西文史資料》第 11 輯，第 25 頁）」，但實質性的問題可以說一項也沒有解決。

而在雙方代表商談期間，閻錫山雖然電示過趙承綬要日方儘快解決他所希望的武器、彈藥、糧食和資金等問題，但日方對閻錫山的要求基本上採取了敷衍推委的態度。閻錫山要求日方撥給的糧食為五萬大石（一大石

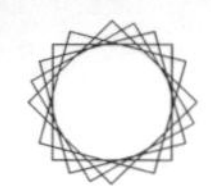

合兩小石），而日方撥給的卻是五萬小石。當閻要求補撥時，楠山秀吉則大為不滿，認為閻是得寸進尺、貪得無厭，憤然拒絕了代表閻錫山前來討要的趙承受的要求（續志仁：《閻錫山向日軍乞降見聞》，《山西文史資料》第 11 輯，第 44 頁）。在武器的籌撥上，日方認為目前閻軍的狀況是「槍比人多」，後經一再要求，才允許「先行撥給步槍一千支」。關於徵募兵員問題，閻錫山強調兵丁要「由日軍負責撥交」，而日方則以「日本人不能代閻錫山抓兵，因為這樣做，徒然擾亂『治安區』的秩序，終不濟事」為由，予以推委。關於軍費問題，日方答應「按照協定數目全部以汪精衛政府的『國幣』發給」。由於「國幣」每六元才折合日本「聯幣」一元，閻錫山認為吃虧太大要求以「聯幣」撥發，雖然經趙承綬再三交涉，日方也才答應發給「聯幣」一千兩百萬元，搭發「國幣」八百萬元（趙瑞：《閻錫山勾結日軍的罪惡活動》，《山西文史精選》（5）——《閻日勾結真相》第 64—65 頁）。

日方的這種做法，令閻錫山大為不滿，因此，當談判陷入僵局，日本華北方面軍第一軍司令官岩松義雄致電閻錫山提出「在彼此加深瞭解的基礎上，請您準備發表獨立宣言」時，閻在覆電中稱：「……在執行中只有相互幫助才能成功」，目前宣言尚不能發表，因為「發表宣言，依協定第一階段完成之後進行方有益無損」（《日閻勾結實錄》第 19 頁）。很顯然，閻錫山是要求日方按協定先交槍炮、兵員，再考慮發表宣言一事。從十月初到十一月，日方雖然一再敦促閻「發表宣言」，「負起國家復興之大任」，但閻因日方口惠而實不致，未按約定在物資上給他予支持，所以，一直以種種藉口為由，對日方的要求加以拒絕。在此情況下，楠山秀吉不得已又與趙承綬會談，可是由於楠山所答應的經費、步槍數量很少，而在山東、河北招募十萬壯丁一事上，又「暫時難以實現」，因此，閻再次斷然拒絕了日方的要求。

正在趙承綬要離開太原之時，岡村寧次專程由南京飛赴太原。在與趙的會見中，雖然對閻錫山吹捧了一氣，還說他是代表日本政府的，他答應了的事，決不會有問題的，「我們既然能把華北交給閻錫山，就要讓他有

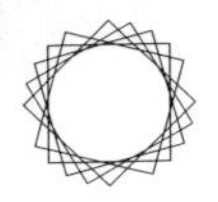

力量維持華北治安，請閻先生放心，不要光斤斤計較一槍一炮。我們和閻先生合作，對閻先生有好處」等等（趙承綬：《我參與閻錫山勾結日軍的活動情況》，《山西文史資料》第11輯），但卻未提落實「汾陽協定」一事。趙承綬將詳細情況向閻錫山報告時曾說：「這麼長時間，日本人一點東西都不給咱，我看這是誘降，不是合作」。再加上閻日勾結之事已被蔣介石知道，趙未返回克難坡前，蔣派軍令部長徐永昌和銓敘部長賈景德二人由重慶到克難坡，在他倆聽閻一番帶有要脅性的訴苦，說「二戰區的環境惡劣，補給困難，如政府在經濟上不大大予以接濟，則將必在日軍的經濟封鎖和軍事進攻下遭到毀滅」後，經向蔣介石請示，蔣答應除清理欠餉、增加軍費外，兵源、物資都可酌情予以補充，於是徐、賈二人對閻說，既然「山西的困難，蔣委員長允許解決，希望閻把趙承綬及太原人員召回，停止對日談判」。日本人不給東西，而蔣介石卻許諾了不少，為了避免蔣對自己的疑忌，閻錫山遂決定對日暫取觀望態度。

閻錫山對日方要求其發表宣言一直予以拒絕，使日方又氣又急。日方判斷「閻錫山內心是腳踏兩隻船，企圖從日蔣方面儘量多得好處」，甚至認為，閻是個「有自私自利打算」，「老奸巨滑不吃虧」、「難以揣度的人物」（《華北治安戰》（下），第124—125頁）。儘管如此，由於不久太平洋戰爭爆發，日本將大量侵華日軍從華北調往南洋作戰，更急需閻錫山早日投降，以維護其在華北的治安，所以，岩松義雄認為，形勢迫切需要對閻的工作「儘早成功」，並致電閻稱希望「雙方首腦直接會談，彼此以真誠的態度，坦率交換意見」。為此，從一九四二年初開始，山西派遣軍第1軍參謀長花谷正曾致電趙承綬速回太原，會商汾陽協定中的武器和軍費問題，甚至開列了準備撥發給閻的武器和軍費的清單，以使閻相信。一月下旬，花穀正又致電閻，要閻「速於孝義會見，促膝交談與貴軍之提攜，東亞之和平等有關問題」，但均遭到閻的拒絕。

及至三月，日方見對閻錫山用軟的辦法不成，便決定施用武力，給閻一點顏色，制定了「B號作戰計畫」，也稱「對晉綏作戰計畫」。在三月中旬向閻提出最後通牒的同時，派轟炸機三架，輪番轟炸克難坡西南的黃河

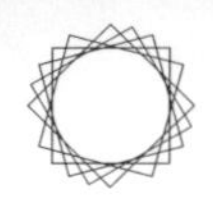

便橋，接著又對河津北部對岸之中央陣地進行炮擊，以切斷其與晉綏軍的聯繫。三月二十五日，日軍又發動第二次攻擊，向黃河對岸之中央軍進行炮擊。在日軍的逼迫下，閻錫山只好派趙承綬第二次赴太原，與日方商談。但趙到太原後卻受到日方的侮辱，花谷正說趙不能代表閻錫山，你還是回去的好，我們非和閻錫山親自談不可。趙在太原待了十餘天，毫無結果，蘇體仁也認為閻若不表明態度，日本人決不會先付給武器裝備，而且日方現今也沒有那麼多東西，於是趙只好返回克難坡，向閻報告情況，閻說：「他們不要你當代表，你回來就好了」，「日本人什麼也不給咱，想叫咱脫離抗戰，這可不能。你想，咱到太原，什麼也沒有，他們再把力量撤到太平洋去，叫共產黨直接打咱，咱力量不夠，就有被消滅的危險，咱不能這麼幹」（趙承綬：《我參與閻錫山勾結日軍的活動情況》，《山西文史資料》第 11 輯，第 30 頁）。於是決定對日進行武力還擊，發動「晉西大保衛戰」，透過硬頂，抬高自己在雙方談判中的身價。一九四二年四月八日，閻錫山在克難坡洪爐台前舉行「民族革命根據地大保衛戰集體宣誓大會」，並提出打死一個日本兵，賞洋一百元。由於閻的鼓動，以及日軍的輕敵，閻軍在孝義縣宋家莊、汾陽縣華靈廟等戰鬥中給日軍以較大打擊，僅宋家莊一戰，閻軍騎兵與敵激戰兩晝夜，就將千餘敵擊潰。六月十日，閻軍又在稷山縣黃花峪，殲敵三百餘人，守軍傷亡一百五十餘人。晉西大保衛戰，是繼一九三九年「冬季攻勢」後，閻錫山被迫對日軍進行的唯一一次規模作戰。不僅如此，不久，閻錫山為搶徵夏糧，還派騎兵前往日占區的平遙縣淨化村及其附近「突擊糧食」。

雖然如此，日方從整個戰局考慮出發，仍想把閻錫山拉回到談判桌邊，誘閻投降。四月二十三日，日本華北方面軍參謀長安達二十三電示第一軍：「目前交涉事宜，由方面軍司令官負責進行，對交涉進展切勿過於急躁，應等待今秋全面謀略取得進展的時機」（《華北治安戰》（下），第 126 頁）。而閻錫山雖然幾次拒絕與日軍首腦會面，卻也不願意日軍廢除基本協定。經過蘇體仁從中斡旋，四月二十九日，雙方商定：五月五日在安平村會見，並且日軍解除對晉綏軍之軍事威脅和經濟封鎖；基本協定二

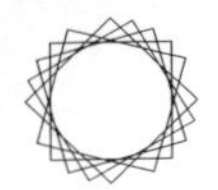

至三年時間全部實行，分為三個階段，分期兌現；會見前在孝義交付步槍兩萬支，在太原交付聯銀券六百萬元，會見時交付法幣四千萬元，聯銀券六百萬元；會見後雙方問題商議完畢，閻長官應儘快發表獨立宣言（郭彬蔚譯編：《日閻勾結實錄》人民出版社 1983 年版，第 128—129 頁）。

會見位址所以選在吉縣的安平村這個小山村，因為它是閻軍前哨陣地，村南隔一道溝為日軍防地，雙方隔溝相峙，這樣就可免除雙方透過對方轄區時的諸多不便，同時也意味著「吉祥安平」。日方為了這次會見，曾派部隊修整了河津至安平的公路，架設電話線，並在兩軍交界處架設了一座木製活動營房，以便讓與會代表休息。五月四日，日方有關人員抵達活動營房下榻。因為克難坡距安平有一百多里，又不通汽車，閻錫山為參加會議，也提前兩天從克難坡動身，移駐於吉縣城，從這裡到安平只有三十餘里。會談因而延至六日。六日一大早，日閻雙方的警衛隊都來到安平村。接著會談開始，閻方代表除閻本人外，還有趙承綬、王靖國、吳紹之、梁綖武、劉吉迪。日方代表有岩松義雄、花谷正、安達二十三、茂川、三野、松井，林龜喜、蘇體仁、梁上椿也列席。

會議前，閻錫山要求日方會談時不能拍照，但日方未加理會，不僅拍了照，還錄了音。這令閻錫山甚為不滿。會議開始後，閻首先發言，大談亞洲同盟，以及中日合作「要本著共同防共、外交一致，內政自理的原則辦事，尤其是內政處理更為要緊」等等，因為閻每談一段，再由蘇體仁的女婿楊宗藩翻譯一段，占的時間很長，花穀正聽得不耐煩起來，說：「我們是來開會，不是來聽講演」。岩松義雄未等閻把話全說完，就接過去發言，大肆宣揚了一番日本在太平洋方面的勝利，促閻錫山立即「覺悟」，早日通電履行「汾陽協定」條款，希望閻認清當前形勢，要閻立刻脫離重慶政府，「勿再猶疑」，並表示如閻馬上表示態度，可立刻交付現款三百萬元，步槍一千支。閻錫山早已料到日方會讓他馬上表示態度，因而回答說：「凡事都要有個準備，現在一切還沒準備妥當，通電還需要時日，最要緊的是力量，如果日方能把汾陽協定中答應的東西先行交付，裝備起力量來，能對付了共產黨的攻擊，就可以推進孝義縣」等等。花穀正聽得極不耐煩，驀地站了起來說：「珍珠港一戰，美國被日本一下子打跨，蔣介石更不在話下，閻閣下和日本合作對你自己有利，也正是時候，觀望沒有什麼好處，最好馬上跟我們回太原去」，花穀正口說手動，就要拉閻錫山起來，弄得閻十分難堪，不由皺起眉頭。蘇體仁見會議氣氛如此緊張，會議很難繼續下去，遂建議暫時休會（趙承綬：《我參與閻錫山勾結日軍的活動情況》，《山西文史資料》第 11 輯，第 33 頁）。

休會期間，閻錫山的警衛人員在村外望見山路上有許多日方人馬向安平而來，閻聽此報告，誤認為日方因會議沒有成功，要用武力威脅。其實這是日方運往會場準備交付閻的一千支步槍和六百萬元聯幣，再加上會議間花穀正的蠻橫無理和岩松義雄的盛氣淩人，因此，閻錫山覺得，這純粹是個「鴻門宴」，再呆下去，凶多吉少，於是不辭而別，帶著幾名衛兵離開安平村，沿小道而遁，安平會議遂告破裂。事後，蔣介石認為閻錫山是晉文公，「譎而不正」（閻效正：《一些知名人士對閻錫山的看法》，《山西文史資料》第 47 輯，第 14 頁）。

安平會議後，日閻雙方談判暫時停止，但日方仍不甘休，先是將在會議上閻錫山與岩松義雄握手的照片予以加工，印成傳單用飛機向重慶、西安等地散發，以引起蔣對閻錫山的不滿，接著向閻錫山發出通告，廢除與晉綏軍簽定的停戰協定，日軍將採取自由行動，並要求閻錫山將汾河以南的晉綏軍撤到汾河以北，企圖以經濟封鎖和武力壓迫相結合，逼閻就範，但閻錫山堅決不從汾南撤軍，因為如果將晉西南這個主要產糧區讓給日軍，晉綏軍將「不戰而亡」。於是，日軍開始進攻汾南，並揚言進攻吉縣。

但由於日軍在南洋的戰事日趨吃緊，又不得不對閻錫山的態度放緩。不僅恢復了物資交流，而且一九四四年一月，還為滿足閻錫山「剿共」與「徵糧」的需要，允許閻派四個師移駐浮山、安澤地區。之後，日閻雙方雖然仍保持著聯繫，但無積極的進展。一九四五年四、五月間，隨著歐洲戰場上反法西斯戰爭的勝利，閻錫山認為日本戰敗已成定局，為了利用日軍力量，奪取抗戰勝利果實，於七月間由隰縣西坡底移駐孝義樊莊。日軍為了逃脫徹底滅亡的命運，並伺機死灰復燃，遂派華北方面軍參謀長高橋

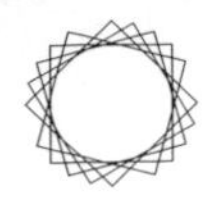

坦與閻接洽，請閻作蔣日之間的橋樑，從中斡旋，之後，閻錫山與高橋坦在孝義瑤圃村會見。高向閻提出，不久日本即宣佈投降，「但希望避開同盟國，直接投降中國」，而閻也正想利用投降日軍為其服務，於是便向高提出了「寄存武力」的問題，即「日本軍隊只改番號，日軍仍可保有日軍武器」，然後閻以「二戰區長官的名義，分別改編，給以暫編番號」（《閻錫山統治山西史實》第 343 頁）。瑤圃會見僅兩小時。這是日本投降前，閻錫山與日方的最後一次會見，也是最後一次勾結。這次會見，雖然沒有達成任何協定，但事實上，日本投降後，閻錫山還是想法「寄存」了一部分日軍武力。

縱觀抗戰期間閻錫山與日本勾結的史實，可以清楚閻日勾結是特定歷史條件下的產物。閻日勾結既有其共同的目的，也有各自的企圖。這個共同的目的，就是反共、「剿共」，而這也正是其共同的階級立場使然。所謂各自的企圖，就是日本所以要勾結閻錫山並非真正地要幫助閻錫山，而是要利用其身份、資歷和所處地位，透過給他一些物資和軍事上的幫助，促使其迅速發表「獨立宣言」，脫離重慶政府，在其整個政治誘降活動中發揮作用，並與日方共同合作，成為日本維持其佔領區統治的工具，更好地落實其「以華治華」的既定政策。而閻錫山與日本勾結，則是想要借助日本，在共同剿共的同時，來克服自己的困難，加強其經濟、軍事實力，以便更好地維持其對閻統區的統治。這表明閻錫山勾結日本，更多的是為了「自存」、「自強」的，從當時趙戴文向閻說：「以後無論局勢如何變化，希望你不要走汪精衛的道路」，閻則回答說「我有我的主張，我為了存在，利用他們，絕不會走他們的道路」的這段話中（楊懷豐：《趙戴文家世及生平事蹟》，《山西文史資料》第 38 輯，第 152 頁），不難看出閻與日勾結的真實想法，而閻一直強調的「內政自理原則」，更反映出閻錫山不願當日本傀儡，要求自立、自主的精神。日閻雙方各自的這種居心，它實際上反映了民族壓迫與反壓迫的鬥爭。正因為存在著這種民族與民族間的矛盾，所以，日閻勾結，就不可能十分緊密，而是時斷時續，時緊時鬆，有時表現友好，有時反目成仇，甚至大動干戈。而雙方的矛盾、衝突，則是

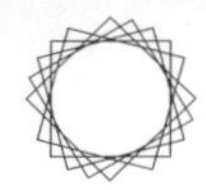

圍繞著日方要閻迅速發表聲明，而閻錫山則堅持要求日方全部履行「汾陽協定」中所答應的物資、兵丁、經費，否則就不發表聲明這個焦點來展開的。這也是日本要利用閻錫山，閻錫山也要利用日本人，「利用」和「反利用」鬥爭的集中表現。因此，閻日勾結是一個相當複雜的問題，它是在中日民族矛盾為國內主要矛盾這個大的時代背景下，民族矛盾和階級矛盾相互交織的一個反映。

從閻日勾結的軌跡來考察，也可看出，在雙方勾結中，何方居於主動，何方處於被動，是隨著整個世界反法西斯戰爭和中日戰爭的形勢變化而變化的。應當說，從「白壁關會談」直至「瑤圃會見」，日方一直是採取主動態度的，而這種主動既有自願的一面，也有被迫的一面。日本為了籌畫太平洋戰爭並服務於這個戰爭，主動與閻錫山勾結，進行白壁關會談。太平洋戰爭爆發後，又迫不及待地與閻簽訂「汾陽協定」，這都是自願的，而一九四三年之後及日本準備投降前的瑤圃會見，則是被迫的。在閻錫山來說，他雖然在日閻雙方勾結中一直處於被動地位，但實際上，他卻掌握著很大的主動權。這個主動權就是用要日方答應他的全部條件作「要脅」，不答應就不發表宣言。閻錫山所以敢於如此堅持，一方面他從對整個局勢的分析中，認為日本方面需要他，離了他，山西、華北乃至重慶政府的問題就不易解決，可謂「待價而沽」；另一方面則是蔣介石答應給他解決一些困難，而這正是他急切需要的。正是這種政治上的籌碼與經濟上的支持，使閻錫山對日方的逼迫予以軟磨硬頂，甚至暫停談判。而一九四三年之後，隨著國際反法西斯戰爭的勝利進展，閻錫山更硬氣起來。

值得一提的是，閻錫山雖然與日本勾結不斷，並且在日方的強大壓力下，作出過妥協，但他最終沒有向日本投降，這一點是應當肯定的。

閻錫山與日本的勾結，無論怎樣，　由於他畢竟是與當時中國人民的頭號敵人在勾結，因此，這種勾結不能不對中國人民的抗戰，造成相當不利的影響。它不僅在一定程度上渙散了中國人民的抗日鬥志，產生了對抗戰前途的悲觀情緒，更重要的是他對日本的妥協，既增強了日本侵略和滅亡中國的野心，也使日本透過與閻的「合作」，可以用少數的兵力對山西

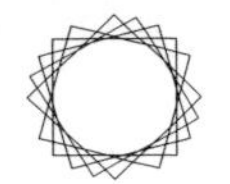
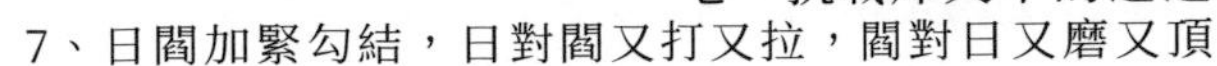

進行控制，從而在客觀上起到了支持日軍加緊對中國侵略，並發動太平洋戰爭的作用。同時，也使中共領導的山西和華北抗日根據地承擔了來自日、偽、閻雙方的壓力，付出了重大代價。

但是，由於閻錫山一直拒絕發表通電，脫離重慶政府，加入大東亞共榮圈，這就無形中破壞了日本的「政治謀略」，延緩了日本建立「華北國」的步伐，維護了當時國統區的統一。而「汾陽協定」簽訂後，閻錫山一直沒有離開晉西南，並且在一九四二年發動了「晉西大保衛戰」，則打破了日軍佔領吉縣，進而渡河西進的企圖。

八、狂瀾巨捲下的覆滅

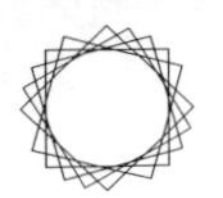

1、收復山西，搶佔太原，接收日偽政權和財產

一九四四年以後，閻錫山一改過去對抗戰前途表現悲觀的態度，而對奪取抗戰勝利日益充滿信心。他於一九四五年元旦發表的《告山西全省人民書》中，就號召開展競賽，以爭取抗戰勝利與復興成功，完成民族革命與社會革命。也因此，閻錫山加緊了對收復山西，收復太原的籌畫工作。他於一九四五年二月，在吉縣召開「奮鬥會議」時，就公開宣稱「要配合日軍收復山西，收復城市」，「不費一槍一彈收復太原」（山西地方誌編委會辦公室：《抗日戰爭時期山西大事記》198 四年十月印發，第 405 頁）。

閻錫山為「收復」山西，搶佔太原，在日本投降前的半年中，就做了大量工作。不僅派出他的大批地下工作人員，潛入日軍佔領的太原及各大城市，瞭解共產黨的情況，並設法運用日偽員警機關，防範中共潛入，搞好「社會治安」工作。同時選派受過訓練的「堅強幹部」進入日軍佔領區，建立地下工作組織，努力於「先期政治」工作，派人爭取各地偽軍首領，以便在閻錫山收復政權時為閻所用。此外，還在孝義至太原沿途佈置「地下工作」，一面宣傳日軍必定失敗，一面煽動群眾對共產黨的不滿，並要求當地群眾武裝自衛，抗拒八路軍，迎接閻軍。

一九四五年五月，閻錫山聽到蘇軍攻克柏林，德國無條件投降的消息後，立即將第二戰區司令長官部由吉縣克難坡移駐隰縣，七月底，又由隰縣進駐孝義縣城。其部隊也已陸續佔領了平遙、介休、離石、中陽、汾陽 5 縣。這時，閻錫山得到蘇體仁、梁上椿的報告，稱「日本已準備投降，請早日做回太原的準備」。這一消息更令閻又興奮又著急。

一九四五年八月九日，日本在廣播中宣佈無條件投降的辦法，閻錫山於當日夜晚召開軍事會議，簡單擬了一個進軍計畫，第二天即派軍隊由孝義向太原進發。為順利接收太原，閻錫山又派趙承綬由浮山經臨汾先去太原，與日本山西派遣軍司令官澄田進行交涉，閻交給趙的任務是，使日軍諒解，雙方軍隊不要惹起衝突，防止共產黨搶佔太原，並告日軍準備投降。

向太原進發的閻軍，分為兩個梯隊，第一梯隊由第八集團軍副總司令楚溪春率領四個師的兵力，於八月十日從孝義出發，沿汾河兩岸，向太原進發。八月十三日，其先頭部隊已達太原城郊之小店鎮，八月十五日本正式宣佈無條件投降，楚溪春即率部於十七日進駐太原城，並分駐省城南北各據點。第二梯隊由彭毓斌率領六師之眾緊隨著第一梯隊之後，也於十五日到達小店鎮附近地區。

日本正式宣佈投降的第二天，閻錫山又令第六集團軍總司令王靖國督率第三十四軍、第六十一軍分別向臨汾和運城挺進，令第十九軍長史澤波率所部及第二挺進縱隊、第五區保安團向長治挺進，準備接收這些地區的政權。由於閻錫山對這些地區早已經進行了大量準備接收的工作，所以，各部均進軍迅速，八月十五日，第六十一軍佔領運城，八月十六日，第三十四軍佔領臨汾，史澤波的第十九軍路程遠些，也於八月二十三日進入長治。

閻錫山得到楚溪春所部已進駐太原的消息後，即動身要回太原。他於八月二十三日從孝義出發，當天抵達介休。在這裡，他電報通知日本駐山西軍司令部，稱他已接到重慶政府的命令，委他為第二戰區受降長官，所有山西境內的日軍部隊，都由他負責處理，並告知，他現已由孝義到了介休，準備要回太原。由於趙承綬於八月十七日到達太原後，經與澄田交涉，對如何接收太原的相關問題，已基本談妥，如今又接到閻錫山的通知，因此，日方即派其第一軍參謀長山岡道武和中校級參謀伊藤，帶領部隊五百多人，乘兩輛鐵甲車到介休車站去迎接閻錫山。但是，由於閻抵達介休的情況為中共情報人員所偵知，二十三日晚，八路軍和當地群眾將介休以北的鐵路拆毀，所以，二十四日當閻乘坐之列車由介休行至義安村時，因路已被毀，無法通行，只好折回介休。而在介休一帶八路軍和地方武裝又十分活躍，閻錫山十分擔憂，又從太原調一個軍，掩護搶修，到八月二十九日，才將全線修復通車。修復後，閻即安排起身，在嚴密的保護下，於八月三十日返回太原。

當天晚上，閻錫山就召集了一個有其高級人員和日偽山西省長王驤等人參加的聯席會議，讓王驤向各日偽縣長、各保安隊長、警備隊、各個據點的偽軍發佈密令，聲稱：「已奉閻長官的命令，一切照常辦理，不得消極」。閻錫山還委任漢奸蘇體仁、梁上椿二人為顧問，馮司直、王驤二人為高級參謀。第二天，閻錫山又在省府自省堂召開的各界「慶祝抗戰勝利歡迎閻長官大會」上，發表講話，講什麼「行者」（指由晉西南回來的人員），「居者」（指當漢奸的人員）一樣有功，「行者」曾經過八年多跋山越嶺的辛苦，「居者」亦遭受八年多的精神苦痛，千萬不要自劃鴻溝，自行隔離。我們的共同敵人是共產黨，要精誠合作，緊密團結，高舉槍桿，共同對付共產黨。並告訴前來見閻錫山的各日偽縣長和保安、警備隊長等，要他們各返原地，安心供職（《閻錫山統治山西史實》第 347—348 頁）。

此後，閻錫山又令楚溪春率騎兵第四師收復晉北重鎮大同。九月上旬，即佔領了代縣、大同，連同晉南、晉東南、晉西南等地，除共產黨領導的抗日根據地外，閻錫山已搶佔了七十九個縣，基本上「收復」了山西。

與此同時，閻錫山不僅要山西各據點的日軍就地待命，等候接收，並說如果八路軍進攻據點或逼近據點時，仍須予以猛擊，務必堅守，不得有失，「我是戰區受降長官，我讓怎麼辦，就得怎麼辦，一切責任，完全由我擔負」，而且還委任日俘板井少將為太原市警備司令。閻還與軍令部長徐永昌籌畫，以留用技術人員作掩護，留用了日本戰俘和技術人員近五千人，其中完全有戰鬥力的三千餘人，編為六個大隊，對留用日俘，按原級晉兩級，薪餉加倍發放。此舉無疑部分地實現了日本投降前閻錫山提出的「寄存武力」的設想。

閻錫山在搶佔太原，接收日偽省政權，並派出幾路大軍挺進全省各地，進行「收復」的同時，為增強其反共軍事實力，還對全省的偽軍進行了改編。之前，除山西省保安隊外，駐於臨汾的偽冀寧道保安隊、駐於運城的偽河東道保安隊、駐於長治的偽上黨道保安隊、駐於大同的偽雁門道保安隊，分佈於全省七十多縣，共約為三萬七千人；駐於武鄉、陵川的偽華北綏靖軍第二十集團軍和第十三集團軍（原「剿共軍」第一、二師），

（一九四四年冬分別被改編為新編第一軍和新編第二軍，趙瑞、楊誠分別擔任第一軍、第二軍軍長），這兩部分偽軍共六個團，六千人。一九四五年八月三十日，閻錫山將全省偽軍全部收編，並正式成立了五個「省防軍」：

第一軍軍長趙世齡，由日偽在太原附近的殘餘部隊改編。

第二軍軍長趙瑞，副軍長晉藩，下屬第四、第五、第六師，師長分別為秦良驥、李渤、湯家謨，以上三師由日偽山西省保安隊直屬大隊和雁門、河東兩道保安隊編成。

第三軍軍長楊誠，副軍長何炳，下屬第七、第八、第九師，第七、第八師師長分別為何炳、段炳昌，九師師長暫缺。以上三師由日偽山西綏靖軍第十三集團軍和上黨保安隊編成，共約一萬兩千人。

第四軍軍長王乾元，下屬第十、第十一、第十二師，共約一萬人。該軍原擬以日偽冀寧道保安隊和太原偽急進建設團改編，正成立之際，上黨戰役發生，閻軍損失奇重，即將該軍分散各軍，補充缺額。

第五軍軍長韓步洲，下屬第十三、第十四、第十五師，原擬以大同方面的偽軍編成，因情況有變，不久，即全部編入閻軍第三十八師。

這些收編的偽軍，實際上僅四萬餘人，但閻錫山為向國民黨中央政府請領軍費，卻報告「省防軍」共收編十六萬人，「省防軍」的名義，一直保存到一九四五年底（《閻錫山統治山西史實》第 348—350 頁）。

從閻錫山搶佔太原和對日偽政權的接收情況來看，總的來講，還是相當順利的，只所以能夠如此，是因為日本正式宣佈投降後，山西各抗日根據地軍民，正按照中共中央和八路軍總部的命令，向日軍展開大反攻，主要兵力都用在了對日的「最後一仗」上。日本雖然宣佈投降，但日軍在太原和其他各大城市仍有相當力量，並且由於閻錫山正和日本勾結，不但商妥日軍只向戰區長官投降，而且在反對共產黨的問題上早已達成一致。因此，儘管一直堅持抗戰的中共及其武裝完全有理由也有可能接收太原和

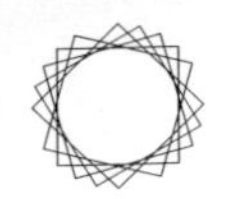

全省，但為了將日寇徹底清除出中國領土，同時從戰略的高度考慮到抗戰勝利後國內的形勢變化，也就沒有把佔領太原和其他大城市作為軍事進攻的重點，這就給了閻錫山以可乘之機。而閻錫山在一九四五年五月之後，尤其是得知日本準備投降的消息後，他首先考慮的不是如何向日軍發起攻擊，而是自己如何趕快接收，防止共產黨接收，並且為此而在政治、軍事等方面進行了相當充分的準備，形成了與日偽內外呼應，沆瀣一氣的局面，所以，他能迅速搶佔太原，並順利地完成了對日軍的受降和對日偽山西省及各地政權的接收。

閻錫山在接收日偽政權，改編偽軍的同時，對敵偽資產的接收，也予以了極大的關注。其中，對於接收被日軍佔領的原「西北實業公司」和其他「公營事業」的接收，尤為重視。在日本宣佈投降前夕，閻錫山就成立了工業、金融等各種接收委員會，積極作接受經濟部門的準備工作。當日本一宣佈投降，原西北實業公司協理，抗戰時任「新西北實業公司」經理的彭士弘，即奉閻錫山之命，協同賀雲英、曲憲南、魯西宇隨搶佔太原的閻軍返並，接收太原和全省的工業企業。同時，原西北實業公司在抗戰期間成立的「西北實業公司復興動員委員會」的人馬，亦相繼返並，協助接收各廠礦。

在被接收的工礦企業中，除接收了被日本侵佔的原西北實業公司所屬的二十八個企業和事業單位，以及日本佔領山西期間在各地所建的二十個企業外，還把十五個民營企業，也作為「敵偽資產」予以接收。

抗戰勝利後，國民黨中央派出大批接收大員，前往各地接受敵偽資產，以借機擴充中央經濟實力。中央經濟部也派員來山西接收工業，但卻遭到了閻錫山的拒絕，閻所持的理由是，山西的工業都是抗戰前由西北實業公司創建的，它們都是山西的「人民公營事業」，既然如此，就不應由中央接收，而應歸山西自己接收。對於日本佔領期間新建或改建的一些工廠，閻亦偽稱是西北實業公司所建，並將其說成是西北實業公司各廠的分廠。這些派來的接收大員，既不瞭解山西工業的歷史，又不作詳細調查，最後只好空手而歸。當初西北實業公司成立後，閻錫山即將其納入「山西省人民公營事業」之中，就是怕中央染指山西工業。而今，這一著卻真的派上了用場，這不能說不是閻錫山的「先見之明」。

被接收的日本侵佔的原西北實業公司所屬企事業單位是：

（括弧內是敵偽時期對原公司所屬單位的改名）

1、西北實業公司本部（山西產業株式會社總社）。

2、西北煉鋼廠（太原鐵廠）。

3、西北煤礦第一廠（西山采炭所）。

4、西北煤礦第二廠（軒崗采炭所）。

5、西北煤礦第三廠（富家灘採礦所）。

6、西北煤礦第四廠（東山煤礦廠）。

7、西北洋灰廠（西山洋灰廠）。

8、西北窯廠（太原窯廠）。

9、西北育才煉鋼機器廠（中央製作廠）。

10、西北毛織廠（太原毛織廠）。

11、西北火柴廠（太原火柴廠）。

12、西北化學廠（西北火藥第一、第二廠，即原西北化學廠之新、舊廠）。

13、西北制紙廠（蘭村制紙廠）。

14、西北電化廠（太原電化廠）。

15、西北皮革廠（太原皮革廠）。

16、晉華捲煙廠（太原捲煙廠）。

17、西北印刷廠（太原印刷廠）。

18、西北榨油廠（太原油脂廠）。

19、西北機車廠（太原鐵道工廠）。

20、育才煉鋼機器廠附屬氧氣廠（太原酸素廠）。

21、西北機械修理廠（太原機械修理廠）。

22、西北製造廠發電廠（太原城外發電廠）。

23、西北修造廠（一八零八部隊兵器廠）。

24、大同興農酒精廠。

25、定襄鐵礦所（定襄鐵礦廠）。

26、東冶採礦所（東冶鐵礦廠）。

27、甯武採礦所（甯武鐵礦廠）。

28、公司醫院。

接收日偽所建的企業有：太原織造廠、太原棉織廠、忻州發電廠（係日軍將五台縣西匯村閻錫山別墅的發電設備拆至忻州後設立）、太谷發電廠、榆次棉織廠、榆次芒硝廠、臨汾機械廠、西北氧氣廠（係日僑私人工廠）、大同火柴廠、孤子店煉鋼廠、大同洋灰廠、大同玻璃廠、大同機器廠、太原機器廠四個工廠、太原火（鍛）工廠、太原製藥廠、太原釀造廠、太原機械廠等二十個企業，其中的大同火柴廠、洋灰廠、孤子店煉鋼廠、機器廠接收後分別被改為西北火柴廠、洋灰廠、煉鋼廠、育才機器廠之大同分廠。日偽在太原設立的主要生產各種炮彈、小鋼炮和鍛工加工的四個工廠，接收後則被分別改為晉興機械公司第一、第二、第三、第四廠，太原製藥廠、太原機械廠、太原釀造廠，接收後也被分別改為川至製藥廠、復興機械公司和晉豐釀造廠。

接收的有一定規模的民營企業有：（括弧內之名稱為戰前企業之名稱）

1、太原紡織廠（晉生染織廠）。

2、祁縣染織廠（晉益公司）。

3、榆次紡織廠（晉華紡織廠）。

4、太原麵粉廠（晉豐麵粉公司）。

5、太原麵粉分廠（太原新記電燈公司麵粉廠）。

6、榆次麵粉廠（魏榆麵粉公司）。

7、平遙麵粉廠（晉生麵粉公司）。

8、臨汾麵粉廠（益生麵粉公司）。

9、太原城內發電廠（太原新記電燈公司，日軍佔領後改名為華北電業公司太原支店）。

10、臨汾發電廠。

11、運城發電廠。

12、榆次電燈營業所。

13、太谷麵粉廠。

14、大同麵粉廠。

15、陽泉礦務局（原保晉礦務局所屬煤礦）。

16、晉北礦務局（戰前為官商合營之企業）。

除接收的這十六個企業外，還有從後方搬遷至太原或省內其他地方的西北製造廠、晉興印刷廠、正興機械公司、新記事業公司所屬之七個工廠，原山西省經濟管理局所轄之十三個工礦，以及恢復和新建的西北木材廠、西北鐵礦所、壽陽鐵礦所、靈石鐵礦所、太原機器廠等企業，共計有一百多個企業。其中，屬於西北實業公司的企業有六十二個。

原屬於西北實業公司的廠礦，在日軍佔領期間，有相當一部分重要機器和設備被運往日本國內或是東北，所剩之機器設備又超度使用，所以，儘管接收後，閻錫山再三要求儘快修復，希望其成為反共物資力量的「骨

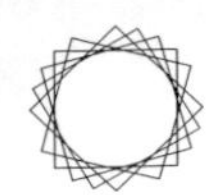

幹」，但其生產能力仍大大低於戰前。

在金融、商貿方面，山西省銀行、晉綏地方鐵路銀號、綏西墾業銀號、西北鹽業銀號、晉裕銀號、晉同銀號、天津亨記銀號、會元銀號，以及山西省民營事業董事會實物準備庫、太原斌記商行等企業也於一九四六年底相繼復業。同蒲鐵路被接收後，歸屬晉冀鐵路管理局管理。

閻錫山搶佔太原等種種作為，顯然是想要「復興」山西，恢復其像戰前那樣對山西的獨裁統治的。但是，客觀形勢已與戰前大不相同，已經發生了巨大變化，這就是經過八年的艱苦抗戰，中共領導的革命武裝力量已相當壯大，而他在山西建立的幾個根據地的抗日民主政權，也已經成了獨立自主的革命政權，這無疑成了閻錫山恢復其對山西獨裁統治的最大障礙，並構成了對閻錫山現存政權的極大威脅。閻錫山為了掃除這個障礙，去掉這個威脅，就不得不採用各種手段，利用一切力量，以增強其反共的實力。他所以把大漢奸和日酋視若上賓加以重用，並留用大批日軍戰俘，大量改編偽軍，接受了諸多廠礦企業，甚至於以接收敵偽財產之名，把一批民營企業也收入他的囊中，其原因就在這裡。

2、調集重兵，進攻上黨，慘遭失敗後，繼續向解放區進犯

日本投降後，閻錫山即令史澤波率部向上黨地區進發，企圖搶佔上黨地區。中共為了反擊閻軍的進攻，進行了上黨戰役。此役是全面內戰爆發前，國共兩軍進行的一次規模最大的戰役。閻錫山充當了發動國內戰爭的急先鋒。

上黨是指晉東南以長治為中心的十九縣地區，處於太行根據地的腹地。位於太行山、太嶽山、中條山之間，毛澤東曾把它喻為一個「腳盆」，「在那個腳盆裡，有魚有肉，閻錫山派了十三個師去搶」（《毛澤東選集》第 2 版，第 1157 頁）。上黨根據地是抗日戰爭爆發後共產黨、八路軍團結當地廣大民眾，經過艱苦鬥爭，才建立起屬於晉冀魯豫邊區的重要抗日根據地。一九三九年，閻錫山發動「十二月事變」，就企圖從中共手中奪回上黨地區，但在根據地軍民的英勇反擊下，以失敗而告終。一九四三年，閻錫山與日軍勾結，又準備派部隊前往上黨，做「開展政權」的工作，也因「時機未成熟」而沒有貿然行動。但閻錫山對奪取上黨一直念念不忘，當他得知日本準備投降的消息後，即加緊準備，要奪取上黨。而八月十七日趙承綬在太原與日軍商定的結果，更使閻有恃無恐。他認為日偽軍隊仍在長治等地，只要自己再抽調重兵前去，雙方協同作戰，裡應外合，定能成功。這樣，不僅可將太行、太嶽兩根據地分割開來，還可消滅晉冀魯豫軍區八路軍主力。於是便令史澤波於八月十七日率部在汾東浮山縣堯村、東張集結，迅速向上黨進軍，限五日內到達目的地。

進攻上黨的閻軍，由第十九軍軍長史澤波率領，所部有第十九軍的楊文彩三十七師，郭天辛六十八師，六十一軍的周建祉六十九師，挺進第二縱隊白映蟾部，第六縱隊徐其昌部，續汝楫的第五專署保安隊第五、第九團，翟品三的汾東第一支隊、李洲、陳士芳的汾東第二支隊，共約一萬七千餘人。

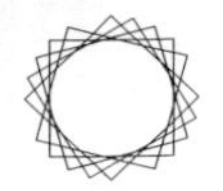

向上黨進犯的閻軍渡過沁河後，分左、右兩路行動。當時，由於晉冀魯豫軍區部隊正在繼續執行對日反攻作戰任務，太行軍區主力準備收復沁縣、武鄉，抽調不出更多的力量反擊閻軍的進犯，所以，閻軍進展比較迅速，二十一日進佔長子、長治，二十三日侵入屯留、二十五日侵入壺關、潞城、襄垣等縣城。閻軍所到之出，大肆搶劫擄掠，對地方攤派勒索，並開展所謂「淨白陣營」、「肅清偽裝」活動，殺戮無辜百姓。閻錫山接到史澤波不斷傳來的捷報，更是得意洋洋，似乎勝利已經在握。

上黨地區，不僅物產豐富，經濟比較發達，而且戰略地位十分重要，其東、西兩邊的平漢線和白晉線，直接控制著蔣介石運兵北上和閻錫山派兵南犯的通道。因此，打退閻軍向上黨地區的進犯，無論是對保衛太行根據地，配合毛澤東在重慶與蔣介石進行的國共談判，還是從戰略上遏制國民黨向解放區的進攻，鞏固和壯大解放區，都具有重要的現實意義和深遠的歷史意義。正因為如此，正在延安參加中央工作會議的晉冀魯豫軍區司令員劉伯承和政委鄧小平，於八月二十五日返回太行後，即根據毛澤東和中共中央關於保衛上黨的指示，決定集中力量，先打入侵上黨之敵。為此，迅速調集太行縱隊的陳錫聯部、太岳縱隊的陳賡部和冀南縱隊的陳再道部，三個軍區的主力及地方兵團一部共三萬一千人。與此同時，中共地方黨委和政府也積極行動起來，號召廣大青年報名參軍，發動幹部帶領民兵、自衛隊踴躍參戰，組織五萬多人搞支前工作，從而化解了人民軍隊進行上黨戰役的諸多不利因素，在物質上，精神上為奪取上黨戰役的勝利創造了有利條件。

一九四五年九月十日，上黨戰役正式打響。戰役先從解放長治周圍縣城開始，首先解放襄垣城，十二日攻克屯留縣城，十七日攻克潞城，截斷了長治與太原、平遙的聯繫。十九日再克長子、壺關。九天之內連克五城，殲滅閻軍七千多人。這樣，長治就成了一座孤城。二十日，各路大軍將長治包圍，二十四日開始攻城。困守於長治城內的史澤波和續汝楫，連連向閻錫山告急，閻錫山一面打電報給他倆，謂：「上黨必守，援軍即到，事關重要，務必求勝」（曹近謙、翟品三：《上黨戰役前後閻錫山援軍覆沒

記》，《山西文史資料》第37輯，第41頁）；並命令孫楚連夜召開作戰小組會議擬訂增援計畫；一面要郭宗汾打電報給重慶，要蔣介石派空軍支援。九月二十日，閻錫山召開軍事會議，孫楚在會上說明作戰小組擬訂的增援計畫，最後，閻決定派第7集團軍副司令彭毓斌為總指揮，炮兵司令胡三餘為副總指揮，帶郭溶、張宏、李佩膺等八個師，配屬一個炮兵團共兩萬兩千人，自子洪鎮沿白晉鐵路南下，增援長治守軍。閻錫山吩咐他們：「這一仗，只許勝，不許敗」。此時，正值晚秋時分，陰雨連綿，道路泥濘，山洪爆發，加上閻軍士兵除自帶大量彈藥外，還給長治守軍帶了許多彈藥，背負過重，他們沿著崎嶇的山路進行，一日僅能前進二、三十里，到二十八日才進抵沁縣以南。

劉、鄧得知閻軍來援的消息後，一方面命令部隊繼續攻擊長治，以吸引閻之援軍；一方面立即調太行、太岳縱隊主力，兼程北上，以殲閻之援軍於運動中。十月二日，閻錫山援軍在屯留縣屬的老爺山、磨盤山地區大部被打援的解放軍殲滅，只有極少數逃回沁縣。師長郭溶、張宏、李佩膺以及副指揮胡三餘等數十名閻軍高級軍官被俘虜，彭毓斌亦在逃跑途中腿部受傷，因無人救護而死亡。

困守於長治城內的史澤波、續汝楫等，見援軍無望，在接到閻錫山的命令後，於十月七日夜趁雨大霧濃，率部棄城分三路突圍西竄，企圖橫穿太岳區，逃回臨汾、浮山和翼城。劉、鄧當機立斷，除令圍城部隊跟蹤追擊外，又令太嶽縱隊直插沁河以西的馬壁一帶，控制沁河東岸。當初在軍事會議上，孫楚曾擬訂由汾南高倬之軍擔任主援，一俟圍攻長治之八路軍調打白晉線援軍時迅即由侯（馬）屯（留）公路，直趨長治城下，形成合擊。但閻錫山怕高倬之調離晉南，會給胡宗南留下空子，而否定了這個計畫，結果，不僅彭毓斌的援軍遭襲後，因後方無援而全軍覆沒，而且從長治逃出來的史澤波所部也因得不到接應，十月十日被八路軍堵在沁河東岸的將軍嶺和桃川地區，所部三個步兵師附一個炮兵營，共萬餘人，大部被殲。史澤波和第六十八師師長郭天辛、第三十七師師長楊文彩等也被活捉，長治警備司令周建祉率殘部千餘人僥倖逃掉，續汝楫也逃回臨汾。上黨戰

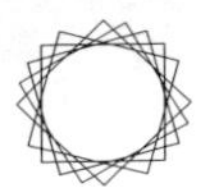

役就此結束。

上黨戰役前後歷時一月有餘，此役不僅給予進犯太行區的閻軍以沉重打擊，保衛了上黨地區，而且有力地配合了毛澤東在重慶的談判。在這次戰役中，閻錫山損兵折將，損失了十三個師共一萬六千餘人，而經過此役，晉冀魯豫軍區部隊則在裝備、彈藥和兵員上，得到了很大補充，為爾後更好地進行自衛反擊作戰和解放戰爭，創造了有利條件。

閻錫山上黨戰役遭到慘敗，並不甘心，而上黨戰役結束前夕，國共雙方代表在重慶經過四十天的談判，於一九四五年十月十日共同簽署的《政府與中共代表會談紀要》既「雙十協定」，由於有國共雙方「必須共同努力，以和平、民主、團結、統一為基礎，長期合作，堅持避免內戰，建設獨立、自由和富強的新中國，徹底實行三民主義」，以及雙方認為政治民主化、軍隊國家化及黨派平等合法，為達到和平建國必由途徑等內容，而這恰恰是與閻錫山堅持消滅共產黨的主張，堅持其對山西的專制獨裁統治的願望格格不入的，因此，他對蔣介石與共產黨簽署「雙十協定」十分不滿，認為蔣介石低估了中共力量的發展，對中共警惕不夠，只有他對中共瞭解。所以，他認為有必要向蔣介石「報告敵我情況，及舉事措施，密陳救國之道」，遂以述職為名，於十月二十六日，飛往重慶，向蔣介石進言。

其實，蔣介石邀毛澤東去重慶進行長時間的談判，目的是為了爭取時間，調兵遣將，部署進行大規模內戰，消滅共產黨的軍事力量，並以此來麻痹共產黨。因此，「雙十協定」的墨蹟未乾，蔣介石就調集重兵，沿平漢、津蒲、平綏、同蒲等鐵路，向中共晉冀魯豫、山東、晉察冀區進攻。然而，在邯鄲、平綏和津蒲等地又遭到八路軍的重創。同時，國民黨統治區內人民的反內戰運動也此起彼伏。在此情況下，經美國授意，蔣介石不得不被迫接受共產黨、各民主黨派以及全國人民的要求，宣佈召開政治協商會議，並在會前與中共代表談判有關停戰的問題。得知這一消息後，閻錫山大為光火，他在他的軍官們面前說蔣介石「糊塗」，「不曉得用己所長，來擊敵人所短。他也不曉得避敵之所長，來護自己之所短」。「我們所長的是現代化的兵力——飛機、大炮，還有美國的援助。說到我們二戰區，還有收編

下的日本兵，今日共產黨之所長，不是軍事，而是政治」。「現在蔣先生和人家停戰了，豈不是上了共產黨的當嗎」？並教訓其部下說：「只要拿上我們的政治做法和日本人的軍事技術密切結合在一起，就能鞏固政權，展開政權」，「目前的和平談判，必須是武裝的和平，經政治方式的和平談判是不易收效的。我們一定要以武裝的力量徹底消滅共產黨，才能談判和平與復興」（趙瑞：《閻錫山勾結日軍的罪惡活動》，《山西文史資料》第 4 輯，第 62 頁）。

閻錫山的這個想法，實際上也正是蔣介石的想法。蔣介石所以同意與中共代表談判關於停戰的問題，並且於一九四六年一月十日簽訂了「停戰協定」，還是想以這種和平欺騙的手段為打內戰贏得準備時間。正因為如此，所以，在停戰協定發表前，蔣介石給閻錫山下了手令稱：「馬歇爾、張治中、周恩來三人會議，商定在政治會議前舉行全面停戰，停戰令灰日（十日）晚即可下達，各部在停戰令未生效前，應盡速搶佔戰略要點」。與此同時，何應欽也直接向閻通報說：「國共戰爭，應在一月十三日夜十二時完全停止，山西應在停戰前，保持有利形勢」。閻錫山得此「手令」和「通報」後，異常興奮，對他的高級將領們說：「蔣介石這回作對了，我們應繼續出動兵力，趕快向外『開展』」（趙瑞：《閻錫山勾結日軍的罪惡活動》，《山西文史資料》第 4 輯，第 63 頁）。於是他立即命令駐臨汾的第十三集團軍司令王靖國指揮所部向浮山、翼城以及蒙城等地的中共軍隊陣地進攻，命令駐大同的楚溪春指揮所部進攻大同南北的豐鎮和渾源；命令趙承綬組織野戰軍由改編的日軍配合，兵分兩路，一路沿東（關）沁（縣）鐵路的馬洪口向南進攻，由第三十三軍第四十六師三個團和由上黨潰退下來的的雜牌部隊配合；一路由沁縣沿鐵路兩側向北進攻。

在此之前，當上黨戰役結束不久，閻錫山為了控制同蒲鐵路，配合已進至晉南聞喜縣以南的國民黨胡宗南所部沿同蒲路北上，竟置「雙十協定」於不顧，調整了晉中、晉南的軍事部署，十一月中旬就由晉南及同蒲北段抽調七個精銳師，由第十三集團軍司令王靖國指揮，集結於霍縣、趙城、洪洞、臨汾一帶，以控制同蒲路中段，而北犯之胡宗南所部也向同蒲路南

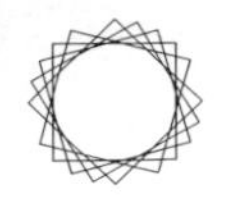

段的聞喜、翼城、曲沃等地進攻。閻、胡相互呼應，企圖對太岳解放區形成南北夾擊之勢。為了粉碎閻、胡的陰謀，晉冀魯豫野戰軍第四縱隊和太岳軍區主力部隊從一九四五年十月六日開始，進行了霍（縣）趙（城）曲（沃）翼（城）地區作戰，合稱「同蒲戰役」。到一九四六年一月十三日停戰令生效前，經兩個多月的戰鬥，共殲滅閻軍八千餘人，並先後解放了趙城、翼城、侯馬、高顯、蒙城、東鎮等城鎮。破擊了靈石至洪洞的鐵路交通，控制了同蒲路南段蒙城至小頭鎮一百餘公里的地區，斬斷了閻、胡兩軍的南北聯繫，打破了胡宗南部沿同蒲路北進的企圖，若非停戰令下後，已經處於有利態勢的八路軍主動撤出戰鬥，還會取得更大的勝利。因此，停戰令生效前，閻錫山並沒有什麼「有利形勢」。

可是，閻錫山利令智昏，停戰令生效後不久，一九四六年一月十九日，閻錫山又命令第十三集團軍王靖國部之第三十四軍軍長高倬之指揮三個師，由臨汾出動，沿同蒲路南進，以驅逐太岳部隊於曲沃以東，佔領同蒲路南段。晉冀魯豫野戰軍第四縱隊堅決予以反擊，在侯馬以西之東西高村和蘆頂山，經二十三、二十四日兩天激戰，共殲閻軍五千餘人，生俘山西省防第四軍第十二師師長劉謙以下三千餘人（中共山西省委黨史研究室編：《太嶽革命根據地紀事》山西人民出版社 1989 年十二月版，第 609 頁）。五月，太嶽部隊又收復了被閻軍侵佔的軍事要地霍縣靳壁村，奪回了同蒲線重要市場介休鎮洪山村；同時，對向汾南解放區大舉進攻的國民黨胡宗南所部第 31 旅、第一六七旅以及閻錫山所部第七十二師、第三十九師共兩萬人，進行了英勇反擊。從五月下旬到六月下旬，太嶽部隊還與廣大民兵配合，對襲入霍縣、洪洞、臨汾、曲沃、安邑、絳縣、襄陵、聞喜、新絳等縣三十五個村莊搶糧的國民黨軍隊，多次予以有力反擊。晉冀魯豫野戰軍第四縱隊第十三旅，在地方武裝的配合下，還解放了絳縣城。

沿東沁鐵路南犯的趙承綬所部八個師共兩萬餘人，在日軍第十四旅團的配合下，一九四六年二月四日由祁縣東觀鎮出發，不久進至沁縣，二十日前哨衛隊一千餘人侵佔沁縣以南三十里之新店鎮。閻軍所到之處，製造慘案，山西省防軍第八十四師師長段炳昌就帶領沁縣城日軍前獨立十四旅團毛利大隊三百餘及前上黨各縣殘餘偽軍一千五百多人，包圍襲擊了沁縣二區南、北馬服村，打死幹部群眾五人，打傷十九人，俘去九人，搶糧八百石，製造了駭人聽聞的「馬服慘案」。在解放區軍民的強烈要求下，三月七日，晉冀魯豫軍區決定以第六縱隊主力和太岳、太行部隊各一部發起白晉線自衛反擊戰，亦叫東沁戰役。此役歷時半月，共殲敵四千餘人，並收復南關車站，攻佔了北關車站，從而割斷了敵人的南北聯繫，迫使閻軍停止進攻（《太嶽革命根據地紀事》第616—617頁，第625頁）。

駐大同的楚溪春，雖然有經過日軍及閻軍多年修築經營的堅固工事，在兵力上有韓步洲的三十八師、蔣介石派來的交警縱隊「綏靖」第五大隊、馬占山的一個師，以及原駐大同的日偽軍共一萬九千人，還有坦克車隊，但是，由於在一九四五年十二月上旬，他出動騎四師主力三個團及日軍共四千餘人，分三路向大同北解放區進犯，企圖將駐孤山（豐鎮、大同之間）之八路軍殲滅時，卻被八路軍擊潰，斃傷日閻軍兩百餘人。此後，在一九四五年十二月由聶榮臻、賀龍統一指揮對向綏東進犯的傅作義部隊的反擊作戰（第一次綏包戰役）中，不僅殲敵十二萬餘人，收復了綏東之豐鎮、集甯、卓資山、陶林、涼城、百靈廟、清水河、薩拉齊、四子王、托縣、武川、興河等十三座縣城，使大同守軍陷於孤立，而且，後來傅作義部雖然一度佔領了豐鎮、集寧，但在晉綏、晉察冀部隊的堅決攻擊下，也被迫相繼撤出。有鑑於此，楚溪春更不敢貿然行動，向豐鎮、渾源「開展」了。

總之，從日本投降至一九四六年六月下旬全面內戰爆發前的這一期間，閻錫山向解放區的不斷進攻，均以損兵折將、丟城棄地而告終。造成這種後果的原因，並非當時中共領導的軍事力量過於強大，雙方軍事實力懸殊所至。其實，閻錫山的總體軍事實力在數量上要遠遠超過中共。也不排除閻錫山在戰略決策和戰術運用上的失誤，如對進攻目標的不夠集中並因此而導致的用兵分散。但這並不能說閻錫山缺乏軍事才幹，而是形勢所迫。因為山西有好幾個共產黨領導的解放區，每個解放區對他都是個嚴重的威脅，使他不得不多路進攻，全面出擊。此外，他對胡宗南部的防範，不願派高倬之部作為進犯上黨的援軍，也是怕胡部乘虛佔領晉南等等。然

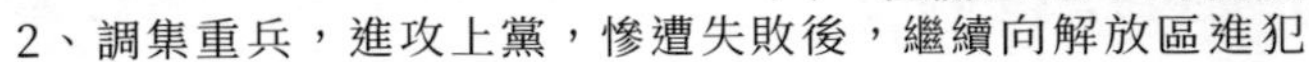
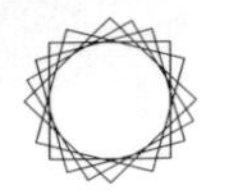

而，最根本的原因則是閻錫山的窮兵黷武，其目的並非真的要什麼「復興」建國，而是要透過武力，消滅共產黨，恢復他對山西的專制獨裁統治。這就完全違背了抗戰勝利後廣大民眾迫切要求「和平、民主、團結、統一」，「避免內戰，建設獨立、自由和富強的新中國」的意願。這種違背民心的不義之戰遭到失敗，也就是在所難免的了。

3、全面內戰爆發後，經過一系列戰役，軍事形勢對閻錫山日益不利

國民黨在美帝國主義的支持下，利用停戰之機，進行了充分準備後，一九四六年六月二十六日，以大舉進攻中原解放區為起點，發動了空前規模的反革命內戰。

國民黨進攻的第一重點是華東解放區，第二重點是晉冀魯豫解放區，在山西境內的太行、太嶽解放區又是晉冀魯豫解放區的重要地區。蔣介石為在軍事上配合向重點解放區的進攻，不僅要閻錫山全力以赴，而且還派胡宗南、傅作義，馬占山等部，進犯山西，與閻錫山聯手，向山西境內各解放區進攻。因此，全面內戰爆發後，國共兩軍在山西各個戰場上的較量錯綜複雜，十分激烈，到一九四七年上半年，先後進行了晉南、晉北、晉西南、晉西北、汾孝、正太等戰役。

國民黨胡宗南部和閻錫山軍隊向山西解放區的進攻，首先是從對晉南解放區的進攻開始。這一方面是為了配合國民黨向豫北的進攻，但更主要的則是企圖透過對在晉南地區乙太嶽解放區為主的解放區的「圍剿」，恢復並控制同蒲鐵路。因為，經過上黨戰役，平漢路已被中共控制，而在全面內戰爆發前，閻錫山向晉南的「開展」中，同蒲路南線又被中共切斷，所以，閻錫山和胡宗南都急於先打通南同蒲線，以便加強雙方的聯繫，而後再打通整個同蒲路和正太路，為國民黨的全面進攻創造條件。

一九四六年七月七日，胡宗南指揮在此之前先後渡河入晉的七個旅，自安邑、夏縣北犯，佔領聞喜縣城。閻錫山為配合胡宗南的北進，則令其軍隊由同蒲路南下，企圖打通同蒲南段，席捲晉南，尋殲中共軍隊主力於洪、趙地區。閻、胡二人雖然在反共上立場完全一致，但胡為蔣中央之嫡系，而閻則是地方實力派，一直擔心胡會乘機佔領晉南，所以，他這次的與胡配合，在很大成分上是要與胡爭奪晉南。並且，閻經過上黨戰役，已領教過共軍的厲害，因而不敢輕舉妄動，而胡宗南自以為自己兵力雄厚，又有「天下第一旅」參戰，則有些不可一世。正是利用了閻、胡之間

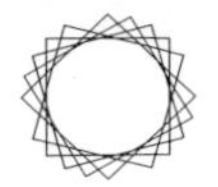

的這種矛盾和心態，中共晉冀魯豫部隊以第四縱隊和太嶽軍區部隊為主，在呂梁部隊的配合下，於調遣部分兵力牽制閻軍南下，並阻擊運城胡部北援的同時，七月十三日，中共主力向已深入解放區一百五十餘里的胡部第三十一旅發動攻擊，四天之內即在夏縣塾掌鎮、胡張鎮和朱村，殲滅胡部第三十一旅兩個團，並殲滅前來支援的胡部第七十八旅三個營。之後，胡部害怕被殲滅，且戰且退，一部退到安邑，一部退到聞喜，中共軍隊跟蹤追擊，但未能殲滅，遂停止戰鬥。「聞夏之戰」於七月二十二日結束，晉南戰役首戰告捷。

接著，晉冀魯豫第四縱隊又對集結於洪、趙地區的閻軍實施殲滅，謂之「洪趙之戰」。在此之前，中共中央為吸引閻軍北上，減輕閻、胡兩軍對洪趙作戰部隊的壓力，決定於七月一日由晉綏軍區及晉察冀第四縱隊和第一、二分區配合，於晉北地區發動攻勢。閻錫山為使其部隊不被殲滅，不顧胡宗南的反對，忙將其在洪趙的主力北調，把靈石到臨汾的防務推給了胡宗南部，從而造成了靈石至臨汾之間兵力的薄弱。這無疑給殲滅洪趙地區之閻軍以極好的機會。而晉冀魯豫第四縱隊，又採取了集中優勢兵力，先南後北，逐個殲滅的戰術，因此，「洪趙之戰」於八月十四日開始後，進展相當順利。到九月一日為止，十五天的戰鬥，共佔領洪洞、趙城、霍縣、靈石四座縣城，控制兩百六十餘里鐵路，共殲閻軍一萬餘人，從而徹底切斷了胡宗南部與閻錫山部的聯繫。

當晉冀魯豫第四縱隊和太嶽軍區轉移到洪、趙地區作戰時，閻錫山、胡宗南以為晉南地區空虛，有機可乘，胡宗南遂於八月中旬派其第三十師和「天下第一旅」再到晉南，企圖把中共晉南的軍隊消滅在洪趙地區。閻錫山為配合胡部行動，也於九月十五日將介休、平遙的軍隊集結到鐵路中心點介休義棠車站，與胡部遙相呼應。根據雙方態勢，晉冀魯豫第四縱隊決定，在臨汾和浮山地區與北進之胡部作戰，是謂「臨浮之戰」。九月二十二日，胡部近三個旅分三路，分由臨汾及其以南的史村和翼城出發，由東、北兩面向浮山進攻，企圖以強大兵力聚殲浮山中共軍隊，即使不能如此，也將迫使中共軍隊向北突圍，而將其趕至洪趙地區，與閻部南北合

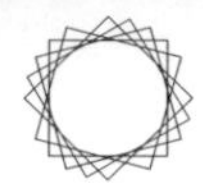

擊，予以全殲。然而，由於中共部隊已預作部署，不僅將三個旅迅速隱蔽集結於洪洞東南地區，等待胡部北進，同時將一個旅置於靈石一線佈防，以阻擊閻軍由介休、義棠等地南下增援，所以，當二十二日胡部一個團進入浮山官雀村時，即遭包圍。二十三日，從東向西進攻浮山之胡部，以及從西向東進攻臨汾之胡部兩個旅前來增援，也被第四縱隊分割包圍。至九月二十四日戰鬥結束，胡部兩千多人被擊斃，其餘兩千五百餘人被俘。其他胡部得知消息後，則西竄避戰，但中共軍隊跟蹤追擊，在二十四日又被殲滅一千餘人，其餘逃往臨汾。

由聞喜、洪趙和臨浮三個大仗構成的晉南戰役，從七月初至九月二十四日止，歷時兩個多月，共殲胡宗南部兩個旅一個團、閻軍三個師各一部，約兩萬五千餘人。此役不但消滅了閻、胡的有生力量，而且也徹底粉碎了閻錫山、胡宗南打通同蒲路的計畫。

在晉南戰役正酣之際，晉北戰役也在緊張進行。晉北地區有屬於晉綏、晉察冀兩大解放區的一部分解放區。這部分解放區因其包圍和威脅著太原、大同等戰略要地，以及平漢、平綏、同蒲路等交通幹線，而大同又為平綏、同蒲兩鐵路的交叉點和樞紐，被國民黨視為「鞏固華北、屏障綏寧、呼應熱察、支撐太原」的戰略要地。抗戰前和抗戰期間，閻錫山與日本方面對大同的軍事設備，都下了很大功夫。因此，全面內戰爆發後，晉北地區成為國民黨極為關注的一個戰略方向，不僅閻錫山在大同、忻州等地派駐重兵，而且國民黨傅作義等部，也隨時準備出動，配合閻錫山的軍事行動，以確實控制同蒲路、平漢路北段以及北甯路，分割晉綏、晉察冀、東北解放區，然後集中兵力分別消滅晉綏和晉察冀的中共軍隊。

為了打破國民黨的這種企圖，晉綏軍區司令員賀龍、政治委員李井泉、晉察冀軍區司令員兼政治委員聶榮臻根據中共中央軍委首先消滅閻錫山部，控制山西太原，切斷同蒲路北段，割裂大同、太原聯繫，孤立並相機奪取大同的指示，同時也是為了吸引閻軍北上，以配合洪趙戰役，兩區部隊各一部在六月中旬至七月初，發動晉北攻勢，組成晉北野戰軍司令部，由晉綏軍區參謀長周士弟任司令，統一指揮兩軍區部隊，於七月四日發起

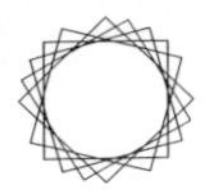

晉北戰役。至七月十五日，先後解放了繁峙、代縣、朔縣、甯武、崞縣、五台、原平、定襄、陽明堡等十座城鎮，殲滅閻軍三千多人。七月二十八日，當中共軍隊集結於晉北重鎮忻縣附近，形成對忻縣的包圍態勢後，閻錫山急忙指示關南總指揮余鎮河指揮所部以及地方保安團隊一萬五千餘人，堅決固守，雖中共軍隊經二十二、二十九日兩次攻城，但均未成功，不過，卻完成了控制忻縣以北同蒲路的任務，使大同陷於孤立。

接著，又由晉綏軍區副司令員張宗遜為司令員，晉察冀野戰軍副政治委員羅瑞卿為副司令員、楊成武為政委組成的前線指揮部，指揮兩軍區的部分主力共三十個團，於八月十四日對大同之敵發起攻擊。在此前夕，由於蔣介石為促使傅作義增援大同，將原屬閻錫山第二戰區所轄的大同劃歸傅作義的第十二戰區管轄。九月三日，傅作義即集中步騎兵共三萬餘人，分南、北、中三路向集寧進攻，企圖經集甯南援大同。九月五日，傅部佔領卓資山，七日又從卓資山東犯集寧。而攻擊大同城的中共軍隊，由於攻城兵力火力不夠集中，且缺乏攻堅經驗，加之駐守大同的楚溪春奉閻錫山之命將城外高地完全放棄，集中兵力依城固守，馬占山所部又頑強抵抗，所以，攻擊開始後並不順利，至九月四日，才肅清郊區各點及北關、西關之敵。在此情況下，又鑑於傅作義派重兵增援大同，中共大同戰役前線指揮部遂改變計畫，決定首先消滅傅的增援部隊，然後轉移兵力攻取大同。消滅傅部增援部隊的中共軍隊，雖然在對佔領臥龍山、腦倉山的傅部援軍進行了猛烈攻擊，但傅部援軍的抵抗也十分頑強。十二日，傅部援軍在空軍配合下，攻入集寧城內。中共軍隊處境不利，乃撤出集寧。傅部援軍繼續向大同挺進，十六日，中共軍隊被迫撤出對大同的包圍。

晉北戰役歷時兩月有餘，中共軍隊雖然未能攻克大同，並因集寧的丟失致使張家口處於被國民黨軍隊東西夾擊的不利形勢，在一定程度上影響了爾後戰局的發展，但是，它對於閻錫山的打擊仍然是沉重的。閻錫山不僅在晉北喪失了十幾座城鎮，而且損失了一部分軍隊。至於他將洪趙地區的主力部隊北調，雖使忻縣得以倖存，但卻導致了洪趙戰役的失敗，從而失去了與胡宗南部的聯繫，並使其在晉南戰場上處於了越來越被動的

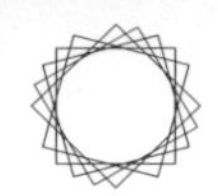

地位。

晉北戰役結束後不久，一九四六年十一月，蔣介石準備以胡宗南部為主力，向中共中央所在地延安發動攻擊。為此，他要寧夏的馬鴻逵、山西的閻錫山予以策應。與陝北一河之隔的黃河東岸晉西南地區，因隰縣、石樓、永和、吉縣、蒲縣、鄉寧、大寧等縣城仍被閻錫山所控制，並且，閻錫山派上將楊澄源坐鎮隰縣，指揮晉西南的軍事，雖然在這一地區閻錫山沒有派駐主力部隊，但地方團隊也還有一定實力，這對陝甘寧解放區東境的安全，無疑是一個嚴重威脅。因此，為保衛延安，必須解除這個威脅。根據中共中央的指示，在王震和陳賡的指揮下，由晉綏軍區第二縱隊和呂梁地區地方兵團、晉冀魯豫第四縱隊和太嶽軍區第二十四旅協同作戰，於一九四六年十一月十四日發起晉西南戰役。戰役開始後，隰縣周圍各縣即被解放，只有少數保安團隊逃入隰縣城內，使隰縣成為一座孤城。楊澄源一面集合各縣殘餘武裝和由水頭礦區進入城內的第七十一師一部，加緊防守，一面急電閻錫山派兵解圍，但均無濟於事，隰縣也被解放。楊澄源、專員孫海成、參謀長胡芳修等高級軍政人員和士兵約兩千餘人，均被俘獲。此時，殘留於中陽縣的閻軍師長張居乾仍率部頑強抵抗，閻錫山還派飛機前往助戰，但經四五日激戰，十二月七日中陽亦被攻克，張居乾被俘，所部全部被殲滅。至此，晉西南之閻軍餘孽被全部清除乾淨。到十二月底，歷時一月有餘的晉西南戰役宣告結束。此役先後解放永和、大寧、隰縣、石樓、蒲縣、汾西、中陽等 7 縣城，共殲閻軍五千餘人。其間，中共軍隊在十二月二十二日還在晉西南地區的蒲縣和午城之間設伏，對從臨汾出發進攻大寧的胡宗南所部第六十七旅攔腰包圍，將其大部殲滅。一九四七年一月一日，又將蒲縣守軍殲滅一部，從而粉碎了胡部企圖從大寧進攻延安的陰謀，迫使蔣介石推遲了對延安的進攻，解除了陝甘寧邊區東境的威脅。

閻錫山在晉西南遭到重創後，為避免其部隊被中共軍隊各個擊破，遂將散處於各地的軍隊大部撤回，集中於太原至介休以北的鐵路沿線，加強防守，而胡宗南部也收縮到了晉南。汾陽、孝義地區出現了「空白」，僅有閻軍暫七十師和一些地方團隊守備在這裡。於是中共軍隊決定乘機發動

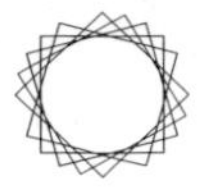

汾孝戰役，殲滅這股弱敵，以鞏固晉西南地區，保衛陝甘寧邊區。蒲縣被攻克後，各部隊即向孝義、汾陽方向轉移兵力。一月十七日夜，晉綏部隊的兩個旅，對孝義發起猛烈進攻。閻軍很快失去抵抗能力，一月二十八日，孝義被攻克，殲滅閻軍兩千兩百餘人。閻錫山為確保晉中各縣，遂由太原親赴平遙指揮作戰。他令孫楚指揮第三十四軍到介休汾河以西抵抗，令趙承綬第三十三軍向汾陽、平遙、孝義、介休中間地區進擊，並令王靖國帶領由忻縣抽調下來的部分軍隊，由太原沿交城、文水公路南下策應，令駐汾陽的劉效增部與孫楚、趙承綬所部會師，同時電請駐臨汾的胡宗南部北上接迎，協同作戰，共出動兵力三萬餘人，企圖在汾孝地區與中共軍隊進行決戰。針對閻軍的態勢，中共軍隊採取分路堵截、各個擊破的戰法，先向趙承綬和孫楚部發起攻擊，將趙部所屬之六十九師及日軍第十總隊今村部隊全部殲滅，敵第四十四、四十五、四十六師亦各被殲滅一部；而胡宗南北上策應之先頭部隊到達介休、靈石時，中共軍隊已經撤退。閻錫山的企圖又一次破滅，汾孝戰役至一月二十九日結束，此役共殲敵十一萬餘人。

一九四七年三月中旬，蔣介石命令胡宗南指揮二十三萬兵力，向延安大舉進犯，閻錫山為配合這次行動，乘中共軍隊西進保衛延安之機，派沈瑞師和駐汾陽之劉效增部又侵佔了孝義。之後，閻錫山即令趙承綬帶沈瑞師進駐陽泉，並派一師多兵力防守壽陽，企圖與駐於該地的保安團相配合，向解放區滋擾，以控制石太線，保障太原和晉中地區的交通運輸。為粉碎閻錫山這一陰謀，並使閻錫山不敢輕舉妄動，往陝甘寧解放區增兵，晉察冀第二、第三、第四縱隊在楊得志、楊成武和陳正湘的指揮下，遂於四月八日發起正太戰役。解放軍在取得石家莊週邊作戰勝利，於四月十二日佔領了石家莊以北的最大據點正定後，即沿正太路向西隱蔽急進，相繼佔領了井徑、荻鹿、娘子關，並於四月下旬，三個縱隊對壽陽、陽泉形成合圍之勢。此時，陽泉閻軍深感防守不支，懼怕被殲，陸續向壽陽西逃，大部進至測石驛。由於解放軍切斷了閻軍西逃的退路，同時冀晉獨立第一旅還攻佔太原東北約三十七公里的段王鎮，閻錫山以為解放軍即將對太原發起攻擊，遂令王靖國第八集團軍集中兩個軍由太原附近東進，令趙承綬第七

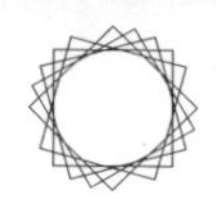

集團軍先將尚在陽泉的部隊集中於壽陽，爾後西進，企圖東西夾擊解放軍，以解太原之圍。趙承綬即令暫編獨立旅第十總隊靳誼率總隊主力和保安第四團進至測石驛地區。五月二日，解放軍對被包圍於測石驛地區的閻軍發起攻擊，經兩日激戰，將向西北方向逃竄的第十總隊主力和保安第四團殘部，殲滅於盂縣以西地區，總隊長靳誼被生俘，向西南方向逃竄的兩個師，也大部被殲。其間還先後攻克平定、陽泉，收復壽陽。向壽陽、陽泉進發的王靖國部，則被解放軍阻擊，遭到重創，所帶炮兵及重武器，大部被解放軍繳獲。至五月八日，正太戰役結束，此役共殲滅國民黨孫連仲部和閻軍共約三十五萬人，在山西戰場上解放了陽泉、壽陽、盂縣、平定四縣，控制了東自荻鹿，西至榆次間一百八十餘公里的正太鐵路，切斷了太原和石家莊的軍事聯繫，孤立了太原閻軍，鞏固和擴大了晉察冀解放區的東部地區，並使太行區和晉察冀解放區的冀晉邊區連成了一片，為解放軍轉入戰略反攻創造了穩固的後方基地。

一九四六年的洪趙戰役後，由於晉冀魯豫、晉察冀、晉綏解放區的主力部隊忙於進行晉西南、晉北、汾孝和正太戰役，而胡宗南為了配合向延安的進攻，又加強了對晉南三角地帶的軍事部署，因此，這一地帶的不少地方又被胡軍佔領。這不僅使太嶽解放區的鞏固與發展受到了嚴重障礙，而且也直接影響到保衛陝甘寧邊區，保衛延安的作戰。因此，幾乎與正太戰役進行的同時，一九四七年四月四日，陳賡、王新亭指揮晉冀魯豫野戰軍第四縱隊和太嶽軍區部隊（統稱「晉南前線部隊」）六個旅共五萬餘人，發動了晉南戰役（亦即第二次晉南戰役），以優勢兵力，出其不意地向侵佔晉南三角地帶的胡宗南和閻錫山部發動了強大攻勢。在四月五日至十五日的第一階段戰役中，解放了翼城、新絳、稷山、萬泉、河津、榮河、曲沃、浮山、絳縣、猗氏等縣城，以及蒙城、高顯、侯馬等重鎮和河津縣的禹門口，控制了同蒲鐵路一百餘公里，切斷了運城、臨汾兩地守敵間的聯繫，奪取了禹門口，又隔斷了胡宗南軍隊的晉陝交通，使晉南、陝中之敵異常驚慌。由於它威脅了陝北胡宗南軍隊的後方，致使胡宗南徘徊於尋找陝北主力決戰與抽兵援晉之間，這就有力地配合了人民解放軍在西北戰場上的

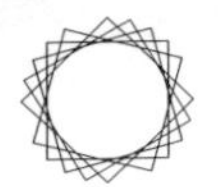

作戰，而晉南大地則恢復到了上年內戰爆發前的局面，並使太岳區獲得巨大的發展。在四月二十一至二十五日的第二階段戰役中又連克臨晉、永濟、虞鄉、芮城、平陸、聞喜等縣城，並解放霍縣、趙城、洪洞縣城及據點多處。至此，晉南大部分地區被解放，胡宗南、閻錫山部退縮於運城、安邑兩地，企圖固守待援。

晉南戰役共殲滅胡宗南軍隊及地方保安團隊．二十二萬餘人，並收復解放縣城二十五座及侯馬、禹門渡、風陵渡等戰略要地多處，解放了晉南三百萬人的廣大地區，將胡、閻軍隊壓縮在了運城、安邑和臨汾三個孤立據點之內，使晉南局勢發生了根本變化。此役直接配合了西北戰場作戰，給胡宗南部造成後顧之憂，並且也奠定了晉南前線部隊向黃河以南轉入戰略進攻的基礎。

從全面內戰爆發到晉南戰役結束，國共兩軍在山西整個軍事鬥爭的情況中，可以看出，經過一系列的戰役，形勢愈來愈有利於中共，而越來越不利於國民黨。人民解放軍在防禦作戰中，由於在軍事上重創了閻錫山、胡宗南等軍隊，並解放了大片地區，因此，它不僅在戰略上有利地配合了解放軍在西北戰場上的軍事鬥爭，粉碎了閻錫山、胡宗南相互配合進攻陝甘寧解放區的陰謀，消除了陝甘寧解放區東境的威脅，捍衛了中共中央所在地延安。而且，剷除了閻、胡所部設於各解放區之間的障礙，使呂梁、陝甘寧、晉察冀和晉冀魯豫各解放區逐漸連成一片，為人民解放戰爭的進一步勝利開展，由分散作戰到集中作戰，由局部作戰向整體作戰方向發展，戰線亦由內線向外線擴展，在軍事、政治、經濟等方面創造了有利條件。山西境內人民解放軍進行戰略反攻作戰的時機已經成熟，而閻、胡兩軍則在與中共軍隊的較量中，損兵折將，喪失了大量有生力量，並且丟失了大片地區，使閻錫山的統治區域大大縮小，至一九四七年六月底，僅剩下了運城、臨汾、大同、太原幾個城市和晉中十幾個縣，迫使閻錫山由過去的向外開展轉為向內收縮，在戰略上處於了完全被動挨打的地位。

4、推行「兵農合一」，實施「平民經濟」，閻統區經濟更趨惡化

抗戰後期，閻錫山在晉西南推行的「兵農合一」制度，雖然搞得民不聊生，怨聲載道，但它卻較好地解決了閻錫山的兵源、糧源問題，維持了閻錫山對晉西南地區的統治。而一九四五年十月二十六日，他飛赴重慶向蔣介石「述職」期間，蔣介石除安排他在國民政府總理紀念周上講述了第二戰區八年抗戰之經過及有關重要軍政措施外，還召集部會司處長以上人員參加的幹部會議，請他講述「兵農合一」制度推行情況及與共產黨爭奪地盤的有效措施，同時，閻還應內政部等單位之請，講述了山西推行「兵農合一」制度的成效。這就更使閻錫山感到他推行的「兵農合一」制度是成功的，是得到了蔣介石及其政府的認同和贊許的。他返回太原後，在一次會議上講及赴渝經過時，其中就說道：「委員長對兵農合一的實施很贊成，叫我給大家講講。我在銓敘部、兵役部、內政部、地政署給科長以上的幹部講過幾次，與陳佈雷、吳達銓諸先生研究過幾次，最後在高級將領會議上也講述過一次。按中央黨部的認識，以為非此不足以安定社會；兵役部的認識，以為非此不足以鞏固國防；經濟部的認識，以為非此不足以迎頭趕上；教育部的認識，以為非此不足以提高教育；內政部的認識，以為非此不足以管理人民。大家雖各有各的認識，卻都是一致的贊成！」（《閻錫山年譜》（六），第 2234 頁）。因此，閻錫山不僅對實行「兵農合一」的重要性、緊迫性，從理論上加以闡述，以引起其部屬的高度重視，而且採用各種方法，進一步加緊了「兵農合一」的實施。

閻錫山從重慶回到太原後，就有關「兵農合一」問題，又發表了許多言論。他說：「兵農合一的『農』包括社會上的農、工、商、礦而言。『兵』字是包括常備兵、國民兵和國防工業方面的工人而言」（《兵農合一》（上）第 9 頁，以下凡引此書只注頁碼），這就大大地擴大了抗戰時期的「兵」「農」的範圍，完全成了「以兵農合一為綱」，而「以編兵農互助小組、劃分份地及平均糧石（即糧銀）」為目的（第 1 頁）的一種制度。他還說：

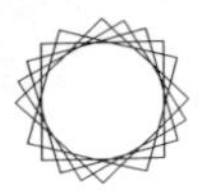

「這種制度，即是使兵農合一，耕戰合一，勞享合一，收負合一的一種最合理的革命制度」。它「可使人人有工作，人人有生活；以工作保障生活，以生活管理行為，社會無爭訟之民，可以不需刑法，能達成社會之理想」（第109頁）。「兵農合一就是三民主義的耕者有其田，最和平、最徹底」，是「走向打通社會的不二法門」，「其他各種主義主張學派政論政策，都是得失參半，對錯維均」，唯「兵農合一俱利無損的解決了社會問題，都是全對的」，甚至認為兵農合一補救了馬克思主義的不足，馬克思「死而有知，一定可以得到個安慰」（第104、105頁）。因為「今天的『兵農合一』，就是現代的『井田制』」。是「歷史上的原始的公道制度。在現在，則又成為更進步更新的革命制度」。它既是「歷史上公道制度的發揚，同時也是現代革命制度的創造，是歷史和向前進的產物」（第109頁）。不僅如此，閻錫山還老調重彈，說是實行「兵農合一」，就可以「對內消滅階級鬥爭於無形，對外防止國際侵略於未然」（第59頁）。因為他一直認為土地私有是共產黨「赤化農村之導火線，為摧毀國家爆炸彈，只有兵農合一，才能消滅剝削，使人人幸福，個個平等」。所以，兵農合一，也是「為清除不平，防止毒禍之釜底抽薪之徹底辦法」等等。

無論閻錫山在理論上給「兵農合一」增添了什麼「新」的內容，也無論閻錫山把「兵農合一」吹噓得如何之好，但「兵農合一」的本質並沒有改變，它與中國周代奴隸制下的「井田制」，與隋唐時代實行的兵農合一的「府兵制」，可以說是一脈相承的，儘管因歷史的發展和客觀環境的限制，閻錫山對「兵農合一」賦予了一些「新」的內容，而其封建專制的性質並沒有改變。閻錫山所以對這種封建的統治制度情有獨鍾，其根本的原因，就是抗戰勝利後，他極力想恢復其對山西的專制獨裁政治統治。而欲達此目的，就必須在經濟上實行與之相符的制度。然而，客觀現實的變化卻不依他的意志為轉移。抗戰勝利後，廣大民眾對於國民黨的內戰、獨裁，越來越表示了強烈的不滿，反對封建地主階級和官僚資產階級的鬥爭日益興起。中國共產黨為了自衛反擊，並最終推翻代表著封建主義和官僚資本主義的國民黨的統治，實現無產階級和廣大勞動人民群眾的階級解放，在

全面內戰爆發之前，於一九四六年五月四日就作出了《中共中央關於清算減租及土地問題的指示》（簡稱「五．四指示」），明確提出了「解決解放區的土地問題是我黨目前最基本的歷史任務，是目前一切工作的最基本環節」。「五.四指示」的發佈，無疑是對中國千百年來封建土地制度的否定，使孫中山早就提出的「耕者有其田」得到了有力的實施。這一指示發佈後，清算減租運動，以及在此基礎上爾後不久進行的土地改革運動，如火如荼地在各解放區迅速開展起來，並極大地影響到了國統區。面對如此形勢，閻錫山不能不感到擔憂。因此，他在竭力宣傳其「兵農合一」以對抗中共領導的土改運動的同時，在行動上也加緊了「兵農合一」的實施。

閻錫山於抗戰勝利後推行的「兵農合一」，其方法較之抗戰時期更為殘暴。因為他這次推行「兵農合一」，是透過其所組織的「解救團」到基層來展開工作的。他組織的「解救團」有二十五個，主要在晉中、晉北等地活動，而解救團所採取的方法則是「軍事掃蕩，軍事掩護，建立區據點，進行村活動，河塌式的一村一村的實行『兵農合一』政治」。「區組政軍一元化的武裝解救是推行『兵農合一』的工具」（第 30 頁）。因此，它並非像閻錫山所說的「教人民做，不替人民做，不任人民做」，「不包辦，不放任自流，引導人民來做」，而完全是在軍事武裝強制之下推行起來的。並且「解救團」的幹部下鄉推行「兵農合一」時，先要「調查村中的好人壞人，壞人扣押若干，好人推崇若干」，而其所謂的「壞人」，實際上就是對「兵農合一」的反對者，如果被定為「壞人」，就會被扣押，這無疑是要用恐怖手段來壓制民眾。

在「兵農合一」的具體實施辦法上，根據閻錫山對「兵農」二字所作的解釋，較抗戰時期有了一些變化，即在「編組」上，兵農互助小組由三人改為了六人，一人當常備兵，五人領種份地當國民兵。常備兵從十八歲到二十二歲壯丁中抽撥，比原來的到四十七歲，縮小了二十五歲。國民兵每人出優待糧三石，棉花五斤，共糧十五石，棉花二十五斤，以糧六石六斗、棉花十五斤給常備兵，以糧八石四斗、棉花十斤，優待常備兵家屬。平時常備兵在營服役一年，轉入工廠工作兩年，戰時仍為在營服役三年。

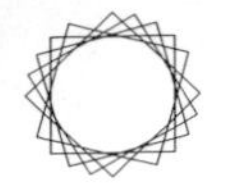

從此在營士兵不發餉，在廠工人不發工資。優待同組的常備兵家屬糧食比過去的五石增加了三石四斗，棉花與過去一樣。除兵農互助小組以外，又有兵礦、兵工、兵商、兵藝、兵運、兵磨、兵林、兵牧等互助小組。在「份地」上，將過去的「二十石作為一份的標準」，改成了「以足夠兩個人耕種為標準」，每份地純收益也由過去的二十石改為能養活八口人為計算標準。在「均糧」上，也由過去的「各縣原有糧銀，以不增不減為原則，偏高偏低時由全村『調劑』、縣『補救』」的辦法，改成了按土地正產量評定土地等級，並參照「土地法」地租不得超過正產量百分之三十七點五的規定，作為領份地人一切負擔之標準，擬定各等地糧石累進標準表，作為均糧尺度，以定各登記地糧額。實施辦法只所以會發生這些變化，從客觀上而言，主要是由於抗戰勝利後，閻錫山乘機「開展」了大片地區，閻統區人口增多，兵源已不像過去那樣緊張，所以，常備兵年齡的上限由四十七歲，降至二十二歲。同時，隨著閻統區耕地面積的擴大，以及一些平川地區被「開展」後，土地品質也比晉西南地區要好，閻錫山為提高土地的利用率，並顯示其「公平」，也在「份地」和「均糧」上進行了一些調整，但更重要的則是閻錫山為了從人力和物力上保證其反共反人民戰爭的進行，一方面使常備兵的年齡年輕化，以提高其作戰能力，一方面大幅增加兵農互助小組負擔的糧花，以供養其不斷擴充的軍隊。

正因為閻錫山推行「兵農合一」的目的是這樣的，所以，「兵農合一」實行的結果，既沒有出現像他所說的「安定了家庭生活」，「負擔公道」，「生活平等」，使百姓「把光景積大」，並使之「教育機會均等」等美好景象，也沒有達到他所謂的「沒有窮人，沒壞人，沒愚人，沒閒人」（《兵農合一》（下），第 59—60 頁），反而給他統治區的廣大民眾帶來了巨大災難。不僅廣大農民因負擔過重，難以為生，而被迫四處逃亡，致使土地荒蕪，雜草叢生。如太原郊區，以當時最好的土地來說，一「份地」的產量也不過二十五石，他每一「份地」的負擔，包括地租、優待糧、正額負擔、調劑糧、學校糧、救濟糧、馬料、分數糧、富商糧、耕地糧等項目，合在一起計算，少則十石以上，多則二十石，也就是說，八成的產品被閻錫山掠奪而去（太原市人民委員會辦公廳編：《巨變中的太原》（農業部分），山西人民出版社 1961 年版，第 12 頁）。正因為農民不堪其苦，紛紛棄地而去，逃離家園，有的甚至跑到了解放區，因此，在閻錫山統治的地區內，有些村莊逃亡戶占到本村總戶數的兩成多，不少地方的荒地面積達到三成到五成。當時流傳的一些歌謠：「兵農合一聚寶盆，村裡跑的沒有人」，「編組抓丁真真好，地裡長的全是草」，「編村村長兵販子，害得媳婦沒漢子」等，正是廣大農民對「兵農合一」暴政的無情諷刺和無比憤慨情緒的充分反映。就是在城鎮，許多私營的工商業也深受「兵農合一」之害。因為一九四七年以後，各商號從業人員，凡屬壯丁也都被編組。出常備兵的商號，人被拉走，還要出「優待糧花」。不出常備兵的，則要花幾百銀元才能雇到頂替的人，不少商戶一年所得利潤還不足支付這些負擔，致使商業日趨衰敗。

「兵農合一」造成的嚴重危害，就連孔祥熙和閻錫山過去的一些屬僚也看不下去。一九四六年十二月，賈景德、溫壽泉、趙丕廉、梁上椿、徐永昌等七十餘人聯名致電閻錫山，反對「兵農合一」，他們說：「現在山西省府統治下的人民，最近逃至平津汴洛及西安等處者日益增加，大多衣食無著，顛連困苦，其狀甚慘。在抗戰時期避敵寇而逃，或在共產黨佔據區域不堪壓迫而逃，尚無足怪，今省府收復區內竟有此現象，殊出意外」，他們認為造成這種現象的原因是「推行『兵農合一』將社會基礎根本改造」，「徵糧工作及其他一切攤派竭澤而漁」，「地方及鄉村幹部組織龐大，職權太高，分工複雜，生殺予奪，勒索淩辱，人民不堪其苦」，要求閻錫山「迅速停止『兵農合一』辦法」，「撤銷地方鄉村各級幹部，村長改由民選」，「取消一切不合理之攤派，減輕人民負擔」和「取消一切特殊單行辦法」（《山西省公安廳敵偽檔案》全宗號 9，目錄 2，案卷號 4）。此後，賈景德還單獨致電閻錫山相勸，「將『兵農合一』試辦區縮小，一面試行制度，一面容納眾意，以慰其望」。但是，閻對孔祥熙和賈景德的覆電中，雖然也不得不承認「兵農合一」存在的某些弊端，但仍堅持認為「今日搶奪政權者，趁土地問題未解決之際，稱兵壯大，無法限制。山不敏，確認

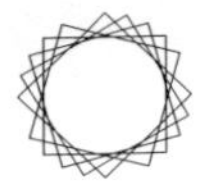

『兵農合一』不只能解決土地問題，並能解決兵役問題，國防問題，重工業問題……。實行與否，關係桑梓存亡，國家安危，潮流不可逆，時代不可違。今日土地問題，即與政權相關聯，誰解決土地問題，政權即屬於誰。土地問題若是讓他人解決，必遺國人以無窮之禍。本黨也將成噬脈之悔，山敢斷言也」，實行「兵農合一」，「此是山西安危所關，本黨存亡所繫，我絕非固執己見也」（《閻錫山年譜》（六），第2256—2257頁）。之後，隨著閻統區的不斷縮小，為解決其日益枯竭的兵源、糧源問題，並對抗聲勢浩大的解放區的土改運動，更一如既往，繼續加緊推行「兵農合一」。

就在閻錫山不顧廣大民眾反對和外界的各種責難，繼續推行「兵農合一」時，又一個嚴峻的現實問題擺在了他的面前，這就是全面內戰爆發後，因國民黨為打內戰急劇增加的軍費開支、戰爭的巨大破壞，以及國民黨各級官員貪污腐敗和各種官僚資本的貪婪吞蝕，已使國民黨統治區經濟凋敝，物資奇缺，物價飛漲，社會秩序極不安定。到一九四六年底，通貨膨脹較抗戰前增加了兩千九百多倍，上海物價漲到八千多倍。一九四七年四月底，法幣增發到五千倍，而物價則漲到兩萬八千倍。在山西情況更為嚴重，由於從全面內戰爆發到一九四七年四月，閻錫山在向解放區進攻的一系列戰役中連連失利，致使其抗戰勝利後所「開展」的大部地區喪失，閻統區只有在鐵路沿線的一些縣份、地區，已變得相當窄小；與此相應，同蒲鐵路南北兩段以及正太路均被切斷後，陸路交通基本斷絕。不僅太原地區西北實業公司各廠礦的生產原料因運輸困難而被迫停工或減產，而且軍民用糧和其他生活用品也極為緊張，雖然有陳納德組織的航空隊進行空運，但數量十分有限；閻統區內大批壯丁被迫參戰，無暇生產，致使糧食來源大減。而不少「公營」商號及官商合辦的商號又乘機囤積聚奇，哄抬物價。因此，山西漲風更烈。太原物價要遠遠超過上海，達到全國最高峰。一九四七年四月下旬，小麥每石售價法幣二十萬元左右，一入五萬，一改而為三十萬元，五月十三日進入四十萬元，十七日就突破六十萬元，五月二十四日，更漲至七十五萬元，距太原六十里的榆次，竟高達八十餘萬元。不到一個月，糧價漲四倍。

持續的物價暴漲，引起人們的極大恐慌和強烈不滿。閻錫山深恐如此下去，「必致由經濟恐慌至經濟暴動，……甚至涉及政治軍事」，「到某種程度，……我們就即須崩潰」，因此，一九四七年五月十七日，他就指示各部門要積極行動，儘快拿出解決問題的辦法。於是，山西省經濟管理局及太原市政府立即召集商會、各同業公會、各街長舉行會議。會議認為，要控制目前局勢，必須管制物價，首先管制生活必需品。閻錫山認為可以，並提出了穩定經濟的「四項原則」，即簡化生活，保護生活，分配工作，配給產物。隨即決定嚴厲實行糧食、布匹、食鹽、煤炭四種生活必需品各歸各行經營。

此法實行後，雖然物價暫趨穩定，但根本問題仍未得到解決，也無法得到根本解決。因為當時閻錫山所處的客觀環境，已相當惡劣，糧食和其他生活必需品的來源已極為困難。在此情況下，閻錫山為安定人心，遂提出「平民經濟」的口號。他認為，享受不均是社會不安定的原因，醫治之法，只有從「均」與「安」上著手，要做到這兩點，就必須實行「平民經濟」。「無論貴賤貧富一樣生活，有錢有勢的，也不許吃的特別好，沒錢沒勢的也不會吃的壞，貧富一樣，貴賤一樣，人人有工作，人人有生活，這就叫平民經濟」。「平民經濟是極貧窮的經濟辦法」，它「是以平民利益為中心的經濟，一切經濟設施，都以平民利益為前提」，「完全採納民意」，「平民經濟」是「民主」、「平等」、「互助」、「互惠」、「合理」的經濟（《閻錫山統治山西史實》第 381 頁）。在閻錫山看來，在物資匱乏的情況下，只要貧富貴賤一樣生活，就可以安定社會了。

為了推行「平民經濟」，閻錫山成立了附屬於山西省經濟管理局的「平民經濟辦事處」和「太原市平民經濟執行委員會」這樣兩個機構，前者為指導機構，後者為執行機構。實施「平民經濟」的辦法，主要是圍繞閻錫山提出的四項原則進行的。其中，閻錫山對於為「保護生活」而實行的定價配額售糧和為「配給產物」而實行的管制物資輸入輸出，尤為重視，可是實施的結果，卻令人大失所望。

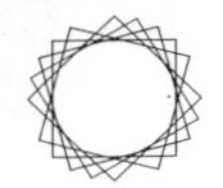

閻錫山為了使太原市民人人有飯吃，並能購買到一些生活用品，曾採取了按人口大小，粗細糧定量的配售糧食辦法，在太原城內各街道和郊區各村成立了消費合作社，讓平民按原法幣入股，還向市民許諾保證法幣股金不貶值，糧食不漲價，「買下原法幣，就等於買下實物，可以保持其購買力」。但是，由於糧食來源奇缺，補給僅靠空運，為數相當有限，在外埠的大宗存糧，無異被凍結，因此，定量配售糧食一策，僅實行了半年便斷然宣佈停止，消費合作社也宣佈退股。雖然所退法幣數字並未減少，但因幣值狂跌，市民退股實際收回的已不及入股時的十分之一值錢。配售的棉花布匹，均為私商存貨，按定價配售，也因幣值跌落而大受損失。糧食停止配售後，糧價又如失韁野馬，飛騰上漲，糧花又嚴重威脅到了市民生活，普通市民能維持一日一餐者，已非易事。就連閻錫山的中下級幹部，也有不少憑下班以後擺紙煙攤，或是零星買賣銀元，尋找一點補助，才能維持生計。大批市民為饑餓所迫，紛紛出城去挖野菜，後來連樹皮也被剝光。因饑餓所迫，有的自設靈堂，全家服毒自殺，有的在機場附近撿土裡的軍糧餘粒，（糧食用飛機空投時，不敢低飛，從高空中拋下的糧包掉到地下後炸開）而被梟首示眾。更為駭人的是飯攤上碗裡竟發現了小孩指頭，叫賣小販的提籃裡，竟擺著鹵水人肉。

至於管制物資的輸入輸出，不僅對「保護生活」未起到任何作用，反而在「配給產物」的名義下，給閻錫山的「公營」和「民營」企事業自肥以可乘之機。閻錫山為管制物資輸入輸出，實行統一採購，以「物資採購委員會」名義將購回的物資交「太原市平民經濟執行委員會」接收，統一定價、統一批發，採購品類計有棉花、茶葉、棉紗、油類、食鹽、顏料、木料、皮毛等 8 種生活資料和生產資料。當時，因陸路交通基本斷絕，通向外地的交通全靠空運，要加強物資管制，首先必須控制空運。準誰採購，採購什麼，採購多少，閻錫山都抓得很緊。運回以後，查驗分發，也都有嚴密、仔細的規定。輸入貨物賺錢，輸出鋼鐵、布匹、洋灰也賺錢。開始閻錫山還允許私商採購，見輸入輸出有厚利可圖，後來則索性由他的「公營」商號完全包攬，私商被排除在外。這些「公營」商號便囤積聚奇，抬

高物價，大賺其錢，並且，由於閻錫山縱容這些商號私相買賣搗弄黃金，致使市場秩序更為混亂，民眾生計更為艱難。

諸多私商因貨源枯竭，想要歇業或關閉，但閻錫山為裝點門面，粉飾市場，卻不允許他們這樣做，仍要他們繼續開門營業，否則即以破壞「平民經濟」論處。不少商人為維持生計，只好鋌而走險，在金銀市場、糧食市場上買空賣空，因此而破產者不計其數，使太原市的商業受到嚴重打擊。一九四七年，全市工商總戶數曾恢復到三千六百餘家，與日偽統治時期不相上下，但到了一九四八年，便減至三千一百八十四家（《巨變中的太原》（財貿部分），第 1011 頁）。

閻錫山推行「兵農合一」導致的農村經濟嚴重衰敗，他實行的「平民經濟」造成的城市經濟的急劇凋敝，都使其政權統治的經濟基礎遭到了很大破壞。這其中固然與客觀上存在的戰爭環境有著很大關係，但即使不是如此，他對廣大農民的竭澤而漁，他對其官僚資本的放縱，也必然地要導致同樣的結果。然而，他執意要進行的反共反人民的內戰，又促使其不得不如此這般，因此，隨著內戰的進行，閻統區的經濟日趨惡化，就是不可避免的了。

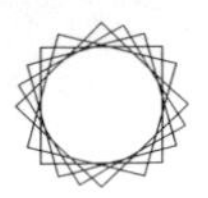

5、加緊「三自傳訓」等白色恐怖統治，閻錫山政權的政治危機加劇

閻錫山在推行「兵農合一」、「平民經濟」，希圖使其經濟狀況好轉的同時，為在政治上加強對軍政各機關、學校、廠礦的控制，以完成其所謂的「剿匪」、「復興」大業，還採用各種手段，一方面網路由各縣逃出來的地主、富農分子，組成「還鄉團」、「復仇隊」，隨閻軍返回原籍，向幹部和翻身農民進行反攻倒算；另一方面，則在他統治區內的農村，以及軍、政、學部門，對所謂「有共黨嫌疑」或「與共黨有關係」的「偽裝」人員，進行清理、迫害，大搞白色恐怖。

一九四六年冬閻錫山為鞏固太原，提出要以太原為中心，實行「百里開展」運動，並制定了一個《動員戡亂復興工作綱領》，提出：一、在動員方面，以鬥爭轉生的辦法，做動員的武器，自己鬥爭自己，自己轉生自己；同級鬥爭同級，轉生同級；下級鬥爭上級，轉生上級；民眾鬥爭幹部，轉生幹部。在戡亂方面，政治上選拔兵農基幹，建立鐵村；實行「三自」即「自清」、「自衛」、「自治」，完成鐵政。軍事上選拔鐵軍基幹，建立鐵班；實行戰場上練兵，完成鐵軍，實行以攻為守，維護政權。在復興方面，健全國民三政（村參政、縣議政、省諮政），完成兵農基礎的政治；開渠鑿井，擴大農業生產；增加輸出，攫取工業原料。之後不久，一九四七年四月二十五日，閻錫山又對「三自」的具體含義作了解釋：「所謂自清，是人民自己起來，把假裝成好人，勾結上土匪，擾害地方、殘害好人的人，依法把他除了；自衛，是村裡的人一齊組織起來，拿槍的拿槍，巡查的巡查，種地的種地，……配合上部隊，剿除擾害社會治安，強奪人民財產，殺害人民性質的土匪；自治，是實行民選村長閭長，由人民選出好人，辦理好事，做到村中無一事不公道，無一人不公道，無一家不安生，完成此事，非但可以保障人民安生，社會安寧，並可以此剿匪，以此復興」（見《山西省公安廳敵偽檔案》，9—2—96）。並在太原成立了由梁化之、薄毓相、李江、李培德、張國翔等人組成，由梁化之為總負責人的「三自傳訓委員

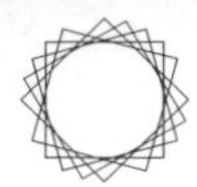

會」。但實施的結果是人民不僅未能安生，反而遭到無辜殺戮，社會也未得到安寧，倒是陷入了一片白色恐怖之中。

「百里開展」開始後，晉北、晉中、晉東、晉南等地區的一些縣就組織了「還鄉團」、「復仇隊」，協助閻軍對當地幹部群眾進行殘酷報復。一九四七年一月八日，閻軍連長許德勝和復仇隊長呂振芳等率部包圍了文水縣雲周西村，十二日扣捕了劉胡蘭等八人，強迫村民參加「自由轉生」。當石三槐等六人被匪軍用亂棍打死後，又威脅、利誘劉胡蘭，要她交出黨員名單和組織活動情況，但劉胡蘭大義凜然，不為所動，最後被閻軍用鍘刀鍘死。一九四七年十月十九日，地主富農勾結復仇隊，糾合閻軍第四十九師第一團長趙俊義，率部襲擊壽陽太平鄉趙家塭，十五歲的尹靈芝為保護公糧，掩護群眾轉移，不幸被捕後，十一月三日，即遭殺害。類似慘案，在其他地方還有不少。

趙俊義因其在「百里開展」未實行前的一九四六年五月，就在太原東山孟家井將土改中逃跑出來的地主富農分子組織起來，配給武器，讓他們做嚮導，派部隊做掩護，利用夜間包圍村莊，扣捕土改積極分子和共產黨地方工作人員，然後對這些人利誘、威逼，促其內部分化，叫他們去拉攏更多的老百姓。趙把這種方法定名為「以一變十，以十除一」，即一個地主回到村裡，可以勾結上九個立場不堅定的人，就能變成十個與人民為敵的人，使他們成為消除八路軍工作人員和同情八路軍的人的劊子手，並且，趙俊義及其所部，肆無忌憚地亂抓亂殺，他曾叫囂：「寧願錯殺一千人，也不放過一個共產黨員」，僅其所部在壽陽一縣就殺害六百多人，而其殺人的方法，不是用刺刀刺，鍘刀鍘，就是捆在樹上開膛破肚，然後填在井裡，手段極其殘忍。所以，趙俊義被閻錫山視為典型，把他的方法稱做「俊義奮鬥法」，在「百里開展」開始後，加以推廣。此外，閻錫山還將派往太原西山地區「開展」工作的工兵司令程繼宗（別號達公）所提出的黨團特務組織協同一致，相互配合，充分發揮「組織作用」的方法，嘉獎為後來居上的「達公開展法」。閻錫山把趙、程二人的方法，稱之為「開展」的一顆穀子，要把它變成一穗穀子、一畝穀子，遍地穀子。

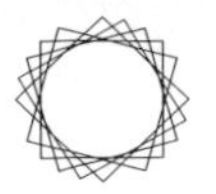

隨著閻軍在全面內戰爆發後一系列戰役中的不斷失利，閻錫山對於「三自傳訓」抓得更緊。他不僅要求各區、縣的「三自傳訓委員會」儘快行動起來，並著山西省「特種警憲指揮處處長」（簡稱「特警處」）兼「三自傳訓委員會」總負責人的梁化之加強對區、縣「三自傳訓」工作的督導檢查，並大力推行「俊義奮鬥法」和「達公開展法」，同時命令太原市各機關、學校、廠礦、街道分別建立「三自傳訓委員會」，由行政主官兼主任委員，同志會特派員兼任副主任委員，「特警處」專門派出特工一百五十多人，負責「考核任務」。

當時的鐵軍負責人王靖國說「三六一」傳訓（三六一是用三個手榴彈、一支槍用六顆子彈，最後用一把刺刀的意思）在軍隊上很有效果。於是一直與王靖國較著勁的梁化之，不甘示弱，為顯示自己對「三自傳訓」貫徹有力，並且成效顯著，在一次會議上，當閻錫山突然問他：「化之，你說晉中各縣（指閻的政權範圍）一共有多少共產黨的人」時，梁化之故意誇大「敵情」，很快地回答：「至少也有十萬人」，閻又問：「太原城內埋伏著多少共產黨人」？梁答：「大概也有個三、五萬」。與會者聽梁如此回答，都很驚異。其實，這是梁化之為其大開殺戒的伏筆。原來，由於「三自傳訓」開始時，各區的專員、縣長在認識上不同，對於所謂「自白轉生」的做法，有主張積極的，有主張緩和的，工作進展較慢，為此，閻錫山在其召集的一次檢討會上曾嚴厲斥責梁化之領導的不積極，不深入。而在檢討會上，平遙縣長尹遵黨在報告他的做法時說：「經過一個星期的時間，把縣、區、村全體幹部，集中在一個大會場裡，進行『自白轉生』的鬥爭大會，每天不吃飯，不睡覺地鬥爭二十個小時，叫幹部們『自白自己的貪污，自白自己和共產黨有什麼關係』，把幹部們自白出的事實，在大會上公開報告，讓大家鬥爭。最後把棺材抬到大會場，宣佈了誰自白的不徹底，被別人鬥爭出來，那就要當場不客氣地用亂棍打死」。這樣，就把平遙縣的「自白轉生」鬥爭活動，「掀起了最大的高潮，做出了驚人的成績，……發現全縣七、八百幹部中就有二分之一的人和共產黨有關係。這次才都徹底地『自由轉生』了。縣裡這個鬥爭浪潮，馬上傳到全縣的各區村每一個

角落了。村村都開了自白轉生鬥爭大會。總共算來，全縣共有嫌疑分子好幾千人。經過這一次運動可算都發現出來，轉生的轉生，剷除的剷除，一網打了個乾淨。最高潮的一天，就發現了一千多人」。尹遵黨的這個報告，深得閻錫山滿意，不久，即把尹升成了專員，並通令平遙為模範縣，責令各縣一齊仿效，向平遙看齊。從此，在梁化之和代理民政廳長續汝楫的親自督導檢查下，晉中各縣很快掀起了「三自傳訓」的高潮。展開了縣與縣、村與村的殺人競賽。幹部們在「自白轉生」大會上為了表示自己要「自由轉生」，免遭殘殺，自己打自己的臉，對認為不「自白轉生」的人，在事先做好的佈置下，又推又拉，又打又唾，用釘鞋的錐子紮，用磚頭石塊砸，最後用亂棍抽打，打得腦漿迸裂，血肉橫飛，死而後已。（《閻錫山統治山西史實》第 398—399 頁）。

汾陽縣在第一批「三自傳訓」中，為製造恐怖氣氛，促進坦白交代，縣訓委會按照閻錫山的指示，在文廟操場召開了一次亂棍打死人的大會。所有機關、部隊、學校、市民和參訓的農民都參加。把早扣在警察局習藝室的六七個人，說成是參加訓練不坦白的人，以拒不交代為八路軍送情報的罪名，亂棍打死在文廟操場。其中有一個是東遙莊廟上的尼姑，以窩藏八路軍名義被打死。還有城內一個十三歲幼女張冬花，本來是生活無著沿街乞討的流浪兒，身帶一包蘭色顏料，警察局就抓回以替八路軍放毒為名，也在這次被亂棍打死。第一批農民訓練結束那一天，（新年前幾天），把已批準處死的一百八十餘人，用繩索捆綁串連起來，回各村，召開群眾大會，當場宣佈罪狀，由參訓農民手持木棍一個一個打死後，鄉武裝還要用刺刀在肚子上刺穿作為驗收，結果就在這一天，全縣統一行動，一天內就亂棍打死一百八十餘人（郭鹹正：《汾陽的「三自傳訊」》，《山西文史資料》，第 12 輯，第 65 頁）。

負責督導檢查的梁化之，對於鬥爭軟弱和不敢放手殺人的區、縣幹部，認為他們是不「革命」，不配與共產黨做鬥爭，令其從頭再做一遍，對於殺人多、手段毒者，則予以鼓勵和升遷。因此，「三自傳訓」實際上成了一場血腥的殺人比賽。在這場屠殺中，被殘害者難以數計，據閻錫山省政

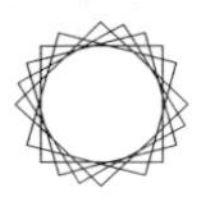

府一九四七年底最低限度的不完全統計，在晉中各縣就有八、九萬人被打被殺，其中，被亂棍打死和殺死的有三千餘人。這僅是在兩個月的時間內被殺害的數位。以後又在太原、臨汾、晉中及晉北各縣繼續進行，而且更加瘋狂。（《閻錫山統治山西史實》第 400 頁）。

在區、縣開展的「三自傳訓」如此慘無人道，在太原市的各機關、廠礦、學校和街道進行的「三自傳訓」同樣殘暴無比，令人髮指。閻錫山為了「肅清」他所謂的「偽裝」、「嫌疑分子」，不僅提出所謂「政治革新和轉變幹部意識」的主張，而且要他的部下人人都要交代同共產黨的關係。他提出的口號是：「有關係的交關係，沒關係的找關係，找了關係交關係，交了關係沒關係」（牛蔭冠：《懷念趙宗複同志》，《山西文史資料》輯，第 125 頁）。這實際上是強迫人們無中生有地捏造出許多同共產黨的關係來，向他坦白，以示忠誠。在這種高壓下，搞得人人自危，個個提心吊膽，有的本來根本就與共產黨沒什麼關係，但受環境的逼迫，不得不把編造的所謂關係交代出來，原以為交了關係就沒關係了，豈料卻惹下大麻煩，由此身陷囹圄，殘遭迫害。

在這中間，梁化之更是竭盡全力參與其中。「三自傳訓」開始之前，梁化之為破壞共產黨的地下工作，就在工廠、學校和商店中，派有特警處的特務。各廠礦所設立的「工人福利室」，名義上由廠礦行政上辦理，實際上在內負責活動的均為用同志會名義派來的特警處的特務。表面上是為工人謀福利，暗地裡卻是對工人進行監視、鎮壓。因此，「三自傳訓」開始後，「福利室」就成了迫害工人的幫兇。福利室主任的權力很大，只要室主任按「三自傳訓」幹部手冊上的規定，用筆在誰的名字下劃個杠杠，誰就是「三自傳訓」的對像。而這個「三自傳訓」幹部手冊規定：日偽時期進工廠之工人可疑；「光復」前後進工廠者可疑；抗戰初參加犧盟會、晉西事變後回太原者可疑；家在解放區者可疑。這也是梁化之所說的太原城內埋伏的共產黨「大概有三、五萬」的依據。而西北製造廠廠長、閻錫山的本族孫子閻樹松，遵照爺爺「過了篩子再過籮」的「肅偽」方針，對該廠一千八百名員工普遍審查，就查出一百零二個「偽裝分子」。閻錫山

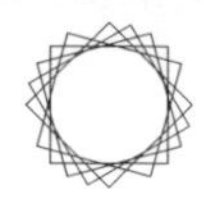

據此審查報告推斷，斷定太原城內的共產黨，七成在工廠，二成在學校，一成在機關。於是，他同梁化之商定「肅偽」以工廠為重點，在西北實業公司下屬各廠設立專門機構，並從同志會和特警處抽調有特工經驗的官員和幹部，到各廠經辦「福利室」。

「三自傳訓」的重點被福利室主任確定後，即透過動員、鬥爭，召訓、處理等程式，開展「三自傳訓」。而工人在渡過這四道「關口」時，所遭受的折磨和迫害，更使人目不忍睹，耳不忍聞。晉華捲煙廠女工楊瑞，年僅十五歲，從未見過共產黨和八路軍，就是因為她在鬥爭會上不說話，密報員向傳訓長報告說他是偽裝，傳訓長追問她：「你為什麼不說話？你是否通八路」？她還是低頭不語，傳訓長又無中生有地揑造事實，說楊瑞受她舅舅的指示，準備往茶爐裡放毒，召開全廠大會進行鬥爭。楊瑞被鬥得精神失常，口吐鮮血，含冤而死。西北造紙廠女工楊拉弟，下工後與一名叫於三毛的工友說了一會話，見有人來便不說了。於是就成為鬥爭對象，鬥爭會上，威逼她自己打自己嘴巴，讓她頭上頂一條凳子，兩手各托一條凳子，舉上舉下。同日，她婆婆也因此受到牽連，嚇得哭了一夜，大清早，便忍心撇下一個六歲的孩子，婆媳攜手跳汾河自盡了。西山煤礦工人范二朱受「召訓」時，召訓人便說他給八路軍送過情報，命令打手先用亂棍打，後用火柱燙，最後又用竹簽子穿肚皮，活活被折磨而死。趙五是新進廠的一個農民，在「自白」時說了一句話，在深夜裡，解下褲帶栓上枕頭，勒在脖子上，把枕頭吊到炕沿外自殺。永興堡街道鐵軍基幹主席石禎，硬說搬運工人張仁是暗八路，在鬥爭大會上強迫婦女兒童往死裡打，一夥婦女兒童不論如何受逼，也只是輕輕地用棍子在張仁的腿上打幾下，石禎惱火了，猛撲過去，奪了一根棍子，動手狠打，霎時間，張仁的腦殼就被打得開了花。西北造紙廠在「三自傳訓」中被辱罵和毒打的，就占到全廠員工總數的三分之一（中共太原市委黨史研究室編：《中國共產黨太原地區鬥爭史料》，第198—200頁）。

不僅如此，在「三自傳訓」中，梁化之等還把學校比較進步的青年，以「偽裝嫌疑」的罪名集中起來，稱為直屬大隊，實際等於集中營，白天

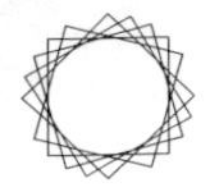

迫使數百學生集體跑步、勞動，疲勞其身體和精神，夜間進行審訊、逼供，牽連羅織，進行迫害，十分殘酷。太原市上肖牆新興澡堂裡一個青年工人李波，因不堪軍事訓練之苦，說了句「共產黨進來怕什麼」的話，便立刻被捆到杏花嶺廣場上用亂棍打死。

閻錫山對於在歷次戰鬥中他的那些被解放軍俘虜後放回的官兵也不放過。他認為，這些人肯定被共產黨「洗過腦子」，同情共產黨，回來後會對他的部隊起瓦解作用。而事實上也是如此。一九四五年十一月初，被解放的閻錫山部兩百四十四名將校軍官在太行行署士敏縣，就痛斥國民黨違背「雙十協定」發動內戰的行徑。十二月六日，被解放的閻錫山將校級軍官四百九十九人又舉行集會，反對內戰，控訴閻錫山罪行。因此，閻錫山於一九四六年春，將自上黨戰役以來被俘放回的官兵，大部集中於榆次，八月間又在太原成立了「晉綏軍返部幹部集訓團」（簡稱「返幹團」），把這些人集中於「返幹團」內，並下令各部隊，凡是被俘返部的幹部，都須到「返幹團」報到受訓，否則開除職務，停發糧服薪餉。「返幹團」由閻錫山自兼團長，由王靖國、楊貞吉、孟際豐、張世明、「鐵軍組織」的督導委員商得功、李國樞（「政衛團」骨幹分子）等組成委員會，集體領導。下設辦公室，辦公室又分設訓導、教務、管理、總務等四個組。訓導組主要負責對返幹幹部的追究、考查、明確、處理等工作。「返幹團」下還設有一個將校隊、四個尉官隊、八個士兵隊、一個行政隊。

「返幹團」對學員的迫害極其殘酷。學員被送進「返幹團」，猶如進了集中營，完全失去了人身自由。被逼寫自傳和自白書，並揭發別人，對所謂有問題的，在鬥爭會上殘酷鬥爭。「三自傳訓」開始後，對學員進行「自白轉生」，每個學員都要跪到閻錫山像前訴說被俘經過和今後決心，如有認為交代不實者，即被綁在木樁上，刀槍橫對，木棍亂舞，直逼這個鬥爭物件。所施用的各種酷刑，都是經過「返幹團」、「政衛處」、「特警處」事先研究過的，他們指示要用小棍打，不讓一下打到致命處，刺刀刺，也要刺遍全身，然後才刺致命的地方，使被害者生已無望，死不得快。返部幹部炮兵團長郭如彬，被人秘報在被俘期間他說過閻錫山已成甕中之鼈

的話，便由「特警處」審訊後，密送小東門活埋。至於被慘刑處死、被亂棍打死和被刺刀刺死者，經常有之，被害人員都秘不宣佈，孟際豐曾對人秘密透露說殘害過五、六十人，實際上絕不止此數，而這僅僅是在短短的幾個月時間內被殺害的人數。

一九四七年後半年，解放軍轉為戰略進攻後，閻軍被俘官兵更為增多。閻錫山對被俘返部人員的迫害也更為殘酷。孟際豐提議仿照封建時代刺配充軍的辦法，給返部幹部實行皮下刺字。所刺之字多為「反共」、「滅共」、「誓死反共」等，其義愈反動，表示對閻愈忠貞。因為所刺之字除非將皮肉割掉，永不會滅，企圖以此斷絕返部人員歸順人民的道路。刺字者名為自願，但實際上是強刺，人人得刺。刺得好的，可受獎勵，獎給法幣三百萬元，並給以「忠貞先鋒」的稱號。胡三餘是在上黨戰役中被俘的中將炮兵司令，進入「返幹團」後，刺字時，他先在大臂上刺了「雪恥」二字，閻錫山認為這是不夠堅定的表現，他又在小臂上刺了「反共」二字，閻錫山才認為已夠個忠貞幹部，釋放出團。刺字在當時已經成為識別返部幹部的一個標誌。一九四八年初，閻錫山自認為返部幹部都有了雪恥奮鬥的決心，於是組織這些人成立了所謂的「雪恥奮鬥團」，把他們再次拋到前線去為其賣命。因為「返幹團」的人日漸減少，迄至一九四八年九月，把認為還有問題的兩百多人轉交「特警處」繼續進行迫害（《閻錫山統治山西史實》第 392—395 頁）。

閻錫山實施「開展」、「三自傳訓」等暴行對廣大民眾及其軍政人員的殘酷迫害，確實令人髮指。但它作為一個社會現象，在中國歷史上並非空前。大凡一個王朝或一個統治集團行將覆滅之前，總是疑神疑鬼，感到草木皆兵，風聲鶴唳，為了作垂死掙扎，也總是要對其內部大加「整肅」，採用種種殘暴手段殺戮與敵勾結者和有異心二志者。閻錫山也不例外。他所以厲行「三自傳訓」，大開殺戒，就是因為全面內戰爆發後，他在與共產黨的軍事鬥爭中，屢屢受挫，連連失利，在經濟上又趨於崩潰，在這種內外交困的形勢下，他感到處處都有共產黨，自己的統治已受到嚴重威脅，所以，就不惜採用一切手段，清理內部，以「淨白陣營」。然而，其結果，

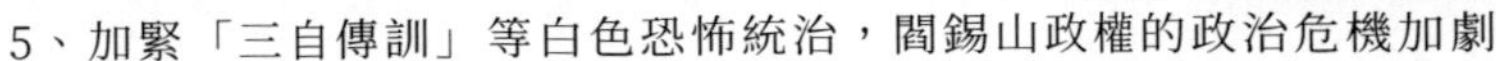
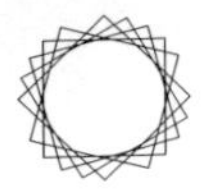

也同歷史上曾出現過的現象一樣，只能適得其反，進一步加劇自己的滅亡。因為，從歷史發展的趨勢來看，中國共產黨領導的人民解放戰爭正成不可阻擋之勢，廣大民眾包括閻錫山部屬中一些有識之士，也早就希望結束這種專制黑暗的統治。閻錫山對他們的迫害，只能激起他們對閻錫山更強烈的仇恨和反抗。雖然經過血腥的「三自傳訓」，但太原的地下共產黨不但未被「一網打盡」，反而在群眾的掩護下，仍堅持鬥爭。「到一九四八年冬天，太原城內的地下共產黨員仍有四百八十八人」，此外，「還有內線關係八百五十九人」，他們深入到閻錫山的黨政軍各部門，以及工業交通、財經貿易、文教衛生等各個系統，採用各種靈活策略進行鬥爭（《中國共產黨太原地區鬥爭史料》第 204 頁）。與此同時，西北實業公司所屬的不少工廠中，工人們在中共地下黨組織的領導下，也採取破壞機器設備，停電停水，故意製造停產事故等方式進行著反抗。還有的成了地下黨的通訊聯絡人員，冒著風險前往太原西山解放區傳遞各種情報。太原被解放軍包圍後，在中共地下黨的策劃下，一批批的工人去了解放區，守城陣地上的閻軍，也成班、成排、成營，甚至成團地棄守陣地，向解放軍投誠。凡此種種，都是對閻錫山白色恐怖統治的無情嘲弄和有力回擊。

6、解放軍展開反攻，運城、臨汾、晉中戰役後，閻錫山政權大勢已去

一九四七年七月，當人民解放軍由戰略防禦開始轉入戰略反攻後，在山西的人民解放軍也開始了向閻錫山、胡宗南軍隊的反攻。反攻作戰首先從攻打運城展開，之後，由南向北，繼攻克運城後，又解放臨汾，緊接著又進行晉中戰役。解放軍攻勢淩厲，勢如破竹，閻錫山屢戰屢敗。晉中戰役後，閻錫山僅剩下太原一座孤城及周圍的幾個縣份。

早在一九四七年四月二十六日，即晉南戰役取得第二階段的作戰勝利時，毛澤東即指示晉南前線部隊應乘勝相機奪取運城，徹底解放晉南三角地帶，並以一部向呂梁地區擴大戰果，協同呂梁部隊解放呂梁南部廣大地區，繼續威脅進攻陝北之敵的側翼。據此，晉南前線部隊決定由王新亭率第二十二、二十三旅及太嶽第二軍分區部隊西出呂梁，由陳賡率第十、十一、十三、二十四旅圍攻運城。五月三日，運城戰役開始，但經過三打，直到十二月二十七日，才攻克運城。

在五月三日至十二日的一打運城作戰中，儘管晉南前線部隊曾攻入國民黨山西空軍基地運城機場（即羊馱寺飛機場），殲滅駐守機場之「青年軍」2二零六師的一個團（欠一個營），並在對運城進行合圍後，攻城部隊相繼佔領了運城北關、西關、天神廟以及城西南馬家窯等據點。戰鬥中各部共殲敵一千餘人，擊落敵機一架，九日還收復了絳縣縣城。但由於守敵頑強抵抗，再加上十二日胡宗南又調兵從陝西韓城東渡，馳援運城。因此，晉南前線部隊為執行新的戰鬥任務，遂停止圍攻運城，分別撤至曲沃、翼城等地休整。

此後不久，六月十三日，原來擔任中共中央中原局書記的徐向前（因病未到職，由副書記鄭位元三代理）被任命為晉冀魯豫軍區第一副司令員。但他到任不久，六月底，劉伯承、鄧小平又率十二萬大軍突破黃河天險，挺進大別山，到敵縱深內開闢新的根據地。晉冀魯豫軍區軍事實力大減。在此情況下，徐向前為了配合打到外線去的解放軍主力部隊作戰，決

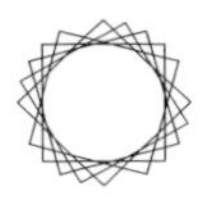

定「在內線打，拔『釘子』，把山西從閻錫山手裡解放出來」，為此，他鄭重地向薄一波說：「一波，各縱隊都出去了，剩下的部隊沒有多少了，你看能不能再組織點部隊」。薄一波當即表示同意，說這是我們的共同任務。報經中央批準，他們迅速地重建和充實了第八縱隊，轄三個旅：太嶽軍區獨立旅為第二十三旅；太嶽軍區十九、二十、二十一軍分區部隊合遍為第二十四旅；調冀魯豫軍區獨立旅為第二十二旅。隨後，將太行軍區及原新四軍五師的一些部隊編為太行縱隊（後改稱第十三縱），轄第三十七、三十八、三十九三個旅；將太嶽軍區餘下的地方部隊編為太嶽縱隊（後改稱第十五縱隊），轄第四十三、四十四、四十五三個旅，另外還組建了三個獨立旅。以上部隊均由徐向前統率。不久又組建了十四縱隊（後來為七十軍）。朱德總司令（在西柏坡，任中央工委副書記）積極支持向前率軍解放山西（薄一波：《七十年奮鬥與思考》（上卷），中共黨史出版社1996年版，第424頁）。

在迅速組建晉冀魯豫軍區部隊的同時，徐向前等還指揮所部在晉南積極展開反攻。七月十二日，第八縱隊第二十四旅旅長王墉率太嶽第三軍分區兩個團，在平陸西北之張村、廟底一線，將掩護從安邑、運城地區撤出，企圖突圍南竄的國民黨青年軍第二零六師的第八十三旅二，四，八營包圍殲滅，斃傷敵人一百一十八人，俘獲營長三人，以下官兵一千四百多人，王墉部僅傷亡三十人，創建了解放軍傷亡一比十五的殲敵記錄。十四日，太嶽縱隊第二十三旅解放夏縣。三十日，太嶽第二軍分區地方武裝又攻克被臨汾之敵於十二日搶佔的襄陵縣城。此戰，又創造了解放軍與敵損失零比一百八十的殲敵新記錄，並恢復了汾河以西廣大地區。八月七日，太嶽第三軍分區部隊再度收復了五月二十七日被敵佔領的解縣城。從而使困守安邑、運城之敵更加孤立。九月上旬，太嶽部隊再克被敵佔領的臨晉、猗氏、襄陵三城。反攻作戰的一系列勝利，為解放運城創造了有利條件。雖然八月上旬，由晉冀魯豫野戰軍太行部隊組成的九縱隊（司令員秦基偉，政委黃鎮），太嶽部隊組成的陳（賡）謝（富治）兵團，也由晉南渡過黃河，挺進豫西地區，但徐向前仍決定再打運城。九月十三日中共中央軍委批準

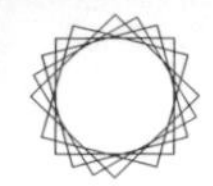

了徐的建議。

經過緊張的準備，一九四七年十月八日，晉冀魯豫野戰軍第八縱隊發起了第二次運城戰役。軍區於十五日曾電示第八縱隊王新亭等：「只要有把握攻下運城，支付一千人乃至更多的代價，也是值得的。……打下運城不僅解決我區財經問題，尤可奪取大量武器裝備自己」。十月三十日，攻城部隊已基本掃除城外據點。十一月三日，第八縱隊正準備攻城之際，胡宗南擬南調增援隴海路之鐘松第三十六師四個旅十五萬餘兵力北渡黃河增援運城。晉冀魯豫軍區遂上報中央軍委：「如敵北援，我決以三至四個團堅守運城週邊陣地，以主力八至九個團殲滅援軍一部或大部」。十二日，鐘松率部從平陸縣矛津渡過河馳援運城，其先頭部隊已突破運城前線阻援部隊陣地。有鑑於此，十五日第八縱隊撤離運城週邊，準備到平陸地區打援。於是鐘松部與運城守軍匯合，準備南逃。十七日，第八縱隊、太嶽軍區部隊和西北野戰軍第二縱隊在王新亭、王震指揮下，採取兩翼夾擊戰術，將鐘松部包圍在平陸縣七裡坡、杜村、馬村地區，經數日激戰，至二十日殲敵二十七團。因地形對八縱隊等部不利，未能將敵全殲。戰後，西北野戰軍第二縱隊在臨晉、猗氏地區休整。第八縱隊在運城附近夏縣等地休整，並監視運城之敵，總結二打運城和平陸打援的經驗教訓，展開練兵運動，為最終解放運城進行準備。

一九四七年十二月一日，王新亭、王震從晉南前線到達河北武安縣冶陶鎮（晉冀魯豫軍區駐地），與徐向前商討最後攻取運城的戰略方案。方案上報中央批準後，十二月五日，晉冀魯豫軍區組成了運城前方指揮所（以下簡稱「前指」），王新亭任司令員，王震任政委。參加此役的部隊有西北野戰軍第 2 縱隊、晉冀魯豫野戰軍第八縱隊、晉綏獨三旅，晉冀魯豫軍區炮一團及太嶽第二、三軍分區四個基幹團，共四萬餘人。二十七日，圍城部隊向運城發起總攻。經徹夜激戰，終於攻克運城。此役共殲滅胡宗南正規軍及閻錫山的保安團隊共一萬五千餘人，於圍攻運城的同時，西北野戰軍第二縱隊教導旅，在安邑、夏縣等五縣游擊隊的配合下，也發起了對安邑縣城的進攻。二十八日，守敵兩千餘人棄城北逃時，被全部殲滅，安

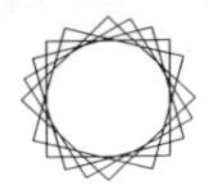

邑宣告解放。

運城戰役的勝利，隔斷了胡宗南、閻錫山的聯繫，有力地支援了太嶽兵團和西北野戰軍的作戰。同時，繳獲了大批槍械物資，並且由於控制了廣大農區和潞村鹽地，從而使運城地區成為在經濟上支援解放軍向西北和豫鄂進軍的堅強後方。運城解放後，就把繳獲的武器彈藥、糧油、汽車、軍需品等很快運到豫西，支援了正在豫西作戰的陳謝兵團，還給他們補充了一批「解放戰士」。

運城失守後，閻錫山認為，解放軍下一個進攻的目標一定是臨汾。因為在一九四七年九月二打運城之前，晉冀魯豫野戰軍第八縱隊第二十三旅和太嶽第二軍分區部隊，曾向臨汾週邊出擊，一度攻入距臨汾機場兩百米的茹村，殲滅胡宗南一個營。而運城失守後，胡宗南為策應西北戰場作戰，陸續將殘留運城地區的部隊調往陝北，同時還準備把駐守臨汾的第三十軍兩個團運至西安。有鑑於此，閻錫山遂調駐介休一帶的第六十六師徐其昌部前往臨汾，配合駐臨汾的梁培璜第六十一軍和胡宗南部以及地方保安團隊，加強對臨汾的防守，守城部隊共約兩萬五千人。閻錫山企圖保住臨汾這一據點，並進而「收復晉南」。

臨汾向有「堯都」之稱，是晉南的軍事戰略要地，四周城牆又高又厚，護城河又寬又深，城內地勢高，城外四周地勢低，形似一頭臥牛，易守難攻。明末農民起義軍領袖李自成就曾因幾攻臨汾不下，反被射瞎一隻眼睛，只得忿然而去。駐守臨汾的總指揮梁培璜是第六集團軍副總司令兼晉南總指揮、六十一軍軍長。他為加強防守，在原日偽城防工事的基礎上，又勞民傷財，構築了城外據點、環城據點，城壕工事、城牆火力網，城關和城內地道工事等多層防禦工事，並在城內修築了飛機場。

為了粉碎胡宗南空運臨汾城內第三十軍至西安的計畫，配合解放軍在西北戰場的作戰，並徹底剷除胡、閻在晉南的這個毒瘤。一九四八年二月上旬，「前指」司令員徐向前在陽城召開有關黨政軍負責人聯席會議，準備發動臨汾戰役。會上，不僅部署了臨汾戰役的後勤事宜，徐向前強調指

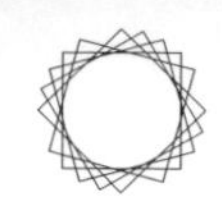

出，前線的後勤工作要一直到打下太原，徹底摧毀閻錫山在山西的反動統治為止。而且調遣兵力，對戰役進行了部署。二月二十日，徐向前率「前指」到達翼城，統一指揮第八、十三縱隊，太嶽軍區第八個團，以及呂梁部隊獨三旅、獨七旅。二十一日至二十三日，「前指」召開營以上幹部大會，徐向前在進行動員報告的同時，還部署了臨汾攻堅作戰，決定以呂梁軍區部隊於洪洞、趙城汾河以西地區擔任打援，以晉冀魯豫軍區野戰軍第八、十三縱隊和太嶽軍區部隊由東、南、西三面攻城。戰役決定於三月十日發起，但由於胡宗南的第三十軍開始空運西安，遂決定提前在三月七日發起臨汾戰役。

臨汾之敵已被團包圍後，按照「前指」新的作戰部署，太嶽軍區部隊先從臨汾城北關發起攻擊，守敵經一番抵抗後，紛紛潰退，遁入城內。與此同時，第八縱隊第二十三、二十四旅和第十三縱隊，向東關守軍發起攻擊。東關地居要衝，是臨汾的主要屏障，雖然閻軍第六十六師師長徐其昌親帶執法隊督戰，還親手殺了一名團長，進行頑強抵抗，但在攻關部隊的奮勇衝殺下，終於在四月十一日晨攻佔東關，守軍六十六師大部被殲，徐其昌率少數殘部逃入城內。此時，解放軍已斃傷守軍近萬人，而自己也傷亡四千三百餘人，可見戰鬥之激烈殘酷。中共中央曾來電祝賀攻取臨汾東關的勝利。

臨汾東關失守，引起了蔣介石的不安，在正召開的國大上宣佈：「要決心保衛臨汾」。梁培璜則屢電閻錫山請求派兵支援。閻當時也無兵可派，即使有怕也難以抵達，只好一面打電報給梁，要他「人盡物盡，城存成功，城亡成仁」，一面派出六十一軍副軍長婁福生乘飛機前往臨汾，傳達他的旨意，要梁「依現有力量死守，不要希望援兵解圍」。梁見援軍無望，遂進行拼死抵抗。不僅向被解放軍攻佔之陣地反攻時，施放毒氣，投擲燃燒彈，而且千方百計破壞解放軍向城內挖掘之通道，或以炸藥炸毀，或向坑道內施放毒氣。蔣介石、閻錫山還分別從西安、太原、天津派輕、重轟炸機前來助戰，輪流轟炸，形成了地面、地下、空中三位一體的「立體戰」，雙方膠著在一起，戰鬥異常激烈。其程度為解放戰爭以來所未有。

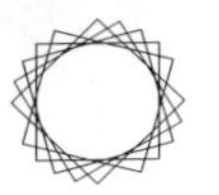

解放軍戰鬥至五月十日，已傷亡九千至上萬人。第二十四旅旅長王墉也在戰鬥中犧牲。但部隊情緒仍極高漲，徐向前更認為「不打下臨汾，對不起人民」。他的決心，得到了軍委和朱德總司令的支持。軍委給徐總電示：「你堅決近迫作業，坑道爆破，並控制主力，決心長時間奪取臨汾的計畫是正確的……，為能有把握地攻下臨汾，如必要可照預定日期再拖延若干時間」。朱德則寫信給薄一波、滕代遠：「應大力支持徐向前攻臨汾，支持他一切。如炮彈、炸藥、手榴彈之類，源源供給，撐他腰。鼓勵攻臨汾戰士，一定能打下來，時間不限，再傷亡幾千人，也在所不惜」（中共臨汾地委黨史研究室編印：《解放臨汾各縣紀實》第 200 頁）。

五月十五日，經過指戰員們的奮勇拼搏，流血犧牲，在城東挖的兩條各長一百餘米的破城大坑道，終於越過外壕，挖至又高又厚的古城牆底下。五月十七日十時三十分，開始總攻臨汾，屆時，一聲巨響，東城牆被炸開了寬三十七米和三十九米的兩個大豁口。攻城部隊冒著濃煙飛塵，衝入城內，進行巷戰。梁培璜見大勢已去，急忙下令部隊突圍，然後隨潰軍連夜逃出西門，渡過汾河，第二天在姑射山吳家坡溝被呂梁部隊捕獲。徐其昌不久也在西山枕頭垣一帶被汾西大隊查獲。三十軍代軍長謝錫昌率一百三十多人逃到鄉甯牛王廟西南溝村，亦被解放軍堵截部隊打垮，全部被擒。此外，還生俘閻、胡所部將校軍官十餘人。

臨汾戰役從三月七日發起至五月十七日結束，歷時七十天，共殲閻、胡所部兩萬五千餘人，擊毀擊落敵機五架，繳獲各種炮四百多門，各種槍支八千多支，各種子彈一百多餘萬發，各種炮彈一千餘發，以及炸藥、通信器材、汽車、騾馬、火車頭和車廂等大批物資。五月十九日，中共中央電賀臨汾解放，第八縱隊第二十三旅因戰勝重重困難，首先爆破了城牆，被「前指」授予「臨汾旅」的光榮稱號。此役的勝利，不僅使晉南全境獲得了解放，配合了西北戰場作戰，並為進攻晉中進而解放全山西創造了條件，進一步證明了「人民解放軍已經不但能打運動戰，而且能打陣地戰」。臨汾戰役的勝利，也豐富了人民解放軍攻堅作戰的經驗。

臨汾解放後，閻錫山所控制的晉中地區以及晉北的忻縣、大同等十五座縣城與其周圍村鎮，就陷入了晉綏、太行和太嶽解放區的包圍之中。太原已受到嚴重威脅。閻錫山為保衛晉中，即將其大部主力擺在晉中平川點、線上，兵力有五個軍十三個師及三個總隊，七十三個保安團，二十一個保警大隊，總計約十三萬人。同時，為了儲備更多的糧食，命令全部軍政人員準備一切力量，發起比往年更加瘋狂的大規模搶糧活動。

鑑於這種態勢，一九四八年六月二日，中共中央軍委指示，由徐向前、周士弟統一指揮華北野戰軍（此時晉察冀、晉冀魯豫兩大區合併為華北軍區，徐向前擔任華北軍區第一副司令員兼第一兵團司令員、政委）第一兵團主力，組織晉中戰役，以保衛晉中人民的麥收，並在護麥作戰中大量殲滅閻軍有生力量，為解放太原創造條件。參加晉中戰役的解放軍有第一兵團第八、十三縱隊十八個團，太嶽軍區部隊九個團，晉綏軍區部隊十七個團，太行、北嶽軍區部隊六個團，華北軍區炮兵第一旅的兩個團各一部，總計四十六個團近六萬兵力。戰役的部署是：初期，各軍分區部隊從四面向晉中腹地深入，打擊搶糧的閻軍。然後，主力華北第一兵團、太嶽軍區部隊、晉綏軍區部隊南北並擊，爭取在孝義、祁縣、平遙、介休、靈石等五縣以南地區首先殲敵四至六個師，再攻取某些縣城，爾後擴大戰果，縮小閻錫山的統治區。

按照這一部署，六月十一日，為調動閻軍，掩護兵團主力北進，晉綏呂梁部隊兩個旅突然挺進至汾陽、孝義以西之高陽鎮地區，威逼汾、孝兩縣城，以誘閻軍主力來援，使其脫離腹心地區。十二日，太嶽第一軍分區部隊解放了靈石縣城。呂梁部隊另外兩個旅和肖文玖指揮的太行第二軍分區、北嶽第二軍分區部隊，也分別挺進祁縣附近和榆次、太谷以東地區。閻錫山見狀，於十三、十四日急令以第三十四軍為主，與第四十三、第六十一軍各一部和「親訓師」、親訓炮兵團組成的「閃擊兵團」在第三十四軍軍長高倬之指揮下，由汾、孝、平、介地區分三路出動，合擊高陽鎮地區呂梁部隊。閻軍被牽向汾河以西，平遙、祁縣、介休地區閻軍守備力量空虛。徐向前認為決戰時機已經成熟，遂決定六月二十八日發起晉

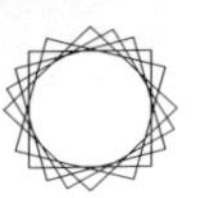

中戰役。

十九日，解放軍逼近祁縣、平遙、介休和同蒲鐵路。二十日晚，第八縱隊控制了鐵路，太嶽部隊亦北進至介休地區。二十一日，閻軍親訓師和親訓炮兵團由張蘭鎮沿鐵路北進，企圖與第三十四軍會師平遙，當其行進至平遙曹村和介休大甫地區時與第八縱隊和太嶽軍區部隊遭遇，雙方激戰三個小時，除親訓師師長陳震東負傷率殘部逃入平遙及另一部竄入張蘭鎮、大堡村外，餘敵均被殲。此役共殲滅親訓師大部及親訓炮兵團五個連，斃傷閻軍三千餘人，俘獲閻軍兩千四百餘人，繳獲九四式山炮二十門。晉中戰役首戰告捷。接著解放軍又先後攻佔張名村、張蘭鎮，殲滅閻軍四千餘人。

閻錫山受此打擊後，企圖集中主力，在祁縣東南地區與解放軍決戰。六月二十五日，太原綏靖公署副主任、閻軍第七集團軍中將司令兼山西野戰軍總司令趙承綬，率第三十三軍、第十總隊抵達太谷、祁縣。爾後，沈瑞的第三十三軍由祁縣南下，高倬之的第三十四軍由平遙北移，兩軍向祁縣洪善地區南北對進。針對閻軍動態，二十九日，徐向前決心以一部兵力破擊鐵路、公路，調動敵人，而集中華北第一兵團主力，太岳以及肖文玖部在太谷、榆次、祁縣、徐溝等地區圍殲閻軍主力。七月三日，榆次至太谷間的鐵路，以及太谷以北通往太原的咽喉北陽鐵橋（位於董村北頭），被解放軍破壞炸毀，路斷橋毀。趙承綬覺得不妙，企圖率部北竄，便傾其九個團的兵力，以及山炮三十餘門，輕重迫擊炮四十餘門，輪番向駐守董村的太嶽部隊進攻，但經四天四夜激戰，始終未能攻克，反而損失了一千餘人。之後，解放軍又切斷了閻軍經徐溝北逃太原和向榆次北逃的道路。至七日晚，解放軍已將趙承綬所部包圍在榆次縣境內的大、小常村一帶。

七月十日，解放軍向趙承綬部發起進攻，迅速攻克三十四軍所駐的大常村，三十四軍大部潰敗，軍長高倬之負傷，隻身逃走。趙承綬帶三十三軍兩個師及第十總隊殘部蝟集在西苑、小常村、新戴三個村莊。十二日，閻軍第十九軍、六十一軍、四十一軍等殘部共兩萬餘人，相繼北逃。徐向前即令第八縱隊二十四旅及呂梁部隊組成的「汾西集團」由彭紹輝、張祖

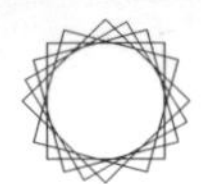

諒統一指揮，堵截追擊這部分閻軍。十二日至十三日，駐汾陽的劉效曾第四十三軍以及駐孝義、榆次、介休、太谷等縣城守軍共約兩萬餘人，棄城逃跑，但均被解放軍截擊。戰鬥中共俘閻軍八千餘人。「汾西集團」也在清源地區殲滅第十九軍等部，生俘閻軍五千餘人。

閻錫山為解救趙承綬部，於十五日命令其參謀長郭宗汾率四個團的兵力，組成「南援兵團」，進至榆次西南之懷仁、王都地區，妄圖迎接趙部突圍，卻也被解放軍繞到後面，重重包圍起來。閻錫山又電請蔣介石派空軍增援，並從飛機上給趙投下突圍的指示。趙乃率部向外猛撲，企圖突圍，但於事無補。經過激戰，七月十六日，解放軍全殲趙承綬的第七集團軍總部、第三十三軍、第三十四軍、第九總隊和第十總隊，生俘趙承綬以下將官十四人，擊斃閻軍師長以上軍官七人。十七日至二十一日，解放軍又先後解放了介休、靈石、榆次和祁縣城。至此，晉中戰役勝利結束。

晉中戰役從六月十九日發起到七月二十一日結束，歷時一個月，共殲滅閻軍一個司令部、五個軍部、九個師、兩個總隊共七萬五千人。斃、傷、俘閻軍高級將領二十八名，繳獲各種炮一千八百餘門，各種槍兩萬餘支，解放了孝義、汾陽、文水、交城、清源、晉源、徐溝、榆次、太谷、祁縣、平遙、介休、靈石等十四座縣城，除太原之外，晉中地區全部解放。晉中戰役的勝利，不僅在解放軍戰史上是一個以少勝多，以弱勝強的典型戰例。而且對於解放太原和全國的解放事業，也有著極大的意義。七月十九日，中共中央來電稱：「晉中戰役在向前、士弟兩同志的直接指揮下，由於全軍奮戰，人民擁護，後方努力生產支前，及各戰場的勝利配合，僅僅一個月中，獲得如此輝煌戰績，對於整個戰局幫助極大」。毛澤東對於徐向前的指揮才能更予以熱情讚賞。他在九月召開的政治局擴大會議上，對徐向前說：「你們不到六萬人，一個月消滅閻錫山十萬人，單是正規軍就搞掉他們八個旅。你說一說，你們那個晉中戰役是怎麼打的？」（薄一波：《七十年奮鬥與思考》（上卷））。

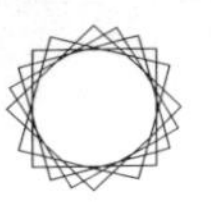

7、用盡招數，固守孤城，趁機瘋狂掠奪，搜刮錢財

晉中戰役之後不久，閻錫山即令駐守忻縣的部隊撤調太原防守，但大部被解放軍殲滅。從此太原失去南北依託，完全變成了一座孤城，而閻錫山卻妄想「固守太原」，實現其「以城複省」，「以省複國」的美夢。

應當說，閻錫山「固守太原」，還是有一定的資本的。這就是太原軍事防禦設施頗具規模，也相當堅固。閻錫山在日本投降返回太原後，就制定了一個「百里圈」防禦計畫，即在太原城方圓百里的範圍內，構築了以碉堡為主的一系列防禦工事，先後修築的碉堡達五千六百多個。這些碉堡均由留用的大批日本技術人員精心設計，有依險要地勢修築的主碉、副碉，有依武器特長修築的炮碉、機槍碉，還有依兵力配置修築的半班碉、排碉和連碉。這些碉堡大小不同，形狀各異，有高碉、低碉、人字碉、十字碉、方碉、圓碉、伏地碉、梅花碉等等，並且碉堡與碉堡之間皆有地下坑道相連，每個碉堡周圍還建有三個火力點，下面伸出了三條暗道，從而形成了能相互策應的連環碉群。同時，在太原城東、城南、城北和城西北又築有牛駝寨、淖馬、聶家營、松樹等四大環城週邊工事據點。四個工事據點週邊都構築有核心陣地、主陣地、前方陣地，以及縱深配置的阻擊陣地。太原城內則構築了巷戰工事。因而，閻錫山曾吹噓說太原為「火海地區」和「碉堡城」，它「可抵一百五十萬軍隊」。「我們今日的碉堡及一切的工事，可以說夠個不失敗的陣地了」（《山西省公安廳敵偽檔案》9—7—120）。

然而，令閻錫山感到擔心的問題也有不少。這主要就是防守兵力不足、糧食等物資嚴重缺乏，以及城內人心浮動、民情不穩所潛伏的種種危機。經過晉中戰役，閻錫山只剩下五個師和一個總隊的兵力以及後來拼湊起的八個師和兩個縱隊，總計共約十萬人。而太原成為孤城後，因物資的極度匱乏，不僅影響到部隊的防守作戰，而且因饑餓和「三自傳訓」的開展，也導致了廣大市民的強烈不滿。

閻錫山為了克服這些困難，曾想盡了各種辦法。首先，他為加強對內部的控制，號召進行「總體戰」，建立「戰鬥城」，力圖把軍事、政治、經濟相互結合，成為一體，以達到既驅使廣大民眾給其充當炮灰，又加緊對民眾的控制和搜刮，從而克服政治危機與物資緊張的目的。為此，閻錫山於一九四八年九月間成立了由山西省組、政、教、經負責人組成的「山西總體戰行動委員會」，由梁化之負總責，委員會下設辦公室和人力、物資、運輸、食糧、治安、宣傳、慰勞、救護、房屋、救濟等十個部，分工負責。與此相應，閻錫山還親手制定和頒佈了保衛太原的「十二條行動綱領」和「十二種方向」，「十二條行動綱領」，規定要把太原城及周圍要塞內的所有男女成員，都編組起來，實施「兵農政治，組織生活、生產、戰鬥合一的體制，緊密社會政治空氣，……，向下看組織民眾，向外看解救匪區人民痛苦」，使「戰鬥城」成為嚴密的民眾學校，保證「戰鬥城」的任務圓滿完成。為了實現這個行動綱領，閻錫山又制定了《戰鬥城男女成員編隊實施辦法》（以下簡稱「編隊辦法」）和《戰鬥城參戰指揮部組織簡則》。「編隊辦法」把所有男女一律按年齡編為甲、乙兩個級的參戰部隊，以及老年、少年、兒童、婦女助戰隊。甲級參戰隊主要是參軍、做工、肅偽、守碉堡、守城、協助部隊作戰。乙級參戰隊除要做甲級參戰隊的那些事情外，又增加了運輸、擔架、守護、縫洗、看護、募捐、慰勞、炊掃、宣傳等工作。據統計，到一九四八年十一月中旬，太原城內就有壯丁及學生共 7 萬餘人被編入甲、乙級參戰隊，有近六萬名婦女按年齡被編為甲、乙級婦女隊，其中迫令報名參軍者有四百人，有五千四百餘人被編入少年助戰隊，一千四百餘名七到十二歲的兒童被編入兒童助戰隊，六千餘名男子被編入老年助戰隊，另外還有 8 萬餘名老弱病殘者被迫擔任助戰任務。當時太原市內共有居民約二十多萬人口，這樣居民都被迫參加了助戰。與此同時，閻錫山還恢復了「民眾自衛軍」（以下簡稱「民衛軍」，民衛軍一九四七年十二月成立，有八個總隊，六千四百餘人，在晉中戰役中，大半在由平遙向太原撤退中，自行潰散），不僅要「自衛軍」帶領民工修築工事，挖掘戰壕，運送彈藥給養等，而且一九四八年八月間，還派五百多名民衛軍到汾河東岸堵擊解放軍。一九四八年十二月，又將兩千多名民

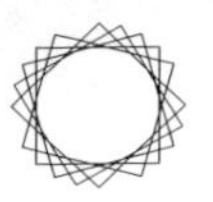

衛軍的青壯隊員，撥歸「鐵血師」，派赴臥虎山，充當炮灰（《閻錫山統治山西史實》第 419 頁）。此外，當太原被解放軍圍困後，閻錫山還向蔣介石連電告急，要求支援。蔣認為太原為華北戰略要地，且有兵工廠，確實值得一守，遂於一九四八年七月下旬偕軍令部長徐永昌飛抵太原。閻向蔣作了「保衛太原」的彙報，蔣作了指示，並決定調三個軍增援太原。不久，即於八月二十日左右，首先把黃樵松的第三十師（後該師改編為軍，黃升任軍長）約一萬餘人，從西安用飛機運到太原。隨後，又從榆林調來第八十三旅（後該旅改為師），協助閻錫山「保衛太原」。

在解決守城力量不足的問題的同時，閻錫山為解決其戰爭物資和經濟上的困難，也煞費苦心。一方面，他以鼓勵士氣為名，發動全市商民募捐物資、錢財，說「毀家才能保家」。自一九四八年十月以後進行的四次募捐中，就搜刮商民財物約合當時法幣十二萬多億元，麵粉三萬多袋合銀洋四十八萬餘億元，蔬菜、肥羊、豬等合法幣四萬餘億元，並且透過實施《各種車輛登記使用辦法》、《戰鬥城徵用材料及拆毀人民房屋賠償辦法》，僅在南門外就拆毀民房五千餘間。此外，還將市里所有木椽、木版、麻袋和一部分炊具，予以徵調，用於城防。同時頻頻向國民黨中央政府呼籲求助，多次向美國乞援。一九四七年以後，被閻錫山視為反共物質力量的「骨幹」的西北實業公司，因陸路交通受阻，以及閻統區的縮小，致使其生產發生很大困難。閻錫山即命公司經理彭士弘多次要求南京政府放寬外匯，照顧運輸，渴望政府「對目前面臨之重大難關，幸勿忽見，請速貸予工礦貸款，配給外匯，並支援物資，俾得發揮其生產力量」（《西北實業》週刊，第 118 期）。當閻錫山獲悉日本賠償中國紡織、機械、硫酸、造船等一批物資的消息後，又讓公司連電「中央經濟部請予照配，籍補日本對山西工業損害」。但是，由於當時國民黨中央政府已是經濟拮据，外匯、賠償物資尚且不能滿足蔣介石嫡系勢力進行內戰的需要，因而，閻錫山的這些求助，自然也就不會收到多少效果。於是，閻錫山又轉而直接向美國乞援。經西北實業公司經理彭士弘赴美考察、請求，聯合國善後救濟總署只給了該公司二十萬美元，用以發展電力生產。其後不久，閻錫山又擬向美國紐約凱

因公司借款，對方提出要有足夠的抵押作為條件，閻錫山即將西北實業公司的財產估價七千餘萬元（現洋），抵押給對方。然而，晉中戰役後，凱因公司見形勢已對閻錫山十分不利，對借款給閻一事也就不再提及。倒是閻錫山與陳納德的合作，給閻解決了不少問題。當時原美國空軍「飛虎隊」隊長陳納德，為繼續留在中國，採納中央交通部有關人員建議，準備組織一個航空公司，他為尋求權勢人物的支持，獲得交通部的批準，透過駐上海的閻錫山的堂妹夫梁綖武，將其打算電告閻錫山，閻得知這一情況後，遂決定出現洋一百萬元與陳納德合資經營。於一九四七年六月正式組建航空公司，由閻充任公司董事長，派其部下朱點常駐滬上，代理閻的董事長職務。太原成為孤城後，閻軍所需彈藥、物資以及糧食等物品，全賴陳納德的運輸隊空運。他的八十架飛機不時由上海、青島等地空運抵並，予以接濟。由於陳納德的幫助，才使閻錫山又掙扎了一些時間。後來，閻錫山還企圖讓陳納德的「飛虎隊」編組戰鬥機一百架，到太原城郊轟炸，燒殺圍城的解放軍，但由於解放軍作戰迅速，閻的這一計畫未及實現，太原即被解放。

另一方面，就是加緊對工人的剋扣，並強迫工人加大生產。閻錫山返回太原後，西北實業公司各廠起初發給工人的工資均「以小麥為標準折合貨幣實發」，但由於「山西省民營事業董事會」在規定糧價時就低於市場價格，再加上物價不斷上漲，所以，無形中就使工人的工資減少了許多。如西北煤礦第一廠，一九四六年左右，一個工人一天的工資大約還能賺到三到四點五升的糧食，到一九四七年上半年只能買到兩升左右，實際上使工人的工資減少了一半。一九四七年下半年，公司給工人的工資又改為半糧半款，半款又是按「山西省民營事業董事會」規定之議價（約為市價三分之一）發給法幣，而當時法幣貶值，物價暴漲，工人的實際工資直線下降，以「工資糧價」而論，到一九四八年九月即比一九四五年十二月上漲了兩萬四千萬倍。加上工廠有意拖延工資發放時間，這樣，當工人領到那一半貨幣工資後，已形同廢紙一般。在工人們生計已難以維持的情況下，閻錫山為增加反共物資力量，卻要人們努力生產。其方法就是要求各廠延

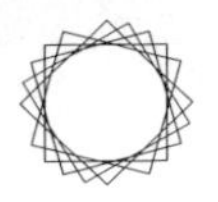

長工人的勞動時間，提高其勞動強度。晉中戰役後，由於西北煤礦第二廠軒崗煤礦、第三廠富家灘煤礦相繼被解放，只剩下第一廠太原西山煤礦和第四廠太原東山煤礦。因此，一、四廠的工人受到了更為殘酷的剝削，西北煤礦一廠。工人勞動強度如此之大，但對工人的糧食供應卻大幅減少，一九四八年九月以後，各廠乾脆取消半款，只發半糧。當時公司限定重工業廠工人每人月平均工資不得超過六斗（四十六公斤）。這一數量尚不及一九四五年底的四分之一。可是，實際上這一行業工人每日平均只能得到一點六升（一點二八公斤），進入一九四九年以後，連這點數量也無法保證。不僅如此，一九四九年初，西北實業公司以「絕對不能養活吃閒飯的人」為藉口，停止了一部分被裁汰的職工及所有職工家屬的食糧供應。不久，各廠又根據閻錫山提出的「咬緊牙關，勒緊褲帶」去「爭取勝利」的口號，不僅對以前所欠工人的工資統統擱起不算，還停止借支給工人工錢，每人上一天班只給一市斤麥麩、豆餅或已黴爛的紅大米，不上班的一律不給。這一做法，又把廣大工人推向了絕路。據統計，從一九四七年十月底到一九四八年九月底，西北實業公司各廠即裁汰兩千多人，占到一九四七年在職工人總數一成多（《西北實業週刊》第 122、123 合刊）。

閻錫山為「固守太原」，在克服戰爭物資和經費困難方面，確實想盡了辦法，但是，他所籌措的錢物，並沒有完全用於「固守太原」，並且還借機進行經濟上的掠奪、剝削，一方面以各種手段把「公營」企業的資財儘量化為己有，另一方面用克扣截留和大吃空額等辦法，把南京中央撥發給他的軍糧、軍服等物資，折價變款，攫己為有。一九四八年下半年，閻錫山看到「公營」企業已再無挽回的餘地，便藉口支援南京政府發行「金元券」，下令山西省銀行向各公營企業單位提取黃金近萬兩，於九月三十日派專機送往南京，向中央兌換「金元券」。他本想透過這一兌換，發一筆橫財，不料後來兌換延期，券值跌落，閻要求返還黃金，但蔣介石卻只允許換給其外匯，並指定此項外匯只能向加拿大購買麵粉。閻錫山不得已，向加拿大購回麵粉四千噸，運存上海，等待高價出售，後因局勢轉緊，上海震動，閻遂令其駐滬之田糧處長耿誓和「兵站總監」劉紹庭迅速拍賣。

當時上海的山西人紛紛找耿、劉二人，要和閻錫山算帳，有要錢的，有要麵粉的。耿、劉奉命給了這些人一點麵粉後，見要麵粉的人越來越多，便乘機逃往臺灣（山西省檔案館藏：《閻匪財產概述》一九四九年）。這樣，拍賣麵粉所得款項便大部化為閻錫山的私產。

在此前後，閻錫山還以「借給平執會」或其他名義的批條，由山西省銀行經理白東生經手，從省銀行向外埠轉出一批黃金。如一九四八年八月二十日，他就指示白東生「由備支中匯款內借給平執會黃金壹百條」。九月二十三日，又指示白東生「由閻志敏、閻志惠（閻錫山之四子、五子——引者注）項下取赤金貳百玖拾玖兩捌錢肆分陸厘」。同時，閻錫山還從其他「民營」企業中搜刮了大量資財。一九四八年十一月，閻錫山見大勢已去，決定對全省「民營」企業實行集中管理，分按太原、京滬、平津三個領導組，除保留西北實業公司和同記公司外，其他貿易機構、銀錢業等一律撤銷，將所有動產、不動產造冊上報，所有軍需物資交由各地領導組留備提用，並令各企業單位將貨物變價，其變價款統統運送上海，由該組負責人楊愛源收集後交給閻錫山本人。當時這些單位的資金和餘利均按黃金計算，少的有二、三百兩，多的達三千兩以上。這次貨物變價送交楊愛源的黃金有四萬五千萬兩左右。因此，到太原解放前夕，各「公營」、「民營」企業，除機器設備、房屋等未能搬走外，其餘浮財和歷年來的餘利基本上被閻錫山擄掠一空。資本雄厚，在囤積居奇、倒賣金銀中發了橫財的山西省銀行，到太原解放被解放軍接收時，只剩下少許財產（《太原市軍事管制委員會金融接管組申請報告》，一九四九年五月二十日）。而這些財物也主要是留給辦事人員繼續維持殘局用的。

此外，閻錫山還向南京中央冒領了大批軍糧、軍服等物資。晉中戰役後，閻錫山的軍隊以及政、組等人員之糧食，因已無田賦公糧可征，所以只得全部向南京中央政府請領，當時實際應領人數本不足十萬，但閻錫山仍按原編制二十多萬人向南京中央請領。每人每月應領糧六十市斤，總計每月要領一百二十萬斤。這些糧食全靠飛機從青島、漢口、上海、蕪湖等地空運。

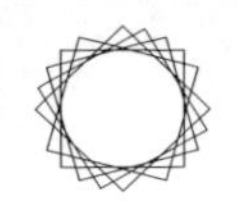

除搜刮掠奪大量錢財外，閻錫山還將日本投降後，派人到日本認出的原西北實業公司的七百餘部較好的機器，於一九四八年秘密運到臺灣，並在太原緊張時，派西北實業公司協理曲憲治赴台籌備設廠，備作其去台後的經濟事業。但為了穩定人心，並繼續生產營利，閻錫山在將貿易、銀錢業等「民營」企業一律撤銷時，保留了西北實業公司。

8、見勢不妙，設法逃離孤城，太原解放，閻錫山老巢被搗

當晉中戰役已接近尾聲時，一九四八年七月十五日，徐向前、周士弟便致電中共中央軍委，提出「為乘勝擴張戰果，不給敵以喘息之機，決定以主力繼續向北進擊，以迅速完成對太原之包圍」。晉中戰役結束後，根據中共中央的決定，一九四八年十月五日，徐向前指揮華北第 1 兵團、西北野戰軍第 7 縱隊及晉中地方武裝共十七個旅八萬餘人，正式發起太原戰役。

發起戰役的時間原為十月二十八日，只所以提前十三天，是因為當時防守太原的閻軍三師及親訓師一部和第十總隊共七個師，沿汾河東向南進犯。所以，徐向前決定乘閻軍脫離陣地的有利時機予以殲滅。遂於十月五日發起太原戰役。當天一兵團等部在小店、黑窯和狄村、南北磚井等處，經一晝夜激戰，殲滅南犯閻軍兩個師，從而突破了閻軍在太原週邊的防線。毛澤東和中央軍委對此勝利「甚慰」，稱徐、周：「向太原城周儘量擴大戰果方針很對」，並同意徐向前連續一直打下去的意見，指出「在最快期間全殲敵人直至奪取城垣是上策，先打再圍帶打是中策，曠日持久是下策」（中共太原市委宣傳部、中共太原市委黨史研究室編印：《解放太原》第 6 頁）。

在全殲南犯之閻軍兩個師後，徐向前指揮所部又攻佔武宿和北營兩個火車站，控制了王村機場，十五日佔領了石咀子一線陣地，打開了太原東山閻軍碉堡防線的南側門戶。太原城南週邊作戰初戰告捷，戰鬥中共殲滅閻軍一萬餘人，生俘了第四十四師師長李子法、第四十五師師長鄭健國等。閻錫山的「雪恥奮鬥團」在李佩膺的率領下向解放軍投降。接著解放軍又向太原東山的閻軍要塞發起進攻。

東山要塞由牛駝寨、小窯頭、淖馬、山頭「四大要點」構成，構築於距太原三到五公里、且高出太原城三百米的東山之上。每個要點均以數塊乃至數十塊集團陣地組成，每塊陣地都以水泥石片構築碉堡，周圍要地以

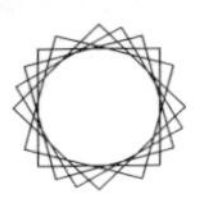

伏地堡構成火力網點，以多層外壕劈坡為主體，陣地與陣地之間又以暗道、交通壕連貫溝通。「四大要點」既能各自獨立作戰，又可相互火力支援，因而，閻錫山曾將其吹噓為「寨中寨」、「堡中堡」、「鐵疙瘩」，說：「如果東山要寨失守，太原就失守了」。正因為如此，所以，解放軍向東山的進攻十分艱難，戰鬥極為激烈。解放軍投入了二十七個半團的兵力，閻錫山的部隊除守備西山之兩個師、工兵一個師和守備城南、城北的兩個師未加入戰鬥外，其餘各師均投入了戰鬥。雙方參戰的八二迫擊炮就達八千餘門。但解放軍運用了臨汾攻堅戰的經驗，英勇拼殺，並且得到當地黨委和群眾的積極支持，到十一月十二日，經過反復激烈的爭奪，終於完全攻克了東山陣地，並佔領了太原城南各要點，閻錫山的第八總隊隊長趙瑞在淖馬戰鬥中率部起義。這場戰鬥，閻軍損失兵力一萬餘人，解放軍也傷亡八千餘人。

解放軍攻佔東山「四大要點」後，將陣地推進至太原城下。與此同時，太原城南、城西配合主力攻打閻軍據點的晉中軍區部隊，也先後攻佔了城北之青龍橋、郭家窯、中莊、上莊、北崗、黃土寨、蘭村、會溝梁，及城南之許坦、汾河西岸之南北堰、趙家山等據點。太原城完全處於了解放軍的包圍之中。只要一聲令下，即可發起攻城戰鬥。

這時，解放軍正在東北進行的遼沈戰役剛剛結束，淮海戰役正在進行，而平津戰役即將開始。為使太原戰役能很好地配合平津戰役，十一月十六日，中央軍委致電徐向前、周士弟稱：「估計到太原攻克過早，有使傅作義感到孤立，自動放棄平、津、張、唐，南撤或分別向西向南撤退。增加爾後殲滅的困難」，因此，建議徐、周「再打一、二個星期，將週邊要點攻佔若干，並確實控制機場，即停止進攻，進行政治攻勢。部隊固守已得陣地，就地休整，待明年一月上旬，東北我人民軍入關攻擊平津時，你們再攻太原」（《解放太原》第 2 頁）。根據這一指示，太原前線部隊遂停止對太原城垣的攻擊，而對閻軍實行圍困瓦解。

對於太原守敵之瓦解工作，其實在晉中戰役結束時，徐向前等即已著手進行。他與周士弟在向中共中央和華北局的報告中，就提出「擬命趙承

綏勸降」閻錫山。因為趙跟隨閻錫山多年，是閻一手提拔起來的戰將，趙在晉中戰役中被俘後，表現較好，並願意前往太原勸說閻錫山，但考慮到趙的安全問題，徐向前決定改派閻錫山的老師、一位年近八旬的老秀才帶著他的信件，先進行試探。但是，閻錫山不僅不聽其老師的勸告，反而將其殺害。

太原被包圍後，解放軍太原前線司令部，又積極做前不久調來太原協助閻錫山守城的國民黨第三十軍軍長黃樵松的工作。黃樵松為河南尉氏縣人，一九二二年入馮玉祥學兵團當兵，他有正義感，也很有民族氣節，抗戰爆發後，在娘子關、台兒莊戰役中，率部英勇殺敵，在娘子關一仗中，他率部擊斃日軍步兵第七十七聯隊長鯉登大佐。抗戰勝利後，他對蔣介石發動內戰也頗為不滿。來到太原後，閻錫山雖然對他拉攏重用，向蔣介石建議並經同意提拔黃樵松為軍長，但他對閻卻總保持一定距離。由於有這樣的背景，所以，太原前線司令部利用黃樵松與邯鄲起義的高樹勳私交甚厚，同高之部下一位叫杜廷的軍官也有一定友誼這些關係，透過高、杜二人對黃進行爭取工作。黃樵松經過反復考慮決定率部起義。十月三十一日，他派隨身參謀兼諜報隊隊長王正中到解放軍前線司令部接洽起義事宜，解放軍派出第三縱隊參謀處長晉夫前往三十軍與黃商議起義的具體方案。雙方確定起義的時間為十一月四日。然而，當起義前一天黃將起義計畫告訴由他一手提拔起來的師長戴炳南後，戴卻利慾薰心，把這個計畫全盤告訴給了閻錫山。閻得知此事後，又驚又怕，立即找來他的參謀處長趙世齡等，決定以召開緊急會議為名誘捕黃樵松，並對第三十軍進行監視控制。而黃此時仍不知戴炳南已將他出賣，當閻錫山親自打電話給他並派小車接他時，他便前往綏靖公署參加會議。黃樵松一進綏署，即被逮捕，並從其身上搜出高樹勳等給他的信件。第二天又把前來聯絡的晉夫逮捕。十一月六日，閻錫山將黃送往南京。十一月二十七日，黃樵松被判處死刑，在南京水西門外英勇就義。晉夫等五人則在太原被殺害。戴炳南升任第三十軍軍長。

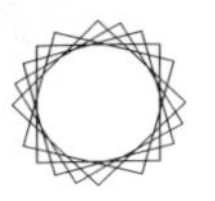

閻錫山雖然僥倖挫敗了黃樵松起義，但這件事對閻錫山的打擊卻十分沉重。而其後不久，東山「四大要點」陣地的失陷，更令閻錫山恐慌不堪。更讓閻錫山憂慮的是，解放軍攻克東山陣地，並將太原重重包圍起來後，雖然未馬上發起攻城戰鬥，但是，他們發動的強大政治攻勢，甚至比軍事攻勢還要厲害。解放軍採用陣地對話和散發傳單等形式，宣傳人民解放戰爭的勝利形勢，揭露國民黨和閻錫山的種種罪行和謊言，使忍受饑餓和政治高壓的閻軍官兵紛紛投誠。據統計，從一九四八年十二月至一九四九年三月底，閻軍共有數萬人投奔解放軍，其中有整團、整營、整班閻軍官兵集體向解放軍投誠的。不僅如此，整個華北戰場的形勢，也越來越不利於太原的防守。因為，與太原互為犄角之勢的天津、北平兩大城市，也相繼被解放。一九四九年一月十五日，解放軍攻克天津，全殲守軍十五萬人，守軍總指揮陳長捷被活捉。由於天津的解放，駐北平的華北「剿總」總司令傅作義企圖率部從海上逃跑的道路被切斷，在解放軍重兵圍城的威懾和政治攻勢下，傅作義正醞釀著接受中共提出的和平改編，雖然在此前後，閻錫山六次急電傅作義，勸他「只有犧牲奮鬥，萬不敢僥倖共存」（《閻錫山年譜》（六），第 2297 頁），並以「一和之後，共產黨就要對軍官、官紳、教員、廠主、經理逐漸清算」，「屢清算屢建立鐵幕直至殘殺盡淨而後已」（《山西省公安廳敵偽檔案》5—2—5）相恐嚇，以動搖傅作義接受和平解放北平的決心。但傅作義深明大義，仍於一月二十二日接受了和平改編。解放軍於一月三十一日舉行入城式，北平宣告和平解放。

在北平和平解放之前，由於解放軍對太原保衛圈日益縮小，閻錫山的部下就有不少人認為孤守太原已是毫無希望，曾勸閻錫山離開太原。一月二十八日，邱仰睿電閻錫山，傳達了美國人陳納德意見：勸閻不必堅守太原，到不得已時，他願接閻錫山脫險。而邱本人也認為「大局現轉變到如此地步，成仁已無甚代價，何如到必要時借機離開，另圖復興大計」。但閻錫山覆電邱仰睿說：「不死太原，等於形骸，有何用處？」（《山西省公安廳敵偽檔案》9—2—5）。而北平的和平解放，使受到極大震動的閻錫山上層幹部中，許多人也傾向和平，主張效法傅作義走北平之路。閻的親信、

高幹、「綏靖」公署秘書長吳紹之就曾向閻進言來個和平解放。而閻在召集其高幹和基幹開會時，卻要他們「成功成仁」，不走「北平道路」，並罵傅作義「毫無人格」，「出賣了北平人民」。儘管如此，中共中央仍未放棄對閻錫山的爭取工作。北平和平解放前夕，中央軍委曾電示林彪、羅榮桓、聶榮臻和徐向前：「北平和平解放後，太原亦有和平解放的可能」，「東北臨時配屬之兩個炮兵團，即直接向太原開進。受徐周陳指揮，控制太原一切機場，迫使閻匪談判，和平接收太原」（《毛澤東軍事文集》軍事科學出版社、中央文軒出版社 1993 年版，第 5 卷，第 489 頁）。還指示他們和葉劍英、彭真對住北平的閻錫山的參謀長郭宗汾、山西省臨時參議會議長王懷明及閻軍師長之家屬拉一把，並要葉劍英入城後找郭宗汾談判和平解放太原、大同問題。中共中央甚至在二月四日還表示太原如能和平解決，閻錫山又能表示改變過去的立場，還可以讓其參加新政治協商會議。在北平的一些山西教授、學者以及閻錫山政權中的骨幹，也致電閻錫山，希望他「順時達變，休戰言和，以蘇困於生息之途，培元氣於凋敝之後」。章士釗等人還托人打電報給閻勸他走和平解放道路，但均被閻錫山拒絕。非但如此，閻錫山為顯示他與太原城共存亡的決心，還準備了毒藥和棺材，對來訪的美國《柯利亞》雜誌記者約翰旦說：「我決心死守太原，如果太原不守，我就和這些小瓶同歸於盡」，「我與共軍不共戴天，有我沒他，有他沒我，這口棺材，就是我這種決心的證明」，並且找來一個身佩手槍，殺氣騰騰的士兵，對人說：「這是標準的武士道精神的日本士兵。我讓他跟隨我的左右，以便在危急的時候，將我打死。這個任務，非日本人不能完成」（董岩、征敏：《閻錫山的五十餘次作戰》，《山西文史資料全編》第 9 卷，第 896 頁）。甚至當蔣介石給閻來電，認為「太原絕難長久支持」，請他速退西安，擔任西北行營主任，負責指揮西北各處重責，把幹部由陳納德的飛機接走，由胡宗南派出精銳，接濟閻軍儘量西渡的要求也予拒絕。

閻錫山所以如此頑固，要與太原共存亡，是因為他認為國民黨仍控制著長江以南的半壁江山，只要還有這樣一個基地，就能與共產黨繼續周旋。同時，他得到大西洋公約即將簽字的消息後，認為美蘇「不願戰亦須戰不

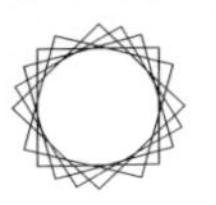

能戰亦不得不戰，美國已感到遲一日險一日矣」（《山西省公安廳敵偽檔案》9—2—5），美蘇必戰，第三次世界大戰很快就要爆發，只要大戰一爆發，他就可以得到美國的援助。另一個重要原因是一九四九年一月二十一日，蔣介石下野，李宗仁成為代總統後，閻錫山指示在南京的楊愛源向李宗仁和美國駐華大使司徒雷登等，進行周旋，由他任行政院院長，如此，太原形勢再緊急時，他可飛往南京任行政院長，太原形勢緩和，又可仍在太原統治山西。在正爭取行政院長的關鍵時刻，他不想給人留下棄城逃跑的印象，而想以「守城名將」贏得李宗仁等的好感。但嚴峻而無情的現實，卻容不得閻錫山如此多想。閻錫山為了自己的「生存」，還是拋棄了與太原共存亡的旦旦誓言，選擇了逃離孤城，以走為上之策。

一九四九年三月上旬，當平津戰役結束後，奉中央軍委和毛澤東之命的華北野戰軍，相繼開赴太原前線，使太原前線部隊力量大大加強，總兵力達二十五萬人並且，解放軍進一步緊縮了對太原的包圍，不僅太原南郊和北郊的飛機場已被控制，而且，閻錫山新開闢的西門外紅溝機場也進入了解放軍的炮火射程以內，空中交通行將完全斷絕，太原城破在即。面對如此危局，閻錫山不由大為恐懼和感到絕望。他終日坐臥不安，手內時常拿著一根木棍，不論親信和部屬，見人就想打，對請示或回答公事的人員，見了就要罵，除過問郊區的戰況和運輸糧食的飛機情形以外，其他事件，一律不願過問。此種情況，據他周圍的人說，是三十多年來從未見過的。由此不難想見當時閻錫山心情壞到了什麼程度。在此情況下，閻錫山為及早離開太原，又指示在南京的楊愛源向代總統李宗仁和美國駐華大使司徒雷登加緊對他出任行政院長一事的活動。事情進展順利，眼看就要成功，但在蔣介石的施壓下，李宗仁改變態度，發表何應欽為行政院長，並請賈景德電閻，告以閻的名望很高，不敢以行政院長委屈。賈在電中告閻，行政院既已發表敬之（何應欽字），當然副院長之席未便屈就，容再徐圖辦法。閻接電後，甚為生氣，但因情勢已十分危急，為早日離開險境，乃覆電賈：「為了拯救晉民，名位高下，在所不計，雖副席亦可也」。見閻態度如此，李宗仁遂於三月二十八日致電閻錫山：「和平使節將於三十一日飛

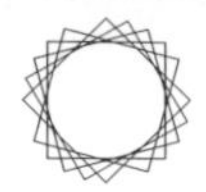

平。關於和談大計，深欲事先與兄奉商，敬祈即日命駕入京籍聆教益」。閻錫山接到此電，當即批了「有飛機即去」五個字。次日覆電李宗仁：「寅儉辰電敬悉，遵當如命晉京，懇賜飭派飛機為禱」（《山西省公安廳敵偽檔案》9—2—5）。三月二十九日下午，閻錫山召開各軍政負責人約二十人參加的會議，進入會場後，他與大家親熱地打著招呼，一改長期以來滿面陰沉，乖張暴戾之態，寒暄過後，他叫吳紹之向人們宣讀了李宗仁電文，接著他告訴大家，「也許三天五天，也許十天八天，等和平商談有了結果，我就回來」。並宣佈，在他走後，由梁化之、王靖國、孫楚、趙世齡、吳紹之組成五人小組負責，一切由代主任孫楚主持。爾後，他又與人們交談了約半個小時。這時，梁化之報告說：「天氣已經不早，飛機在機場等候，請早動身吧」。閻錫山不讓大家送行，從會議室出來後，立即乘汽車直奔太原西門外紅溝（屹嶛溝）機場。閻錫山乘座的飛機起飛時，西山、東山的解放軍炮火跟蹤射擊，打死了不少侍衛人員。在炮火聲中，閻錫山只帶了侍從長張逢吉與一名廚師逃離了太原。

本來，閻錫山想讓其五堂妹閻慧卿也一同前往的，因為自抗戰以來，閻慧卿就一直照料著閻錫山的生活起居，對閻錫山的生活習慣十分熟悉，照料得十分周到。人們也知道他兄妹倆關係非常密切，形影不離。但閻錫山為了穩定人心，只好忍痛割愛，讓閻慧卿留下來，而人們見閻慧卿不走，也認為閻錫山肯定還要回來。豈料這是閻錫山使用的金蟬脫殼之計。以前人們常說：「十三個高幹，哄的個老漢（閻錫山）」，可是這一次卻是一個老漢，哄了十三個高幹。閻錫山於太原辛亥起義後，因清兵攻入娘子關，曾率部離開過太原，中原大戰失敗後，在蔣介石、張學良的逼迫下，第二次離開太原，抗戰爆發後，因娘子關失陷，在日軍兇猛攻勢下，第三次離開太原。但後來，隨著形勢的變化，他又都返回太原。然而這次離開太原，卻是「黃鶴一去不復返」，再也未能回來了。

四月三日，中共中央同意了太原前線總前委司令員兼政委徐向前提出的太原作戰方案，並同時要求他們：「注意和平解決的可能性，如有接洽機會應利用之」。五日，軍委又來電指出：「閻錫山已離太原，李宗仁願出

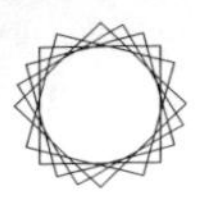

面交涉和平解決太原問題。我們已告李宗仁代表（本日由平去甯）允許和平解決」。同日，太原前線總前委召開擴大會議，研究決定總攻太原方案。中國人民解放軍副總司令彭德懷作了指示，並在此後擔任了解放太原的總指揮（徐向前因兵休息）。十一日，軍委來電指出，雖然與南京代表的和談「頗有進展，如南京方面同意，可能於十五或十六日簽字。但破裂的可能性仍然存在，因此，請將攻擊太原的時間推遲至二十日，那時如能簽訂和平協定，則太原即可用和平方法解決；如果和談破裂或簽字後反悔不執行，則用戰鬥方法解決」（《解放太原》第 10—11 頁）。根據軍委指示，太原前線總前委，決定致函孫楚、王靖國，派趙承綬和高斌、曹近謙進城談判，但被王靖國以「中央有命令，被俘人員不準進城」、「老頭不在，無人做主」為由，加以拒絕，而國民黨南京和談代表在下野的蔣介石的干擾下，又缺乏和談誠意，故意拖延時間，因此，用武力解放太原已不可避免。

四月十七日，中央軍委給太原前線總前委來電指出：「你們覺得何時發起打太原為有利，即可動手打太原，不受任何約束」。四月二十日，太原前線部隊對太原發起總攻。。四月二十一日，毛澤東、朱德發佈《向全國進軍的命令》，攻城部隊堅決執行「全軍指戰員奮勇前進，堅決、乾淨、徹底地殲滅中國境內的一切敢於抵抗的國民黨反動派」的命令，不怕犧牲，英勇戰鬥，經近三日之激戰，至四月二十二日，太原週邊據點已被全部肅清。除「鐵血師」投誠外，閻軍守備週邊的十二個步兵師被全殲。

四月二十四日早上解放軍相繼殺進城內後，經過激烈巷戰，十時，攻城戰鬥全部結束，太原勝利解放。閻錫山盤踞了近三十年的老巢被徹底搗毀。不久，五月一日大同和平解放，結束了閻錫山統治山西三十八年的歷史。太原戰役歷時六個多月。

五月一日，中共中央電賀太原解放，賀電稱：「此次我太原前線人民解放軍奉命攻城，迅速堅決，敵酋就縛。大同敵軍，亦即投誠。從此，山西全境宣告解放，華北臻於鞏固，當此偉大節日，特向你們致熱烈祝賀」。

九、大廈將傾下的苦苦支撐

1、奉蔣之命，促李赴穗蒞任，內閣改組，出任行政院長

閻錫山倉惶離開太原，飛赴南京後，李宗仁對他說：「你休息幾天吧，暫時不必回去」，這正合閻錫山的心意，於是他利用休息之機，去浙江奉化溪口，拜會了「引退」在家的蔣介石。四月二十日，中國人民解放軍突破國民黨苦心經營的長江防線，兵鋒直逼南京。閻錫山見勢不妙，匆忙飛往上海。四月二十四日中午，當也從南京飛抵上海的徐永昌向他報告說是「南京丟了，太原也丟了」後，閻錫山十分難過，以致淚水模糊了眼鏡片。停了半天，才哽咽著說：「那就走吧」，準備飛往臺灣。

就在這時，蔣介石派人將他在上海虹橋機場上截住，要他立即去廣州、桂林探看情況。原來，在南京解放的前一天，即四月二十二日，蔣介石以國民黨總裁的身份，召集李宗仁、何應欽、張群、白崇禧等去杭州會談。提出要成立由他當主席的國民黨「中央非常委員會」，以作為總攬黨政軍權的最高決策機構。一九四九年一月二十一日，蔣介石「引退」後，李宗仁對讓他當這個「代總統」本就不滿，而今又要成立由蔣當主席的「中央非常委員會」，明顯的是把他自己當成了一個傀儡，這更令李宗仁不快，而李宗仁提出發動第二次國共和談的建議，卻被蔣介石制止，不由使李宗仁大為惱火。幾經爭吵，無果而終，會談不歡而散。李宗仁當晚趕回南京，鑑於南京已岌岌可危，他遂下令總統府和行政院於次日遷廣州辦公。但他自己卻未隨「遷都」蒞穗，而是在座機去廣州的半路上折向，飛回了桂林老家。顯然是在給蔣介石以顏色。李宗仁儘管是「代總統」，他若不蒞穗，中樞空位，那實際上向外界表明中央政府已經癱瘓。蔣介石當然不願出現這種狀況，因為有好些事情還得透過「代總統」來辦。

蔣介石所以要閻錫山來辦這趟差使，也有他的考慮。一來閻錫山現已離開太原，成為局外之人，蔣、桂兩系之爭與閻無什麼利害關係，比較「超脫」，雖然過去閻錫山與蔣介石之間有過種種矛盾，甚至反目成仇，兵戎相見，但自抗戰以來尤其是日本投降之後，兩人之間合作得還算不錯，除

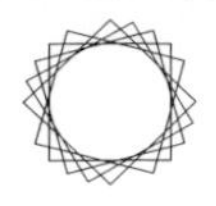

了在軍事上反共的上呼下應，密切配合外，在政治上，閻錫山也給予了蔣介石很大的支持。一九四八年四月間，國民黨在南京召開「行憲國大」，選舉總統、副總統時，閻錫山就對出席大會的山西代表們說：「總統非蔣先生莫屬，至於副總統必須能輔助蔣先生者為宜，何人適應應以總統的意見為依歸」（《閻錫山年譜》（六），第 2286 頁）。山西代表溫壽泉在「行憲國大」召開之前，曾致函閻錫山，勸閻競選副總統，而閻錫山卻復函說是「我在山西將近四十年，不應在此赤海孤島危亡至急的時候，為自己的便利而離開山西，……今日是救亡選舉，能輔助蔣主席者始能救亡，何人為宜蔣主席始知也」（《閻錫山年譜》（六），第 2284 頁）。閻錫山如此所說，並非他不想競選副總統，而是他摸不清蔣介石的意圖讓誰當副總統，若貿然行事，弄不好，反取其辱。再者，山西是他經營多年的老根據地，而在中央卻沒有什麼根基，一旦山西有失，他就難以在中央立足。儘管如此，他的不競憲副總統，還是幫了蔣介石的大忙。因為當時李宗仁、孫科兩人對副總統的競憲就已夠熱鬧，蔣介石對此頗費躊躇，閻錫山若再摻和進來，就更會麻煩。但閻錫山並不甘寂寞，他雖然未參加副總統的競選，可是一直想在國民政府中取得政治上的聲譽。況且他也不願使國民政府成為蔣介石的一統天下，所以，對競選副總統的李宗仁表示完全支持，而蔣介石為排斥桂系勢力則支持孫科當選副總統，在此情況下，閻錫山為了不得罪蔣介石，在李宗仁和孫科決選時，他卻令他的晉綏國大代表率領人梁化之對李、孫各選一半票。這實際上是支持了蔣介石，而沒有完全支持李宗仁。

李宗仁飛回桂林，也令時在廣州的何應欽、白崇禧頗為不安。他倆雖然清楚李宗仁不來廣州的原因是杭州會談上與蔣介石意見相左所致，但「代總統」不蒞穗理政，總不是回事，況且是在國是唯艱的情況下。為了打破僵局，必須找人從中斡旋，請李宗仁回來才是。而四月二十六日，閻錫山已飛抵廣州，並且，在次日的《中央時報》上刊登了「反共守城名將閻錫山蒞穗」的頭條新聞。在此後的幾天裡，閻錫山還頻頻露面，又是接見廣州時報記者，以及國民大會代表、立法委員、監察委員、當地軍政高

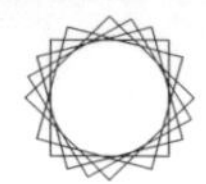

級軍官、紳士和山西同鄉，又是會見美國駐華公使克拉克，非常活躍，情緒頗高，似乎南京和太原的丟失早已淡忘。對於閻錫山蒞穗的目的是什麼，行政院長何應欽、國防部長白崇禧並不清楚，但他們卻覺得若能請此公出面，從中斡旋，倒也不錯。因為在杭州會談之前，閻錫山曾偕居正到溪口，代表李宗仁向蔣介石要求引退，於是何應欽即刻用電話向閻錫山、居正徵求意見，由他倆出面進行斡旋。閻錫山赴廣州前，蔣介石雖然未向他交代什麼，但閻認定蔣之用意本來就是為了督促李宗仁蒞穗的，自然就滿口答應了。

事不宜遲，當天（五月一日）晚上，何應欽即在國民黨中常委臨時會議上提出請閻、居去桂林邀請李宗仁的建議，經討論又增派了李文范委員同去。第二天，閻、居、李三人便由白崇禧陪同飛赴桂林。當晚，他們下榻於桂廬，並在廣西省政府宴會廳受到黃旭初的款待，宴席上，他們見到了李宗仁。

李宗仁清楚，閻等三人蒞桂是想敦促他前往廣州主政，而這也是蔣介石的意思。但他認為，作為代總統，不能就讓蔣介石這樣擺佈，該堅持的還要堅持，該強硬時就應強硬。於是他寫了一個書面意見，於五月三日給了閻錫山，閻覺得其中的內容刺激性太大，而李宗仁、白崇禧及兼桂林綏靖公署副主任黃旭初、李品仙等人卻堅持這個書面意見。後來閻錫山、居正、李文范與李宗仁雙方根據李宗仁事前準備的書面意見，寫成了一個《李代總統同居正、閻錫山、李文范三委員桂林會談記錄》。在這份記錄裡，李宗仁提出了六點要求，即：國民黨中央只能向代總統提建議，不能強制執行；代總統應有人事調整權；軍隊應由國防部統一指揮；移存臺灣的金銀和軍火都應運回大陸使用，最後是請蔣介石出國考察。李宗仁還向閻等聲明：「只要記錄上所列意見得到合理的答覆，我就去廣州」。

五月三日傍晚，閻錫山一行飛返廣州。臨行前，他分別向白崇禧、黃旭初附耳低言：「請兄等考慮後果」。因為他知道，蔣介石對這個會談記錄肯定難以接受。回到廣州後，閻錫山等立即將會談記錄交予何應欽。第二天，何即派專機飛上海，送給滯留於吳淞口外一艘軍艦上的蔣介石。

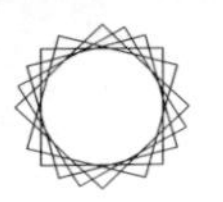

果然，蔣介石見到會談記錄後，大發雷霆。當即給何應欽覆信，讓他轉告李宗仁，首先是請李立即到廣州親事，並聲明他本人無意復職，對調整人事，調動軍隊和運用金銀等問題，則說一切應由主管部門依法處理，他無權過問。最後，他還悻悻地說道：有人要和共產黨講和，就是迫我下野，和談失敗了又來攆我出國，國還未亡，為什麼單要我去國亡命！這事實難從命。

蔣介石的覆信第三天即五月五日送達廣州後，翌日，國民黨中常委會為此又舉行臨時會議，再次推舉閻錫山，偕外交部長朱家驊、國民黨海南特區行政長官陳濟棠三人，帶上覆信原件去桂林，迎接李宗仁。閻當場表示，「去一定可以去，但感此行可能撕破最後一頁歷史，……，當請何院長代為電達漢口白長官，務請同時到桂林，借重周旋」（《閻錫山年譜》（六），第 2310 頁）。五月七日，閻錫山等又赴桂林，飛機上，他憂心忡忡，心事重重。閻錫山明白，這趟差使是兩頭不落好的事情，從上次去桂林時李宗仁的態度來看，他的要求得不到滿意的答覆，是決不會去廣州的，而請不到李宗仁赴穗，就完不成蔣介石交給的任務。兩赴桂林，無功而返，自己在國民黨中常委面前也丟了面子，而這對他今後的政治生涯又將會產生不利的影響。豈知，事情的進展卻完全出乎閻錫山的預料，竟是如此順利。原來，先於閻錫山到達桂林的白崇禧，經過反復斟酌，也改變立場，勸李宗仁「以去穗為好」，理由是「只有德公在，蔣介石便無東山再起的藉口」。這確實一語破的。而蔣介石除拒絕了從臺灣運回黃金、白銀之外，其它條件基本答應，還在復函中，說「完全同意，一切權力交出，五年之內，亦不復過問政治」。甚至有些乞憐地希望請李宗仁姑念此時此境無顏面見「友邦」人士，望能準其居留臺灣（李宗仁述、唐德剛撰寫：《李宗仁回憶錄》（下冊），廣西人民出版社 1980 年版，第 980 頁）。再加上閻錫山到桂林後，對李宗仁進行了一番勸說：「代總統」要求六件事，總裁已承認五事半，不過發點牢騷，尤其對兄有所責備，總裁是我們的黨魁，應當發點牢騷。今已承認五事半，對我們發點牢騷，比不發牢騷還覺得安心。對兄的責罵，不免你受些冤屈，諒一定能不介意。白崇禧也同意閻錫

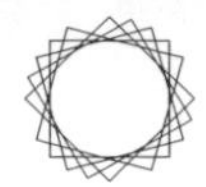

山的說法，因此，李宗仁應允明日一同回穗。閻錫山沒想到事情就這樣解決了，心頭一塊石頭才算落地，同行的朱家驊、陳濟棠也非常高興，馬上電告廣州的何應欽：明日午前十時起飛，李代總統返穗，準備迎接。八日上午，閻錫山等簇擁著代總統李宗仁飛回廣州。

閻錫山奉蔣之命，促請李宗仁蒞穗的成功，使他在國民黨中的聲望有所提高。五月十五日，中央政治會議推定閻錫山、吳鐵城、李文范、吳忠信、白崇禧、王寵惠、陳濟棠等七人成立小組委員會，研究加強團結計畫。閻錫山抓住這個機會馬上行動起來，經過一番緊張籌畫，他提議組建經國民黨中常委透過並得到蔣介石首肯的「中國反侵略大同盟」（當初為「反共救國大同盟」），於五月二十六日在中山紀念堂成立。他在致詞中說：成立這個組織，就是「為了保存我們五千年歷史和我們國家民族的生存與人類的幸福」，「我們是在失去了東北、喪失了華北、失掉了江南的一部，南京撤守，危急存亡、千鈞一髮的今天，在南海濱的廣州開這個會。我們真痛心，……我們今天在場的同志，是要以戰鬥的姿態，緊密的團結，堅決的奮鬥，抵抗殘暴共產黨的南侵，進而打回老家去，恢復我們的全中國，解救我們扣在鐵幕裡過著牛馬生活的同胞，以撲滅共產黨侵略全中國的火焰，並粉碎赤化全亞洲侵略全世界的陰謀」（《閻錫山年譜》（六），第 2312 頁）。會議透過了成立宣言、章程，還選舉閻錫山為主席，陳立夫、穀正綱、朱家驊、張君勱為副主席。時任東南軍政長官兼臺灣省主席的陳誠，正因事來穗，也應閻錫山的邀請，出席了大會。

再說李宗仁，他雖然回到廣州，但各種矛盾依然如舊，並且呈加劇之勢。他遇到的第一個辣手問題，就是行政院院長何應欽於五月二十日提出辭職，何應欽此舉，實是出於無奈。因為在財政上政府已極度困難，但蔣介石又拒絕從臺灣運回黃金、白銀予以接濟，而在軍事上，他與白崇禧已部署好守江西的計畫，「不料胡璉竟直接奉蔣介石的密令，……直退潮汕，以保存實力」。繼而，「劉安琪兵團擅自從青島撤往海南島」，何應欽連電北調，「則均抗命不從」。湯恩伯已難以守住上海，宋希濂更「擅自將全軍撤至鄂、川邊境的恩施，致使常德、芷江一線門戶洞開」（熊宗仁：《何

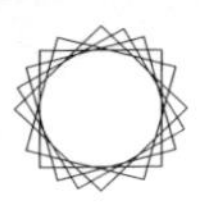

應欽傳》（下冊），第 722 頁）。在此情況下，何應欽清楚，他再費心機，也是枉然。李宗仁也明白，只要蔣介石在背後操縱，他任何事情也辦不成，與其如此，倒不如乾脆讓蔣介石蒞穗主政，或許對扭轉時局有所裨益。於是他特邀閻錫山於五月二十六日偕吳鐵城、朱家驊、于右任、陳立夫飛赴臺灣，請蔣介石蒞穗，但蔣介石心裡十分清楚，即便自己回去，也難扭轉局面，因而沒有答應赴穗。

李宗仁於何應欽辭職後，五月二十九日任命居正為行政院長，但六月一日，國民政府立法院否決李宗仁提名居正組閣。原來李宗仁擔心行政院院長一職遺缺長期不補，會造成政局混亂，遂向中常委提出由居正繼任，中常委當即同意提交立法院依法表決。但由於居正是桂系遺老，而 CC 系和黃埔系又出來反對，加之立法委員會出於對李的失望和受蔣介石的控制，表決時，居正以一票之差，未能透過。李宗仁迫於無奈，於六月一日推薦閻錫山出來組閣。在李宗仁看來，行政院院長一職之爭，實際上是蔣、桂兩派之爭，閻錫山非蔣、非桂，況且資歷頗深，政治經驗豐富，自赴廣州以來，對自己也相當尊重，推薦閻來組建內閣，比較合適。而閻錫山雖然早就盼著能夠出山，但他還怕蔣介石不同意，於是，就借繼母陳氏在臺灣逝世，前去奔喪之名，六月二日飛赴臺北，希望徵得蔣介石的同意。蔣介石除了與李宗仁看法一樣外，更認為閻錫山已無任何軍事實力，不可能擁兵自重，形不成對他的威脅，反而更容易聽他指揮，因此，對閻出任行政院院長表示了支持。在蔣的幕後操縱下，六月三日的立法會上，以兩百五十四票對五十六票順利透過閻錫山組閣。六月四日，閻錫山到台南謁見蔣介石，在得到蔣的公開支持後，於六月五日飛赴臺北，繼赴廣州。

閻錫山對於出任行政院長一事，曾疑惑地詢問其親信「這行政院長是否做得」？賈景德激動地說：「這是入閣拜相，主宰朝綱，位極群臣，統帥百官之職，哪有不就之理」？而徐永昌卻不無憂慮地說道：「咱們自己手無寸鐵，凡事都得看人臉色，仰人鼻息，又擠在蔣、李摩擦的夾縫裡，怕是很難做」，「民心向背盡人皆知，明天的廣州不就是昨天的南京？閻先生願意做一任有名無權的內閣，換得個一手斷送大陸江山的千古罪名嗎」？但

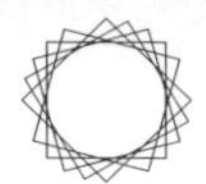

閻錫山卻有他的想法，他認為：「他們放心讓我組閣，正因我手無寸鐵，如果我還有寸鐵，誰還敢起用我來添一股角逐之敵」？「我這內閣猶如請來的大夫，只要開出對症的藥方，就算盡到責任，至於病人是否肯依方服藥，那就不是我這個大夫所能過問」，「這是黨國的期望，只能勉為其難」（《閻錫山全傳》（下），第 1167 頁）。並且在六月七日即他從臺灣回到廣州的第三天，在記者招待會上發佈新內閣的施政方針時，把「扭轉時局」作為了新內閣的施政總目標，提出在政治上要轉亂為治，轉危為安；軍事上要轉敗為勝，轉守為攻；經濟上要改革幣值，抑制物價，安定國民生活等等。當有記者問到：「此時正大局動盪，人心惶惶，多謂先生出面組閣，是跳火坑」時，閻錫山說：「不錯，所以我亦感到真所謂『其愚不可沒也』，但國家危難，義當本『謀其事之所當為，盡其力之所能為』，以圖匡救我中華民族於不墜」，「過去政府屢次與共產黨言和，而共黨則屢談屢打，今後政府決不再考慮與共黨言和，堅決領導全國軍民戡亂到底」（《閻錫山年譜》（六），第 2317 頁）。

可是，閻錫山報效黨國的滿腔熱忱，剛剛迸發，就被蔣介石迎頭潑了一盆冷水。他組閣時，提出了讓白崇禧任國防部長，張發奎任僑務委員會委員長，但都被蔣介石刷了下來。他想拉徐永昌長國防，徐又不幹，只得作罷。到六月十二日，李宗仁徵得閻錫山同意，以代總統名義，宣佈了閻錫山內閣成員名單：行政院院長閻錫山，副院長朱家驊，內政部長李漢魂，國防部長閻錫山（兼），參謀總長顧祝同，外交部長葉公超，財政部長徐湛，交通部長端木傑，教育部長杭立武、經濟部長劉航深，司法行政部長張知本，蒙藏委員會委員長白雲梯，僑務委員會委員長戴隗生，三名不管部閣員是國民黨的徐永昌，民社黨的萬鴻圖，青年黨的王謀，行政院秘書長賈景德。

從內閣的組成人員來看，除了外交、經濟兩部換了新部長外，其餘都是舊內閣蟬聯下來的，而葉公超原來又是舊內閣代理未到任的外交部長胡適的代部長，因此，新內閣實際只增加了一名新經濟部長。閻錫山特意從臺灣帶到廣州來的王平和劉紹庭只分別擔任了財政部和交通部的次長。行

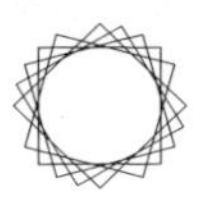

政院院長辦公室除閻錫山的舊部盧學禮為隨從參事，夏風為簡任秘書外，大多數辦公人員也都是舊內閣留下的原班人馬。副院長朱家驊另帶著副秘書長倪文亞單搞一套，具體辦些什麼，連閻錫山也不知道。賈景德帶入秘書長辦公室的只有其舊部賈昭德一人，其餘也是舊閣人員。其餘跟隨來穗的閻錫山舊部郭澄、陰毓蘭、王懷義等在行政院掛名為參事，吳毅安、馬德驥、賈文波等在國防部掛名為部員，別的部裡，閻錫山連根針也沒插進去。這樣的內閣，只不過是新瓶裝陳酒。閻錫山舊部雖有幾個人入閣，但都不是主官，閻錫山雖為行政院院長兼國防部長，但他能用得動的沒有幾個人，因此，他要想使這個國家機器正常運轉，並發揮其效能，必然是阻礙重重，困難多多了。

不管怎麼說，新內閣總算是組成了。六月十三日，閻錫山在廣州市勵志社行政院禮堂宣誓就任行政院院長兼國防部長職，其他閣員也同時就職。照例，閻錫山要發表就職典禮詞，但無任何新意，僅僅是「惟當前措施，以爭取勝利為第一要著。爭取勝利，政府必須有能，公務員必須廉潔」云云，而會畢他發表的就職通電，更是老生常談，什麼政治上「必須平民心，養民生，用民力」，軍事上「必須動員全國人力、物力，支援前線」，財政上「必須量入為出，收支適合」，外交上「必須在反侵略戰爭前哨，爭取反侵略國家同情與援助」（《閻錫山年譜》（六），第2318—2319頁）。

這也難怪閻錫山顯得如此無精打采，因為他清楚，如此內閣，他絕難能指揮如意，有所作為，也根本談不上什麼威信和效率。要解決問題，還是得請蔣介石蒞穗主政。所以，上任沒幾天，六月十六日，他就拿著一份預先準備好的電鎬去見李宗仁，說道：「嶺南局勢危若累卵，若非德公親自提名，我決不肯出面組閣，可是根據組閣過程所見，深知總裁仍在幕後獨攬全權，他日事至不堪，我倆徒負罪責，對黨國將有何益？不如主動請他來穗，或將有益於時局」。可能李宗仁覺得事已至此，只好這樣，於是在閻氏預擬的由他倆聯名邀請蔣介石「蒞穗主政」的電報上簽了名，當日發往臺灣。當時住在廣州的立委，在CC派策動下，也發起簽名，聯名請蔣介石復職。有個晉籍立委徵求閻錫山的意見，問他該不該簽名，閻告訴他「當今扭轉國運非蔣莫屬」。

閻錫山要李宗仁與他聯名請蔣介石「蒞穗主政」，又支持立委的簽名，從他本人而言，是為了表明他對蔣介石的耿耿忠心，他主持的行政院和國防部是聽命於蔣的，同時也向蔣顯示了他對李宗仁的巨大影響力。但從行政院所處的困境，以及國民黨的日趨腐敗和不可挽救的頹勢上來看，閻錫山也只有請蔣蒞穗這一既得罪桂系和其他反蔣派，又可能危及到自己權位的「上策」了。六月二十八日，當李宗仁問及閻錫山這幾天處理的國事如何時，閻毫無顧忌地直言以對曰：「『束手無策，坐以待斃』八字」，他羅列了許多難以容忍之事：「一切無數位，一切無專責，認識分歧，主張各異」，「中央地方一切脫節，指揮不靈」，「軍隊命令不行，作戰無法部署，整理無法執行」（《閻錫山年譜》（六），第 2319 頁）等等。六月二十四日，閻錫山在日記中更寫道：「到穗以來，始知國事日非，由於黨內有派系爭，有小組織爭，有地域爭，地域有南北爭，東北爭，東南爭。有學派爭，有留國派爭。爭起來無理的說人壞，無理的說己好，不說事怎樣做，只說人怎樣用，掌權之後，不惜無理的違法，擅自批款要款」，「自私上眼小如豆，妄為上膽大如天」，「對共黨造亂，部分高級人員成了保命護財，無恥的心理，以早接新朝冀倖免，因此共黨乘機要求『立功贖罪』，北平之投降，南京之棄守，上海之失敗，均由於此」。政府所派代表「賣國求榮」，省區負責大員「主張單獨求和，暗與共匪送秋波者，社會中歷歷可數，整個成了『樂其所以亡』的局面」，「雖有善者，亦無如之何矣，以致造成今日不可收拾之境地，『知其不可為而為之』，深感痛苦」（《閻錫山年譜》（六），第 2320——2321 頁）。

可是，如此殘破不堪的局勢，蔣介石「蒞穗主持」後就能收拾得了？作為行政院長兼國防部長的閻錫山，又能有何為之？

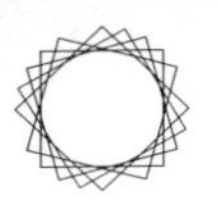

2、以「中興」為己任，力撐殘局，回天無力，無奈飛往臺灣

人民解放軍百萬雄師渡過長江後，在其淩厲的攻勢下，國民黨十幾萬軍隊節節敗退。與此同時，隨著國民黨統治區的急劇縮小，賦稅收入大減，而國民黨各級軍政官員又貪污奢靡，走私活動倡狂，再加上蔣介石將大批金銀運往臺灣後，每月僅允許撥給廣州的國民政府一千多萬元，當時政府總收入才一千萬元，而每月的軍政費用就需要四五百萬元，因此政府財政虧空巨大，十分拮据。政治上更是派系紛爭迭起，民眾的反抗鬥爭不斷，廣州國民政府已然是危難重重，處於風雨飄搖之中。

面對如此殘局，閻錫山並未畏縮，仍是「知其不可為而為之」，煞費心機，想縫補國民黨這艘已是千瘡百孔的破船，把它駛向「中興」的彼岸。

一向重視財經的閻錫山，從「軍事影響財政，財政累倒金融，金融減低收入，財政又影響軍事及庶政」（《閻錫山年譜》（六），第 2319 頁）這一連環套中，清楚地看到了財政與軍事、金融及庶政的關係，因此，為了克服政府的財政困難，他首先決定從進行貨幣改革入手，以解開這個連環套。這就是他提出的發行「銀元券」的主張。六月二十四日，閻錫山在一次監委會的茶話會上講道：「依日前的情況說，最困難的就是財政，現在已經到了山窮水盡的關頭」，「軍事的前提還是錢，所以求勝利之前，還是先求社會金融的穩定和政府財政的有辦法。過去政府發行的金元券，已經失去了貨幣的能力，已經是非變不可，但我以為變的先決條件，仍先須政府財政做到收支適合，政府才能有金融的或即發行貨幣的信用」（《閻錫山年譜》（六），第 2321——2324 頁）。然而，新貨幣的發行並且能使之維護政府的經濟信用，必須要有足夠的硬通貨幣來兌換才行，但當時的國民黨政府根本無此能力，於是只好借助金元券的先例，發行「銀元券」了。經過一番緊張籌備，七月二日，決定發行「銀元券」，為此，閻錫山還簽署發佈了《行政院改革幣制令》，規定：「今後國幣以銀元券為本位，並發行銀元券。定自四日實施」，同時，還公佈了《銀元及銀元兌換券發

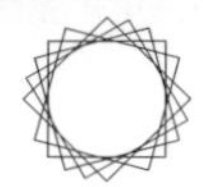

行辦法》，「辦法」中規定：「中華民國國幣以銀元為單位」，「為便利行使起見，中央銀行發行兌換券及銀元輔助券」，「銀元券兌換之面額為一元、五元、十元、五十元、一百元五種」，「銀元券輔幣之面額為五分、一角、二角、五角四種」。「自本辦法公佈之日起，所有公私收付一律以銀元為計算單位，各級政府稅收及公營事業收費應一律收銀元或兌換券」。七月五日，行政院會議決議發行愛國公債。可是，「銀元券」發行尚不到一個月，就因硬幣儲運不足，從七月二十七日起，即採取「限制兌現」措施。擠兌風潮驟起，「銀元券」很快就又蹈「金元券」之覆轍，只曇花一現，就凋謝了。

財政上一籌莫展，軍事上也是危機重重。由於在蔣介石的親自部署和決定下，西安的胡宗南部、宋希濂部都撤往四川，上海撤守的湯恩伯部調去福建，青島撤守的劉安琪部又遠調海南島，致使從湘南到粵北近千里的防線上只剩下白崇禧的三個軍，因而，作為國民黨首府的廣州，明顯地出現了防守力量不足的問題。有鑑於此，閻錫山想改由白崇禧任國防部長，李宗仁自然同意，但不管李宗仁怎樣公開抗議、單獨商量或是懇切要求，均被蔣介石拒絕。在此情況下，閻錫山為了向蔣表明他仍在盡國防部長之責，很快擬定了一個《保衛華南、西北案》，準備提交國民黨中常委。這時，七月十四日，蔣介石突然來到廣州，第二天便在國民黨中常委會議上，正式宣佈《國民黨中央非常委員會組織條例》，並自任主席，李宗仁為副主席，委員為居正、于右任、何應欽、張群、閻錫山、吳鐵城、朱家驊、吳忠信、陳立夫，秘書長洪蘭友，副秘書長程思遠。蔣介石在杭州會晤時所要達到的目的終於達到了。這次會議上，蔣介石還提交成立西南、東南兩個分會，分別指定張群、陳誠為分會主席。

在這次會議上，閻錫山提出他早已擬定好的《扭轉時局方案》，被「原則上透過」，而其《保衛華南、西北案》則沒有提出，倒是提出了《固守臺灣案》，說國民黨政府「要保存有生力量，必先固守臺灣；要固守臺灣，必先固守馬祖、金門」。閻錫山所以臨時改變主意，不提出《保衛華南、西北案》而提出《保衛臺灣案》，是因為他怕惹起蔣介石不滿，事情明擺

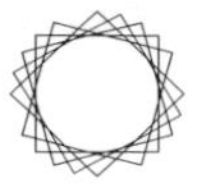

著，總裁在臺灣，自然是保衛臺灣要緊了。此舉蔣介石雖未表態，但從隨蔣而來的陳誠所說：「閻百公的內閣算是做到了家，身在大陸，心想臺灣，能為固守臺灣提出卓見，想好辦法，可謂老謀深算」，可知蔣介石是相當滿意的。得到陳誠的誇獎，閻錫山遂將《保衛臺灣案》（由《固守臺灣案》改名而成）和《海南島保衛案》呈蔣介石，七月二十一日，蔣由穗至廈門時，明確表示此二案「切中時效」（《閻錫山年譜》（六），第23二十七團頁）。由此也不難看出當時蔣介石的軍事部署其著重點是什麼了，而這恰恰也反映了蔣對固守華南、西北已然失去了信心。

但實際上，閻錫山所關注的，還是《保衛華南、西北案》，因為它是與《扭轉時局案》相配套的，尤其是《扭轉時局方案》，閻錫山花費的心血更大，所以，蔣介石走後不久，他幾經努力，八月三日，他向國民黨非常委員會第二次會議提出的《保衛華南西北案》終被原則透過，只是將他的提案改為了《反共救國實施方案》。在此之前，閻錫山即加緊了華南與西北的軍事部署。還在七月初，閻錫山即派人把馬步芳接到廣州，許給他西北行政長官兼甘肅省主席，讓他在陝甘寧青四省境內擁有自行籌餉徵糧的權力，把原來的甘肅省主席郭寄嶠調離。七月二十七日，閻錫山透過行政院會議，任命馬步芳為西北軍政長官，馬鴻逵為甘肅省主席，董其武兼西北軍政副長官及包頭指揮所主任。《反共救國實施方案》透過修正後，八月二十一日，閻錫山決定，為統一並加強西北防務，設立國防部部長西北邊區指揮所，派前國防部長徐永昌任指揮。並且透過王乾元的關係，拉攏綏西屯墾軍，以空運提供武器裝備和經費為條件，將他們編成一支五萬人的軍隊，以河套為中心，建立「大西北反共根據地」。八月二十四日，行政院會議透過，特派孫震兼川、鄂邊區綏靖公署主任，胡宗南兼川、陝、甘邊區綏靖公署主任。九月，當閻錫山聽說傅作義派人去綏遠策劃和平起義時，即派徐永昌帶上他的親筆信和幾箱禮金，去綏遠遊說董其武勿受傅作義蠱惑，令其堅守國民黨陣地，並相機策反。但徐永昌飛抵歸綏，在機場上就接到通知，董其武正跟北平代表在省府進行談判，接著，董其武也通知他，說北平洽議已有眉目，你們以不來見面為好，以免另生枝節。徐

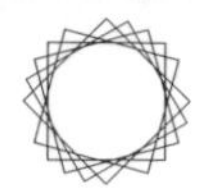

永昌只好將閻錫山的親筆信與禮金留下，飛離綏境。徐回到廣州的第三天，即九月十九日，北平就發佈了董其武起義，綏遠和平解放的消息。接著，西北「三馬」（馬步芳、馬鴻逵、馬鴻賓）在人民解放軍第一野戰軍的強大攻勢下，也迅速潰不成軍。馬鴻賓宣佈起義，蘭州、銀川相繼解放，不久，九月二十四日，陶峙岳也在新疆率部起義，閻錫山苦心經營的「大西北反共根據地」土崩瓦解。

在保衛華南上，閻錫山雖也花了不少心血，但也是徒費枉然。七月中旬，閻錫山得到湖南的程潛和陳明仁準備起義的消息後，便派行政院秘書長賈景德攜帶兩箱銀元去長沙謁程。賈景德的飛機降落到長沙後，雖然賈被陳明仁的軍隊用汽車送到了湖南省政府，由陳明仁接見，可是陳卻對賈說：「頌公（程潛字頌雲）身體欠佳，在綠野堂養病，拒不會客」。賈一再請求，連電話也不給通，只得留下信箋與銀元返穗。閻錫山並不甘心，親筆給程潛寫信，說是蔣、李兩公一致提請頌公出任考試院長，希即日來穗就職，並派國防部次長黃傑和政工局長鄧文儀攜信前往，但他倆到長沙後，就覺情況異常，陳明仁說是頌公去了邵陽，無法見面。倆人未敢久留，匆匆搭機返航。當天下午，即八月四日，北平新華社廣播：程潛、陳明仁率部起義，長沙和平解放。八月十七日、二十日，福州、贛州也相繼解放。閻錫山保衛華南的計畫正走向破產。

就在這時，李宗仁要閻錫山主動辭去國防部長一職，由白崇禧接替。儘管閻錫山兼國防部長的國防部，形同虛設，一般軍事部署由顧祝同請示蔣介石決定，有特殊情況時，蔣介石或李宗仁逕自調兵遣將，但李宗仁總覺得不如讓白崇禧出掌國防部，比較放心。可是，閻錫山就是不讓。八月間，李宗仁就擬定一份由他與閻錫山共同署名，致蔣介石的電文，逕薦由白崇禧接任國防部長，並已簽「宗仁」二字，專函送閻錫山，請簽名拍發，但閻錫山卻扣壓了十幾天不發。李宗仁等得不耐煩，讓時任國民黨中央黨部秘書長的鄭彥棻轉達閻錫山：「如閻院長不應允，代總統就要將他免職」。閻錫山則回話說：「我不辭國防部長兼職，如代總統令免，我行政院長不副署」（《閻錫山年譜》（六），第 2338 頁），而行政院長不副署，

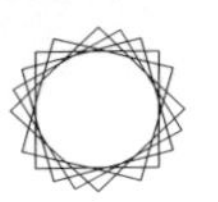

代總統就不能發佈任何命令。後來李宗仁又托賈景德轉告閻錫山，為了爭取美援，希望閻自動辭去國防部長的兼職，並逕薦白崇禧自代，閻則當即讓賈回報說：「我兼國防部長是蔣總裁的意旨，如果要我辭去，也必須先經蔣介石認可」，硬是沒答應李宗仁。其實，即使閻錫山答應了，蔣介石也不會同意，否則，閻錫山組閣時早就同意白崇禧出任國防部長了。

李宗仁要薦白崇禧出任國防部長一事雖然被阻，但閻錫山卻未能阻止李宗仁、白崇禧調集兩廣軍隊全力保衛廣州。而蔣介石要選調各方精銳，堅守東南沿海。一個背著國防部，一個超越國防部，閻錫山雖然心中大為不悅，但卻也無可奈何。因為他知道自己手無軍權，這也是他早就料到的，所以，他並不煩惱，而是繼續在寫他的各種「方案」。

由於福州、贛州的相繼解放，國民黨在東南沿海的陣地受到嚴重威脅，而人民解放軍又迅速向西北挺進。蔣介石遂於八月二十三日中午由臺北飛抵廣州，他事先也未向李宗仁、閻錫山打招呼，下了飛機就驅車到蘭園迎賓館去找李宗仁，並讓蔣經國去向閻錫山打招呼。誰知閻錫山中午回他的廟前直街官邸休息去了。蔣介石以為閻一定在午睡，便親自去找。豈料他一進閻氏官邸，卻見閻錫山正埋首書案寫什麼東西。蔣即問閻寫什麼？閻答曰：「是根據以前提出的《扭轉時局方案》，按非常委員會的決定，讓行政院有關部會制定細則，但原案是原則性的提法，不易釐定細則，只得分門別類分制方案」。蔣介石接過這個話題，便將其掌握的李宗仁召集陳濟棠、餘漢謀、薛岳、白崇禧等在總統府開會，決定任命餘漢謀為華南軍政長官，統一指揮廣東及其周圍的海陸空三軍，全力保衛廣州，並把廣州由院轄市改為省轄市，以便交餘漢謀統一指揮等情況告訴閻錫山，問閻「對此有何看法」？閻回答說：「對此事剛才聽到這些傳聞，尚未接到總統府正式通知，不明真相」。蔣介石知道閻錫山未參與其事，並且又拒絕了李宗仁要讓白崇禧任國防部長的要求，頗為滿意，對閻說：「你集中精力，為黨國的全面和長久打算，確是深謀遠慮，對保衛華南和保衛廣州的實戰指揮，就讓顧祝同多負些責任去搞」（《閻錫山全傳》（下），第 1190 頁）。當天黃昏時，蔣介石在國防部召開軍事會議，參加會議的有閻錫山、顧祝

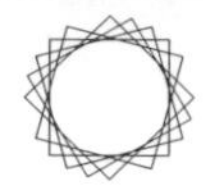

同、還有鄭介民、胡宗南、白崇禧、陳濟棠。會上，蔣介石部署胡宗南固守川、陝邊境，白崇禧固守湘贛邊境，最後又宣佈「國府」要準備離開廣州，西遷重慶。顯然，蔣介石是不僅不主張全力保衛廣州，反而要放棄廣州了，並且為了保障即將西遷至重慶「國府」的安全，要胡、白二人固守川陝、湘贛邊境。二十四日，蔣介石便飛往重慶。

按照蔣介石的部署，從華中南逃的白崇禧軍隊雖然在衡（陽）寶（慶）地區部署重兵，企圖組織抵抗，防止解放軍進軍兩廣。但是，在解放軍四野部隊的兇猛攻勢下，很快土崩瓦解。九月十三日，四野部隊中路和西路兩兵團發起衡寶戰役，至十月十三日勝利結束，殲滅白崇禧部主力四萬七千多人。與此同時，東路兵團在陳賡的統一指揮下，也向廣東進軍。十月二日發起廣東戰役，十月十日，迫近新街，廣州已岌岌可危。於是，閻錫山於十月十一日偕財政部長關吉玉飛赴臺灣，找蔣介石想辦法。十月十二日，廣州動搖，李宗仁在總統府宣佈「國府」遷往重慶辦公後，即飛回桂林老家。行政院副院長朱家驊，秘書長賈景德、政務委員徐永昌則率領廣州守軍跑往重慶。十月十四日，廣州解放。十五日，閻錫山偕關吉玉由台飛往重慶。

閻錫山到重慶的第二天，就召開行政院會議，並向會議提出了《作戰時期加大地方權責爭取勝利案》和《財政部委託各省市收支賦稅暫辦法案》。會前，他還專訪了國民黨西南軍政長官張群，重慶市市長楊森，四川省省主席王陵荃，以求取得地方的支持。面對無可收拾的殘局，閻錫山已經看到國民黨在大陸的統治已近滅亡，他在二十八日的日記中就寫到：「歷代國家危急之際，有六種現象：一個是甘心滅亡，甘心滅亡有二義，一是幸其滅亡，一是利其消滅，總之一切所為皆為敵人所希求者，當然滅亡。一個是束手無策，坐以待斃，雖不甘心滅亡，但亦無法不滅亡。一個是一籌莫展，有計劃打不開環境，這也是免不了滅亡的。一個是知其不可為而為之，在無可如何的情勢下，了自己責任的做法。一個是盡人事聽天命，這也不過是成與敗，總能交代了歷史而已。一個是人定勝天，即是旋轉乾坤的做法，旋轉即是旋轉甘心滅亡的危勢，轉而為萬眾一心的挽救危

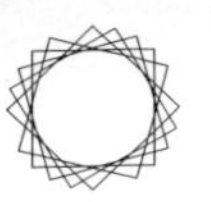

亡」（《閻錫山年譜》（六），第2352——2353頁）。當然，閻錫山是不「甘心滅亡」的，可是他卻「一籌莫展」，在此情勢下，只好「知其不可為而為之」，「了自己的責任」了。所以，他在當天出席重慶各界舉行的「慶祝政府遷渝及歡迎李代總統大會」上，在致詞中除檢討自己「就職四月，不只未能扭轉時局，反失掉了許多土地，實覺對不起代總統，對不起立法院，對不起國人，對不起黨，並對不起自己」外，仍提出「確定以寸土必爭為目標」，要「走民眾路線」，「實行總動員」。「完成總體戰」。說「單四川一省，即有七千萬人，尚較一個世界大國的人口為多，再加上雲南、貴州、西康、廣西及鄂西、湘西、陝西，只要一致努力，大有可為」（臺灣國民黨行政院印：《閻院長博采眾議錄》第2頁）。之後不久，他為實行「總體作戰」，又發布了一個《保衛西南中心四川部分案》，並核準張群成立新軍五至十個師，同時加緊部署川陝軍事，令川、黔、桂肅清「散匪」，為挽救已是風雨飄搖的國民黨蔣家王朝做最大的努力。

對於閻錫山這種「知其不可為而為之」的愚蠢之舉，連追隨他多年的親信賈景德、徐永昌也無可奈何，在一九四九年十月二十九日他倆為祝賀閻錫山六十七歲壽辰而在重慶化龍橋商震舊寓舉行的便宴上，徐永昌說閻錫山是「知其不可為而為，其愚不可及也」，閻錫山說：「我的愚，正與甯武子的愚相反，他是假愚，我是真愚」。徐永昌說：「我向來主進不主退，院長知其不可為而為是仁的道理，行其所是可也。佛說：我不入地獄誰入地獄，應無不安」。閻錫山說：「既入地獄，只好安於入地獄」。閻的意見十分明白，即他既然要「了自己的責任」，就應當負責到底，決不後縮，他是決心一愚到底，為氣數已盡的國民黨統治作最後的拼搏，並準備捨身成仁，入地獄了。

十一月一日，人民解放軍第二野戰軍第十八兵團等部從南北兩線進軍西南，圍殲胡宗南集團殘部。就在當天，李宗仁偕張群由重慶赴昆明巡視，中樞閣揆，全由閻錫山掌舵。十一月二日，巴東國民黨軍隊失守，川東形勢也十分危急，但閻錫山仍委任楊森為重慶市衛戍司令，並任命董霖為外交部次長，王平為財政部常務次長，高信為內政部常務次長，趙子立為河

南省政府主席。可是，當在香港的中央、中國兩航空公司負責人率客機十二架飛往北京，宣佈起義後，閻錫山真有點沉不住氣了，覺得自己已難以「承負時任」，於是，他一面責成交通部派員處理在香港的中央、中國兩航空公司 70 架飛機，一面於十一月十一日電請蔣介石出山，說「渝東、黔東軍事雖有佈置，尚無把握，非鈞座蒞渝，難期挽救」（《閻錫山年譜》（六），第 2357 頁）。恰在此時，已無意再撐危局的李宗仁離開昆明飛回桂林老家，閻錫山眼看自己就要成為國民黨大陸失敗的替罪羊，因而他急忙動員在渝國民黨立法委員七十餘人，分電蔣介石、李宗仁，「即日來渝，共挽危局」。

蔣介石也已看到西南形勢的嚴重性，遂於十一月十四日飛來重慶，一落腳，他即致電李宗仁返渝，「共商全域」。可是李宗仁最煩的正是蔣的背後操縱，今日蔣蒞重慶，他這個代總統就更無法工作了，一氣之下，稱病飛到南寧，離重慶更遠了。閻錫山也兩次致電李宗仁返渝「迅決大計，共挽危局」，但均未回音。十一月二十日，李宗仁由南寧飛香港，入太和醫院，並發表聲明：「治病期間，中樞軍政事宜，已電閻院長負責照常進行，總統府日常公務由秘書長邱昌渭、參軍長劉士毅代行處理」（《閻錫山年譜》（六），第 2359 頁）。蔣介石對李宗仁此舉雖暗中高興，但仍派居正、朱家驊等攜其親筆信飛赴香港，對李慰問，讓其安心養病。十一月二十二日，人民解放軍第四野戰軍第四兵團解放桂林。十一月二十五日，李宗仁托居正等人帶回書信，表示暫不返渝，看來他是另有打算了。

這時，人民解放軍二野主力已開至大西南，二野三兵團及四野一部在湘鄂川邊以神速突然的動作一舉殲滅宋希濂部主力。十一月十六日解放四川彭水，直逼重慶。就在這種危局下，閻錫山仍於十一月二十三日召集行政院會議，他提議並決定「政府實行戰鬥體制，縮編人員，隨軍行動」，後來閻錫山將此稱為「戰鬥內閣」。戰鬥內閣由各部會人員組成。可是，閻錫山的「戰鬥內閣」尚未完全組成，解放軍已逼近重慶。十一月二十八日，國民政府宣佈由重慶遷至成都辦公，閻錫山只好偕張群及部會官員飛抵成都。

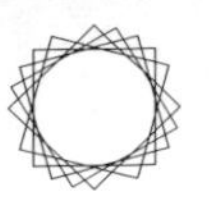

到成都後，閻錫山首先召集總體戰執行委員會，決定各處具體負責人，以便迅速組成「戰鬥內閣」。任命穀正鋼為政治作戰處長，秦德純為軍事作戰處長，黃季陸為民眾作戰處長，楊愛源為敵後作戰處長，李漢魂為兵農合一作戰處長，鄧文儀為幹部訓練處長。這樣「戰鬥內閣」就算成立了。並於十二月一日會見川、康籍國大代表、立法委員和監察委員時予以宣佈。

但是，閻錫山的內閣在成都立足未穩，解放軍二野第三兵團及四野一部於十一月三十日解放重慶。此時，蔣介石急令胡宗南集團速從秦嶺以南撤至成都地區。解放軍華北第十八兵團和一野第七軍，在賀龍、李井泉率領下，尾追胡宗南部進軍川北，在連克成都周圍的隆西、內江、資中後，又與解放了貴陽、遵義的二野五兵團於十二月七日分三路攻向成都，成都已然不保。

當天，閻錫山主持行政院會議，這也是他在大陸主持召開的最後一次行政院會議。會上，透過了「國民政府遷設臺北，在西昌設大本營指揮作戰案」，並任命顧祝同為西南軍政長官。十二月八日，閻錫山便偕副院長朱家驊、部會官員關吉玉、杭立武、陳立夫、萬鴻圖，總統府秘書長邱昌渭、參軍長劉士毅等十四人乘專機飛台。飛抵臺北後，受到陳誠、周至柔、黃朝琴、李友邦的迎接。當天下午七時，閻錫山在寓所招待記者時，正式宣佈國民政府自即日起移台辦公，這實際上宣佈了國民黨在大陸的統治從此徹底結束。九日，賈景德率各院部會官員八十餘人也由成都飛抵臺北。

閻錫山離開成都後不到二十天，十二月二十七日成都解放，蔣介石最後一支主力胡宗南集團和退集成都地區的其他數十萬部隊除起義者外，悉數就殲。

閻錫山自出任國民政府行政院院長兼國防部長以來的半年中，為保衛華南、西北，動輒出「案」，奔波操勞，可謂嘔心瀝血，殫精竭慮，也可謂盡職盡責，盡心盡力。他明知國民黨的統治氣數已盡，看到了國民黨滅亡之「死相」，也清楚自己已無任何實力，又處在蔣、李明爭暗鬥的夾縫中間，因而往往是「一籌莫展，有計劃打不開局面」。可是，他為了實現

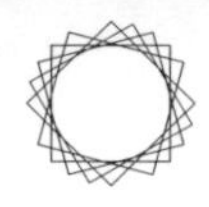

國民黨的「中興」，仍「知其不可為而為之」，苦煎苦熬，苦苦支撐，企圖「旋轉甘心滅亡的危勢」，維持破敗不堪的殘局。閻錫山這樣執迷不悟，這樣愚不可及，自然有其強烈的功利主義因素，但最根本的原因則是他對共產黨、共產主義的極端仇恨，因而，他只要有一息尚存，就要與共產黨、共產主義鬥爭到底。可以說，閻錫山的階級立場是堅定不移的，他對國民黨也是無比忠誠的。然而，歷史終究是無情的，人民民主革命的潮流是任何人也阻擋不住的。閻錫山即便是有實力，即便是可以專斷獨行，指揮一切，也是難以將國民黨這艘行將沉沒的破船，駛向「中興」的彼岸的，這到底是閻錫山的悲哀，還是國民黨的悲哀？

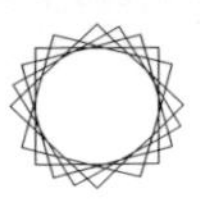

3、三個月慘澹經營，終知「計畫難行」，只好「迎」蔣復出，卸任歸隱

閻錫山飛抵臺北的第二天，又像國府遷至重慶、成都時那樣，在臺北賓館舉行遷台首次行政院會議，迅速佈置了各院部委遷台後的辦公地點，以使國民政府這架殘舊的機器馬上運轉起來。

蔣介石本來還想留在成都，親自指揮再抵擋一陣，但由於十二月九日雲南省主席盧漢，西康省主席劉文輝，西南行政長官公署副長官鄧錫侯、潘文華等人宣佈起義，滇、康兩省和平解放，蔣介石見狀也不敢久留，於十二月十日乘飛機抵達臺北。

臺灣國土面積小，人口少，雖然自然資源豐富，被稱之為「寶島」，但由於日本帝國主義的長期統治掠奪，日本投降後，國民黨臺灣當局又對臺灣實行了絕對獨裁統治，並因此而於一九四六年爆發了以「二·二八」事件為導火線的全島性大規模起義，未有何生息之機，因此，經濟相當落後，政局也很不穩。如今隨著國府遷台，國民黨控制區的兩百萬黨政軍人員也紛紛退至臺灣，致使人口激增，並由此而導致日用消費品奇缺，物價暴漲。同時，蔣介石殘餘勢力與臺灣地方勢力之間相互爭鬥，矛盾日深，而軍隊又是「敗兵殘卒，烏合之眾」，「虛張聲勢有餘，英勇拒敵不足」（江南：《蔣經國傳》，中國友誼出版公司出版，第 225 頁），如此一個破爛局面，若不加以整治，對於已是氣息奄奄的國民黨而言，其後果真是不堪設想。

國民黨在大陸潰敗時，尚有臺灣可退，那麼，若在臺灣也潰敗的話，那只有葬身大海了。因此，閻錫山在十二月二十一日致「革命實踐研究院」（院長蔣介石）研究員的答詞中就說：「今天我們國家最迫切的需要，是確保臺灣與恢復大陸的準備」（《閻錫山年譜》（六），第 2365 頁）。而蔣介石對國民黨目前的處境似乎更為清楚，特別是美國總統杜魯門於一九五零年一月四日公開宣佈要拋棄國民黨殘餘勢力後，蔣介石對其部下的講話中便哀歎道：「我們……到了大禍臨頭的最後關頭，試問大家退到了這樣一個孤島以後，還有何處是我們的退路？我們每個人今日的環境是

一個天涯淪落，海角飄零，這樣一個悽愴悲慘、四顧茫茫的身世，真所謂『命懸旦夕，死亡無日』的時期」（李敖：《蔣介石研究》第 1 集，臺北·李敖出版社 1986 年版，第 237 頁）。

也許，正是因為國民黨再無退路可退，所以，閻錫山要把確保臺灣作為最迫切的需要，甚至還要以臺灣作為恢復大陸的根據地。此時的蔣介石雖然在臺灣，雖然也暗中操縱，但畢竟還是「在野」，況且正忙於收羅殘部，並部署海南島軍事，李宗仁雖然出國，去紐約治病，但仍是代總統，因此，閻錫山便責無旁貸地又忙碌起來。

首先，閻錫山先後擬定了《保衛臺灣海南島收復大陸計畫方案》，提出「實行民眾路線，建立海陸兩個方面的戰法，以對付『共匪』的船海戰術來攻」，並且又選訓了所謂「革命種能幹部」，準備作為「收復大陸」，重建政權的骨幹。同時，閻錫山從國民黨在大陸失敗的教訓中也認識到了人民的力量，在此危難時局之下，只有依靠人民的力量，才能化險為夷，渡過難關，因此，他在其發表的一九五零年元旦獻詞中，就提出，要取得新的勝利，就「要認識組織力量無窮大，民眾力量無窮大，二者合一，才能發揮無窮大的政治力量」（《閻錫山年譜》（六），第 2392 頁）。在告全國民眾（包括大陸民眾）書中，一方面承認「政府無能，大陸幾盡陷入匪手」，另一方面，號召「願我同胞忍痛一時，以不合作的精神的心理，地下的行動，組織起來，以待國軍之反攻」。在告陸海空軍將士書中，不但指出「國家不幸，國土大部淪喪，實為我軍人之最大恥辱！今後恢復國土，解救人民，亦為我軍之唯一責任」，而且認為「軍隊如車，人民如路，車固然要好，但亦必須有便利車行之路，才能載重致遠。我們的軍隊固須求自身的鍵強，更必須爭取人民的同情，得到人民之協助，才能完成面的戰略」（《閻錫山年譜》（六），第 2394——2395 頁）。

其次，就是加強對臺灣地方政府的控制，並調整幹部，整頓吏治。十二月十二日，閻錫山參加了臺灣省行政會議，並發表簡短講話。十二月十五日，他又主持行政院會議，決議：一、準陳誠辭去臺灣省政府主席，任命吳國禎為臺灣省政府主席兼保安司令；二、任命蔣渭川為委員兼建設

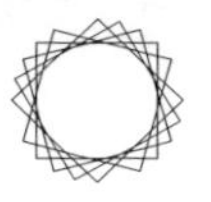

廳長、任顯群為委員兼財政廳長、彭德為委員兼建設廳長、陳雪屏為委員兼教育廳長、徐慶鐘為委員兼農林廳長，另外還任命了彭孟緝等十七人為省府委員，浦薛風為省府秘書長。並且，由於國民黨在大陸殘留軍隊的瓦解，國民黨所委任的各省地方官員也作鳥獸散，有的向中共投誠，有的飛往國外，因而遷台後的國府不得不對幹部進行補充和調整。十二月二十日，閻錫山召開行政院會議，決定任命李彌接盧漢為雲南省政府主席，余程萬為雲南綏靖主任。二十四日，行政院會議又透過改組西康省政府，任命袁品文等為委員。對於國民黨積習已深的貪污現象，閻錫山也覺得有必要懲治一下，他向國民黨非常委員會提出經濟部長劉航琛犯有叛國貪污罪，應予以撤職查辦。外交部長葉公超向閻提議，前臺灣省政府財政廳長嚴家淦為財政幹才，可出任經濟部長。閻即召見嚴家淦，透過交談，他發現此人確實有膽有識，即經行政院會議決定，任嚴家淦為經濟部長。嚴家淦在臺灣國民黨中央任職由此開始（其後，嚴次第擔任財政部長、臺灣省主席，行政院長、副總統。蔣介石去世後，又繼任總統）。

與此同時，閻錫山還注意了輿論宣傳工作，以及爭取美國的對台援助事宜，但其輿論宣傳，還是老調重彈，即對共產黨的污蔑攻擊，不過，其中倒有一些說出了國民黨的失敗和共產黨克敵制勝的原因。如他在講到國民黨的失敗時，說：「今天我們損失了百分之九十，留下百分之十，匪由一變成了九十。比如我們原來是一百個指頭，損失了九十個。如果說匪的指頭是木的，我們的指頭是紙的，匪的木指頭一個成了九十個，我們的紙指頭一百個成了十個，如果我們仍以十個紙指頭，對他的九十個木指頭，是絕對不能勝利的」。共產黨由一變成九十，是因為共產黨乘著社會上「資本剝削勞動者的空隙」，「他就拿上解決土地問題，煽動佃雇農求解放的心理，拿上社會革命的口號，煽動思想界的『左』傾，他又拿上他的組織，組織民眾，表現了組織的力量無窮大，民眾力量無窮大的合體，形成了普遍性的民眾武裝攻略，以水覆舟的戰略，以明擊暗，以大吃小的戰術，使我們以純軍事的戰略、戰術，對共匪作戰，就成了汽車渡海，入海百輛沉百輛，入海千輛沉千輛」（《閻錫山年譜》（六），第2365——2366頁）。

因而，他主張用「總體戰」，「面的戰略」來確保臺灣，並恢復大陸。

對於美國對臺灣的態度，閻錫山十分敏感。一九五零年一月五日，美國總統杜魯門發表關於臺灣問題的聲明，稱：「過去四年來美國及其他盟國亦承認中國對該島行使主權」，「現在美國無意在臺灣獲取特別權利或建立軍事基地。美國亦不擬使用武裝部隊干預其現在的局面」，但對臺灣「繼續經濟援助」。對此，閻錫山十分沮喪，因為當時中共正加緊部署解放海南島的軍事行動，如果海南島被解放，那麼下一個目標肯定是臺灣。而如果美國不對它進行軍事援助，最好是使用武裝部隊干涉現在的局面，憑臺灣現有的軍事力量和軍事狀態，又怎能抵抗得了中共的進攻！但閻錫山並未放棄爭取美援的努力，在此之前他便向美方媒介多次呼籲，說是臺灣「只夠六個月的開支」，並告訴美國記者「殖民地國家，共產主義最易滲入，殖民地及被經濟侵略的人民痛苦，易投入共產主義。今天侵略的第三國際是整個的，反侵略的國家是個別的，這等於指頭對拳頭，是反侵略最危險的情勢」（《閻錫山年譜》（六），第 2397 頁），企圖以此喚起美國援台。一月二十八日，閻錫山主持行政院會議，終於透過了《保衛臺灣海南島收復大陸計畫案》，恰在這天，美國國務卿艾奇遜聲明不考慮承認中共政權，閻錫山聽後，十分欣慰。而二月九日，美國宣佈繼續援助臺灣國民黨當局，閻錫山聽到這一消息後，更是欣喜異常。他似乎從中看到了臺灣的光明和國民黨的未來。

閻錫山儘管一如既往地為臺灣的復興而嘔心瀝血，慘澹經營，對此，一名外國記者在後來的報導中，曾把他喻為「激流裡的勇夫」，說是「他不避一切的艱難與困難，一定要把中華民國政府從風雨飄搖中遷移到安全地帶，由廣州到重慶，由重慶到成都，復由成都到臺灣。這一時期的軍事、政治、經濟與社會人心，其混亂的程度，自不待說，而中央政府每到一地，立足未穩，又行遷移的情形，正如同一個王室的王子一樣。然而，閻錫山將軍，是有著堅強不屈的意志，他一如保衛太原一樣，他秉承著天賦與他的革命精神，把中華民國的中央政府，從各地遷移到臺灣，建立起鞏固的根據地，繼續從事反共復國的革命大業」（一九五三年二月一日紐約《生

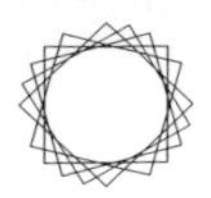

活雜誌》）。

然而，在艱險與困境中如此拼搏的閻錫山，卻未能得到蔣介石的信任。閻錫山雖然沒有從正面看到蔣介石對他有什麼牽制，但他卻隱約地感到了蔣對他行為的一些羈絆。如在人事安排上的問題上，閻錫山大多請示蔣介石，可仍出現了一些麻煩。行政院決議任命蔣渭川、彭德分任臺灣省民政廳長和建設廳長後，就有人說蔣渭川是「二·二八」事件的鼓動者，彭德也有問題。於是，閻錫山特別召見了臺灣省主席吳國禎，因為吳對臺灣人事熟悉，所以閻迫不得已請吳調整省政府人事。但很快就有台籍代表、立法委員及省參議會秘書長鄭品聰等六人找上門來，向閻錫山陳述對臺灣省政府人事的意見，這些人態度很不冷靜，雖然在閻錫山的耐心解釋下，未釀成大的風波，但閻卻看出這顯然是有蔣系人物在後面操縱。

對於閻錫山來說，儘管他想取得蔣介石的信任，但他並不指望蔣介石會對他信任，因為他清楚自己過去與蔣介石的恩恩怨怨。廣州組閣時，蔣介石讓他出任行政院長兼國防部長，是由於蔣想利用他對付李宗仁，而他自己又無兵無權，對蔣構不成威脅。如今國府遷台，蔣介石雖然還是「在野」，但復出只是遲早的事情，那時他自然是要用自己的人而排斥非蔣系的人了。如果說這是以後的事情的話，那麼，眼下在如何保衛臺灣並恢復大陸的問題上，閻錫山與蔣介石就存著很大分歧。對於「反共復國」閻蔣完全一致，但蔣介石強調的是擴充軍備，武力解決。而閻錫山則主張要用「總體戰」，「面的戰略」。他認為「今後的做法，保衛臺灣應有個計畫，收復大陸應有個政策，政治如何，經濟如何，民眾如何」（《閻錫山年譜》（六），第 2399 頁）。在閻錫山看來，只有把政治、經濟、民眾這些方面的工作很好地結合起來，才能保證軍事鬥爭的勝利。他對民眾問題重要性的認識，在元旦獻詞告同胞書和告陸海空軍將士書中，已講得相當明白。而閻錫山在統治山西的幾十年中，都是對這三個「如何」十分重視的。他既長行政院，就要依自己的主張行事，這顯然有悖於蔣介石的主張，如此，蔣介石就更不能相容於閻了。

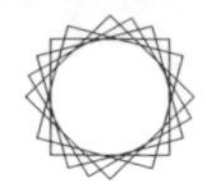

閻錫山不僅感到了自己目前工作的艱難，也已經看到了自己今後的前途，遂生去任之意。一九五零年元旦剛過，徐永昌前來拜訪，一進門就直言告閻:「今日代人受過，不應當繼續下去，應拿出一個作法來，能行則做，不能行則辭」。閻說：「拿上作法以決定去留，有要脅之嫌，且我承認行政院因當時情況險惡，我若不作緩衝，當時即直接衝突，……。今則團結工作，已告一段落，應以『扭轉時局無方，寸土必爭無術』而辭之。況今日拿一作法亦不能再有所望，扭轉時局方案及變一著差滿盤皆輸為一著勝滿盤皆贏者，前既難行，今何可期」（《閻錫山年譜》（六），第2396頁）。早就想復出的蔣介石，聽到閻錫山要辭職的消息後，自然暗中高興，因為閻若辭職，他就少了一個政壇對手，復出機會更多。可是，由於閻錫山自組閣以來，確實為挽救危局做了不少事情，頗有「人望」，蔣介石擔心國府遷台以來，在閻錫山的整治下，剛走上頭緒，閻辭職過早，有可能動搖民心，造成混亂，因此，蔣馬上會見了賈景德和徐永昌，透過他倆對閻進行「挽留」。但閻錫山去意已決。一月十一日上午，他與人座談時，劉子英說:「輿論方面批評院長是孤掌難鳴，曲高和寡，一切方案，計畫難行」。閻說:「只要有權，孤掌很容易變成不孤，曲不論高不高，也能得到眾和」。劉反問：「責任內閣的閣揆尚能說無權乎」？閻說：「內閣的閣揆，等於駕轅的騾子，絆住了腿，寸步難行」（《閻錫山年譜》（六），第2419頁），至於是誰絆住了閻錫山的腿，自是不言而喻。

被蔣介石暫時「挽留」的閻錫山，雖然仍不懈怠勤懇工作，可是，蔣介石對他卻步步緊逼。閻錫山幾經努力，終於使臺灣海南島保衛案於一月二十八日在行政院會議上透過後，一月二十三日，他赴陽明山找蔣介石，請蔣核酌行政院局部改組人選，並說人選當以保衛臺灣、爭取美援為目標，還建議蔣介石，用他人組織起來的民眾終不可靠，應走民眾路線。然而，閻錫山的一片好心，卻未得到好報。一月二十五日，國民黨中央非常委員會的會議上，就決定閻錫山辭去兼國防部長職務，由參謀長顧祝同兼國防部長職。同時，端木傑、關吉玉辭職，其內政部長、中央銀行總裁，分別由穀正鋼、俞鴻均擔任，政務委員張群辭職，由丘念台繼任，陳良繼任交

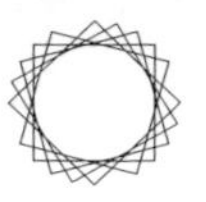

通部長。這些人事變動，雖然都是二十三日閻錫山與蔣介石商定的，但明顯充實的是顧祝同、穀正鋼、俞鴻均這些蔣的親信，閻的人馬不僅被擠了出來，而且他本人從廣州開始就掌握不放的國防部長一職也被「讓」了出來。蔣介石如此安排，顯然是在為其復出做準備的。因而，閻錫山辭意已定。一九五零年二月九日，蔣介石總裁辦公室秘書長黃少谷來訪，閻向黃表示了辭職的事，黃說：「應聽從總裁意」，閻堅持說：「人事國事，惟命是從。自己出處，應自由自主」。晚上，立法委劉傑、鄧勵豪、國大代表郭澄、盧學禮同訪閻錫山，當閻向他們表示：「今自請辭去，正其時也」時，有人問「此時堅辭，是否貽人以小節而失國務之嫌」？閻答：「需要能為而為則為，不需要為而不能為則去，在我無憾，在人何譏」。又有人說：「外間無端侮蔑，有人以為雖覺孤立，似亦可不必介意」。閻說：「既有侮蔑，不止孤立，或將結夥排斥，事理有定，我意已決」（《閻錫山年譜》（六），第 2418 頁）。時過三天，二月十二日下午，賈景德向閻錫山報告說：「昨日院長來到院，總裁辦公室黃秘書長電話問：報載閻院長昨未到院，亦未會客，是否倦勤的表現」？閻聽後頗為忿怒，說：「我即倦勤，在交卸的前一刻鐘，也必照常任事。我向以令尹子文勉人，豈能不自勉」（《閻錫山年譜》（六），第 2419 頁）。黃少穀的問話，其實是要閻錫山早早辭去行政院一職。看來，蔣介石是迫不及待地要復出了。

但是，閻錫山辭職，蔣介石復出，卻面臨著一個法律程式上的問題。因為閻錫山辭職，必向「代總統」辭職，可是，「代總統」李宗仁出國看病，他又向誰辭職？而蔣介石要復出，也必須是等「代總統」辭職後方可取代。恰在此時，二月十二日，監察院院會根據李宗仁十二月十四日在給國民黨中央非常委員會的覆電中以醫囑不可遠行，表示不能回國為藉口，決議致函李宗仁，指陳其居美搖領國事措施錯誤，提請國民大會對李宗仁彈劾。之後不久，國民黨中央非常委員會於二月二十二日召開會議，請蔣介石復職，並且在此之前已有立法委員三百八十餘人聯名電請蔣介石復職。而二月二十三日晚，國民黨中央黨部秘書長鄭彥棻謁閻時，又說：「惟以行政院長辭職，應俟總統復職後辦理」。這就是說，閻錫山想要辭職，必須等

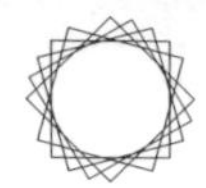

蔣介石復職之後才能辦理，而蔣介石為自己的復出早已開始緊鑼密鼓地進行著籌畫，所剩下的只是一個時間問題了。

二月二十八日上午，臺灣國民大會討論監察委員們提出的彈劾代總統李宗仁案，下午，國民黨中央非常委員會又討論蔣介石復任「總統」一事。這兩個事情，由於籌畫已久，且已安排妥當，自然是一致透過，要人們參加會議討論，只不過是走走形式而已。

三月一日，蔣介石正式宣佈「復行視事」，發表文告「期共奮勉，光復大陸，重建三民主義新中國」，閻錫山也參加了在介壽館舉行的蔣介石復職儀式。

儀式一結束，閻錫山馬上主持行政院臨時會議，提出辭去院長職務，會議決定進行內閣成員全體總辭職。當天下午閻又指示行政院秘書處，準備三月三日列席立法院會議時的施政報告，並答覆質詢。

三月二日，蔣介石親自到行政院辦公室與閻錫山長談，對閻進行安撫。

三月六日，中國國民黨常委臨時會議在蔣介石的主持下，準閻錫山內閣總辭職，並決定由陳誠繼任行政院長。當天，陳誠找閻錫山晤談，閻錫山對陳說：「盼你以舍我莫屬的負責精神出來任事。在自己雖然是需要多費點力，多為點難，而實際上是適應了國家的歷史的需要」（《閻錫山年譜》（六），第 2433 頁）。這也許是閻錫山出任行政院長以來的切身體驗和感受。

蔣介石讓陳誠繼任行政院長，按法定程式，繼任院長也要經過立法院透過，對此，六日晚上，徐永昌對閻錫山說，若透過「公可遂其願，如通不過，公欲去而不得事小，國家之形勢事大，應有所考慮」，賈景德則設想，如若通不過，院長可提出陳誠為副院長，透過中常會即可任命，不需再透過立法院，任命之後，令陳誠代理院務，按憲法副院長可代四十日，屆時再提立法院透過，想不為難。閻錫山說：「煜如（賈景德字）之言甚好，我惟望順利透過，倘通不過，即照此辦」。從徐、賈二人的說法中，可以看出，他們是還想讓閻錫山長行政院的，而閻錫山雖說「望順利透過」，

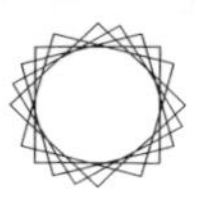

其實他也有繼續出任行政院長的意思。但是，蔣介石定了的事，是無人敢輕易否定的。三月七日，立法院同意陳誠為行政院長，這一結果完全出乎徐、賈二人意料，也對閻錫山是一個沉重打擊，蔣介石辦事如此「果斷」，連一點迴旋的餘地都不給留，著實讓閻錫山傷心。

三月十日，閻錫山看到了蔣介石「總統台字經二一七號令」，準予閻錫山辭職。三月十四日，閻錫山應蔣介石之邀，赴陽明山參加卸任全體閣員宴會。當蔣與閻談話，以國事徵詢時，閻錫山直言以對，提出了以下幾條：「一、尊重國民大會；二、與立法院密切合作；三、發揮監察院功能，以合憲政，振人心，圖復興」（《閻錫山年譜》（六），第2439頁）。這不知是閻錫山對蔣介石的提醒，還是他向蔣表示自己雖然辭職，仍在關心國事。

三月十五日上午九時三十分，臺灣國民政府在介壽館舉行新舊內閣交接儀式，儀式結束後，在由陳誠舉辦的新舊全體閣員聯席會議上，閻錫山發表了簡短致辭，稱：「錫山出任行政院長，九月於茲，回憶在此期間未能扭轉時局，慚愧實深，前在重慶，即以告一段落，請辭未準。繼到臺灣，即認成中央與地方事應集中處理，以期迅捷，而少牽制。因代總統出國，未能實現。今幸總統復行視事，並得辭修先生適應需要，出掌內閣，一切事的處理上熟悉明敏，且有實幹苦幹的精神，定能有加倍的效果」（《閻錫山年譜》（六），第2440頁）。

閻錫山到台後的近三個月中，在李宗仁未歸國，蔣介石又未復出，而臺灣時局又一片混亂的情況下，苦心孤詣，竭力治理，確實「功不可泯」，堪稱「激流裡的勇夫」。但他最終還是被擠出了政壇，從此，閻錫山也就結束了他近四十年的政治生涯。

不過，令閻錫山稍感安慰的是，就在他辭職的當天，即一九五零年三月十五日，《大華晚報》在以《惜別閻伯川》為題的報導中，對他出任行政院長以來的功績予以了高度評價，說「閻內閣是戡亂戰事進入『敗勢』以後最浮眾望的一任內閣，……可以說，還沒有一任行政院長，能夠得到

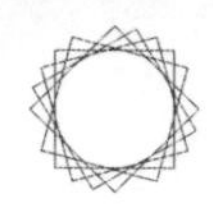

如此宏溥真摯的『人望』」。「閻先生在任的時代，可謂是一個『大撤退』的時代，中央政府由南京而廣州，由廣州而重慶，由重慶而成都，由成都而彷徨於野，終於遷到臺灣。照這樣一個時代的士氣民心看來，能夠在倉惶危急之際，不消極、不動搖，不放棄責任者，求諸身逢其變之當軸諸公，能如閻先生者，恐怕夠資格的人不很多」等等。這或許是該報受蔣介石指使，對閻錫山的一個「交代」吧，但這對閻錫山還有什麼實際的意義呢？

十、孤島上的最後十年

1、隱居草廬，不甘寂寞，頻繁參加社會活動，評論時政，著書立說，構想大同世界和未來中國

閻錫山辭職後的第二天，就由臺北市繁華的中山北路移住到了比較僻靜的麗水街八號，致力著述。

卸任前夕，閻錫山曾打算去日本或美國定居，因為在臺灣他已無什麼可以留戀的了。政事已無可幹，家事亦已安排妥當。閻錫山與如夫人徐蘭森共生有五子，除長子志恭、三子志信早夭、次子志寬抗戰期間病死於成都，如夫人也於一九四八年二月病故外，一九四八年後半年，他已將其繼母陳秀卿，原配夫人徐竹青、四子志敏與其妻裴彬、五子志惠、二兒媳趙秀錦，以及幾個堂弟夫婦等，送至上海，後又轉到臺灣，在臺北設立公館。不久，徐竹青、四子去了美國，繼母則於一九四九年五月二十九日在臺北病逝，閻錫山在臺灣也無幾個至親可以牽掛。但是，他出國居住的請求卻未被蔣介石批準，他也就只好留在臺灣了。

在麗水街八號住了不到五個月，閻錫山仍嫌嘈雜，遂於八月中旬遷往陽明山之公館里八十一號菁山草廬。菁山地處偏僻，人煙稀少，交通不便，得步行三十分鐘才能到達山下的公路。閻錫山在金山一廢棄之種茶地裡著人略加開闢，先是搭建了幾間草廬，後為避免炎熱和颱風侵襲，又採用中西結合的建築風格，用磚、木、水泥鏇了幾孔窯洞。這種建築既防潮濕，防地震，便於通風，又冬暖夏涼，很適宜長期生活於中國北方的閻錫山居住。閻錫山認為「人性為土地，既非善也非惡，種什麼長什麼，使人性長成仁義，乃為種能與種能律問題，須有善種子，亦須有善農夫」（臺灣閻伯川先生紀念會編印：《閻伯川先生紀念集》第 124 頁），因此為他的這所居處，起了個「種能洞」的名字，似乎他這個好農夫，要在這個洞裡，以他的好種子來「種能」，和發揮「種能律」的作用，以教化人性致善，格致萬事萬物。他在這裡一住十年，直至一九六十年去世。

閻錫山雖說隱居菁山後，專事著述，但並非「閉門不出」，而是繼續參加了一系列社會活動，或是出席各種會議，或是接見中外記者，或是對

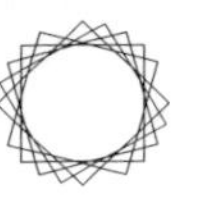

島內外發生的重大問題發表評論。這一方面是因為閻錫山卸任後，還繼續擔任了總統府資政和國民黨第七屆中央委員會中央評議委員等職務。另一方面是由於閻錫山步入政壇後，曾經歷了清末、北洋政府、國民政府幾個朝代的世事變化，見多識廣，在幾十年的政治生涯中也曾幾度叱詫風雲，頗有名聲，特別是太原戰役中又獲得過「守城名將」的美譽，組織內閣後被稱為「激流中的勇夫」，所以，他仍未被人們遺忘，依舊有人邀請他，造訪他，而不甘寂寞的閻錫山也就樂此不疲了。

閻錫山曾多次接受邀宴或參加由蔣召集的中央評議委員會會議、資政及國策顧問會議、國民黨中央黨部直屬小組會議等重要會議。對於中外記者的採訪更是來者不拒，有問必答。他曾先後接見過臺灣《大華晚報》、《臺灣電視臺》、《香港時報》，日本的《每日新聞》、《共同通訊社》、《朝日新聞》、《讀賣新聞》、《東京新聞社》、《日本新聞社》，美國的《紐約時報》、《生活雜誌》等報刊社記者的採訪，以及義大利、德國等國的新聞記者。並且還受邀為臺灣的《民主中國》月刊、《國防叢刊》、《民力月刊》，香港的《天文臺報》、《香港時報》，日本的《太陽雜誌社》，東京《大同雜誌》，美國的《生活雜誌》等刊物撰寫了不少政論性文章。同時，閻錫山還接受各機關、學校和社會團體的邀請，前往發表演說和講話。特別是他卸任後的前三年中，幾乎每月都有單位邀閻去發表講話。如一九五二年一月十二日至十七日，在此期間，每天至少應邀出去演說三次。僅十四日這一天，從上午九時到下午八時，閻錫山就出席了市政動員會、孫中山紀念會、台中市教育界第二次座談會、國民黨大會代表台中聯誼會，並對裝甲兵學校、空軍駐台各單位人員講話，還參加了臺灣總統府資政孔德成的宴會。一日之內，光顧了八個場合。

此外，閻錫山在其寓所，不斷接見了一些華僑回國觀光團，天主教主教、副主教，日本貿易、株式會社、洋行的代表，美國人士、臺灣島內的國民大會代表、學界知名人士等。來此的臺灣政界要人極其稀少。這是因為一些與閻錫山有過交往的人，以為遜位的閻老頭再幫不上他們什麼忙，故不願前往探視，再就是閻錫山過去與蔣介石及其他一些派系爭鬥過，他

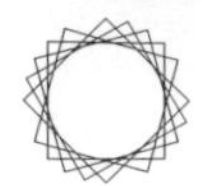

組閣後，把住國防部長一職不給白崇禧，並且，在不少問題上不能與蔣介石保持一致，官場謹慎人士不願擔嫌與他往來。因此，此後十年，只有蔣介石偕夫人宋美齡來看過他兩三次，陳誠任行政院長後來過一次。陳納德和夫人陳香梅也來看望過一次，倒是閻錫山的舊部徐永昌、賈景德等人不忘舊情，常來拜訪，促膝談心。

閻錫山在各種場合的講話演說都是有所準備，有的放矢，而非空發議論，老生常談。

在蔣介石的邀宴及其召開的會議上，閻錫山所講，主要是對國際形勢的看法，如一九五三年二月，在蔣介石宴請中央評議委員席上，他就發表了題為《論美國艾森豪總統的反共決策》的講話。三月十日，在蔣介石宴請各黨人士及社會賢達席上，他講了《馬林科夫繼承史達林後蘇聯的政策》。四月十日，在評議委員會上作了《對馬林科夫發動和平的看法》的講話。一九五六年四月十九日，在蔣介石舉辦的宴席上，講了《兩大集團的演變》。此外，閻錫山對於鞏固臺灣，收復大陸，也予以了極大關注。一九五六年七月十七日，他向蔣介石面陳《展開政治進攻奠定軍事收復基礎之意見》，次日，又把「意見」書面搞呈送給蔣。一九五九年二月十五日，閻錫山受蔣約請完成對中國國民黨理論之研究，約五千字，並呈蔣介石。文中主要講述人民直接行使民權與節制資本的功效及其實現辦法。閻說：「山已老矣，為黨服務，力已不逮，前受鈞座努力理論之命，終欲有以報答也」（《閻錫山年譜》（六），第 2536 頁）。

在其他一些場合的講話、演說，則主要集中於對國民黨在大陸失敗的經驗教訓的總結，以及如何反攻大陸。如一九五一年一月二十三日，應中國國民黨設計委員會講《土地改革問題》時。閻就認為國民黨在大陸失敗原因之一是沒有解決好土地問題，強調一定要解決生產關係上的勞享問題。九月一日，應革命實踐研究院軍官訓練團邀請，講《我在剿匪戰役中的失敗的經驗》。之後，又在其他場合講《剿匪作戰的經驗》、《平均地權與耕者有其田》等。國民黨既然在大陸慘敗，退居臺灣，那麼，又當如何收復大陸呢？對此，閻錫山自有想法。他在國民黨監察委員會黨部、革命

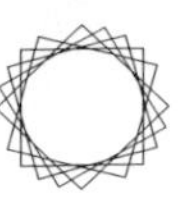

實踐研究院、臺北市第三區黨部基層幹部講席會、國防部總政治部、臺灣省林務局、聯合勤務總司令軍訓訓練班、國防部台中參議座談會等場合，就先後作了《怎樣收復大陸》、《關於收復大陸及土地問題》、《怎樣勝過敵人》、《收復大陸準備的條件》、《怎樣造成足夠的反共力量》、《反共的理論及對時局的觀察》、《反共復國的前途》等講演。他認為，要收復大陸，就要實行耕者有其田，節制資本、選訓幹部、放政治於民間幾項辦法。強調主義的收復是收復民心，政治的收復是恢復民信，軍事的收復是展開民眾戰等等。此外，還有一些諸如《共產黨的錯誤》、《共產黨為何必敗》等攻擊共產黨和共產主義的內容，以及《中國文化的真諦》、《人的責任》、《中國政治的瘤根在哪裡》等有關中國傳統文化與社會問題的講演。

閻錫山除了這些社會活動外，他山居十年的時間裡，其主要經歷還是著書立說。至去世前，共撰寫了三千多萬字的文章，平均每年著述三十萬字，共出版著作近二十部。

卸任前的閻錫山曾對人說過：「我有個宿怨，是想把我與共產黨人的談話及對他們的判斷供給社會」，「貢獻給世界」，以「加強反共的空氣與力量」（《閻錫山年譜》（六），第 2434 頁）。一直反對共產主義並與共產黨鬥了大半生的閻錫山，對於他及其國民黨在大陸上的失敗，自然是耿耿於懷，於心不甘的。因此，雖然他垂垂老矣，反共復國已「力不能逮」，但對共產主義和共產黨進行口誅筆伐倒還是能夠多少地加強一些「反共的空氣與力量」的。為此，閻錫山不僅在各種場合對共產主義和共產黨進行種種攻擊，並將其對國民黨恢復大陸的希望寄託於一些論著之中，如《怎樣勝過敵人》、《恢復大陸與土地問題》等，但就其內容而言，大多是他過去在大陸時和到臺灣後常談的老調。此外，他透過對中國傳統與社會問題的研究，還撰寫了《中國文化的真諦》、《中國政治文化與人生》、《孔子是什麼家》、《我對孔子的認識》等著述。在這些著述中，閻錫山不僅把他的「中的哲學」思想貫徹其中，說中國文化的真諦是「中」，它是理欲統一、心物一體的文化，是不左不右、不前不後，不過不不及三交十字的共同點。而且認為中國的衰弱，並非由於儒家教人在自己本身上用功，向內而不向

外，勤於人事，忽於物理所致，而是因為中國自以為大而無敵，政治上實行的又是父傳子的家天下專制制度的結果。在人生的問題上，他說，人生的目的是愛己、成己、化己，人生的任務是愛物、成物、化物。化物而盡其性，是人之責任，若重物而輕心，就會導致心物分離，心不能正物用，物不能表心效，結果就會以心遂物，物長人欲，人欲橫流，理性不展，致人多邪心，群多私謀。醫救之道，端在啟發人心上之慈惠之德性，樹立世界上主張公道之力量，使人皆互親，仇恨不結，國皆相讓，爭奪不興，人與人間，國與國間，得到正常關係，進於大同世界，登人類於安和。對於孔子，閻錫山一直十分崇拜，他說「孔子刪詩書，定禮樂，釋易象，作春秋，以集中國人道之大成」，「孔子是個仁學、仁教、仁政家，為宇宙萬事立極，為人道萬物立中，孔子是個無時間、無空間的聖人，宇宙間再無超過孔子的聖人」。

在這些著述中，比較而言，閻錫山在《大同之路》、《大同世界》和《三百年的中國》這三部書中花費的精力最多，也是最能反映閻錫山晚年思想的大部頭理論著作。僅《大同世界》與《三百年的中國》兩書，就共計 118 萬字，（前者五十萬字，後者六十八萬字）。

閻錫山為何要花如此大的心血撰寫這幾部書？對於《大同世界》，他在《我寫此書的動機、心懷、目的、希求、企盼、原則與所本的人情事理》代序中，說是「欲變世界的毀滅為安和」。因為在他看來，今日安和世界的唯一憑依，是物質原子彈，但物質原子彈僅能消除戰爭的力量，不能消滅戰爭的因素。「欲消滅戰爭的因素，須有一顆政治原子彈」。這就是「大同主義」。由於大同主義可去除人與人、國與國間一切的矛盾，這樣便可消除了戰爭的因素。而用物質原子彈，即使能得到暫時的安和，也是在毀滅大半人類之後。大同主義政治原子彈，「不只不毀滅人類，且可為人類建立永久的安和與幸福」。至於閻錫山何以要寫《三百年的中國》一書，他在《我寫此書的動機》中說：「古人的冤苦今又重演，則較古人為甚。今人的冤苦後人重演，恐較今人尤甚。我寫《三百年的中國》，是為古人鳴冤訴苦，為今人除冤去苦，為後人防冤消苦」。他對寫作兩書的目的雖

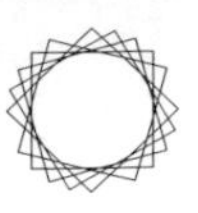

然說法不同，但卻有著內在的聯繫，即都是為今人後世著想的，只不過前者是立足世界，後者是面向中國的。因此《大同世界》從一九五二年開始動手寫作，一九五六年夏完成初稿後，閻錫山沒有即時付梓，而是想等在此時才開始構想的《三百年的中國》寫出後（一九六十年初完稿），一併付梓面世。不幸的是，《三百年的中國》剛剛脫稿不久，閻錫山即去世，兩部書稿的整理修改工作，只好由後人來做了。

從閻錫山對自己撰寫的《大同世界》與《三百年的中國》的目的的表白上來看，並無什麼可多指責之處。即使他在這兩書中所「希求」、「企盼」的一些東西，諸如在《大同之路》中所說的什麼「大是世界，同是一致，大同就是世界一致」，「去國與國的矛盾使之大，去人與人的矛盾使之同」，「使國與國關係上得到安和，人與人生活上得到互助，共用大同的幸福」，「大同的景象，不是單純的求政治上得到真正民主，尤其身份上去階級的不平，在生產上去剝削的不平，國際上去國與國的不平」，「無種族貧富智愚之別，視人皆為同胞；一切制度，皆公平合理，一切施為，皆成已而成人」（閻錫山：《大同之路》第12—15頁），在《大同世界》中所謂的：大同主義必須達到三個目的，即「優裕人的生活」，「美善人的關係」，「正確人的歸宿」等等。在《三百年的中國》中，說什麼「建設的目的是建設長久繼續不斷的富強文明大同的新中國」，「自強是立國的根本，交國是立國的方策。交國的根本是方策，是作世界各國的盟友，不作世界各國的損友，以正義人道，為交國的依據。以大國文明國的風度，持謙信和睦的態度，交以道，接以禮，厚望而薄來，嘉善而矜不能，敬大國而尊小國，扶弱國助貧國」等說法，以及他對仁政、人道、自由、博愛，甚至對「中庸」的一些解釋，也並無不對，在字裡行間，似乎閻錫山充滿了對世界和人類的關愛，對中國未來三百年美好前景的企盼。

但是，只要結合他在撰寫這兩部書時世界形勢和中國當時的實際，就不難發現，閻錫山致力寫作這兩部書的真正意圖是什麼了。

第二次世界大戰後，以蘇聯為首的社會主義陣營迅速發展壯大，成了可與西方資本主義陣營相抗衡的強大力量。中華人民共和國成立後，不僅

馬上加入了社會主義陣營，而且經過對農業、手工業和商業的社會主義改造後，社會主義制度基本形成，正在社會主義的道路上向前邁進。一向仇視共產主義和共產黨的閻錫山，自然是極不情願看到這個現實的。因為這個現實實際上顯示了共產主義運動在世界的蓬勃發展和社會主義制度在中國的勝利，這不能不使閻錫山深感恐懼和不安，但這個現實又是任何人改變不了的。對此，閻錫山既感到無可奈何，卻又於心不甘。他也清楚，僅用一些粗俗的咒罵詆毀是無濟於事的，不如另僻溪徑，把他在二三十年代就醞釀並宣揚的大同主義、公道主義、中的哲學等等，加以系統化、理論化，編撰成書，奉於世人，讓人們知道，只有他的這些主義才是「真理」，才能救世界，也才能使未來的三百年的中國變得富強文明起來。因此，可以說，閻錫山寫這兩部書的真正目的，是要用他的主義來消弭甚至取代共產主義，用他的世界觀來改造世界，改變中國的。

只所以作出如是評判，其根據主要是閻錫山在建立什麼社會制度的問題上，他雖然以「中」的哲學為指導，強調「得中則成，失中則毀」，並依此對共產主義進行攻擊，說它是「利用勞動者，發動階級鬥爭，與資本主義勢不兩立」「共產主義原期適應生產的發展，反因勞享分離而懈怠了勞動」，共產主義將勞動與享有分離，「就高處說是強人作聖人，使不知為誰勞動；就低處說是強人作牛馬，使不知為誰勞動，故超乎人情」等等，同時，也對資本主義社會的種種弊端，及其恐慌和動亂進行了揭露，感到「憂鬱」、「不安」，對今日社會的階級壓迫和階級剝削造成的種種不平表示「憤懣」，因而他認為「馬克思推斷資本主義必然滅亡是對的，共產主義必產生是錯的」。似乎閻錫山不偏不倚，不左不右，顯得頗為「公允」。其實，閻錫山正是要在這種「中」的掩護下，要人們反對共產主義，因為他認為馬克思主義把人類社會發展的這第五種社會形態，「是將人的施為與歷史的演變顛倒了，並且它『超乎人性，背乎人情』」。而只有他的「大同主義」，由於它「超乎世界各種政治經濟制度之上，能取各種主義之所長，去各種主義之所短，包含了各種主義，代替了各種主義，消滅了各種主義，不與各種主義並立，當然亦不與各種主義對立；且可將國家的範

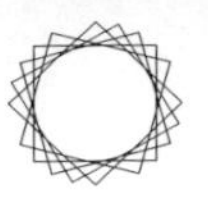

圍，化為世界的範圍，將部分的矛盾利害，化為整個世界一致的利害，成為四海一家，世界一流」（《大同之路》第 165 頁），因此，它是「劃時代的主義」。今日世界，原子彈、氫彈、細菌彈等大規模殺傷武器的出現，已到人類「毀滅」的前夕，非實行大同主義不能挽救人類，大同主義如此美好，人們就應當信仰它。圖窮匕現，閻錫山寫《大同世界》的目的昭然若揭。

至於大同世界的經濟和思想文化建設，閻錫山也談了很多，但是並沒有多少新的內容，只不過是對他過去主張的物產證券、按勞分配、土地公有及其宣揚的「仁」、「智」、「信」、「和」、「誠」、「明」、「理」、「欲」等東西加以擴充整理，並增添了一些理論色彩罷了。

閻錫山在要用他的大同主義改造世界的同時，對中國的未來也予以了很大的「關心」。他只所以將書名定為《三百年的中國》，是因為在他看來，「……欲變政治為文化，化制度為習俗，非三百年不易成功」。而要建設「長久繼續不斷的富強文明大同的新中國」，其建設與設計，「須本中的人道，創立中的學、中的教、中的政，以學教政一體的功用，完成中的人、中的習俗、中的文化，繼續不斷地陶冶中的人，保證新中國永遠是不偏左不偏右中的人道國」（閻錫山：《三百年的中國》（上冊），第 3 頁）。建設這樣一個大同的新中國，「除直接民主政體外，尚有兩個先決條件：一為按勞分配的生產制度；二為百物本位的貨幣制度。就任務說，一為基本任務，是鞏固直接的民主政體，健全村本政治，培植仁風義俗，二為效用任務，是裕人生、正人行、敦人情，美善人與人的關係、政與民的關係、國與國的關係」。這些看起來似乎頗為平常的言論，其實飽含了閻錫山的良苦用心。他絕非泛泛空談，而是有著很強的針對性的。因為新中國成立後即加入社會主義陣營，並且毛澤東還說過我們就是要「一邊倒」。那麼，閻錫山所謂的中國應是「永遠不偏左不偏右中的人道國」，其所指不就是顯而易見的了嗎？不僅如此，中華人民共和國成立後實行的是以共產黨為領導的以工農聯盟為基礎的人民民主專政的政體，在經過對生產資料所有制的改造，基本建成社會主義的經濟制度後，在勞動與分配制度上，實行的是社會主義的「各盡所能，按勞分配」的制度。而閻錫山則認為，無論是君主立憲的民主政體，還是共和的民主政體，「均是有黨的民主政體，其中有一黨的民主，多黨的民主。一黨政治其利弊與君主政體同，其善惡則較君主政體更大。多黨政治較為穩定，但競選時互相攻擊，當選後行不符言，有黨的民主是民主的過程，不是民主的終點，終點是直接民主」，「直接民主政體，是無政黨的民主政體」，並且，要把他所謂的「按勞分配」的生產制度與「物產證券」的貨幣制度，作為建設「大同的新中國」的兩個先決條件，其言下之意顯然是要取消共產黨的領導，否定社會主義的生產分配制度的。

幸好，閻錫山的《大同世界》和《三百年的中國》這兩部書稿，在閻錫山去世後由於種種原因並未正式出版就送進了臺灣歷史館，大陸國人幾乎找不到。但由此也可見閻錫山反對共產主義和共產黨的立場是多麼地堅定，其毅力是多麼地頑強了。他和國民黨在大陸上與共產黨在政治軍事上的鬥爭失敗後，又要在思想上與共產主義和共產黨繼續鬥爭下去。企圖建立起他夢寐以求的「大同世界」和「中的中國」。這既是其「力己不可逮」的無奈之舉，又是其「老謀深算」的「高明」之處。他的大同主義、公道主義、民本思想、中的哲學以及按勞分配、物產證券、村本政治等，雖然帶有某些資本主義和現代文明的色彩，但實質上則是濃重的封建復古思想和中國化了的封建社會主義，遠遠脫離了時代發展的潮流，完全違背了人類社會發展的客觀規律，所以，他訴諸於文字的那些著述，極少有人問津，也無什麼影響，就是自然的了。

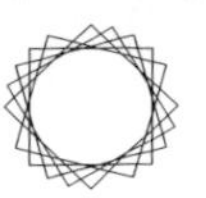

2、因病不治，終死臺北，蔣介石為之舉行「國葬」，對其功德備加頌揚

閻錫山平時生活相當規律，即使在戰亂期間，也要堅持每天的午休，加上他的如夫人徐蘭森和五堂妹閻慧卿對他在飲食起居上的細心照料，甚至連他最愛吃的家鄉飯菜想要多貪幾口都不讓，所以，在他四十多歲後，雖然患有輕微的糖尿病，但總的來說，身體還是健康的。

自到臺灣後，由於沒有了徐蘭森和閻慧卿的照料，卸任後心情比較鬱悶，而閻錫山又頻頻參加各種社會活動，準備講演，應付各報刊記者的採訪和約稿，精心構思，撰寫各種論著，有時每日埋首書案工作長達十二小時，雖醫師勸其節勞，然仍不顧，因此積勞成疾。一九五九年二月入臺大醫院檢查身體，發現心臟有些問題，已經開始發生脈搏間歇情形，經賈景德偕三軍總醫院丁農主任來醫院晤談，皆言宜繼續住院療養，遂住院月餘。閻錫山出院後為儘快完成《三百年的中國》，又不顧年邁體弱，抓緊時間寫作。有時午夜忽醒，略思有得，即起而錄下。一九五九年一月楊愛源去世，七月徐永昌也去世，這倆人的相繼去世，對閻錫山的打擊很大。他於一九六零年年一月二十五日對《三百年的中國》初稿覆核完畢後，又重新研究二十五史及十三經，想寫「讀史感想」和「讀書選錄」。如此忙碌地勞心費神，如此緊張的工作節奏，不能不使身體受到嚴重損害。一九六零年年五月二日，閻錫山忽得腹瀉，第二天腿部出現浮腫，經服藥治療，不久康復，一切照常。原計劃參加二十日第三屆「總統」蔣介石和「副總統」陳誠就職典禮，經屬下勸阻未去。二十一日早晨起床後，因昨患感冒，略感不適，但閻錫山仍依約於上午邀宴田耕莘樞機主教，要賈景德作陪，豈料，田主教來時，閻錫山不能站立，舌僵，言語困難，頭低垂，衣領未能扣上。田主教臨床前勸慰並為之祈禱，賈景德即請三軍總醫院丁農主任派酆特曾醫師療治，經過服藥，病情有所好轉，頭已不暈，也可以自行轉身側臥，遂決定繼續服藥。

二十二日半夜，閻錫山呼吸略顯急促，下床稍坐又就寢，隨員建議馬上請醫生來治，閻說：「深夜勿擾醫生，俟天明後再看」。但隨員仍請鄧醫師前來，經診斷，知已成氣管炎，並可能轉為肺炎，尤其閻有心臟動脈硬化情形，應即往醫院，作先一步治療。因中心診所病房不適宜，決定住臺灣大學附設醫院。

二十三日上午八時許，賈景德來到草廬，還與閻錫山敘談了半個多小時，十時許，台大內科主任蔡錫琴及主治醫師王德宏到達。此時，閻的氣喘已顯急，汗珠如豆，坐臥不寧，狀已甚危，病已擴展為肺炎，且已影響心臟，注射後，蔡主任以病況轉變甚急，山上治療困難，往醫院途中危險甚大。閻表示希望赴醫院，行至福音站附近，情形惡化，經注射並人工呼吸，均無效，時為十一時三十二分。繼至醫院直接於心注射，仍無反應，中午十二時十分，終因不治而死，走完了他 78 年的人生歷程，當天為農曆四月二十八日（《閻錫山年譜》（六），第 2547—2548 頁）。

閻錫山雖然從行政院任上已經退下來十年，但他畢竟是曾叱詫風雲的政界名人，何況卸任後還擔任過臺灣總統府資政、國民黨第七屆中央委員會中央評議委員等名義上很顯赫的職務，所以，他去世的消息很快不脛而走。當天下午四時，副總統陳誠、總統府秘書長張群及民意代表、社會友好、部屬同鄉數百人前往醫院致唁。閻的遺體於五時移至極樂殯儀館。同時國民黨中央委員會召集評議委員、中央委員及閻之生前友好，成立了「閻伯川先生治喪委員會」。委員有于右任、李煜瀛、張群、謝冠生、黃國書、顧祝同、張其昀等兩百餘人。推請何應欽為主任委員，賈景德和中央委員會秘書長唐縱為為副主任委員，郭澄為總幹事。治喪委員會於五月二十七日舉行第二次會議，出席委員有莫德惠、王叔銘、余漢謀、白崇禧、胡宗南、劉健群、連震東等兩百餘人，由何應欽主持，透過呈請「國葬」等提案及治喪委員會組織暨各部門人員名單，並決定五月二十九日大殮。

五月二十九日（農曆端午節），給閻錫山大殮，何應欽代表治喪委員會致祭。之後，舉行公葬移靈典禮。從八時開始，先是舉行家祭，閻錫山的夫人徐竹青，四子閻志敏、五子閻志惠（分別從美國、日本趕回）堂弟

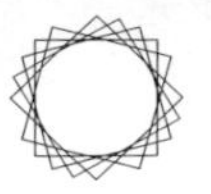

閻錫圻、閻錫堈、閻錫墱、弟媳續淑仙、徐樹梅、張毓芳，堂侄閻志洪、閻志恒、閻志昭、閻志政、閻志軍、閻志成、堂侄女閻志蘭等親屬先後致祭。

閻錫山去世後，臺灣國民黨《中央時報》社發表社論，謂閻錫山是「我國著名的革命領袖人物，卓越的軍事統帥，堅強的反共鬥士和傑出的政治家，他一生的勳榮，在國民革命的歷史占著非常重要的地位」，「立說、立功、立言，先生實兼而有之」，「先生的勳業與精神，當可不朽」（《閻錫山年譜》（六），第2551頁）。《公論報》的社論則稱：「其生平，實兼有北洋軍閥、國民革命、反共抗戰三個時代，本身經歷即不啻一部生動的民國史。其勳名之顯赫崇隆，聲望之歷久不衰，環顧當代名公，殊罕有其匹者」（《公論報》一九六零年年五月二十六日版），《民族晚報》則發表評論說：「閻氏一生歷史，是功，是過，功多，過多，猶待於未來歷史家公正客觀地裁判，實難以遽下定評」（臺北《民族晚報》一九六零年年五月二十九日版）。何應欽根據治喪委員會第二次會議關於呈請「國葬」的提案，向國民政府和蔣介石遞交了《呈請國葬與明令褒揚》的呈文，文中說閻錫山「對反共認識至清，理論至精，有方案，有對策，有行動，有經驗，尤為人所稱服」（《閻伯川先生紀念集》（臺灣），第149頁）。蔣介石同意了何應欽的呈文，給閻予「國葬」規格，並於七月二十九日頒發了「總統褒獎令」，稱：「總統府資政陸軍一級上將閻錫山，才猷卓越，器識宏通，早年追隨國父，著籍同盟，辛亥之役，倡舉義旗，光復三晉。民國肇造，即任山西都督、督軍及省長，振飭庶政，訓齊卒伍，軍容吏治，煥然一新。北伐告成，歷任國民政府委員、內政部長、蒙藏委員會副委員長、太原綏靖公署主任等職。外膺疆寄，內贊樞衡，碩劃敷陳，並昭懋績。抗戰軍興，任第二戰區司令長官，兼山西省政府主席。創行兵農合一之制，促進生產，增強戰力，厥效彌彰。故宇既收，赤氛重煽。三十八年出任行政院長及國防部長，受命於危難之際，馳驅蜀粵，載徙台員，遺大投艱，勳勤備著。中興在望，匡輔方資，遽喪老成，實深軫悼！應予明令褒獎，用示政府篤念勳耆至意」（《閻錫山年譜》（六），第2584——2585頁）。

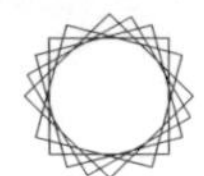

自治喪委員會決定閻錫山之葬地在陽明山菁山草廬地區後，便組織營墓小組，由賈景德主持督導，經歷次勘測，選定七星山之陽為墓地。此處正是閻錫山生前散步視察後預計建亭的地方。「此地為斜坡梯田，坐北向南，遠眺臺北市，歷歷在目，左右遠近峰巒環抱，周圍上下茂林修竹，園山為岸，遠山如屏，淡水基隆兩河左右縈回，新店溪復迤邐於前，山明水秀，氣象萬千，洵佳城也。墓園計地三百餘坪，全地上下依地形成為四階，最上為塚地約百坪。塚為圓形，高五尺五寸，週五十一尺，以鋼筋水泥築成，塚內中線築有『中』字，靈柩置其上，靈柩前置墓誌銘，其後左右分列兩小屏，上刻感想日記各一段，皆新竹玻璃廠以玻璃質製成，實創始也。塚之前樹墓碑，碑高一丈五尺。塚外後壁上砌褒揚令。前階分左右兩級，便人上下，兩階之中間，築一『中』字，字大一丈一尺。第二階前坪築『種能』二字，字大八尺。第三階前坪中築地球模型，直徑六尺。左右分築『世界大同』四字，字大五尺」（《閻伯川先生紀念集》第147頁）。此種設計，是治喪委員會的決定，還是賈景德的安排，不得而知，但它卻表達了閻錫山的意願和追求。

閻的墓地，七月底即破土動工，但因受颱風影響，到十月下旬方告竣工。施工期間，正值夏炎，已八十一歲的賈景德不顧年邁曾幾度上山察看指點，不料墓地將近完成之時，未及將閻安葬，他卻於十月二十日隨之作古，對閻之情感，可見一斑。

臺灣國民黨當局和蔣介石對於閻錫山的去世深表悲哀，對閻錫山的後事也料理得相當圓滿。能給予「國葬」規格安葬，並由總統親頒褒獎令者，在國民黨的歷史上，並不多見。閻錫山死後能享如此待遇和殊榮，其在天之靈，也確實應當感到安慰了。蔣介石的「總統褒獎令」，言簡意賅，莊重嚴謹，基本上概括了閻錫山一生的經歷和功績，給了閻錫山一個圓滿的交代。無論他們之間過去有多少恩恩怨怨，但在反共上卻始終是一致的，並且閻錫山在反共的諸多方面，「尤為人所稱服」，對黨國的確「功不可歿」，所以蔣介石也就一筆勾銷，並表示了「實深軫悼」之意。

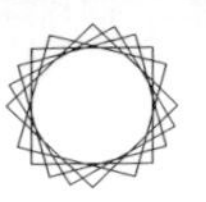

然而，閻錫山卻也留有遺憾，他生病期間，曾對一直陪侍在側的賈景德說，他痛惜自己不能追隨「總統」「回大陸去，而深感遺憾」。閻之所雲「回大陸去」，並非指他死後將其遺骸送回大陸去，能魂歸故里，而是指未能與蔣介石「收復大陸」，「重整山河」。這充分說明，閻錫山即使行將就木，仍掛念著「黨國大事」，仍心繫於他的未競事業。

但閻錫山對他身後之事的安排，卻不甚在意，未向當局提出任何要求，只是遺囑其家屬七點：一、一切宜簡，不宜奢；二、收挽聯不收挽幛；三、靈前供無花之花木；四、出殯以早為好；五、不要放聲而哭；六、墓碑刻他的思想日記第一百段及第一百二十八段；七、七日之內，每早晚各讀他選作之《補心錄》一遍（臺北《中央日報》一九六零年年五月二十四日）。

他所說的兩段日記分別是：

「義以為質，禮以行之，遜以出之，信以成之，為做事之順道，多少好事，因禮不周，言不遜，信不孚，致生障礙者，比比皆是」。「突如其來之事，必有隱情，惟隱情審真不易，審不真必吃其虧。但此等隱情，不會是道理，一定是利害，應根據對方的利害，就顯求隱，即可判之」（賈景德：《閻故資政錫山事略》（附錄））。這或許是閻錫山對自己一生做人處事，觀察事物，化解矛盾的經驗之談，並以之告戒後人，但究竟是什麼意思，就不好妄作評斷了。

閻錫山生前還自作挽聯數幅，囑家屬在他死後，貼在指示處。

靈前的挽聯是：「避避避，斷斷斷，化化化，是三步工夫；勉勉勉，續續續，通通通，為一等事功」，橫幕是：「朽瞋化欲」。

簷柱前的挽聯是：「擺脫開，擺脫開，粘染上洗乾淨很不易；持得住，持得住，掉下去爬上來甚為難」，橫幕是：「努力擺持」。

院中挽聯是：「有大需要時來，始能成大事業；無大把握而去，終難得大機緣」。橫幕是：「公道愛人」。

院門挽聯是：「對在兩間，才稱善；中到無處，始叫佳」，橫幕是：「循中蹈對」（賈景德：《閻故資政錫山事略》附錄）。

簷柱前、院中和院門的挽聯，人們還比較容易理解，而靈前的挽聯，有人則認為閻錫山對六個字個作三次重復，特別強調，表明了閻氏一生立身處世的原則方針，建立事功的過程次序。因此，自避而斷而化，由勉乃續乃通，也可說是閻錫山這位民國傑出政治家的生平寫照（臺灣：《閻錫山傳記資料》（一），第 31 頁）。但也有人說這是閻錫山在「故弄玄虛」。

閻錫山去世後，賈景德親自為其作了長三千多字的墓表，稱：綜合平生，一本為人類謀幸福，替造化表功能之旨，盡責任致效用，孜孜不息，日無暇晷。早歲從事革命，輔建民國，身置軍政重任四十餘年，謀國之忠皎如日星，愛黨之憂堅如金石，惠民之政沛若霖澍，研理之精貫通天人，濟世之懷老而彌篤。應時變遷，創樹良多，而覃思遠識，定力尤有過人者，故臨大事而能斷，當大難而不亂，秉大節而不移，可謂扶天地正氣之完人也矣（《閻錫山年譜》（六），第 2556 頁），同時，還給閻撰寫了墓誌銘，由錢大鈞篆蓋，李鴻文書寫。

閻錫山去世後，其舊屬及山西籍旅台人士，在臺北組織了「閻錫山紀念會」。臺灣中國國民黨、中央黨史委員會、國民政府國史館等單位，不僅召開座談會，口述閻錫山之事蹟，而且把閻作為民國的一個重要人物加以研究。

一九八二年、一九九二年，臺灣「閻錫山紀念會」，分別舉辦了閻錫山百年誕辰和一百一十年誕辰紀念大會。在百年誕辰紀念時，時任臺灣國民黨總統的蔣經國曾為閻題字：「永念耆勳」，與其父蔣介石所送之「愴懷耆勳」匾額相呼應；前「總統」嚴家淦、資政鄭彥棻、國史館館長黃季陸等都在紀念會上作講演。每次誕辰紀念，「閻錫山紀念會」，還將會議上的發言加以整理，編輯出版。同時，紀念會還組織人力，收集、整理閻錫山的有關資料，並編輯成冊，供人參閱。以種種方式，表達對閻錫山的懷念。

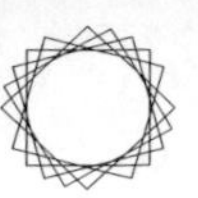

附錄：閻伯川先生言論著述表

閻伯川先生言論類編（9 冊）------------------------ 民國元年至二十七年

軍國主義譚--- 民國四年

政治芻言-- 民國四年

治晉政務全書-- 民國六年至十六年

山西省政治宗旨及用民政治實施大綱 ------------------------------ 民國七年

人民須知-- 民國七年

進山會議錄--- 民國十年

村本政治--- 民國十一年

山西施行三民主義五權政治應注意之點 ----------------------- 民國十六年

請政府撥十萬精兵堅守錦州及十年自強計畫案 ----------- 民國二十一年

山西省十年建設計畫案及其動機、宗旨、編定、實施及著眼處 --- 民國二十一年

物產證券與按勞分配-- 民國二十三年

智仁勇討論集（又名廬墓治學錄）-------------------------- 民國二十四年

升降旗講話------------------------------ 民國二十五年九月至二十六年九月

閻伯川先生抗戰復興言論集第一至十輯（11 冊）----- 民國二十七年至三十四年

中國的要命病及致病的原因與醫病的方法 ----------------- 民國二十七年

民族革命戰法（抗日戰法，2 冊）-------------------------- 民國二十七年

救國言論選集-- 民國二十七年

對民族革命大學升降旗講話及問答 -------------------------- 民國二十七年

救國言論選集第二輯-- 民國二十八年

兵農合一-- 民國三十一年

新經濟政策-- 民國三十一年

閻伯川先生復興言論集（第十一輯，2 冊）---- 民國三十四至三十五年

閻伯川先生與山西政治客觀論述（2 冊）------------------- 民國三十五年

閻伯川先生復興言論集（第十二輯，2 冊）---------------- 民國三十六年

實行兵農合一之商榷-- 民國三十六年

平民經濟概述-- 民國三十六年

閻伯川先生復興言論集（第十三輯，2 冊）---- 民國三十七年至三十八年四月

現社會病態的分析及其治法------------------------------------ 民國三十七年

斌役堂詩鈔--- 民國三十七年

首都記者太原訪問錄--------------------------------------- 民國三十七年十月

閻伯川先生南京之行------------------------------------ 民國三十七年十二月

閻伯川先生南行言論輯要--------------------------------- 民國三十八年六月

閻院長政論輯要（即言論第十四輯，2 冊）------- 民國三十八年六月至三十九年三月

美國白皮書觀感-- 民國三十八年

閻院長博采眾議錄-- 民國三十八年

閻伯川先生最近言論集（即言論第十五輯，2 冊）------- 民國三十九至四十年

世界和平與世界大戰-- 民國三十九年

人應當怎樣-- 民國三十九年

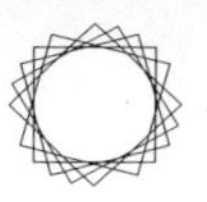

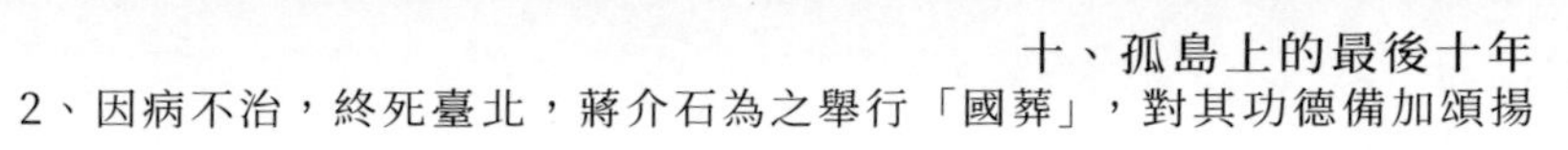

閻伯川先生言論集（即言論第十六輯，2 冊）- 民國四十年至四十五年

太原保衛概述--民國四十年

怎樣勝過敵人--民國四十年

中國政治文化與人生--民國四十年

大同之路（正中書局出版）----------------------------------民國四十年

辛卯座談會記錄---民國四十年

恢復大陸與土地問題--民國四十年

台中講演錄---民國四十一年

安和世界言論選輯---民國四十一年

反共的什麼憑什麼反共-------------------------------------民國四十一年

對道德重整會世界大會提案-------------------------------民國四十一年

大同國際宣言草案---民國四十三年

安和世界言論集第二輯-------------------------------------民國四十三年

與慈航法師論道書---民國四十五年

孔子是個什麼家--民國四十五年

山西對共奮鬥記要---民國四十五年

閻伯川先生言論集第十七輯-----------------------民國四十六至四十九年

閻錫山早年回憶錄（傳記文學出版社）--------------------民國四十六年

世界大同--民國四十九年

三百年的中國---民國四十九年

題字集 ---民國四十九年

紀念集 ---民國五十二年

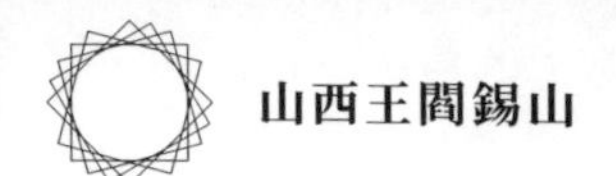

道範流長--民國七十一年

（《民國閻伯川先生錫山年譜長編初稿》（六），第2579—2582頁）。

注：書目後凡未有冊數者，其書均為一冊——作者。

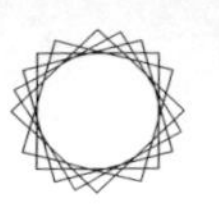

3、一生功過是非，眾說紛紜，以史實為根據，自有公論

生於清季之末的閻錫山，歷經清朝、北洋政府、國民政府三朝，參加過辛亥革命、軍閥混戰、北伐戰爭、抗日戰爭和解放戰爭，又目睹了臺灣政壇的更迭和五十年代世界風雲的變幻。他擔任過清軍的標統、山西都督、督軍及省長。國民政府時期，歷任過國民政府委員、內政部長、蒙藏委員會委員長、陸海空軍副總司令、軍事委員會副委員長、太原綏靖公署主任、第二戰區司令長官、行政院院長兼國防部長、總統府資政和國民黨中央委員會評議委員。如此資歷之深，權勢之大，又經多見廣，閱歷之豐者，在與閻錫山同時代中者，確屬少見。而他的所思所想，所言所行，所作所為，又不同程度地對山西乃至中國社會產生過相當作用和影響。因此，對辛亥革命史、民國山西史和中華民國史的研究，都不能不涉及到閻錫山，這是一塊繞不過去的「礁石」，也因此就不能不對閻錫山的功過是非，進行種種議論、評判。

實際上，對於閻錫山的議論評判，自閻錫山當政以來就已有之，時起時伏，綿延不絕。他去世後，這種議論評判仍在繼續，閻錫山的舊屬和臺灣一些學者，在這方面表現得相當活躍。在大陸，自「以階級鬥爭為綱」的時代結束後，隨著解放思想、實事求是思想路線的不斷端正和對近代史研究的日益深入，涉足閻錫山研究的人員，也日漸增多，並且有不少論著問世，甚至有些外國學者，亦參與其中，各抒己見。

閻錫山終其一生，既做過不少有益於國家和民族進步發展的事情，也做過許多有害於國家和民族發展的事情。因此，功過是非兼有，並非像其舊屬所說的：「扶天地正氣之完人」，或是一些學者所謂的「德功言千秋不朽」，也非如大陸上不少論著中所說的「罪大惡極」，「反動透頂」，似乎一無是處。存在這些不同的或截然相反的觀點，是完全可以理解的。因為所有論者、評者，都不可避免地要受到他所處的環境與時代的局限，以及因自身學識素養的限制，而對閻錫山那個時代的社會內容未能全面瞭解，

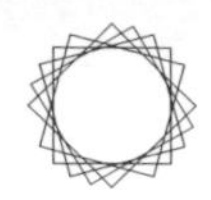

對閻錫山其人其事的有關史料又缺乏深入地挖掘和研究，致使對閻錫山的議論評判，或不夠理性，帶有濃厚的感情色彩，或以偏概全，或極端化、絕對化，不夠客觀公正。

歷史不能重複，只要將閻錫山置於他當時生活的那種歷史環境之中，結合當時中國社會的性質，中國社會的主要矛盾，中國社會的政治、經濟結構和思想文化狀況，世界形勢變化對中國的影響，以及閻錫山所受的教育，他的信仰，他的經歷及其當政後所代表的階級利益等等主客觀方面的情況，再考察一下閻錫山所思所想的主旨，他所作所為的動機，他的種種作為對山西和中國社會主要矛盾的解決，對中國社會的變化所產生的作用和影響，又是些什麼，就可以清楚，在當時中國那樣一種比較特殊的社會條件下，在社會各種矛盾錯綜交織，紛紜複雜，而各個階級，各種政治力量為維護自己的利益並尋求更大的發展，相互爭鬥異常激烈的情況下，要想讓閻錫山一直就順應時代潮流，始終沿著中國社會正確的發展方向前進，是完全不可能的。閻錫山是這樣，其他人也是如此。閻錫山從對自己及其統治集團和整個階級的利害的權衡中，從對國家民族的獨立解放和繁榮昌盛的考慮上，有些時候，在特定的歷史條件下，他能順應時代潮流，但有些時候則不能順應，甚至逆流而動，背離了中國社會前進的正確方向。因此，對閻錫山功過是非的評判，既要從時代潮流和中國社會發展方向的宏觀上加以把握，也要對具體問題具體分析，不可籠而統之，或一概而論。

縱觀閻錫山的一生，他對山西和中國社會的進步發展，在不少方面是有所建樹，並發揮了重要作用的。這主要是他在山西辛亥革命、北伐戰爭和抗日戰爭中對封建主義和帝國主義的鬥爭，以及為振興山西所作的不懈努力。

以孫中山為代表的中國資產階級進行的舊民主主義革命和中國共產黨進行的新民主主義革命，都把反對帝國主義和封建主義作為了自己的革命任務。因為帝國主義和封建主義是導致中國淪為半殖民地半封建社會的根源，是中國社會前進發展的主要障礙，只有解決這兩個存在於中國的主要矛盾，中國才能走向民主、獨立。因此，對反帝反封建的民主革命持什麼

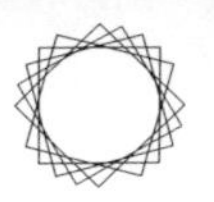

態度，就成了衡量每個階級、每個政黨和每個人是否推動中國社會前進發展的一個重要標準。

閻錫山在辛亥革命中是做出了突出貢獻的。他從日本留學回國後，即利用其職務之便，運動新軍，聯絡同志，籌畫起義。辛亥武昌起義後，當清山西當局加緊防範，情況突變時，是閻錫山當機立斷，決定提前發動起義，在他和同志們的精心部署下，經過激戰，終使太原辛亥起義成功，光復省城。之後，又與吳祿貞組織「燕晉聯軍」，準備截斷南北交通，進擊北京，直搗清廷。太原首義成功，使清廷深感肘腋之患的嚴重，而燕晉聯軍的計畫，更使清廷運兵前往南方鎮壓革命受到了嚴重威脅。後來，雖然由於聯軍失敗，清軍又重兵壓境，閻錫山為保存革命力量不得不放棄太原，轉戰於內蒙古綏包一帶，但山西革命造成的震動和影響則是巨大的。正因為如此，孫中山對閻錫山和山西辛亥革命，予以了很高評價。可以說，這是閻錫山一生中最為光彩的一筆。

辛亥革命雖然結束了中國幾千年的封建專制主義，但革命的勝利果實卻被袁世凱竊取。以袁世凱為首的北洋政府，窮兵黷武，鎮壓革命，勾結帝國主義。袁氏稱帝失敗後，北洋政府各派系軍閥又爭權奪利，相互攻伐，使國無寧日，民不聊生。因此，廣州革命政府興師北伐，剷除這些封建餘孽，就成為眾望所歸，民心所向。北伐開始後，在南軍尚未北上的情況下，閻錫山憑晉綏軍孤單之力，在北方首先採取了軍事行動。當北伐進行之際，因寧漢之爭等原因，蔣介石被迫下野，北伐眼看有夭折之虞時，閻錫山又多方周旋，促請蔣介石復出，蔣復出後，閻又要求由蔣統一兵權、統一指揮，在全國上下的積極支援和各路北伐大軍的奮勇拼搏下，北伐取得勝利。這其中，閻錫山的作用是顯而易見的。對於閻錫山在北伐戰爭中的作用，在以往的民國史研究和有關閻錫山的研究中，幾乎沒有提及，這實在是說不過去的。

在反帝鬥爭上，閻錫山也有不俗的表現。他一九三二年重新出任太原綏靖公署主任後，就向國民政府要求撥精兵十萬收復錦州，並建議中央政府加強國防建設，以禦外侵。一九三五年在日本策劃「華北事變」，多

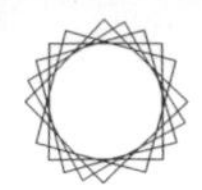

次邀他出任「華北五省自治聯合政府」主席時，他「不為所動」，均予拒絕，使日本陰謀未能得逞。閻錫山的「深明大義」，蔣介石頗為欣慰。其後不久，鑑於綏遠形勢日緊，閻錫山遂提出了「守土抗戰」的口號，並於一九三六年冬，在蔣介石的支持和晉綏軍的英勇作戰下，對進犯綏東的日偽軍以沉重打擊，取得了綏遠抗戰的偉大勝利，對全國人民以極大鼓舞。之後，他又同意組織抗日民眾團體「犧牲救國同盟會」和抗日民眾武裝「決死隊」。在日軍進攻山西時，他不僅熱情歡迎八路軍三師主力進入山西，奔赴前線作戰，而且與周恩來、朱德、彭德懷等中共領導，共商禦敵方略，相繼組織了「雁北會戰」、「忻口戰役」。特別是相持近一個月的「忻口戰役」，給氣焰囂張的日軍以沉重打擊，粉碎了日軍「三個月佔領中國」的美夢，大長了中國人民的志氣。「十二月事變」後，閻錫山雖然與日本加緊了勾結，但同時也還多少地同日軍作戰。並且，在日軍的種種威逼利誘下，閻錫山雖然有所屈服，然而，他到底也未向日本投降。他在當時處境十分困難的情況下，能做到這一點，確屬不易。

與此同時，閻錫山自一九一二年主政山西後，就對治理山西予以了極大關注，尤其是在振興山西方面，進行了不懈的努力。他宣導的「六政三事」，他制定的「厚生計畫」和《山西省政十年建設計畫案》等對於山西的農業、工業、商業貿易、財政金融和交通運輸的發展，都發揮了很大作用。抗戰爆發前山西的糧、棉、油等農副業產品的數量所以能達到歷史最高水準；「西北實業公司」所屬三十多個工廠，其資本投入的總量、機械製造工人的數量、化工產品的生產能力，以及「四銀行號」的資本總數，所以能在全國佔有那樣大的比重，具有那樣高的地位；同蒲鐵路所以能憑一省之力，在短短的四年多時間裡就全線竣工，創造了中國鐵路建設史上的幾個奇跡等等，都與閻錫山的努力有著密切的關係。這些建設，不僅在當時就對改變全省經濟落後面貌，保護民族工業，加強國防和反抗日帝侵略，發揮了重要作用，而且也為新中國成立後，山西工業和鐵路交通事業的發展，奠定了基礎。此外，閻錫山在發展國民教育、職業教育、人才教育、社會教育上所採取的種種措施；他透過各種途徑促進科技研究發明等

等，對於推動全省教育和科技事業的發展都有著很大的貢獻。至於閻錫山實施的「用民政治」、「村本政治」，從國家持續發展，社會穩定並有序活動的角度而言，也是有其一定的積極意義的。

但是，閻錫山對於中國社會前進發展的阻撓與破壞行為，也是十分明顯，毋庸質疑的，造成他種種過與非的原因，以其個人的素質品行、個性等等為由，是解釋不通的，這與他對中國社會進步發展所起的積極作用一樣，也不能以此作為解釋。究其根源，則是其資產階級的階級本質和階級屬性使然。

中國的資產階級或日大資產階級，它所代表的是官僚地主資產階級的利益，也是屬於剝削階級。它的政治目的，就是要在中國建立由資產階級專政的共和國。但是，在中國仍是半封建半殖民地的情況下，它要實現自己的政治目的，就必須打倒帝國主義和封建主義，因此，它有其反帝反封建的革命性的一面。閻錫山起而舉行太原辛亥起義，出師北伐討伐奉系軍閥，對日本的侵略予以頑強抵抗，正是其革命性的表現。然而，由於中國的資產階級產生的經濟、政治條件都先天不足，它與帝國主義和封建主義有著千絲萬縷的聯繫，所以，它在反帝反封建的革命上，往往表現出動搖性和不徹底性。閻錫山對袁世凱、段祺瑞、張作霖的卑躬屈膝，趨炎附勢，他在「十二月事變」後和日本的加緊勾結，解放戰爭中和到臺灣後向美國的乞援求助，也正是其向封建勢力和帝國主義屈服妥協的表現。

這種屈服妥協，對於中國社會的前進發展自然危害不淺，但比較而言，閻錫山反共反人民的種種行經，則可說是其過與非的最主要表現。閻錫山反共反人民的活動從中國共產黨誕生後即已開始，之後，日益加深。第一次國共合作後，他就反對孫中山的「三大政策」，北伐戰爭開始後，他遲遲不予「易幟」，不就任廣東國民政府委以的「北方國民革命軍總司令」一職，就是因為他認為廣東國民政府是親共的，親蘇的，而當蔣介石發動「四·一二」反革命政變，大肆逮捕殘殺共產黨人後，他便很快表示了對蔣介石主持的南京政府的擁護，不僅易幟，在全省升起了青天白日滿地紅國旗，並就任了南京政府授予的「國民革命軍北方總司令」一職，而且，緊

隨蔣介石之後，在山西大搞「清黨」，甚至為了對付共產黨，閻錫山還置北伐大局於不顧，勸奉系軍閥張作霖「聯蔣討共」。這說明閻錫山是把共產黨一直視為主要敵人的，也說明閻錫山對封建勢力的妥協。

經過北伐戰爭，國民黨建立了以蔣介石為核心的國民政府後，對共產黨的壓迫更加嚴重，閻錫山為了支持蔣介石的「以黨治國」，不僅派出軍隊先後去南方和陝北，對紅軍進行軍事「圍剿」，而且在省內加緊組織反共武裝和反共政治宣傳，直至設置重重障礙，阻撓紅軍東征。「七·七」事變後，在日軍的大舉進攻下，閻錫山雖然曾與共產黨積極合作，對日軍的進攻予以了有力的抵抗，可是，當抗戰形勢發生變化，日軍將其主力用於共產黨八路軍，而對國民黨實行以政治誘降為主的方針後，閻錫山即反友為敵，對共產黨進行種種限制、打擊，直至發動「十二月事變」，此後又認敵為友，與日本加緊了勾結。這就進一步暴露了中國資產階級向帝國主義妥協的另一種屬性。也說明一旦帝國主義放鬆對這個階級的壓力後，它就要把進攻的矛盾指向它的「宿敵」。這也是為什麼抗日戰爭剛一結束，民族矛盾已然解決後，閻錫山便迫不及待地要調遣重兵向上黨解放區進攻了。他為了實現其對山西專制獨裁統治，對共產黨領導的人民解放戰爭拼死抵抗，雖然屢戰屢敗，依然頑固堅持，甚至採取「三自傳訓」、「總體戰」等法西斯手段，進行最後的掙扎。但落花有意，流水無情。人民解放戰爭的狂瀾巨卷，終於衝破了他經營多年的太原老巢。儘管如此，閻錫山仍不甘心，在廣州組閣後，還費盡心機，想挽救殘局，東山再起，但卻終歸徒勞。飛抵臺灣後，又慘澹經營數月，雖不得已卸任，依然以反共復國為己任，並憧憬著他的大同世界，設計著對未來中國的改造。

閻錫山反共的歷史不謂不久，若從二十世紀二十年代開始算起，到一九六零年年他去世為止，長達四十餘年。他反共的立場也可謂十分堅決，矢志不逾。他反共的思想、理論、策略、方針、經驗等，也確實表現不俗。與他同時代、同階級、同政黨、同官階的人相比，閻錫山可以說是出類拔萃的。因此，他無愧於「反共老手」這個稱號。縱觀閻錫山反共防共的所作所為，可以發現，他反共防共的一個最大特點，就是他較少感情色彩，

而理性的成分較多，他雖然也罵過「共產黨殺人如麻」，「共產黨是九條尾巴的狐狸」等等，但他思考得更多的是共產黨產生的歷史淵源和社會根源，以及怎樣反共、防共這些具有一定理論和策略意義的實質性問題。閻錫山反共的特點，可以說有以下幾個方面：一、不只著眼於現在，同時立足於歷史和未來。這從他把共產黨與俄國十月社會主義革命、馬克思的共產主義理論，以及未來大同世界聯繫起來觀察問題的視野上來看，即可以清楚地反映出來。特別是他反復強調的「共產主義」和共產黨的錯誤及其一直宣揚的「大同世界」，「公道主義」等主義，居心更為陰險老辣。他如此做法，其實就是要從世界觀和方法論的高度，不僅想讓當時的人們消除對共產主義、共產黨的信仰，而使人們深信他的那些主義才可以救人類救世界，而且還想讓以後的人們也是這樣，從而徹底根除共產黨的根苗，而讓他的主義永世長存。這不能說閻錫山在反共問題上確實高瞻遠矚，有著一定的戰略眼光。二、不是僅止於表，同時還深及於裡。閻錫山對共產黨的「危害」的言論，可謂多多，他在進行種種污蔑的同時，對現社會經濟政治制度等方面存在的弊病，從原因上進行剖析，並且有針對性的開出了他自以為是的根治這些弊病的「藥方」，以此向人們說明共產黨產生的原因和怎樣才能有效地防共反共，從而觸及到了問題的根本。如與山西一河之隔的陝北，共產黨領導的土地革命蓬勃開展時，閻錫山就向其部屬說，窮人所以跟著共產黨，是因為共產黨給了他們土地，他們不再受地主剝削了，因而他要地主們把多餘的土地拿出來分給窮人，後來又提出「土地村公有」的主張。三、不是只限於點，同時擴展到面。共產黨領導八一南昌起義後，實際上開始了以革命的武裝反對反革命的武裝的武裝鬥爭。閻錫山雖然也竭力對紅軍進行軍事「圍剿」，以武力解決問題。但他從對軍事「圍剿」屢屢失敗的經驗教訓中，更認識防共反共，僅靠軍事，難以奏效，還必須從各個方面展開。他先是主張防共反共應是「三分軍事、七分政治」，後來又系統地提出了「思想防共」、「主義防共」、「政治防共」、「組織防共」、「經濟防共」、「民眾防共」等理論。並且為此而進行了種種嘗試，採取了不少措施。閻錫山所宣揚的「物產證券與按勞分配」就是針對馬克思主義的共產主義學說的，如此等等。正因為閻錫山在反共防共的問題上

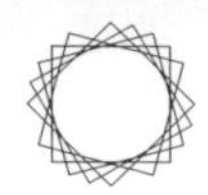

如此煞費苦心，深謀遠慮，所以，何應欽也甚覺自愧不如閻錫山，說他「對反共認識至清，理論至精，有方案，有對策，有行動，有經驗，尤為人所稱服」。至今臺灣有些人仍對閻錫山念念不忘，這也是一個重要的原因。

從辛亥革命到大陸全部解放，在這近四十年的風雲變幻中，在中國社會的每一個重大歷史轉折關頭，可以說，閻錫山都參與其中，由於中國社會環境極其複雜，內外矛盾重迭交織，而無產階級和資產階級又都要按照自己的政治設計來改造中國，從而使中國社會發展進步的歷程變得十分艱難曲折。因此，對閻錫山在中國社會發展變化中表現的優劣，在評判上也就有著相當的難度。以往大陸的有些論者，所以對閻錫山反共反人民的罪過肯定過多，而對其在反帝反封建上的積極表現肯定不多，甚或予以抹煞，在筆者看來，一個很重要的原因，可以說就是受時代和意識形態的影響，把是否擁護新民主主義革命、信仰馬克思主義，更進一步講就是對共產黨的態度如何，作為了要求、衡量閻錫山的標準。這顯然是失之偏頗的。因為這不是閻錫山步入政壇後活動的整個歷史，也不是自辛亥革命到大陸解放這一時期中國社會運動的全過程。同時，更為嚴重的是，採用

這個標準，實際上等於是否認了這一時期中國社會的基本特徵，也否認了閻錫山是資產階級中人，否認了中國資產階級的階級本質及其屬性。而這又恰恰是閻錫山表現出的種種功過是非的根本原因所在。因此，只有歷史地、全面地考察閻錫山，才會對他的功過是非做出比較客觀公正的評判。

總之，閻錫山的一生，有功有過，有是有非，並且其是非功過都還相當明顯，對於他的功過是非的評判，實際上，也是我們對中國社會這一段歷史應該如何看待的問題。

國家圖書館出版品預行編目（CIP）資料

山西王閻錫山 / 李茂盛 著. -- 第一版.
-- 臺北市 : 崧燁文化, 2019.10
面； 公分
POD版

ISBN 978-986-516-078-4(平裝)

1.閻錫山 2.傳記

782.886 108017501

書　名：山西王閻錫山
作　者：李茂盛 著
發 行 人：黃振庭
出 版 者：崧燁文化事業有限公司
發 行 者：崧燁文化事業有限公司
E-mail：sonbookservice@gmail.com
粉 絲 頁：　　網 址：
地　址：台北市中正區重慶南路一段六十一號八樓 815 室
8F.-815, No.61, Sec. 1, Chongqing S. Rd., Zhongzheng Dist., Taipei City 100, Taiwan (R.O.C.)
電　話：(02)2370-3310 傳　真：(02) 2388-1990
總 經 銷：紅螞蟻圖書有限公司
地　址: 台北市內湖區舊宗路二段 121 巷 19 號
電　話:02-2795-3656 傳真 :02-2795-4100　網址：
印　刷：京峯彩色印刷有限公司（京峰數位）

定　價：750元
發行日期：2019 年 10 月第一版
◎ 本書以 POD 印製發行